Das Einstellungsinterview

Schriftenreihe
Wirtschaftspsychologie
herausgegeben von
Prof. Dr. Heinz Schuler

Das Einstellungsinterview

von

Prof. Dr. Heinz Schuler

Hogrefe • Verlag für Psychologie
Göttingen • Bern • Toronto • Seattle

Das Einstellungsinterview

von

Heinz Schuler

Hogrefe • Verlag für Psychologie
Göttingen • Bern • Toronto • Seattle

Prof. Dr. Heinz Schuler, geb. 1945 in Wien. Studium der Psychologie und Philosophie in München, Promotion 1973 und Habilitation 1978 in Augsburg. Nach Auslandsaufenthalten 1979 Professor und Institutsvorstand in Erlangen, seit 1982 Inhaber des Lehrstuhls für Psychologie der Universität Hohenheim, daneben Wissenschaftlicher Leiter der S & F Personalpsychologie Managementberatung in Stuttgart. Gründungsherausgeber der Zeitschrift für Personalpsychologie. Arbeitsschwerpunkte: Organisations- und Personalpsychologie, insbesondere Berufseignungsdiagnostik und Leistungsforschung.

Bibliographische Information Der Deutschen Bibliothek

Die Deutsche Bibliothek verzeichnet diese Publikation in der Deutschen Nationalbibliographie; detaillierte bibliographische Daten sind im Internet über <http://dnb.ddb.de> abrufbar.

---

mey

© Hogrefe-Verlag, Göttingen • Bern • Toronto • Seattle 2002
Rohnsweg 25, D-37085 Göttingen

http://www.hogrefe.de
Aktuelle Informationen • Weitere Titel zum Thema • Ergänzende Materialien

Das Werk einschließlich aller seiner Teile ist urheberrechtlich geschützt. Jede Verwertung außerhalb der engen Grenzen des Urheberrechtsgesetzes ist ohne Zustimmung des Verlages unzulässig und strafbar. Das gilt insbesondere für Vervielfältigungen, Übersetzungen, Mikroverfilmungen und die Einspeicherung und Verarbeitung in elektronischen Systemen.

Druck: AZ Druck und Datentechnik GmbH, 87437 Kempten/Allgäu
Printed in Germany
Auf säurefreiem Papier gedruckt

ISBN 3-8017-0883-7

Vorwort

Dieses Buch ist für viele geschrieben – für die Fachkollegen aus der Personal- und Organisationspsychologie (die Forscher wie die „Praktiker"), für den Nachwuchs dieses Berufsstandes, also die Studierenden der Psychologie und benachbarter Wissenschaften, für Betriebswirte, Personalleute und Trainer, für Fachvorgesetzte und schließlich auch für Berufswählende und Stellenbewerber. Es ist ungewiss, ob es gelingt, so verschiedenen Lesergruppen gleichzeitig etwas Brauchbares zu bieten, aber da ähnliche Versuche in der Vergangenheit – der Resonanz nach zu schließen – schon gelungen sind, bin ich zuversichtlich und wage als Ziele zu formulieren, dieses Buch möge dazu verhelfen, dass
- allgemein Interessierte sich einen Überblick über Theorie und Praxis der Personalauswahl mittels Gespräch verschaffen;
- Studierende, Fachkollegen und Praktiker mit theoretischen Interessen sich über die Interviewforschung informieren;
- die weniger Erfahrenen unter den Interviewern nicht alle Fehler der Personalauswahl selbst machen, sondern rasch zu einer ertragreichen Form des Auswahlgesprächs finden;
- die Erfahrenen unter den Interviewern – Offenheit für Neues vorausgesetzt – es künftig noch besser machen;
- Interviewtrainer Material zum Aufbau ihrer Seminare finden und Trainingsteilnehmer Anregung und Verständnis gewinnen;
- diejenigen, die sich darauf verstehen, eine Anleitung darin finden, anspruchsvolle Interviews zu konstruieren;
- Berufs- und Stellensuchende Aufklärung darüber finden, welche tätigkeitsbezogene Information sie aus Einstellungsinterviews erwarten können, was die Fragen bedeuten, die ihnen gestellt werden und welche Fragen sie selbst stellen können, um für ihre eigene berufliche Entscheidung gerüstet zu sein.

Nicht für jeden dieser Zwecke dürfte es erforderlich sein, den gesamten Text gründlich durchzuarbeiten. Im Prinzip sollte dieses Buch für alle genannten Gruppen von Interesse sein, aber beim Abfassen des Manuskripts wurde der Versuch gemacht, die verschiedenen Teile und Kapitel auch für sich genommen verständlich und nützlich zu gestalten. Im Einleitungskapitel findet der Leser – und selbstverständlich auch die Leserin, die sich in allen Fällen mindestens ebenso freundlich angesprochen fühlen und dem Verfasser verzeihen möge, dass er darauf verzichtet hat, durch Sprachverunstaltung hierauf hinzuweisen – im Einleitungskapitel also finden sich genauere Hinweise, welche Buchteile für welche Zielsetzung und welchen Leserkreis von besonderer Bedeutung sind.

Gelingt es, die oben genannten Ziele ganz oder teilweise zu erreichen, so kann dieses Buch auch einen Beitrag zur Qualitätssicherung leisten. Das ist dort besonders wichtig, wo Auswahlverfahren entwickelt werden; aber auch die Interviewdurchführung sowie die Verbesserung bestehender Systeme sollte von den empfohlenen Maßnahmen profitieren. Die Intuition durch kontrolliertes diagnostisches Vorgehen zu ergänzen, ist nicht nur insoweit von Vorteil, als dadurch nachweislich die Qualität der Auswahlentscheidungen verbessert wird, sondern ermöglicht auch, das Zustandekommen dieser Entscheidungen zu überprüfen. Prozess und Ergebnis der Diagnose werden überprüfbar und sind damit auch laufender Verbesserung zugänglich. Dieser Umstand ist nicht zu unterschätzen, denn er ist von wissenschaftlicher wie von praktischer, von ethischer wie von arbeitsrechtlicher Bedeutung.

Im Dienste der Ziele „Qualitätsverbesserung" und „Qualitätssicherung" ist dieser Text um klare Empfehlungen und Ratschläge bemüht. Nicht in allen Fällen werden sie die Form einfacher Regeln haben können, weil die Komplexität menschlichen Verhaltens vielfach Differenzierungen erfordert und die Autonomie der handelnden Subjekte auf beiden Seiten des Interviewgeschehens apodiktische Anweisungen verbietet. Aber wo immer möglich, d. h. wo die Eindeutigkeit der Forschungsergebnisse es nahe legt, werden Regeln oder Empfehlungen angeboten. „Rezepte" werden von Geistes- und Sozialwissenschaftlern oft mit stolzem Gestus verweigert, ja herabgewürdigt, weil sie selbst nicht wirklich brauchbare Ratschläge zu geben haben. Wir wollen uns demgegenüber hier, bei aller Komplexität und Differenzierung, vor klaren Hinweisen nicht scheuen.

Wie der Leser erkennen wird, hat der Verfasser einige Präferenzen entwickelt, die nicht mit denen aller Kollegen konform gehen. Dies ist in der Wissenschaft – wie in jeder lebendigen, lernenden Praxis – nicht anders zu erwarten. Soweit sinnvoll und durch empirische Ergebnisse gestützt, sollen selbstverständlich auch konträre Ansichten zu Wort kommen. Wo Datenlage und theoretische Stützung das erlauben, wird klar zum Ausdruck gebracht werden, was als beste der derzeit verfügbaren Möglichkeiten angesehen werden kann; selbst wenn bestimmte Vorgehensweisen und Instrumente als „ideal" angesehen werden können, gibt es aber zumeist auch Übergänge und Zwischenstufen, und es kommen mehrere Möglichkeiten in Frage, die bisher geübte Praxis zu verbessern und Fehler zu vermeiden. Anders als bei hochaufwendigen eignungsdiagnostischen Verfahren wie dem Assessment Center sollte es beim Interview aber auch kleineren Unternehmen möglich sein, sich wirklich fortschrittlicher Techniken zu bedienen.

Bei aller Bedeutsamkeit des Themas „Einstellungsinterview" für den Verfasser gab es in den letzten Jahren immer noch wichtigere Projekte und dringlichere Arbeit, die vorzuziehen waren. So habe ich dem Verlag, namentlich in Gestalt des Wissenschaftlichen Verlagsleiters Dr. Michael Vogtmeier, für seine Geduld mit diesem lange schon angekündigten Vorhaben zu danken; die mahnenden Ermunterungen haben bei aller Beharrlichkeit den freundschaftlichen Ton nie verloren, die in vielen anderen Projekten bewährte Zusammenarbeit hat unter der langen Verzögerung nicht gelitten und schließlich zum – hoffentlich guten – Abschluss auch dieses gemeinsamen Unternehmens geführt. Dank gebührt weiterhin Frau Petra Trautwein, Frau Eva-Marie Ill, Herrn Christian Kratzert und Herrn Mathias Hübner für das Schreiben des Manuskripts und die Gestaltung von Tabellen und Abbildungen sowie Herrn Andreas Frintrup und Frau Corinna Wall für das Korrekturlesen von Teilen des Manuskripts und für wertvolle Verbesserungsvorschläge. Frau Yvonne Klingner sowie die Herren Benedikt Hell, Peter Muck und Patrick Mussel haben sich sogar durch den vollständigen Text gearbeitet und dessen Endredaktion mit einer Vielzahl von Hinweisen unterstützt. Die Zusammenstellung des Literaturverzeichnisses und der Register haben Frau Karen Fries und Herr Christian Steidel übernommen. Ihnen allen sei aufs Herzlichste gedankt!

Für den Verfasser selbst war die Ausarbeitung ein Flow-Erlebnis, das er auch den Lesern des Buchs und Anwendern der beschriebenen Verfahrensweisen wünscht.

Stuttgart-Hohenheim, im April 2002   Heinz Schuler

Inhalt

1 Einleitung und Überblick 1
   1.1 Begriffsklärung 1
   1.2 Funktionen des Einstellungsinterviews 2
   1.3 Zum Aufbau dieses Buchs 5
   1.4 Lesehinweise 8

2 Die Rolle des Interviews in der Personalauswahl 10
   2.1 Eignungsdiagnose als Vergleich von Person und Tätigkeit 10
   2.2 Eignungsdiagnostische Verfahrenstypen 11
   2.3 Der trimodale Ansatz der Berufseignungsdiagnostik 13
   2.4 Bewertung eignungsdiagnostischer Verfahren 15

3 Entwicklung und Stand der Interviewforschung 29
   3.1 Der lange Weg zum leistungsfähigen Auswahlverfahren 29
   3.2 Komponenten der Interviewstruktur 34
   3.3 Die Validität des Einstellungsinterviews 36

4 Soziale Urteilsbildung 41
   4.1 Die Einflussgrößen im Überblick 41
   4.2 Die Situation 43
   4.3 Die Person des Bewerbers 52
   4.4 Das Verhalten des Bewerbers 61
   4.5 Die Person des Interviewers 69
   4.6 Das Verhalten des Interviewers 76
   4.7 Prinzipien und Mechanismen der Urteilsbildung 83
   4.8 Der Eindruck des Interviewers 93
   4.9 Der Eindruck des Bewerbers 103
   4.10 Die Beziehung zwischen Interviewer und Bewerber 113
   4.11 Die Entscheidung des Interviewers 117
   4.12 Die Entscheidung des Bewerbers 123

5 Anforderungsanalyse 128
   5.1 Zum Erfordernis der Anforderungsanalyse 128
   5.2 Ansätze und Verfahren der Anforderungsanalyse 129
   5.3 Heute formulieren wir ein Anforderungsprofil! 132
   5.4 Sequenz von qualitativer und quantitativer Analyse 134
   5.5 Die Methode der kritischen Ereignisse 136
   5.6 Bedeutsamkeit und Erfüllungsgrad von Anforderungen 138
   5.7 Einige methodische Erfordernisse und Probleme 141

6 Merkmale und Konstrukte im Interview 143
   6.1 Begriffsklärung 143
   6.2 Kognitive Fähigkeiten und ihre Klassifikation 145

6.3	Erfassung kognitiver Fähigkeiten im Interview	147
6.4	Nicht-kognitive Merkmale	151
6.5	Zusammenwirken kognitiver und nicht-kognitiver Merkmale	161
6.6	Zur Klassifikation von Anforderungen, Tieren und Weinen	162
6.7	Ergänzungen	165

7 Fragentypen ... 167
- 7.1 Offene Fragen ... 168
- 7.2 Geschlossene Fragen ... 168
- 7.3 Mehrfach- oder Kettenfragen ... 168
- 7.4 Suggestivfragen ... 169
- 7.5 Zweiseitige oder Alternativenfragen ... 169
- 7.6 Auswahlfragen ... 170
- 7.7 Kenntnisfragen ... 170
- 7.8 Schwächenanalyse ... 170
- 7.9 Sequenzielle Fragetechnik und Konkretisierungsfragen ... 171
- 7.10 Biographiebezogene Fragen ... 172
- 7.11 Situative Fragen ... 174
- 7.12 Weitere rhetorische Mittel ... 175

8 Interviewsysteme ... 177
- 8.1 Das Behavior Description Interview ... 177
- 8.2 Das Situative Interview ... 181
- 8.3 Das Entscheidungsorientierte Gespräch ... 186

9 Das Multimodale Interview ... 188
- 9.1 Ausgangspunkt ... 188
- 9.2 Theoretische Grundlagen ... 190
- 9.3 Der Aufbau des Multimodalen Interviews ... 191
- 9.4 Konstruktion und Anwendungsbeispiele ... 193
- 9.5 Integration in ein Potenzialanalyseverfahren ... 202
- 9.6 Psychometrische Qualität ... 205
- 9.7 Bewerberreaktionen ... 210
- 9.8 Charakteristika des Multimodalen Interviews ... 211

10 Der Ablauf des Interviews: Vorbereitung, Durchführung, Entscheidung ... 213
- 10.1 Vorbereitung ... 213
- 10.2 Durchführung ... 219
- 10.3 Nachbereitung und Entscheidung ... 225

11 Training ... 230
- 11.1 Einführung ... 230
- 11.2 Trainingsbedarf und Trainingsziele ... 231
- 11.3 Trainingsprinzipien ... 232
- 11.4 Transfer ... 234

11.5	Trainingsbausteine und Übungen	235
11.6	Beispielprogramm eines Interviewtrainings	245
11.7	Die Wirksamkeit von Interviewtrainings	246

12 Die Perspektive der Bewerber ... 249
    12.1 Die soziale Validität von Einstellungsinterviews ... 249
    12.2 Bewerbertraining ... 251
    12.3 Wie Bewerber „interviewen" können ... 254
    12.4 Selbst(er)kenntnis ... 261

13 Cui bono? ... 264
    13.1 Wiederaufnahme: Die Bedeutung der Validität ... 264
    13.2 Weitere Nutzenparameter: Basisrate und Selektionsquote ... 266
    13.3 Inkrementelle Validität ... 268
    13.4 Nutzenkalkulation ... 270

14 Recht und Fairness ... 274
    14.1 Rechtsfragen ... 274
    14.2 Fairness ... 278

15 Bilanz und Ausblick ... 281
    15.1 Bilanz ... 281
    15.2 Ausblick ... 284

Literatur ... 288

Personenregister ... 314

Sachregister ... 322

1 Einleitung und Überblick

Das Einstellungsinterview ist die wichtigste Methode zur Auswahl von Mitarbeitern. Es vermittelt dem Auswählenden ein Bild von der Person und der Qualifikation des Bewerbers, es informiert den Bewerber über Tätigkeit und Unternehmen, es bringt – im positiven Fall – beide als Arbeitspartner zusammen, und es ist die Basis ihrer unmittelbaren Vereinbarungen wie ihrer späteren Zusammenarbeit. Die Summe dieser Funktionen kann kein anderes Auswahlverfahren übernehmen, so aufwendig und technisch ausgefeilt es auch sein mag.

Dieser anspruchsvollen Aufgabe werden allerdings viele Auswahlgespräche nicht gerecht. Oft sind die Interviewer schlecht vorbereitet, kennen die Anforderungen des Arbeitsplatzes nur ungenügend, stellen die falschen Fragen und wissen mit den Antworten nichts anzufangen.

Deshalb ist das Ziel dieses Buchs, das Einstellungsinterview in seinen Möglichkeiten und Formen gründlich zu erörtern, die Forschung aufzuarbeiten, die Beziehung zu anderen Auswahlverfahren zu untersuchen, die Unzulänglichkeiten aufzudecken und die erwogenen Verbesserungsmöglichkeiten zu prüfen. Als Quintessenz des Buchs wird ein Interviewverfahren erarbeitet, das diejenigen Vorgehensweisen zu einem Gesprächsablauf kombiniert, die sich als die aussichtsreichsten erwiesen haben.

1.1 Begriffsklärung

Unter einem Einstellungsinterview ist eine Gesprächssituation zwischen zwei oder mehreren Personen – Repräsentanten der auswählenden Organisation einerseits und Stellenbewerber andererseits – zu verstehen, die Gelegenheit zum Austausch bewerbungsrelevanter person-, arbeits- und organisationsbezogener Information bietet und damit als Grundlage für Auswahlentscheidungen seitens der Organisation und der Organisationswahl seitens des Bewerbers dient. Neben der Seite des sachlichen Informationsaustauschs hat das Einstellungsinterview für beide agierende Seiten auch Marketingfunktion. Im Regelfall handelt es sich um eine direkte, hinsichtlich der Kommunikationsmöglichkeiten nicht eingeschränkte, also vis-à-vis-Interaktion. Jede Reduktion der Kommunikationskanäle schränkt die Charakteristik der typischen Gesprächssituation ein. Während ein Telefongespräch als gewohnte Interaktionsform dem direkten Gespräch noch relativ nahe kommt, lässt es dennoch bereits systematische Effekte auf den Urteils- und Entscheidungsprozess erkennen, wie an späterer Stelle zu erörtern sein wird. Weitergehend sind die Differenzen, wenn die Befragung in schriftlicher Form durchgeführt wird; auch wenn dies ohne Zeitverzug über elektronische Medien erfolgt, ist der Unterschied zum unmittelbaren Gespräch bereits so groß, dass wir diese Form nicht mehr dem Begriff Interview zurechnen wollen.

Die Bezeichnungen Einstellungsinterview, Interview, Auswahl- und Vorstellungsgespräch werden im Folgenden als annähernde Synonyme verwendet. Akzentuierende Unterschiede mögen darin liegen, von einem Interview oder Einstellungsinterview dann zu sprechen, wenn das Verfahren durch eine Systematik gekennzeichnet ist, während unter der Bezeichnung Auswahlgespräch auch gänzlich unsystematisch ablaufende

Interaktionen verstanden werden. Von einem Vorstellungsgespräch ist vielfach besonders dann die Rede, wenn die Seite des Bewerbers betont wird. Diese Begriffsunterschiede sind aber gering und werden in der Literatur wie in der Praxis wenig systematisch gehandhabt. Der hier bevorzugte Terminus Einstellungsinterview ist mit dem Akzent des geplanten, systematisch durchgeführten Gesprächs gut vereinbar und entspricht der im Englischen üblichen Bezeichnung *employment interview*. Selbstverständlich ist damit weder im Deutschen noch im Englischen gemeint, ein solches Gespräch führe zwangsläufig zur Einstellung eines Bewerbers oder werde nur im Fall einer bereits getroffenen Einstellungsentscheidung geführt. Das Bestimmungswort „Einstellung" bezieht sich vielmehr darauf, dass das Ergebnis des Gesprächs zur Entscheidung darüber herangezogen wird, *ob* der Betreffende eingestellt oder in eine weitere Stufe der Einstellungsentscheidung einbezogen wird.

Zugegebenermaßen weniger geeignet ist der Begriff Einstellungsinterview für ein Gespräch, das der internen Auswahl von Mitarbeitern dient, da es sich in einem solchen Fall ja nicht um eine Einstellung handelt – also um die initiale Aufnahme einer Person als Beschäftigter in eine Organisation –, sondern um die Zuweisung von Personen zu Stellen oder Weiterbildungsoptionen, beispielsweise um die Frage einer Beförderung oder der Zuordnung zu beruflichen Entwicklungsprogrammen. Ungeachtet dessen, dass das Buch den Titel „Einstellungsinterview" nach der häufigsten Form und Funktion des zu führenden Gesprächs trägt, wird in solchen Zusammenhängen eher der allgemeinere Terminus Interview benutzt werden oder von einem eignungsdiagnostischen Gespräch die Rede sein.

1.2 Funktionen des Einstellungsinterviews

Einleitend wurden bereits einige Funktionen des Einstellungsinterviews angesprochen; dabei haben wir uns im Wesentlichen aber noch mit der allgemeinen Feststellung begnügt, das Interview sei durch einige Möglichkeiten ausgezeichnet, die durch andere Auswahlverfahren nicht geboten würden. Nun soll versucht werden, die wichtigsten Einsatzzwecke und Zielgrößen systematisch aufzulisten. In Tabelle 1 wird eine solche Zusammenstellung angeboten.

Erkennbar wird aus Tabelle 1, dass insbesondere jene Funktionen spezifisch für das Interview sind, die mit dem Charakter des Gesprächs als Gelegenheit zu unmittelbarem persönlichen Kontakt, als Begegnungssituation zu tun haben. Vertrauen, Sympathie und Commitment werden durch die direkte Interaktion leichter aufgebaut als durch schriftliche oder elektronisch vermittelte Kontaktnahme, ebenso wird persönlich übermittelte Information als glaubwürdiger empfunden (Rynes, 1993). In diesen Kontext gehören Untersuchungsergebnisse, die zeigen, dass das Verhalten des Interviewers zu den wesentlichen Einflussgrößen dafür gehört, ob Bewerber ein Einstellungsangebot annehmen (Schmitt & Coyle, 1976). Zwar liegen auch Ergebnisse vor, die der Person des Interviewers geringere Bedeutung zumessen (zum Überblick vgl. Schuler & Moser, 1993), aber unbestritten ist, dass das Einstellungsinterview von Bewerbern unter allen Auswahlverfahren präferiert wird (Fruhner, Schuler, Funke & Moser, 1991), wobei ursächlich hierfür vor allem der unmittelbare persönliche Kontakt, die Transparenz des Interviews als Auswahlverfahren und das Erleben von Situationskontrolle ausschlaggebend zu sein scheinen (Schuler, 1990 a). Auch der Informationsgehalt, wie er von Wanous (1980) als „realistic job preview" theoretisch fundiert und systematisiert wurde, trägt zur Zufriedenheit mit dem Auswahlverfahren bei und beugt Enttäuschungen bei Stellenantritt vor, was wiederum frühzeitige Fluktuation verhindert. Diese Faktoren werden im Zusammenhang mit dem Erleben der Auswahlsituation im Kapitel „Perspektive der Bewerber" gründlicher besprochen.

Tabelle 1: Funktionen des Einstellungsinterviews

Funktionen des Einstellungsinterviews für die auswählende Organisation	– Qualifikation abschätzen, Leistungsprognose – qualifizierte Bewerber gewinnen – Erwartungen der Bewerber kennen lernen – Eindruck aus Bewerbungsunterlagen und weiteren Informationsquellen überprüfen – Auswahl treffen (Entscheidung über Annahme/Ablehnung/Weiterprüfung; Entscheidung zwischen mehreren Kandidaten) – Information über den Arbeitsmarkt gewinnen – Unternehmenskultur vermitteln – späteres Commitment vorbereiten – als Mittel der Sozialisation nutzen – Selbstselektion ermöglichen – Angebot unterbreiten
Funktionen des Einstellungsinterviews für den Bewerber	– Stellenangebot erzielen – Arbeitsbedingungen abschätzen – Stil des Unternehmens kennen lernen – Entscheidung zwischen potentiellen Arbeitgebern treffen – Selbstbeurteilung ermöglichen – eigenen Marktwert eruieren
Funktionen des Einstellungsinterviews für Organisation und Bewerber	– sich vorstellen, darstellen, einen guten Eindruck machen, „sich gut verkaufen" – Kontakt aufbauen, sich persönlich kennen lernen; Sympathie und Vertrauen aufbauen – den Bewerber über Tätigkeit, Arbeitsplatz, Arbeitsanforderungen und Unternehmen informieren – Zusammenpassen abschätzen – Information über den Auswahlprozess austauschen – Absprachen treffen, Bedingungen aushandeln – den Bewerber beraten – selbstwertdienliche Funktion für Interviewer und Bewerber – symbolische Bedeutung

An dieser Stelle sei aber noch festgehalten, dass die verschiedenen Funktionen, denen das Interview gerecht werden kann, keineswegs in allen Fällen in Harmonie zueinander stehen. Abbildung 1 gibt die Form wieder, in der Porter, Lawler und Hackman (1975) hierauf hingewiesen haben. Sie wurde für Auswahlsituationen generell konzipiert; nachdem aber die Funktionen des Einstellungsinterviews durch seine Offenheit und die persönliche Begegnung vielfältiger sind als bei jeder anderen Auswahlmethode, gelten die skizzierten potenziellen Konflikte für das Interview in ganz besonderem Maße.

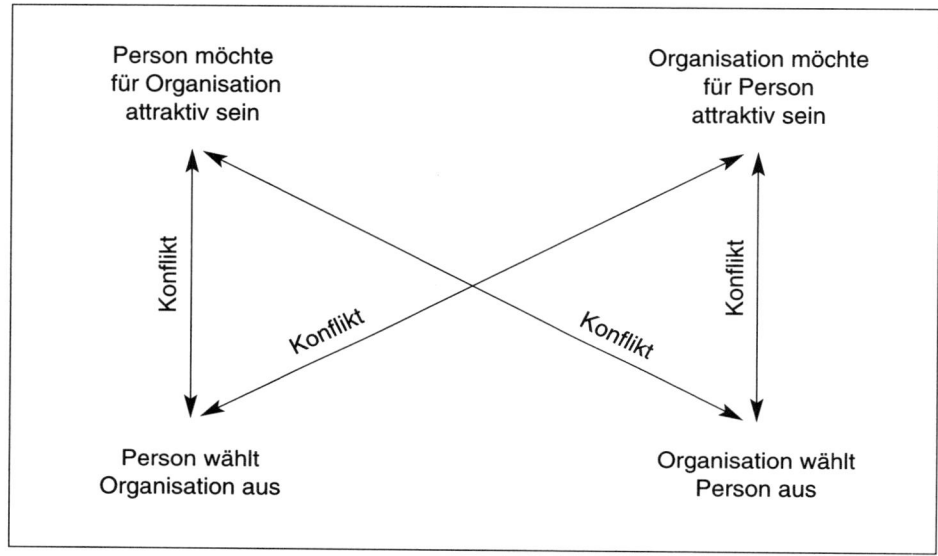

Abbildung 1: Die Anziehungs-Auswahl-Situation (nach Porter, Lawler & Hackman, 1975)

Der Kern des potenziellen Konflikts ist darin begründet, dass jeder der beiden Handelnden eine Auswahlentscheidung zu treffen hat und sich gleichzeitig für den anderen möglichst attraktiv darstellen möchte. Dadurch wird beispielsweise beschönigte Information ausgetauscht, die einer sachgerechten Entscheidung hinderlich sein kann. Oder es kann ein rigoroses Vorgehen in diagnostischer Hinsicht zwar die erhaltene Information optimieren, aber die qualifizierten Bewerber (also jene, die zwischen verschiedenen Angeboten wählen können) abstoßen. Alles in allem halten Porter et al. (1975) es für günstig, beim eigenen Vorgehen auch die Perspektive des anderen zu berücksichtigen. Im Grundsätzlichen ist dies wohl leichter möglich als in der Dynamik der konkreten Interaktion.

Die Vielfalt der Funktionen, denen das Einstellungsinterview potenziell gerecht werden kann, macht verständlich, dass es das am meisten geschätzte und neben der Auswertung der Bewerbungsunterlagen meistverbreitete Auswahlverfahren ist – selbst in methodisch unzulänglichen Durchführungsformen, die es anderen Auswahlverfahren unterlegen machen. Hiervon wird im nächsten Kapitel gründlicher die Rede sein.

1.3 Zum Aufbau dieses Buchs

Nach dem einführenden Überblick, den Kapitel 1 bietet, folgt in Kapitel 2 die Erörterung der Rolle des Einstellungsinterviews im Rahmen der Personalauswahl. Es werden einige Prinzipien dargelegt, die für die Berufseignungsdiagnostik insgesamt grundlegend sind und die eine erste Erklärung dafür liefern werden, dass das Interview den gleichen methodischen Ansprüchen gerecht werden sollte wie andere Auswahlverfahren und dass es mehr leistet, wenn es als multiples oder multimodales Verfahren aufgebaut ist. Von anderen Auswahlverfahren ist insoweit die Rede, als erkennbar werden soll, welche Verfahren als alternative oder ergänzende Instrumente in Betracht kommen. Einige Daten zur Verbreitung des Interviews in Deutschland und einigen anderen Ländern werden vorgestellt, und es werden Meinungen der Verwender über das Interview berichtet. In einem methodischen Exkurs werden anschließend die wichtigsten Grundbegriffe der psychologischen Testtheorie erläutert, die uns im weiteren Text begleiten werden.

In Kapitel 3 werden die Entwicklung und der heutige Stand der Interviewforschung dargestellt. Es wird erkennbar werden, dass die wesentlichen Defizite konventioneller Auswahlgespräche schon seit langem bekannt sind, dass aber erst die Forschung der letzten beiden Jahrzehnte dem Interview einen Qualitätssprung ermöglicht hat, der es heute zu einem der besten Instrumente macht, die der psychologischen Berufseignungsdiagnostik zur Verfügung stehen. Als wesentliche Qualitätsvoraussetzung des Interviews hat sich die Strukturierung erwiesen. Es werden verschiedene Möglichkeiten der Interviewstrukturierung besprochen und empirische Ergebnisse dieser Maßnahmen berichtet. Die vorliegenden Daten sind so überzeugend, dass ein gewisses Maß an Strukturierung als unabdingbare Voraussetzung hoher diagnostischer Qualität des Gesprächs angesehen werden muss.

Kapitel 4 befasst sich mit dem Prozess der Urteilsbildung. Es wird erkennbar, dass die Eindrucksbildung im Einstellungsinterview gemäß den Prinzipien der sozialen Wahrnehmung beschreibbar ist und deshalb auch den Fehlerquellen unterliegt, die zu beachten sind, wenn wir uns ein Urteil über eine andere Person bilden. Diese Erörterung wird manche Ergebnisse der zuvor berichteten Interviewforschung verständlicher machen – z. B. die geringe Übereinstimmung der Interviewer untereinander – und den Boden für eine Reihe von Verbesserungsmaßnahmen bereiten, die eben an den Unzulänglichkeiten einer unkontrollierten Urteilsbildung ansetzen.

Im Zusammenhang mit Fragen der sozialen Urteilsbildung stehen Person und Verhalten des Interviewers, die ebenfalls in Kapitel 4 thematisiert werden. Hier werden sowohl allgemeinpsychologische Prinzipien faktischen und wünschenswerten Interviewerverhaltens angesprochen als auch differentialpsychologische Aspekte, also Unterschiede zwischen den Interviewern. Als Vorgriff auf das spätere Thema Interviewertraining wird hier auch diskutiert, was einen guten Interviewer ausmacht.

Eine ubiquitäre Befürchtung aller, die sich in Theorie und Praxis mit Eignungsdiagnostik befassen, ist die, dass die Ergebnisse der diagnostischen Messungen aufgrund des besonderen Aufforderungscharakters von Auswahlsituationen verfälscht sein könnten. Eine Vielzahl von Untersuchungen, brauchbare und weniger aussagekräftige, wurden durchgeführt, um diese Frage zu klären, und in Persönlichkeitstests wurde manchmal ein Satz von „Lügenfragen" aufgenommen, um Personen mit besonders ausgeprägter Tendenz zur Antwortverfälschung zu erkennen. Erst die Ergebnisse neuer metaanalytischer Studien haben aber Klarheit geschaffen, ob die Validität, also die Aussagekraft der Diagnosen, durch die Neigung zur beschönigenden Selbstdarstellung beeinträchtigt wird. Das Ergebnis ist für manche verblüffend, wird aber erst in Abschnitt 4.4 verraten.

Kapitel 5 spricht eines der wesentlichen Erfordernisse jeder qualitätsorientierten Diagnostik an, nämlich die Arbeits- und Anforderungsanalyse. Es werden verschiedene Vorgehensweisen und Instrumente der Anforderungsanalyse erläutert, und es wird aufgezeigt, in welchem systematischen Zusammenhang diese Analyseverfahren mit den darauf aufbauenden Diagnosemethoden stehen.

Je nach gewählter Methode der Anforderungsanalyse sind aus ihren Ergebnissen verschiedene eignungsdiagnostische Ansätze ableitbar. Einem davon, dem Konstruktansatz der Diagnostik, wird in Kapitel 6 nachgegangen. Unter einem Konstrukt wird ein Begriff verstanden, der zur Organisation oder Interpretation des Wissens über einen Phänomenbereich dient. In der Eignungsdiagnostik meint man damit vor allem Persönlichkeits- oder Fähigkeitskonstrukte, also diejenigen Eigenschaften, die als relevant für den Berufserfolg angesehen werden. Es werden sowohl allgemein erfolgsrelevante Konstrukte erörtert, also solche, die für eine Vielzahl von Berufen Bedeutung haben, sowie spezifische, deren Relevanz sich erst aus der jeweiligen Anforderungsanalyse ergibt. Besprochen wird auch die Frage der Stabilität und Veränderbarkeit von Merkmalskonstrukten, was unter anderem für die Frage „Personalauswahl oder Personalentwicklung" von Bedeutung ist.

In Kapitel 7 wird aufgezeigt, dass es eine ganze Reihe von Fragentypen gibt, die in Interviews zur Anwendung kommen können. Die meisten dieser Fragenarten entstammen eher dem Fundus der Praktiker, so dass für sie nicht das gleiche Maß an empirischer Evidenz erwartet werden kann wie für die nachfolgend angesprochenen Interviewsysteme. Gleichwohl können sie zur Anreicherung von Auswahlgesprächen nützliche Beiträge leisten – sei es, um die Suggestivwirkung von Fragen zu vermeiden oder um allzu redselige Gesprächspartner zu bremsen.

Nachdem die Forschung unzweideutig festgestellt hat, dass die Strukturierung des Interviews zu seiner psychometrischen Verbesserung führt, entstanden verschiedene Interviewsysteme. Die Systematik besteht teilweise aus der Aneinanderreihung von Fragen des gleichen Typs, in anderen Fällen allerdings auch aus einer Zusammenstellung unterschiedlicher Frageformen. Für einige Interviewsysteme liegen auch empirische Ergebnisse vor, deren wichtigste in Kapitel 8 berichtet werden.

Mit Kapitel 9 wird eine methodische Bilanz gezogen. Bis dato wurden alle wesentlichen Forschungsergebnisse und sonstigen Grundlagen zusammengetragen, die uns jetzt ermöglichen, die Frage zu stellen: Wie muss ein Einstellungsinterview beschaffen sein, um all den genannten Bedingungen gerecht zu werden, um alle aussichtsreichen Möglichkeiten zu nutzen, die drohenden Fehler zu vermeiden, um hohe Validität zu erzielen und gleichzeitig akzeptabel und praktikabel zu sein?

Kapitel 9 stellt den Versuch einer Antwort auf diese Fragen vor: das Multimodale Interview. Dieses Verfahren wurde unter Berücksichtigung der genannten Aspekte konzipiert und vereint die zuvor erörterten verschiedenartigen diagnostischen Ansätze. Bei einer weitgehend festgelegten Grundstruktur – die nur in Abhängigkeit von der Berufserfahrung der Befragten etwas variiert – werden im Multimodalen Interview verschiedene Fragearten und andere Gesprächselemente, etwa die Information der Kandidaten und freie Gesprächsteile, so zusammengefügt, dass ein psychometrisch solider und gleichzeitig harmonischer Gesprächsablauf entsteht. Den Interviewern wird nicht nur ein Teil der Fragen vorgegeben, sondern auch Hilfestellung bei der Beurteilung der Antworten geleistet. Am Schluss des Interviews entsteht ein Wert für jeden Bewerber, der die Kandidaten unmittelbar vergleichbar macht. Zunächst werden Verfahrensprinzip und Aufbau des Multimodalen Interviews dargestellt, um danach an Beispielen zu illustrieren, wie für verschiedene Verwendungszwecke berufs- und branchenspezifische Interviews ausgearbeitet wurden. Für eine Reihe dieser Interviews liegen Erfahrungen, Validierungsdaten und Akzeptanzwerte vor, die berichtet werden. Die Darstellung wird erkennbar machen, dass dieser Interviewtyp keine großen Ansprüche an die Interviewer stellt (obgleich sie sich einem Training unterziehen sollten), dass aber die Ausarbeitung eines Multimodalen Interviews nicht ohne Aufwand und Sachverstand zu bewerkstelligen ist.

In Kapitel 10 wird der Ablauf eines Einstellungsinterviews geschildert. Ungeachtet der Verwendung eines bestimmten Systems sind in allen Fällen die Phasen Vorbereitung, Durchführung sowie Nachbereitung und Entscheidungen zu durchlaufen. In diesem Kapitel wird der Versuch gemacht, vieles an bisher zusammengetragenen Ergebnissen zu einem praxisnah gestalteten Leitfaden zusammenzustellen und schließlich an einem Verwendungsbeispiel zu illustrieren.

In Kapitel 11 wird ein Interview- oder Interviewertraining dargestellt. Trainings haben sich nach aller Erfahrung als wirksamer herausgestellt, wenn sie nicht nur allgemeine Prinzipien thematisieren – beispielsweise Grundsätze und Fehler der sozialen Urteilsbildung –, sondern mit einem konkreten System arbeiten und dieses in mehreren Übungssequenzen mit detailliertem Feedback praktizieren. Kapitel 11 soll durch die Erläuterung von Prinzipien sowie durch Trainingsbausteine und Übungen Anregungen für Trainings oder auch für individuelles Einüben geben. Besonderes Gewicht wurde auf Sicherung des Transfers, also der Übertragung auf die alltägliche Praxis, gelegt.

Kapitel 12 führt uns noch einmal zurück zur Perspektive der Bewerber, von der auch in Kapitel 4 schon die Rede war. An dieser Stelle wird das Konzept der „sozialen Validität" vorgestellt. Damit werden diejenigen Einflussgrößen bezeichnet, die eine Auswahlsituation zu einer Situation des fairen sozialen Kontrakts machen. Daneben wird erörtert, was Bewerbertrainings wirksam macht und wie Bewerber ihrerseits von den Entscheidungen der Interviewforschung profitieren können, um eine fundierte Entscheidung zu treffen. Bewerber werden ermutigt, „sich nicht zu verbiegen", sondern vielmehr darauf zu achten, dass Stelle und Organisation zu ihnen passen.

„Cui bono?" ist die Frage, die in Kapitel 13 gestellt wird – welcher Nutzen ergibt sich aus der Anwendung eines Einstellungsinterviews? Welche Einsparung oder welcher monetäre Gewinn resultiert aus der Anwendung eines Auswahlverfahrens bestimmter Qualität; in welchem Verhältnis steht der Kostenaufwand hierzu? Die Kombination von Methoden der psychologischen Testtheorie und der betrieblichen Investitionsrechnung kann helfen, diese Frage zu beantworten. Überdies wird die Validität als vorrangiges Qualitätskriterium von Auswahlverfahren noch einmal aufgegriffen. Es wird klargestellt, welche Prognoseleistung von einem Auswahlverfahren erwartet werden kann und inwieweit durch den Einsatz ergänzender Verfahren zusätzliche – „inkrementelle" – Validität und zusätzlicher Nutzen zu erzielen sind.

In Kapitel 14 wird die Personalauswahl unter rechtlichen Gesichtspunkten und bezüglich des Prinzips „Fairness" betrachtet; beispielsweise wird erörtert, welche Fragen im Einstellungsgespräch juristisch zulässig sind, welche bedenklich und mit welchen sich der Fragesteller unzweifelhaft ins Unrecht setzt. Fairness wird in testtheoretischem Kontext etwas anders verstanden, als es dem umgangssprachlichen Wortgebrauch entspricht. In der Sprache der Testtheorie ist ein Auswahlverfahren dann unfair, wenn es für verschiedene Personengruppen nicht die gleiche Validität aufweist, wodurch die eine Gruppe gegenüber der anderen benachteiligt wird. Wird die Fairness von Einstellungsinterviews mit den diesbezüglichen Eigenschaften anderer Auswahlverfahren verglichen, so schneidet das Interview recht gut ab, zumindest in strukturierter Form.

Im abschließenden Kapitel 15 wird Bilanz gezogen, und es wird ein Ausblick versucht. Gewöhnlich sind Prognosen uninteressant, wenn sie nur in der Projektion derzeitiger Trends in eine künftige Zeit bestehen, und unmöglich, wenn sie versuchen, darüber hinauszukommen. Wir wollen hier nur mäßig spekulieren, wenn wir aufzuzeigen versuchen, welche Gestalt das Interview unter weiterentwickelten methodischen Bedingungen haben kann und zu welchen Zwecken es über die Personalauswahl hinaus zu gebrauchen ist. Stichworte hierzu sind Konstruktaufklärung, Potenzialanalysen, Personalentwicklung, Telefoninterviews, Situational Judgment Tests, Personalmarketing und Sozialisation sowie so futuristisch klingende Dinge wie Neuronale Netze und Multiindikatorendiagnostik.

1.4 Lesehinweise

Jeder Autor freut sich an dem Gedanken, seine Bücher würden von der ersten bis zur letzten Seite mit Interesse gelesen. Aber das ist, zumindest bei Fachbüchern, nicht wirklich üblich und nötig. Fachtexte werden mitunter bei Bedarf zur Hand genommen, dafür aber mehrfach, und dann jeweils in den Ausschnitten studiert, die für den Leser gerade relevant sind. Das setzt natürlich voraus, dass die einzelnen Kapitel und Abschnitte im Wesentlichen für sich verständlich sind oder das jeweils nötige Vorwissen beim Leser bereits vorliegt.

Um weitgehende Verständlichkeit der Einzelteile dieses Buchs hat sich der Verfasser bemüht, wobei selbstverständlich der Aufbau eine gewisse Sequenz auch der Gedankengänge und Schlussfolgerungen ergibt. Dennoch dürften je nach Absicht und Bedarf des Lesers verschiedene Arten der Lektüre denkbar und hoffentlich von Gewinn sein. Insbesondere folgende Formen der Kenntnisnahme sollten sich als zweckentsprechend erweisen:
- Die vollständige Lektüre insbesondere für Leser, die sowohl am wissenschaftlichen Hintergrund als auch an der praktischen Durchführung von Einstellungsinterviews interessiert sind; die Verwendung als Lehrbuch dürfte in vielen Fällen eine Auseinandersetzung mit dem Gesamttext vorsehen.
- Die Beschränkung auf den „wissenschaftlichen Teil", das sind im Wesentlichen die Kapitel 2 bis 6, wenn man nur an den theoretisch-methodischen Grundlagen des Interviews als eignungsdiagnostischer Methode interessiert ist.
- Umgekehrt die Beschränkung auf den Teil Interviewfragen und -systeme sowie Interviewablauf (Kapitel 7 bis 10), wenn das Interesse nur auf die praktische Verwendung

des Interviews als Auswahlverfahren ausgerichtet ist; die Grundlagen sind in diesem Fall schon bekannt, oder man verzichtet darauf, der Frage nachzugehen, weshalb Interviews als strukturierte Verfahrenssysteme aufgebaut sind. Ergänzung um Kapitel 11 hilft bei der Umsetzung eines Verfahrens mittels Training.
– Gilt das Interesse nur bestimmten Einzelthemen, so wird man das Buch nur zur Hand nehmen, um sich beispielsweise über Anforderungsanalyse (Kapitel 5), Verfälschungsgefahren (4.4), rechtliche Fragen (14) oder die Nutzenbestimmung (13) zu informieren; umgekehrt können einzelne Teile (wie etwa die Abschnitte über Validität durch psychometrisch versierte Leser) übersprungen werden.
– Für den eiligen oder noch unschlüssigen Leser wurde als Abschnitt 1.3 dieses ersten Kapitels ein Überblick bereitgehalten, der knappe Information bietet und die Entscheidung erleichtern soll, mit welchen Teilen des Buchs man sich beschäftigen möchte.

Keine dieser Lesevarianten setzt wesentliche Vorkenntnisse der Personalpsychologie oder der Berufseignungsdiagnostik voraus; im Bedarfsfall wird auf die jeweils einschlägigen anderen Abschnitte dieses Buchs verwiesen. Um der Verständlichkeit der einzelnen Kapitel willen wird eine gewisse Redundanz der Inhalte in Kauf genommen. Die zitierte Literatur will Hilfestellung für weitergehend Interessierte geben, ihre Lektüre ist aber keineswegs notwendig zum Verständnis des hier angebotenen Themenumfangs. Fast unnötig dürfte es schließlich sein, zu erwähnen, dass die Lektüre eines Buchs wie des vorliegenden nicht das praktische Üben des Interviews ersetzt (und vice versa).

2 Die Rolle des Interviews in der Personalauswahl

2.1 Eignungsdiagnose als Vergleich von Person und Tätigkeit

Die Personalauswahl gehört zu den Kernaufgaben des Personalwesens in jedem Unternehmen. Sowohl zur Auswahl von Mitarbeitern vom externen Arbeitsmarkt wie zur unternehmensinternen Auswahl und Zuordnung (z. B. im Beförderungsfall) sowie zur Entscheidung über Maßnahmen der Personalentwicklung stellt die psychologische Berufseignungsdiagnostik konzeptionelle und methodische Hilfsmittel zur Verfügung. Eignungsdiagnostik kann in diesem Sinne charakterisiert werden als Methodologie zur Entwicklung, Prüfung und Anwendung psychologischer Verfahren zum Zwecke eignungsbezogener Erfolgsprognosen und Entscheidungshilfen im beruflichen Kontext. Ihre wissenschaftliche Basis sind vor allem Theorien der Anforderungen, Fähigkeiten und Leistungen sowie Methoden zu deren Messung und Modelle der Klassifikation. Praktische Einsatzbereiche sind alle Arten berufsbezogener Einschätzung, Beratung, Selektion und Zuordnung mit dem Ziel der individuellen Berufs-, Organisations- und Arbeitsplatzwahl, der institutionellen Berufsberatung sowie der Auswahl und Entwicklung von Mitarbeitern in Wirtschafts- und Verwaltungsorganisationen.

Die psychologische Eignungsdiagnostik hat sowohl in ihren methodischen Grundlagen als auch in der Konstruktion der einsetzbaren diagnostischen Instrumente erhebliche Fortschritte in neuester Zeit zu verzeichnen, so dass die Behauptung nicht übertrieben sein dürfte, die wichtigsten Kenntnisse und die besten Verfahren stammten aus den letzten zehn Jahren. Dieser begrüßenswerte Fortschritt bedeutet allerdings auch, dass die Anwender psychologischer Eignungsdiagnostik im Personalwesen hohen Anforderungen an die persönliche Weiterbildung ausgesetzt sind, wollen sie nicht Gefahr laufen, mit veralteten Konzepten zu arbeiten. Nicht geringer ist die Gefahr, in einer solchen Situation großer Intransparenz von der manchmal zweifelhaften Kompetenz von Beratern abhängig zu sein. Maßnahmen verbesserter fachlicher Kontrolle und Verfahrensbewertung durch die Psychologenverbände befinden sich in Vorbereitung, so dass eine Verbesserung dieser Situation im Laufe der nächsten Jahre zu erhoffen ist.

„Eignung" heißt im Prinzip immer „Eignung wessen wofür". Das heißt, die Zielgruppen sind ebenso zu bestimmen wie die Zielpositionen. Im Anschluss daran sind die Anforderungen zu ermitteln, die diese Tätigkeiten oder Positionen an ihre Inhaber stellen, und es sind daraus die erforderlichen Eignungsmerkmale der Positionsinhaber abzuleiten. Um ihre Ausprägung im Einzelfall zu messen und zu vergleichen, stehen Auswahlverfahren zur Verfügung oder können konstruiert bzw. adaptiert werden, wenn der Bedarf ein sehr spezifischer ist.

Zusätzlich zur Bestimmung derzeitiger Anforderungen kann abzuschätzen versucht werden, welche Veränderungen dieser Anforderungen zu erwarten sind; darüber hinaus ist mit einem Anteil an Veränderungen zu rechnen, der im Einzelnen nicht bestimmbar ist. Das Entwicklungspotenzial einer Person gilt dann als ausreichend, wenn es sowohl den absehbaren Veränderungen entspricht, als auch erwarten lässt, den künftigen Entwicklungen ungewisser Art gewachsen zu sein. Die Prognose ist in diesem Bereich schwierig, aber es haben sich doch einige Eigenschaften als erfolgsrelevant in unterschiedlichen Berufskontexten herausgestellt; sie werden im Einzelnen noch zu erörtern sein.

Neben der Leistung können auch andere Kriterien beruflichen Erfolgs, namentlich Berufs- und Arbeitszufriedenheit, Gesundheit und Wohlbefinden oder das Verbleiben in der Organisation als Diagnoseziele formuliert werden. Dementsprechend ist in Ergänzung der Anforderungsermittlung auch das Befriedigungspotenzial der fraglichen Tätigkeit zu bestimmen und mit den Interessen und Bedürfnissen der Personen zu vergleichen, um Zufriedenheit und andere Aspekte des Wohlbefindens sowie das Verbleiben in der Organisation sicherzustellen. Befriedigungspotenziale – also die Möglichkeit, an diesem Arbeitsplatz Bedürfnisse wie z. B. Sicherheitsstreben und Kontaktbedürfnis zu erfüllen – können u. a. durch Organisationsanalysen festgestellt werden, Interessen und Bedürfnisse mit Hilfe von Berufsinteressentests.

Hieraus ergibt sich das Erfordernis, Person und Berufstätigkeit auf drei Ebenen zu vergleichen (Tabelle 2).

Tabelle 2: Vergleich zwischen Tätigkeit und Person zur Feststellung der Berufseignung

Arbeit	Person
Tätigkeitsspezifische Anforderungen	— Fähigkeiten, Fertigkeiten und Kenntnisse
Tätigkeitsübergreifende Anforderungen	— Generell erfolgsrelevante Eigenschaften, Entwicklungspotenzial
Befriedigungspotenzial	— Interessen, Bedürfnisse und Werthaltungen

2.2 Eignungsdiagnostische Verfahrenstypen

Verfahren, mit denen Arbeitstätigkeiten „diagnostiziert" werden können, werden in einem eigenständigen Kapitel „Anforderungsanalysen" erörtert, da einige davon eine brauchbare Grundlage für die Ausarbeitung von Einstellungsinterviews sind. An dieser Stelle sollen die wichtigsten Typen personbezogener Diagnoseverfahren genannt werden, die als Alternativen zum Einstellungsinterview oder zu dessen Ergänzung in Frage kommen. Als Form der Auflistung wird eine Tabelle aus einer Studie übernommen, deren Untersuchungsgegenstand die Anwendungshäufigkeit eignungsdiagnostischer Verfahren in vorwiegend großen Unternehmen war; es können deshalb in Tabelle 3 neben der Verfahrensauflistung auch die Prozentsätze der Unternehmen angegeben werden, die von den betreffenden Verfahren für ihre Auswahlentscheidung Gebrauch machen.

Tabelle 3: Verbreitete eignungsdiagnostische Verfahren und ihre Anwendungshäufigkeit in großen deutschen Unternehmen zur externen Personalauswahl (aus Schuler, Frier & Kaufmann, 1993, S. 34). N = 105.

Eignungsdiagnostische Verfahren	Anwendungs-häufigkeit
Analyse der Bewerbungsunterlagen	98 %
zusätzlich eingeholte Referenzen	71 %
strukturiertes Interview durch die Personalabteilung	70 %
unstrukturiertes Interview durch die Fachabteilung	69 %
medizinische Begutachtung	64 %
unstrukturiertes Interview durch die Personalabteilung	57 %
Gruppengespräch	51 %
strukturiertes Interview durch die Fachabteilung	49 %
Leistungstest	47 %
Arbeitsprobe	44 %
Assessment Center	39 %
Intelligenztest	34 %
Persönlichkeitstest	21 %
biographischer Fragebogen	21 %
graphologisches Gutachten	9 %

In Tabelle 3 sind Interviews differenzierter aufgelistet als andere Verfahren. In Kombination der verschiedenen Durchführungsformen und -instanzen (aus Tabelle 3 nicht erkennbar) ergibt sich, dass Einstellungsinterviews in deutschen Unternehmen ähnlich häufig zur Entscheidung herangezogen werden wie schriftliche Bewerbungsunterlagen, also in nahezu allen Fällen (Ausnahmen finden sich für beide Verfahren fast nur im gewerblichen Bereich). Europaweit gesehen, sind Interviews sogar die am häufigsten eingesetzten Auswahlverfahren (Smith, Farr & Schuler, 1993). Im Unterschied zu anderen Verfahren, beispielsweise Persönlichkeitstests und graphologischen Gutachten, findet sich eine etwa gleich hohe oder noch höhere Verwendungshäufigkeit auch in anderen europäischen Ländern (z. B. Bruchon-Schweitzer & Ferrieux, 1991; Schuler, Frier & Kauffmann, 1993; Smith, 1991).

Bemerkenswert ist, dass strukturierte Interviews die bevorzugte Durchführungsform für Gespräche sind, die von Personalleuten geführt werden, während Fachvorgesetzte häufiger unstrukturiert interviewen. (Eine gründliche Erläuterung, was unter Interviewstrukturierung zu verstehen sei, folgt erst in Kapitel 3. Einstweilen muss die grobe Definition genügen, dass als strukturiert solche Interviews bezeichnet werden, in denen eine Regel bezüglich des Gesprächsablaufs, der zu stellenden Fragen oder der Antwortverwertung systematisch beachtet wird.) Die relativ hohen Zahlenangaben in Tabelle 3 weisen darauf hin, dass die Verwender recht großzügig auslegen, was unter „Struktur" fällt. Gegenüber den Verwendungshäufigkeiten von 1983 (Schulz, Schuler & Stehle, 1985) hat die Nutzung strukturierter Interviews im Jahre 1990 stark zugenommen, was allerdings vornehmlich für die befragten größeren Unternehmen gelten dürfte, weniger für kleine und mittlere Betriebe (wie generell die Verwendung anspruchsvoller Methoden der Personalführung).

Während in Tabelle 3 die Verwendungshäufigkeiten zur Auswahl *externer* Bewerber wiedergegeben sind, stellt Tabelle 4 die Verhältnisse bei der *internen* Personalauswahl vor, in diesem Fall ohne Differenzierung nach Strukturierungsgrad. Die Daten lassen erkennen, dass das Interview in diesem Fall die im Vorfeld zu allen anderen Vorgehensweisen am häufigsten eingesetzte Methode ist. Dies ist nicht gleichzusetzen mit der *Bewertung* der Auswahlverfahren durch die Verwender, worüber in Abschnitt 2.5 informiert wird.

Tabelle 4: Anwendungshäufigkeit von Verfahren zur internen Personalauswahl in großen deutschen Unternehmen (aus Schuler, Frier & Kaufmann, 1993, S. 38). N = 105.

Eignungsdiagnostische Verfahren	Anwendungshäufigkeit
Interview	82 %
Vorschlag durch direkten Vorgesetzten	80 %
Mitarbeiterbeurteilung	75 %
probeweise Übertragung von Aufgaben der Zielposition	52 %
Assessment Center	31 %
Arbeitsprobe	19 %
medizinische Begutachtung	13 %

2.3 Der trimodale Ansatz der Berufseignungsdiagnostik

Um die Logik eignungsdiagnostischer Messungen besser zu verstehen, ist es von Nutzen, drei grundsätzliche methodische Ansätze zu unterscheiden – *Eigenschaftsansatz*, *Simulationsansatz* und *biographischen Ansatz* (vgl. Schuler, 2000b; 2001b; Schuler & Höft, 2001; Schuler & Marcus, 2001). Mittels Eigenschafts- oder Konstruktansatz werden Merkmale erfasst, die als relativ stabil angenommen werden, also z. B. Gewissenhaftigkeit oder räumliches Vorstellungsvermögen; als typisches Messverfahren, diese Merkmale in möglichst homogener Form zu erfassen, werden *psychologische Tests* eingesetzt. Zielsetzung des Simulationsansatzes ist die Erfassung solchen Verhaltens, wie es in ähnlicher Form am Arbeitsplatz gefordert wird; typische Prüfungsform sind *Arbeitsproben*. Als drittes diagnostisches Prinzip lässt sich der biographische Ansatz unterscheiden. Erfassungsgegenstand sind vor allem vergangene Ereignisse und Verhaltensergebnisse; typische Erfassungsmethode sind *biographische Fragen*, die in schriftlicher Form in einem biographischen Fragebogen, in mündlicher Form im Interview gestellt werden können. In Abbildung 2 wird diese Unterscheidung praktisch symbolisiert.

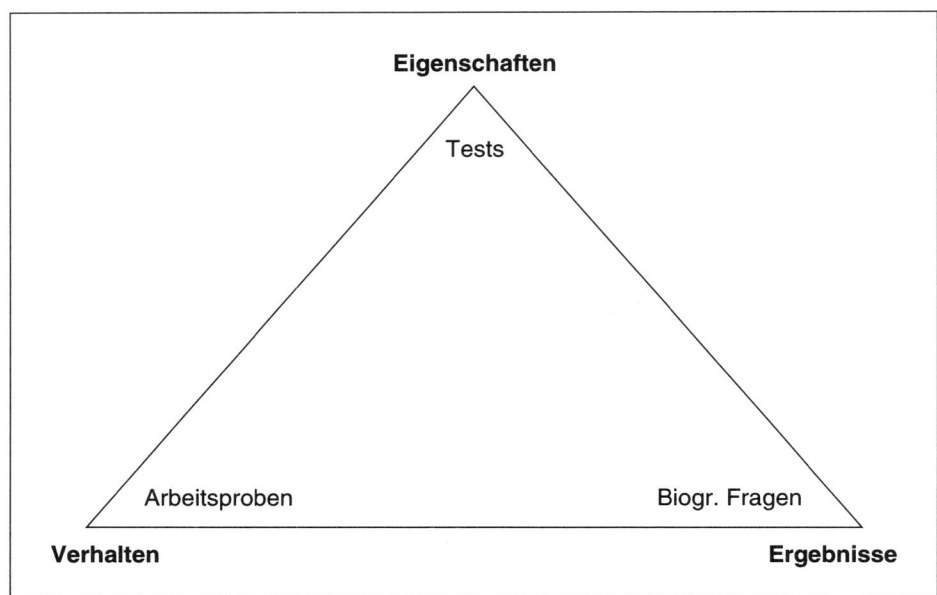

Abbildung 2: Der trimodale Ansatz der Berufseignungsdiagnostik

In der Psychologie wie in allen anderen Erkenntnisbereichen hat die Forschung seit langem gezeigt, dass Messergebnisse auch davon abhängig sind, mit welchen Methoden oder Messverfahren sie zustande kommen. In der psychologischen Methodenlehre hat diese Einsicht zu Heuristiken geführt, die Konstruktvalidität von Messungen zu bestimmen (vgl. den nächsten Abschnitt); die bekannteste hiervon ist die Multitrait-Multimethod-Matrix von Campbell und Fiske (1959). Für die Berufseignungsdiagnostik wurde aufgezeigt, dass sich Verlässlichkeit und Gültigkeitsbereich diagnostischer Aussagen dadurch erhöhen lassen, dass sie mittels multimodaler oder multimethodaler Messungen vorgenommen werden (Schuler & Schmitt, 1987).

Eine „vollständige" und verlässliche Diagnose kommt nun aber nicht dadurch zustande, dass eine Mehrzahl grundsätzlich gleichartiger Verfahren aneinandergereiht wird, wie zum Beispiel in einer umfangreichen Testbatterie oder in einem methodisch reduzierten Assessment Center, das aus lauter Arbeitsproben bzw. Simulationsaufgaben besteht, sondern durch eine multiple Vorgehensweise, die möglichst unterschiedliche Verfahrenstypen berücksichtigt. Abbildung 2 kann hierbei zur Orientierung dienen, um Verfahren zusammenzustellen, die den verschiedenen diagnostischen Ansätzen entsprechen. Nach diesem Prinzip konstruierte und in der Praxis eingeführte Beispiele sind multimodale Potenzialanalysen für den Bereich der industriellen Forschung und Entwicklung (Schuler, Funke, Moser & Donat, 1995) sowie für eine große Finanzdienstleistungsorganisation (Diemand, Becker & Schuler, 1997a, b).

Multimodale Verfahren dieser Art sind natürlich aufwendig in Konstruktion und Durchführung. Um hohe Generalisierbarkeit der Ergebnisse zu erreichen, sollten sowohl schriftlich als auch mündlich durchzuführende Verfahren enthalten sein, Selbst- und

Fremdeinschätzungen, typisches Verhalten (wie es durch biographische Fragen ermittelt wird) ebenso wie maximales (z. B. mittels Leistungstests) erzieltes Verhalten, vergangenheitsbezogene Verhaltensbeschreibungen sollten ebenso enthalten sein wie gegenwärtige Verhaltensbeobachtungen, darüber hinaus schließlich auch noch Verfahren, die Interessen und Werthaltungen erfassen.

Natürlich wird man den Aufwand einer so umfassenden Diagnose nicht in allen Fällen betreiben. Manchmal mag man es als ausreichend erachten, vor der Einstellung eines Bewerbers über dessen Fingergeschicklichkeit oder EDV-Erfahrung informiert zu werden. Andererseits – will man nicht doch auch abschätzen können, wie er sich den Kunden gegenüber verhalten wird, ob er sich ins Team einfügt, ob er auch dann verlässlich arbeitet, wenn er nicht kontrolliert wird, Initiative zeigt und auf gute Ideen kommt, um auftauchende Probleme zu lösen? In den meisten Fällen wird man also Kompromisse schließen, eine kleine Zahl verschiedener Verfahren einsetzen – z. B. ein Interview, einen Test und eine Fallstudie – und hoffen, dass damit die wichtigsten Anforderungen abgedeckt sind. Oder gibt es ein einzelnes Verfahren, womöglich gar ein komplexeres Interview, das als Ersatz für eine aufwendige multimodale Prozedur dienen kann, weil es mehrere methodische Ansätze auf sich vereint, für die ansonsten unterschiedliche Verfahren erforderlich wären? Unsere weiteren Überlegungen werden uns zu einer Antwort auf diese Fragen führen.

2.4 Bewertung eignungsdiagnostischer Verfahren
Evaluation im Überblick

Es gibt vielfältige Möglichkeiten der Bewertung eignungsdiagnostischer Methoden, ganz entsprechend der Vielfalt an Zielsetzungen und Erfolgskriterien. Das Testkuratorium der Föderation deutscher Psychologenvereinigungen (1986) legt zur Bewertung diagnostischer Verfahren vor allem testtheoretische Gütekriterien an; eine neue, umfassende Formulierung von Qualitätsstandards befindet sich in Vorbereitung. Zum Zwecke der Entscheidung über die Einführung eines eignungsdiagnostischen Verfahrens in einem Unternehmen dürfte es angemessen sein, diese Kriterien um solche Gesichtspunkte zu erweitern, die sich am Kontext und an den Konsequenzen der Maßnahme orientieren. Als grobe Richtschnur hierzu mag die in Tabelle 5 angebotene Auflistung hilfreich sein. Diese Gesichtspunkte beziehen sich teilweise nicht nur auf die diagnostische Methode, sondern können auch zur Beurteilung des diagnostischen Prozesses insgesamt, also etwa der Auswahlsituation, herangezogen werden.

Um an dieser Stelle einen Überblick zu schaffen, werden in Tabelle 5 die wichtigsten Qualitätskriterien aufgelistet, obwohl einige davon nicht hier, sondern in eigenen Kapiteln besprochen werden; dies gilt für die organisationale Effizienz (den Nutzen; Kapitel 13), die soziale Qualität (Akzeptabilität; Kapitel 12), für rechtliche Gesichtspunkte (Kapitel 14) sowie für einen Unterpunkt aus der Rubrik „Psychometrische Qualität", den Anforderungsbezug (Kapitel 5). Wir werden uns im Moment lediglich mit den testtheoretischen Begriffen Objektivität, Reliabilität und Validität befassen, weil sie – insbesondere die Validität – in den nachfolgenden Kapiteln als zentrale Bewertungskriterien eine große Rolle spielen, weshalb das Verständnis dieser Begriffe vorausgesetzt werden muss.

Tabelle 5: Qualitätskriterien eignungsdiagnostischer Verfahren

1. Psychometrische Qualität	2. Organisationale Effizienz (Nutzen)	3. Soziale Qualität (Akzeptabilität)	4. Ethische und rechtliche Gesichtspunkte
– Anforderungsbezug – Objektivität (Standardisierung) – Reliabilität – Validität	– Nutzen/Kosten-Relation – Durchführungsaufwand – Kompetenzerfordernis – Verfügbarkeit	– Information – Transparenz – Partizipation/Kontrolle – Feedback	– Prozess- und Verfahrensqualität – Soziale Qualität/Validität – Allgemeines Persönlichkeitsrecht – Arbeitsrecht

Objektivität

Unter Objektivität wird nach Lienert (1989, S. 13) der Grad verstanden, in dem die Ergebnisse eines Tests unabhängig vom Untersuchenden sind. Vollständige Objektivität liegt dann vor, wenn ein Verfahren völlig unabhängig davon ist, wer es anwendet und auswertet, wenn verschiedene Personen also zu den gleichen Ergebnissen gelangen. Als Maß der Übereinstimmung wird zumeist der Korrelationskoeffizient verwendet. Verschiedene Aspekte der Objektivität werden nach den Phasen der Untersuchung unterschieden, in denen Abweichungen von der Übereinstimmung auftreten können: Durchführungs-, Auswertungs- und Interpretationsobjektivität.

Um hohe *Durchführungsobjektivität* zu gewährleisten, ist man bemüht, das Verhalten des Untersuchenden konstant zu halten – etwa durch das Verlesen schriftlich vorgegebener Anweisungen –, um nicht Verhaltensvariationen der Probanden zu bewirken. Auch die übrigen Aspekte der Untersuchungssituation – etwa Raum und Zeit – sowie Zustand und Motivationslage der Probanden sollten so gut wie möglich standardisiert sein.

Die *Auswertungsobjektivität* ist dann hoch, wenn eine streng regelhafte Zuordnung von Werten zu Verhaltensweisen vorgenommen wird, wie beispielsweise bei der Auswertung von Testergebnissen mittels einer Schablone. Geringer ist diese Facette der Objektivität dagegen, wenn die Ausprägung von Merkmalen aufgrund beobachteten Verhaltens eingeschätzt wird, wie z. B. im Rahmen des Simulationsverfahrens „Gruppendiskussion".

Mit *Interpretationsobjektivität* ist der Grad an Unabhängigkeit von der Person des Auswertenden gemeint. Sie ist hoch, wenn aus vorliegenden Ergebnissen von verschiedenen Diagnostikern die gleichen Schlüsse gezogen werden, was aber selbst bei objektiv durchzuführenden und auszuwertenden Testverfahren nicht immer der Fall ist.

Beim Einstellungsinterview ist die Bandbreite der Beurteilerübereinstimmung (Objektivität) sehr groß, wie aus der Übersicht von Trost (1996) hervorgeht. Als Korrelationskoeffizient ausgedrückt, resultierten verschiedene Untersuchungen in Werten von unter $r = -.20$ (also unterhalb des Zufallswerts von 0) bis über $r = .80$. Eine große Zahl von Untersuchungen kommt auf mittlere Werte um $r = .50$ oder leicht darüber. Nur für hochstrukturierte Interviews werden regelmäßig deutlich höhere Objektivitätswerte errechnet. Conway, Jako und Goodman (1995) ermittelten zwar metaanalytisch eine durchschnittliche Objektivität (interrater reliability) von $r = .70$, bezogen allerdings hinsichtlich der Qualität nur eine Positivselektion an Interviewstudien in ihre Analyse ein sowie die Übereinstimmung von Beurteilern bei *gemeinsam* geführten Interviews, wodurch die Objektivität überschätzt wird. Conway et al. zufolge markiert die Objektivität *separat* geführter Interviews gleichzeitig die Obergrenze der mit diesem Verfahren erreichbaren Validität.

Bei völlig freien Auswahlgesprächen, wo sowohl die Durchführung (also die gestellten Fragen und deren Abfolge) als auch die Auswertung (der Antworten) und deren Interpretation (als Indikatoren bestimmter Eigenschaften oder als Einschätzung des Berufserfolgs) in das Belieben der Interviewer gestellt sind, werden sogar nur Objektivitätswerte um $r = .30$ erzielt. Ein solches Ergebnis zeigte auch eine kleine Studie des Verfassers (bisher unpubliziert), in der Studenten und Personalberater ein gefilmtes Einstellungsinterview von 30 Minuten Dauer auf dem Fernsehschirm beobachteten und anschließend den Bewerber bezüglich 10 augenscheinlich wichtiger Eigenschaften beurteilten. Zusätzlich hatten die Beobachter den beruflichen Erfolg des Kandidaten einzuschätzen und anzugeben, inwieweit sie seine Einstellung befürworten. Das Ergebnis ist in Abbildung 3 für beide Gruppen wiedergegeben.

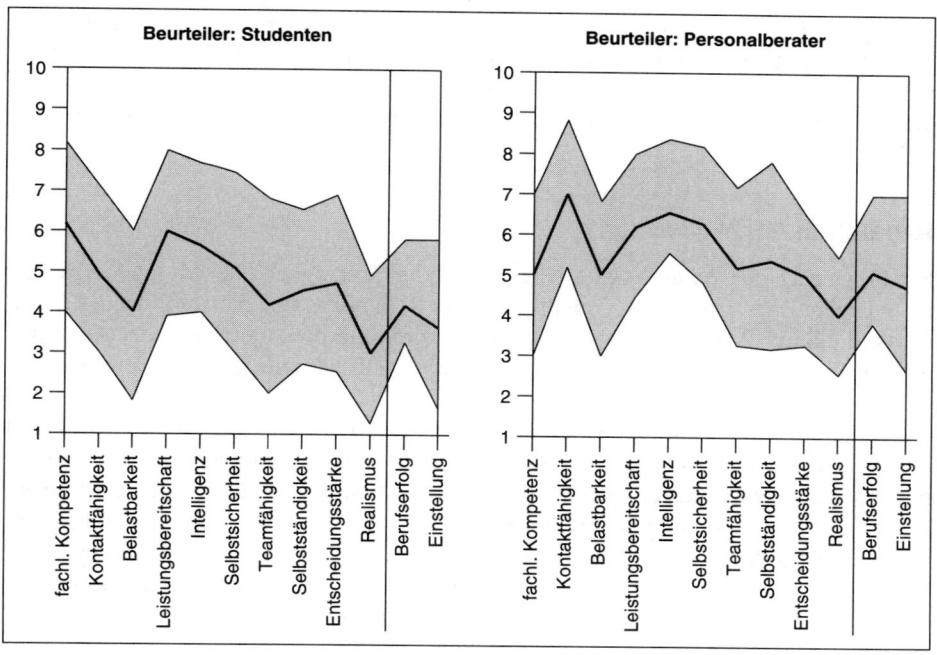

Abbildung 3: Beurteilung eines Bewerbers durch Studenten und Personalberater. Die kräftig durchgezogenen Linien markieren Mittelwerte, die grau unterlegten Bänder ± 1 Standardabweichung (68,2 %) als Streubreite der Urteile. $N_{Studenten} = 65$, $N_{Personalberater} = 25$.

Der Vergleich der beiden Profile zeigt, dass Studenten und Personalberater im Durchschnitt ähnliche Beurteilungen des gefilmten Bewerbers vornehmen. Die Streubreite der Urteile (knapp ein Drittel der vergebenen Werte reicht noch über die grau markierten Bänder hinaus) zeigt allerdings, dass die Einigkeit über den jeweils angemessenen Urteilswert gering ist. Als Korrelationskoeffizient ausgedrückt, beträgt die Objektivität – errechnet als durchschnittliche Übereinstimmung zwischen allen Beurteilerpaaren – für die Gruppe der Studenten $r = .23$, für die Personalberater $r = .34$. Für letztere Gruppe dürfte erwähnenswert sein, dass alle Beurteiler Mitarbeiter der gleichen Personalberatung waren, was der Beurteilerübereinstimmung eigentlich zugute kommen sollte. Das Maß der Objektivität ist nicht für alle Merkmale das gleiche, was ein von Funder und Dobroth (1987) berichtetes Ergebnis bestätigt (allerdings sind bei diesen relativ geringen Stichprobengrößen auch zufallsbedingte Differenzen zwischen den Einzelmerkmalen zu erwarten).

In testtheoretischer Terminologie handelt es sich um eine Kombination aus geringer *Auswertungsobjektivität* (Zuordnung von beobachteten Verhaltensweisen zu Skalenwerten) und geringer *Interpretationsobjektivität* (Zuordnung von Verhaltensweisen zu Merkmalen und Verdichtung zu einer Erfolgsprognose). Immerhin war perfekte *Durchführungsobjektivität* insofern gegeben, als die Interviewdurchführung für alle Beurteiler die gleiche war. Dass die Beurteiler vorgegebenes Stimulusmaterial für ihre Einstufungen verwenden mussten und das Gespräch nicht nach eigenen Präferenzen und Urteilsgewohnheiten gestalten konnten, dürfte hinwiederum die Urteilssicherheit verringern. Die geringe Objektivität hat sich in einer größeren Zahl von Interviewseminaren bestätigt, wo der betreffende Film als Trainingsmaterial eingesetzt wurde, um Probleme zu demonstrieren, die durch *wenig strukturierte Gesprächsführung* und durch *eigenschaftsbezogene Beurteilung* auf *undefinierten Einstufungsskalen* entstehen.

Reliabilität

Die Frage nach der *Reliabilität* bezieht sich auf die Genauigkeit oder Messfehlerfreiheit eines Ergebnisses. Die beiden Grundformen der Reliabilität sind die Stabilität des Messwerts, die durch Messwiederholung ermittelt wird, und die Äquivalenz der Aufgaben und Testformen, deren Grad durch Testhalbierung, Konsistenzprüfung oder durch die Anwendung paralleler Formen überprüft wird.

Im Falle der *Stabilität*, der *Retest-Reliabilität*, wird also das gleiche Messverfahren mehreren Probanden zweimal zu verschiedenen Zeitpunkten vorgegeben. Der Korrelationskoeffizient gibt Aufschluss über die Übereinstimmung der beiden Messwertreihen. Leider ist die Interpretation nicht immer eindeutig: Hohe Übereinstimmung muss nicht allein auf hohe Messgenauigkeit zurückgehen, sie könnte etwa auch darauf zurückzuführen sein, dass sich die Probanden die Aufgaben und ihre Reaktion darauf gemerkt haben. Für geringe Übereinstimmung könnte tatsächlich die geringe Stabilität des Tests verantwortlich sein, aber auch die geringe Stabilität des Merkmals (z. B. politische Meinungen in Abhängigkeit von laufenden politischen Ereignissen). Üblicherweise sieht man ein diagnostisches Verfahren erst als brauchbar an, wenn der Stabilitätswert mindestens $r = .50$, besser aber $r = .70$ oder $.80$ beträgt. Umfangreichere homogene Verfahren liefern höhere Messwertstabilität, so dass die Erweiterung des Tests um gleichartige

Aufgaben zu besseren Ergebnissen führt (für die diesbezüglichen Berechnungen s. Lienert, 1989). Beim Interview addiert sich zur *Instabilität des Probandenverhaltens* die *Instabilität des Interviewerverhaltens*, was Bemühungen um verlässliche Interviewwerte besonders wichtig macht.

Bei der Methode der *Testhalbierung* oder *Split-half-Reliabilität* werden die Ergebnisse zweier Aufgabenhälften miteinander verglichen. Hiervon wird besonders dann Gebrauch gemacht, wenn keine Gelegenheit zur Wiederholung besteht oder sich diese aus theoretischen (z. B. Erinnern an die Aufgaben) oder pragmatischen Gründen (z. B. Aufwand) nicht anbietet. Diese Form der Reliabilitätsprüfung setzt Unabhängigkeit der Items oder Aufgabenteile voraus, was bei Tests meist gegeben ist, bei interaktiven Aufgaben meist nicht: Bei einem Interview ist die Entwicklung vom anfänglichen Verlauf der Interaktion abhängig. Allenfalls bei weitgehend strukturierten Verfahren kommt deshalb diese Prüfungsform in Frage.

Die *interne Konsistenz* eines diagnostischen Verfahrens ist ein Maß für seine Homogenität. Hierbei wird die mittlere Korrelation aller Items untereinander bestimmt. Die verbreitetste Prüfstatistik hierfür ist Cronbachs Alpha. Sieht ein Interviewverfahren die gesonderte Bewertung einzelner Antworten vor, ist die Prüfung der internen Konsistenz auch beim Interview möglich.

Die *Paralleltest-Reliabilität* eines Verfahrens schließlich wird bestimmt, indem man die Ergebnisse zweier als gleichartig gedachter Verfahrensformen korreliert. Als parallel werden zwei Formen dann angenommen, wenn sie neben phänomenaler Gleichartigkeit über gleiche Mittelwerte, Varianzen und Kovarianzen verfügen. Im Gegensatz zu den beiden vorgenannten Prüfmethoden lässt sich die Paralleltest-Reliabilität auch an den meisten Simulationsverfahren (z. B. Rollenspielen) untersuchen. Gewähr ist dadurch allerdings nicht gegeben, dass sich die Beteiligung der hinter den beobachteten Verhaltensweisen stehenden Konstrukte nicht verschieben könnte: So mag man im Rahmen eines Assessment Centers zwei Gruppendiskussionen durchführen und hoffen, durch zwei verschiedene Diskussionsthemen das Problem der unmittelbaren Testwiederholung zu umgehen. Es ist aber nicht unwahrscheinlich, dass Merkmale, von denen die Beurteilung in der ersten Durchführung besonders stark abhängt (z. B. Ungehemmtheit), in der zweiten Runde zugunsten anderer Merkmale (z. B. Argumentationsgeschick) an Bedeutung zurücktreten. Was die Höhe der erforderlichen Koeffizienten betrifft, so wird man zwei Testformen kaum als parallel ansehen, wenn ihre Ergebnisse geringer als mit $r = .80$ korreliert sind, also höhere Ansprüche stellen als bei der Prüfung der Stabilität.

Auch beim Interview ist grundsätzlich die Konstruktion paralleler Formen möglich, wobei nach den Kennwerten der so genannten Itemanalyse – Trennschärfe und Schwierigkeit – als äquivalent angesehene Fragen den Parallelformen zugeordnet werden. An die Ausarbeitung von Parallelformen kann man z. B. dort denken, wo bedingt durch hohe Anwendungszahlen eine Gefahr gesehen wird, dass Interviewfragen bekannt werden und Bewerber sich gezielt auf ihre Beantwortung vorbereiten.

In der Zusammenstellung von Trost (1996) wird die Stabilität von Interviewwerten auf etwa $r = .60$ beziffert. Ausgerechnet für eine der am stärksten strukturierten Formen, das *situative Interview*, wird allerdings nur ein Koeffizient von $r = .04$ berichtet, wofür die zwischen den Interviewdurchführungen gemachten Arbeitserfahrungen verantwortlich gemacht werden. Die Werte für die interne Konsistenz liegen für strukturierte Interviews zwischen r = .30 und .80, wobei teilweise die Fragen darauf angelegt waren, eine Beurteilungsdimension oder Eigenschaft möglichst verlässlich zu messen, woraus sich hohe Homogenitätswerte ergeben, in anderen Fällen das Ziel dagegen darin bestand, möglichst verschiedenartige Aspekte zu erfragen, wodurch die Homogenität eher gering ausfällt.

Validität
So wichtig das Konzept der Reliabilität auch für die klassische Testtheorie ist – man kann diese in ihren wesentlichen Teilen sogar als Reliabilitätstheorie bezeichnen –, ausreichende Reliabilität stellt doch nur eine notwendige, keine hinreichende Bedingung dafür dar, dass das eigentliche Ziel der Messung erfüllt wird, nämlich korrekten *Aufschluss über die Ausprägung des Merkmals* zu bekommen, das man zu messen beabsichtigt, oder *Voraussagen über künftiges Verhalten* zu treffen. Dies ist eine Frage der *Validität*, und deshalb können wir die Validität auch als den zentralen Begriff der Testtheorie und aller ihrer praktischen Anwendungen – also auch der Berufseignungsdiagnostik und der Personalauswahl – ansehen.

Nach einer Definition, auf die sich die American Psychological Association (APA) mit einigen anderen Verbänden geeinigt hat, bezieht sich der Begriff Validität auf die *Angemessenheit* (appropriateness), die *Bedeutung* oder *Sinnhaftigkeit* (meaningfulness) und die *Nützlichkeit* (usefulness) der spezifischen Schlüsse, die aus Testwerten gezogen werden. Als deutsche Bezeichnung für Validität wird gewöhnlich das Wort „Gültigkeit" gebraucht; der Bedeutungsgehalt würde allerdings mit den Worten „Brauchbarkeit" oder „Tauglichkeit" besser getroffen. Am besten bleiben wir bei der international gebräuchlichen Bezeichnung Validität, zumal diese recht gut definiert ist.

Definiert ist die Validität vor allem über die Methoden ihrer Überprüfung, die *Validierung*. Validität selbst wird heute als einheitliches Konzept verstanden (Landy, 1986), während man früher „Arten" oder „Typen" von Validität unterschied. Heute spricht man demgegenüber von „Strategien der Validierung" und unterscheidet „Inhaltsvalidierung", „kriterienbezogene Validierung" und „Konstruktvalidierung" (wenngleich diese sprachliche Differenzierung unter pragmatischen Gesichtspunkten von geringer Bedeutung sein mag).

• *Inhalts- oder Kontentvalidierung*
Ziel der Konstruktion eines Auswahlverfahrens kann es sein, Elemente der beruflichen Tätigkeit zu repräsentieren. Das ist relativ unproblematisch, wenn die Schlussfolgerungen sehr eng an das erfasste Verhalten gebunden bleiben, wenn z. B. aus dem überzeugenden Auftreten eines Teilnehmers der Arbeitsprobe „Gruppendiskussion" der Schluss gezogen wird, der Betreffende werde auch im Beruf bei Gruppengesprächen überzeugend auf andere wirken können. Unzulänglich fundiert – also nicht inhaltsvalide – wäre demgegenüber die Erwartung, dieser Kandidat werde als Führungskraft erfolgreich sein. Möglicherweise hat man damit Recht, aber dies müsste durch andere Arten der Validierung belegt werden. Dieses Beispiel zeigt auch, dass Validität keine Eigenschaft eines diagnostischen Verfahrens ist, sondern der Schlüsse, die aus seinen Ergebnissen gezogen werden.

Für die inhaltliche Validität gibt es kein einheitliches Maß, sie wird gewöhnlich durch Experteneinschätzung bestimmt. Auch deshalb wäre es unzulänglich, sich bei der Konstruktion eines Auswahlverfahrens allein auf inhaltliche Validierung zu stützen (was bei der Ausarbeitung von Simulationen im Assessment Center und auch im Interview leider oft übersehen wird). Zufriedenstellende Validität wird primär dadurch sichergestellt, dass eine sorgfältige Anforderungsanalyse der betreffenden Tätigkeit durchgeführt wird und dass die wichtigsten – erfolgskritischen – Anforderungselemente im Auswahlverfahren repräsentiert sind. Bei Arbeitsproben wird dies umso besser erreicht, je ähnlicher Arbeitsprobe und Zielverhalten einander sind, bei Kenntnistests dadurch, dass sie eine repräsentative Auswahl der erfolgsrelevanten Wissenselemente enthalten. Interviews können auf zweierlei Weise inhaltsvalide sein: Einmal in direkter Analogie zum erwarteten Zielverhalten, etwa der Gesprächsführung mit Kunden, zum anderen, indem *mentale Tätigkeitssimulationen* als Arbeitsprobenersatz eingeführt werden, wie dies bei situativen Fragen der Fall ist.

- *Kriterienbezogene Validierung*

Die klassische kriterienbezogene Validierungsstrategie dominierte die Forschung und Literatur zur Personalauswahl seit ihren Anfängen (Guion, 1987). Die Validität eines eignungsdiagnostischen Verfahrens wurde dabei pragmatisch definiert als die Korrelation mit einem Kriterium. Als Kriterium wird in der Berufseignungsdiagnostik gewöhnlich ein Indikator für Berufsleistung verwendet, in den meisten Fällen die Leistungsbeurteilung durch den Vorgesetzten. Andere Kriterien können Gehaltshöhe, Beförderungshäufigkeit, Fluktuation, Fehlzeiten oder Zufriedenheit sein. Eine wichtige Ursache dafür, dass die Höhe der errechneten Validität häufig unter den Erwartungen bleibt, ist die Unzulänglichkeit der Kriterien, die auch ihrerseits meist nur mäßige Validität beanspruchen können.

Testitems werden bei der kriterienbezogenen Validierung nicht notwendigerweise inhaltlich interpretiert, sondern als Zeichen oder Indikatoren des Berufserfolgs oder des Trainingsergebnisses aufgefasst, die es zu prognostizieren gilt. Prototyp hierfür ist der biographische Fragebogen, dessen Validierung mittels empirischer Gewichtung jedes einzelnen Items bereits Bestandteil der Konstruktion ist. Erstrangiger Auswahlgesichtspunkt ist dann nicht die inhaltliche Ableitung aus der Arbeitsanalyse oder die Zugehörigkeit zu einem Konstrukt – wie bei der inhaltsbezogenen bzw. konstruktbezogenen Validierung –, sondern die Effizienz des Items. Gleichermaßen lautet die Fragestellung, wenn man die Korrelation zwischen Abitur- und Studiennoten berechnet, nicht „warum", sondern „wie hoch" die beiden Leistungen zusammenhängen, was ausreichen mag, wenn Zielsetzung die Frage der Studienzulassung ist.

Auch Einstellungsinterviews folgen weitgehend der Logik biographischer Fragebogen, die da heißt: vergangenes Verhalten ist der beste Prädiktor künftigen Verhaltens. Ein Großteil der im Interview gestellten Fragen sind an diesem Prinzip orientiert und haben den biographischen Hintergrund, berufsbezogenes oder analoges Verhalten und entsprechende Erfahrung zum Gegenstand.

Kriterien können entweder zu einem späteren Zeitpunkt erhoben werden oder gleichzeitig mit den Prädiktoren, also den eignungsdiagnostischen Werten. Im ersten Fall spricht man von *prognostischer* oder *prädiktiver*, im zweiten von *konkurrenter* Validierung. Konkurrente Validierungen werden zumeist nur als Ersatz für prädiktive vorgenommen, kommen aber in den meisten Fällen zu Validitätskoeffizienten ungefähr gleicher Höhe (Schmitt, Gooding, Noe & Kirsch, 1984). Differenzen finden sich demgegenüber für verschiedene Arten von Kriterien und Berufstätigkeiten (Schmidt & Rader, 1999) sowie Untersuchungszwecken (McDaniel, Whetzel, Schmidt, Hunter, Maurer & Russel 1994), weshalb bei Validitätsangaben klargestellt sein sollte, auf welche Kriterien sie sich beziehen. Validierungsstudien sollten vorzugsweise mit mehreren Kriterien arbeiten (Schuler & Schmitt, 1987).

In Kapitel 3 werden die Geschichte und der Stand der Interviewforschung rekapituliert. Diese Forschung gilt, wie wir sehen werden, zum großen Teil der Frage nach der prognostischen Validität und dem Bemühen, diese zu erhöhen. Auch an vielen weiteren Stellen wird in diesem Buch von prognostischer Validität die Rede sein. An dieser Stelle wollen wir uns deshalb darauf beschränken, eine grobe erste Übersicht über die Validität verschiedener Auswahlverfahren zu geben (Tabelle 6). Dieser Kategorisierung in Verfahren geringer und höherer Validität liegen vor allem die Ergebnisse metaanalytischer Studien zugrunde, die von allen Differenzierungen absehen (so z. B. davon, dass biographische Fragebogen bei Jugendlichen geringe, bei Wissenschaftlern hohe Validität erzielen, vgl. Funke, Krauß, Schuler & Stapf, 1987. Gerade umgekehrt sehen die Verhältnisse für Intelligenztests aus, die bei Jugendlichen regelmäßig hohe Validität erzielen, vgl. Schmidt-Atzert & Deter, 1993). Abgesehen wird auch von der oben angesprochenen Unterscheidung nach Kriterien, die zur Bestimmung der Validität herangezogen werden.

Tabelle 6: Unterscheidung von Auswahlverfahren nach ihrer prognostischen Validität

Verfahren bzw. Maße geringer Validität	**Verfahren höherer Validität**
– Bewerbungsunterlagen – Arbeitszeugnisse, Referenzen – Schulnoten (für Berufserfolg) – Personalfragebogen – Unstrukturiertes Einstellungsgespräch – Graphologisches Gutachten – Allgemeiner Persönlichkeitstest – Alter – Berufserfahrung	– Arbeitsproben – Leistungsbeurteilung (auch Probezeit) – Schulnoten (für Ausbildungserfolg) – Biographischer Fragebogen – Strukturiertes, anforderungsbez. Einstellungsinterview – Assessment Center – Kognitiver Fähigkeitstest (Intelligenztest) – Fachkenntnistest – Berufsbezogener spezifischer Persönlichkeitstest

Höhere Validität beginnt in dieser Auflistung schon bei $r = .30$. Bei einem solchen Wert ist der Einsatz eines Verfahrens bereits von beträchtlichem Nutzen.

Für ein einzelnes Verfahren hat sich etwa $r = .50$ als die Obergrenze der Validität erwiesen, für die Kombination mehrerer Verfahren liegt diese Grenze ungefähr bei $r = .70$. Darin spiegeln sich nicht nur die methodischen Probleme in Prädiktoren und Kriterien, sondern zu einem guten Teil einfach auch die Grenzen der Prognostizierbarkeit menschlichen Verhaltens bei unserem Wissensstand. Wer eine Validität von $r = .70$ für gering hält, weil damit nur die Hälfte der Erfolgsvarianz vorhergesagt werden kann (.70 x .70 = .49), sollte sich vor Augen halten, dass die andere Hälfte durch sämtliche übrigen Einflussgrößen des Lebens inklusive aller Schicksalszufälligkeiten und Irrtümer zustande kommt. Auch sollte er an Wirkungsgrade technischer Geräte denken, die häufig nur in der Größe von .20 liegen und nur in seltenen Fällen .50 übersteigen.

Es gibt eine Vielfalt von Gründen, weshalb ein eignungsdiagnostisches Verfahren keine beliebig hohe Validität erreichen kann; hierzu gehören neben den schon erwähnten unzulänglichen Kriterien die Veränderlichkeit der Menschen und der beruflichen Anforderungen sowie der Stichprobencharakter der Diagnoseverfahren. Von bedeutsamem Einfluss sind auch die oft nicht perfekte Objektivität und Reliabilität der Verfahren. Conway, Jako und Goodman (1995) halten Objektivitätsdefizite (hier im Sinne der interrater reliability) für die wichtigste Begrenzung der Interviewvalidität und dementsprechend Strukturierung für die erfolgreichste mögliche Verbesserungsmaßnahme. Auf der Basis von 111 Koeffizienten (Studien) errechnen sie metaanalytisch Obergrenzen der möglichen Validität von r = .34 für gering strukturierte, .56 für mittelstark strukturierte und .67 für hochstrukturierte Einstellungsinterviews. Dreher und Maurer (1989) sehen in der Unzulänglichkeit von Kriterien eine maßgebliche Ursache für die Unterschätzung der wahren Validität von Interviews.

- *Konstruktvalidierung*

Im Gegensatz zum pragmatischen Ansatz der prognostischen Validierung stellt die Konstruktvalidierung eine theoriebezogene Zugangsweise dar, den Versuch der Erklärung oder Aufklärung der Zusammenhänge zwischen den beobachteten Variablen bzw. zwischen den Messwerten und den durch sie erfassten Merkmalen. Nichts anderes als die gedankliche Hilfskonstruktion für die Beschreibung von Dingen, die nicht direkt beobachtbar, sondern nur aus Messwerten erschließbar sind, die mutmaßlich in Zusammenhang mit ihnen stehen, bedeutet auch der Begriff „Konstrukt" in seinem Ursprungscharakter. Solche Messwerte können auf verschiedene Weise gewonnen werden, namentlich durch Korrelation mit Außenkriterien – wie die prognostische Validierung – oder mit den Ergebnissen anderer eignungsdiagnostischer Verfahren, durch Analyse der inneren Struktur des Verfahrens (Itemanalyse, Faktorenanalyse), durch wiederholte Durchführung und andere experimentelle Variationen sowie durch Ergebnisvergleiche aus verschiedenen Populationen und Stichproben. Hieraus wird klar, dass Konstruktvalidität nicht – wie die Kriteriumsvalidität – durch einen einfachen Wert gekennzeichnet werden kann, sondern in einem nicht definitiv abschließbaren komplexen Erkenntnisprozess, in der Aufstellung eines „nomologischen Netzes" besteht. Hierauf haben schon die Initiatoren des Begriffs „Konstruktvalidität", Cronbach und Meehl, in einem der wichtigsten Methodenbeiträge in der Psychologie des zwanzigsten Jahrhunderts, dem Artikel „Construct validity in psychological tests" (1955), hingewiesen.

Der Titel der Cronbach/Meehl-Arbeit weist auch auf die Art der Instrumente hin, die vor allem zur Erfassung psychologischer Konstrukte konzipiert wurden: psychologische Tests. Der Messbereich eines Tests ist klassischerweise ein als homogen verstandenes, gegen andere Konstrukte abgrenzbares Merkmal, eine Eigenschaft wie Extraversion, Internalität oder Verarbeitungskapazität. Die Itemanalyse dient als Schritt der Testkonstruktion dazu, solche Einzelaufgaben auszuwählen, die mit verschiedenem Wortlaut oder anderer Aufgabenformulierung „das Gleiche" messen, nämlich das fragliche Konstrukt (Eigenschaft, Merkmal, manchmal auch „Dimension" genannt). Eine Mehrzahl von Aufgaben zur Messung einer solchen Dimension ist nur aus Reliabilitätsgründen erforderlich, weil der Anteil zufallsbedingter Fehlereinflüsse bei einer Einzelaufgabe relativ groß ist und sich bei mehreren Aufgaben ausgleicht, wodurch der „wahre" Wert der Merkmalsausprägung bei einem Probanden zuverlässiger erfasst werden kann.

Die Logik der Konstruktvalidierung steht in scharfem Kontrast nicht nur zur pragmatischen Vorgehensweise der kriteriumsbezogenen (prognostischen oder konkurrenten) Validierung, sondern auch zur inhaltsbezogenen Validierung. Bei letzterer kommt es ja gerade nicht auf die Messung eines homogenen Merkmals an, sondern auf die Repräsentation von Arbeitssituationen durch diagnostische Aufgaben. Arbeitssituationen sind praktisch immer komplex in dem Sinne, dass verschiedene Fähigkeiten, Fertigkeiten und Kenntnisse zu ihrer erfolgreichen Bewältigung beitragen und zusammenwirken müssen. So fordert etwa ein erfolgreiches Verkaufsgespräch Fachkenntnisse, sprachliches Ausdrucksvermögen, ein Repertoire an geeigneten Redewendungen, verschiedene Facetten sozialer Kompetenz, geringe Hemmung gegenüber Kontakten mit Fremden, evtl. auch Initiative, Frustrationstoleranz und andere Kompetenzen. Deshalb ist eine Arbeitsprobe, die ein Verkaufsgespräch geschickt simuliert, ein besserer Prädiktor des entsprechenden beruflichen Verhaltens als beispielsweise ein Extraversionstest. Dieser misst zwar das Merkmal Extraversion genauer als die Arbeitsprobe, aber gegenüber den Tätigkeitsanforderungen ist er gleichzeitig *defizient* und *exzessiv*, d. h. er misst sowohl nur einen Teil der Anforderungen als auch allerhand Irrelevantes über sie hinaus. Dies ist der Hauptgrund, weshalb allgemeine Persönlichkeitstests so wenig zur Personalauswahl taugen (soll heißen: geringe prognostische Validität aufweisen), obwohl alle Welt überzeugt ist, „die Persönlichkeit" eines Menschen sei sehr bedeutsam für seinen beruflichen Erfolg.

Wir können uns nun fragen, welche Rolle die Konstruktvalidität für das Einstellungsinterview spielt. Die Antwort ist klar: Sie spielt insoweit eine Rolle, als eigenschaftsbezogene Anforderungen mit dem Interview erfasst werden sollen. Situative Fragen (s. Kapitel 7 und 8) sind das Gegenbeispiel. Zwar kann man sie notgedrungen auch Eigenschaftskonstrukten zuordnen, weil sie dem einen Konstrukt näher stehen mögen als dem anderen. Aber eigentlich sind sie Arbeitsproben (wenngleich nur mental-sprachlich auszuführen) und gehören deshalb zum Simulationsansatz der Diagnostik. Auch biographiebezogene Fragen mögen eine gewisse Affinität zu Konstrukten haben, ihr Grundansatz ist aber der biographische. Das Konstruktprinzip kommt im Interview dort zum Tragen, wo „Dimensionen" erfasst werden sollen, die beispielsweise aus eigenschaftsbezogenen Anforderungsanalysen abgeleitet sind. Dabei kann es sich um klassische Persönlichkeitsmerkmale handeln, wie sie sich in faktorenanalytisch fundierten Persönlichkeitstheorien finden – z. B. die „Big Five" der Persönlichkeitspsychologie: Extraversion, psychische Stabilität, Verträglichkeit, Gewissenhaftigkeit und Offenheit für Erfahrungen –, es können aber auch andere eigenschaftsartige Merkmalsbündelungen sein, die man in den Tätigkeitsanforderungen zu erkennen meint, beispielsweise Konfliktfähigkeit, Qualitätsbewusstsein oder Vertrauenswürdigkeit. Vielfältige Konstrukte dieser Art spielen im Einstellungsinterview eine Rolle und werden entweder implizit als Anforderungsgrößen oder explizit als Urteilsdimensionen oder „Skalen" benutzt.

Schmidt und Rader (1999) vermuten, dass Interviews vor allem Konstrukte generalisierbarer Validität messen, z. B. Gewissenhaftigkeit und Intelligenz. Für erhebliche Zusammenhänge sowohl mit nicht-kognitiven oder „Temperamentsmerkmalen" finden sich Belege (z. B. Salgado & Moscoso, in Druck; Schuler, 1989a; Schuler & Funke, 1989) als auch mit kognitiven Fähigkeiten, vor allem mit allgemeiner Intelligenz (Huffcutt, Roth & McDaniel, 1996; Salgado & Moscoso, in Druck) – und zwar auch dann, wenn nicht speziell intendiert war, die betreffenden Merkmale zu erfassen.

Man kann auch ein Globalkonstrukt „Eignung für eine bestimmte Position" annehmen. Berechnet man die Homogenität des Interviews (also die durchschnittliche Interkorrelation der Antwortbewertungen oder Dimensionsurteile innerhalb des Interviews, so findet man, dass strukturierte Interviews geringere Homogenität aufweisen als unstrukturierte Interviews, also zu differenzierteren Beurteilungen führen als diese (Conway et al., 1995).

Verknüpfung methodischer Ansätze und Validierungsstrategien

In Abschnitt 2.3 war eine Klassifikation vorgestellt worden, die methodische Ansätze der Berufseignungsdiagnostik danach unterschied, ob sie an Konstrukten, am beobachtbaren Verhalten oder an Leistungsergebnissen orientiert sind. Wir können jetzt, nach der Erörterung der drei grundlegenden Validierungsstrategien, diese den eignungsdiagnostischen Ansätzen zuordnen und Abbildung 2 zu Abbildung 4 vervollständigen.

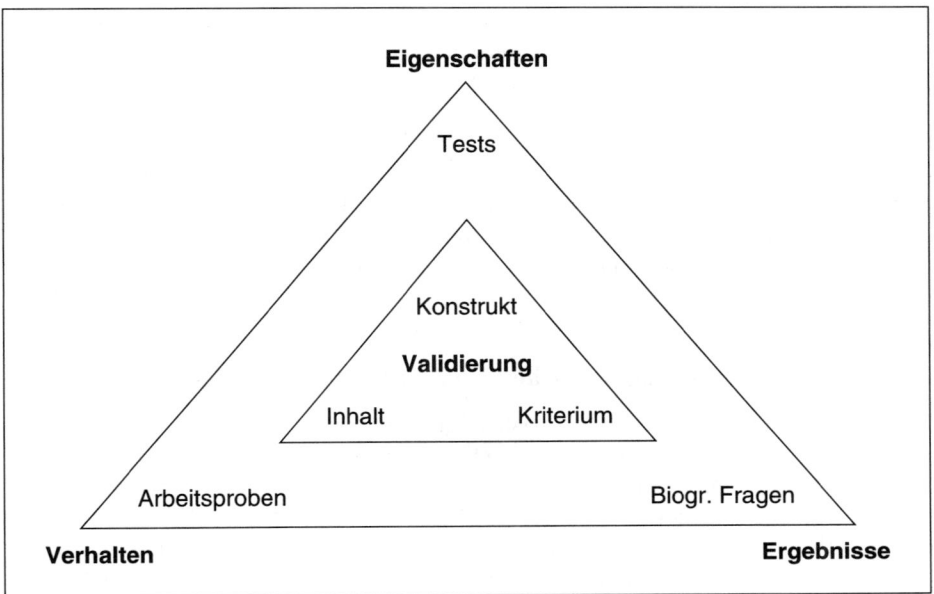

Abbildung 4: Verknüpfung von Validierungsstrategien und methodischen Ansätzen im trimodalen Modell der Berufseignungsdiagnostik

Jetzt ist zu erkennen, dass eine Affinität zwischen den eignungsdiagnostischen Ansätzen und den Strategien der Validierung besteht. Es handelt sich um eine sachlogische Zugehörigkeit, wie die vorangegangenen Überlegungen gezeigt haben sollten, nicht aber um eine deterministische Zuordnung, denn mit den als prototypisch aufgeführten diagnostischen Verfahren sind durchaus auch andere als die zugeordneten Phänomenbereiche erfassbar. Schwerpunktgemäß aber können wir eine Verwandtschaft wie in Abbildung 4 dargestellt konstruieren: Konstrukte (v. a. Eigenschaften) werden bevorzugt durch Tests gemessen und sind mittels Konstruktstrategie zu validieren; Verhaltensbeobachtungen lassen sich am besten durch Arbeitsproben (oder Simulationen) bewerkstelligen, ihnen entspricht die Strategie der Inhaltsvalidierung; Verhaltens- und Leistungsergebnisse werden am angemessensten durch biographische Fragen erfasst, ihr zugeordnetes Validitätsprinzip ist das der kriterienbezogenen Validierung.

Eine „ideale" oder „vollständige" Eignungsdiagnose, so wurde in Abschnitt 2.3 argumentiert, umfasse alle drei diagnostischen Ansätze, werde also mittels verschiedenartiger Verfahrenstypen durchgeführt. Wir können jetzt ergänzen, dass auch die Überprüfung, inwieweit die Diagnoseziele erreicht wurden, dementsprechend multipel realisiert werden sollte, wobei die Strategien der Validierung schwerpunktgemäß jeweils den entsprechenden Verfahren korrespondieren.

Für das Einstellungsinterview heißt das, dass die zentrale Art der Validierung die an Außenkriterien (Leistungsbeurteilung, Zufriedenheit, Fluktuation etc.) ist. Nimmt man im Interview dimensionale Beurteilungen vor oder will man aus anderen Gründen wissen, welche Merkmale durch das Interview erfasst werden, ist (zusätzlich) eine Konstruktvalidierungsstrategie angemessen. Für die Inhaltsvalidität ist dann gesorgt, wenn man lege artis vorgegangen ist und eine Anforderungsanalyse durchgeführt hat, die Aufschluss über die relevanten Verhaltensweisen gibt, was dann in geeignete Interviewfragen umgesetzt wurde. Die Anforderungsanalyse kann uns aber auch, wenn sie eigenschaftsbezogen orientiert war (vgl. Kapitel 5) zu den erfolgsrelevanten Konstrukten führen. In vielen Fällen muss die inhaltsbezogene Validität, wie sie durch die Anforderungsanalyse sichergestellt sein sollte, zunächst als Ersatz für andere Validierungsstrategien dienen. Indikatoren für die Konstruktvalidität ergeben sich im weiteren Konstruktions- und Überprüfungsprozess des Interviews, während verlässliche Daten zur kriterienbezogenen Validierung oft erst nach längerer Zeit vorliegen.

Bewertung eignungsdiagnostischer Verfahren durch die Verwender

In Tabelle 3 wurden die Verwendungshäufigkeiten der wichtigsten Personalauswahlverfahren in größeren deutschen Unternehmen angegeben. Die gleichen Verwender wurden auch nach ihrer Einschätzung der Brauchbarkeit dieser Verfahren gefragt, und zwar bezüglich der Validität, der Praktikabilität und der vermuteten Akzeptanz seitens der Bewerber. Die Befragten gaben zu jedem dieser drei Aspekte ihre Meinung auf einer dreistufigen Skala an. In Abbildung 5 sind die Ergebnisse für die Einschätzung der Verfahren zur externen Personalauswahl graphisch dargestellt, wobei die Reihenfolge der Auflistung durch die Berücksichtigung aller drei Aspekte bei gleicher Gewichtung zustande kommt.

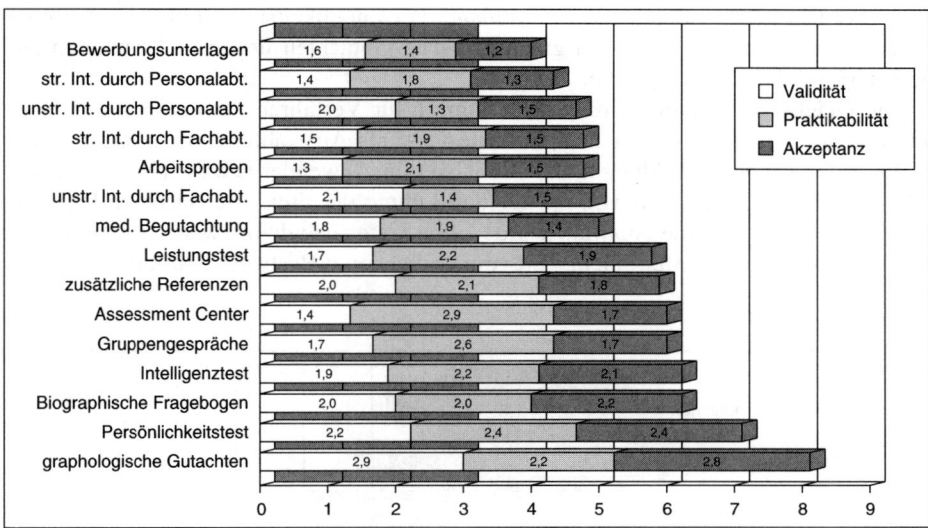

Abbildung 5: Durchschnittliche Einschätzung von Verfahren zur externen Personalauswahl (aus Schuler, Frier & Kauffmann, 1993, S. 55)
Anmerkungen: 1 = gut, 2 = mittel, 3 = schlecht. Für die Summe der drei Urteilsaspekte beträgt der positivste Wert 3, der negativste Wert 9. N = 105

In der Auflistung in Abbildung 5 wurden die Einschätzungen von Verwendern wie Nichtverwendern der Auswahlverfahren zusammengefasst. Seltener eingesetzte Methoden wie die am Ende der Rangreihe stehenden werden bei diesem Vergleich etwas unterschätzt, weil Nichtverwender bei allen drei Urteilsaspekten negativere Beurteilungen vornehmen als Verwender (genauere Informationen hierzu bei Schuler, Frier & Kauffmann, 1993). Die gleichgewichtete Kombination aller Beurteilungsaspekte zeigt, dass die Analyse der Bewerbungsunterlagen an erster Stelle steht. Danach folgen die Einstellungsinterviews in der Personalabteilung, wobei die strukturierten Interviews besser abschneiden als die unstrukturierten. Dieses bessere Abschneiden geht vor allem auf die höhere Validitätseinschätzung zurück, während hinsichtlich der Praktikabilität die unstrukturierten Gespräche besser beurteilt werden. Gleiches gilt für Interviews durch die Fachvorgesetzten.

Ebenfalls sehr gut bewertet werden Arbeitsproben. Das Assessment Center findet sich trotz hoher Validitäts- und mittlerer Akzeptanzeinschätzung erst an zehnter Stelle der Rangliste, da es den höchsten Durchführungsaufwand von allen Verfahren verursacht. Intelligenztests und biographische Fragebogen werden bezüglich aller Aspekte als mittel eingestuft, was ihnen bereits nachrangige Plätze einträgt, (allgemeine) Persönlichkeitstests rangieren noch darunter. Das Schlusslicht bildet das graphologische Gutachten, das sowohl hinsichtlich seiner Validität wie der Akzeptanz negative Bewertungen bekommt. Von gewissem Interesse mag sein, dass strukturierte Interviews in allen in die Befragung einbezogenen europäischen Ländern in der Spitzengruppe rangieren, während unstrukturierte Interviews in Großbritannien und den Benelux-Ländern kritischer beurteilt werden als in Deutschland. Persönlichkeitstests finden in mehreren Ländern besseren Zuspruch, und graphologische Gutachten liegen in Frankreich auf einem Mittelplatz der Rangreihe.

Die gleiche Aufstellung wird in Abbildung 6 für Verfahren zur internen Personalauswahl wiedergegeben. Hier liegt das Interview als Auswahlmethode klar an erster Stelle, was (aus der Abbildung nicht erkennbar) für Anwender wie für Nichtanwender gilt. Mit einem Gesamtwert von 3,8 für die Summe der drei Urteilsaspekte liegt das Interview (für die interne Auswahl wurde keine Unterscheidung zwischen strukturiert und unstrukturiert getroffen) nicht weit vom erreichbaren Bestwert 3 entfernt.

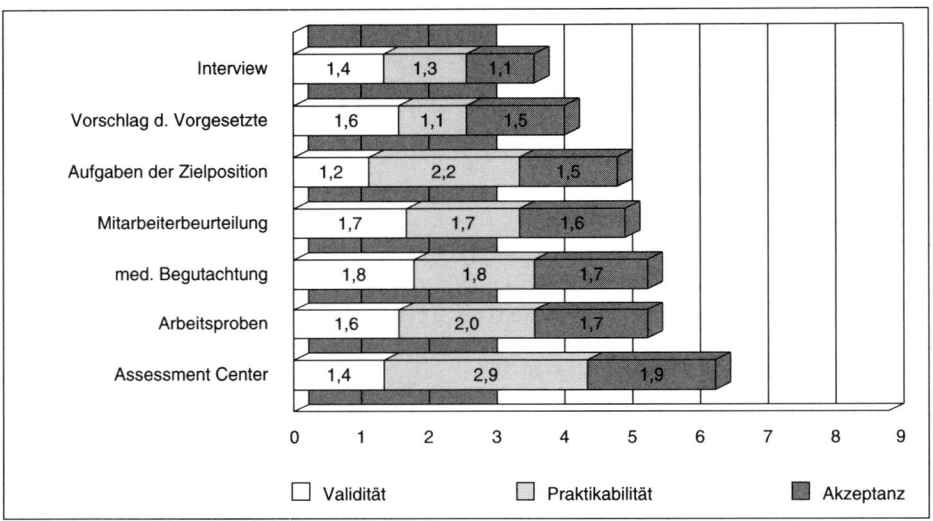

Abbildung 6: Durchschnittliche Einschätzung von Verfahren zur internen Personalauswahl (aus Schuler, Frier & Kauffmann, 1993, S. 61)
Anmerkungen: 1 = gut, 2 = mittel, 3 = schlecht. Für die Summe der drei Urteilsaspekte beträgt der positivste Wert 3, der negativste Wert 9. N = 105

Hinsichtlich der Validität wird nur die probeweise Übertragung der Aufgaben der Zielposition besser als das Interview eingeschätzt, bezüglich der Praktikabilität der Vorschlag des Vorgesetzten. Am Schluss der Rangreihe rangiert trotz guter Validitätseinschätzung das Assessment Center mit einem Praktikabilitätsurteil, das nahe am schlechtestmöglichen Wert liegt. Die für interne Personalentscheidungen häufig herangezogene Mitarbeiterbeurteilung liegt hinsichtlich aller Urteilsaspekte im Mittelfeld. Die Spitzenstellung des Interviews bestätigt sich übrigens auch in allen anderen europäischen Ländern.

Inwieweit diese Wertschätzung und der hohe Verbreitungsgrad durch empirische Validitätsbestimmungen gerechtfertigt wird, soll im nächsten Kapitel sowie in Abschnitt 13.3 erörtert werden.

3 Entwicklung und Stand der Interviewforschung

3.1 Der lange Weg zum leistungsfähigen Auswahlverfahren

Die Erforschung des Interviews als Methode der Personalauswahl umfasst nun bald ein ganzes Jahrhundert. Im Jahre 1915 prüfte Walter Scott die Beurteilerübereinstimmung von Auswahlgesprächen, die von sechs Verkaufsleitern mit 36 Bewerbern um Verkaufspositionen geführt worden waren. Scott verglich die Rangreihen, in die jeder der Manager die Bewerber gebracht hatte, und kam zum Ergebnis, dass die Übereinstimmung sehr gering war; beispielsweise wurde der Topkandidat des ersten Interviewers vom zweiten auf Rangplatz 32 gesetzt (Scott, 1915). In den folgenden Jahren führten Scott und seine Mitarbeiter auch die ersten Validierungsstudien durch (z. B. Scott, 1916; zit. nach Mayfield, 1964) und stellten fest, dass auch hierbei die Übereinstimmung nur wenig über dem Zufallsniveau lag. In der amerikanischen Versicherungsbranche waren diese negativen Ergebnisse ein wichtiger Impuls für die Entwicklung biographischer Fragebogen, die bereits wenige Jahre später die Überlegenheit psychometrischer Prinzipen in der Befragungstechnik demonstrieren sollten (Goldsmith, 1922). Die erste Studie, in der hohe Validität berichtet wurde, betraf ausgerechnet jenen Bereich, in dem sich Interviews später als besonders heikles Auswahlinstrument erweisen sollten, nämlich die Prognose von Studienleistungen (Clark, 1926). Diese Interviews wurden allerdings kurz vor den Prüfungen durchgeführt, so dass nicht ausgeschlossen werden kann, die hohe Validität gehe darauf zurück, dass die Studierenden gut über ihre Leistungen Bescheid wussten und im Gespräch darüber Aufschluss geben konnten (Wagner, 1949). Falls die Interviewer gleichzeitig die Prüfer gewesen sein sollten, ergäbe sich daraus eine weitere Alternativerklärung.

Die wissenschaftliche Befassung mit dem Einstellungsgespräch riss gleichwohl nicht mehr ab, so dass im ersten umfangreicheren Überblick zu diesem Thema (Wagner, 1949) bereits 105 Arbeiten berücksichtigt werden konnten. Die meisten dieser Arbeiten waren freilich noch „qualitativer" Natur; immerhin 25 berichteten aber bereits empirische Studien mit insgesamt 174 Datensätzen, die eine Kalkulation der Objektivität ermöglichten. Als Durchschnittswert aus einer Streubreite zwischen .23 und .97 für Merkmalseinstufungen und zwischen −.20 und .85 für Gesamtbeurteilungen errechnete Wagner einen Median von $r = .57$, wobei sich regelmäßig höhere Werte für die Einschätzung der Bereiche „Intelligenz" und „Soziabilität" ergaben als für andere Merkmale. Die Objektivität der Gesamteinschätzungen lag mit $r = .53$ etwas unter der für die Einzelmerkmale. Als durchschnittliche Validität wurde ein Wert von $r = .27$ bestimmt, was Wagner als unbefriedigend ansah.

Neben der Bestimmung psychometrischer Kennwerte befasste sich diese Übersicht von Wagner (1949) mit der Verarbeitungskapazität der Interviewer. Schon in jener Zeit wurde erkennbar, dass die intuitive Kombination vielfältiger Eindrucksurteile nicht gut gelingt, so dass Wagners Empfehlungen lauteten, erstens das Interview nur für Zwecke einzusetzen, die nicht durch besser kontrollierte Methoden – insbesondere Tests – verlässlicher erreicht werden, und zweitens sich um eine statistische Gewichtung der Einstufungen und um die Kombination mit anderen eignungsdiagnostischen Daten zu bemühen. Darüber hinaus empfahl Wagner bereits den Einsatz strukturierter Interviews

– unter den von ihm referierten Verfahren fanden sich bereits einige, die diese Bezeichnung rechtfertigten – und den Einbau kleiner Aufgaben (z. B. Kurzvortrag), wie sie später im Assessment Center popularisiert wurden, in das Gespräch. Beispielsweise wurden von O'Rourke (1929) den Bewerbern kleine Problemsituationen vorgegeben, die spontan zu lösen waren. Die Lösungsqualität wurde vom Interviewer unmittelbar beurteilt – ähnlich den später propagierten situativen Fragen. Hovland und Wonderlic (1939) gaben den Interviewern Themenlisten vor und legten für Schlüsselfragen sogar das Gewicht fest, das den Antworten beizumessen war.

Manches, was sich in neueren Jahren eignungsdiagnostischer Forschung bestätigt hat oder gar als ganz neue Einsicht angesehen wird, war also schon vor längerer Zeit erkennbar. Auch sollten wir uns wohl davor hüten, allzu flott unsere neueren Ansätze dem „konventionellen unstrukturierten Interview" gegenüberzustellen, denn in Wirklichkeit gibt es schon sehr lange eine vielfältige Reihe von Übergängen zwischen „unstrukturiert" und „strukturiert" (vgl. Abschnitt 3.2). Gleichwohl hat natürlich die um die Mitte des letzten Jahrhunderts beginnende Forschung eine Vielzahl von Fragen erst herausgearbeitet, und so konnten die Übersicht von Wagner wie alle Reviews der folgenden Jahrzehnte konstatieren, dass die Anzahl der Ungewissheiten die der geklärten Fragestellungen bei weitem übersteigt.

Die nächste große Übersicht wurde von Mayfield (1964) zusammengestellt. Sie konnte bereits von den „McGill Studies" profitieren, einer Serie von Arbeiten zur Urteilsbildung und Entscheidungsfindung im Interview, die unter Leitung von Edward Webster an der McGill-Universität in den 50er und 60er Jahren durchgeführt wurden. Auch die intensivierte sozialpsychologische Forschung zur Eindrucksbildung (z. B. Asch, 1946) und zur Analyse von Interaktionsprozessen (Bales, 1950) sowie die zur Frage der „klinischen" vs. statistischen Informationsintegration in der Diagnostik (z. B. Meehl, 1954) begannen die Berufseignungsdiagnostik zu befruchten. Ebenso wurden die Ergebnisse und Theoriebildungen der allgemeinen sozialwissenschaftlichen Befragungsforschung nutzbar gemacht (z. B. Hyman, 1954; deutschsprachig Scheuch, 1967).

Die wichtigsten von Mayfields Schlussfolgerungen können wie in Tabelle 7 zusammengefasst werden.

Tabelle 7: Mayfields Bilanz der Interviewforschung (1964)

1. Interviews sind von befriedigender Wiederholungsreliabilität, aber von unbefriedigender Objektivität.
2. Interviewer verhalten sich relativ konsistent in ihren Interviews.
3. Die relevanten Gesprächsbereiche werden nicht vollständig abgedeckt.
4. Interviewer unterscheiden sich in ihrer Informationsverwertung.
5. Strukturierte Interviews weisen höhere Objektivität auf als unstrukturierte.
6. Die Ergebnisse verschiedener strukturierter Interviews weisen erhebliche Unterschiede auf.
7. Die Validität von Interviews ist gering.
8. Die Ergänzung valider Testinformation durch ein Interview führt meist nicht zu erhöhter, manchmal zu verringerter Validität.

9. Intelligenz scheint eher als andere Merkmale reliabel und valide eingeschätzt werden zu können.
10. Die Form der Frage beeinflusst die erhaltene Antwort.
11. Die Einstellung des Interviewers beeinflusst seine Interpretation der Antwort.
12. Im unstrukturierten Interview spricht der Interviewer mehr als der Interviewte.
13. Negative Information hat stärkeren Einfluss als positive.
14. Im unstrukturierten Interview treffen Interviewer ihre Entscheidung zu einem sehr frühen Zeitpunkt.
15. Äußere Erscheinung, Gesichtsausdruck und Benehmen eines Bewerbers spielen wahrscheinlich eine größere Rolle als das, was er sagt.

Nach der Zusammenfassung von Mayfield (1964) wurde die Interviewforschung aktiver, insbesondere im Hinblick auf die Entscheidungsbildung. Reviews erschienen in kürzeren Abständen, und zwar von Ulrich und Trumbo (1965), Wright (1969), Neuberger (1974), Schmitt (1976) und Arvey (1979). Ulrich und Trumbo konnten eine Reihe von Studien resümieren, in denen die Faktorenstruktur von Eindrucksurteilen im Einstellungsinterview untersucht worden war. Schwerpunktgemäß wurden zwischen zwei und fünf Faktoren gefunden, wobei Ulrich und Trumbo Beziehungsverhalten und Leistungsmotivation als die beiden Hauptfaktoren ansahen. Die Überblicksarbeiten von Arvey und von Schmitt befassten sich auch mit Rechtsproblemen und Fragen der Fairness von Auswahlentscheidungen gegenüber ethnischen Minderheiten, Behinderten, Frauen und älteren Personen. Eines der Ergebnisse war, dass die Angehörigen beider Geschlechter niedriger eingestuft werden, wenn es sich um einen geschlechtsuntypischen Beruf handelt.

Entsprechend dem voranschreitenden Forschungsstand in der Sozialpsychologie sowie auf den Gebieten Kognitionsforschung, Methodenlehre und empirischer Sozialforschung konnten die Reviews der 60er und 70er Jahre bereits eine Vielzahl experimenteller Studien berücksichtigen und ihre Darstellung in expliziter Orientierung an theoretischen Fragestellungen bündeln. Zusätzlich wurde begonnen, den Nutzen der Personalauswahl mittels Interview mit Methoden zu ermitteln, wie sie etwa von Cronbach und Gleser (1965) für die Eignungsdiagnostik generell zur Verfügung gestellt wurden. Des Weiteren wurden – beispielsweise bei Schmitt (1976) – „Modelle" des Interviewprozesses vorgeschlagen, die Einflussgrößen, Prozessvariable und Ergebnisse in plausible Zusammenhangsdarstellungen zu bringen suchten. Die Kausalitätsheuristiken dieser Zeit hatten allerdings noch nicht den Charakter heutiger Strukturgleichungsmodelle, die zur empirischen Prüfung des gesamten Gefüges von Annahmen aufgestellt werden.

In den achtziger Jahren tritt das Thema „Validität", das bereits die ersten Forschungsarbeiten zum Interview bestimmt hatte, wieder stärker hervor – im Weiteren vor allem bestimmt durch die Möglichkeiten der Metaanalyse (Schmidt & Hunter, 1977, 1981). Auch tauchen neue Vorschläge zur Strukturierung des Gesprächsablaufs auf, beispielsweise durch situative Fragen (Latham, Saari, Pursell & Campion, 1980) oder Fragen, die vergangenes Verhalten beschreiben (Janz, 1982). Neben weiteren Arbeiten zur

Frage der Entscheidungsbildung – zusammengefasst bei Webster (1982) und Hakel (1982) – wird das Interview jetzt auch als Interaktionsprozess analysiert, und es werden methodologische Fragestellungen – Versuchsplan, Versuchspersonen und Auswertungsmethoden betreffend – thematisiert. Die Überblicksdarstellung von Arvey und Campion (1982) ist dementsprechend in die drei großen Bereiche gruppiert: Reliabilität und Validität, methodologische Fragen, Studien zur Entscheidungsfindung. Erstmalig werden bei Arvey und Campion Untersuchungen zur Wirksamkeit von Trainingsmaßnahmen nicht nur für Interviewer zusammengestellt, sondern auch für Bewerber.

Die in den frühen Jahren der Eignungsdiagnostik erkennbare Befruchtung durch die sozialpsychologische Forschung ist mittlerweile einer radikalen Spezialisierung unter den (nordamerikanischen) Organisationspsychologen gewichen. So beklagen Arvey und Campion (1982) ein völliges Fehlen dieser Verbindung; es sei der Aufmerksamkeit der Kollegen entgangen, dass es sich bei der Entscheidungsfindung im Interview um einen Prozess der Personwahrnehmung oder sozialen Urteilsbildung handle, für den das Wissen etwa über Attribution und implizite Persönlichkeitstheorie nutzbar gemacht werden könne. Überdies vermissen Arvey und Campion Untersuchungen zur Bedeutung situativer Faktoren. Beispielsweise sei unklar, welchen Einfluss die Verantwortlichkeit der Interviewer auf ihre Entscheidung habe oder inwieweit „öffentliche" Entscheidungen von höherer Qualität seien als solche geringer Sichtbarkeit für andere.

Eine für das Einstellungsinterview konsequenzenreiche neue Entwicklung in den achtziger Jahren ist die Befassung mit der Reaktion der Bewerber auf Auswahlsituationen. Schmitt & Coyle hatten bereits 1976 darauf aufmerksam gemacht, dass die Person des Interviewers Einfluss auf die Entscheidung der Bewerber hat, ein Einstellungsangebot anzunehmen oder abzulehnen. Rynes, Heneman und Schwab (1980) stellten Untersuchungen zusammen, die einen solchen Einfluss auch für andere Charakteristika der Organisation und des Auswahlprozesses nachwiesen. Schuler und Stehle (1983) schlugen mit dem Begriff „soziale Validität" eine Sammelbezeichnung derjenigen Situationsmerkmale vor, von denen es abhängt, ob Personalauswahlsituationen von Bewerbern als akzeptable soziale Situationen erlebt werden. Als bedeutsam für das Einstellungsinterview sollte sich diese Arbeitsrichtung insofern erweisen, als das Gespräch sich unter allen eignungsdiagnostischen Verfahren als dasjenige herausstellte, das am ehesten in der Lage ist, den Erwartungen der Bewerber zu entsprechen und positiv erlebt zu werden. Daraus resultierte ein Anstoß, der die Mühe lohnenswert erscheinen ließ, das Interview angesichts niedriger Validitätswerte weiterzuentwickeln, um sowohl den methodischen wie den Akzeptanzanforderungen gerecht zu werden.

Ende der achtziger Jahre war soweit Überblick über die wichtigsten Einflussgrößen auf die Verfahrensqualität gewonnen, dass aus den Defiziten konventioneller Einstellungsgespräche und aus der Interviewforschung der vorangegangenen beiden Jahrzehnte Prinzipien und Maßnahmen ableitbar waren, die eine substantielle Verbesserung des Interviews als Auswahlmethode erwarten lassen (Tabelle 8).

Die in Tabelle 8 aufgeführten Maßnahmen sind als „technische Hilfe" gleichzeitig geeignet, den großen – allerdings bislang nur unzureichend erforschten – Unterschieden in der Urteilskompetenz der Interviewer zu begegnen und auch bei schwächeren Interviewern ausreichende Ergebnisqualität sicherzustellen.

Die weitere Interviewforschung steht nun vor allem unter dem Zeichen der – insbesondere metaanalytischen – Validitätsbestimmung sowie der Entwicklung anspruchs-

Tabelle 8: Maßnahmen zur methodischen Verbesserung des Interviews

1. Anforderungsbezogene Gestaltung
2. Beschränkung auf diejenigen Merkmale, die nicht anderweitig zuverlässiger gesammelt werden können (z. B. Zeugnisnoten)
3. Durchführung in strukturierter bzw. (teil-)standardisierter Form
4. Verwendung geprüfter und verankerter Skalen
5. Empirische Prüfung (Itemanalyse, Validierung) von Einzelfragen
6. Bei geringem Standardisierungsgrad Einsatz mehrerer Interviewer
7. Integration von Verfahrenskomponenten aus dem Assessment Center
8. Trennung von Information und Entscheidung
9. Standardisierung der Gewichtungs- und Entscheidungsprozedur
10. Vorbereitung der Interviewer durch ein verfahrensbezogenes Training

vollerer Interviewsysteme. McDaniel, Whetzel, Schmidt, Hunter, Maurer und Russel (1986, publiziert 1994) sowie Wiesner und Cronshaw (1988) errechneten fehlerkorrigierte Validitätskoeffizienten, die jenen des Assessment Centers gleichkamen. Für anforderungsbezogene und strukturierte Interviews wurden teilweise Validitäten ermittelt, die jenen für kognitive Fähigkeitstests nicht nachstehen und Interviews damit in die besten verfügbaren Auswahlverfahren einreihen. Weitgehend offen bleibt allerdings noch die inkrementelle Validität von Interviews, also die Frage, welchen Beitrag sie zur Prognose über andere Verfahren hinaus zu leisten vermögen, insbesondere über solche, die dem Interviewer gewöhnlich vorliegen – Lebenslauf, Examensnoten, Referenzen etc. – und in eine kombinierte Erhebung einfließen. Die inkrementelle Validität von Interviews gegenüber Intelligenztests klären Schmidt und Hunter (1998) auf großer Datenbasis (s. Abschnitt 13.3).

In neueren Zusammenstellungen werden nun auch diese Fragen thematisiert, so bei Harris (1989), Anderson und Shackleton (1993) sowie in besonderer Gründlichkeit im Sammelband von Eder und Ferris (1989) und in der Monographie von Dipboye (1992). Reliabilitäts- und Validitätswerte werden zunehmend auch für spezifische Interviewsysteme errechnet, und es wird der Frage nachgegangen, *weshalb* strukturierte Interviews valider sind als unstrukturierte und was „Struktur" eigentlich bedeutet (Campion, Palmer & Campion, 1997). Manches über bereits gut belegt geglaubte Urteilsfehler und Wirkungsgrößen muss neuerdings wieder in Frage gestellt werden. Aus Forschungssicht hat sich das Interview eingereiht in die Rubrik anderer Auswahlverfahren, kann mit Tests, Assessment Center, biographischen Fragebogen und weiteren Instrumenten direkt verglichen und an den gleichen psychometrischen Standards wie diese gemessen werden. Aus Praxissicht können die Ratschläge zur Interviewgestaltung nun auf einer kontrollierbaren empirischen Basis aufsetzen statt allein auf jener der diagnostischen Intuition, die beim einzelnen Interviewer manchmal gut zu funktionieren scheint, aber schwer weiterzugeben ist. Bevor der aktuelle Stand der Interviewvalidierung berichtet wird, müssen wir uns allerdings ein wenig genauer mit dem Begriff der Strukturierung auseinandersetzen, denn ein Großteil der neuerdings berichteten Werte beruft sich entweder auf strukturierte Interviewformen, oder es wird die Unterscheidung zwischen strukturierten und unstrukturierten Gesprächsformen getroffen.

3.2 Komponenten der Interviewstruktur

Wenn von „strukturierten Interviews" die Rede ist, so handelt es sich bei näherem Besehen keineswegs um eine homogene und eindeutig definierte Kategorie. Manche Autoren sprechen dann von strukturiert, wenn allen Kandidaten die gleichen Fragen in der gleichen Reihenfolge gestellt werden, andere verzichten auf eine dieser beiden Bestimmungen, dritte wieder ziehen die Art der Antwortverwertung oder Entscheidungsfindung als Definitionsgrößen heran. Anderson und Shackleton (1993) sehen das Maß an Strukturiertheit eines Interviews als Kontinuum an (Abbildung 7).

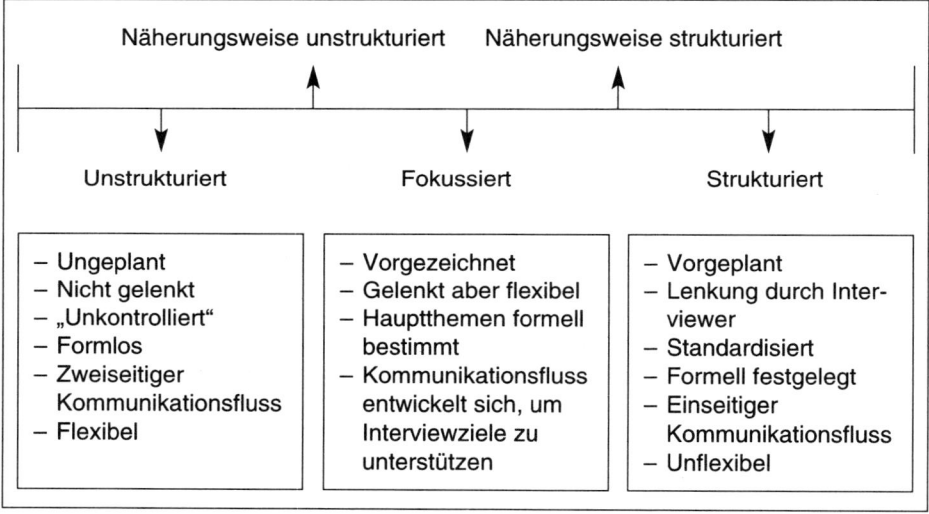

Abbildung 7: Das Strukturierungs-Kontinuum (übs. aus Anderson & Shackleton, 1993, p. 71)

Campion, Palmer und Campion (1997) hatten bereits so viele Publikationen über die Effekte von Strukturierungsmaßnahmen zur Verfügung, dass sie 15 Strukturkomponenten, unterteilt in die Kategorien „Inhalt" und „Bewertung", zusammenstellen konnten, die sich tatsächlich oder mutmaßlich auf die Qualität des Interviews auswirken. Tabelle 9 gibt ihre Zusammenstellung der 15 Komponenten in ihrem Einfluss auf verschiedene Kennwerte der Reliabilität, der Validität und der Reaktion von Verwendern und Bewerbern wieder.

Trotz aller vorliegenden Daten darf nicht übersehen werden, dass manche Aussage, die aus der Auflistung der Tabelle 9 folgt, derzeit noch mehr der Plausibilität als generalisierbaren Belegen entspringt. Überdies ist das Zusammenwirken der verschiedenen

Tabelle 9: Maßnahmen der Interviewstrukturierung und ihre Auswirkung auf Reliabilität, Validität und Verwenderreaktionen (übs. aus Campion et al., 1997, S. 657)

	Reliabilität						Validität			Verwenderreaktionen		
	Test-wieder-holung	Interrater	Kandid. Konsist.	Interaktion zw. Kandidaten	Interne Konsistenz	Beurteiler-überein-stimmung	Anforde-rungs-bezug	Reduz. Defizienz	Reduz. Konta-mination	Reduz. Benach-teilg. best. Gruppen	Akzep-tanz sei-tens Kan-didaten	Akzep-tanz sei-tens Inter-viewer
Inhalt												
1. Anforderungsanalyse		+	+	+			+	+	+	+	+	+
2. Gleiche Fragen	+	+	+	+				+	+	+	–	–
3. Verzicht auf Hilfen und Nachfragen	+	+						–	+	+		–
4. Bessere Fragen		+	+		+		+		+	+		+
5. Längere Interviews	+	+			+			+	+	+	–	–
6. Verzicht auf ergänzende Information	+							–			–	–
7. Keine Fragen der Kandi-daten	+	+	+	+					+			–
Auswertung												
8. Beurteilung der einzelnen Antworten oder Verwen-dung von Einstufungs-dimensionen	+	+			+		+	+	+			
9. Verankerte Einstufungs-skalen	+	+				+	+	+	+	+		+
10. Detaillierte Aufzeich-nungen	+	+				+	+	+	+	+		
11. Mehrere Interviewer	+	+		+	+	+		+	+	+	–	
12. Gleiche Interviewer	+	+		+						–		
13. Kein Meinungsaustausch zw. Interviewern	+	–				–			+	+		
14. Training	+	+	+		–	+	+	+	+	+	+	
15. Statistische Prognose	+	+			+	+		+	+	+		+

Anmerkung: „+" bedeutet positiver Effekt, „–" bedeutet negativer Effekt

Strukturierungsmaßnahmen noch weit davon entfernt, in allen Kombinationsmöglichkeiten geprüft worden zu sein. Gleichwohl kommt dieser Zusammenstellung hohe Anregungsfunktion für Forschung und Praxis zu. Campion et al. äußern jedenfalls die Überzeugung, jedes Interview könne dadurch gewinnen, dass zumindest einige der fünfzehn Komponenten genutzt würden. Einige Interviewmethoden, in denen dies realisiert ist, werden in späteren Kapiteln ausführlicher vorgestellt. Unter der inhaltlichen Strukturierungsmöglichkeit „bessere Fragen" sind vor allem biographiebezogene und situative Fragen zu nennen, die gute Maßnahmen zur Erörterung der inhaltlichen Validität von Interviews darstellen. Sie werden in den Kapiteln 7 und 8 gesondert erörtert.

Hough und Oswald (2000) weisen darauf hin, dass sich die in Tabelle 9 konstatierte höhere Fairness strukturierter Interviews (geringere Benachteiligung bestimmter Gruppen) in (amerikanischen) Arbeitsgerichtsentscheidungen insofern niederschlägt, als getroffene Personalentscheidungen auf dieser Basis besser vertretbar sind. Hierbei sind strukturierte Interviews im Vergleich zu unstrukturierten vor allem dadurch im Vorteil, dass die Bewerber gleich behandelt werden und der Anforderungsbezug ausgeprägter ist. Überdies fallen die Differenzen zwischen Menschen verschiedener ethnischer Herkunft geringer aus als bei kognitiven Fähigkeitstests. Williamson, Campion, Malos, Roehling und Campion (1997), die sogar 17 Strukturcharakteristika unterscheiden, sehen drei Globalmerkmale als entscheidende Interviewcharakteristika für die Rechtsprechung an: standardisierte Durchführung, hoher Tätigkeitsbezug und mehrere Beurteiler (s. a. Kapitel 14).

Eine Technik setzt sich gewöhnlich nicht nur durch ihre überlegenen instrumentalen Eigenschaften durch, sondern auch, weil sie einen Wandel in der Kultur repräsentiert. In diesem Sinne kann der Siegeszug der Interviewstrukturierung auch als Ausdruck der Verwissenschaftlichung und Normierung unserer Lebenswelt angesehen werden, die sich in vielen Handlungsbereichen als vorteilhaft für Erkenntnis- und Steuerungszwecke erwiesen hat und zunehmend akzeptiert wird.

3.3 Die Validität des Einstellungsinterviews

Die Zahl der für Interviews durchgeführten Validierungsstudien ist mittlerweile so groß, dass auch bereits eine ganze Reihe von Metaanalysen vorliegt. Ihre Ergebnisse sind nicht ganz einheitlich, was damit zusammenhängt, dass teilweise verschiedene Einzelstudien aufgenommen und unterschiedlich klassifiziert wurden. Die Einzelstudien wiederum beziehen sich auf unterschiedliche Bewerbergruppen und verwenden unterschiedliche Kriterien. Nachdem im Zweifelsfall die Metaanalysen zu den verlässlicheren Schätzwerten führen, werden einzelne Validierungsstudien im Folgenden nur dann berichtet, wenn sie aufgrund spezifischer Charakteristika oder Fragestellungen besonders erwähnenswert scheinen. Auch die Frage der angemessenen Korrektur der Validitätskoeffizienten wird nicht einheitlich beantwortet: Während viele Metaanalytiker, insbesondere jene aus der Schmidt/Hunter-Schule, Korrekturen bezüglich mangelnder Reliabilität des Kriteriums und Streuungseinschränkung im Prädiktor für selbstverständlich ansehen (und für konstruktbezogene Fragestellungen zusätzlich die Reliabilitätskorrektur des Prädiktors), ziehen andere – namentlich Bobko, Roth und Potosky (1999) sowie Schmitt, Rogers, Chan, Sheppard und Jennings (1997) – es vor, sich auch für metaanalytische Berechnungen am praktischen Gebrauch der eignungsdiagnostischen Verfahren zu orientieren und auf Korrekturen vollständig zu verzichten.

Welchen Einfluss Reliabilitäts- und Streuungskorrekturen haben, zeigt der Vergleich korrigierter Validitätskoeffizienten bei McDaniel et al. (1994) – $r = .44$ für strukturierte und .33 für unstrukturierte Verfahren – mit unkorrigierten Werten, die sich auf $r = .24$ und .18 belaufen. Nach Inhalten der Interviews unterschieden, ergeben sich korrigierte Koeffizienten von $r = .50$ für situative, .39 für „tätigkeitsbezogene" und .29 für „psychologische" Interviews. Bezogen auf Berufsleistung und auf Trainingsleistung errechnen sich etwa die gleichen Validitäten. Bei Wiesner und Cronshaw (1988) belaufen sich die Werte auf $r = .63$ bzw. .20 für strukturierte bzw. unstrukturierte Interviews, auch erhöht Anforderungsbezug die Validität. Worüber die Metaanalyse von McDaniel et al. (1994) zusätzlich Aufschluss gibt, ist die sog. Generalisierbarkeit der Validität. Ihren Daten zufolge liegt die untere Grenze des Vertrauensintervalls über Null, d. h. in 95 % aller Fälle ist ein Validitätswert im positiven Bereich zu erwarten.

Bemerkenswerterweise hatten frühe Metaanalysen wie die von Hunter & Hunter (1984) für Interviews insgesamt eine korrigierte Validität von $r = .14$ mitgeteilt, was zum Boom der Bemühungen um Verfahrensverbesserungen beigetragen hat. Es könnte sein, dass mittlerweile auch das, was unter „unstrukturiertem Interview" gemeint ist, validitätsfördernde Verbesserungen erfahren hat. Bei der Metaanalyse von Huffcutt und Arthur (1994) – es wurden vier Stufen der Strukturierung unterschieden, was in $r = .20$ für die niedrigste und $r = .57$ für die höchste Strukturierungsstufe resultierte – handelt es sich ebenfalls um korrigierte Werte. Marchese und Muchinsky (1993) errechneten eine Korrelation von $r = .45$ zwischen der Strukturierung und der Validität von Auswahlgesprächen; nach ihrer Analyse ist Struktur die einzige Charakteristik, welche die Validität des Interviews moderiert! Keine Effekte auf die Validität fanden sie demgegenüber durch die Zahl der Interviewer, die Länge des Interviews, das Geschlecht und den Beruf der Bewerber. Dies entspricht dem Monitum der Schmidt-Hunter-Schule (z. B. Schmidt, Law, Hunter, Rothstein, Pearlman & McDaniel, 1993), nicht an differentielle Validität zu glauben – und damit der „Vogelperspektive" metaanalytischer Datenverwertung –, steht aber im Gegensatz zum Ergebnis von Einzelstudien, die in spezifischen Kontexten durchgeführt werden, um Entscheidungshilfe zu leisten. So hatte sich in einer Studie von Schuler, Moser, Diemand und Funke (1995) ergeben, dass ein strukturiertes Interview zur Lehrlingsauswahl im kreditwirtschaftlichen Kontext besser geeignet war, das Potenzial für Kundenberatung vorherzusagen als das für Stabstätigkeiten, während für einen Intelligenztest das Umgekehrte galt. Auch hatte das Interview inkrementelle – also zusätzliche – Validität über den Intelligenztest hinaus zur Prognose des Beratungspotenzials, nicht aber umgekehrt, während für die Prognose der Abschlussnote der Berufsausbildung nur der Intelligenztest inkrementell prädiktiv war.

Dies illustriert das Dilemma, dass echte differentielle Validität mit einer Einzelstudie aufgrund der beschränkten Stichprobengröße kaum belegbar ist, gleichzeitig aber von der Metaanalyse nicht entdeckt wird, wenn sie nicht auch im Durchschnitt über mehrere in die Analyse einbezogenen Studien hinweg ausreichende Stärke erreicht. (Zu diesem und anderen methodologischen Problemen der Validierungsforschung vgl. Schuler und Guldin, 1991).

Beim Vergleich verschiedener Fragentypen fanden Campion, Campion und Hudson (1994) in einer Einzelstudie für vergangenheitsbezogene (biographische) Fragen höhere

Validität als für zukunftsbezogene (situative) Fragen (r = .51 gegenüber .39, korrigiert). Die prädiktive Validität des Gesamtwerts des Multimodalen Interviews wurde in verschiedenen Einzelstudien bezogen auf Kriterien des Ausbildungs- und Berufserfolgs größtenteils zwischen r = .30 und r = .50 (unkorrigiert) ermittelt (Schuler & Moser, 1995). Campion et al. (1994) errechneten für vergangenheitsbezogene Fragen inkrementelle Validität über zukunftsbezogene Fragen hinaus, nicht aber umgekehrt. Ein ähnliches Ergebnis findet sich bei Pulakos und Schmitt (1995). Beide Fragentypen hatten inkrementelle Validität über einen Intelligenztest hinaus. Inkrementelle Validität gegenüber Intelligenztests wurde auch für das Multimodale Interview in Bezug auf verschiedene Kriterien des Ausbildungserfolgs nachgewiesen (Schuler, Moser, Diemand & Funke, 1995). Schmidt und Hunter (1998) untersuchten 18 verschiedene diagnostische Verfahren und andere Datenquellen daraufhin, welche inkrementelle Validität sie über Intelligenztests hinaus zustande bringen. Ihren Ergebnissen zufolge liegen strukturierte Interviews gemeinsam mit Arbeitsproben an zweiter Stelle (Validitätsgewinn r = .12), übertroffen nur durch Integrity Tests mit r = .14.

Möglicherweise weisen allerdings nicht alle Formen strukturierter Interviews die gleiche inkrementelle Validität auf, denn während Harris (1989) mangelnden Validitätszuwachs des *Comprehensive Structured Interviews* gegenüber Intelligenztests konstatiert, kommen Cortina, Goldstein, Payne, Davison und Gilliland (2000) zu dem generalisierbaren Resultat, dass strukturierte Interviews prognostische Validität über Tests für Intelligenz und Gewissenhaftigkeit hinaus aufweisen.

Tatsächlich ist es ja weniger „die Validität an sich", die zur Entscheidung über den Einsatz eines eignungsdiagnostischen Verfahrens maßgeblich ist, sondern der Validitätsanteil, den es über die Prognose hinaus liefert, die bereits mit anderen Verfahren möglich ist, also die *inkrementelle* Validität. Beispielsweise haben sich Intelligenztests an ihrer Fähigkeit messen zu lassen, Information zu liefern, die noch nicht im Bildungsniveau und in der Schulnote steckt (die in den USA höher ist als in den deutschsprachigen Ländern, weil dort das Bildungsniveau und die Schulnoten weniger aussagekräftig sind als hierzulande). Eigentlich müsste die Frage umgekehrt gestellt werden: „Was können Tests über Schulnoten und über ein Interview hinaus leisten?", denn Interviews sind diejenigen Verfahren, die „ohnehin" in nahezu allen Fällen durchgeführt werden und die von den Verwendern und insbesondere den Bewerbern wesentlich besser akzeptiert werden als Testverfahren. Wie Dipboye (1989) ausführt, kann für Interviews auch deshalb schwer inkrementelle Validität nachgewiesen werden, weil die Voreindrücke von Bewerbungsunterlagen und evtl. auch Testwerten in die Eindrucksbildung der Interviewer bereits eingehen. Dies müsste bei strukturierten Interviews in geringerem Maß der Fall sein als bei unstrukturierten.

Weniger erfolgreich fielen Versuche aus, mit Hilfe von Interviews den Studienerfolg vorherzusagen. So musste Trost (1986) aufgrund der Literaturlage konstatieren, dass Interviews zu diesem Zweck denkbar ungeeignet sind. Auch die aktuellere Übersicht des gleichen Autors (Trost, 1996) kommt nur zu einer durchschnittlichen Validität von etwas unter r = .20 bei großer Streubreite der Koeffizienten.

Im Gegensatz hierzu sehen Rindermann und Oubaid (1999) heute durch die Verfügbarkeit hochstrukturierter Verfahren bessere Möglichkeiten und halten eine Kombination von Abiturnoten, Intelligenztests und Multimodalen Interviews für den aussichtsreichsten Weg zur Auswahl von Studierenden durch die aufnehmenden Universitäten.

> **Kasten 1: Gut gemeint**
>
> In ungünstigen Fällen kann die inkrementelle Validität sogar negativ ausfallen: Laut einer persönlichen Mitteilung von Brown (1984) nahm die Validität des Zulassungsverfahrens zum Medizinstudium an der Universität Michigan ab, nachdem in Ergänzung des kognitiven Fähigkeitstests ein Interview eingesetzt wurde. Nach Berechnungen von Brown, der zu jener Zeit für die Evaluation des Zulassungsverfahrens zuständig war, lag die Ursache in der Überschätzung weiblicher Bewerber im (unstrukturierten) Interview, während der Intelligenztest eine faire Auswahl gewährleistete. Eine vergleichbare Abnahme der Gesamtvalidität eines Auswahlverfahrens durch die zusätzliche Berücksichtigung von Intervieweindrücken war bereits von Kelly und Fiske (1951, zit. n. Dipboye, 1989, S. 47) berichtet worden.

Bezüglich der *Konstruktvalidität* des Einstellungsinterviews waren Hunter und Hirsh (1987) noch auf Spekulationen angewiesen. Ihre Vermutung war, dass mit konventionellen Interviews soziale Kompetenzen erfasst würden, mit strukturierten Interviews dagegen Intelligenz. Schuler (1989a) sowie Schuler und Funke (1989) zeigten demgegenüber, dass mittels des Multimodalen Interviews mehrere psychologische Konstrukte, darunter soziale Kompetenz, psychische Stabilität und Leistungsmotivation, erfasst werden können, wobei das Wesentliche ist, dass die Zielmerkmale nicht zwangsläufig mit der Interviewstruktur verbunden sind, sondern anforderungsgemäß bestimmt werden können. Huffcutt, Roth und McDaniel (1996) fanden metaanalytisch eine mittlere korrigierte Korrelation zwischen Interview und Intelligenz von r = .40 (unkorrigiert .25), wobei geringer strukturierte Interviews die höhere Korrelation mit dem Ergebnis von Intelligenztests aufwiesen als hochstrukturierte Verfahren. (Bei genauerem Besehen stellt sich allerdings heraus, dass eine große Teilstichprobe bei Huffcuttt et al. aus einer Studie zum Multimodalen Interview bestand – Schuler & Funke (1989) –, deren Daten aus einem Verfahren stammten, das als zusätzliches Auswahlverfahren auf möglichst geringe Korrelation mit Intelligenz – und damit auf hohe inkrementelle Validität – angelegt war. Ohne diese Teilstichprobe wäre die Differenz zwischen hoch- und mittelhochstrukturierten Verfahren bei Huffcutt et al. hinfällig.)

Salgado und Moscoso (in press) vergleichen metaanalytisch die Konstruktvalidität konventioneller und strukturierter verhaltensbezogener Interviews. Sie kommen zum Ergebnis, dass mit konventionellen Interviews Intelligenz, globale Persönlichkeitsmerkmale (u. a. Extraversion und Neurotizismus) sowie soziale Kompetenz erfasst wird, während strukturierte Interviews vornehmlich Fachkenntnisse, Berufserfahrung und ebenfalls soziale Kompetenz messen (wobei letzteres wiederum vor allem auf die erwähnte Studie zum Multimodalen Interview zurückgeht). Ähnlich kommen Huffcutt, Conway, Roth und Stone (2001) zu dem Schluss, der Validitätsvorteil strukturierter Interviews sei darin begründet, dass sie ausgeprägter als konventionelle Auswahlgespräche solche Merkmale fokussieren, die auch für den Berufserfolg maßgeblich sind.

Salgado und Moscoso ziehen aus dieser Datenlage den Schluss, dass es sich bei strukturiertem und unstrukturiertem Interview um zwei verschiedene Verfahrenstypen handle, die auch unterschiedliche Facetten der Berufseignung erfassen könnten. Sie empfehlen deshalb, nicht einfach unstrukturierte Einstellungsinterviews durch strukturierte zu ersetzen, sondern einen Verfahrenstyp wie das Multimodale Interview zu wählen, das Charakteristika beider Interviewtypen miteinander verbindet.

Ein letzter Blick im Zusammenhang mit der Konstruktvalidität von Einstellungsinterviews soll der Frage gelten, inwieweit deren Ergebnisse durch die Neigung zu sozial erwünschtem Antwortverhalten beeinflusst werden. Pennock und Shultz (in press) verglichen dahingehend die Werte aus einem *Patterned Behavior Description Interview* und einem situativen Interview mit den Scores eines gleichzeitig durchgeführten Social Desirability-Tests, des *Paulhus Balanced Inventory of Desirable Responding*. Das Ergebnis waren geringe Korrelationen für alle verglichenen Teilskalen. Für strukturierte Interviews bestätigt sich damit, was auch für andere Diagnoseverfahren festgestellt werden konnte (Schuler & Höft, 2001) – dass die Neigung zu beschönigender Selbstdarstellung für gut konstruierte Auswahlverfahren eine geringere Gefahr darstellt als vielfach befürchtet. In Abschnitt 4.4 wird diese Frage noch genauer untersucht. Weitere Aufklärung, welche Merkmale mit Einstellungsinterviews bevorzugt erfasst werden, erfolgt in Kapitel 6.

4 Soziale Urteilsbildung

Gegenüber allen anderen eignungsdiagnostischen Verfahren ist das Einstellungsinterview durch eine Besonderheit gekennzeichnet, die zugleich seine große Stärke und Schwäche ist: Das Interview ist eine Interaktionssituation, eine zwischenmenschliche Begegnung; die Diagnose erfolgt im Gespräch und durch das Gespräch, sie ist eingebettet in einen Prozess gegenseitiger Steuerung und Urteilsbildung, überlagert durch Absichten und Erwartungen der Gesprächspartner und geprägt durch deren Fähigkeiten, Strebungen und Begrenzungen. Die Interagierenden sind Strategen und Objekte zugleich, Gestalter und dabei selbst das wichtigste Diagnoseinstrument.

Wir müssen uns deshalb mit dem Versuch befassen, die wichtigsten Bestimmungsgrößen dieser Interaktionssituation zusammenzutragen und in einen Funktionszusammenhang zu bringen. Er kann als Heuristik dienen, um sich den Gesamtzusammenhang zu vergegenwärtigen, ohne vor der Komplexität zu kapitulieren, als Schema zur Bündelung der vorliegenden Forschungsergebnisse und eventuell auch als Anregung für weitere Forschungsaktivitäten. Selbstverständlich sollten wir auch für die Praxis des Vorstellungsgesprächs davon profitieren.

Ein möglicher Gewinn könnte darin bestehen, klarer zu erkennen, an welchen Punkten eine weitere Verbesserung von Interviews ansetzen sollte. Dipboye und Gaugler (1993) führen sechs Erklärungsmöglichkeiten für die Überlegenheit strukturierter gegenüber unstrukturierten Interviews auf:

1. Die Bewerberantworten sind bessere Prädiktoren des künftigen Verhaltens.
2. Das Bewerberverhalten ist ein besserer Prädiktor des künftigen Verhaltens.
3. Selbstdarstellung hat einen geringeren Raum.
4. Das Interviewerverhalten ist in geringerem Maße die Ursache für Verhaltensunterschiede der Bewerber.
5. Korrektere Attributionen (Ursachenerklärungen) für beobachtetes Verhalten werden begünstigt.
6. Unterschiede zwischen verschiedenen Interviewern sind von geringerem Einfluss.

Um zu erforschen, welche dieser Erklärungen maßgeblich sind, ist es unabdingbar, die Prozesse der sozialen Urteilsbildung einer genaueren Analyse zu unterziehen.

4.1 Die Einflussgrößen im Überblick

Als wichtigste Parameter des sozialen Prozesses „Einstellungsinterview" werden im Folgenden unterschieden und in einen Wirkungszusammenhang gesetzt: die handelnden Personen, also Bewerber und Interviewer, und ihr Verhalten. In anderem Kontext mag es etwas befremdlich sein, die Person und ihr Verhalten zu trennen, aber in diesem Fall sind mit „Person" die Merkmale und Orientierungen gemeint, die in die Situation mitgebracht werden, während sich „Verhalten" auf die Aktions- und Reaktionsweisen innerhalb der Situation bezieht. Als Spezifika dieser Situation unterscheiden wir die zu besetzende Position, die Organisation mit ihren Besonderheiten, die Umwelt, der sich das Verfahren anzupassen hat (z. B. in rechtlicher Hinsicht), die besonderen Diagnosebedingungen (zu denen etwa die Frage gehört, ob weitere Auswahlverfahren vorgesehen sind) sowie die

Vorinformation, die über den Bewerber beispielsweise in Form von Zeugnissen vorliegt.

Die Charakteristika der Situation wirken auf den Bewerber insoweit, als sie beispielsweise die Selbstselektion steuern (was bewirkt, dass sich nur bestimmte Bewerber in den betreffenden Verfahren befinden), und natürlich auf sein Verhalten, das sich, moderiert durch Merkmale seiner Person, an den (vermuteten) Anforderungen der Stelle orientiert, für die er sich beworben hat. Beim Interviewer wollen wir zwar nicht annehmen, dass seine stabilen Personmerkmale von der Situation abhängen, wohl aber werden seine Erwartungen an den Bewerber, das Gespräch und die Entscheidung von Situationsparametern beeinflusst (z. B. vom Arbeitsmarkt, vor allem aber von der zu besetzenden Stelle). Ebenso ist sein Verhalten von seiner Person wie auch direkt von der Situation abhängig.

Bei der Eindrucksbildung interessiert uns vorrangig der Eindruck, der beim Beurteiler über den Bewerber entsteht. Er kommt vor allem über dessen Verhalten zustande, aber auch durch äußere Merkmale. Doch auch der Eindruck, den der Bewerber vom Interviewer hat, ist für sein Verhalten, den Interaktionsprozess und schließlich für seine Entscheidung maßgeblich, ein etwaiges Einstellungsangebot anzunehmen. Bei beiden handelnden Personen kommt der Eindruck auf dem Weg über zahlreiche Mechanismen der Informationsverarbeitung zustande.

Die Interaktion und die entstehende Beziehung zwischen den beiden ist eine Funktion ihrer Eindrücke voneinander und von der Situation, vor allem aber ihres Verhaltens. Die abschließende Entscheidung (die vielleicht noch keine definitive Einstellungsentscheidung ist, sondern nur eine Entscheidung über das weitere Vorgehen) ist als Resultat des genannten Prozesses anzusehen, wobei vor allem die entstandenen Eindrücke und die Entwicklung der Beziehung dafür maßgeblich sein dürften. Aber auch eine direkte Wirkung von Situationsparametern ist hier noch aufzuweisen. Entsprechendes gilt für die Entscheidung des Bewerbers, sich weiterhin um die fragliche Stelle zu bemühen und gegebenenfalls ein Einstellungsangebot anzunehmen.

In Abbildung 8 sind die genannten Bestimmungsgrößen schematisch geordnet.

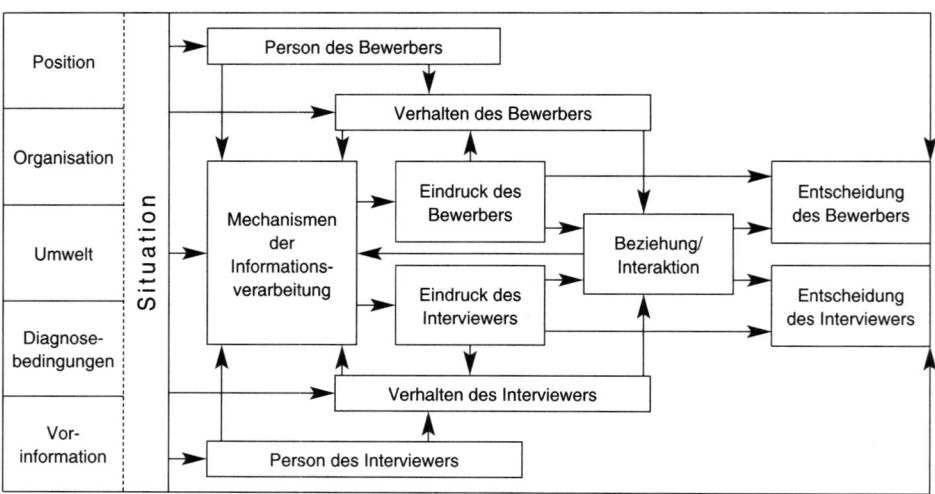

Abbildung 8: Der Prozess der sozialen Urteilsbildung im Einstellungsinterview

4.2 Die Situation

Verschiedene Parameter oder Merkmale der Situation beeinflussen den Prozess der sozialen Urteilsbildung als Hintergrundvariable sowie in direkter Wirkung. Als mutmaßlich wichtigste Größen werden hier die zu besetzende Position, die Organisation, die Umwelt, die Diagnosebedingungen sowie die dem Interviewer verfügbare Vorinformation angesprochen.

Position

Der erste Parameter des situationalen Hintergrunds ist die zu besetzende Position bzw. der Arbeitsplatz oder die in Frage stehende Tätigkeit. Sie definiert die *tätigkeitsspezifischen Anforderungen* an den Stelleninhaber sowie das *Befriedigungsangebot*, das sie für dessen Interessen, Bedürfnisse und Werthaltungen bietet. Darüber hinausgehende *generelle Anforderungen* hat sie mit anderen Positionen gemeinsam. Die Anforderungen haben den Charakter von *Aufgaben-*, *Ergebnis-* und *Qualifikationsanforderungen*, von *Verhaltensanforderungen* sowie von *Eigenschaftsanforderungen*. Ihre genauere Beschreibung und Methoden zu ihrer Ermittlung erfolgt in Kapitel 5.

Neben den Anforderungen ist die *Bedeutsamkeit* der Position für die Organisation insofern von Einfluss, als die Verantwortlichen für wichtigere Positionen höheren Aufwand in Kauf nehmen und bei der Entscheidung weniger Kompromisse einzugehen bereit sind. Umgekehrt dürfte ein dringliches *Besetzungserfordernis* mit weniger hohen Ansprüchen und geringerer Prüfungssorgfalt einhergehen.

Organisation

Unter den Charakteristika der aufnehmenden Organisation dürfte die *Attraktivität* des Unternehmens als Arbeitgeber das wichtigste sein, ist von ihr doch die Selektionsquote und damit die „Strenge" des Auswahlverfahrens abhängig. Ein begehrter Arbeitgeber kann, ja muss geradezu den „Fehler 1. Art" – ungeeignete Kandidaten einzustellen – gegenüber dem „Fehler 2. Art" – geeignete Bewerber abzulehnen – stärker im Auge haben. Freilich muss er sich hüten, den Abgelehnten zu bescheinigen, sie seien ungeeignet, wenn der Ablehnungsgrund in Wahrheit darin bestand, dass es *noch Geeignetere* gegeben hat. Überhaupt verpflichtet ein guter Ruf auch in diesem Fall – insbesondere natürlich dort, wo die Bewerber gleichzeitig potenzielle Kunden des Unternehmens sind und bleiben sollen. Bezogen auf das Auswahlverfahren ist ein Arbeitgeber nicht dann attraktiv, wenn es einfach ist, ein Stellenangebot zu erhalten, sondern wenn das Verfahren das Gesamtimage des Unternehmens dadurch unterstreicht, dass es als anspruchsvoll, interessant, modern und fair empfunden wird und damit auch als Instrument des *Personalmarketings* tauglich ist (Moser, Stehle & Schuler, 1993).

Unternehmenskultur, *Organisationsklima* und *Stil* können an zweiter Stelle genannt werden. Ein Arbeitgeber, der als kommunikationsfreudig gelten möchte, muss die Gesprächskultur auch bereits im Einstellungsinterview erkennen lassen. Der Wert, den ein Unternehmen seinen Mitarbeitern beimisst, wird auch daran deutlich, inwieweit das Auswahlverfahren den Kriterien der „sozialen Validität" (Abschnitt 12.1) gerecht wird, das heißt informativ und transparent ist sowie ein Kontrollerleben in der Auswahlsituation ermöglicht.

Zur *Unternehmenspolitik* gehört die Frage, welcher Anteil der Führungspositionen mit Mitarbeitern aus den eigenen Reihen besetzt wird. Für Verfahren der internen Personalauswahl ist besonders wichtig, dass sie *Arbeitsprobencharakter* haben, was beispielsweise auf situative Interviewfragen zutrifft, oder berufsbiographischen Bezug aufweisen. Zur Unternehmenspolitik gehört auch der Umgang mit „Mikis" und „Kukis" – Mitarbeiterkindern und Kundenkindern – als Stellenbewerbern. Möchte man vermeiden, dass in solchen Fällen wesentlich niedrigere Ansprüche an die Bewerber gestellt werden als in anderen Fällen, ist ein relativ objektives Auswahlverfahren von Vorteil.

Als weitere Parameter könnten *Größe* und *Struktur* der Organisation genannt werden, womit die Zahl der Hierarchieebenen, die Weisungsstrukturen und Verantwortlichkeiten zusammenhängen. Auch an die *Branche* ist zu denken, nachdem derzeit manche Branchen durch besonders hohe Fluktuationsziffern gekennzeichnet – und geplagt – sind. Ein Grundstein für künftiges Commitment und Verbundenheit mit dem Arbeitgeber wird schon in der Auswahlsituation gelegt. Wenn es zusätzlich gelingen sollte, im Interview Fragen zu stellen, die Annahmen über die Wechselfreudigkeit einer Person zulassen, wäre Zusätzliches gewonnen. Aber das ist eine inhaltliche Frage und damit Thema späterer Kapitel.

Zuletzt sei die *wirtschaftliche Situation* des Unternehmens genannt – allerdings nicht mit dem Gedanken, dass ökonomisch schwache Unternehmen zuweilen genötigt sein mögen, sich mit schwächeren Bewerbern zufrieden zu geben; dies ist eine Frage des Personalmarketings oder fällt in die Kategorie der Unternehmensattraktivität. Vielmehr ist zu bedenken, dass solche Firmen es nötiger haben könnten als andere, „ungeschliffene Diamanten" unter den Bewerbern zu entdecken. Das ist nur möglich, wenn auch die frühen Selektionsstufen – zu denen meist das Interview gehört – bereits hohe Validität aufweisen (siehe Fehler der 2. Art, den sich die attraktiveren Arbeitgeber leisten können!).

Umwelt

Unternehmen sind von ihrer Umwelt meist in höherem Maße und in vielfältigerer Hinsicht abhängig, als es auf den ersten Blick scheinen mag (Wilpert, 1995). Auch hinsichtlich der *Unternehmensumwelt* ist wieder die *ökonomische Situation* zu nennen, diesmal aber mit dem Akzent auf den gesamtwirtschaftlichen Umständen, von denen beispielsweise die Wachstumserwartung einer Branche und die Expansion der Mitarbeiterzahl eines Unternehmens abhängen. Auch die *politische Situation* und *rechtliche – insbesondere arbeits- und sozialrechtliche – Bedingungen* sind hier zu nennen. Hiervon hängt beispielsweise ab, inwieweit die Personalauswahl bereits sehr restriktive Kündigungsbedingungen antizipieren muss, aber auch die Beteiligung des Betriebs- oder Personalrats, der Schutz bestimmter Personengruppen und schließlich auch ganz einfach die Frage, welche Themen im Interview angesprochen werden dürfen und welche nicht (s. hierzu Abschnitt 14.1). *Soziale Verpflichtungen*, denen sich ein Unternehmen gegenübersieht, hängen mit der politischen und rechtlichen Situation eng zusammen, aber auch mit dem Selbstbild eines Unternehmens und deshalb mit den bereits angesprochenen Fragen von Stil und Unternehmenskultur.

Die für die Personalauswahl offensichtlichste Einflussgröße aus der Umwelt ist der *Arbeitsmarkt*. Sind qualifizierte Mitarbeiter schwer zu bekommen, sind die Möglichkeiten der Personalentwicklung bei der Auswahl schon mitzubedenken, z. B. müssen statt

Informatikern Betriebswirte oder Techniker eingestellt werden. Die Eignungsdiagnose hat in solchen Fällen die Aufgabe, Lern- und Entwicklungsfähigkeit zu ermitteln. Überdies hat bei einer angespannten Arbeitsmarktlage das Auswahlgespräch noch mehr als sonst die Aufgabe der Personal*gewinnung* wahrzunehmen.

Diagnosebedingungen

Unter dem Gesichtspunkt der Diagnosebedingungen ist zunächst die Frage zu stellen, wie die *Eignungsdiagnose* des Auswahlverfahrens *insgesamt* konzipiert ist: Hiervon hängt ab, welche „Verantwortung" das Einstellungsinterview zu tragen hat. Bei der Umstrukturierung eines technischen Unternehmens hat der Verfasser die Situation erlebt, dass ein Assessment Center zur internen Auswahl von Führungskräften konzipiert und vorbereitet wurde. Kurz vor dessen Einsatz beschloss allerdings der Betriebsrat, dieses Verfahren dürfe allein der Personal*entwicklung* dienen, aber keine eigentliche Auswahlfunktion haben. Nachdem auch keine verwertbaren Leistungsbeurteilungen vorlagen, musste das – ursprünglich als Element des Assessment Centers vorgesehene – Interview die Aufgabe der Auswahl erfüllen. In einem solchen Fall sind selbstverständlich höhere Ansprüche an die Qualität des Verfahrens zu stellen, als wenn das Interview eine von mehreren ergänzenden Methoden ist. In letzterem Fall ist allerdings die Frage zu stellen – und möglichst empirisch zu beantworten –, welche Stelle das Gespräch im Rahmen einer *multimethodalen Diagnosestrategie* einnimmt, d. h. welche Qualifikationselemente in Relation zu den übrigen eingesetzten Verfahren gemessen werden sollen.

In Zusammenhang damit steht auch die *Auswahlsequenz*, also die Reihenfolge aller Einzelverfahren. Ist eine Mehrzahl von Eignungsmerkmalen anforderungsrelevant, so sollte einem Verfahren am Beginn der Auswahlsequenz (z. B. den Bewerbungsunterlagen), das ein wesentliches Merkmal (z. B. soziale Kompetenz) nur unzureichend abbildet, kein starkes Selektionsgewicht beigemessen werden.

Im Rahmen der psychologischen Testtheorie spielen die Größen *Basisrate* (oder Grundquote) und *Selektionsquote* eine große Rolle, weil von ihnen der Erwartungswert abhängt, mit welcher Trefferquote bei gegebener Validität eines Auswahlverfahrens gerechnet werden kann. (Wie bei jeder Gleichung lässt sich natürlich auch hier die Fragestellung umdrehen und die erforderliche Validität bestimmen, wenn man nur eine bestimmte Fehlerwahrscheinlichkeit in Kauf zu nehmen bereit ist.)

Die *Basisrate* gibt den Prozentsatz der Geeigneten in der Gruppe der Bewerber an (wobei „Eignung" ja in Wirklichkeit eine kontinuierliche Variable ist, aber der einfacheren Berechnung halber meist dichotomisiert wird). Bei hoher Basisrate macht man selbst mit einem wenig validen Auswahlverfahren wenig Fehler (im Extremfall, wenn alle Bewerber geeignet sind, könnte man auch das Los entscheiden lassen); ist die Basisrate dagegen gering, kommt der Validität eine hohe Bedeutung zu. In Abbildung 9 wird dieses abstrakte Prinzip an vier Beispielen illustriert.

Bei geringer Zahl mutmaßlich Geeigneter unter den Bewerbern ist also besondere Mühe darauf zu verwenden, ein möglichst valides Interview zum Einsatz zu bringen (bzw. es durch weitere valide Verfahren zu ergänzen).

Für die *Selektionsquote* gilt, dass ihre Absenkung (also etwa nur 20 % statt 40 % der Bewerber einzustellen) bei konstanter Basisrate und Validität eine geringere Zahl von

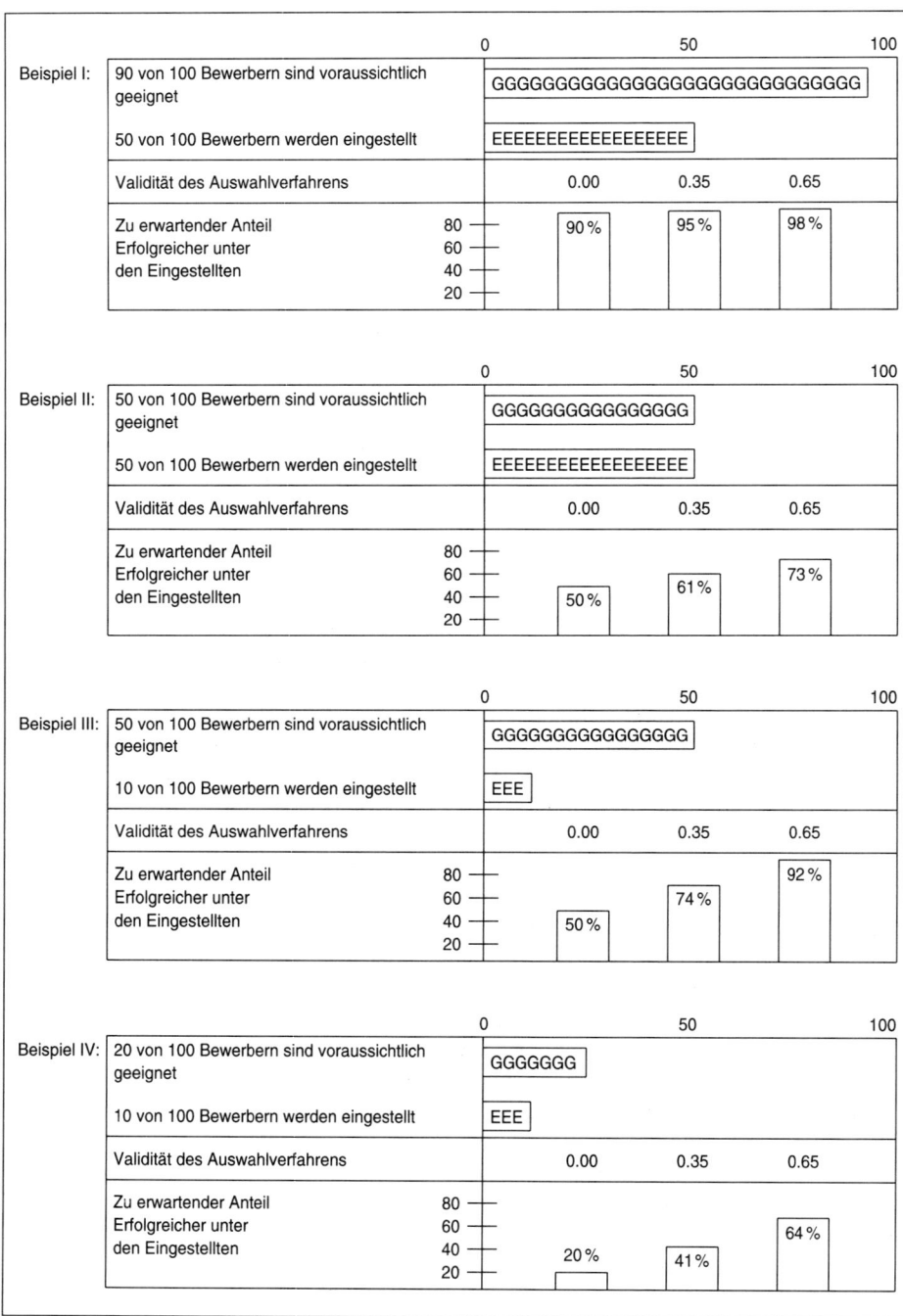

Abbildung 9: Zu erwartender Anteil Erfolgreicher unter den Eingestellten (Berechnungen nach Taylor & Russell, 1939; aus Schuler, 1990b, S. 9)

Fehlentscheidungen erwarten lässt. In Abbildung 9 ist mit den Beispielen II und III demonstriert, dass der Anteil Erfolgreicher unter den Eingestellten bei einer Validität von r = .65 von 73 % auf 92 % steigt, wenn die Selektionsquote statt 50 % nur 10 % beträgt. Eine Validität von r = .35 ist mit einem strukturierten Interview gut zu erreichen, r = .65 dagegen nur mit einem aufwendigen multimethodalen Verfahren. Aber auch bei mittlerer Validität ist der Zuwachs durch die verringerte Selektionsquote ja nicht unerheblich. Um sich geringe Selektionsquoten leisten zu können, muss, wenn das Unternehmen für Bewerber nicht ohnehin hohe Attraktivität genießt, das Personalmarketing verbessert werden.

Zu den Diagnosebedingungen können wir auch *Kosten- und Zeitvorgaben* zählen, weil von ihnen abhängt, welcher Aufwand für die Mitarbeiterauswahl betrieben werden kann. Für leistungsfähige Auswahlverfahren sind zumeist nicht unerhebliche Konstruktionsaufwendungen zu erbringen, wenn es sich um ein organisations- oder tätigkeitsspezifisches Verfahren handeln soll. Geringer sind die Kosten bei einem fertig angebotenen Verfahren. Hinzu kommen Trainings- und Durchführungsaufwand, wobei Letzterer allerdings nur beim Assessment Center so erheblich ist, dass er sehr stark ins Gewicht fällt. Ein nicht unerheblicher Faktor sind anfallende Reisekosten bei überregional ausgeschriebenen Stellen, die etwa für Interviews anfallen. Eine denkbare Alternative, um den Bewerbungsunterlagen nicht die ganze Last der Vorauswahl aufzubürden und dennoch kostengünstig zu verfahren, ist die Durchführung von *Telefoninterviews*. In Kapitel 15 wird hierüber informiert.

Vielleicht die entscheidendste Diagnosebedingung besteht darin, welche *Art von Interviewverfahren* zur Anwendung kommt. Die Daten aus Kapitel 2 grob resümierend, können wir bei einem frei geführten Auswahlgespräch mit einer Validität von etwa r = .20 rechnen, bei einem guten strukturierten Verfahren dagegen mit ca. r = .40. Aber nicht nur die Validität hängt vom Interviewtyp ab – und damit die Fehlerquote und die Notwendigkeit, weitere Arten von Auswahlverfahren einzusetzen –, sondern auch der *Gesprächsverlauf*. Wie die weiteren Erörterungen zeigen werden, findet die geringere Validität „konventioneller" Einstellungsinterviews ihre Haupterklärung in den Mechanismen der Informationsverarbeitung und damit auch in den gestellten Fragen und der Verwertung der erhaltenen Antworten. In dieser Hinsicht schlägt sich die Strukturierung ganz besonders nieder. Natürlich tut sie es auch in der Form der Kommunikation zwischen den Gesprächspartnern. Wenn der Interviewer nur vorgesehene Fragen abliest, kommt manches an Interaktionsdynamik nicht zustande, mit dem bei freier Gesprächsführung zu rechnen wäre. Bewerber finden eine solche Interviewform allerdings weniger angenehm als das freie Gespräch, und wenn man den Vorteil der optimierten Informationsverarbeitung nicht dadurch erkaufen möchte, dass man andere Vorzüge des Gesprächs mit dem Bewerber dafür preisgibt, ist man gut beraten, die Strukturierung und Automatisierung nicht beliebig weit zu treiben. Beispielsweise resultierte der Versuch, ein situatives Interview über den Computer abzuwickeln, in einer vergleichsweise negativen Bewertung der Situation durch die Bewerber (Latham & Finnegan, 1993).

Vorinformation

Bei der Eindrucksbildung im Einstellungsgespräch ist der Interviewer nicht mehr ganz frei, wenn er Vorinformation über seinen Kandidaten bekommen hat. Dies muss kein Nachteil sein, kann allerdings zur Folge haben, dass die nach allen Forschungsergebnissen weniger validen Informationen aus den Bewerbungsunterlagen die Urteilsbildung im Interview beeinflussen. Ein naives Modell des Entscheidungsprozesses könnte vielleicht davon ausgehen, dass innerhalb einer Entscheidungssequenz „Bewerbungsunterlagen – Test – Interview – Assessment Center" nach jeder Diagnosephase die Informationssammlung von vorne beginnt und mit den zusätzlichen Verfahren für die noch im Rennen befindlichen Personen neue, ergänzende Daten gesammelt werden, unabhängig von den bereits vorliegenden. Wie die Abschnitte über Mechanismen der Informationsverarbeitung und Eindrucksbildung zeigen werden, ist uns dies als menschlichen Informationsverarbeitern aber nicht möglich. Der Test kann unabhängige Information sammeln, aber der Interviewer als Person ist in der Formung seines Eindrucks vom Bewerber in einem gewissen Maß von dem Licht beeinflusst, das die ersten Informationen auf später gesammelte Beobachtungen werfen. Unter allen Mechanismen der Urteilsbildung hat sich gerade die „Wirkung des ersten Eindrucks" besonders deutlich und mit den unterschiedlichsten Datenmaterialien bestätigt. Sie lässt sich von der besseren Einprägung der ersten aus einer Reihe gelernter Silben in den Lernversuchen von Ebbinghaus (1885) bis zur Formung komplexer Charaktereindrücke (Brandstätter, 1983) verfolgen.

Ein Versuch des Verfassers, bei dem der Einfluss einer Vorinformation auf die nachfolgende Beurteilung der Qualifikation demonstriert wurde, zeigte eine so hohe Effektstärke, dass das Ergebnis trotz geringer Versuchspersonenzahl außerordentlich deutlich war. Im Rahmen eines Seminars zur Leistungsbeurteilung wurde ein Teil der Teilnehmer vom Tagungsleiter in positiver Weise über einen Gastreferenten informiert, der andere Teil mit ausgeprägt negativem Vorzeichen. Die beiden Gruppen hörten anschließend gleichzeitig einen kurzen Vortrag von dem so unterschiedlich Angekündigten und wurden danach um ihr Urteil über den Referenten und seinen Vortrag gebeten. Das Ergebnis wird in Abbildung 10 wiedergegeben.

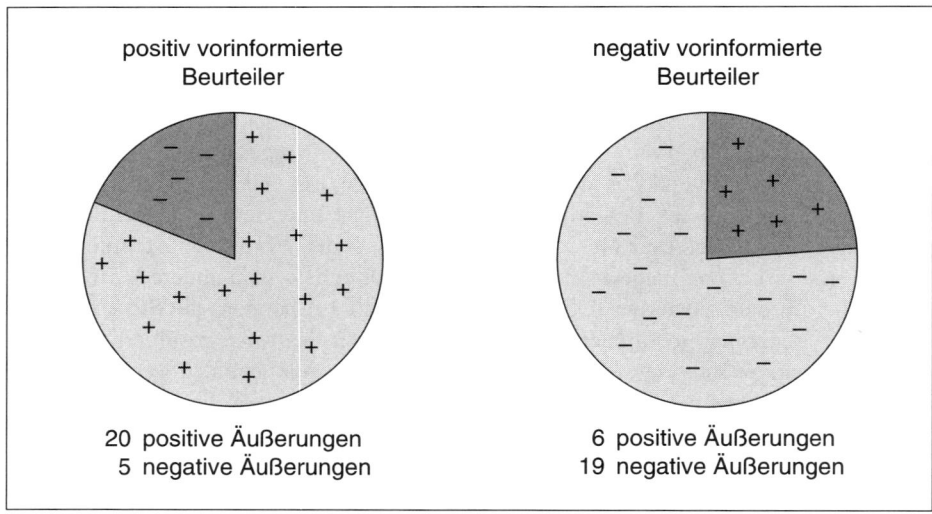

Abbildung 10: Anzahl positiver und negativer Beurteilungen in Abhängigkeit von positiver und negativer Vorinformation (nach Schuler, 1972, S. 49 f.)

Das Urteil der Zuhörer stand bei diesem Versuch sehr deutlich unter dem Vorzeichen der Information, die sie zuvor bekommen hatten. Auch das Verhalten des Referenten wurde im Lichte dieser Vorinformation interpretiert: Beispielsweise wurde die ausgiebige Nutzung von Fachausdrücken im positiven Fall als Ausdruck bereits hoher fachlicher Qualifikation des jungen Referenten interpretiert, im negativen Fall als Anzeichen seiner Unfähigkeit, sich verständlich auszudrücken. Im gleichen Sinne wurde die Verhaltensbeobachtung, dass der Referent während seines Vortrags eine Hand in die Hosentasche steckte, von den einen Zuhörern als jugendliche Lockerheit ausgelegt, von den anderen als mangelnde Korrektheit.

Zurück zum Einstellungsinterview. Daten, die als Vorinformation im Interview wirksam sein können, sind Informationen über die Herkunft eines Bewerbers, über Testergebnisse oder Werte aus anderen zuvor durchgeführten und ausgewerteten eignungsdiagnostischen Verfahren sowie Mitteilungen von Dritten über die betreffende Person. Vor allem aber sind es Informationen, die den *Bewerbungsunterlagen* entnommen werden. Hierbei können *formale* und *inhaltliche* Gesichtspunkte ausgewertet werden. Entsprechend der in Kapitel 2 getroffenen Unterscheidung können die formalen Aspekte dem *Simulationsansatz* der Diagnostik zugerechnet werden, indem sie als Arbeitsprobe interpretiert werden (z. B. Sauberkeit, Fehlerfreiheit, Gestaltung); die inhaltlichen Aspekte gehören demgegenüber zum *biographischen Ansatz*, soweit sie sich auf bisherige Erfahrungen und Leistungen beziehen (vgl. Schuler, 2000b, sowie Schuler und Marcus, 2001). Eigenschaftsbezogene Schlussfolgerungen können schließlich dem *Konstruktansatz* zugeordnet werden. Im Folgenden werden aus den Bewerbungsunterlagen die für die Eindrucksbildung wichtigsten Elemente Anschreiben, Lichtbild, Lebenslauf, Schul- und Examenszeugnisse sowie Arbeitszeugnisse und Referenzen im Einzelnen besprochen.

- *Anschreiben*

Dem Anschreiben werden von den Empfängern erste Hinweise über Persönlichkeit und Arbeitsstil des Bewerbers entnommen (Hollmann & Reitzig, 1995). Insbesondere dürften Schlüsse über die sprachliche Ausdrucksfähigkeit gezogen werden, über Sorgfalt, Originalität (die nur in sehr moderater Form positiv gewürdigt wird) sowie über die Fähigkeit, etwas klar zu strukturieren und das für den Adressaten Wichtige in prägnanter Form mitzuteilen. Angesichts der Verbreitung von Gestaltungsempfehlungen für Bewerbungsschreiben ist heute eine starke Vereinheitlichung zu beobachten. Als Folge wird das Anschreiben vielfach vor allem nach negativen Anzeichen durchgesehen und zur Negativauslese verwendet. Die Neigung, sich selbst attraktiv darzustellen, scheint gemäß einer Studie von Knouse, Giacalone und Pollard (1988) im Anschreiben positiver auf die Empfänger zu wirken als im Rest der Bewerbungsunterlagen. Nachdem das Anschreiben regelmäßig das erste Element der Unterlagen ist, könnte man hierin auch auf dieser Mikroebene wieder einen Effekt des ersten Eindrucks sehen.

- *Lichtbild*

Den meisten Bewerbungen ist ein Lichtbild beigefügt, das zumindest dem Auswertenden hilft, „sich ein Bild vom Bewerber zu machen" und als individuelle Identifikation im Gedächtnis zu behalten. Auch dürfte die Fotografie wieder als Mittel der Selbstpräsentation interpretiert und bezüglich ihrer Angemessenheit eingeschätzt werden (z. B. Größe und Qualität; Kleidung im Vergleich zu beruflicher Position). Untersuchungen, inwieweit die aus dem Lichtbild erkennbare *physische Attraktivität* die Einstellungschancen von Bewerbern beeinflusst, kommen zu unterschiedlichen Ergebnissen. Beispielsweise wirkte sich die Attraktivität bei Bieber und Dipboye (1988, zit. n. Dipboye, 1992) sowie in früheren Untersuchungen von Dipboye in der Zuschreibung auch der fachlichen Qualifikation aus, in manchen Arbeiten auf unterschiedliche Weise bei beiden Geschlechtern. In einem Experiment von Schuler und Berger (1979) konnte demgegenüber kein geschlechtsdifferentieller Effekt gefunden werden. Die Faktorenanalysen der Beurteilungen ergaben einen Sympathie- und einen Leistungsfaktor. Während sich die Attraktivität der abgebildeten Personen stark auf die Sympathieeinschätzung auswirkte, klärte sie nur wenig Varianz bei der Einschätzung der Qualifikation und der Einstellungsempfehlung auf; umgekehrtes galt für die Leistung der Bewerber, die in den Bewerbungen in Form guter oder schlechter Examensnoten variiert worden war.

Zumeist wird die Berücksichtigung physischer Attraktivität bei der Einstellungsentscheidung als Urteilsfehler interpretiert. Allerdings wurde bislang kaum untersucht, ob nicht attraktivere Personen zumindest in Kontaktberufen tatsächlich erfolgreicher sind als weniger attraktive – sei es über die Akzeptanz bei anderen oder über die Kovariate Selbstwertgefühl, das bei attraktiveren Personen durchschnittlich höher ausgeprägt ist. Überdies ist Attraktivität mit Gesundheit kovariiert, was eine Grundlage der Bevorzugung attraktiver Partner sein soll, wie aus evolutionspsychologischer Sicht argumentiert wird (z. B. Wright 1996). Auch wurde bereits gezeigt, dass mit ersten Eindrücken auch Persönlichkeitsmerkmale erfasst werden können, die für berufliche Leistung grundsätzlich relevant sind (Borkenau, 1991). Eine der wenigen Studien, die sich mit dieser Frage direkt befasst hat, ist die Untersuchung von Nachwuchsführungskräften durch Bentz (1985), der Korrelationen zwischen .30 und .40 zwischen „appearance" und der späteren Vorgesetztenbeurteilung der Kaufhausmanager fand. Appearance bezog sich allerdings nicht nur auf die physische Attraktivität, sondern auf die gesamte äußere Erscheinung, also auch die Kleidung. Inwieweit darin „tatsächlicher" Berufserfolg zum Ausdruck kommt und nicht beide Male nur die gleichen Stereotype wirksam werden, ist allerdings durch diese Untersuchung nicht zu klären. Dipboye (1992) weist in diesem Zusammenhang darauf hin, dass vor einigen Jahrzehnten niemand eine dunkelhäutige Frau als Managerin eingestellt hätte, weil er ihr keinen Karriereerfolg zutraute; vermutlich hätte er in gleicher Weise Recht behalten wie derjenige, der nur attraktive Mitarbeiter auswählt.

- *Lebenslauf*

Die im Lebenslauf enthaltene Information gibt Aufschluss über die absolvierte Ausbildung, über Berufserfahrung, Praktika, zumeist auch über erworbene Fachkenntnisse, gegebenenfalls auch über die berufliche Entwicklung, evtl. über Mobilität und andere berufsrelevante Merkmale. Berufserfahrung konnte in pfadanalytischen Modellen zur Rekonstruktion beruflichen Erfolgs als valide Variable nachgewiesen werden (Schmidt & Hunter, 1992). Metaanalytisch errechneten Quiñones, Ford und Teachout (1995) eine artefaktkorrigierte Validität von $r = .27$. Insofern ist es als durchaus rational anzusehen, wenn die Auswerter von Bewerbungsunterlagen sich von dieser Variable beeinflussen lassen. Brown und Campion (1994) zeigten, dass Personalleute aus dem Lebenslauf zusätzlich Schlüsse über kognitive Fähigkeiten, Motivation, soziale Kompetenz sowie Führungsbefähigung ziehen. Zu berücksichtigen ist allerdings, dass in den meisten Studien die Validität des Lebenslaufs bestimmt wird, ohne darin enthaltene Qualifikationsinformation wie Schulnoten oder Berufserfahrung separat zu bestimmen. Ein verlässlicher Validitätsvergleich verschiedener Teile der verfügbaren Vorinformation ist deshalb kaum möglich.

- *Schul- und Examensnoten*

Schulnoten haben sich als gute Prädiktoren späterer Ausbildungsleistungen, vor allem Studienleistungen, erwiesen. So hat eine Metaanalyse von 63 Einzelstudien mit insgesamt etwa 30 000 Personen eine prognostische Validität der durchschnittlichen Abiturnote für die Examensnote im Studium von r = .46 ergeben, die Validität der Realschulnoten für den Ausbildungserfolg belief sich auf r = .41, letzteres allerdings mit abnehmender Tendenz in den letzten Jahrzehnten (Baron-Boldt, Funke & Schuler, 1989). Die Validität der Noten für den Berufserfolg wurde demgegenüber in früheren Analysen mit relativ geringen Werten ermittelt (z. B. bei Reilly & Chao, 1982, r = .18). Neuere Berechnungen ergeben auch für diese Beziehung höhere Werte, zuletzt errechneten Roth, BeVier, Switzer und Schippmann (1996) r = .28 für die Prognose der Berufsleistung aufgrund von Studienleistungen. Diese Werte sind gerade insofern nicht gering zu schätzen, als in den Schul- und Examensnoten allein die Varianz *innerhalb* bestimmter Ausbildungsniveaus zum Ausdruck kommt. Wenn es gelänge, eine Notenskala zu konzipieren, die gleichzeitig die verschiedenen Bildungsniveaus zum Ausdruck brächte, läge mit den Schulleistungen vermutlich der insgesamt valideste aller Erfolgsprädiktoren vor (Schuler, 2001c). Angesichts dieser Daten und Überlegungen ist es nicht verwunderlich, wenn die Auswerter von Bewerbungsunterlagen Bildungsleistungen als stärkste einzelne Variable in ihre Urteilsbildung eingehen lassen. Dies hat das erwähnte Experiment von Schuler und Berger (1979) gezeigt; zum gleichen Ergebnis kam eine Untersuchung von Hakel, Dobmeyer und Dunnette (1970), in der die Wirkung von Noten, Berufserfahrung und Berufsinteresse auf die Beurteiler verglichen wurde. Auch Befragungen von Unternehmern (z. B. Werbel, Phillips & Carney, 1989) bestätigen dieses Resultat. Wir können also damit rechnen, dass zumindest der Intelligenzeindruck, der beim Interviewer über seine Kandidaten entsteht, zu einem guten Teil aus der Vorinformation stammt, die ihm die Bewerbungsunterlagen liefern.

- *Arbeitszeugnisse und Referenzen*

Erfahrene Personalleute wissen, dass Arbeitszeugnisse und Referenzen nur mit Vorbehalt zur Kenntnis zu nehmen sind. Ein nicht unerheblicher Teil ist vom Bewerber selbst verfasst (Weuster, 1994, spricht von 17 %), und der Rest steht unter dem rechtlichen Verdikt, dass Zeugnisse nichts „objektiv Nachteiliges" über einen Mitarbeiter aussagen dürfen, um seine Chancen auf eine Folgeanstellung nicht zu beeinträchtigen. Empfänger von Arbeitszeugnissen stellen deshalb, soweit sie selbst über ausreichende Erfahrung verfügen, bei ihrer Urteilsbildung in Rechnung, von wem und unter welchen Umständen die Zeugnisse verfasst worden sein könnten. Die Aussteller zusätzlicher Referenzen werden gewöhnlich vom Bewerber selbst bestimmt; allenfalls frühere Vorgesetzte sind als neutrale Quellen anzusehen, wobei mündlicher Information mehr vertraut wird als schriftlicher. Mit *reference check* wird im Englischen neben der Überprüfung auch das aktive Einholen zusätzlicher Beurteilungsinformation von früheren Arbeitgebern bezeichnet. Nach Hunter und Hunter (1984) kommt diesem Verfahren eine nicht unerhebliche (korrigierte) Validität von r = .26 zu. Von der Öffentlichkeit bisher undiskutiert ist das Phänomen, dass Männer in Arbeitszeugnissen durchschnittlich signifikant besser bewertet werden als Frauen, wie eine Metaanalyse von Olian, Schwab und Haberfeld (1988) zeigte. Weiteren Studien zufolge (vgl. Dipboye, 1992) trifft dies vor allem auf Berufe zu, die dem Männlichkeits-Stereotyp entsprechen. In diesem Zusammenhang könnten allerdings derzeit rasche Veränderungen im Gange sein.

4.3 Die Person des Bewerbers

Um die Person des Bewerbers für eignungsdiagnostische Zwecke zu charakterisieren, könnten wir uns damit begnügen, ihre Merkmale gemäß Tabelle 2 zu kategorisieren: Fähigkeiten, Fertigkeiten und Kenntnisse; generell erfolgsrelevante Eigenschaften und Entwicklungspotenzial; Interessen, Bedürfnisse, Werthaltungen. Wäre uns allein daran gelegen, etwas über die berufliche Erfolgswahrscheinlichkeit der Person auszusagen, hätten wir innerhalb dieser drei Kategorien diejenigen Merkmale zu finden und in ihrer individuellen Ausprägung zu bestimmen, die den drei zugehörigen Anforderungskategorien entsprechen: tätigkeitsspezifische Anforderungen, tätigkeitsübergreifende Anforderungen und Befriedigungspotenzial der Tätigkeit. Wir haben es an dieser Stelle aber nicht mit einer bestimmten Stelle zu tun, deren Anforderungen wir kennen und für die wir korrespondierende Merkmale des Kandidaten feststellen könnten. Zudem ist uns an den Merkmalen der Person gelegen, die sich auf das Verhalten und die Interaktion in der speziellen Situation „Einstellungsinterview" auswirken sowie auf den Eindruck beim Beurteiler und die abschließenden Entscheidungen bei beiden interagierenden Personen. Einige der aufgelisteten Merkmale sind gut belegt, andere eher durch Plausibilität oder Spekulation begründet, dritte trivial.

Demographische Merkmale

Unter den demographischen Merkmalen dürften es am ehesten Alter und Geschlecht des Bewerbers, sozioökonomischer Status und ethnische Zugehörigkeit sein, wodurch der Prozess der Interviewsituation beeinflusst wird. Zur Kategorie „ethnische Zugehörigkeit" gehört auch das Merkmal Hautfarbe oder „Rasse", das in der amerikanischen Forschung und Praxis eine große Rolle spielt (Posthuma, Morgeson & Campion, 2002). Einige demographische Merkmale dürfen aufgrund gesetzlicher Bestimmungen nicht erfragt werden, z. B. Religionszugehörigkeit (in den USA auch Alter und Geschlecht). Viele Schlussfolgerungen, die aus demographischen Merkmalen erschlossen werden, sind impliziter Natur, z. B. werden bei älteren Personen höhere Gewissenhaftigkeit und geringere Flexibilität angenommen. „Hinter" interindividuellen Differenzen, die demographischen Daten zugeschrieben werden, stehen oft andere, z. B. Persönlichkeitsmerkmale.

Physische Merkmale

Für die Personwahrnehmung besonders relevante Merkmale sind Größe (bei Männern), Attraktivität, Körperfülle, Gesundheitsindikatoren (z. B. Hautbeschaffenheit), Körperbau, Behinderungen, Geruch, Stimmkraft. In den meisten Fällen bestätigen die empirischen Daten die intuitiven Zusammenhangsvermutungen, aber nicht in allen: Beispielsweise fanden Hastorf, Wildfogel und Cassman (1979), dass Behinderte, die offen über ihre Behinderung sprechen, bei der Auswahl nicht benachteiligt, sondern bevorzugt wurden. Zwar waren die Auswählenden Studenten, hatten allerdings anschließend mit den Ausgewählten tatsächlich zusammenzuarbeiten. Henry (1994) berichtet, dass hochqualifizierte Behinderte positiver bewertet werden als vergleichbare nichtbehinderte Bewerber, gering qualifizierte dagegen negativer.

Äußere Erscheinung

Über die genannten physischen Merkmale hinaus werden für die äußere Erscheinung wirksam: Auftreten (v. a. unter dem Aspekt „Sicherheit"), Haltung, Gepflegtheit, Kleidung, Kosmetik. Soweit es den durch Kleidung und kosmetische Maßnahmen bedingten Teil der äußeren Erscheinung betrifft, wird als positiv ein der angestrebten Position in der betreffenden Organisation entsprechendes (oder leicht darüberliegendes) Auftreten erlebt und vor allem als Anpassungsbereitschaft interpretiert. Im Zweifelsfall beeindruckt seriöse und gedeckte Kleidung den Inteviewer stärker – so erhöhte in einer Studie von Forsythe (1990) ein dunkelblaues Kostüm die Einstellungschancen einer Bewerberin im Vergleich zu einem beigen Kleid beim Vorstellungstermin (wobei es sich allerdings lediglich um eine Videopräsentation handelte, die von beschränkter Aussagekraft ist).

Ausbildung

Die starke Wirkung von Schul- und Examensnoten auf die Urteilsbildung von Interviewern wurde bereits im Zusammenhang mit der Auswertung der Bewerbungsunterlagen betont. Sie und gleichermaßen das erreichte Bildungsniveau werden vor allem als Indikatoren kognitiver Fähigkeiten interpretiert. (Hier ist allerdings eine Relativierung angebracht, die eigentlich zu den Mechanismen der Eindrucksbildung gehört: die eigene Betroffenheit. Zumindest die Alltagserfahrung zeigt, dass die Wertschätzung von Schulnoten auch vom eigenen schulischen Abschneiden abhängt. Nebenbei gesagt, gehört eine solche Abhängigkeit der Diagnose von der eigenen Betroffenheit zu den „Todsünden" der Diagnostik.) Als Hinweis auf Motivation und Berufsinteresse gelten Praktika, Auslandsaufenthalte und andere freiwillig absolvierte berufsnahe Erfahrungen. Die unmittelbare „Berufsnähe" der Ausbildung oder des Studiums scheint derzeit in ihrer Bedeutung auch in den Ländern, in denen eine geregelte Berufsausbildung Tradition hat (wie in Deutschland), abzunehmen.

Berufsqualifikation

Über die Ausbildung hinaus werden Berufserfahrungen, Fertigkeiten, Kenntnisse, Zeugnisse und andere Leistungsnachweise als Indikatoren beruflicher Qualifikation interpretiert. Für Fachkenntnisse hat sich in neueren Analysen regelmäßig herausgestellt, dass sie von beurteilenden Vorgesetzten als Anzeichen geistiger Fähigkeiten gesehen werden und den stärksten Einfluss auf berufliche Leistungsbeurteilungen haben (z. B. Schmidt, 1992). Im Interview sind Fachkenntnisse aus beruflicher Vorerfahrung oder aus Ausbildung und Studium relativ leicht zugänglich, z. B. durch ein Gespräch über die Diplomarbeit. Im Falle einschlägiger Berufserfahrung können berufsbiographische Fragen gestellt werden, denen mit die höchste Validität aller Auswahlverfahren zukommt (s. Kapitel 8 und 9).

Fähigkeiten

Als herausragende aller berufsrelevanten Fähigkeiten wird in der amerikanischen Literatur die allgemeine Intelligenz (general ability) hervorgehoben, nachdem sie in Metaanalysen vor allem der Schmidt-Hunter-Schule (weniger ausgeprägt bei anderen Autoren) die höchsten prognostischen Validitäten (bei Schmidt & Hunter, 1998, zuletzt $r = .51$, korrigiert) erzielt hat und als generalisierbarste aller Fähigkeiten gilt, d. h. für alle Berufe relevant ist. Differenzen zwischen Berufsfeldern und erst recht zwischen einzelnen Organisationen haben sich als bedingt durch Stichprobenfehler herausgestellt, zu den wenigen echten Moderatoren gehört die Komplexität der beruflichen Anforderungen in dem Sinne, dass für komplexere Berufe die Validität höher ist als für weniger komplexe. Das bedeutet etwas anderes als die Aussage „komplexere Berufe erfordern höhere Intelligenz als weniger komplexe". Letztere Aussage könnte auch über die Staatsgrenze der USA hinaus generalisierbar sein, erstere ist es nicht. Hypothese des Verfassers ist: dies dürfte ein Effekt des Bildungssystems im folgenden Sinne sein. In Deutschland (und den anderen deutschsprachigen und einigen weiteren europäischen Ländern) werden Schulnoten stärker fähigkeitsabhängig vergeben als in den USA, nicht zu reden vom Bildungsniveau (zwischen den Stufen des dreigliedrigen Schulsystems liegen IQ-Differenzen von jeweils ca. einer Standardabweichung). Das bedeutet, je niedriger das Bildungsniveau, desto größer ist die Varianz (unter den Neunjährigen einer Volksschulklasse findet sich noch die ganze Breite der Intelligenzverteilung, wie sie für die Gesamtbevölkerung charakteristisch ist, Abiturienten liegen fast alle über einem Standardwert von 100, die Varianz ist also halbiert).

Unser Bildungssystem ist so eingerichtet, dass bei mittlerem Bildungsabschluss (Realschule) die Varianz noch groß ist, was zu hohen Validitätskoeffizienten führt. Bei Angehörigen der Bildungselite dagegen hat eine vielstufige fähigkeitsabhängige Vorselektion dazu geführt, dass nur noch geringe Intelligenzunterschiede in der Bewerberpopulation bestehen – die Varianz ist reduziert, was „automatisch" zu einer geringeren Korrelation führt. Diese Hypothese wird durch die vorliegenden Daten bestätigt: Backhaus und Wagner (2002) berichten eine Validität von $r = .48$, bezogen auf die Voraussage der Lehrabschlussprüfung bei Auszubildenden einer Finanzdienstleistungsorganisation, unter denen sich Realschüler sowie Abiturienten befinden, die Fähigkeitsstreuung also groß ist.

Demgegenüber war die Validität für Intelligenztests in einer Studie an Ingenieuren und Wissenschaftlern in der industriellen Forschung und Entwicklung bei Schuler, Funke, Moser und Donat (1995) gering (kriterienabhängig verschieden, aber fast durchgängig unter $r = .20$). Das bedeutet: die Bedeutung der kognitiven Fähigkeiten dürfte zwar mit der Komplexität der Berufsanforderungen wachsen, nicht aber die Validität von Intelligenztests. Im amerikanischen Ausbildungssystem ist die Aussagekraft von Noten und Bildungsniveaus dagegen wesentlich geringer, also der Selektionseffekt geringer, weshalb sich die von Schmidt und Hunter postulierte Beziehung zeigen kann (im Gegensatz zur derzeit gängigen Auffassung sind nicht nur die US-amerikanischen

Schulabschlussleistungen weniger aussagekräftig als die deutschen, sondern auch die Hochschulabschlüsse: Während einige wenige Universitäten weltweit als Elitevorbild gepriesen werden, liegt das Niveau des Großteils der Universitäten unter dem der deutschen Fachhochschulen; vgl. hierzu z. B. Kohl, Fluderik & Zapf, 2000).

Dieser kleine Exkurs schien angemessen, um fehlerhaften Popularisierungen vorzubeugen: Intelligenz ist tatsächlich eine generell wichtige Eigenschaft, aber Intelligenz*tests* sind nicht in allen Fällen ein probates Mittel der Personalauswahl. Dort, wo Intelligenz zur Personalauswahl angemessenerweise berücksichtigt werden sollte, wird sie durch strukturierte Interviews recht gut erfasst, wie die von Huffcutt, Roth und McDaniel (1996) metaanalytisch ermittelte, korrigierte Korrelation von $r = .40$ mit Intelligenztestwerten bescheinigt.

Unter den spezifischeren kognitiven Fähigkeiten sind manche im Interview leicht erfassbar, z. B. sprachliches Ausdrucksvermögen, auch die Fähigkeit zu abstraktem und logischem Denken. Mathematisch-technische Fähigkeiten und räumliches Vorstellungsvermögen sind besser durch Tests und Arbeitsproben messbar. Dies gilt in noch höherem Maß für die meisten physischen oder psychomotorischen Fähigkeiten wie Hand- und Fingergeschick, Reaktionszeit und Ähnliches. Körperkraft dürfte demgegenüber auch per Augenschein relativ gut einschätzbar sein.

Temperamentsmerkmale

Nachdem die große Gruppe der charakterlichen Eigenheiten von Menschen lange Zeit unter der trockenen Negativbezeichnung „nicht-kognitive Persönlichkeitsmerkmale" geführt wurde, bürgert sich allmählich wieder der alte Begriff der *Temperamentsmerkmale* für sie ein. Für die Gliederung der nicht-kognitiven bzw. Nicht-Fähigkeitsmerkmale wird der Vorschlag von Asendorpf (1999) aufgegriffen, neben den Temperamentseigenschaften *Handlungseigenschaften*, *Bewertungsdispositionen* und *Selbstbezogene Dispositionen* zu unterscheiden.

Gleich beim ersten der zu nennenden Temperamentsmerkmale geraten wir allerdings in Unstimmigkeit mit der Asendorpfschen Klassifikation, bei der *sozialen Kompetenz*. Er rechnet sie nämlich zu den Fähigkeiten, wobei er sich nicht nur auf eigene Untersuchungen, sondern auch auf ein Verfahren beruft, das mittels Filmszenen die Fähigkeiten erfasst, zu erkennen, worauf es in sozialen Situationen ankommt (Schuler, Diemand & Moser, 1993), also etwas wie soziale Urteilsfähigkeit. Tatsächlich wurde ermittelt, dass die Leistungen in diesem Verfahren mit Intelligenz zusammenhängen. Sowohl in der englischsprachigen Eignungsdiagnostik wie im deutschen Alltagsgebrauch wird aber der Begriff „soziale Kompetenz" nicht den Fähigkeiten zugerechnet, auch wenn der Wortstamm „Kompetenz" eine Fähigkeitszuordnung nahelegt – und seine Attraktivität für die Personalpraxis sogar daraus beziehen mag, dass ihm die Konnotation des aktiven Bewältigens von Anforderungen innewohnt, was etwa bei „Freundlichkeit" oder „Beliebtheit" nicht der Fall ist. Unter den „Big Five", den großen fünf Persönlichkeitsmerkmalen, auf die sich die Forschung derzeit weitgehend geeinigt hat – Extraversion, psychische Stabilität, Verträglichkeit, Gewissenhaftigkeit und Offenheit für Erfahrungen – steht soziale Kompetenz den beiden Faktoren des Sozialverhaltens Extraversion (die Aktivitäts- und Dominanzkomponente) und Verträglichkeit (die Freundlichkeits- und Unterstützungskomponente) nahe.

Für das Assessment Center wurde von Scholz und Schuler (1993) metaanalytisch ermittelt, dass Assessoreneinschätzungen mit Testwerten der sozialen Kompetenz mit r = .41 übereinstimmen (in ähnlicher Höhe mit Intelligenz und Leistungsmotivation). Dies legt die Annahme nahe, dass das Konstrukt „soziale Kompetenz" auch in Interviews von Bedeutung ist und von Interviewern beachtet wird. Dieser Nachweis konnte kürzlich von Salgado (in Druck) erbracht werden, und zwar für strukturierte Interviews, namentlich das Multimodale Interview, in höherem Maße als für konventionelle Interviews. Umgekehrt bilden nach Salgados Daten letztere die beiden großen Persönlichkeitsmerkmale Extraversion und psychische Stabilität (bzw. den Gegenpol Neurotizismus) deutlicher ab als strukturierte Verfahren. Für das Multimodale Interview konnten allerdings ebenfalls Korrelationen in Höhe von .52 für Dominanz, .49 für Extraversion und −.42 für Gehemmtheit (was Neurotizismus nahekommt) aufgezeigt werden (Schuler, 1992a).

Aus der Vielfalt weiterer Temperamentsmerkmale (eine Übersicht findet sich bei Hossiep, Paschen und Mühlhaus, 2000), ist, abhängig von den jeweiligen Berufsanforderungen, noch eine Reihe weiterer Merkmale einschlägig und kann im Interview erfasst werden, wie in späteren Kapiteln erkennbar wird. Ängstlichkeit wurde von Ryan, Daum und Friedel (1993) als Negativfaktor identifiziert, speziell in der Form der Bewertungsangst auch von Ayres, Keereetaweep, Chen und Edwards, 1998).

Handlungseigenschaften

Unter Handlungseigenschaften versteht Asendorpf (1999) eine Reihe von Merkmalen, von denen für uns vor allem Bedürfnisse, Motive und Interessen von Bedeutung sind. Die Bedeutung der Bedürfnisse liegt darin, dass ein dauerhaftes Befriedigungsdefizit zur Unzufriedenheit mit dem Beruf, der Organisation oder der Stelle führt. Interessen sind ganz besonders wichtig bei der Berufswahl; aber auch später hängen Leistung und Zufriedenheit von der Kongruenz zwischen Interessen und beruflicher Umwelt ab. Unter den Motiven ist das beruflich bedeutsamste, und zwar vermutlich für alle Berufstätigkeiten – wenn auch in unterschiedlicher Facettierung und Ausprägung –, die *Leistungsmotivation*. Im Gegensatz zu älteren Auffassungen (z. B. Heckhausen, 1963), in denen Leistungsmotivation als relativ eng gefasstes Persönlichkeitsmerkmal verstanden wurde, konnte neuerdings gezeigt werden, dass Leistungsmotivation aus einer größeren Anzahl von Einzeldimensionen besteht und so eng verflochten mit vielen anderen zentralen Eigenschaften ist, dass sie besser als Ausrichtung eines großen Teils der Gesamtpersönlichkeit auf die Leistungsthematik verstanden werden kann (Schuler & Prochaska, 2000).

Im Interview wird auf Indikatoren der Leistungsmotivation regelmäßig geachtet, die vor allem in der Lern- und Arbeitsbiographie für geübte Interviewer (oder durch ein entsprechend anforderungsbezogenes strukturiertes Interviewverfahren) erkennbar sind (besonders indikativ sind *freiwillig* erbrachte Leistungen). In einer Studie von James, Campbell und Lovegrove (1984) korrelierte der Interviewseindruck in Höhe von r = .30 (unkorrigiert) mit der Skala „Leistung durch Unabhängigkeit" aus dem *California Personality Inventory* bei der Auswahl von Polizistinnen. Fragen, die sich zur Ermittlung der Leistungsmotivation im Interview eignen, werden im Zusammenhang mit den Interviewsystemen erörtert.

Berufliche Interessen gehören zu den wichtigsten Determinanten der Berufswahl. Für eignungsdiagnostische Zwecke wurden sie wissenschaftlicherseits bisher weitgehend auf den Zusammenhang der Berufsberatung beschränkt. In der Praxis der Personalauswahl werden dagegen regelmäßig Fragen zur Berufs- und Organisationswahl gestellt. In Validierungen des Multimodalen Interviews erbrachten diese Fragen teilweise geringere Validitätskoeffizienten als andere Interviewkomponenten, wofür ihre relative Bekanntheit und Erwartetheit bei den Bewerbern verantwortlich sein könnte. Die *Kongruenz* von Berufsinteressen auf Basis der Hollandschen Berufswahltheorie und Studienanforderungen erwies sich bei Bestimmung nach einer neuartigen Methode als guter Prädiktor des Befindens der Studierenden sowie des Studienabbruchs (Rolfs & Schuler, in Druck). Das hexagonale Modell beruflicher Orientierungen nach Holland ist in Abbildung 11 dargestellt.

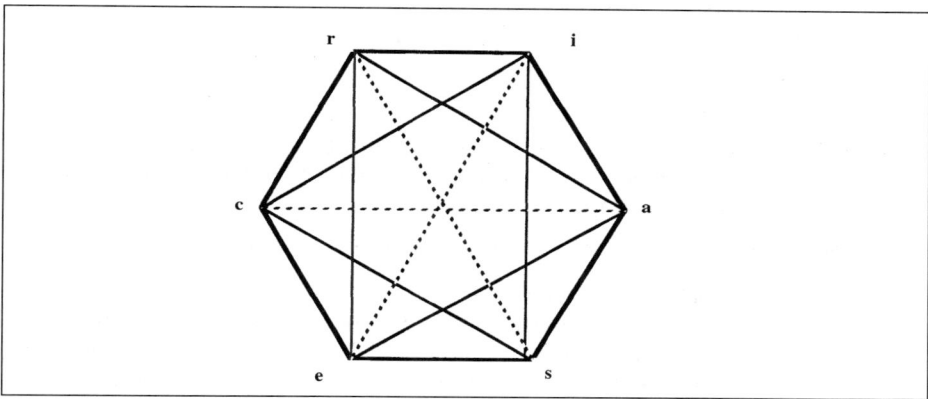

Abbildung 11: Das hexagonale Modell beruflicher Orientierungen nach Holland
Anmerkungen: r = realistic (praktisch-technisch), i = investigative (wissenschaftlich-intellektuell), a = artistic (künstlerisch-sprachlich), s = social (sozial), e = entrepreneurial (unternehmerisch-verkäuferisch), c = conventional (konventionell-angepasst).

In der Interviewdiagnostik finden Berufsinteressen und andere Handlungseigenschaften (s. Asendorpf, 1999) noch nicht in dem Maße Berücksichtigung, das ihnen zukommen könnte. Zumindest an den Erfolgskriterien Arbeitszufriedenheit und Fluktuation gemessen, handelt es sich interessante Konstrukte.

Es gibt jedoch eine Gruppe *beruflicher Orientierungen,* die häufig Gegenstand von Einstellungsgesprächen sind, nämlich berufliche *Ziele* und *Pläne, Absichten* und *Erwartungen.* Diesbezügliche Äußerungen werden von Interviewern als Indikatoren individueller Ansprüche verwertet, die in ihrer Höhe und ihrem Realitätsgrad (also auch ihrer Relationen zu festgestellten Fähigkeiten) eingeschätzt und mit den gebotenen Entwicklungsmöglichkeiten verglichen werden können; zudem werden sie als Hinweise auf planvolles, zielgerichtetes Handeln interpretiert, das in den meisten Berufsfeldern als positiver Prädiktor gelten kann (es ist dem Merkmal „Gewissenhaftigkeit" aus den großen fünf Persönlichkeitsmerkmalen verwandt). Nach Einschätzung des Protagonisten des *situativen Interviews*, Latham (1989), erfasst diese Frageform vor allem Handlungsintentionen.

Bewertungsdispositionen

Zu den Bewertungsdispositionen zählen vor allem *Einstellungen* und *Werthaltungen*. Zu denken ist hierbei an grundsätzliche Haltungen, wie sie von v. Rosenstiel und Mitarbeitern beschrieben werden (z. B. v. Rosenstiel, Nerdinger & Spieß, 1998). Bekannt wurde hiervon vor allem die Kategorisierung beruflicher Orientierungen in *Karriereorientierung, Freizeitorientierung* und *Alternatives Engagement*, die für Arbeitgeber selbstverständlich von Interesse ist (vgl. Blickle, 1999), wenn auch nur durch geschickte Fragetechniken wahrheitsgetreu zu erfassen. In schriftlicher Form werden den Befragten Operationalisierungen der Berufsorientierung in Form von drei Aussagen vorgelegt, zu denen sie das Maß ihrer Zustimmung äußern sollen (Abbildung 12).

Sie finden hier drei verschiedene Vorstellungen über eine mögliche Zukunft. Bitte lesen Sie sich die einzelnen Aussagen durch und kreuzen Sie dann an, inwieweit Sie den drei Meinungen zustimmen.

Es unterhalten sich drei Studenten über ihre berufliche Zukunft.

Der erste sagt:	Ich möchte später einmal in einer großen Organisation der Wirtschaft oder Verwaltung in verantwortlicher Position tätig sein. Dort habe ich die Möglichkeit, Einfluss auf wichtige Geschehnisse zu nehmen und werde außerdem gut bezahlt. Dafür bin ich gerne bereit, mehr als 40 Stunden in der Woche zu investieren und auf Freizeit zu verzichten.
Der zweite sagt:	Ich bin nicht so ehrgeizig. Wenn ich eine sichere Position mit geregelter Arbeitszeit habe und mit netten Kollegen zusammenarbeiten kann, bin ich zufrieden. Die mir wichtigen Dinge liegen nicht in der Arbeitszeit, sondern in der Freizeit – und dafür brauche ich auch nicht sehr viel Geld.
Der dritte sagt:	Ich bin durchaus bereit, viel Arbeitskraft zu investieren, aber nicht in einer der großen Organisationen der Wirtschaft oder Verwaltung, durch die unsere Gesellschaft immer unmenschlicher wird. Ich möchte einmal in einer anderen, konkreteren Arbeitswelt tätig sein, in der menschenwürdige Lebensformen erprobt werden. Dafür bin ich auch bereit, auf hohe Bezahlung oder auf Geltung und Ansehen außerhalb meines Freundeskreises zu verzichten.

Wie weit stimmen Sie den drei Meinungen zu?

Abbildung 12: Operationalisierung der Berufsorientierungen „Karriereorientierung", „Freizeitorientierung" und „Alternatives Engagement" (nach v. Rosenstiel & Stengel, 1987)

Neben den Berufsorientierungen sind v. a. Einstellungen gegenüber der betreffenden Organisation, der Branche, der Position, dem Interview und den künftigen Kollegen, der Auswahlsituation sowie möglichen beruflichen Alternativen interessant. Auch Äußerungen über bisherige Arbeitgeber, Vorgesetzte und Kollegen können Aufschluss über Loyalität und Einstellungen zur Arbeit, Leistung sowie zu sozialen Beziehungen geben. Umgekehrt hängt von diesen Einstellungen auch der Eindruck ab, den der Bewerber von der in Frage stehenden Position gewinnen wird, wodurch wiederum seine Entscheidung beeinflusst wird.

Selbstbezogene Dispositionen

Das Bild von der eigenen Person, das *Selbstkonzept*, ist eine relativ konstante Größe, weshalb es zu den Eigenschaften gerechnet werden kann. Nachdem die meisten Persönlichkeitstests in Selbstbeurteilungen bestehen, spiegeln ihre Ergebnisse zu einem Teil immer auch das Selbstkonzept der Testpersonen wider. Innerhalb des globalen Selbstbilds lassen sich konsistente Teilaspekte unterscheiden. Als für Studenten relevante Teilbereiche ließ beispielsweise Pelham (1993) die Aspekte „intellektuell", „sozial", „künstlerisch", „sportlich" und „Aussehen" einschätzen. Die Rangreihe, in die jeder der Studenten seine eigenen Selbstbildfacetten brachte, korrelierte mit der *Rangreihe*, die von Fremden für ihn aufgestellt wurde, durchschnittlich mit r = .69 (während die *merkmalsbezogene* Übereinstimmung zwischen Selbst- und Fremdbild nur in üblicher Höhe von r = .36 lag). Daraus ließe sich die Erwartung ableiten, dass auch *berufsbezogene* Selbst- und Fremdeinschätzungen höhere Übereinstimmungen als üblicherweise festgestellt erzielen müssten, wenn sie in ipsativer Form, also als individuelle Rangreihe, vorgenommen werden. Das Ziel, der Einstellungsentscheidung auch den Charakter einer gemeinsamen Problemlösung zu geben, inwieweit Person und Arbeitsplatz zusammenpassen (Brandstätter, 1982), ließe sich mit dieser Beurteilungsform also leichter erreichen als mit anderen Arten der Einschätzung (Brandstätter & Schuler, 1974). Besonders bei internen Personalentscheidungen ist das Bemühen um diesbezüglichen Konsens nahezu unentbehrlich.

Das *Selbstwertgefühl* ist die evaluative Komponente des Selbstbilds, also die Bewertung der eigenen Person oder Zufriedenheit mit sich selbst. Es hängt relativ eng mit dem allgemeinen Wohlbefinden einer Person und der Häufigkeit und Internalität positiver und negativer Gefühle zusammen (Abele & Becker, 1991) und ist damit eine Teilkomponente psychischer Gesundheit. Interessanterweise hängen positive Gefühle eher mit dem Persönlichkeitsmerkmal Extraversion zusammen, negative Gefühle stärker mit Neurotizismus (Costa & McCrae, 1980); es handelt sich also, ähnlich wie bei der Arbeitszufriedenheit, nicht einfach um die Endpunkte auf einer bipolaren Gefühlsskala. Selbstwertgefühl und Wohlbefinden hängen auch mit *Selbstwirksamkeitserwartung* (Bandura, 1986) oder *subjektiver Kompetenzerwartung* (Schwarzer, 1992) zusammen und damit auch mit der *Erfolgszuversicht*, wie sie als Teilkomponente der Leistungsmotivation im *Leistungsmotivationsinventar* (Schuler & Prochaska, 2001) gemessen wird.

Selbstbild, Selbstwertgefühl und weitere selbstbezogene Dispositionen (vgl. Asendorpf, 1999) haben also eine zentrale Stellung in der Person und ihrer Wirkung nach außen. Die alte Verkäuferweisheit „Wenn *ich* mir nicht vertraue, wer soll mir dann vertrauen!?" ist persönlichkeitspsychologisch in diesem Kontext lokalisiert. Die Erfassung selbstbezogener Dispositionen im Interview fordert Erfahrung und Empathie vom Interviewer, kann aber durch geeignete Fragetechniken unterstützt werden. Erschwert wird diese Diagnose durch die Tendenz zu *positiver Selbstdarstellung*, einen weiteren Aspekt selbstbezogener Dispositionen. *Selbstdarstellung* wird in Abschnitt 4.4 als Teil des Bewerberverhaltens erörtert.

Interviewerfahrung

Die Erfahrung mit Auswahlsituationen ganz allgemein dürfte einen gewissen Einfluss auf das Verhalten und folglich das Abschneiden im Auswahlgespräch haben. Leider sind wir diesbezüglich auf Spekulationen angewiesen. Es wäre plausibel, wenn ein gewisses Maß an Erfahrungen mit Bewerbungssituationen dem erfolgreichen Abschneiden förderlich wäre. Andererseits könnte eine größere Zahl erfolgloser Vorstellungssituationen zu Resignation und abnehmender Erfolgszuversicht führen und damit die Chancen vermindern.

Für die allgemeinere Erfahrung mit beruflichen Gesprächssituationen – z. B. Verkaufs- und Verhandlungsgesprächen oder Mitarbeitergesprächen – sollte demgegenüber eher ein linearer positiver Zusammenhang mit dem Erfolg in Bewerbergesprächen erwartet werden können.

Auch zur Auswirkung der direkten Erfahrung mit Einstellungsinterviews auf das Abschneiden in solchen Situationen liegen keine empirischen Studien vor – im Gegensatz zur Teilnahme an Tests und aus Assessment Centern. Für letztere ließe sich ein Effekt in der Größe von d = .40 (d. h. ein Übungsgewinn in Höhe von 0,4 Standardabweichungen des mittleren Assessment Center-Gesamtergebnisses) nachweisen (Kelbetz & Schuler, 2002). Nachdem in der Folge von Auswahlgesprächen gewöhnlich kein Feedback gegeben wird – im Unterschied zum Assessment Center – können wir diesbezügliche Erfahrungen als etwas weniger wirksam annehmen. Sollte dagegen die Wirkung der Interviewerfahrung ebenfalls in dieser Höhe liegen, wäre damit ein nicht zu vernachlässigender Erfolgsfaktor auf das Ergebnis identifiziert.

Zustand

Alle bisher genannten und eine Reihe zusätzlicher Persönlichkeitsmerkmale haben eine Eigenschafts- und eine Zustandskomponente (im Englischen *trait* und *state* genannt). Bei manchen Merkmalen ist die Variabilität der Zustände gering, z. B. bei der Intelligenz (deshalb lässt sich für Intelligenztests eine hohe Stabilität der Testwerte errechnen), bei anderen ist sie hoch, namentlich bei solchen Eigenschaften, die durch eine starke Gefühlskomponente ausgezeichnet sind wie das zuletzt besprochene Selbstwertgefühl. Das Ausmaß der Variabilität von Merkmalsausprägungen ist schwer von den eingesetzten Messverfahren und Messfehlern zu trennen (dies ist einer der Gründe, weshalb wir einer multimethodalen Messung mehr vertrauen können als einer, die nur auf ein einziges Messverfahren setzt). Wir müssen aber grundsätzlich damit rechnen, dass die „gemessene" – das heißt im Interview: die eingeschätzte – Merkmalsausprägung nicht mit dem Mittelwert der überdauernden Merkmalsausprägungen zusammenfällt. Aus verschiedenen Gründen kann diese Differenz im Einstellungsinterview besonders groß ausfallen:

Zum ersten ist die Messmethode nicht sehr reliabel, jedenfalls bei freier Gesprächsführung; zweitens ist im Interview (wie in allen Auswahlsituationen) ein *Aufforderungscharakter* wirksam, sich auf positive Weise zu präsentieren; und drittens ist das Gespräch eine Interaktionssituation, die aktivierend wirkt. Diese Aktivierung kann beispielsweise zur Folge haben, dass ein introvertierter Bewerber auf den Interviewer einen lebhafteren Eindruck macht, als es für ihn typisch ist, und als extravertiert eingeschätzt wird. Andererseits kann er aktivierungsbedingt auch gespannter und gehemmter wirken als in Situationen, in denen er sich weniger stark geprüft und bewertet empfindet.

Die Art und Weise, wie jemand auf die soziale Situation „Einstellungsinterview" reagiert, ist natürlich ihrerseits wiederum nicht unabhängig von den überdauernden Eigenschaftsmerkmalen einer Person. Aber es ist nicht immer einfach, die beobachteten Verhaltensweisen bestimmten Eigenschaftskonstrukten zuzuordnen. Im letztgenannten Fall etwa könnte die Gespanntheit des Bewerbers auf eine generelle Eigenschaft „Ängstlichkeit" zurückgeführt und damit dem Konstrukt Neurotizismus zugeordnet werden. Es ist aber auch für leistungsmotivierte Personen – insbesondere in der Ausprägungsform des Ehrgeizes – charakteristisch, auf Bewertungssituationen mit Anspannung zu reagieren.

Eine Erklärung für die geringeren Chancen ängstlicher Bewerber wird von Barber, Hollenbeck, Tower und Phillips (1994) mit deren geringerer Informationsaufnahme während des Interviews geliefert. Als weiterer Faktor dürfte allerdings auch der Eindruck sozialer Gehemmtheit wirken, den ängstliche Personen zumeist auf ihre Interaktionspartner machen.

Geht man den Ursachen für die geringe Objektivität von Einschätzungen nach, wie sie in dem Beispiel in Abbildung 3 registriert wurde, stößt man darauf, dass die Beurteiler beobachtete Verhaltensweisen den unterschiedlichsten Merkmalen zuordnen. Diese Beispiele zeigen: Einstellungsinterviews mögen als einfache eignungsdiagnostische Situationen erscheinen. Gerade konstruktbezogene Schlussfolgerungen sind aber mit großer Unsicherheit behaftet, wenn man nicht durch solide Diagnoseinstrumente unterstützt wird.

Der Vollständigkeit halber wollen wir nicht versäumen, den Zustandsbedingungen noch einige relativ triviale Einflussgrößen zuzuordnen: ob jemand gesund, ausgeruht, nicht durch Alkohol oder sonstige Drogen beeinträchtigt oder abgehetzt und verschwitzt angekommen ist, spielt natürlich eine gewisse Rolle für das Verhalten eines Bewerbers, auch wenn wir diese im Einzelfall nicht gut bemessen können. Was wir als Interviewer tun können, um von den trait- wie den state-Merkmalen vor allem die tätigkeitsrelevanten in unseren Eindruck aufzunehmen, ist, uns um eine Gesprächsatmosphäre zu bemühen, die der künftigen Arbeitssituation ähnlicher ist als einer Prüfungssituation. Aber das führt uns schon zu den nächsten Themenbereichen.

4.4 Das Verhalten des Bewerbers

Zunächst soll in diesem Abschnitt erörtert werden, welche Arten von Verhalten eine Rolle spielen und welche relative Bedeutung verbalen und nonverbalen Verhaltensäußerungen zukommt. Ausführlich wird im Anschluss daran die Bedeutung der Selbstdarstellung und Verfälschung diskutiert.

Art der Verhaltensäußerungen

Das Verhalten von Bewerbern im Einstellungsinterview ist zwar vielfach Gegenstand von Bewerbungsratgebern, aber nicht häufig wissenschaftlicher Untersuchungen. Das ist insofern weniger verwunderlich, als es auf den ersten Blick erscheinen mag, weil das Interview auch keine typische und keine sehr gut geeignete Gelegenheit zur Verhaltensbeobachtung darstellt (wenn man mit *Verhalten* vor allem Handlungsweisen jenseits der evozierten sprachlichen Signale meint). Die Information, um die sich der Interviewer bemüht, gewinnt er auf reliablere Weise aus den Antworten auf gestellte Fragen, zu einem geringeren Teil auch aus spontanen Äußerungen des Kandidaten. Diese sprachgebundene Information wird zu Schlüssen über tätigkeitsrelevante Fähigkeiten und andere Eigenschaften – also alle unter 4.3 erörterten Merkmale – verwendet. Selbst wenn eine gestellte Frage unmittelbaren Verhaltensbezug hat – etwa: „Was tun Sie, wenn Sie als Lehrer vor Ihrer Klasse stehen und den Eindruck haben, viele Ihrer Schüler hören Ihnen nicht zu, sondern sind mit anderen Dingen beschäftigt?" –, so beruhen die Schlüsse des Interviewers großenteils auf den *Antworten* des Befragten, ergänzt vielleicht um nonverbale und paraverbale Signale, die auf die Glaubwürdigkeit der Antwort hinweisen könnten oder auf die Aufregung, in welche die Frage den Bewerber versetzt. Aber bei diesen zusätzlichen Signalen handelt es sich nur in eingeschränkter Bedeutung um Verhalten im eigentlichen Wortsinn, so wenig wie bei den schwitzenden Händen, die schon bei der Begrüßung die Nervosität signalisieren. Verhalten könnte man beobachten, wenn der Bewerber die Aufgabe bekäme, die geschilderte Situation im Rollenspiel zu bewältigen. Ergänzend besteht die Schwierigkeit zur Verhaltensbeobachtung darin, dass der Interviewer in seiner Informationsverarbeitungskapazität schon weitgehend durch die Aufgabe ausgelastet ist, die verbalen Äußerungen seines Gegenübers aufzunehmen und optimal zu verwerten.

Eine Beurteilung in Bezug auf vorgesehene Anforderungsdimensionen im Interview bietet sich dann an, wenn kleinere arbeitsprobenartige Aufgaben als Bestandteile des Verfahrensablaufs aufgenommen werden. Beispielsweise besteht eine solche Aufgabe im Multimodalen Interview für den Bewerber darin, einige Minuten lang über den eigenen Werdegang zu sprechen (vgl. Kapitel 9). Sein Vortrag wird anhand festgelegter Anforderungsdimensionen bewertet, wobei dem Interviewer als Beurteilungshilfe eine Liste von Verhaltensbeispielen vorliegt, mit denen er das Verhalten des Kandidaten vergleichen kann (z.B. *Kooperation:* spricht Zuhörer direkt an, hält Blickkontakt, wirkt freundlich, …). Gemäß der in Kapitel 1 eingeführten Unterscheidung wird mit dieser Beurteilung ein *simulationsbezogener Diagnoseansatz* verfolgt, d.h. es wird der Schluss gezogen, dass der Bewerber in vergleichbaren Berufssituationen auf ähnliche Weise handeln wird.

Eine simulationsbezogene Analogie läge auch vor, wenn aus dem laschen Händedruck eines Bewerbers der Schluss gezogen würde, er werde auf gleiche Weise Kunden begrüßen und bei diesen das gleiche Missempfinden auslösen, das der Interviewer verspüren mag. Der Schluss dagegen, der lasche Händedruck verrate ein weichliches Wesen und dem Kandidaten ermangele es an Willenskraft und Entschlussfähigkeit, enthält eine viel weitergehende Annahme und gehört zum *Konstruktansatz* der Diagnostik (ungeachtet der Frage, ob diese Schlussfolgerung berechtigt ist; laut Chaplin, Phillips, Brown, Clanton & Stein, 2000, besteht tatsächlich ein Zusammenhang zwischen Händedruck und den Merkmalen Extraversion, Psychische Stabilität und Offenheit für Erfahrung).

Schlussfolgerungen, die dem *biographischen Ansatz* der Diagnostik entsprechen – um den klassifikatorischen Vergleich zu vervollständigen –, sind im Interview nur den Antworten auf biographiebezogene Fragen oder entsprechender aktiv berichteter Information zu entnehmen (abgesehen vielleicht von Verhaltensspuren, die sich in der Physiognomie verfestigt haben, wie Schwielen an den Händen, einer Säufernase oder einer Mensurnarbe).

Relative Bedeutung verbalen und nonverbalen Verhaltens

In Tabelle 10 ist eine Zusammenstellung des Bewerberverhaltens im Interview von Anderson und Shackleton (1993) wiedergegeben, wobei diese Autoren den Verhaltensbegriff sehr weit fassen und ihm auch die Antworten des Kandidaten zuordnen, ebenso wie äußere Merkmale, die wir bereits unter anderen Eigenheiten der „Person des Bewerbers" (2.3) besprochen haben.

Tabelle 10: Bewerberverhalten im Interview (übs. aus Anderson & Shackleton, 1993, p. 54)

Verbale Quelle des Verhaltens		Nichtverbale Quelle des Verhaltens	
Inhalt	Prozess	Statische Hinweisreize	Dynamische Hinweisreize
– Arten von Antworten – Angemessenheit der Antworten – Länge der Antworten	– Sprechstörungen – Antwort-Latenzzeiten – Lautstärke – Tonfall – Akzent	– Größe – Physische Attraktivität – Hautfarbe – Geschlecht – Geruch – Kleidung	– Blickverhalten – Blickkontakt – Mimik – Handbewegungen – Positionswechsel – Kopfbewegungen

Eine Reihe von Untersuchungen zum verbalen Verhalten des Bewerbers werden von Anderson (1992) zusammengestellt. Hierzu gehört das Ergebnis von Sigelman, Elias und Danker-Brown (1980), dass Sprachverständlichkeit (speech intelligibility) und Ansprechbarkeit (responsiveness) den größten Einfluss auf die Entscheidung des Interviewers hatten. Andere der von Anderson referierten Arbeiten betonen die Wichtigkeit des sprachlich vermittelten Inhalts, der Sprachflüssigkeit und der angemessenen Setzung von Redepausen. Interviewte mit fremdländischem Akzent oder regionalem Dialekt erhalten mindere Bewertungen als Bewerber, die sich in Hochsprache ausdrücken (was allerdings nur dann aussagekräftig ist, wenn alle anderen relevanten Merkmale, wie Fähigkeiten und soziale Schicht, kontrolliert werden, weil ja hierin die eigentliche Ursache der Minderbewertung liegen könnte).

Die Bedeutung nonverbalen Verhaltens wurde von Imada und Hakel (1977) in der Weise untersucht, dass der verbale Gehalt durch die Vorgabe eines Textes konstant gehalten wurde. Die Autoren berichten, dass 43 % der Beurteilervarianz auf das nonverbale Verhalten zurückgeführt werden konnte, wobei Kandidaten durchgängig besser beurteilt wurden, die mehr Blickkontakt, häufiges Lächeln und eine Haltung zeigten, die Aufmerksamkeit signalisierte. Anderson (1991) fand bei vergleichbarem Versuchsaufbau, dass intensiver Blickkontakt zur Wahrnehmung von Kompetenz und Charakterstärke führte, während ein positiver Gesichtsausdruck Sympathie bewirkte und jemanden motiviert erscheinen ließ.

Auch paraverbale oder vokale Merkmale wie Stimmlage und Frequenzvariabilität gehen in die Bewertung der Interviewer ein und weisen Korrelationen mit der Leistungsbeurteilung durch den Vorgesetzten auf (DeGroot & Motowidlo, 1999).

In einer Studie von McGovern und Tinsley (1978) wurde ebenfalls der sprachliche Inhalt von Interviews konstant gehalten, die auf Videoband aufgenommen und Personalspezialisten als Beurteilern vorgespielt wurden. Was variierte, war allein das nonverbale Verhalten. In der ersten Bedingung zeigten die Bewerber minimalen Blickkontakt, geringes Energieniveau, wenig Gefühle, geringe Stimmmodulation und mangelhafte Sprachflüssigkeit. In der zweiten Bedingung waren alle Variablen auf gegenteilige Weise ausgeprägt. Die Beobachter gaben verschiedene Beurteilungen ab, die nahezu alle von den Bedingungen stark beeinflusst waren. Von den 26 Beobachtern, die einen Kandidaten der ersten Bedingung sahen, empfahl kein einziger, den Bewerber zu einem zweiten Gespräch einzuladen. 23 der 26 Beobachter in der zweiten Gruppe dagegen würden das Auswahlverfahren weiterführen und den Bewerber erneut einladen.

Bei starker Ausprägung ist der Effekt des nonverbalen Verhaltens offenbar durchschlagend. In den meisten Untersuchungen, besonders in der letztgenannten von McGovern und Tinsley (1978), wurden Verhaltensweisen manipuliert, die offenbar für sehr zentrale und generell relevante Merkmale stehen, nämlich Aufgeschlossenheit, Energieniveau, Kontaktfähigkeit, Reagibilität, Interesse und, mit der Sprachflüssigkeit, auch Ausdrucksfähigkeit oder verbale Intelligenz. Nur dadurch kann angenommen werden, dass es sich um Ergebnisse von generalisierbarer Gültigkeit handelt, sie also unabhängig von Tätigkeiten und Organisationen sind und deshalb auch unabhängig vom Inhalt des Gesagten. Ein methodisches Problem dieser Untersuchungen besteht allerdings darin, dass durch die Art des Versuchsaufbaus das natürliche Zusammenpassen von verbalem und nonverbalem Ausdruck gestört ist und die registrierten Effekte auch teilweise hierauf zurückzuführen sein könnten. An der grundsätzlichen Bedeutung der herausgearbeiteten Variablen nonverbalen Verhaltens kann es aber kaum Zweifel geben.

Nicht alle in Tabelle 10 aufgeführten und sonstige denkbaren verbalen, paraverbalen und nonverbalen Verhaltensweisen sind gleichermaßen gut untersucht, zumal nicht in ihrer relativen Wirksamkeit und Kombination untereinander. Dies dürfte auch darin seine Grenze finden, dass diese Signale ihre Bedeutung aus dem Verhaltens- und Interaktionskontext heraus erhalten und Stimmigkeit zum gesamten Auftreten einer Person aufweisen müssen. Dieser Umstand ist es auch, der Ratschläge an Bewerber, welches Verhalten gezeigt werden sollte und welches nicht, problematisch macht. Für die meisten Verhaltensweisen dürfte gelten, dass sie dann von besonderem Einfluss auf Interviewer sind, wenn sie deutlich vom „Durchschnittsverhalten" abweichen.

Selbstdarstellung und Verfälschung

Nonverbales Verhalten ist phylogenetisch älter und wird deshalb für weniger intentional beeinflussbar gehalten als verbale Äußerungen (Whiten & Byrne, 1997). Deshalb gilt es als glaubhafter. Stehen verbales und nonverbales Verhalten in Widerspruch zueinander – sagt jemand beispielsweise mit Anzeichen der Angespanntheit und Ängstlichkeit „doch, ich fühle mich sehr wohl" –, so glauben wir im Zweifelsfall eher seinem Gesichtsausdruck und seiner Körperhaltung als seinen Worten. Er müsste viel sprachliches Geschick aufbieten, um seine nonverbale Reaktion auszugleichen und uns vom Gegenteil zu überzeugen. Dieser Gedanke wurde sogar so weit entwickelt, dass als entscheidender Evolutionsdruck zur Hirn- und Sprachentwicklung der soziale Vorteil in menschlichen Gemeinschaften angesehen wurde, der durch die *Täuschung* und *Manipulation* der Mitmenschen erzielbar ist (als *Machiavellian Intelligence* bezeichnet; Whiten & Byrne, 1997).

Wenn das Bemühen, sich durch das Auftreten gegenüber anderen Vorteile zu verschaffen, dermaßen ubiquitär ist, stellen sich für unseren Kontext drei Fragen: 1. Müssen wir damit rechnen, dass Bewerber sich im Einstellungsinterview verstellen, d. h. sich anders präsentieren, als es ihrem tatsächlichen Wesen oder ihrem Selbstbild entspricht? 2. In welchem Maße wird durch dieses Bemühen das beim Interviewer entstehende Bild vom Bewerber gegenüber einer Situation verändert, in der ein solches Bemühen nicht wirksam wäre? 3. Inwieweit wird dadurch die Validität der Schlussfolgerungen bzw. Entscheidungen beeinträchtigt? Wir können hierzu einige Überlegungen anstellen und einiges an empirischer Evidenz zusammentragen. Teilweise gehören diese Fragen auch zu anderen Elementen des Gesamtprozesses „Urteilsbildung im Interview", aber des Zusammenhangs halber wollen wir sie an dieser Stelle zu beantworten versuchen.

Die Literatur zum „impression management" geht heute mehrheitlich davon aus, dass es zu den menschlichen Grundintentionen gehört, das Bild, das sich andere von einem machen, günstig zu gestalten. Dies betrifft nicht nur das Verhalten in solchen Situationen, „in denen es darauf ankommt", wie in Auswahlsituationen, sondern das Verhalten in sozialen Situationen generell. Ein Mensch ist zur Hälfte das, was er ist, und zur Hälfte das, was er gern wäre, heißt es bei Oscar Wilde.

Das Bemühen, auf andere vorteilhaft zu wirken, entspricht in mancher Hinsicht sogar den beruflichen Anforderungen: Gerade in Kontaktberufen ist die erfolgreiche Gestaltung von Beziehungen immer auch mit der Art der Selbstpräsentation, mit dem Bemühen verbunden, „einen guten Eindruck" auf andere zu machen. Wenn jemand darauf verzichtet, angenehm auf andere zu wirken, so schätzen wir das keineswegs positiv, sondern gewinnen den Eindruck, dass er sich gehen lässt oder an anderen kein Interesse hat. Und das Extrem bedingungsloser Offenheit und Ehrlichkeit können wir uns gar nicht vorstellen, weil dadurch weder ersprießliche berufliche noch private Beziehungen aufrechtzuerhalten wären. Man spricht in diesem Zusammenhang auch von der *Konsensusfiktion* als einem unentbehrlichen Hilfsmittel, die Stabilität sozialer Beziehungen zu sichern, indem das Ausmaß der Gemeinsamkeiten überschätzt wird.

Zwar behaupten Interviewer wie Bewerber, sie würden es vorziehen, wenn sich der andere im Einstellungsinterview ganz offen und ehrlich gäbe, aber es ist fraglich, ob man das wörtlich nehmen sollte, denn im Berufsalltag würden sie das keineswegs mehr vorziehen, sondern dort legen sie großen Wert darauf, dass jemand sich Mühe gibt, für andere ein angenehmer, umgänglicher Kollege zu sein, dass er nicht seine Empfindlichkeiten und schlechte Laune an anderen auslässt usw. Vernünftigerweise können die beiden eigentlich nur meinen, der andere solle sie nicht hinters Licht führen, nicht hinsichtlich wichtiger Aspekte täuschen, deren Offenlegung ihre Entscheidung beeinflussen würde. Eine gewisse Grundkomponente positiver Selbstdarstellung ist nicht nur akzeptabel und unschädlich, sondern sogar beruflich nützlich und wird deshalb erwartet. Beide Gesprächspartner nehmen auch nicht alles Verhalten des anderen für bare Münze, sondern kalkulieren den diesbezüglichen Aufforderungscharakter der Auswahlsituation in ihre Urteilsbildung ein.

Darüber hinaus wollen wir alle nicht nur einen guten Eindruck auf andere machen, sondern auch ein bestimmtes „Image" vermitteln (Schlenker, 1980), z. B. als intelligent oder als lebenslustig wahrgenommen werden. Die Richtung dieses Bemühens geht allerdings zumeist mit dem Selbstbild weitgehend konform. Ein ganz anderes Bild von sich zeichnen zu wollen, als man es selbst hat, ist eher selten und auch ziemlich schwierig. In Bezug auf Berufsanforderungen setzt es zusätzlich voraus, dass man diese gut kennt und weiß, dass man ihnen in Wirklichkeit nicht entspricht. Man hätte sich also für eine Stelle beworben, für die man sich – zumindest partiell – für ungeeignet hält. Alles andere an Selbstdarstellung geht eher in Richtung Übertreibung der positiven Merkmale, die man an sich wahrnimmt, oder Abschwächung der selbst erlebten negativen Aspekte. Und auch bei diesem Bemühen muss man vorsichtig zu Werke gehen, denn Übertreibungen werden leicht erkannt, wenn man dick aufträgt, und führen dann zum Gegenteil der erhofften positiven Bewertung (Fletcher, 1990). Andere in einem relevanten Ausmaß dergestalt zu täuschen, dass man eine ganz andere, wesensfremde Rolle erfolgreich spielt, erfordert das Geschick eines Felix Krull. Solche Menschen sind schwer zu erkennen, deshalb werden sie beruflich und als Heiratsschwindler auch sehr erfolgreich und bleiben als Spione jahrzehntelang unerkannt. Den meisten Bewerbern misslingt ein solcher Versuch gründlich, selbst wenn er bescheidener angesetzt ist, wie entsprechende Experimente zeigen (z. B. Jellison & Gentry, 1978).

36 % der von Fletcher (1981) befragten Studenten äußerten die Meinung, es sei am besten, dem Interviewer diejenige Person vorzuspielen, die er vermutlich gern einstellen würde. Unter denen, die in der Lage sind, dieses Ziel auch noch in der konkreten Auswahlsituation zu verfolgen, werden wohl vor allem diejenigen erfolgreich sein, die sich nicht dazu versteigen, eine völlig andere Person zu spielen, sondern ihre mutmaßlichen Vorzüge stärker betonen. Dies trifft wahrscheinlich sogar auf diejenigen 25 % zu, die in einer Befragung (Keenan, 1980) zugaben, im Interview zu schwindeln.

Wenige geschichtliche Momente begünstigen Versuche zum regelrechten Betrug bei der Bewerbung so wie die wirre Situation in den Jahren nach der deutschen Wiedervereinigung. Einige Bewerber aus der ehemaligen DDR nutzten diese Situation, gefälschte Papiere bei westdeutschen Arbeitgebern vorzulegen. Nur in wenigen Fällen konnten solche Manipulationen aufgedeckt werden, weil die angeblichen Referenzadressen inzwischen nicht mehr existiert haben und die früheren Verhältnisse im zweiten deutschen Staat den westlichen Arbeitgebern auch zu wenig bekannt waren, um Plausibilitätsabschätzungen vorzunehmen.

Vorsätzliche Verfälschungen von Gewicht wären möglicherweise auch im Interview in größerem Ausmaß zu erwarten, wenn Bewerber nicht damit rechnen müssten, dass erstens ihre Angaben zumindest teilweise überprüfbar sind und dass sie zweitens dem

Bild, das sie von sich im Einstellungsgespräch zeichnen, später entsprechen müssen. Die Ergebnisse der Forschung zur Selbstbeurteilung (vgl. Moser, 1999) dürften in dieser Hinsicht auf unseren Kontext übertragbar sein.

Was Bewerber sicher in unterschiedlichem Ausmaß vornehmen, ist die „kreative" Uminterpretation ihrer Biographie, z. B. der Kündigungsgründe bei ihrem vorangegangenen Arbeitsverhältnis. In solchen Fällen mischen sich oft vorsätzliches *impression management* und *Selbsttäuschung*, die beiden Grundfaktoren der Selbstdarstellung wie von Paulhus (1986) beschrieben. In manchen Fällen überwiegt die Selbsttäuschung, z. B. wenn jemand erklärt, er habe die Schule abgebrochen, weil er mehr an praktischen als an theoretischen Dingen interessiert sei. Dies mag aus seiner Sicht eine wahrhaftige Erklärung der Umstände sein, obwohl es auch eine andere, nicht weniger richtige Erklärung gibt, die er entschieden zurückweisen würde, nämlich dass er die Schule abgebrochen hat, weil er ihren Anforderungen geistig oder von der Arbeitsdisziplin her nicht gewachsen war.

Interviewer provozieren manchmal geradezu solche halbrichtigen selbstwertdienlichen Äußerungen, insbesondere wenn sie schon einen positiven Eindruck von ihrem Kandidaten gewonnen haben und diesen nicht wirklich kritisch zu prüfen gewillt sind. Dann stellen sie jemandem, der in eine Arbeitsgruppe integriert werden soll, die Frage „Arbeiten Sie gerne in einem guten Team?", fragen mit besorgter Miene „Meinen Sie, dass Ihnen der weite Weg zur Arbeit nichts ausmachen wird?", oder sie geben sich auf die Frage nach den Bewerbungsmotiven mit der Auskunft zufrieden, man habe eine neue Herausforderung gesucht. Menschlich ist es verständlich, wenn ein Interviewer solche affirmativen Fragen stellt, aber von seiner Aufgabe her gesehen ist es ein Kunstfehler. Im Alltag haben solche Affirmationen ihre nützliche Funktion, da stellt man Fragen wie: „Sitzen Sie auch bequem?", „Wirst Du mir auch immer treu sein?", „Schöner Abend heute, nicht wahr?", um Gemeinsamkeiten, Sympathie, Vertrauen und eine gute Gesprächsatmosphäre zu schaffen. Das ist auch der Grund, weshalb man bei der Begrüßung eines Bewerbers die Frage stellt, „Haben Sie auch gut den Weg zu uns gefunden?" Aber für diagnostische Zwecke sind derlei Fragen untauglich – es sei denn in dem seltenen Fall, dass ein Bewerber das Angebot der guten Atmosphäre verweigert und seine Unverträglichkeit durch die Antwort preisgibt: „Wenn Sie allen Ihren Bewerbern eine so schlechte Wegskizze schicken, wird es schwer sein, diese Stelle zu besetzen!"

So viel zu den Indikatoren des *impression management*. Zu den Taktiken, die oft anzutreffen sind, gehören imagedienliche Attributionen, also Erklärungen für Erfolge oder Misserfolge, die ein gutes Licht auf den Bewerber werfen. Auch Übertreibungen (der Verantwortung, der Aktivitäten oder einfach positiver Attribute) sind verbreitet, wobei die Gefahr, als Angeber dazustehen, diese Tendenz eindämmt. Geschickt dosiert, erzielt auch das Bemühen positive Effekte, sich als zur Organisation passend darzustellen (Stevens & Kristof, 1995). Auch positive Assoziation der eigenen Person mit wichtigen Ereignissen, Orten, Personen etc. („name dropping") sind häufig zu beobachten. Eine wirksame Taktik ist das *Schmeicheln*. Auch hierbei ist es wichtig, die Grenze zwischen dem Opportunen und dem Übertriebenen nicht zu überschreiten. Schmeicheleien in mäßiger Dosis sind für den Interviewer nicht leicht zu durchschauen, und zwar nicht nur deshalb, weil sie ihm gut tun, sondern weil sie von den gleichen nonverbalen Ausdrucksweisen begleitet werden, die generell an Bewerbern so geschätzt werden, weil sie das miteinander Umgehen angenehm machen: Blickkontakt, Lächeln, Nicken, Zuwendung, Lebhaftigkeit etc. („immediacy behaviours" nach Mehrabian, 1972). Der Versuch der direkten Täuschung müsste demgegenüber wenn schon nicht erkannt werden so doch aus anderen Gründen zur Abwertung des Unaufrichtigen führen, denn er ist eher von gegenteiligen Signalen begleitet wie Verminderung von Blickkontakt, Lächeln, Nicken und begleitenden Gesten, langsamerem Sprechen, vermehrten Sprechstörungen und gespannterer Stimme, Achselzucken, Pupillendilatation und mit Einschränkungen auch Blinzeln, Selbstmanipulation und Positionsveränderungen (Scherer & Ekman, 1984).

Einschränkungen sollte man allerdings hinsichtlich der Indikatorfunktion aller dieser Verhaltens- und Ausdruckselemente machen. Für eine auch nur einigermaßen verlässliche Diagnose müsste man nämlich die *base line* kennen, d. h. mit den für den Sprecher üblichen Ausdrucksformen vertraut sein, was beim Interviewer ja in aller Regel nicht der Fall ist. Auch kennt er den Bewerber nicht persönlich, das heißt in seiner üblichen Lebensführung. Dies macht die Unaufrichtigkeit eines Bewerbers viel schwerer als solche erkennbar als beispielsweise die Ausrede eines guten Freundes, er müsse der Party fernbleiben, weil er zu viel Arbeit habe. Vorsätzliches Lügen wird zumindest teilweise erkannt (Maier & Janzen, 1967), wobei den Beurteilern die Ursachen ihrer Einschätzung als Lüge nicht einsichtig waren.

Natürlich unterscheiden sich Stellenbewerber auch im Ausmaß ihrer Darstellungstendenz. Es gibt Testverfahren, um die Neigung zu sozial erwünschter Selbstdarstellung zu bemessen, u. a. von Crowne und Marlowe (dt. Fassung von Lück & Timaeus, 1969). Diemand und Schuler (1991) konnten an Assessment Center-Teilnehmern zeigen und später im Rahmen der Validierung eines Potenzialanalyseverfahrens bestätigen (1998), dass sich in eignungsdiagnostischen Situationen die beiden Komponenten *assertive* und *defensive* Selbstdarstellung unterscheiden lassen. Während assertive Selbstdarstellung von den Beurteilern als sozial kompetentes Auftreten erlebt und positiv bewertet wird sowie Berufserfolg prognostiziert, steht die defensive Komponente eher mit sozialer Hemmung und mit negativerer Gesamtbewertung im Assessment Center in Zusammenhang. Assertive Selbstdarstellung lässt sich mit der Crowne Marlowe-Skala (Lück & Timaeus, 1969) gut erfassen, defensive ist mit einem Teilkonstrukt der Self Monitoring-Skala (dt. Fassung von Nowack & Kammer, 1987) messbar (Moser, Diemand & Schuler, 1996). Von grundsätzlicher Bedeutung könnten auch Verhaltensunterschiede hinsichtlich der generellen Neigung sein, sich gegenüber anderen zu öffnen und persönliche Information aus freien Stücken preiszugeben. Aufgrund genereller geschlechtstypischer Differenzen sollte eine solche Verhaltenstendenz auch im Interview bei Frauen ausgeprägter sein als bei Männern. Laut Fletcher (1989) liegen hierfür verschiedene Hinweise vor. Auch sollten Frauen gewisse Taktiken der Selbstpräsentation in geringerem Maße einsetzen, etwa vorsätzliche Verfälschung und all das, was man in der Ethologie als „Imponierverhalten" und im Alltag als „Angeben" bezeichnet.

Mit den bisher zusammengetragenen Daten und Überlegungen können wir die ersten beiden der eingangs gestellten Fragen wohl beantworten:

1. Ja, mit einer Tendenz zur positiven Selbstdarstellung im Einstellungsinterview ist bei Bewerbern zu rechnen, und zwar in unterschiedlichem Ausmaß.
2. Das Bild, das der Interviewer vom Bewerber gewinnt, wird dadurch beeinflusst, aber zumeist nur dann in positiver Richtung, wenn die Selbstdarstellung ein moderates Ausmaß hat und vorhandene Merkmale etwas beschönigt dargestellt werden, nicht dagegen durch den Versuch, ganz andere Eigenheiten vorzuspiegeln.

Jetzt steht noch die Antwort auf die dritte Frage aus: Wird hierdurch die Validität beeinträchtigt? Ones & Viswesvaran (1998) führten zu dieser Frage eine Metaanalyse an einer sehr großen Personenstichprobe durch, allerdings nur bezogen auf Persönlichkeitstests. Sie fanden positive Korrelationen zwischen *Social Desirability*, also der Neigung, sich erwünscht zu präsentieren, und drei der großen fünf Persönlichkeitsmerkmale, nämlich psychischer (oder emotionaler) Stabilität ($r = .37$), Gewissenhaftigkeit ($r = .20$) und Verträglichkeit ($r = .14$). Diese Beziehungen zeigten sich tendenziell auch dann, wenn statt Selbstbeurteilungen Fremdbeurteilungen zugrunde lagen, was die Annahme nahe legt, dass die Selbstdarstellungstendenz nicht primär ein eigenständiges „Täuschungsmerkmal" ist, sondern zur Substanz dieser Persönlichkeitsmerkmale gehört (Schuler & Höft, 2001). Die Beziehung zu Kriterien des Ausbildungs- und Berufserfolgs war nicht signifikant, zum Kriterium Trainingserfolg ergab sich eine leicht positive Beziehung. Das bedeutet, durch Selbstdarstellung ist im Durchschnitt aller Personen keine Beeinträchtigung der prognostischen Validität zu erwarten, jedenfalls bei der Anwendung von Persönlichkeitstests.

Andererseits gilt, dass geringe Testwerte in einem sozial wünschenswerten Merkmal eindeutiger interpretierbar sind als hohe Testwerte, wo sich „echte" hohe Werte mit teilweise beschönigten Werten mischen. Das hat zur Folge, dass Persönlichkeitstests in der Personalauswahl eher zur Negativauslese als zur Positivauslese eingesetzt werden sollten (Mueller-Hanson, Heggestad & Thornton, in press). In der bereits genannten Studie von Diemand und Schuler (1998) konnte gezeigt werden, dass auch für das im Rahmen der Potenzialanalyse eingesetzte strukturierte Interview keine Validitätsbeeinträchtigung auftritt, ebenso wenig wie für die übrigen Teilverfahren der Potenzialanalyse. Im Zusammenhang mit Interview- und Fragentypen werden wir auf das Problem der Verfälschbarkeit und seine Berücksichtigung bei der Fragenkonstruktion noch einmal zurückkommen. Abschließend soll der originelle Gedanke von Anderson (zit. n. Fletcher, 1989) nicht unerwähnt bleiben, man könne sich bei anderer Betrachtungsweise ja auch darum bemühen, die Neigung oder Fähigkeit (!) zur Selbstdarstellung im Interview zu messen, statt sich über sie als Fehlerquelle zu beklagen.

4.5 Die Person des Interviewers

Ein wesentliches Unterscheidungsmerkmal des Einstellungsinterviews gegenüber Tests, Fragebogen und anderen eignungsdiagnostischen Verfahren ist, dass es bei Tests nicht darauf ankommt, wer sie durchführt und auswertet (von projektiven Tests abgesehen, die derzeit keine Rolle in der Personalauswahl spielen). Verlauf und Ergebnis des Interviews hängen, so müssen wir den teilweise geringen Objektivitätswerten entnehmen, von der Person des Interviewers ab. Entscheidend ist allerdings die Frage der Validität. Geben Interviewer unterschiedlich valide Urteile oder Prognosen ab? In diesem Fall wäre es erforderlich, sich mit der Person des Interviewers zu befassen und möglichst diejenigen Merkmale herausfinden, von denen die Urteilsfähigkeit abhängt.

Es gibt aber noch einen weiteren Grund, die Person des Interviewers genauer zu betrachten. Eingangs konnten wir feststellen, dass das Auswahlgespräch nicht nur der Auswahl dient, sondern auch noch weitere Funktionen erfüllt. Zu diesen Funktionen gehört auch das Personalmarketing – das Unternehmen für den Bewerber attraktiv zu machen,

Sympathie und andere positive Haltungen zu wecken oder zu verstärken, die Grundlage für späteres Commitment und Identifikation zu legen, den Bewerber sachgerecht zu informieren und durch all dies qualifizierte Bewerber zu gewinnen und danach im Unternehmen zu halten. Unter der Annahme, dass auch dies den Interviewern unterschiedlich gut gelingt, haben wir Grund, uns mit der Frage zu beschäftigen, inwieweit Interviewer unterschiedlich erfolgreich sind, sich und das Unternehmen „zu verkaufen".

Unterschiede in der diagnostischen Qualifikation

Die meisten Studien, mit denen die psychometrische Qualität von Interviews ermittelt wird, machen nicht einmal Angaben über die Zahl der Interviewer, geschweige denn über die Unterschiedlichkeit ihrer Ergebnisse. So fanden Dreher, Ash und Hancock (1988) nur in drei von 28 inspizierten Artikeln entsprechende Angaben. Dementsprechend stützen sich Aussagen über unterschiedliche diagnostische Fähigkeiten von Interviewern auf nur wenige Untersuchungen.

Eine der einschlägigen Arbeiten stammt von Dipboye, Gaugler und Hayes (1990, zit. n. Dipboye, 1992). Die Autoren untersuchten die prognostische Validität so genannter Panel-Interviews, das sind Gespräche, die von mehreren Interviewern gleichzeitig mit einem Kandidaten geführt werden. Die Validität dieser Interviews betrug $r = .10$ bzw. $r = .07$ für die Voraussage zweier Dimensionen des Trainingserfolgs und $r = .12$ zur Prognose des Berufserfolgs. Vor dem Gruppenurteil über die Kandidaten hatte jeder der fünf beteiligten Interviewer seine eigene Beurteilung festgehalten, so dass für jede dieser Personen individuelle Validitätskoeffizienten ermittelt werden konnten. Die Einzelvaliditäten lagen zwischen $r = .02$ und $.25$ (unkorrigiert) bzw. $r = .02$ und $.44$ (korrigiert). Zwei der Interviewer lieferten brauchbare bis gute Leistungsprognosen, die Urteile der übrigen drei Interviewer waren wertlos. Das Gruppenurteil war deutlich schlechter als die Meinungen der beiden besseren Diagnostiker.

Eine weitere Studie mit ausreichend detaillierter Information liefert uns die Arbeit von Dougherty, Ebert und Callender (1986). Diese Autoren untersuchten die Urteilsbildung dreier Personalfachleute in einem Ölkonzern. Jeder der drei hatte 60 aus 120 Bewerbern zu interviewen und zu beurteilen. Die Beurteilungen der eingestellten Bewerber wurden mit den ein knappes Jahr später abgegebenen Vorgesetztenbeurteilungen auf 10 Leistungsdimensionen verglichen, woraus Korrelationskoeffizienten als Indikatoren der prognostischen Validität errechnet wurden. In Tabelle 11 sind die Ergebnisse wiedergegeben.

Die Werte der prognostischen Validität sehen insgesamt gering aus, doch ist zu beachten, dass es sich um unkorrigierte Koeffizienten handelt. Weder zur Reliabilität der Vorgesetztenbeurteilungen noch über die Streuungsreduktion durch die Bewerberselektion werden von Dougherty et al. Angaben gemacht, so dass eine nachträgliche Errechnung der korrigierten Koeffizienten nicht möglich ist; wir könnten allenfalls die Vorgesetztenbeurteilung mit dem Durchschnittswert für die Reliabilität verrechnen, der sich aus der Literatur ergibt ($r = .52$ für die Objektivität, $.81$ für die Stabilität nach Viswesvaran, Ones & Schmidt, 1996). Grob geschätzt, liegen korrigierte Validitätskoeffizienten von der Art der vorliegenden um etwa 50 % über den unkorrigierten. Nähme man diesen Wert zum Maßstab, so würde Interviewer 3 gute Diagnosen abgeben, Interviewer 1 eingeschränkt brauchbare und Interviewer 2 unbrauchbare. Eine Mittelwertbildung

Tabelle 11: Validitätskoeffizienten für durchschnittliche Live-Beurteilungen und Tonband-Beurteilungen sowie getrennt für Tonband-Beurteilungen durch drei Interviewer (übs. aus Dougherty, Ebert & Callender, 1986, p. 12)

Beurteilungs-dimensionen	Durchschnitt Live-Beurteilungen (n = 57)	Durchschnitt Tonband-Beurteilungen (n = 57)	Interviewer 1 (n = 56)	Interviewer 2 (n = 54)	Interviewer 3 (n = 56)
1. Lernaufgaben	.10	.17	.09	.07	.24*
2. Selbstständigkeit	.05	.32**	.19	.09	.41**
3. Organisieren	.09	.18	.13	-.05	.26*
4. Urteilsvermögen	-.05	.24*	.23*	.07	.26*
5. Fachwissen	-.09	.12	.07	-.11	.23*
6. Zusammenarbeit	-.04	.09	.13	-.01	.08
7. Produktivität	.03	.19	.12	-.05	.32**
8. Genauigkeit	.18	.28*	.25*	.19	.27*
9. Engagement	.06	.28*	.27*	.04	.34**
10. Gesamtleistung	.06	.21	.15	.02	.26*

Anmerkungen: N zwischen 54 und 56. * p<0.5, ** p<.01. Validitätskoeffizienten unkorrigiert

käme allenfalls zu mäßigen Prognosen. Zudem scheint es Beurteilungsdimensionen zu geben, die von allen Interviewern relativ gut getroffen werden (z. B. Genauigkeit), und andere, bei denen die Qualität der Prognose beurteilerspezifisch ist (z. B. Produktivität). Die Interpretation dieser detaillierten Unterschiede steht allerdings vor dem Problem, dass es sich auch um Stichprobenspezifika handeln könnte. Interessant ist an dieser Tabelle auch, dass die Validität höher ist, wenn Tonbandaufnahmen beurteilt werden, als wenn es sich um Live-Gespräche handelt. Möglicherweise ist die Aktivierung durch die direkte Interaktion der Eindrucksbildung nicht zuträglich.

Eigenschaften qualifizierter Interviewer

Wenn Interviewer unterschiedlich valide Einschätzungen ihrer Kandidaten abgeben, wie findet man die qualifizierten Interviewer heraus, welche Merkmale unterscheidet sie von ihren weniger treffsicheren Kollegen? Diese Frage wird seit langem gestellt, und es werden viele Meinungen dazu geäußert, allerdings wenig überzeugende Daten zu ihrer Bestätigung geliefert.

Der große amerikanische Persönlichkeitspsychologe Gordon Allport stellte in seinem Werk *Personality* (1937) eine Liste von Eigenschaften auf, die nach seiner Auffassung für den guten Diagnostiker maßgeblich sind. Er berief sich dabei auf Philip Vernon, einen anderen großen, schon stärker psychometrisch ausgerichteten Diagnostiker seiner Zeit, sowie auf weitere Kollegen. Die Vorschlagsliste lautet:
- Erfahrung (mit Menschen, Lebenserfahrung)
- Ähnlichkeit mit dem Beurteilten

- Intelligenz
- Selbsterkenntnis
- Komplexität
- Distanz (Introversion)
- Ästhetische Orientierung
- Soziale Intelligenz

Bemerkenswert ist die dreifache Nennung kognitiver Befähigung, für manche überraschend vielleicht die Einbeziehung von Distanziertheit gegenüber anderen als Attribut guter Beurteiler (um unabhängig und überlegt zu urteilen, statt in der Beziehung gefangen zu sein). Frauen hielt Allport für überlegene Diagnostiker aufgrund ihrer stärkeren sozialen Abhängigkeit, ihres größeren Interesses am Funktionieren sozialer Beziehungen, ihrer monogamen Einstellung und ihrer ausgeprägten ästhetischen Orientierung. (Monogame Haltung als Begründung diagnostischer Fähigkeiten mag heute von manchem als sexistische Attitüde klassifiziert werden, findet allerdings die Zustimmung der modernen Evolutionspsychologie, die den wesentlichen Unterschied in der Partnerwahl von Männern und Frauen darin sieht, dass letztere sich aufgrund höherer parentaler Investition stärker um die Qualität der genetischen Ausstattung ihres Partners bemühen müssen, vgl. Buss, 1994. Auch das ausgeprägtere Interesse an funktionierenden sozialen Beziehungen wird von evolutionspsychologischer Seite unterstrichen, vgl. Bischof-Köhler, 2002; Wright, 1996.)

Wichtig war Allport die Beobachtung, dass jeder Diagnostiker solche Menschen und Wesensmerkmale besser zu beurteilen in der Lage ist, die Ähnlichkeit mit ihm selbst und seinen hervortretenden Eigenschaften haben. Eine solche Beziehung nahm er auch und gerade im klinisch-psychologischen und psychiatrischen Bereich als wesentlich an. Die überragende Bedeutung von Intelligenz und kognitiver Komplexität sah er darin begründet, dass man immer nur diejenigen Mitmenschen erfassen und verstehen könne, auf deren geistigem Niveau man sich selbst – mindestens – befinde (also muss man für alle Fälle gerüstet sein).

Eine Liste von Merkmalen guter Interviewer – diesmal direkt ausgerichtet auf die Personalauswahl – legt Fear (1978) vor:
- Herzliches, engagiertes Wesen
- Sensibilität in sozialen Situationen
- Angemessene Intelligenz
- Analytisches Denken und kritisches Urteil
- Anpassungsfähigkeit
- Persönliche Reife

Der hauptsächliche Unterschied zwischen der Fear-Liste und der von Allport dürfte im „herzlichen, engagierten Wesen" gegenüber der „Distanz" liegen. Dabei hat Fear nicht einmal die Personalmarketing-Funktion des Interviews im Auge, sondern die Fähigkeit, schnellen Kontakt und angenehme Atmosphäre herzustellen, Vertrauen und Sympathie zu gewinnen, um den anderen zu öffnen und die Informationen überhaupt erst einmal zu gewinnen, die man dann zu einer Beurteilung verarbeiten kann. Als Interviewer müsse man, meint Fear, ein guter Verkäufer sein. Es könnte gerade diese Eigenschaft sein, die in der Untersuchung von Schmitt und Coyle (1976) wirksam wurde, deren Ergebnis die starke Wirkung des Interviewers auf die Entscheidung der Bewerber aufwies, ein Einstellungsangebot anzunehmen.

Möglicherweise bleibt dies als Kern der referierten und vergleichbarer Listen: die Fähigkeit, Information zu gewinnen, und die, sie zu verarbeiten. Da es sich bei sozialer Kompetenz und Intelligenz um zwei unabhängige Merkmalsbereiche handelt, ist es entsprechend schwierig, Interviewer zu finden, die beides in hohem Maße mitbringen. Wäre beispielsweise nur jeder fünfte Mensch mit einem der beiden Merkmale in ausreichendem Maße ausgestattet, so fände sich die Kombination nur bei jedem fünfundzwanzigsten. Es könnte aber noch schlimmer kommen, wenn sich ein Ergebnis von Frederiksen, Carlson und Ward (1984) generalisieren ließe: Sie fanden bei denjenigen interviewenden Medizinstudenten die geringste Wärme und Unterstützung, die über die besten wissenschaftlichen Kenntnisse verfügten. (Negativ korrelierte Merkmale treten natürlich noch seltener gemeinsam in hoher Ausprägung auf als unkorrelierte.)

Aber noch andere oder speziellere Eigenschaften von Interviewern sind zu nennen, die möglicherweise ihr Verhalten steuern und dadurch erfolgsrelevant werden. Dipboye (1992) vermerkt, dass Ängstlichkeit des Interviewers auf den Bewerber ansteckend wirken könne. Dominante Personen wenden sich anderen besonders dann zu, wenn sie selbst sprechen, während submissive Personen eher Blickkontakt halten, wenn sie ihrem Gesprächspartner zuhören (Exline, Ellyson & Long, 1975). Taft (1955) sieht zusätzlich zu den bereits genannten Merkmalen Bildung und kulturelle Interessen als erwiesene Erfolgsmerkmale qualifizierter Beurteiler an (wobei Bildung mit Intelligenz hoch korreliert ist und kulturelle Interessen fast ein Synonym zu ästhetischer Orientierung sein dürften). Überdies weist er auf die Motivation hin, korrekte Beurteilungen abzugeben, was voraussetze, sich frei für objektive Urteile zu fühlen. Schuh (1981) nennt als Erfolgsmerkmale zusätzlich verbales Geschick, Interesse an anderen, Einfühlungsvermögen, Realismus, Humor und Flexibilität.

Alle genannten Interviewercharakteristika sind plausibel begründbar, eine Reihe davon ist auch verschiedentlich belegt. Solide empirische Evidenz liegt allerdings nur für die Intelligenz vor. Dies könnte an der Art des Versuchsplans liegen, mit dem Untersuchungen zur Urteilsbildung häufig durchgeführt werden: Um ausreichende experimentelle Kontrolle sicherzustellen, wird das Stimulusmaterial vorgegeben, es werden Einschätzungen verlangt, schließlich wird die Korrektheit der Beurteilung errechnet. In einem solchen Design ist praktisch kein Platz für die sozialen Kompetenzen, deren Aufgabe die Herstellung des guten Rapports und die Verhaltenssteuerung ist. Die Fähigkeiten, Informationen zu erkennen, zu sammeln, zu vergleichen und zu klassifizieren, zu kombinieren und die richtigen Schlüsse aus ihnen zu ziehen, lassen sich demgegenüber anhand vorgegebenen Stimulusmaterials ausgezeichnet prüfen.

Zu den Studien, in denen die Bedeutung der Intelligenz für diagnostische Kompetenz belegt wurde, gehören die Arbeiten von Smither und Reilly (1987) und von Borman (1979), wobei in letztgenannter Untersuchung „verbal reasoning" die einzige Variable von vielen untersuchten Merkmalen war, die verlässlich die Urteilsqualität voraussagte. In „verbal listening skill", der Fähigkeit, im Interview zuzuhören, fand Schuh (1980) ein Korrelat verschiedener Intelligenzfaktoren, v. a. der Fähigkeit, sprachlich vorgegebene Probleme zu lösen (verbal reasoning) und Sprachverständnis (verbal comprehension). Mit verschiedenen Persönlichkeitstests ergaben sich dagegen keine signifikanten Korrelationen. Dass das Zuhören von Interviewern auch motivationale Komponenten hat, zeigte Schuh (1979) daran, dass es durch eine Prüfungsankündigung gelang, die Kennwerte für korrektes Zuhören um 16 % zu erhöhen. Ebenso hat das Merkmal Feldunabhängigkeit, von Cardy und Kehoe (1984) in seiner Bedeutung als kognitiver Stil für die Urteilsbildung hervorgehoben, zweifellos auch nichtkognitive Anteile.

Alter und Geschlecht haben sich nicht als klar erfolgsrelevante Merkmale erwiesen, wobei in den zumeist US-amerikanischen Untersuchungen häufig die Aufnahme der Variable ethnische Herkunft (Hautfarbe bzw. „Rasse") für zusätzliche Varianzkonfusion sorgt und die Generalisierbarkeit vermindert. Wenn man einen Trend in diesen Ergebnissen erkennen möchte, so ist es am ehesten eine Bestätigung der Allportschen Vermutung, dass Ähnlichkeit zwischen Interviewer und Bewerber ein positiver Prädiktor der Urteilsqualität ist. Diagnosen werden offenbar durch die Möglichkeit erleichtert, von sich auf andere schließen zu können.

Furnham & Burbeck (1989) fanden, dass erfahrene Beurteiler strengere Urteile abgeben als weniger erfahrene. Konträr zur intuitiven Erwartung hat sich die Erfahrung der Interviewer allerdings nicht als Quelle verbesserter Interviewvalidität herausgestellt; deshalb konnte die Schlussfolgerung von Carlson, Thayer, Mayfield und Peterson (1971) bis heute durch Daten nicht widerlegt werden, die tagtägliche Interviewpraxis biete offenbar nicht die Bedingungen, durch Dazulernen seine Entscheidungsfindung zu verbessern. Möglicherweise erhöht die Erfahrung nur die Sicherheit des Interviewers, die subjektiv mit Validität der Urteilsbildung verwechselt wird. Aber auch zum systematischen Training, das eigentlich günstige Bedingungen zum Dazulernen bieten sollte, liegen recht widersprüchliche Ergebnisse vor, die nicht den eindeutigen Schluss zulassen, trainierte Interviewer seien die besseren. In einem späteren Kapitel wollen wir versuchen, diese Widersprüche aufzulösen.

Auswirkung von Interviewerdifferenzen auf Validierungsdaten

Ein Ergebnis wie das in Tabelle 10 wiedergegebene aus der Untersuchung von Dipboye et al. (1990), wonach die Interviewer unterschiedliche Merkmale beachten und unterschiedlich valide Beurteilungen abgeben, hatten auch schon Zedeck, Tziner und Middlestadt (1983) gefunden. Auch ihre Daten zeigten mangelhafte Validität des Interviews, wenn die Daten der verschiedenen Interviewer zusammengelegt wurden. Ihre Schlussfolgerung war, dass durch das herkömmliche Validierungsdesign die Validität des Einstellungsinterviews unterschätzt werde. Ähnlich hatten auch bereits Arvey und Campion (1982) argumentiert.

Dreher, Ash und Hancock (1988) griffen diesen Gedanken auf. Sie wiesen darauf hin, dass zumeist hohe Validitätskoeffizienten ermittelt wurden, wenn auf der Basis individueller Interviewerdaten validiert wurde. Wenn aber die Daten verschiedener Interviewer zur Validierung zusammengefasst würden, bestehe ein Teil der Varianz aus den individuellen Urteilstendenzen der einzelnen Interviewer und überlagere die validen Prognosen, die jedem Einzelnen möglich seien. Dadurch würden Interviewervaliditäten im Vergleich mit denen aus objektiveren eignungsdiagnostischen Instrumenten systematisch unterschätzt, und zwar besonders für konventionelle, frei geführte Auswahlgespräche (zur Ausweitung dieser Überlegungen auf andere Auswahlverfahren vgl. Schuler & Guldin, 1991).

Dreher et al. schlugen vor, künftig (oder in Reanalyse vorliegender Datensätze) Validitäten auf Interviewerbasis zu berechnen oder, wenn dafür die Stichprobenumfänge nicht ausreichen, Interviewerbeurteilungen zu standardisieren, bevor sie zusammengelegt werden. Eine Untersuchung gemäß diesem Vorschlag wurde von Gehrlein, Dipboye und Shahani (1993) durchgeführt. Für ein unstrukturiertes Interviewverfahren wurden Validitätskoeffizienten nach der konventionellen Methode und nach der von Dreher et al. (1988) vorgeschlagenen Vorgehensweise errechnet. Der Vergleich ergab tatsächlich höhere Koeffizienten für das Berechnungsverfahren nach Dreher et al. Auch eine Reanalyse des Datensatzes von Schuler, Moser, Diemand und Funke (1995), der mit einem strukturierten Interviewverfahren erhoben wurde (dem Multimodalen Interview), ergab Unterschiede zwischen den Berechnungsmethoden, die – an verschiedenen Erfolgskriterien gemessen – unterschiedlich groß, aber insgesamt gering ausfielen (für eine erneute Analyse des Datensatzes s. Moser & Reuter, 2001). Die Interpretation ist hier allerdings dadurch eingeschränkt, dass die Daten nicht eindeutig auf dem Niveau einzelner Interviewer verrechnet werden konnten, sondern 40 Filialen einer großen Kreditorganisation zur Basis hatten; zwar waren dort wiederum in vielen Fällen alle Interviews jeweils nur von einer einzelnen Person geführt worden, aber die Einschränkung beeinträchtigte doch den Datensatz als Prüfung der Hypothese von Dreher et al.

Eindeutig zur Prüfung der Hypothese geeignet sind die Daten von Pulakos, Schmitt, Whitney und Smith (1996), die wie gefordert durchgängig auf Personenniveau verrechnet werden konnten. Auch hier handelte es sich um ein strukturiertes Interview, das den Validierungsdaten zugrunde lag (biographiebezogene Fragen, die Anforderungsdimensionen zugeordnet waren). Der Vergleich beider Berechnungsmethoden lieferte eindeutig keine höhere, sondern eine sogar geringfügig geringere Validität des von Dreher et al. vorgeschlagenen Verfahrens. Zusätzlich bestätigten diese Daten einen schon von Harris (1985, zit. n. Harris, 1989) geäußerten Verdacht, dass nämlich die Unterschiede zwischen den einzelnen Interviewern nicht zwangsläufig auf unterschiedliche stabile Fähigkeiten zurückgehen müssten, sondern auch durch Stichprobenfehler erklärbar sein könnten. Pulakos et al. gingen dieser Vermutung mit der von Hunter und Schmidt (1990) vorgeschlagenen Berechnungsweise nach und stellten fest, dass die Varianz zwischen den Interviewern geringer ist als die durch den Stichprobenfehler aufklärbare Varianz. Obwohl die Validitäten der einzelnen Interviewer von $r = -.10$ bis $r = .65$ variierten, könnten diese Unterschiede also auch zufallsbedingt zustande gekommen sein (was natürlich nicht heißt, es sei bewiesen, dass sie auf Zufallseffekte zurückgehen!).

Ob die Falsifikation der Hypothese, Interviewvaliditäten seien aufgrund der konventionellen Berechnungsmethode unterschätzt, durch die Pulakos et al.-Daten und der nur geringe Effekt in den Schuler et al.-Daten darauf beruht, dass in beiden Fällen strukturierte Interviews eingesetzt wurden, während Gehrlein et al. mit unstrukturierten Interviews arbeiteten, muss die weitere Forschung zeigen. Es wäre immerhin plausibel, dass individuelle Urteilstendenzen, auf denen ja die Dreher et al.-Überlegung beruht, bei unstrukturierten Verfahren viel stärker zur Wirkung kommen als bei strukturierten. Wir könnten uns aber auch der radikalpragmatischen Argumentation von Wiesner und Cronshaw (1988) anschließen, dass es müßig sei, sich weiterhin mit Beurteilerdifferenzen und anderen Untersuchungen zum Urteilsprozess zu beschäftigen, nachdem die Forschung gezeigt habe, dass gute strukturierte Interviewverfahren geeignet seien, alle damit zusammenhängenden Probleme weitgehend zu vermeiden.

4.6 Das Verhalten des Interviewers

Unterschiede im Verhalten von Interviewer und Bewerber resultieren nicht nur unmittelbar aus den verschiedenen Rollen, die sie in der Auswahlsituation einnehmen, sondern auch aus der unterschiedlichen Bedeutung der beiden Arten von Fehlern, die man bei Auswahlentscheidungen machen kann.

Ziele und Fehler bei der Auswahlentscheidung aus der Sicht des Interviewers und des Bewerbers

Interviewer und Bewerber führen gemeinsam ein Gespräch, das vielleicht der Beginn ihrer beruflichen Zusammenarbeit ist. Dies ist der Kern ihrer Interaktion. Gemeinsam ist ihnen auch, dass sie den anderen für sich gewinnen möchten (wobei der Interviewer hier zwar meist nur als Stellvertreter handelt, aber wenn er es gut macht, handelt er so, als ob er selbst der Unternehmer wäre). Auch sind beide bemüht, die nötige Information zu gewinnen, um die jeweils andere Seite mit den eigenen Zielen und Möglichkeiten zu vergleichen. Können wir die Situation also als eine der gemeinsamen Problemlösung ansehen? Oder sind die Interessen der beiden Handelnden doch so verschieden, dass sie in ihrem Verhalten nur den Schein der gemeinsamen Orientierung aufrechterhalten, solange diese Notgemeinschaft währt, währenddessen aber verdeckt und danach wieder offen allein ihre eigenen Ziele verfolgen?

Wir wollen versuchen, diese Fragen zu beantworten, indem wir uns die beiden Fehler vor Augen führen, die bei Auswahlentscheidungen begangen werden können. In Abbildung 13 setzen wir den Eindruck, den der Interviewer vom Bewerber gewinnt, in Beziehung zum Berufserfolg, den diese Person nach der Einstellung erzielt oder erzielen würde. Bei perfekter Personalauswahl lägen alle Fälle auf der Regressionsgeraden, die vom Quadranten III zum Quadranten I verläuft. Wir unterstellen aber den realistischeren Fall mittlerer Validität, so dass auch eine Reihe davon abweichender Fälle auftreten. Der Einfachheit halber ist hier eine Selektionsquote von 50 % gewählt, es wird also „die bessere Hälfte" der Kandidatengruppe eingestellt, die andere abgelehnt; und wir nehmen auch eine Basisrate von 50 % an, d. h. jeder zweite der Eingestellten wäre (ohne Selektion) erfolgreich, die andere Hälfte würde bei Zufallsauswahl nicht zufriedenstellende Leistung erbringen. Die sechsstufigen Skalen sind willkürlich gewählt.

Die Kombination der Eindrucks-/Leistungs-Kontinua in Abbildung 13 ist in vier Quadranten unterteilt. Quadrant I umfasst die zu Recht eingestellten Bewerber: Sie haben im Interview einen überdurchschnittlichen bis sehr guten Eindruck gemacht und erzielen gleichfalls einen überdurchschnittlichen bis sehr hohen Berufserfolg. In Quadrant II finden sich zwei Bewerber, die zwar einen überdurchschnittlichen bzw. guten Eindruck gemacht haben, allerdings später unterdurchschnittlich erfolgreich sind; die beiden wurden also zu Unrecht eingestellt. Quadrant III enthält zu Recht abgelehnte Personen, denn ihre unzureichende Interviewleistung wird im Beruf bestätigt. Und im Quadranten IV finden sich wiederum zwei Personen, deren Erfolg nicht richtig prognostiziert wurde: Sie wurden als unterdurchschnittlich eingeschätzt, obwohl sie überdurchschnittliche bzw. hohe berufliche Leistung erbracht hätten; es handelt sich also um zu Unrecht Abgelehnte.

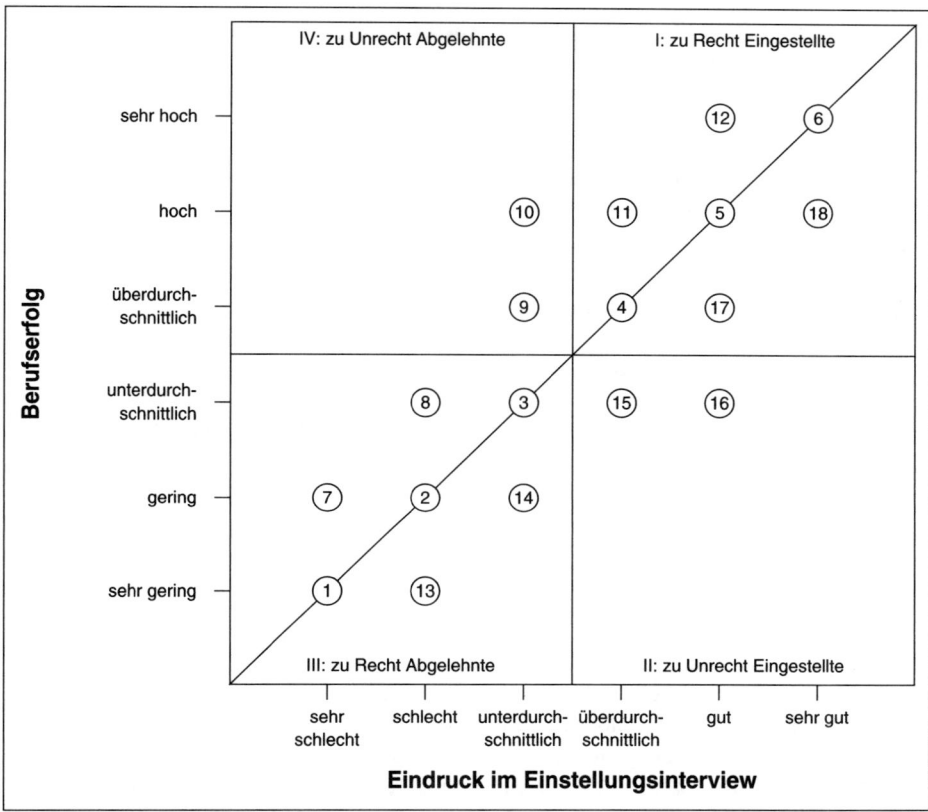

Abbildung 13: Vergleich von Interviewseindruck und Berufserfolg (Erklärung im Text)

Nebenbei gesagt, ist unser Auswahlverfahren im Beispiel gar nicht so schlecht, denn 12 Fällen richtiger Entscheidung stehen nur 4 Fälle falscher Entscheidung gegenüber, und die sind dazu noch relativ knapp (es ist kein Fall dabei, der etwa trotz sehr guten Interviewseindrucks später nur sehr geringen Berufserfolg zeigen würde). Rechnerisch ergibt sich hierfür ein Korrelationskoeffizient von $r = .79$, eine Validität, die aufgrund von Einstellungsinterviews nur in sehr glücklichen Fällen erreicht wird. Es wurden zwar nur die Kandidaten 1 bis 6 genau richtig eingeschätzt, während Bewerber 7 bis 12 unterschätzt und 13 bis 18 überschätzt wurden; aber die Fehleinschätzungen beliefen sich in zehn Fällen auf nur einen Skalenpunkt, in zwei Fällen auf zwei Skalenpunkte.

Was hat nun Abbildung 13 mit den Interessen, Zielen und dem Verhalten der im Interview interagierenden Personen zu tun? Wir können es herausfinden, indem wir in die vier Quadranten eintragen, was sie für die beiden Personen bedeuten (s. Abbildung 14).

		Auswahlentscheidung	
		Ablehnung	Einstellung
Berufliche Bewährung	Erfolg	von I gering bewertet und meist unerkannt von B gefürchtet IV	für beide ideal I
	Misserfolg	III von I angestrebt von B uminterpretiert	II von I gefürchtet von B unterschätzt

Abbildung 14: Bedeutung der Erfolgs-Misserfolgs-Konstellation für Interviewer (I) und Bewerber (B) (Erklärung im Text)

Abbildung 14 zeigt, dass die vier möglichen Konsequenzen der Entscheidung für Interviewer und Bewerber durchaus asymmetrisch ausfallen: Nur die richtige Entscheidung in Quadrant I liegt gleichermaßen im Interesse beider. Der Fehler in Quadrant II, einen ungeeigneten Bewerber einzustellen, wird vom Interviewer am meisten gefürchtet; dieser Fehler ist für die Organisation wie für ihn mit Kosten verbunden, deshalb bemüht er sich im Interview vor allem, einen solchen Fehler zu vermeiden. Der Bewerber hingegen unterschätzt diesen Fehler, weil er nicht damit rechnet, beruflich Misserfolg zu erleiden (sonst würde er sich nicht bewerben) – schon gar nicht, wenn ihn ein positives Urteil des Interviewers in seiner Erfolgserwartung bestärkt. Mit dem Ergebnis in Quadrant III ist der Interviewer zufrieden, nicht aber der Bewerber, denn letzterer erwartet ja, wie gesagt, den Anforderungen gewachsen zu sein. Also wird er dazu neigen, die richtige Entscheidung in eine Fehlentscheidung des Interviewers umzuinterpretieren. (In Wirklichkeit mag es sich ein bisschen differenzierter verhalten, weil es auch noch andere Attributionsmöglichkeiten gibt, die mit den übrigen Bewerbern, dem Selbstwertgefühl des Kandidaten, der Attraktivität der Organisation etc. zu tun haben.) Quadrant IV schließlich kennzeichnet den aus der Sicht des Bewerbers schlimmsten aller denkbaren Fälle, dass nämlich seine Fähigkeiten unterschätzt werden und er aufgrund eines Fehlurteils abgelehnt wird. Auch für den Interviewer ist der Gedanke schmerzlich, er könne qualifizierte Bewerber ablehnen – aber wenn es ihm passiert, erfährt er davon nichts. Und wenn er es doch erfährt, ist es zwar bedauerlich, aber weit weniger gewichtig als der gegenteilige Missgriff. Insofern stellt dieser Fehler, verglichen mit der Einstellung (oder Empfehlung) unqualifizierter Personen, das bei weitem geringere Problem dar – für den Interviewer noch mehr als für die auswählende Organisation, weil er in dem einen Fall zur Verantwortung gezogen werden könnte, während der andere Fall gewöhnlich unerkannt bleibt.

Verhaltenstendenzen des Interviewers

Die Asymmetrie der Auswahlsituation hat Verhaltenskonsequenzen: Während der Bewerber sich um ein Einstellungsangebot bemüht und die mögliche Unterschätzung seiner Person durch Selbstdarstellung zu kompensieren sucht, ist die vorrangige Intention des Interviewers darauf gerichtet, den „Pferdefuß" am Bewerber zu erkennen. Überdies überschätzt er die Attraktivität seines Unternehmens und zieht aus der Bewerbung den Schluss, der Bewerber möchte auf alle Fälle in dieser Organisation arbeiten. Dass der Bewerber gleichzeitig 20 Bewerbungen verschickt hat und vielleicht nur auf *ein* gutes Angebot hofft, um in der derzeitigen Firma „Bleibeverhandlungen" führen zu können, zieht der Interviewer nicht ernsthaft in Betracht.

Um attraktive Bewerber zu gewinnen, zahlt der Interviewer mit gleicher Münze und stellt sein Unternehmen ebenfalls beschönigt dar. Damit ist er erfolgreich, bewirkt allerdings eine um 5–10 % höhere Fluktuationsquote im ersten Berufsjahr, als es bei realistischer Vorinformation der Fall wäre (Wanous, 1989). Eine größere Zahl von Untersuchungen liegt vor, die der Frage nachgehen, welche Wirkung eine „realistische" Information der Bewerber hat. Als *Realistic Job Preview* (RJP) hat Wanous (1980) die Forderung auf den Begriff gebracht, Bewerbern diejenige Information – positiver wie negativer Art – über das Unternehmen zukommen zu lassen, die sie brauchen, um zu einer angemessenen Selbstselektion imstande zu sein. Realistische Tätigkeitsinformation lässt sich natürlich nicht nur im Auswahlgespräch vorbringen, sondern auch in schriftlicher oder anderer Form, aber der Interviewer im Auswahlgespräch genießt einen besonderen Vertrauensvorschuss, und seinen persönlich und mündlich übermittelten Informationen wird mehr Glauben geschenkt als Mitteilungen, die über andere Kanäle verbreitet werden.

Eine größere Anzahl von Untersuchungen zur Wirkung Realistischer Tätigkeitsinformation liegt aus den letzten beiden Jahrzehnten vor, so dass die aktuellste Metaanalyse von Phillips (1998) 40 Studien verwerten konnte, um die Wirkung dieser Maßnahme zu ermitteln. Die Effektstärken sind durchweg gering, aber konstant, so dass vom Nachweis einer gewissen Wirkung von RJP auf die spätere Leistung sowie auf die Verhinderung von Kündigungen seitens der Mitarbeiter gesprochen werden kann.

In der Hand des Interviewers liegt es, die Information über Organisation, Arbeitsplatz und Tätigkeitsanforderungen so vorzubringen, dass einerseits der Arbeitgeber in positivem Licht erscheint, andererseits ausreichend wahrheitsgemäß dargestellt wird, um die Selbstselektion, die ansonsten nach der kostspieligen Zeit der Einarbeitung wirksam würde, zum jetzigen Zeitpunkt zu ermöglichen. Dies setzt allerdings nicht nur Souveränität in der Gesprächsführung, sondern auch gute Kenntnisse der Organisation, Anforderungen und Arbeitsbedingungen voraus – und zwar in der Form, wie sie für die Selbstselektion wirksam sind; das ist z. B. Aufklärung über Interaktions- und Führungsstil, Organisationsklima, erfolgskritische Anforderungen und Schwierigkeiten sowie Möglichkeiten beruflicher und persönlicher Entwicklung. All dies sind Aspekte, die nicht leicht zu kommunizieren sind und dementsprechend auch von den meisten Interviewern nicht ausreichend kommuniziert werden (Wanous, 1989).

Eine Schwierigkeit, die Gesprächspartner sachgerecht zu informieren, liegt auch darin begründet, dass Auswahlgespräche aktivierende Situationen darstellen, die wenig geeignet sind, Informationen aufzunehmen und zu verarbeiten. Vielmehr ist damit zu rechnen, dass die Kandidaten die Mitteilungen vornehmlich danach filtern, inwieweit sie ihnen zur vorteilhaften Selbstdarstellung nützlich sind. Ähnlich wie bei anderen Prüfungssituationen, wird von Bewerbern wenig Information aufgenommen und dauerhaft gespeichert. Dies macht die Aufgabe für den Interviewer anspruchsvoller, als es bei oberflächlicher Betrachtung den Anschein hat.

Die geringe Neigung der Interviewer, *realistische* Information zu geben, beruht nicht etwa darauf, dass sie insgesamt im Gespräch zu zurückhaltend wären. Schon Daniels und Otis (1950) hatten gemessen, dass die Redezeit des Interviewers durchschnittlich nahezu doppelt so hoch ist wie die des Bewerbers. Als Moderatorvariable hat sich die Entscheidung herausgestellt, ob der Bewerber eingestellt wird (oder zumindest im Auswahlverfahren bleibt): Bei akzeptierten Bewerbern spricht der Interviewer mehr als bei abgelehnten Bewerbern (Anderson, 1960). Mayfield (1964) schlug dafür die Interpretation vor, dass Interviewer solche Bewerber vorziehen, die ihnen zuhören. Wahrscheinlich zutreffender ist die Erklärung, dass sich schon früh im Gespräch die Einstellung gegenüber dem Bewerber herausbildet (s. nachfolgende Abschnitte) und die Kommunikationsfreudigkeit des Interviewers beeinflusst. Möglicherweise sieht er bei attraktiven Kandidaten seine Hauptfunktion darin, diese als Mitarbeiter zu gewinnen, und vernachlässigt darüber die Diagnosefunktion des Interviews. Besonders Fachvorgesetzte stehen im Ruf, so gern über die Aufgaben zu informieren, dass sie wenig über die Bewerber erfahren. Generell geben Interviewer allerdings wenig Information über sich selbst (Fletcher, 1989), so dass auch dadurch ein asymmetrischer Charakter des Gesprächs entsteht. Umso mehr ist es der erste Eindruck und sind es Äußerlichkeiten, die den Eindruck prägen, den der Bewerber über Interviewer und Unternehmen bekommt.

Das Pendant zum Sprechen im Interview ist das Zuhören. Eine Ursache des Redeflusses könnte die Schwierigkeit des Zuhörens sein, zumal dies eher dem – für viele Interviewer unangenehmen – diagnostischen Charakter des Interviews entspricht. Schuh (1979) fand, dass die Formulierung von Zielen, was der Interviewer behalten soll, sowie die Ankündigung, dass anschließend die Behaltensleistung überprüft wird, das Zuhören verbessert. Ebenso war dadurch eine Verbesserung des Zuhörens (via Erhöhung der Aufmerksamkeit) zu erzielen, dass die Interviewer sich während des Gesprächs Notizen machten (Schuh, 1978). Allerdings zeigten weitere Untersuchungen, dass nur verhaltensbezogene Notizen (z. B. „verbesserte die Fehler") validitätserhöhend wirken, prozedurale Notizen (z. B. „spricht zu sanft") dagegen eher einen negativen Einfluss haben (Burnett, Fan, Motowidlo & DeGroot, 1998). Überdies besteht die Gefahr, durch Notizen den Gesprächsfluss zu stören. Wir werden diese Frage an späterer Stelle wieder aufnehmen.

Wenn Personalleute das Interview als Auswahlmethode schätzen, so tun sie das auch, weil es ihnen Verhaltensfreiheit gibt (und im Zusammenhang damit vielleicht auch eine gewisse Machtausübung ermöglicht). Überdies können sie sich darauf berufen, dass das frei geführte Gespräch von den Bewerbern mehr geschätzt wird als das strukturierte. Dies hat zur Folge, dass strukturierte Gesprächsverfahren von Interviewern häufig nicht in der vorgesehenen Weise angewandt werden (DiMilia & Gorodecki, 1997). Latham und Saari (1984) hatten darin bereits eine Erklärung für die unerwartet niedrige Validität eines situativen Interviews gesehen.

Im Übrigen finden sich in der Literatur weitere belegte oder auch nur vermutete Fehler von Interviewern in großer Zahl; sie reichen vom Versäumnis, das Gespräch ausreichend vorzubereiten und einen geistigen Gesprächsrahmen zu schaffen, über unzweckmäßige

Frageformulierungen, ungeeignete Informationsverarbeitung und vorschnelle Eindrucksbildung, Konzentration auf „die Persönlichkeit" statt auf Verhalten und Ergebnisse, mangelnde Absehung von der eigenen Person und Interessenlage bis zur vorschnellen und unfundierten Entscheidungsfindung. Eine Verhaltenstendenz, die oft als Fehler apostrophiert wurde, ist das nachhaltige Bemühen um negative Information über die Bewerber (Webster, 1982). Im Lichte der oben angestellten Überlegungen zur unterschiedlichen Interessenlage von Interviewer und Bewerber gewinnt es allerdings eher den Charakter zielgerechten taktischen Verhaltens. Derartig unterschiedliche Interpretationsmöglichkeiten ergeben sich für viele Verhaltensweisen. Wir werden ihnen beim Versuch wieder begegnen, die Mechanismen der Eindrucksbildung zusammenzustellen (Abschnitt 4.7), sowie bei der Skizzierung des angemessenen Vorgehens im Interview (Kapitel 5) und der Konzeption eines wirksamen Trainings (Kapitel 11). Die Formulierung ergiebiger Interviewfragen wird uns noch in mehreren der folgenden Kapitel beschäftigen.

Wirkung auf die Bewerber

In ihrem *nonverbalen Verhalten* wirken Interviewer im Prinzip natürlich auf die gleiche Weise und durch die gleichen Signale kompetent und sympathisch auf die Bewerber, die wir bereits in umgekehrter Richtung festgestellt haben: Blickkontakt, Lächeln und Kopfnicken werden als Signale der Wertschätzung aufgefasst (Keenan & Wedderburn, 1975); auch weitere Signale der Aufmerksamkeit und Zuwendung wie Lebhaftigkeit, Stimmmodulation, Verhaltenssymmetrien und direkte Bestärkung führen beim Gegenüber zu positiver Stimmung, stärkerer Öffnung und verbesserter Kontaktnahme. Rynes, Heneman & Schwab (1980) sehen als Quelle eines positiven Eindrucks auf Bewerber an, dass Interviewer verbal geschickt sind, für einen kontinuierlichen Interviewverlauf sorgen und eine „angenehme Persönlichkeit" haben.

Negative Äußerungen – nonverbaler wie auch verbaler Art – sind stärker als positive Signale von der Position des Agierenden abhängig, insofern kommt die Machtposition des Interviewers darin zum Ausdruck, dass nur er tadeln, kritisieren, Zweifel äußern kann, ohne aus der Rolle zu fallen. Stirnrunzeln, Kopfschütteln und Vermeidung von Blickkontakt wirkten sich in der Studie von Keenan und Wedderburn (1975) auf das Verhalten des Kandidaten und rückwirkend wieder auf dessen Einschätzung durch den Interviewer aus. Gleichermaßen hatte nonverbal „kaltes" Verhalten bei Liden, Martin und Parsons (1993) negativere Beurteilungen des Bewebers durch Dritte zur Folge. (Nebenbei sei allerdings bemerkt, dass diese Ergebnisse insofern nicht eindeutig als Verhaltensbeeinflussung durch den Interviewer interpretiert werden können, als nicht auszuschließen ist, dass die Beobachter das Verhalten des Interviewers als Indikator seiner Einschätzung des Bewerbers interpretiert haben und sich vom Urteil dieses „Experten" beeinflussen ließen.)

Während die Vermeidung von Blickkontakt wie in umgekehrter Richtung als persönliches Defizit der handelnden Person interpretiert werden dürfte (oder als Unaufrichtigkeit), gehören Stirnrunzeln und Kopfschütteln wieder zu den Bewertungsäußerungen, die sich nur der Interviewer leisten kann. Negativ wahrgenommen wird vor allem solches Interviewerverhalten, das Stress erzeugt und das eine Dominanz des Interviewers ausdrückt.

Signale, die den eigenen Status betonen, sind andererseits bei geschickter und rollenentsprechender Vorgehensweise eher von Vorteil, denn statushohe und auch etwas ältere Interviewer werden von Bewerbern bevorzugt (Rogers & Sincoff, 1978), wirken glaubwürdiger und erhalten offenere Information von ihren Gesprächspartnern. Überdies werden Fachvertreter gegenüber Personalleuten bevorzugt (Rynes, 1993). Auch auf die Entscheidung über die Annahme eines Stellenangebots haben sie stärkeren Einfluss. Die Glaubwürdigkeit kann durch zweiseitige Argumentation gesteigert werden, wie die Forschung zur Einstellungsänderung zeigt. Das spricht ebenfalls für die „realistische" Tätigkeitsinformation, die auch negative Aspekte enthält (wobei fraglich ist, inwieweit Gesetzmäßigkeiten zur Einstellungsänderung und werbepsychologischen Wirkung auf die involvierende Situation des Auswahlgesprächs übertragen werden können, s. Schuler & Moser, 1993).

Kasten 2: Verpflichtet Freundlichkeit zur Einstellung des Bewerbers?

Wiederholt konnte der Verfasser in Interviewseminaren folgende Beobachtung machen: Im praktischen Übungsteil führten die Teilnehmer Rollenspiele durch, bei denen sie abwechselnd die Rolle des Interviewers, des Bewerbers oder des Beobachters übernahmen. In der Rolle des Interviewers agierten manche Teilnehmer weniger freundlich, als man ihr Verhalten im bisherigen Seminarverlauf wahrgenommen hatte – obwohl alle „Interviewer" mehrfach aufgefordert worden waren, sich um eine angenehme Atmosphäre zu bemühen. Auf die Frage, weshalb sie sich in dieser Rolle kühler und distanzierter verhielten, als es ansonsten ihrem Stil entspricht, antworteten manche, das müsse durch den Stress der ungewohnten Rolle und der Beobachtung verursacht sein und sei nicht in ihrer Absicht gelegen. In einigen Fällen wurde aber auch folgende bemerkenswerte Antwort gegeben: Ich habe mich mit Absicht relativ distanziert verhalten, und zwar, weil ich irgendwie das Gefühl hatte, wenn ich zu freundlich bin, dann rechnet der „Bewerber" damit, dass ich ihm ein Einstellungsangebot mache, und das wollte ich vermeiden. Das hätte mich in die unangenehme Lage gebracht, ihm diese Erwartung anschließend wieder ausreden zu müssen.
Mit ihrem ungewissen Gefühl hatten die Seminarteilnehmer tatsächlich ein wenig Recht, wie eine Studie von Schmitt & Coyle (1976) gezeigt hat. Dennoch sollte man ihrem Beispiel nicht folgen.

Schmitt und Coyle (1976) analysierten die von Bewerbern abgegebenen Urteile über Interviewer und stießen auf sechs Urteilsfaktoren, von denen der Faktor „warmherzig, kooperativ, spürt die Gefühle anderer" die stabilste Wirkung auf die Haltung gegenüber dem Interviewer, aber auch gegenüber dem Unternehmen hatte. In Abschnitt 4.12 werden wir diese Studie noch einmal inspizieren, um zu prüfen, inwieweit sich das Verhalten des Interviewers sogar auf die Entscheidung der Bewerber auswirkt, ein Stellenangebot anzunehmen.

4.7 Prinzipien und Mechanismen der Urteilsbildung

Psychologische Diagnostik ist in ihrem Kern die Beobachtung und Interpretation von Verhalten (im Falle der Selbstdiagnose auch von Erleben). Dieser Sachverhalt mag dort außer gewahr geraten, wo das Verhalten auf Markierungen in einem Testformular und die Interpretation auf den Vergleich des individuellen Werts mit dem Normwert reduziert ist. Beim Beobachten eines Rollenspiels aber oder einer Präsentation im Assessment Center wird offensichtlich, dass es sich um einen Beobachtungs- und Beurteilungsvorgang handelt, bei dem der Beobachter teilweise sogar in Interaktion mit dem zu Beurteilenden steht. In besonderem Maße gilt dies für das Einstellungsinterview. Deshalb werden im Folgenden theoretische Ansätze oder Modelle der Eindrucks- und Urteilsbildung erörtert, die sich mit dem Prozess und den Mechanismen der Informationsverarbeitung, Eindrucks- und Entscheidungsbildung befassen. Dabei werden zwei Modelle genauer betrachtet. Die Erörterung des ersten der beiden Ansätze ist an die entsprechende, etwas allgemein gehaltene Darstellung bei Schuler (2000a) angelehnt, die hier dem Fall des Interviews angepasst wird, die Schilderung des zweiten Ansatzes orientiert sich an Dipboye (1992).

Modelle der Urteilsbildung

In der sozialpsychologischen Erforschung der *sozialen Kognition* oder *sozialen Urteilsbildung* (Frey & Irle, 1984) sowie in den Anwendungsbereichen Diagnostik und Mitarbeiterbeurteilung wurden verschiedene theoretische Ansätze vorgeschlagen. Hierzu gehören das *Verhaltens-Eindrucks-Aussage-Modell* von Brandstätter (1969), schematheoretische Ansätze wie die *Theorie der kognitiven Kategorisierung* (Feldman, 1981; Webster, 1964) und das *Beobachtungs-Bewertungs-Gewichtungs-Modell* von Borman (1978). Der Vorgang der Informationsaufnahme und -transformation wird auch als Prozess der stufenweisen „Filterung" relevanter Information auf dem Weg vom Verhalten der zu beurteilenden Person bis zur Urteilskonsequenz dargestellt (Landy & Farr, 1980; Schuler, 1978). Verschiedentlich wurde eine attributionstheoretische Heuristik vorgeschlagen (Ilgen, Mitchell & Fredrickson, 1981; Schuler, 1982). Verwandt ist die Beschreibung des Urteilsprozesses mit Hilfe des Brunswickschen Linsenmodells (Schmitt, Noe & Gottschalk, 1986). Zum Überblick über sozialpsychologische Grundlagen vgl. auch Brandstätter (1983) und Kanning (1999).

Da sich in das *Verhaltens-Eindrucks-Aussage-Modell* auch neuere Forschungsergebnisse gut integrieren lassen, soll diese Heuristik hier kurz skizziert werden. Für Details und Literaturnachweise im Einzelnen muss auf Brandstätter (1969, 1983) und Schuler (1972, 1989d) verwiesen werden. Wir können die folgenden Überlegungen an die Beobachtung knüpfen, dass eine Person von zwei Interviewern unterschiedlich eingeschätzt wird. Die Auseinandersetzung mit der Objektivität von Einstellungsinterviews in Kapitel 2 kann hierfür den Anlass geben. Die Beurteilungsdifferenzen können darin begründet sein, dass die beiden Interviewer verschiedenes Verhalten beobachtet haben, dass sie zwar das gleiche Verhalten beobachtet, aber unterschiedliche Eindrücke gewonnen haben, und schließlich, dass zwar Verhalten und Eindruck übereinstimmen, die Beurteiler aber gleichwohl in ihren Aussagen über das beobachtete Verhalten voneinander abweichen. Unsere Leitfrage lautet also: Wie kommt es, dass zwei Menschen, die einen dritten beobachten, verschiedene Urteile über ihn abgeben?

1. *Die Ebene des Verhaltens.* Die erste Klasse von Einflussgrößen, die eine Urteilsaussage – eine Eignungsdiagnose auf der Basis eines Interviews – bedingen, sind jene Parameter, die das Verhalten der zu beurteilenden Person selbst beeinflussen. Hierzu gehören personinterne Verhaltensursachen (und deren Instabilität) und anregungsbedingende Elemente der Handlungssituation (beispielsweise der mürrische Pförtner, der unangenehme Geruch im Flur, die charmante Sekretärin oder, vor allem, der oder die Interviewer selbst) sowie Wechselwirkungen dieser beiden Determinantenklassen. Aber auch Einflüsse auf das Verhalten einer Person, die außerhalb des beobachteten Situationsrahmens liegen, sind hier zu berücksichtigen, wie Ausbildung, Arbeitsbedingungen oder Familiensituation. Insofern als unsere beiden Interviewer nur Stichproben des Verhaltens der Zielperson beobachten – und zwar unterschiedliche und nicht vollständig repräsentative Stichproben –, in denen die Person unterschiedlichen Anregungsbedingungen gegenüberstand (z. B. verschiedene Fragen gestellt bekommen hat, einmal unter Zeitdruck stand, das andere Mal dagegen nicht, etc.), ist damit zu rechnen, dass sie verschiedene Aussagen (Diagnosen) abgeben, selbst wenn sich ihre Art der Eindrucksbildung und Aussageformulierung nicht unterscheidet.

2. *Die Ebene des Eindrucks.* Welchen Ausschnitt des Verhaltens der Zielperson ein Beobachter registriert, hängt nicht allein von objektiven Gegebenheiten ab, sondern ist in einem gewissen Ausmaß auch von Merkmalen des Beurteilers, von seinen Interessen, Fähigkeiten, Erfahrungen, Einstellungen, Erwartungen und Bedürfnissen bestimmt. Sowohl kognitive (Art und Kapazität der Informationsverarbeitung) als auch motivationale und emotionale Urteilsbedingungen haben sich als bedeutsam für die – selektive – Aufnahme und Verarbeitung urteilsrelevanter Information erwiesen (so genannte Hypothesentheorie der sozialen Wahrnehmung). Auch Vorerfahrungen mit der betreffenden Person und anderen, vergleichbaren Personen sowie Vorinformationen von Dritten beeinflussen das Urteil. Kontrast- wie Assimilationseffekte konnten oft in ihrer Wirkung nachgewiesen werden, desgleichen der Einfluss subjektiver Zuordnungsregeln zwischen Verhaltensbeobachtungen und Urteilsdimensionen. Diese Einflussgrößen und zusätzlich erste Eindrücke und Stereotype steuern die Zuschreibung von Verantwortung (Attribution), also die Erklärung des beobachteten Verhaltens als situations- oder eigenschaftsbedingt. Auf dem Wege solcher Zuschreibungsprozesse wiederum können auch self-fulfilling prophecies als Bestätigungen eigener prognostischer Leistungen gewertet werden.

Das Selbstbild des Beurteilers prägt in dem Sinne das Bild vom anderen, als es die Erwartungen, etwa die Höhe des Leistungsanspruchs, sowie die Auswahl der Urteilsaspekte mitbestimmt, nämlich die bei der Selbstbeurteilung wichtigen und gewohnten Aspekte ins Zentrum der Aufmerksamkeit rückt. Das Selbstbild des Beobachters, die Verfügbarkeit von Beurteilungskonzepten in seinem kognitiven Raum und deren Verflechtung als implizite Persönlichkeitstheorie lassen einzelne Beobachtungen den Charakter von Schlüsselreizen gewinnen, systematisieren seine Eindrucksbildung und begründen seine Schlussfolgerungen. Generelle Werthaltungen und persönliche Sympathie beeinflussen gestaltprägend den Gesamteindruck und strahlen auf die Einschätzung von Verhaltensweisen und Dimensionen aus.

3. *Die Ebene der Aussage*. Auch die Transformation des Eindrucks in eine Beurteilungsaussage liefert keine redundante Abbildung, sondern ist wiederum als aktive Gestaltungsmaßnahme zu verstehen. Von Einfluss auf das Ergebnis dieser Gestaltung sind neben den zu transformierenden proximalen Reizen vor allem zwei Klassen von Bedingungen, nämlich die Sprachkompetenz des Beurteilers – allgemeiner gesagt, Semantik und Syntax des Ausdruckssystems, in dem die Diagnosen wiedergegeben werden – und die Strategien des Beurteilers. Besonders wenn der Beobachter seine Eindrücke in eigenen Worten niederlegt, spielen Wortschatz, Begriffsverständnis und Ausdrucksweise eine große Rolle. Gibt das Diagnosesystem/Beurteilungsverfahren Einschätzungsaspekte und Formulierungen vor, so entfallen einige dieser Unwägbarkeiten, genauer gesagt, die syntaktische Seite, es bleibt aber das Problem der unterschiedlichen Semantik, der Zuordnungen also von Worten und Kognitionen, und zwar umso stärker, je weniger operational die Aussagen formuliert sind. Mit Strategien des Beurteilers sind jene, meist vorsätzlichen, Verzerrungen und Verfälschungen des Urteils gemeint, die auf die Absichten des Beurteilers zurückgehen, mit seinen Aussagen bestimmte Konsequenzen zu erzielen. Dies können Konsequenzen für den Beurteilten sein (z. B. Einstellung oder Beförderung), aber auch für den Beurteiler selbst (z. B. vermutete Schlüsse über ihn als Diagnostiker) oder die antizipierte Schwierigkeit, das Urteil im späteren Gespräch vertreten zu müssen. Die Absichten des Beurteilers sind ihrerseits wieder abhängig von den Zielen und Konsequenzen der Diagnose (z. B. ob *Feedback* zu geben ist).

Dies sind nur Schlaglichter, die auf einige wichtige Elemente und Teilprozesse des Vorgangs der sozialen Urteilsbildung zu werfen hier genügen muss, um aufzuzeigen, dass der Akt der Wahrnehmung und Eindrucksbildung, naiv vorgestellt als homomorphe Abbildung realer Sachverhalte, vielmehr als hochkomplexer interaktionaler Prozess zu verstehen ist. In Tabelle 12 sind die wichtigsten hier aufgeführten Einflussgrößen noch einmal zusammengestellt.

Tabelle 12: Die wichtigsten Quellen des Einflusses auf die soziale Urteilsbildung (aus Schuler, 2000a, S. 44).

Das Drei-Ebenen-Modell der sozialen Urteilsbildung	
Verhaltensebene – Verhaltenstatbestand – Beobachtungshäufigkeit – Beobachtungsrepräsentativität	– Einfluss anderer Personen – situative Einflussbedingungen
Eindrucksebene – Erster Eindruck – Informationsverarbeitungskapazität – Gedächtnis – Gefühle und Motive – Attributionsmodus	– Urteilsmaßstab – Selbstbild des Beurteilers – implizite Persönlichkeitstheorie – Sympathie
Aussageebene – Sprachverständnis und Wortgebrauch – Ziele und Konsequenzen der Beurteilung	– Diagnoseverfahren – Strategien des Beurteilers

Dass nach dem vorgestellten Modell der sozialen Urteilsbildung die Person des Beurteilers eine wesentliche, wenn nicht die Hauptquelle der Urteilsvarianz darstellt, trifft zu, wenn es sich um ungebundene Diagnosesysteme – wie z. B. ein frei geführtes Auswahlgespräch – handelt. Es trifft nicht zu, ist aber gleichwohl im Auge zu behalten, in kontrollierten diagnostischen Prozessen, unter Standardisierung der Anregungsbedingungen und bei festgelegtem Auswertungsverfahren.

Im Blickwinkel etwas enger gefasst, nämlich auf die Mechanismen der Informationsverarbeitung im engeren Sinne bezogen, ist die Sichtweise, die sich in der kognitivistischen Forschungsrichtung der Sozialpsychologie und Diagnostik entwickelt hat. Hierzu gehören Entscheidungsmodelle und schematheoretische Ansätze wie die Theorie der kognitiven Kategorisierung von Feldman (1981). Sie nehmen an, dass nicht die Verhaltensbeobachtungen zu dimensional kategorisierbaren Eindrücken und diese wiederum zu Globalurteilen aggregiert werden, sondern dass Personen in prototypische Globalkategorien eingeordnet, also als „Typen" identifiziert werden; bei der Beurteilung „erinnert" man sich an Merkmale der betreffenden Person, nicht zwangsläufig weil man entsprechendes Verhalten beobachtet hätte, sondern weil diese Eigenschaften Teile der prototypischen Kategorisierung dieser Person sind, weil das Verhalten also „zu ihr passen würde". Dass Bewertungen nach dieser Auffassung nicht vom Beobachtungsanteil der Beurteilung zu trennen sind, rückt das Modell in die Nähe der älteren deutschen Gestaltpsychologie, obwohl es ein Kind der modernen kognitivistischen Entwicklung in der Psychologie ist.

In den Modellen der kognitiven Kategorisierung wird die *Wissensstruktur* des Beurteilers in den Vordergrund gerückt. Wissensstrukturen haben die Form von Stereotypen, Kategorien und impliziten Theorien (Hakel & Dunnette, 1970; Weber, 1982). Neben dem Begriff der *Kategorie* als Gruppierung von Elementen, die über genügend Gemeinsamkeiten verfügen, um als identisch angesehen werden zu können, ist der Begriff des *Schemas* von Bedeutung. Ein Schema ist im Wesentlichen ein Geflecht von Annahmen über Zusammenhänge zwischen Elementen (z. B. Personen, Arbeitsplätzen oder Eigenschaften), das bei der Beobachtung und abhängig vom Beobachtungsziel aktiviert wird. *Stereotype* sind Beispiele für Schemata, die im Interview eine Rolle spielen, desgleichen die bereits im Drei-Ebenen-Modell angesprochenen *impliziten Persönlichkeitstheorien* als Gefüge von Annahmen über Persönlichkeitsmerkmale und ihre Zusammenhänge. Beispiele für Stereotype sind Kategorien wie „Blondinen", „Eierköpfe" oder „Verkaufskanonen". Aber selbstverständlich enthalten die Wissensstrukturen des Interviewers nicht nur Vorurteile, sondern auch Kenntnisse – und darunter wiederum Stereotype – über Personen und Arbeitsplätze, die seiner Berufserfahrung und Ausbildung entstammen. Sobald die Zuordnung einer Person zur Kategorie getroffen ist, werden vielfältige Aspekte des „Vorwissens" aktiviert und dieser Person zugeschrieben. Die weitere Informationssuche, Wahrnehmung und Interpretation baut auf diesem Grundbestand an Annahmen auf. Dipboye (1992) skizziert in einem Modell der Informationsverarbeitung und Entscheidung, wie kognitive Prozesse im Interview in Form des Abspeicherns, Interpretierens, Wiederabrufens und Integrierens von Information über den Bewerber ablaufen (Abbildung 15).

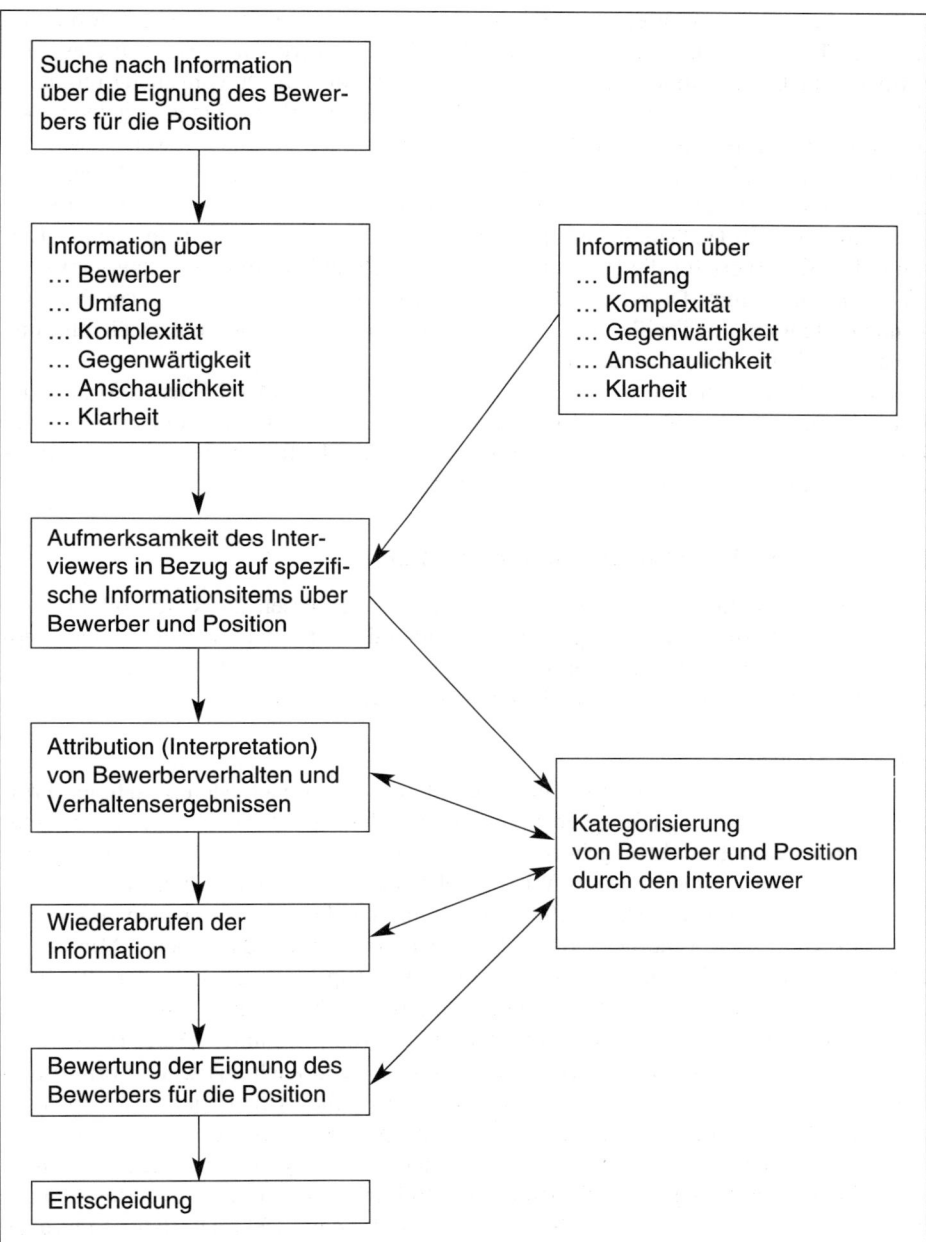

Abbildung 15: Informationsverarbeitung und Entscheidungsfindung des Interviewers (übs. nach Dipboye, 1992, S. 15)

In Dipboyes eigenen Worten: „Mit Beginn des Interviews steht bestimmte Information über den Bewerber und die zu besetzende Position zur Verfügung. Ein Teil dieser Information zieht die Aufmerksamkeit des Interviewers auf sich. Obwohl auch Ereignisse, die der Aufmerksamkeit entgehen, sich auf das Urteil auswirken können, scheinen doch diejenigen Ereignisse, die im Zentrum der Aufmerksamkeit des Interviewers stehen, besonders einflussreich zu sein. Ein Interviewer versucht zu erklären, was er beobachtet, indem er das Verhalten des Bewerbers auf dessen Eigenschaften zurückführt. Information wird aus dem Gedächtnis abgerufen und integriert, um sich ein Bild von der Eignung des Bewerbers für die Position zu machen. Schließlich findet der Interviewer zu einer Entscheidung" (Dipboye, 1992, S. 14). Die beschriebenen kognitiven Prozesse können intentional und willentlich streng gesteuert oder aber auch unbeabsichtigt und ohne speziellen Aufwand ablaufen.

Im Unterschied zu dem in Tabelle 12 zusammengefassten Drei-Ebenen-Modell der Beurteilung ist das in Abbildung 15 vorgestellte Schema nur auf die Urteilsbildung beim Interviewer beschränkt. Um auch der Informationsverarbeitung seitens des Bewerbers gerecht zu werden, müsste es entsprechend umformuliert werden.

Mechanismen der Informationsverarbeitung

Im Folgenden wird eine Auswahl an Forschungsergebnissen zur Urteilsbildung zusammengestellt, die nach wichtigen Mechanismen der Informationsverarbeitung gruppiert sind. Sie sind größtenteils in beide vorgestellte Modelle der Urteilsbildung einordenbar, werden aber ohne explizite Bindung an sie aufgelistet.

- *Erster Eindruck*

Der Mechanismus des ersten Eindrucks gehört zu den am häufigsten bestätigten Prinzipien der Urteilsbildung (Dougherty, Turban & Callender, 1994). Als wichtigster unter den Reihenstellungseffekten gehört er auch in der Lernpsychologie seit Ebbinghaus (1885) zum Kernbestand unseres Wissens über die Informationsverarbeitung. In der Interviewforschung hat Webster (1982) eine Reihe von Forschungsarbeiten zum ersten Eindruck vorgestellt. Eindrucksvoll ist besonders der Befund, dass nach 4 Minuten in den meisten Fällen die Entscheidung getroffen war (Springbett, 1958), der allerdings mehrfach nicht repliziert werden konnte (Dipboye, 1989). Spätere Information wird vom Interviewer nicht mehr in gleichem Gewicht wahrgenommen (Farr, 1973), wird assimiliert oder uminterpretiert. Der erste Eindruck kann auch aus einer Vorinformation durch andere (s. Abschnitt 4.2) oder aus schriftlichen Unterlagen bestehen. Psychometrisch betrachtet, ist die frühe Entscheidungsbildung insofern sehr bedeutsam, weil dies bedeutet, dass ihr ein geringer Informationsumfang zugrunde liegt. Zu einem Teil könnten die geringen Objektivitäts- und Reliabilitätswerte hier ihre Begründung finden. Eine Untersuchung von John (1993) bestätigte den Effekt des ersten Eindrucks unter üblichen Interviewbedingungen, während dann, wenn die Aufgabe der Beurteiler in der *Prüfung* einer vorausgegangenen Beurteilung bestand, durchaus inkonsistente Information verwertet wird. Dieses Ergebnis spricht für ein überprüfendes Zweitgespräch.

- *Übergewichtung negativer Information*

Die Wirkung des ersten Eindrucks ist besonders ausgeprägt, wenn die Information negativ ist (Webster, 1982). In vielen Fällen scheint negative Information übergewichtet zu werden (Bolster & Springbett, 1961). Ursache hierfür könnten sein: Erwartung, dass positive Information vom Bewerber ohnehin geäußert werde; Gegensteuern gegen angenommene beschönigte Selbstdarstellung des Bewerbers; höhere Bestrafungserwartung für fehlerhafte Einstellung ungeeigneter Bewerber als für Ablehnung geeigneter Kandidaten; Übergewichtung der Kosten fehlerhafter Arbeitsausführung.

Kasten 3: Ein K. O.-Item kann auch am Ende stehen

„In forming impressions of others, one single item of negative information can have an overwhelming effect. A dramatic example of this was conveyed to the author by an individual who was involved in selecting a scientist for a research position. One candidate appeared particularly outstanding on both his credentials and the interview. All had gone quite well during several days of interviewing, and the general consensus was that this was the best candidate. As the individual was waiting for the limousine to take him to the airport, he was asked why he wanted to leave his current position. His reply was that God had come in a vision and had told him to apply, after which he stepped into the limousine and drove off into the sunset. With this one comment (which was not well received), the impression of the candidate changed from extremely positive to extremely negative" (Dipboye, 1992, p. 42 f.).

Die häufig auch beobachtete Wirkung des „letzten Eindrucks" hat vermutlich ganz andere Ursachen als die des ersten Eindrucks (zumal sie sich in der Gedächtnispsychologie als Artefakt der unmittelbar anschließenden Messung erwiesen hat). Bolster und Springbett (1961) führen die starke Wirkung später, insbesondere negativer Interviewseindrücke auf eine Vorsichtshaltung der Interviewer (attitude of caution) zurück.

- *Bestätigungstendenz*

In der eignungsdiagnostischen Literatur wurde eine Veröffentlichung von vier Einzelstudien durch Snyder und Swann (1978) mehrfach dahingehend interpretiert, dass Interviewer die Tendenz hätten, durch die Wahl ihrer Fragen ihre – aus den Bewerbungsunterlagen gebildeten – Eindrücke oder Hypothesen zu bestätigen. Die Ergebnisse von Snyder und Swann waren allerdings keineswegs eindeutig und überdies aufgrund der gewählten experimentellen Operationalisierung wie der geringen Probandenzahl fragwürdig (Moser, 1991). Sie konnten auch in der Replikation von Sackett (1982) nicht und in anderen Untersuchungen nur teilweise bestätigt werden.

Ob die Übereinstimmung von Eindrücken aufgrund der Bewerbungsunterlagen und nach dem Interview (bei Macan & Dipboye, 1988, in Höhe von $r = .53$) als Beleg einer Bestätigungstendenz gelten kann, ist fraglich, denn beide Diagnoseverfahren könnten ja teilweise die gleichen Eignungsfaktoren widerspiegeln. Interessanter ist es, wenn sich Vorinformationen so im Verhalten des Interviewers niederschlagen, dass er den Bewerber in einer Weise beeinflusst, die seine vorgefasste Meinung bestätigt. Beispielsweise zeigen Interviewer bei positiverem Eindruck mehr Zuwendung zum Bewerber, sammeln weniger Information und versuchen statt dessen, „das Unternehmen zu verkaufen". Wenn die dadurch bewirkte Verhaltensänderung beim Bewerber dann noch von unabhängigen Beurteilern festgestellt wird, denen die Vorinformation unbekannt ist, kann man von einer *self-fulfilling prophecy* sprechen (Dougherty, Turban & Callender, 1994). Obwohl die Mehrzahl der Untersuchungen für die Wirkung von Bestätigungstendenzen im Interview spricht, gibt es auch Hinweise für die gegenläufige Strategie aus der sozialpsychologischen Grundlagenforschung. Als hypothesenprüfende Strategie kann es von großem Vorteil sein, *diskonfirmativ* vorzugehen, also im Falle eines positiven ersten Eindrucks explizit nach negativen Punkten zu suchen und bei ungünstigem Voreindruck positive Seiten des Kandidaten aufzuspüren (Dipboye, 1992). Dies müsste die Aussagekraft des Interviews erhöhen, da ja inkrementelle Validität nur dann entstehen kann, wenn der Eindruck nach dem Interview vom Eindruck vor dem Interview abweicht.

- *Sympathieeffekte*

In der sozialpsychologischen Forschung wurde die starke Wirkung von Sympathie – häufig ausgelöst durch das Erleben von *Ähnlichkeit* – auf Urteils- und Entscheidungsprozesse vielfach bestätigt (Brandstätter, 1983; Schuler, 1975). Man könnte es die Wirkung eines „allerersten Eindrucks" nennen, was der Wundt-Schüler Felix Krüger bereits zu Anfang des zwanzigsten Jahrhunderts entdeckte und später mit der *funktionalen Dominanz der Gefühle* erklärte (Krüger, 1928): Bei sehr kurzzeitiger tachistoskopischer Darbietung von Fotos kann noch nicht erkannt werden, um welches Objekt es sich bei der Abbildung handelt, und dennoch entsteht schon ein Gefühlseindruck, der sich bei einer Verlängerung der Expositionszeit und dadurch möglichem genauerem Erkennen in seiner Grundqualität gewöhnlich nicht mehr verändert. Evolutionstheoretisch lässt sich mit dem Signalcharakter von Gefühlen begründen, weshalb sie die ersten Reaktionen eines Organismus auf Stimuli und kognitiven Reaktionen oft vorgelagert sind (Zajonc, 1980). Überdies nimmt mit zunehmender affektiver Bindung die Urteilsdifferenziertheit ab (Bieri et al., 1966). In einer Studie von Keenan (1977) belief sich die Korrelation zwischen Sympathie und allgemeiner Bewertung auf $r = .49$; unter denjenigen Interviewern, die mit dem Interviewten später zusammenzuarbeiten erwarteten, betrug sie sogar $r = .80$. Zu bedenken ist allerdings, dass Sympathieeinschätzungen Leistungsbeurteilungen enthalten könnten, gerade im Falle erwarteter Zusammenarbeit, und damit jedenfalls nicht als irrational abzutun sind. Schließlich könnte Antipathie die Zusammenarbeit auch dort unmittelbar behindern, wo sie von der Leistung unabhängig ist.

- *Überstrahlung (Halo)*

Emotionale Bewertungen strahlen auf andere Urteilsaspekte aus. Eine von Brandstätter (1983) vorgeschlagene Erklärung hierfür ist, dass der Grad der kognitiven Differenzierung intraindividuell mit der Intensität des Gefühls variiert, weil bei der Beurteilung besonders geschätzter oder besonders abgelehnter Menschen ein Rückgriff auf „primitivere" Ordnungsgewohnheiten stattfindet. Diese Ausstrahlung oder Überstrahlung findet sich auch für andere als zentral erlebte Merkmale einer Person und wird nach Thorndike

(1920) mit „Halo" oder „Halo-Effekt" bezeichnet. Statistisch gesehen, resultiert diese Ausstrahlung in höheren Korrelationsbeziehungen zwischen den beurteilten Merkmalen und dementsprechend auch einer geringeren Anzahl unabhängiger Faktoren, also der Tendenz zum Globalurteil. Die Ursachen und Bedingungen des Auftretens von Halo-Effekten wurden vielfach untersucht (Cooper, 1981), und vor allem im Trainingsbereich wurden viele Maßnahmen erprobt, ihnen entgegenzuwirken. Neuere Arbeiten zeigen jedoch, dass die Klassifikation von Korrelationstendenzen als „Urteilsfehler" in vielen Fällen unangemessen sein dürfte: Murphy und Balzer (1989) errechneten metaanalytisch, dass zwischen dem Halo-Effekt und der „Akkuratheit" von Beurteilungen keine substantielle statistische Beziehung besteht.

- *Maßstabseffekte*

Urteile über Personen sind kaum möglich, ohne diese aneinander zu messen. In der psychologischen Diagnostik ist dieses Prinzip dadurch formalisiert, dass für jedes Testverfahren verteilungsbezogene Normen existieren, aus denen ersichtlich wird, wie eine bestimmte Person im Verhältnis zur Durchschnittsbevölkerung oder zu einer definierten anderen Population, etwa Hochschulabsolventen, abschneidet. Gelegentlich wird argumentiert, dies sei deshalb nötig, weil für psychische Merkmale keine absoluten Maßstäbe existierten. Das ist keine zutreffende Argumentation, denn auch dort, wo solche Maßstäbe zur Verfügung stehen, z. B. bei der Körpergröße oder bei sportlichen Leistungen, resultiert der Eindruck, jemand sei groß oder laufe schnell, allein aufgrund des vergleichenden Wissens, dass die meisten anderen Menschen kleiner als zwei Meter sind und länger als zehn Sekunden über eine Laufstrecke von hundert Metern benötigen. Der Vergleich mit anderen ist also essentiell zur Urteilsbildung. Was ihn zum Problem macht, ist die Wahl einer zu kleinen Vergleichsgruppe (weil dann Zufallsfehler auftreten) oder der falschen Vergleichsgruppe (z. B. sportliche Leistungen von Schülern an der Olympianorm zu messen).

Kasten 4: Adaptationsniveau bei der Bewerberbeurteilung

82 Führungskräfte der Gruppe I bekamen zunächst den Fall eines sehr qualifizierten Mitarbeiters zur Beurteilung vorgelegt. Auf einer 6-stufigen Skala belief sich ihre Einstufung auf durchschnittlich 5,15. 82 andere Führungskräfte (Gruppe II) beurteilten zunächst einen wenig qualifizierten Mitarbeiter, die Durchschnittsbeurteilung belief sich auf 2,33. Im Anschluss daran wurde allen Beurteilern der Fall eines durchschnittlich qualifizierten Bewerbers vorgelegt. Die Frage war, ob sich die Qualifikation des zunächst beurteilten Mitarbeiters auf die Einstufung des Bewerbers auswirken würde. Um dies zu prüfen, wurden allen Führungskräften zwei Fragen gestellt. Frage 1 lautete, wie sie die fachliche Qualifikation des Bewerbers beurteilen, Frage 2, wie stark sie dazu neigen würden, den Bewerber in ihrem Verantwortungsbereich einzustellen, wenn sie eine entsprechende Stelle zu besetzen hätten. Die signifikant verschiedenen durchschnittlichen Beurteilungen, die von beiden Gruppen abgegeben wurden, zeigen die Wirkung der unterschiedlichen Adaptationsniveaus, die durch die zuvor einzuschätzenden Fälle gebildet worden waren. Dieses Phänomen wird auch als *Kontrasteffekt* bezeichnet. (nach Schuler, 1972, S. 35 f.)

	Beurteilung des durchschnittlichen Bewerbers	Einstellungspräferenz gegenüber dem durchschnittlichen Bewerber
Gruppe I (qualifizierter Bewerber)	3,76	3,95
Gruppe II (schwacher Bewerber)	4,17	4,56

Was im Vergleich zu einer relevanten Bezugsgruppe als neutraler Punkt empfunden wird, beschrieb Helson (1964) als *Adaptationsniveau* (für allgemeine Erörterungen vgl. Brandstätter, 1983, sowie mehrere Beiträge in Lauterbach und Sarris, 1980). Das Adaptationsniveau dient als Bezugspunkt; da jeder Beurteiler seine eigenen Erfahrungen gemacht hat, variiert dieser Bezugspunkt von einem Beurteiler zum anderen, so dass das gleiche wahrnehmbare Verhalten an verschiedenen Ankern gemessen werden kann. Maßstabseffekte dieser Art sind eine wesentliche Ursache der in Kap. 2.4 konstatierten geringen Objektivität von Interviewbeurteilungen. Bewerber an der Einschätzung der eigenen Person, also am Selbstbild zu messen, kann als Spezialfall dieses Effekts betrachtet werden. Es wird mit nur einer Person und an der möglicherweise falschen (berufserfahrenen) Bezugsgruppe verglichen. Dass zusätzlich die Selbstbeurteilung nur wenig mit Fremdbeurteilungen übereinstimmt (vgl. Moser, 1999), also von geringer Objektivität ist, erhöht die Problematik.

- *Stress*

Unter den vielfältigen Einflussquellen, die die Qualität der Urteilsbildung und Entscheidungsfindung beeinflussen – d. h., wie bei allen komplexen Leistungen, beeinträchtigen –, gehört Stress (Zapf & Semmer, in Druck). Dies gilt für relativ einfache und der physischen Umwelt entstammende Stressoren wie Lärm, der die Integration urteilsrelevanter Information stört (zusammenfassend Webster, 1982), wie auch für äußere Bedrohungen (Janis & Mann, 1977) und natürlich für soziale Stressoren, wie sie das Interview als solches darstellt. Webster (1982) hält Stress für die stärkste Einflussvariable auf den Urteilsprozess im Interview überhaupt. Stress, beispielsweise in Form von Gefühlen des Interviewers, wenn für ihn persönlich Relevantes angesprochen wird, sei in seiner Bedeutung u. a. deshalb nicht erkannt worden, weil ein Großteil der Studien auf Untersuchungen im Labor beruhen, die geringes persönliches Involvement seitens der Interviewer bewirken. Die als Stress erlebte Anspannung im Interview müsste aktivierungstheoretisch zur Intensivierung und Extremisierung der Gefühle führen, also ausgeprägte Sympathie oder Abneigung gegenüber dem Gesprächspartner bewirken.

- *Beschränkte Kenntnis eigener Informationsverarbeitung*

Es wurde vielfach belegt, dass die Einsicht in eigene Urteilsprozesse gering ist (Nisbett & Ross, 1980). Die Introspektion ist als Forschungswerkzeug also auch in diesem Zusammenhang nur von sehr begrenztem Nutzen. Seit mehreren Jahren stehen statistische Modelle zur Verfügung, Entscheidungsprozesse zu „modellieren", um die Art der Informationsverarbeitung aufzudecken (Anderson & Fletcher, 1999; Holling & Schulz, in Druck). Relativ einfach nachzuweisen ist noch, dass die Verarbeitungskapazität der Interviewer bei weitem damit überfordert ist, alle im Laufe eines Vorstellungsgesprächs verfügbare Information aufzunehmen und optimal zu gewichten (Anderson & Shackleton, 1990). Möglichkeiten, den Verarbeitungsprozess nachzubilden, bestehen mittels Strukturgleichungsmodellen, wie es z. B. von Anderson und Fletcher (1999) für den Fall des Telefoninterviews demonstriert wurde, oder durch konfigurale Analyseverfahren wie HYPAG (Wottawa, 1987).

Eine Variante des von Wottawa entwickelten „Hypothesenagglutinationsverfahrens" namens TYPAG (Hollmann, 1991) wurde von Machwirth, Schuler und Moser (1996) eingesetzt, um die Verwertung der Information aus Bewerbungsunterlagen zu untersuchen. Der Vorteil solcher Verfahren liegt darin, dass sie auch auf Nominalskalenniveau arbeiten (Merkmal vorhanden oder nicht) und kontextunabhängig in dem Sinne sind, dass einzelne Konfigurationen auch unabhängig von einem Gesamtmodell interpretierbar sind. Eine Begrenzung ihres Einsatzes liegt darin, dass umfangreiche Datensätze erforderlich sind, um stabile Entscheidungsregeln zu finden. Dies könnte der Grund dafür sein, weshalb die Verwendung dieses Verfahrens zur Analyse des Einstellungsinterviews noch aussteht.

Für die Verwertung der Intervieweindrücke könnte z. B. eine Entscheidungsregel des Interviewers „entdeckt" werden, die lautet: „Wenn der Bewerber beim Hereinkommen eine angenehme Erscheinung gezeigt hat, viel geredet hat, wenn keine Widersprüche zu den Bewerbungsunterlagen erkennbar waren und der Bewerber sofort verfügbar ist, dann ist er geeignet." Gewöhnlich sind die gefundenen Regeln der Urteilsbildung wesentlich einfacher – die Zahl der einbezogenen Parameter geringer und ihr Zusammenwirken weniger komplex als angenommen –, als es die Diagnostiker selbst vermuten oder gegenüber Dritten zum Ausdruck bringen. Besonders geeignet sind solche Verfahren des „policy capturing", wie sie im Englischen genannt werden, dort, wo Urteilsstereotype und andere Mechanismen wirksam sind, die gegenüber anderen nicht gern eingestanden werden und evtl. sogar der Selbsteinsicht nicht vollständig zugänglich sind.

Für die beschränkte Kenntnis der eigenen Informationsverarbeitung wie für alle ihre Mechanismen gilt, dass sie auf Seiten des Bewerbers ebenso wirksam sind wie auf Seiten des Interviewers. Ausdrücklich wurden sie hier nur für den Interviewer expliziert, weil diesem eine diagnostische Aufgabe zukommt. Auch beim Bewerber findet jedoch eine Eindrucksbildung als Basis seiner Entscheidung statt, die grundsätzlich von den gleichen Mechanismen beeinflusst wird, wie sie generell für Urteilsprozesse maßgeblich sind. Die Bildung des konkreten Eindrucks wird in den nachfolgenden Teilkapiteln wiederum gesondert für Interviewer und Bewerber besprochen.

4.8 Der Eindruck des Interviewers

Hauptgegenstand dieses Abschnitts ist ein Modell, das vier Ebenen der Eindrucksbildung unterscheidet, von einer globalen Bewertung bis zu konkreten Detailmerkmalen.

Rollen des Beurteilers

Die Beurteilung eines anderen Menschen lässt sich in viele Teilaufgaben unterscheiden, die den Intentionen des Beurteilers entsprechen oder auch der Sichtweise, mit der wir die Vorgehensweise des Beurteilers zu entschlüsseln versuchen. Jones (1990) unterscheidet verschiedene Akzente der Forschung, die diesen Sichtweisen entsprechen. Wir können diese Akzente auch als Facetten des Bemühens verstehen, sich ein Bild vom anderen zu machen, oder als Rollen und Aufgaben des Beurteilers.

Die erste Rolle des Interviewers ist die des Beurteilers „der Persönlichkeit", d. h. für den Berufserfolg mutmaßlich relevanter Merkmale. Eine zweite ist die als „Entschlüsseler von Emotionen"; hierunter fällt das Bemühen, den nonverbalen Ausdruck zu verstehen und herauszufinden, was jemand „tatsächlich" erlebt und beabsichtigt. Die dritte Aufgabe des Interviewers ist die des „Informationsintegrators", der die vielfältigen Eindrücke zu einem möglichst konsistenten Bild ordnet. Als „Kausalattributor" hat der Interviewer die Aufgabe, herauszufinden, was die wahren Ursachen des Verhaltens oder der Verhaltensergebnisse seines Gegenübers sind: Hat der Bewerber sein Studium abgebrochen, weil sein Tatendrang auf der Schulbank nicht befriedigt wurde oder weil er geistig überfordert war? Als „motiviert Handelnder" ist der Beurteiler schließlich jemand, dessen Aufmerksamkeit und Wahrnehmungen von seinen Absichten abhängen, der vor allem das sieht und zu den Schlüssen kommt, die seinen eigenen Intentionen entsprechen; dies führt beispielsweise zur Konsequenz, dass ein Fehlerrisiko in Kauf genommen wird, das für den Interviewer selbst wenig Konsequenzen hat, während diejenigen Fehler, die Kosten für ihn verursachen, in ihrer Bedeutung überschätzt werden.

Ebenen der Eindrucksbildung

Ergebnis dieser Vielschichtigkeit ist, dass der Interviewer zu einem Bild vom Bewerber kommt, das simpel und komplex gleichzeitig ist: Einerseits tritt sehr schnell eine gefühlsgesättigte Grundkategorisierung *positiv-negativ* oder *sympathisch-unsympathisch* ein und beeinflusst alle weiteren Wahrnehmungen und Schlussfolgerungen. Andererseits entsteht aber auch eine differenzierte und individuelle Sichtweise, die der Person des Interviewers und seinen Motiven entspricht und deshalb mit dem Bild, das sich andere vom gleichen Kandidaten machen (würden), nur partiell übereinstimmt, also wenig objektiv in testtheoretischem Sinne ist – was umso stärker gilt, je freier das Vorstellungsgespräch geführt wird.

Der resultierende Gesamteindruck lässt sich auf verschiedenen Ebenen analysieren, die in verschiedenen Gesprächsphasen unterschiedlich wirksam sind. Sie sind von Einfluss aufeinander, werden also durch einander modifiziert. In Abbildung 16 wird eine Veranschaulichung dessen skizziert, wie wir uns die Ebenen vorstellen können. Eine globale Bewertung auf der „obersten" Ebene entsteht sehr rasch mit dem ersten oder als erster Eindruck. Sie bedarf einschneidender Ereignisse, um sich in ihrer Grundqualität noch zu ändern (was aber auch von der Offenheit des Interviewers und vom Interviewverfahren abhängt).

Die darunter platzierte *Globalebene* wird in Abbildung 16 als bestehend aus den fünf großen Persönlichkeitsmerkmalen dargestellt. Die diesbezüglichen Eigenschaftseinschätzungen scheinen einem relativ verbreiteten Kategorienschema zu folgen oder sich durch faktorenanalytische Berechnungen zumindest einem solchen zuordnen zu lassen. Diese fünf Globalmerkmale wurden in der persönlichkeitspsychologischen Forschung seit etwa 40 Jahren als – etwas unterschiedlich benannte, aber in der Essenz immer sehr ähnliche – Kategorien der Selbst- und Fremdbeurteilung identifiziert (DeRaad, 2000; Goldberg, 1993). Es sind nicht immer fünf Eigenschaften und nicht bei jedem Beurteiler und in jedem Kontext die gleichen, aber es liegt in dieser Größenordnung. Abhängig von der Zielsetzung der Beobachtung, den festgestellten Tätigkeitsanforderungen und den verfügbaren kognitiven Schemata des Beurteilers werden sie auf der dritten Ebene modifiziert und differenziert durch die Zuschreibung von Eigenschaften, Fähigkeiten, Fertigkeiten, Kenntnissen, Einstellungen, Werthaltungen etc. Besonders auf dieser Ebene müsste sich entscheiden, ob Bewerber und Organisation zusammenpassen.

Die vierte Ebene schließlich ist die der unmittelbaren *Verhaltens- und Ausdrucksbeobachtungen*, die einerseits zu Schlussfolgerungen über taxonomisch darüberliegende Einheiten führen (Fähigkeiten, Eigenschaften etc.), auf der anderen Seite ihren Sinn durch die auch schon vorliegenden Eindrücke auf den „höheren" Ebenen gewinnen. Es ist also nicht nur so, dass Verhaltensbeobachtungen verdichtet werden und durch Sammlung und Ordnung das Mosaik des Gesamtbildes ergeben, sondern auch so, dass das Gesamtbild und Eindrücke auf abstrakteren Ebenen sich auf die Wahrnehmung und Interpretation von Verhaltensweisen und anderen Einheiten auf „niedrigeren" Ebenen auswirken.

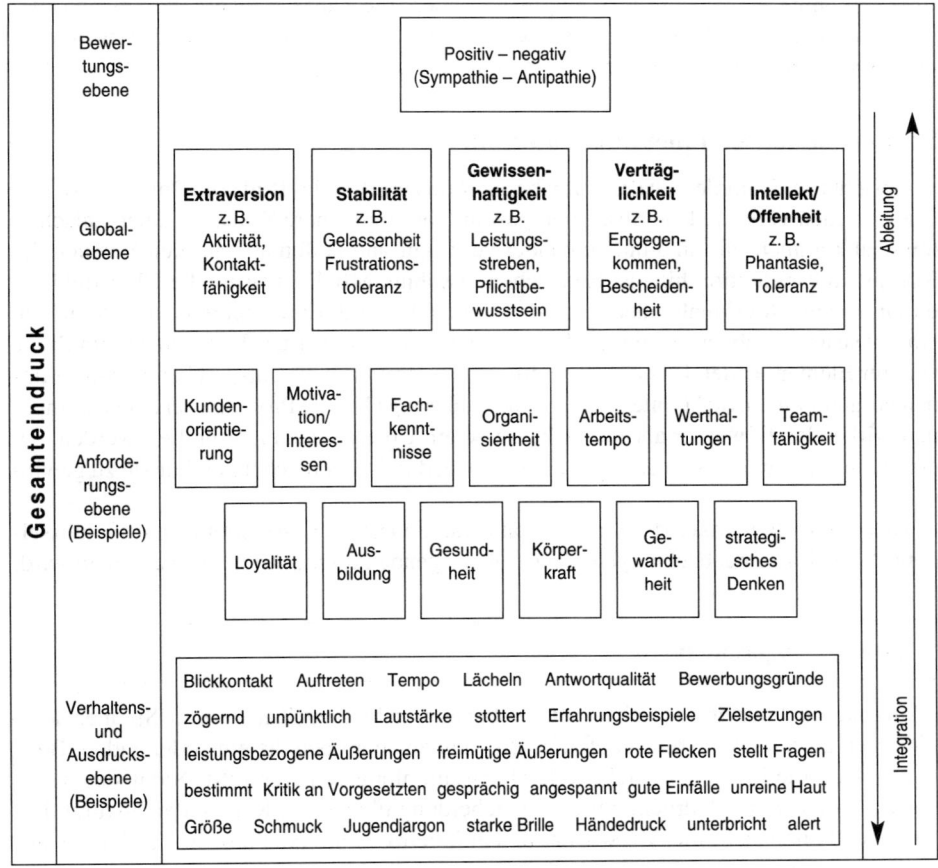

Abbildung 16: Ebenen der Eindrucksbildung

Auf der *Anforderungsebene* und der *Verhaltens- und Ausdrucksebene* sind Elemente eingetragen, die nur als Beispiele dienen sollen, da sie im konkreten Fall abhängig von Anforderungen, Organisation, Bewerber und Interviewer sind; gleichwohl sind die Beispiele nicht ganz zufällig gewählt, sondern repräsentieren Anforderungen, die relativ oft als wichtig erachtet werden. Natürlich „verstecken" sich in dieser Ebene auch Anforderungen, die nicht der zu besetzenden Position entstammen, sondern dem Stereotyp des Interviewers und der Präferenz für Merkmale, die er als ähnlich zur eigenen Persönlichkeit erlebt. Was die Konstrukte auf dieser Ebene von denen auf der Globalebene unterscheidet, ist also nicht zwangsläufig die engere Kalibrierung, sondern der deutlichere Anforderungsbezug. Teilweise ergibt sich daraus auch hohe Spezifität, z. B. wenn feinmotorisches Geschick oder Auslandserfahrung gefordert ist. Das Anforderungskonstrukt kann aber auch so breit und in sich heterogen gefasst sein wie „Führungsbefähigung".

Die Beispiele zur Verhaltens- und Ausdrucksebene zeigen, dass mit „Ausdruck" nicht speziell die sprachliche Ausdrucksweise gemeint ist, sondern alles das, was vom Interviewer als Ausdruck „dahinterstehender" Merkmale des Bewerbers und dessen Berufseignung wahrgenommen wird. Die Zahl der Eintragungen auf den beiden unteren Ebenen könnte sehr viel größer sein; insbesondere die Zahl der wahrgenommenen Elemente auf der Verhaltens- und Ausdrucksebene ist groß, wovon allerdings gewöhnlich nur ein kleiner Teil die Entscheidung wesentlich beeinflusst.

Strategien der Komplexitätsreduktion

Angesichts der Komplexität der Aufgabe, sich ein zutreffendes Bild vom Bewerber zu machen, werden verschiedene Strategien gewählt, auf einfachere Weise zu einer Entscheidung zu kommen. Sie sind untereinander verwandt und laufen alle auf den Versuch der Komplexitätsreduktion hinaus. Eine schon erwähnte Möglichkeit ist die Überstrahlung durch einzelne Merkmale oder durch den Sympathiegrad. Eine andere ist das Bemühen, ein konsistentes, abgerundetes Bild zu gewinnen; hierzu werden Teilelemente im Sinne anderer Elemente oder des Gesamteindrucks interpretiert bzw. entsprechende Attributionen vorgenommen. So könnte eine lobende Äußerung über die Produkte bei einem kompetent wirkenden Bewerber als echtes Interesse am Unternehmen interpretiert werden, bei einem unsicher wirkenden dagegen als Versuch, durch Schmeicheleien Punkte zu gewinnen.

Eine dritte Möglichkeit der Komplexitätsreduktion ist die Konzentration auf „Schlüsselitems", auf Einzelbeobachtungen, denen überragende Aussagekraft zugeschrieben wird:

Kasten 5: Magische Items

Aufgeklärte Interviewer haben oft Vorbehalte, schwarze Katzen und Spinnen am Morgen als Schicksalsboten aufzufassen, kennen aber doch die eine oder andere Begebenheit, die ihnen eine mühevolle Datensammlung ersparen hilft. Nicht selten ist es ein weicher Händedruck, der die Entscheidung über einen Kandidaten abkürzt, in anderen Fällen ist es die Art, wie er zur Tür hereinkommt, oder dass er sich häufig an der Nase kratzt und sich dadurch als Lügner verrät. Längere Zeit waren auch weiße Socken als Warnsignal beliebt.

> Der Verfasser kann zwei hübsche Items zu dieser Sammlung beisteuern. Im ersten Fall zog ihn ein Personalchef ans Fenster und ins Vertrauen darüber, dass er sich schon immer ein Bild von den Bewerbern gemacht habe, bevor diese ins Zimmer treten. „Ich kann nämlich von hier auf den Parkplatz sehen", sagte er, „und da schaue ich mir genau an, wie die Leute aus dem Auto steigen. Glauben Sie mir, wie jemand aus seinem Auto steigt, das sagt Ihnen alles über diesen Menschen!"
> Im zweiten Fall verriet ein Personalmann einige Tricks, wie er es anstellt, die Schuhsohlen seiner Bewerber zu inspizieren; denn nach seiner Überzeugung könne man einen wirklich ordentlichen Menschen daran erkennen, dass er den Steg zwischen Sohle und Absatz akkurat reinigt.

Die Konzentration auf Schlüsselitems – im Kasten „magische Items" genannt – ist dem Bereich der Vorurteile verwandt, in denen ebenso die Funktion der Komplexitätsreduktion erkannt werden kann. Der Begriff des Vorurteils ist allerdings problematisch geworden, nachdem heute vieles dann ein Vorurteil genannt wird, wenn es nicht der *opinio communis*, vulgo *political correctness*, entspricht. Wir können statt dessen aber von *quasi-abergläubischen Annahmen* sprechen. Das Abergläubische an diesen Annahmen ist nicht, dass sich nicht auf den ersten Blick Relevantes über einen Menschen feststellen ließe, sondern dass es gerade diese einzelne Beobachtung ist, deren Aussagekraft weit höher eingeschätzt wird, als es ihrem rational bestimmten Gewicht entspricht. (Beispielsweise wurden zwar für einen festen Händedruck Korrelationen um $r = .20$ mit den Persönlichkeitsmerkmalen Extraversion, Offenheit für Erfahrungen und Psychische Stabilität errechnet (Chaplin et al., 2000), aber das sagt noch wenig über den Berufserfolg aus.)

Aus psychometrischer Sicht haben wir es hierbei mit zwei Validitätsfragen zu tun: 1. Ist der Schluss auf ein dahinterstehendes Konstrukt gerechtfertigt? 2. Kommt der Beobachtung – oder dem erschlossenen Konstrukt – prognostische Validität zu? Greifen wir den Fall der sogar am Sohlensteg geputzten Schuhe wieder auf. Tatsächlich ist nicht von der Hand zu weisen, dass generell gewissenhafte, ordentliche Menschen eher dazu neigen, ihre Schuhe akkurat zu putzen. Es könnte allerdings sein, dass das gesuchte Maß an Gründlichkeit bereits eine überoptimale Ausprägung des erwünschten Merkmals indiziert, also für Pedanterie spricht. Vielleicht sagt der Fall auch mehr über den Beobachter aus als über den Beobachteten, nämlich dass Ordentlichkeit in seinem Selbstbild einen hohen Wert besitzt und er deshalb auch an andere einen entsprechend hohen Maßstab anlegt. Vielleicht ist unser Personalmann der Beckmesser, der seinesgleichen sucht. Hinsichtlich der prognostischen Validität könnte sich das darin niederschlagen, dass der Bewerber in einer kleinlichen, bürokratischen Organisation tatsächlich gute Aufstiegschancen hat, in einem Unternehmen mit flexiblem, offenem Stil dagegen deplatziert wäre, sich also eine negative Validität errechnen ließe.

Diese Validitätsspekulationen stehen unter der Voraussetzung ausreichender *Reliabilität* der Beobachtung. Falls es so sein sollte, dass der Bewerber nur einmal im Monat geputzte Schuhe trägt, nämlich kurz nachdem seine Mutter, bei der er noch wohnt, nicht mehr mitansehen konnte, mit welch schmutzstarrenden Schuhen ihr Sohn herumläuft, und die Schuhe deshalb gründlich wienert, dann sind alle Validitätsüberlegungen obsolet. Der Fall veranschaulicht die Bedeutung der Reliabilität als Voraussetzung jeder Art von Validität.

Validität des ersten Eindrucks

Nicht jeder erste Eindruck ist voreilig. Zum Erstaunen nicht der Öffentlichkeit, aber mancher Fachkollegen konnte mehrfach demonstriert werden, dass selbst die kurzzeitige Betrachtung von Personen auf Videoaufnahmen, ja selbst auf Standbildern, zu Einschätzungen von vier der fünf großen Persönlichkeitsmerkmalen befähigte, die um $r = .30$ mit der Selbsteinschätzung der Beobachteten übereinstimmte (Borkenau, 1991). Dies gilt auch für die Einschätzung einiger Merkmale, u. a. der Extraversion und der Selbstsicherheit, allein aufgrund der gehörten Stimme (Ekman, Friesen, O'Sullivan & Scherer, 1980).

Unter den großen Persönlichkeitsmerkmalen ist ein Mangel an Übereinstimmung allein bei der Eigenschaft Psychische Stabilität festzustellen, der möglicherweise darauf zurückzuführen ist, dass die Tendenz zum Kaschieren neurotischer Symptome stärker ausgeprägt ist als die Selbstdarstellung bezüglich anderer Merkmale. Dies gilt allerdings auch bei der längerfristigen Beobachtung durch psychologische Laien, z. B. im Rahmen eines Assessment Centers (Zimmermann & Schuler, 1991). Die relative Unerheblichkeit der Beobachtungsdauer wurde durch die Ergebnisse einer Metaanalyse von Ambady und Rosenthal (1993) bestätigt, wonach die Beurteilung von Schülern, deren Verhalten in einer Videoaufzeichnung zu beobachten war, durch Lehrer nach einer Beobachtungszeit von 30 Sekunden annähernd genauso valide war wie nach 5 Minuten Beobachtungszeit.

Nach Ostendorf und Angleitner (1994) gruppieren sich Beurteilungen des Äußeren eines Menschen zu sechs Faktoren: Körperfülle, Größe, Stärke, modisches Erscheinungsbild, Gepflegtheit und körperliche Deformationen, wobei das Ausgangsmaterial hier allerdings nicht Beurteilungen realer Personen waren, sondern die Einstufung von Adjektiven. Henss (1998) sieht demgegenüber in der *Attraktivität* einen eigenständigen, reproduzierbaren Persönlichkeitsfaktor. Eigenständig heißt hierbei auch, dass von einer Überstrahlung aller übrigen Merkmale durch die Attraktivität – wie gelegentlich postuliert – keine Rede sein kann. Allerdings wirkt sich wahrgenommene Attraktivität auf die Einschätzung von Intelligenz und noch stärker von Selbstsicherheit aus.

Wir können hier nicht allen Mechanismen nachgehen, die Beiträge zur Erklärung der teilweisen Aussagekraft auch des ersten Eindrucks liefern, aber am Beispiel der Extraversion, des wahrscheinlich am besten erkennbaren Persönlichkeitsmerkmals, sollen doch noch die Arbeiten von Borkenau und Liebler (u. a. 1995) Erwähnung finden. In den Untersuchungen von Borkenau und Liebler wurden Personen dann als extravertiert eingeschätzt, wenn sie geschminkt waren und ihr Haar „gestylt" hatten, wenn sie modisch oder auffällig gekleidet waren, legere Sitzhaltung einnahmen, sich schnell bewegten, einen lockeren Gang hatten, den Kopf häufig bewegten und oft in die Kamera blickten, ebenso wenn ihr Gesichtsausdruck als freundlich, sicher und entschlossen wahrgenommen wurde. Nach Henss (1998) lässt sich die Extraversionseinschätzung auf Fotos fast vollständig auf den Stimmungseindruck, d. h. wiederum das Lächeln der abgebildeten Person, zurückführen. Kann zusätzlich die Stimme wahrgenommen werden, so ist neben einer höheren Lautstärke für Extravertierte charakteristisch, dass ihre Stimme als kräftig und angenehm eingeschätzt wird (Ekman et al., 1980).

Persönlichkeitsmerkmale lassen sich also mit gewisser Treffsicherheit aus Ausdrucksmerkmalen erschließen. Damit ist allerdings noch nicht gesagt, dass ihnen in Bezug auf künftigen Berufserfolg auch Validität zukommt. Denn die Messungen der Persönlichkeitsmerkmale, die in den referierten Untersuchungen das Referenzkriterium waren – beispielsweise das NEO-Fünf-Faktoren-Inventar (Borkenau & Ostendorf, 1993) –, können ihrerseits nur recht mäßige prognostische Validität aufweisen. Eine schon weiter oben genannte Vermutung hierzu ist, dass allgemeine Persönlichkeitstests dieser Art *exzessiv* sind, d. h. dass das mit ihnen Erfasste zu einem Teil irrelevant für beruflichen Erfolg ist.

Es ist möglich, dass die Charakteristika, die für unseren Eindruck von anderen Personen bedeutsam sind, auf genetisch festgelegten Präferenzen basieren, die unter früher wirksamen Selektionsbedingungen rational waren, mit heutigen Erfolgsbedingungen aber evtl. nur noch wenig gemeinsam haben. Eine solche evolutionstheoretische Erklärung würde beispielsweise das Phänomen plausibel machen, dass groß gewachsene Bewerber höhere Einstiegsgehälter erzielen als kleinere. Zumindest als ein vom Schicksal nicht Bevorzugter ist man einzuwenden geneigt, dass körperliche Größe vielleicht einst dienlich war, Antilopen zu erbeuten und feindliche Stämme abzuwehren, aber doch nichts über die Befähigung zum Anlageberater aussagt. Aber es ist so eine Sache mit der Rationalität. Wenn nämlich die gleichen atavistischen Mechanismen, die Frauen und Personalchefs veranlassen, großen Bewerbern den Vorzug zu geben, in Bankkunden die Wirkung entfalten, dass diese ihr Vermögen dem größeren Anlageberater bereitwilliger anvertrauen als dem kleiner gewachsenen, so gewinnt die vermeintlich irrationale Bevorzugung durch den Auswählenden gewissermaßen an sekundärer Rationalität. Validität, sehen wir hieran, ist immer systemimmanent; sie kann nicht besser sein als die gewählten Kriterien.

Es ist also nicht ganz einfach, über Rationalität oder Irrationalität der „magischen Items" bei der Personalauswahl zu entscheiden. Aber selbst wenn hinter oberflächlich abergläubisch wirkenden Auswahlgesichtspunkten eine verborgene Weisheit wirksam sein mag, die auch für heutige Zeiten noch Gültigkeit hat, ist zumindest zu befürchten, dass *ein* Item eine zu geringe Reliabilität hat, um valide Schlüsse zuzulassen. Für Persönlichkeitsskalen beispielsweise gelten vier gute Items als die Mindestanzahl für eine verlässliche Messung (Asendorpf, 1999). Es mag zwar einzelne Schlüsselitems geben, die alles übrige ausstechen, aber diese fallen i. d. R. bereits den Stufen der Vor- und Selbstselektion zum Opfer.

Würde sich beispielsweise ein einbeiniger Fußballer um die Stürmerposition bei einem Bundesligaverein bewerben, so würde vermutlich allein die Kenntnis dieser Behinderung eine perfekte Prognose seines Misserfolgs erlauben, es wäre also keinerlei sonstige Information über diesen Mann mehr erforderlich. Ähnliches gälte für Analphabeten als Bewerber um eine Lektorenstelle oder für Blinde, die um eine Taxifahrerlizenz nachsuchen. Aber solche Fälle gibt es nicht. Es ist im Gegenteil so, dass *offensichtlich* relevante Merkmale in der Bewerberpopulation häufig bereits so varianzeingeschränkt sind, dass für sie fast keine Validität mehr zu errechnen ist, also keine diesbezügliche Eignungsdiagnose mehr stattzufinden braucht. Dies wurde beispielsweise am Fall der Intelligenz als Eignungsmerkmal für Wissenschaftler metaanalytisch demonstriert (Funke, Krauß, Schuler & Stapf, 1987).

Dass allerdings die 1-Item-Diagnosen gewöhnlich negativer Art sind, ist kein Zufall und auch nicht irrational. Es ist zum einen in der besprochenen einseitigen Fehlerorientierung des Interviewers begründet, für den es geringere Kosten bereitet, geeignete Bewerber abzulehnen, als ungeeignete anzunehmen. Eine zweite Ursache ist die multiple Bedingtheit beruflicher und vieler anderer Leistungen. So erfordert beispielsweise sportliche Leistung mehrere körperliche Voraussetzungen sowie Reaktionsschnelligkeit, Leistungsmotivation, insbesondere Konkurrenzmotivation, Disziplin, Anpassungsbereitschaft, Frustrationstoleranz und anderes mehr. Für eine Spitzenleistung muss all dies zusammenkommen; für einen Ausfall hingegen reicht ein größeres Defizit in *einer* dieser Voraussetzungen. Dies ist immer dann der Fall, wenn mehrere Eignungsfaktoren zusammenkommen müssen, also fast immer. Die Auswählenden können es sich allerdings nicht immer leisten, Bewerber bereits auszusondern, wenn sie nur ein Defizit zu erkennen glauben. Das Verhältnis von Basisrate und Selektionsquote zwingt sie viel häufiger, Kompromisse zu schließen und zu hoffen, dass sich Minderausprägungen in dem einen Merkmal durch bessere Werte in dem anderen kompensieren lassen. Deshalb müssen sie alle wichtigen Merkmale erfassen, und deshalb – auch deshalb – ist es unzweckmäßig, Bewerber aufgrund einzelner Defizite vorschnell auszusondern.

Als Resümee dieser Überlegungen müssen wir also festhalten, dass uns zwar der Volksmund mit der alten Weisheit erfreuen mag, „ein gesundes Vorurteil ersetzt eine mühsame Datensammlung", dass wir aber in der Praxis der Personalauswahl um den mühsamen Weg in aller Regel nicht herumkommen.

Empirische Ergänzungen zum Eindrucksmodell

Wenn wir nach Belegen für die Angemessenheit der in Abbildung 16 vorgeschlagenen Ebenen der Eindrucksbildung suchen, so finden wir bislang keine Untersuchung, an der wir das Modell insgesamt prüfen können, sondern müssen mit Studien Vorlieb nehmen, die einzelne Aspekte daraus zum Gegenstand haben. Für die starke emotionale Sättigung des Gesamteindrucks von einer Person spricht beispielsweise ein Ergebnis von Anderson und Shackleton (1990), demzufolge die Gesamtbewertung zu $r = .64$ mit Sympathie (personal liking) korreliert und in Höhe von .50 mit der eingeschätzten Ähnlichkeit zur eigenen Person. Dieser Effekt müsste bei strukturierten Interviews – insbesondere bei verhaltensverankerten Antwortvorgaben für die Interviewer – geringer sein als bei freien Gesprächen. Für die ausgeprägte Sympathieladung sprechen auch die Arbeiten von Zajonc (1980), für den damit zusammenhängenden Ähnlichkeitseffekt die von Organ (1984). Dieser Zusammenhang dürfte bei reduzierter Kommunikation eine geringere Rolle spielen, was wiederum dafür verantwortlich sein könnte, dass Kandidaten in Telefoninterviews durchschnittlich kritischer beurteilt werden als in vis-à-vis-Interviews (Silvester, Anderson, Haddleton, Cunningham-Snell & Gibb, 2000). Der Sympathieeinfluss ist nach Webster (1982) noch stärker, wenn der Interviewer erwartet, mit dem Bewerber künftig zusammenarbeiten zu müssen.

Zur zweiten Ebene wurden bereits eine Reihe von empirischen Untersuchungen zitiert, die nicht alle dem Interviewkontext entstammen, aber insofern einschlägig sind, als sie Prinzipien der Urteilsbildung aufzeigen, die sich als generalisierbar über Situationen und Reizvorlagen erwiesen haben. Die Unabhängigkeit vom Informationskanal wurde beispielsweise in einer Studie von Motowidlo und Burnett (1995) auch speziell für den Interviewkontext bestätigt; dort gaben Beurteiler, die Videoaufnahmen von Einstellungsinterviews sahen, aber keinen Gesprächston hören konnten, ähnliche Einschätzungen ab wie jene, denen die Interviews mit Bild und Ton vorgeführt wurden. Interviewer nehmen visuelle Hinweisreize auch dann auf, wenn aurale Reize verfügbar sind; beide sind teilweise redundant. Ihr relatives Gewicht dürfte auch von der Art der Interviews abhängen, wobei strukturierte Interviews zu einem hohen Gewicht der verbalen Aussagen führen müssten. Die widersprüchlichen Ergebnisse, was das relative Gewicht dieser beiden Ausdruckskanäle betrifft, müssten daraufhin geprüft werden, welcher Art von Interview sie genau entstammen.

Kompetenzeinschätzungen, die sich im vorgestellten Modell (Abbildung 16) im Wesentlichen erst aus der dritten Ebene ergeben dürften, sind durchaus nicht vollständig an die Ebene gebunden. Auch die globalen Eigenschaftszuschreibungen auf der zweiten Ebene enthalten Kompetenzelemente. Einige Studien, die sich mit impliziten Persönlichkeitstheorien befassten (z. B. Peabody, 1987), kamen sogar zum Ergebnis, dass auf der abstrakteren Ebene der Personwahrnehmung zwei Grobfaktoren stehen, die etwa als geistige und soziale Kompetenz umrissen werden können, was nahe liegende Berufsbezüge hätte. Howard und Ferris (1996) konnten belegen, dass eine starke Ausprägung situationsangepassten nonverbalen Verhaltens der Bewerber (z. B. Nicken, Lächeln, Blickkontakt) zu höheren Kompetenzeinschätzungen seitens der Interviewer führt. In einer Untersuchung schließlich, die der Frage gewidmet ist, ob sich die Big Five in gleicher Weise herauskristallisieren, wenn die Items nicht allgemein (wie beim Persönlichkeitstest NEO-FFI), sondern berufsbezogen formuliert sind, ergibt sich ein recht unterschiedliches Gewicht dieser fünf Merkmale zwischen allgemeinem und Berufskontext (Höft, Hell, Quell & Schuler, 2000).

Die Ebene der Anforderungskonstrukte ist diejenige, mit der sich die Praxis der Personalauswahl vornehmlich beschäftigt – unabhängig davon, ob diese Merkmale aufgrund von Intuition und Erfahrung als anforderungsrelevant angenommen oder aus einer psychometrischen Anforderungsanalyse abgeleitet werden. Untersuchungen zur Konstruktvalidität zeigen, dass relativ unabhängig von der konkreten Ausformulierung dieser Anforderungen von den Interviewern allgemeine Merkmale erfasst werden (Salgado & Moscoso, in Druck). Bei hochstrukturierten Interviews lässt sich allerdings durchaus gewährleisten, dass bestimmte „Zielkonstrukte" – zumindest *auch* diese – erfasst werden (Schuler, 1992a). Auch lässt sich dieser Ebene die Prüfung des Zusammenpassens von Person und Organisation im Hinblick auf Werthaltungen (Cable & Judge, 1997) zuordnen.

Wenn im Rahmen strukturierter Interviews jedes der angezielten Anforderungskonstrukte mit ausreichender Reliabilität gemessen werden soll und wenn diese auch noch eine gewisse Trennschärfe besitzen sollen – wenn also jede Anforderungsdimension einen eigenständigen Beitrag zum Gesamtergebnis leisten soll –, so empfiehlt es sich, nicht mehr als fünf oder sechs Dimensionen aufzunehmen. Beispiele für Anforderungsdimensionen, die sich aus Anforderungsanalysen für verschiedene Berufsgruppen ergeben haben und im *Multimodalen Interview* in verschiedenen Typen von Fragen umgesetzt wurden (vgl. Kapitel 9 sowie Abschnitt 10.1), sind in Tabelle 13 zusammengestellt.

Tabelle 13: Beispiele für Anforderungsdimensionen aus dem Multimodalen Interview

Führungs-nachwuchs	Polizei-anwärter	Pastoral-referenten	Bank-auszubildende	Gaststätten-pächter
– Organisation – Erfolgs-orientierung – Kooperation – Überzeugung	– Soziale Kompetenz – Belastbarkeit – Leistungsmotivation – Selbstkontrolle – Selbstständigkeit	– Kognition und Organisation – Kommunikation und Kooperation – Motivation und Belastbarkeit – Spiritualität/Glauben	– Kundenorientierung – Teamfähigkeit – Belastbarkeit – Initiative – Qualitätsorientierung	– Organisation – Motivation – Selbstkontrolle – Serviceorientierung – Führung

Auf der vierten, der Verhaltens- und Ausdrucksebene, ist die Vielfalt der möglichen wahrgenommenen Elemente groß, wie in Abbildung 16 angedeutet. Die Zahl der von individuellen Interviewern wahrgenommenen Elemente variiert wahrscheinlich stark, ebenso das Gewicht, das verschiedenen Elementen bei der individuellen Eindrucksbildung zukommt – bis hin zur Prävalenz „magischer Items". Gleichwohl lassen sich bei der Befragung von Interviewern für die Bedeutsamkeit, Auftretenshäufigkeit und Erwünschtheit einzelner Verhaltens- und Ausdruckselemente Durchschnittswerte bestimmen (Tabelle 14).

Tabelle 14: Verhaltens- und Ausdruckselemente zur Beschreibung von Generalvertretern (übs. aus Hakel & Dunnette, 1970, auszugsweise zit. nach Dipboye, 1992, p. 107)

Verhaltens- und Ausdruckselemente	Erwünschtheit	Häufigkeit	Bedeutsamkeit
Fragte nach der Bezahlung	4,13	4,05	1,52
Beschränkte seine Antwort auf „ja" oder „nein"	1,86	2,04	1,04
Hielt die Konversation am laufen	5,83	4,64	1,08
Lächelte häufig	5,79	4,49	1,22
Drückte seine Ideen gut aus	6,48	4,65	1,00
Korrigierte seine Sitzposition häufig	3,02	2,68	1,42
Hat festen Händedruck	5,39	4,63	1,29
Hat einen großen Wortschatz	5,79	3,67	1,24
Fragte nach den künftigen Aufgaben	6,11	5,38	1,04
Wischte sich oft mit der Hand über den Mund	1,68	1,38	1,28
Hielt Armlehnen fest oder rutschte mit den Händen nervös darauf herum	1,95	2,14	1,16
Ließ in Sprechpausen den Mund offen stehen	2,80	1,82	1,22
Hörte aufmerksam zu	5,75	5,21	1,11

Anmerkungen: Erwünschtheitseinstufungen von 1 bis 7: 1 = unerwünscht, 7 = erwünscht
Häufigkeitseinstufung von 1 bis 7: 1 = niemand, 7 = alle
Bedeutsamkeitseinstufung 1 oder 2: 1 = ja, 2 = nein

Kiker und Motowidlo (1998) konnten zeigen, dass strukturierende Beurteilungsvorgaben den Halo-Effekt reduzieren. Also ist auch zu erwarten, dass die Übergewichtung einzelner Verhaltensbeobachtungen durch Strukturierung reduziert wird. Bei der Ausarbeitung eines Multimodalen Interviews zur Nachwuchsauswahl für die Bereitschaftspolizei wurde den Interviewern Gelegenheit gegeben, am Schluss des Interviews ihren persönlichen Eindruck in die Gesamtbewertung eingehen zu lassen, wie weit die Bewerber ihrem Bild eines erfolgreichen Polizeibeamten entsprechen. Die Korrelation mit dem Gesamtwert belief sich auf $r = .86$ (eigene Daten, unveröffentlicht) und zeigt damit, dass Intuition und praktische Erfahrung nicht zwangsläufig anderes erfassen als die nach psychometrischen Kriterien vorgegebenen Fragen (zumal dann, wenn zum Zeitpunkt der intuitiven Beurteilung die strukturiert gewonnene Information bereits vorliegt).

4.9 Der Eindruck des Bewerbers

Für die Eindrucksbildung des Bewerbers spielen Person und Verhalten des Interviewers die dominierende Rolle; aber auch andere Merkmale der Auswahlsituation sind von Bedeutung.

Gemeinsamkeiten und Unterschiede

Die Wirkung der persönlichen Erscheinung und der verbalen wie nonverbalen Verhaltens- und Ausdruckselemente – das wurde schon im Zusammenhang mit dem Verhalten des Interviewers erwähnt – ist seitens des Bewerbers grundsätzlich die gleiche wie seitens des Interviewers. Beispielsweise bildet sich ein erster Eindruck beim Bewerber ebenso schnell wie beim Interviewer. Allerdings ist die Situation für den Bewerber insofern eine andere, als er sein Gegenüber nicht zielgerichtet hinsichtlich dessen Person und Qualifikation beurteilt, sondern als Repräsentanten der Organisation, als Bestandteil der Auswahlsituation und damit auch als Quelle von Hinweisen über die Angemessenheit der eigenen Selbstpräsentation.

Beim Bewerber entsteht gleichwohl ein Urteil über Person und Qualifikation des Interviewers, aber angesichts der nicht unmittelbaren Ausrichtung an formulierten Anforderungen dürfte es noch allgemeiner sein als die Eindrucksbildung in umgekehrter Richtung. Unterschiede in der Urteilsbildung sollten sich auch aus der unterschiedlichen Sicht der beiden Arten von Fehlentscheidungen ergeben, die in Abbildung 14 vorgestellt wurden. Dort hatten wir konstatiert, dass der eklatanteste Fehler aus Sicht des Interviewers die Einstellung eines ungeeigneten Bewerbers ist; hieraus resultieren seine kritische Haltung und das große Gewicht negativer Indizien.

Für den Bewerber steht keineswegs symmetrisch die Ablehnung der Organisation oder ihres Repräsentanten im Vordergrund, sondern er ist bestrebt, ein Stellenangebot zu erhalten (dessen Ablehnung ihm ja im Weiteren durchaus freisteht). Seine Geisteshaltung ist also weit weniger kritisch, er „sitzt nicht auf dem hohen Ross" wie der Interviewer, sondern reagiert stark auf die emotionale Anmutung dieser aufregenden Situation, die wie alle Prüfungssituationen Bewertungsangst weckt und damit geeignet ist, emotionale Konditionierungen zustande zu bringen, die sich nachhaltig auf die Einstellung des möglichen späteren Mitarbeiters gegenüber der Organisation auswirken können. Die besondere Beziehung von Bewerber und Interviewer und die mit ihr verbundenen Rollen und Zielsetzungen prägen also jenseits der Gemeinsamkeiten in den Urteilsprinzipien die Eindrucksbildung der Gesprächsbeteiligten.

Die Einflussgrößen

Thornton (1993) hat ein Modell skizziert, das Einflussfaktoren auf den Eindruck des Bewerbers und Auswirkungen dieses Eindrucks zusammenstellt (Abbildung 17). Unter den Einflussgrößen stehen auf Organisationsseite die Repräsentanten der Organisation, unter ihnen der Interviewer, und ihr Verhalten gegenüber dem Bewerber, daneben die Auswahlverfahren und Auswahlprinzipien. Der entstehende Eindruck beim Bewerber und die Wahrscheinlichkeit, dass er gegebenenfalls ein Stellenangebot annimmt, wird durch Bewerbermerkmale wie durch Umweltfaktoren moderiert. Als abhängige Variable des Eindrucks werden Auswirkungen auf spätere Leistung und Zufriedenheit, auf Commitment und auf das Verbleiben in der Organisation angenommen. Nicht alle in diesem Modell postulierten Zusammenhänge sind gleichermaßen gut erforscht und belegt. Wir werden die wichtigsten davon im Weiteren genauer betrachten.

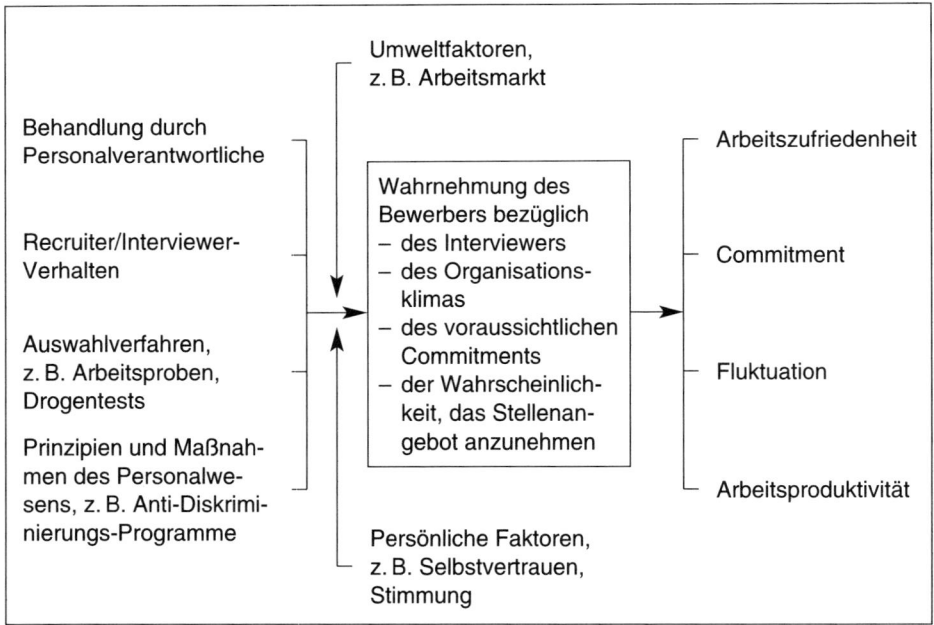

Abbildung 17: Effekte organisationaler Auswahlpraktiken auf die Bewerberwahrnehmung (übs. aus Thornton, 1993, p. 59)

Wirkung des Interviewers

Person und Verhalten von Interviewern wurden in ihrer Wirkung auf die Bewerber im Anschluss an Interviews in einem *University Placement Center* von Schmitt und Coyle (1976) untersucht. Die Urteile der Bewerber über die Interviewer ließen sich faktorenanalytisch zu sechs Gruppen bündeln, die eng an das Verhalten der Interviewer geknüpft waren: 1. warmherzig, kooperativ, spürt die Gefühle anderer; 2. irritierbar, defensiv, drückte sich unpassend aus; 3. sprach kraftvoll, selbstbewusst, aggressiv; 4. sprach grammatikalisch korrekt, war mit der potenziellen Position gut vertraut; 5. betonte Vielfalt und Wechsel der Aufgaben, erzählte vom Werdegang anderer in seinem Unternehmen; 6. sprach zu sanft, lümmelte in seinem Sessel. Faktor 1 erwies sich als die insgesamt stärkste Einflussgröße, insbesondere in Bezug auf die Sympathiewirkung gegenüber dem Interviewer, aber auch gegenüber dem Unternehmen. Die Faktoren 4 und 5 wirkten sich vor allem auf die Einschätzung der Kompetenz des Interviewers aus.

Rynes, Heneman und Schwab (1980) fanden, dass Bewerber einen positiven Eindruck vom Interviewer gewinnen, wenn dieser verbal geschickt ist, für einen kontinuierlichen Interviewverlauf sorgt und eine „angenehme Persönlichkeit" hat. Ältere Interviewer werden besser beurteilt als jüngere und solche in verantwortungsvoller Position besser als die mit geringerem Status (Rogers & Sincoff, 1978). Ob die Präferenz für statushohe Interviewer in der Erwartung begründet ist, dass dieser Personenkreis über höhere Entscheidungskompetenz verfügt und vielleicht auch später etwas für den Bewerber tun kann, vielleicht sogar eine Mentorenrolle einnimmt, oder ob auch hier ein atavistisches Moment wirksam wird, ist unbekannt. Trotz der positiven Bewertung ranghoher Personen entsteht ein negativer Eindruck durch Interviewerverhalten, das Dominanz zum Ausdruck bringt und Stress erzeugt. Als negativ wird auch empfunden, wenn der Interviewer seine Machtstellung dazu ausnützt, Fragen zum persönlichen Bereich zu stellen, die Bewerber selbst als irrelevant erachten. Die Gefahr, dass ein Bewerber vom Interviewer den Eindruck gewinnt, dieser „sitze auf dem hohen Ross", ist angesichts der Fehlerorientierung des Interviewers und der entsprechenden kritischen Haltung nicht gering zu schätzen. Die Interviewsituation als solche stellt für den Bewerber bereits eine hohe Belastung dar, so dass zusätzliche Maßnahmen der Stresserhöhung als unangenehm empfunden werden. Wo die Grenze zwischen „Eustress" und „Distress" liegt, hängt selbstverständlich von der Zielsetzung, Erfahrung und vor allem der psychischen Stabilität des Bewerbers ab.

Positiv beurteilt werden Interviewer, die freundlich sind (Blickkontakt aufnehmen, lächeln etc.), non-direktiv vorgehen und dadurch zugänglicher und beeinflussbarer wirken, den Bewerber nicht lange warten lassen, sich um Fairness bemühen, Information geben, und von denen der Bewerber richtig eingeschätzt zu werden glaubt (zur Zusammenstellung dieser und weiterer Ergebnisse vgl. Schuler, 1990, sowie Schuler & Moser, 1993). Insgesamt gesehen, scheint die Eindruckswirkung des Interviewers viel mit seiner Glaubwürdigkeit oder Vertrauenswürdigkeit für den Bewerber zu tun zu haben. Dabei genießt er grundsätzlich den Vorteil, dass mündliche Informationen im Auswahlzusammenhang als glaubwürdiger eingestuft werden als schriftliche Quellen. Andererseits leidet die Glaubwürdigkeit unter der gleichzeitig wahrzunehmenden Aufgabe, das Unternehmen für die Bewerber attraktiv darzustellen. Wichtig ist, dass die Eindruckswirkung des Interviewers auf das Bild ausstrahlt, das sich der Bewerber von der Organisation (Schmitt & Coyle, 1976) und von der Arbeitstätigkeit macht (Powell, 1991). Auch erwarten Bewerber nach der Begegnung mit einem warmherzigen und aufmerksamen Interviewer, später auch mit dem Vorgesetzten und den Kollegen gut auszukommen (Thornton, 1993).

Wie Dipboye (1992) anmerkt, ist die Entstehung von Sympathie teilweise ein Prozess auf Gegenseitigkeit. Ein Bewerber, der positive Gefühle gegenüber einem Interviewer empfindet, benimmt sich so, dass er auch im Interviewer positive Gefühle ihm gegenüber weckt, wodurch sich die Chance auf ein Einstellungsangebot erhöhen könnte. Untersuchungen von Keenan (1978) und Campion (1980) fanden Ergebnisse, die in diese Richtung gehen: Zumindest in den Augen der Bewerber verlief die Sympathieentwicklung so, dass sie den Eindruck hatten, vom Interviewer gemocht zu werden, und diese Neigung erwiderten.

Im Rahmen eines Personalmarketingprojekts für ein Technologieunternehmen wurde auch ein Fragebogen zur Beurteilung von Einstellungsinterviews durch Bewerber entwickelt (Schuler & Moser, 1992). Die Faktorenanalyse der Beantwortung durch 811 in jüngerer Zeit eingestellte Mitarbeiter resultierte in fünf Faktoren, was anzeigt, dass es sich nicht um einen homogenen Eindruck handelt, der beim Bewerber entsteht, sondern dass sich darin mehrere Facetten unterscheiden lassen. Obwohl der Eindruck vom Interviewer nicht im Vordergrund stand, weisen die Ergebnisse doch auf dessen große Bedeutung hin. Tabelle 15 gibt Beispielitems aus diesem Fragebogen wieder (für den vollständigen Fragebogen und die Ergebnisse der Faktorenanalyse s. Moser, 1995).

Tabelle 15: Fragebogen zur Beurteilung von Vorstellungsgesprächen (Auszug)

Faktor 1: Angenehmheit

Ich hatte einen positiven Eindruck von meinen Gesprächspartnern.
Die Gesprächspartner haben sich ausreichend Zeit für mich genommen.
Ich hatte Gelegenheit, meinerseits die wichtigsten Fragen zu stellen.
Die Position der Gesprächspartner zeigte, dass die Gespräche mit mir wichtig genommen wurden.

Faktor 2: Information über den Arbeitsplatz

Mir wurde mein zukünftiger Arbeitsplatz gezeigt.
Ich konnte mit zukünftigen Kollegen sprechen.

Faktor 3: Fachliche Fragen

Es wurden konkrete Fragen zu mir und meinem Werdegang gestellt.
Ich wurde auf meine fachliche Kompetenz beurteilt.

Faktor 4: Offenheit der Gesprächspartner

Bereits während des Gesprächs fiel die Entscheidung.
Die Gesprächspartner waren offen.

Faktor 5: Information

Ich hatte ausreichende schriftliche Information über das Gesamtunternehmen vor den Gesprächen.
Ich hatte ausreichende Information über den Standort, an dem ich mich beworben hatte.

Die Bedeutung der in Tabelle 15 wiedergegebenen Bewertungsfaktoren entspricht ihrer Reihenfolge, wobei von der durch die fünf Faktoren aufgeklärten Varianz von 54,1 % allein 24,2 % auf den ersten Faktor entfielen; es scheint sich hierbei also um einen relativ generellen Bewertungsfaktor mit hohem emotionalen Anteil zu handeln. Damit ähnelt dieser Faktor dem ersten Faktor bei der Bewerberbefragung von Schmitt und Coyle (1976), der Empathie, Wärme und Vertrauenswürdigkeit der Gesprächspartner zum Gegenstand hatte. Einer der sechs Faktoren bei Schmitt und Coyle, der in der Studie von Schuler und Moser nicht durch Items repräsentiert war, sich aber auch in Faktor 3 andeutet, lässt sich als „gedankliche Klarheit und Ausdrucksfähigkeit" des Interviewers umreißen. Diese Anforderung scheint also nicht nur an den Bewerber gerichtet zu sein. In Termini von Grundfähigkeiten formuliert, handelt es sich hierbei um nichts anderes als um sprachliche Intelligenz und damit um ein weiteres Beispiel, in welch vielfältiger Weise diese Anforderung das Berufsleben durchzieht.

Wirkung des Auswahlverfahrens

Das Befinden des Bewerbers sowie der Eindruck, den er vom Arbeitsplatz und Unternehmen gewinnt und von dem schließlich die Annahme eines Stellenangebots und vielleicht auch künftiges berufliches Verhalten beeinflusst wird, ist nicht nur von der Person des Interviewers abhängig. Eine mögliche Quelle dieser Reaktionen sind auch die eingesetzten Personalauswahlverfahren. Alles, was über die Bewerbung als solche hinausgeht – und heute auch schon diese insofern, als sie in schriftlicher oder elektronischer Form erbeten werden kann –, ist in Form und Inhalt nicht selbstverständlich und prägt damit das Image der Organisation und die Einstellung der Bewerber ihr gegenüber.

In einer Studie von Fruhner und Schuler (1988) wurden 605 Studierende verschiedener Fachrichtungen ersucht, verschiedene Auswahlinstrumente vergleichend zu bewerten. Als generelle Präferenz ergab sich die in Tabelle 16 angegebene Rangreihe, die sich als weitgehend stabil über alle Teilgruppen erwies sowie auch in einer Ausweitung der Befragung auf 1207 Studierende durch Fruhner, Schuler, Funke und Moser (1991) zu sehr ähnlichen Ergebnissen führte.

Tabelle 16: Präferenz von Auswahlinstrumenten

Auswahlverfahren	mittlerer Rangplatz
Vorstellungsgespräch	2,0
Arbeitsprobe	2,5
Praktikum	3,1
Schulnoten	4,2
Psychologische Tests	5,0
Lebenslauf	5,3
Handschrift	6,9
Losverfahren	6,9

Spezielle Beachtung wurde dem Vergleich zwischen Test und Interview geschenkt. Die Einstufung ihrer Qualitäten auf einem semantischen Differential ergab drei Faktoren – allgemeine Bewertung, Stress und Transparenz. Zusätzlich wurden weitere Einschätzungen vorgenommen.

Interviews wurden weit positiver als Tests eingestuft, und während 84 % der Respondenten mit Interviewerfahrung bereit gewesen wären, sich erneut einem Auswahlgespräch zu unterziehen, traf dies nur auf 45 % für den Test zu. Erfahrene Versuchspersonen bewerteten das Interview positiver als unerfahrene, während sich für Tests keine Differenz in der Gesamtbewertung ergab. Frauen ohne Testerfahrung hielten allerdings Tests für belastender als solche mit Testerfahrung. In der Einschätzung der Befragten unterscheidet sich das Interview von Testverfahren dadurch, dass es
– mehr Möglichkeiten bietet, das eigene Ergebnis zu beeinflussen;
– die eigenen Fähigkeiten besser erfasst;
– mehr Information über den späteren Arbeitsplatz vermittelt;
– transparent ist;
– als weniger belastend erlebt wird.

Wenn in verschiedenen Fällen das Interview weniger positiv als andere Auswahlverfahren beurteilt wurde, so dadurch, dass es als weniger transparent als Assessment Center-Aufgaben oder als weniger aktivierend als eine Sportprüfung empfunden wurde (zusammenfassend Schuler, 1990a). Als wichtigste Determinante der Interviewbewertung erwies sich neben den genannten Aspekten die subjektive Situationskontrolle. Dass mündlich erhaltene Information im Allgemeinen als glaubwürdiger angesehen wird als schriftliche, kommt der Einschätzung des Interviews als Auswahlverfahren natürlich entgegen.

Im Vergleich verschiedener Interviewformen wurde gefunden, dass unstrukturierte Interviews besser bewertet werden als strukturierte (Latham & Finnegan, 1993). Kohn und Dipboye (1998) bestätigten dieses Ergebnis, wobei allerdings zu vermerken ist, dass im strukturierten Interview die Erklärung an die Teilnehmer lautete, sie dürften keine Zwischenfragen stellen und nicht unterbrechen, und der Interviewer dürfe nicht von der vorgegebenen Fragenreihenfolge abweichen. Von Lowry (1994) befragte Polizeianwärter bezeichneten den Auswahlprozess, der aus einem schriftlichen Examen und einem strukturierten Interview bestand, als fair und tätigkeitsbezogen. Steiner und Gilliland (1996) fanden eine ähnliche Präferenzreihe für Auswahlverfahren wie Fruhner und Schuler (1988), während sich bei Rynes und Connerly (1993) beim Vergleich von 13 Verfahren ergab, dass sich Studenten durch strukturierte, simulationsähnliche Interviews am meisten von der betreffenden Organisation angezogen fühlen würden, während unstrukturierte Interviews zu den am wenigsten geschätzten Verfahren zählten. Kroeck und Magnusen (1997) erprobten Einstellungsinterviews in Form einer Videokonferenz, mussten aber feststellen, dass diese Form von den Teilnehmern (und noch deutlicher von den Verwendern) weniger positiv bewertet wurde als die herkömmliche Durchführungsform des Interviews.

Soziale Validität von Auswahlsituationen

Zur Strukturierung und Erforschung der Determinanten, von denen die Reaktion der Bewerber auf Auswahlsituationen abhängt, schlugen Schuler und Stehle (1983) das Konzept der „sozialen Validität" vor. Als die mutmaßlich wichtigsten Parameter, die

Auswahlsituationen zu sozial akzeptablen Situationen machen, wurden angenommen: Information, Partizipation, Transparenz und Urteilskommunikation. In Tabelle 17 sind diese vier Bestimmungsstücke in einer überarbeiteten Version (Schuler, 2000a) aufgelistet und spezifiziert.

Tabelle 17: Erlebensrelevante Aspekte einer Auswahlsituation (aus Schuler, 2000a, S.182)

Aspekte der „sozialen Validität"

Information
- über die Aufgabenbereiche der Tätigkeit,
- über erfolgskritische Anforderungen,
- über die wichtigsten Organisationsmerkmale und -ziele,
- über Organisationskultur und -stil (z. B. Interaktion, Führung, Klima),
- über Möglichkeiten persönlicher und beruflicher Entwicklung und weitere Aspekte, die sich als bedeutsam für Leistung und Befinden erwiesen haben und Selbstselektion erleichtern.

Partizipation/Kontrolle
- im engeren Sinn als Beteiligung an der Gestaltung der Auswahlsituation oder -instrumente oder an der Entscheidung (in entweder direkter oder repräsentativer Form, also etwa mittels Arbeitnehmervertretung),
- im weiteren Sinn als Möglichkeit, Kontrolle über die Situation auszuüben oder über das eigene Verhalten oder die Entscheidung relevanter anderer, oder verstanden als Freiheit von der Machtausübung anderer.

Transparenz
- der Auswahlsituation inkl. der handelnden Personen, ihrer Rollen, Intentionen und Kompetenzen sowie der Verhaltenserwartungen an die Bewerber,
- der Bedeutung und des Aufgabenbezugs der diagnostischen Instrumente (dieser Aspekt ist der Augenscheinvalidität eng verwandt),
- des Bewertungsprozesses und der Bewertungsregeln, d. h. der Beurteilungskriterien, Standards, Prinzipien des diagnostischen Schlusses und der Aggregation von Daten sowie der Transformation der Daten in Urteile oder der Urteile in Entscheidungen,
- des diagnostischen Prozesses in einer Form, die Selbstbeurteilung begünstigt (und in deren Konsequenz Selbstselektion erleichtert wird, wie beispielsweise durch Arbeitsproben oder via sozialem Vergleich im Assessment Center).

Urteilskommunikation/Feedback
- diagnostische Information durch die Verfahren und die Beurteiler,
- inhaltlich: offen, wahrhaftig, bezogen auf Erfolgswahrscheinlichkeiten und Entwicklungsmöglichkeiten,
- formal: verständlich (semantisch und pragmatisch), rücksichtsvoll, unterstützend; Selbsteinsicht, Integration in das Selbstkonzept und informierte Entscheidung der Kandidaten erleichternd.

Wichtigster Teil der Überarbeitung war die Klarstellung, dass mit dem Aspekt „Partizipation" nicht nur die unmittelbare Beteiligung an der Auswahl oder Gestaltung der Diagnoseinstrumente gemeint ist, wovon ja selten die Rede sein kann. Es handelt sich hierbei vielmehr um die Frage, inwieweit auf das Kontrollbedürfnis, eine allgemeine menschliche Strebung, in der Auswahlsituation Rücksicht genommen wird. Beispielfragen zu den vier Aspekten finden sich bei Schuler (2000a, S. 184).

Seit der Formulierung des Vorschlags, erlebensrelevante Aspekte von Auswahlsituationen zur „sozialen Validität" oder „sozialen Qualität" zusammenzufassen, wurde eine größere Zahl von Untersuchungen durchgeführt, die an diesem Konzept orientiert waren. Ein Teil davon wird bei Schuler (1990a) berichtet, einige weitere sind in dem Band von Schuler, Farr und Smith (1993) veröffentlicht, der die Perspektive des Bewerbers bei der Personalauswahl und Leistungsbeurteilung in den Vordergrund stellt; eine ergänzende Zusammenstellung wurde von Willmann (1998) unternommen. Landy, Shankster & Kohler (1994) bezeichnen diese Fokussierung als wichtige Herausforderung für die Eignungsdiagnostik, die sich bisher allzu einseitig an den Interessen der Arbeitgeber orientiert habe. Eine Variante der sozialen Validität, welche die Austauschgerechtigkeit ins Zentrum des Situationserlebens stellt, wurde von Gilliland (1994) vorgeschlagen.

Eine neuere Untersuchung zur sozialen Validität wurde von Njå et al. (1998) als Telefonbefragung anhand eines Interviewleitfadens durchgeführt. Respondenten waren Studenten der Abschlusssemester der Universität Mannheim, die bereits eine Auswahlsituation erlebt hatten und gebeten wurden, sich an ihre Erlebnisse bei einem Auswahlverfahren ihrer Wahl zu erinnern. Die Beurteilungen der 103 Befragten wurden einer Faktorenanalyse unterzogen, die in 3 Faktoren resultierte, welche die Aspekte Information, Transparenz und Urteilskommunikation repräsentierten. Abbildung 18 gibt die Mittelwerte für die Einschätzung von Interview und Assessment Center wieder, wie sie sich aus den aspektspezifischen Fragen ergaben.

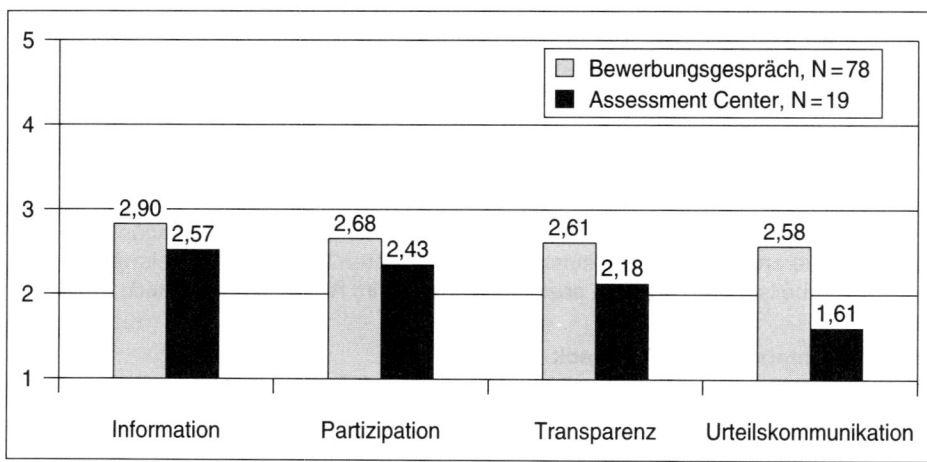

Abbildung 18: Bewertung der sozialen Validität von Bewerbungsgesprächen und Assessment Center (aus Njå et al., 1998)
Anmerkung: 1 = bestmögliche Bewertung

Der Mittelwertsvergleich fällt bei allen vier Aspekten der sozialen Validität zugunsten des Assessment Centers aus, wobei lediglich die Differenzen bei Transparenz und Urteilskommunikation signifikant sind.

Das Ergebnis von Njå et al. (1998) entspricht wahrscheinlich der üblichen Einschätzung der beiden Auswahlverfahren im Vergleich – dementsprechend war auch von Schuler und Stehle (1983) das Assessment Center als Modellbeispiel für ein Verfahren hoher sozialer Validität herausgehoben worden. Zu bedenken ist allerdings, dass es sich bei den Interviews, die den Einschätzungen der Probanden in der geschilderten Telefonbefragung zugrunde lagen, aller Wahrscheinlichkeit nach nicht durchgängig um optimale Verfahren gehandelt hat. In einer Befragung von Schrattenecker (1994, berichtet in Schuler, 2000a, S. 185) wurde die Einschätzung aller Teilverfahren eines Assessment Centers ermittelt, zu denen auch eine Kurzform des Multimodalen Interviews gehörte. In diesem Fall schnitt das Interview gemeinsam mit einem Interessenfragebogen (der nur eingeschränkt als „Fremddiagnose" vorgesehen war und erlebt wurde) vor allen übrigen Verfahren am besten ab, gefolgt von der Gruppendiskussion und einem Rollenspiel. Freilich ist nicht auszuschließen, dass auch in diesem Fall ein Vergleich des Assessment Centers als Ganzheit mit dem Interview allein zur überlegenen Bewertung des multiplen Verfahrens geführt hätte – dann nämlich, wenn dessen „Erlebnischarakter" sich in den Einschätzungen der Einzelverfahren nur unzureichend abbildet.

Was Einstellungsinterviews und arbeitsprobenartige interaktive Verfahren gemeinsam haben, sind einige Eigenheiten, die sie von anderen Diagnoseverfahren, insbesondere Tests, Fragebogen, biographischen Daten wie Schulnoten etc. abheben und die zu ihrer positiven Bewertung beitragen dürften. Hierzu gehören insbesondere
– Aufgabenlösung im Kontakt mit anderen Menschen
– Eigenes aktives Handeln
– Relativ hohe Aktivierung
– Subjektive Situations- und Verhaltenskontrolle
– Information über Tätigkeitsanforderungen
– Beurteilung gegenwärtigen Verhaltens
– Nachvollziehbarkeit von Aufgabe und Beurteilung
– Feedback über die eigene Leistung durch die Aufgabe selbst.

Realistische Tätigkeitsinformation

Eine Möglichkeit, den Informationsgehalt von Interviews zu erhöhen, ist das von Wanous (1980) vorgeschlagene Verfahren der realistischen Tätigkeitsinformation (Realistic Job Preview, RJP). Es wurde als Methode der Orientierung neuer Mitarbeiter entwickelt und ist zunächst unabhängig vom Interview, lässt sich aber in dieses gut integrieren. Was das Verfahren allerdings von anderen Orientierungsmethoden unterscheidet (Wanous, 1993), ist die Ermunterung, gegebenenfalls von der Bewerbung um die zu besetzende Position zurückzutreten. Im positiven Fall kommt dem Personalmarketing zugute, dass sich die Übereinstimmung von Selbstbild und wahrgenommenen Anforderungen als Attraktivitätsdeterminante erwiesen hat (Schwaab & Schuler, 1991).

Was beim Bemühen, qualifizierte Mitarbeiter für das Unternehmen zu gewinnen, häufig zu kurz kommt, ist die *realistische* Vorinformation, d. h. die Information auch über kritische und schwierige Aspekte der Aufgabe, über Schwachpunkte der Organisation sowie über Gesichtspunkte, die gegen ein Zusammenpassen von Person und Organisation sprechen. Stattdessen wird bei der Darstellung des Unternehmens eine Art von „impression management" wirksam, die jener von Seiten des Bewerbers durchaus vergleichbar ist. Dabei wird übersehen, dass die Selbstselektion der Bewerber (vgl. hierzu Nerdinger, 1994, und weitere Beiträge in v. Rosenstiel, Lang & Sigl, 1994) nur dann Enttäuschungen und nachfolgender Fluktuation oder geringem Engagement vorbeugt, wenn sie auf sachgerechter Kenntnis derjenigen Arbeits- und Organisationscharakteristika beruht, die für den Stellenbewerber wichtig sind. Realistische Vorinformation kann deshalb als Aspekt einer antizipatorischen Sozialisation (Rehn, 1993) angesehen werden.

RJP besteht aus positiver wie negativer Information über Unternehmen und Arbeitstätigkeit und korrigiert damit die Erwartungen von Bewerbern auf ein Niveau, das den tatsächlichen Gegebenheiten entspricht. Analog zur zweiseitigen Information bei Versuchen zur Einstellungsänderung wirkt sie gewissermaßen als „Schutzimpfung" (Lumsdaine & Janis, 1953) und stärkt die Abwehrkräfte gegen spätere Erlebnisse, die unzufrieden machen und Kündigungsabsichten auslösen könnten. Auch sollte sich dadurch die Rollenklarheit verbessern, deren Mangel einen Stressfaktor darstellt. Die wesentlichen Bedingungen für die Wirksamkeit einer zweiseitigen Kommunikation, nämlich hohes Involvement, Bereitschaft und Fähigkeit, Information differenziert zu verarbeiten, sowie die Wichtigkeit längerfristiger Wirkung, dürften besonders im Falle komplexerer Arbeitstätigkeiten gegeben sein (Schuler & Moser, 1993). Auch die Wertschätzung freimütiger Kommunikation dürfte eine Rolle spielen, die bei Personen höherer kognitiver Komplexität eher gegeben sein sollte.

Die Erwartungen, die in RJP gesetzt wurden, haben sich in einer Reihe von Untersuchungen (darunter bei Rehn, 1993) bestätigt. Unter den durchgeführten Metaanalysen (McEvoy & Cascio, 1985; Premack & Wanous, 1985) ist die aktuellste vorliegende die von Phillips (1998), in der 40 Einzelstudien zusammengefasst werden konnten. Phillips fand etwas geringere Effekte als frühere Analysen und vor allem geringere als die von Wanous (1989) selbst angegebenen, wobei sich die Effekte anglichen, wenn militärische Studien außer Betracht blieben und die Auswertungen auf Industrieunternehmen beschränkt wurden. Was als geringe (um $r = .10$), aber relativ konsistente Effekte von RJP angesehen werden können, sind die Senkung der Erwartungen und der selbstinitiierten Kündigungen sowie eine geringfügige Erhöhung von Commitment und Leistung.

Die Effekte sind etwas stärker und verlässlicher, wenn RJP zu einem sehr frühen Zeitpunkt im Einstellungsprozess erfolgt und wenn es die Form einer Videovorführung im Gegensatz zu schriftlicher Information hat. Im Einstellungsinterview kann der Vorteil genutzt werden, den realitätsgerechte Tätigkeitsinformation erbringt, wenn sie zu einem frühen Zeitpunkt gegeben wird, und den persönlich übermittelte Information gegenüber schriftlicher Information hat. Allerdings ist darauf zu achten, dass Auswahlsituationen aufgrund der hohen Aktivierung grundsätzlich nicht gut zur Informationsaufnahme und -verarbeitung geeignet sind. Dies gilt besonders für Personen, deren Erregungsniveau eine ausgeprägte Steigerung erfährt, also für Introvertierte stärker als für Extravertierte. Zweckmäßig ist es, die Information auf solche Aspekte von Arbeit und Organisation zu konzentrieren, die für Bewerber entscheidungsrelevant sind. Mehr als Produkte und Geschäftsergebnisse – über die Bewerber ab einem gewissen Arbeitsplatzniveau sich

ohnehin auch aus eigenen Stücken bereits informiert haben sollten – sind dies (vgl. auch Tachler, 1993, in Schuler, 1990a):
- Aufgaben und Zielsetzungen
- Organisationale Eingliederung, Über- und Unterstellungsverhältnisse
- Zusammenarbeit nach innen und außen
- Kompetenz, Verantwortungen und Verpflichtungen
- Konfliktpotenzial dieser Beziehungen
- Mögliche berufliche Entwicklung
- Deren Bedingungen (z. B. Mobilität) und Grenzen
- Einkommen und dessen Leistungsbezug
- Führungs- und Interaktionsstil

Der Zeitpunkt, zu dem tätigkeits- und organisationsbezogene Information im Interview vermittelt werden sollte, ist auch danach zu bemessen, dass nicht in wesentlichem Ausmaß Hinweise zur Beantwortung aufgabenartiger Fragen gegeben werden. Dies spricht eher für einen späteren Zeitpunkt im Gesprächsablauf; auch ist bis dahin das Spannungsniveau der Kandidaten etwas abgesunken und ihre Aufnahmefähigkeit besser. Möglich ist auch die Verteilung der Information auf mehrere Abschnitte, was zu einem Wechselspiel von „Geben und Nehmen" führt. Im Abschnitt über das Multimodale Interview wird eine genauere Erläuterung über die Eingliederung der Realistischen Tätigkeitsinformation in diese Interviewform gegeben. Eine gründliche Anleitung für die Planung und Durchführung einer Realistischen Tätigkeitsinformation als eigenständigem Recruiting-Baustein findet sich bei Strunz (1992).

4.10 Die Beziehung zwischen Interviewer und Bewerber

Jedes Gespräch stellt eine Form der Interaktion dar, die mit Urteilsbildung und gegenseitiger Steuerung verbunden ist (Schulz von Thun, 1993). Die Verhaltenssteuerung steht bei betrieblich veranlassten Gesprächen oft besonders im Vordergrund (Fiege, Muck & Schuler, 2001). In nur wenigen Fällen aber dürfte die Bewertungskomponente ähnlich ausgeprägt sein wie beim Einstellungsgespräch. Diese Funktion ist geradezu dermaßen dominierend, dass aus der Doppelintention, eine Auswahlentscheidung zu treffen und gleichzeitig für den anderen möglichst attraktiv zu sein, Konflikte für beide Handelnde resultieren, wie in Abbildung 1 dargestellt.

Die Art jeder Interaktion ist teilweise durch deren Zweck bestimmt. Deshalb ist die Beziehung zwischen Interviewer und Bewerber nicht nur durch die zweckbezogene Form von Frage- und Antwortfolge eingeschränkt, sondern auch durch den Prozess der gegenseitigen Beurteilung und Selbstdarstellung charakterisiert. (Hieraus resultiert ja auch die Schwierigkeit, das Interview als angenehmes und natürliches Gespräch zu führen, wie dies von Bewerbern so sehr geschätzt wird.)

Die Interaktion ist durch Vorsicht gekennzeichnet sowie durch einen höheren Grad an Intentionalität, also bewussten, vorsätzlichen Verhaltens; dies entspricht der Orientierung sowohl an den erstrebten Zielen als auch am Vermeiden von Urteilsfehlern (s. Abbildung 13). Die bewusste Selbststeuerung wird allerdings konterkariert durch die ungewöhnliche „Spielregel", andere, nämlich diagnostisch ergiebigere Fragen stellen zu dürfen, als dies für andere Gesprächsarten durch Konvention gedeckt ist. Es entsteht also eine eigentümliche Dynamik, die nur in Teilen üblichen Gesprächsroutinen folgt, in anderer Hinsicht dagegen eine Interaktion *sui generis* darstellt.

Verhaltenssymmetrie und Sympathie

Uns interessiert aus dieser Interaktion der Ausschnitt, der für die Urteilsbildung und damit für die Auswahlentscheidung relevant wird. Ein Phänomen, das in diesem Zusammenhang häufig beobachtet wurde, nämlich das Entstehen einer Symmetrie des Verhaltens und teilweise auch des Eindrucks, wurde in Abschnitt 4.9 bereits angesprochen. Neben *symmetrischem* gibt es auch *kompensatorisches* Verhalten (z. B. wird Unsicherheit des einen Interaktionspartners mit Dominanz des anderen beantwortet) und *reaktives* Verhalten (z. B. wird jemand, der sich in die Enge getrieben fühlt, trotzig und abweisend). Symmetriebeziehungen dürften vor allem dort entstehen, wo die interagierenden Personen über ein ähnliches Verhaltensrepertoire verfügen, kompensatorisches und reaktives Verhalten eher im Falle unterschiedlicher oder gar inkompatibler Repertoires und Stile. Insofern ist es nicht verwunderlich, dass Symmetrie als Signal wahrgenommen wird, dass man miteinander gut auskommen werde. Was dabei als ähnlich empfunden wird, kann wiederum von den Merkmalen der Beteiligten abhängen. Beispielsweise wäre es plausibel, wenn auf geringerem kognitiven Niveau von Bedeutung ist, *was* jemand denkt, auf höherem Niveau dagegen eher, *wie* er denkt.

Verhaltenssymmetrien sind sowohl Ursache als auch Konsequenz von Sympathie zwischen interagierenden Personen. Zu Abbildung 16 wurde dargelegt, dass der Sympathie oder Antipathie als genereller Bewertung des anderen überragende Bedeutung im Urteilsprozess zukommt. Für Lersch (1964, S. 253) sind „Sympathie und Antipathie *Urgefühle* des Miteinanderseins, die emotionalen Voraussetzungen für menschliches Zusammensein überhaupt" (Kursivsetzung im Original).

In einem Experiment von Keenan und Wedderburn (1975) äußerten die Interviewer entweder positive oder negative nonverbale Signale gegenüber ihren Kandidaten (Blickkontakt, Lächeln und häufiges Nicken bzw. Blickkontaktvermeidung, finsteres Dreinblicken und Kopfschütteln). Außenstehende Beobachter beurteilten die Kandidaten in den beiden Konditionen unterschiedlich, woraus die Autoren eine Wirkung des nonverbalen Interviewerverhaltens auf die Kandidaten erschlossen. Hierbei ist zwar als Alternativinterpretation nicht auszuschließen, dass sich Beobachter in ihrem Urteil auch direkt am Verhalten des Interviewers orientieren, dem sie unterschiedliche Wertschätzung entnehmen; das Ergebnis geht aber durchaus konform mit den schon in vorangegangenen Abschnitten referierten Ergebnissen, dass Signale der Aufmerksamkeit und Zuwendung wie Lebhaftigkeit, Blickkontakt, Bestätigung etc. beim Gesprächspartner die Stimmung verbessern, zur Öffnung und zu seinerseits betontem Kontaktverhalten führen. Schon 1960 hatte Anderson demonstriert, dass Interviewer bei negativer Vorinformation weniger und in unfreundlicherem Tonfall sprechen sowie weitere kritische und abwertende Signale senden, was dann zu einem unfreundlicheren Ton auch bei den Bewerbern führt. Generell scheinen Interviewer bei nachmalig akzeptierten Bewerbern mehr zu sprechen als bei abgelehnten.

Orpen (1984) fand signifikante Beziehungen zwischen der Ähnlichkeit von Interviewer und Bewerber (subjektiv wie objektiv), ihrer gegenseitigen Sympathie sowie der

Bereitschaft, den Kandidaten einzustellen. Damit bestätigt sich auch im Interviewkontext die verlässlich starke Beziehung und Entscheidungsrelevanz von Ähnlichkeit und Sympathie, wie sie in verschiedenen anderen Zusammenhängen aufgewiesen werden konnte (Schuler, 1975). Auch Campion (1980) beschäftigte die Reziprozität der Bewertungen von Interviewer und Bewerber sowie deren Bezug zur Bereitschaft zur Einstellung bzw. zur Annahme eines Angebots.

Im Falle von Dominanz und Submission dürfte der für praktisch alle übrigen Verhaltensweisen gültige Symmetrievorteil sich in sein Gegenteil verkehren. So konnte Tullar (1989) finden, dass erfolgreiche Bewerber dominantes Verhalten zeigten, wenn der Interviewer submissiv war, während sie sich ihrerseits bei einem dominanten Interviewer submissiv verhielten.

Konfirmatorische und diskonfirmatorische Strategien

Bei Dougherty, Turban und Callender (1994) waren es Signale wie Zustimmung, Lachen, verbale Ermunterung und Stimmqualität, wodurch der Interviewer das Kommunikationsverhalten der Kandidaten und den Rapport zwischen beiden beeinflusste. Die Autoren schlossen hieraus, dass Interviewer konfirmatorische Strategien verfolgten, also bemüht seien, ihren ersten Eindruck zu bestätigen. Auch interpretierten sie ihre Ergebnisse als Unterstützung der Annahme einer *self-fulfilling prophecy*. Dipboye (1982) hatte diese gedankliche Konstruktion herangezogen, um den Mechanismus zu benennen, dass der Interviewer das Gespräch mit einer Hypothese beginnt, die als früher Eindruck oder vorgefasste Meinung in Erscheinung tritt. Hat er beispielsweise den Eindruck, der Bewerber sei für eine Managementposition qualifiziert, sei er in Gefahr, ein „konfirmatorisches Interview" zu führen, in dessen Verlauf er bevorzugt solche Information bemerkt, sammelt, enkodiert und behält, die seine Hypothese bestätigt, während widersprüchliche Information ignoriert und vergessen wird.

Kasten 6: Self-fulfilling prophecy – die Karriere eines Begriffs

Die hübsche Idee der self-fulfilling prophecy hat, seit sie von Merton (1957) mit diesem Namen versehen und erläutert wurde, eine Karriere in der geistes- und sozialwissenschaftlichen Rhetorik gemacht, wie sie nur wenigen anderen Begriffen – hierzu gehören das „Vorurteil" sowie der psychoanalytische Terminus „Verdrängung" – beschieden war. Zunächst von der Soziologie eifrig kolportiert und in der Sozialpsychologie wie der psychologischen Methodenlehre (v. a. in der Form des Versuchsleitereffekts) experimentell untersucht, von der Pädagogik als Alternativerklärung für Begabungsunterschiede begrüßt und über diese schließlich in der populär- oder pseudowissenschaftlichen Verhaltens- und Gesellschaftserklärung für eine Vielzahl von Phänomenen strapaziert, hat sich diese Konstruktion von ihrem Charakter als prüfbare Hypothese abgelöst und ist zu einer vermeintlichen Universalerklärung insbesondere für unerwünschte Sachverhalte aufgestiegen. Dabei wird nicht zur Kenntnis genommen, dass in der weit überwiegenden Zahl empirischer Untersuchungen dieses Phänomen entweder überhaupt nicht bestätigt werden konnte, oder so geringe Effektstärken gefunden wurden, dass von einer brauchbaren Theorie nicht die Rede sein kann. Hier hat wohl das Zusammenwirken einer gesellschaftspolitisch willkommenen Erklärung mit einer attraktiven Bezeichnung ein Eigenleben gewonnen, das in seinem legendären Charakter ausgerechnet seinem antiken Vorbild, der Pygmalion-Sage, nicht weit nachsteht.

Während sich speziell für die self-fulfilling prophecy-Erklärung keine klare empirische Bestätigung findet – ebenso wenig wie für ihr Gegenteil, die „diskonfirmatorische", also kritisch hypothesenprüfende Strategie –, liegen eine Reihe von Studien vor, die grundsätzlich die Annahme der beurteilungsrelevanten gegenseitigen Verhaltenssteuerung stützen. Liden, Martin und Parsons (1993) ließen ihren Interviewer entweder „warm" oder „kalt" agieren (d. h. nonverbal freundlich oder unfreundlich). Beurteiler, die nur die Kandidaten, nicht aber die Interviewer sehen konnten, beurteilten die Kandidaten unter der „kalt"-Bedingung nachteiliger als diejenigen, die „warm" behandelt wurden. Zusätzlich zeigte sich eine differentielle Komponente insofern, als Interviewkandidaten mit geringem Selbstwertgefühl (die ohnehin schon schwächer abschnitten) vergleichsweise stärker durch die kalte Behandlung beeinträchtigt wurden als ihre selbstsicheren Kollegen.

Wo diskonfirmatorische Strategien besonders von Nutzen wären, aber selten verfolgt werden, ist bei der Prüfung einseitiger Hypothesen, z. B.: „Ich vermute, der Bewerber ist ein extravertierter Mensch „vs." „Mal sehen, ob der Bewerber eher extravertiert oder introvertiert ist". Konfirmatorisch wäre in diesem Fall die Frage: „In welcher Art von Gesellschaft fühlen Sie sich besonders wohl?", diskonfirmatorisch die Frage „In welchen Fällen war es Ihnen unangenehm, in eine größere Gesellschaft zu kommen?"

Dipboye und Gaugler (1993) vermuten, dass konfirmatorische Strategien außer bei einseitiger Hypothesenprüfung besonders ausgeprägt auch dann auftreten, wenn sich Interviewer gedrängt fühlen, bei ihrem ursprünglichen Eindruck zu bleiben – was z. B. der Fall sein kann, wenn man sich schon aufgrund der Unterlagen über Bewerber geäußert hat. Überdies dürfte diese Strategie dann gewählt werden, wenn Interviewer kognitiv überfordert sind. In allen Fällen müsste ein strukturiertes Interview ein taugliches Mittel sein, Abhilfe zu schaffen.

Reaktion auf Interviewermerkmale und Informationsauswahl

Die Erfahrung als Interviewer scheint sich positiv auf die Annahme eines Einstellungsangebots auszuwirken, wie Keenan (1977) gefunden hat, obwohl sie, wie an anderer Stelle bereits berichtet wurde, ohne wesentlichen Einfluss auf die Validität von Einstellungsgesprächen bleibt. Dies mag insofern erstaunen, als die erkennbare Erfahrenheit von Interviewern den Einsatz von Selbstdarstellungstechniken seitens der Bewerber begrenzen sollte (Delery & Kacmar, 1998). (An dieser Stelle kann allerdings daran erinnert werden, dass Selbstdarstellung durchschnittlich nicht validitätsrelevant ist.) Liden und Mitchell (1988) nehmen an, dass man sich in einer Interaktionssituation einen Eindruck von der Beeinflussbarkeit seines Gegenübers bildet, was besonders im Einstellungsinterview wirksam sein müsste. In der Interaktion mit erfahrenen Interviewern könnte den

Bewerbern eine ausgeprägt beschönigende Selbstdarstellung als wenig aussichtsreich erscheinen. In der Studie von Delery und Kacmar (1998) zeigten Kandidaten gegenüber bewertungsängstlichen Interviewern weniger Selbstattribution positiver Ereignisse als gegenüber Interviewern mit geringer Bewertungsängstlichkeit. Ein solcher Zusammenhang fand sich allerdings nicht für andere Taktiken des *impression management* und sollte deshalb nur mit Vorsicht interpretiert werden.

Eine einfache Möglichkeit, die Entscheidung des Bewerbers zu beeinflussen, hat der Interviewer mit der Gestaltung der Information über Anforderungen und Arbeitsbedingungen. In vielen Fällen dürfte die Tätigkeit für interessante Bewerber vorteilhafter dargestellt werden als für wenig attraktive Kandidaten, was bei Letzteren das Bemühen um die Stelle reduzieren und ihnen gleichzeitig eine Absage erträglicher machen kann. Zudem ist es nahe liegend, weniger akzeptablen – z. B. weniger sympathischen – Bewerbern schwierigere Fragen zu stellen als attraktiven Kandidaten (bestätigt bei Macan & Dipboye, 1988) und dadurch die Differenzen im Abschneiden zu vergrößern, was die Entscheidung für den Interviewer selbst vereinfacht und gegenüber anderen leichter kommunizierbar macht.

Zusammenfassend lässt sich also feststellen, dass sich auch die Beziehung bzw. der Prozess der Interaktion zwischen Interviewer und Bewerber auf dem Wege der Verhaltenssteuerung auf die Beurteilung auswirkt. Diese Effekte haben jedoch einen bei weitem geringeren Einfluss auf die Urteilsbildung und Einstellungsentscheidung als die Merkmale und das „primäre" Verhalten des Bewerbers, bei frei geführten Gesprächen vermutlich auch geringeren Einfluss als Eigenschaften des Interviewers.

4.11 Die Entscheidung des Interviewers

Mit dem Abschluss des Interviews steht für den Interviewer eine Entscheidung an; in den meisten Fällen ist es noch nicht die abschließende Personalentscheidung – diese ergibt sich erst aus der Zusammenschau aller Daten im Auswahlprozess und aus der vergleichenden Abwägung zwischen den Kandidaten; überdies ist sie häufig nicht vom Interviewer selbst oder doch nicht von ihm allein zu treffen und steht häufig innerhalb einer Entscheidungs*sequenz* (Triebe, 1978). Aber der Interviewer fasst – intuitiv oder nach einem vorbereiteten Schema – die erhaltenen Informationen aus dem Gespräch und zumeist auch aus den Bewerbungsunterlagen zusammen, gliedert sie in Anforderungsdimensionen, gewichtet diese nach ihrer Bedeutsamkeit, vergleicht sie mit Tätigkeitsanforderungen und zieht vielleicht auch die Arbeitsgruppe ins Kalkül, die den neuen Mitarbeiter aufnehmen soll, den künftigen Vorgesetzten sowie Stil oder Kultur des Unternehmens. Cable & Judge (1997) zeigten, dass Interviewer, um das Zusammenpassen von Bewerbern und Unternehmen festzustellen, die Kongruenz der Werthaltungen der Kandidaten mit den im Unternehmen vorherrschenden Werten einschätzen.

Einflussgrößen, die auf die Entscheidung wirken

Eine „Entscheidung" trifft der Interviewer insofern, als er seine Eindrücke in einer Weise zusammenfasst, die kommunizierbar ist und als Grundlage für das weitere Auswahlverfahren oder für die von ihm selbst zu treffende Personalentscheidung dienen kann. In diese Entscheidung geht ein, was in den verschiedenen Stufen und Teilaspekten des Urteilsprozesses an Einflussgrößen wirksam wurde, allerdings in einer sehr individuellen, subjektiven Weise. So zeigten Zedeck et al. (1983), dass Interviewer verschiedene Urteilsdimensionen benützen, wodurch sie die gewonnene Information auf unterschiedliche Weise interpretieren und folglich auch zu abweichenden Urteilen über gleiche Bewerber kommen. (An anderer Stelle wurde bereits diskutiert, ob diese Unterschiede und die daraus entstehenden Validitätsdifferenzen nicht alternativ als Stichprobenfehler interpretierbar sind.) Ähnliche Unterschiede entdeckten auch Valenzi und Andrews (1973), die zusätzlich große Diskrepanzen zwischen den von ihren Interviewern vermeintlich zugrunde gelegten Entscheidungsregeln und ihrer tatsächlichen Informationsgewichtung fanden.

Wie sich herausgestellt hat, ist die Kategorisierung urteilsrelevanter Information überdies stimmungsabhängig (Baron, 1989). Positiv gestimmte Interviewer beurteilen ihre Gesprächspartner nicht nur insgesamt als qualifizierter, sondern sie ordnen mehrdeutige Information eher solchen Kategorien zu, die ihrer Stimmungslage entsprechen, so dass – nach der Vorstellung von Baron – ihre Urteilskategorie des qualifizierten Kandidaten umfassender ist als diese Kategorie bei schlecht gelaunten Interviewern.

Baron (1993) fand, dass sich die Stimmungslage der Interviewer nicht auf ihre Beurteilung qualifizierter Bewerber auswirkte, während positive Stimmung zu besserer Beurteilung von Personen unklarer Qualifikation führte und zu negativer Beurteilung gering qualifizierter Bewerber (also vermutlich die Urteilssicherheit erhöht).

Wie seit den Arbeiten von Bieri (Bieri, Atkins, Briar, Leaman, Miller & Tripodi, 1966) bekannt ist, nimmt die Urteilsdifferenziertheit mit sehr positiven wie sehr negativen Einstellungen gegenüber anderen Personen ab. In der Personalpsychologie ist dieser Effekt regelmäßig an der höheren Korrelation zwischen den Dimensionen der Mitarbeiterbeurteilung (bzw. entsprechend geringerer Faktorenzahl) zu beobachten (Schuler, 1972). Baron (1987) konnte dieses Phänomen auch für den Kontext des Einstellungsinterviews bestätigen.

Die maßgeblich urteilsprägenden Eindrücke kommen früh zustande. Zwar konnte der Befund von Springbett (1954), demzufolge Interviewerentscheidungen in weniger als vier Minuten getroffen werden, von den meisten nachfolgenden Untersuchungen nicht bestätigt werden, für das Phänomen des ersten Eindrucks wurden aber viele Belege gesammelt. Bei Tullar, Mullins und Caldwell (1979) brauchten die Beobachter, denen ein halbstündiges Interviewvideo vorgespielt wurde, elfeinhalb Minuten, um bei qualifizierten Kandidaten zu einer Entscheidung zu kommen, und knapp sieben Minuten bei wenig qualifizierten Bewerbern (die Entscheidungszeit verkürzte sich, wenn ein nur viertelstündiges Interview angekündigt wurde). Auch in dieser Untersuchung findet sich also ein Hinweis auf die stärkere Entscheidungswirksamkeit negativer Information bzw. höhere Urteilssicherheit in Ablehnungsfällen.

Änderungen früh geformter Eindrücke finden selten statt, besonders wenn sie negativer Ausprägung sind. Vielfach werden Entscheidungen wohl deshalb nicht schnell getroffen werden können, weil mehrere qualifizierte Kandidaten im Rennen sind oder weil sich der Interviewer von keinem Bewerber wirklich angesprochen fühlt.

In der überwiegenden Zahl der Fälle bestätigen die Entscheidungen nach dem Interview die schon aufgrund der Bewerbungsunterlagen und sonstigen Vorinformationen gewonnenen Eindrücke. Dipboye (1992) sieht darin einen Beleg für eine fehlerhafte Bestätigungstendenz der Interviewer, muss allerdings konzedieren, dass auch alternative Erklärungen denkbar sind, insbesondere die, dass in den verschiedenen Auswahlstufen teilweise gleiche Eignungsindikatoren zum Ausdruck kommen, dass also Bewerber, deren Qualifikation schon aus ihrer Biographie hervorgeht, auch im Interview imstande sind, ihre Erfolgsaussicht unter Beweis zu stellen.

Generell muss die ubiquitäre Wirkung des ersten Eindrucks nicht zwangsläufig auf Urteilsfehler hinauslaufen. Beispielsweise konnte Borkenau (1991) – wie bereits erwähnt – demonstrieren, dass bereits nach sehr kurzer Beobachtungsgelegenheit Eindrücke hinsichtlich globaler Persönlichkeitsmerkmale zustande kommen, die mit den Selbsteinstufungen der Beobachteten in Persönlichkeitstests zumindest partiell übereinstimmen. Die methodische Beschränkung erster Eindrücke liegt in ihrer Begrenztheit auf wenige Items. Wenn die weitere Interaktion von den ersten Momenten abhängt (wodurch z. B. sympathischen oder kompetent wirkenden Bewerbern einfachere Fragen gestellt werden), so ergibt sich daraus ein Reliabilitätsproblem, weil de facto eine weit geringere als die eigentlich verfügbare Informationsmenge die Entscheidungsfindung bestimmt.

In Abschnitt 4.8 wurde bereits auf eine Studie von Anderson und Shackleton (1990) hingewiesen, in der die abschließenden Gesamtbeurteilungen mit $r = .64$ mit der Sympathie gegenüber den Kandidaten und mit $r = .50$ mit Ähnlichkeitsbeurteilungen korreliert waren. Bei 14 verschiedenen Tätigkeitsbereichen wurden keinerlei signifikante Differenzen in den Persönlichkeitsprofilen der akzeptierten Kandidaten gefunden, was von den Autoren als Beleg dafür gewertet wurde, dass die Interviewer keine differenzierten Urteile abgeben, sondern nach einem Stereotyp des „guten Bewerbers" urteilen.

Suboptimale Entscheidungsfindung

Es liegen vielerlei Belege vor, dass die Verarbeitung der Information nicht zu optimalen Entscheidungen führt. Landy (1976) fand, dass die berufliche Leistung höherer Polizeibeamter auf der Basis der Urteile (Faktorscores) aus den Interviews prognostizierbar war, nicht jedoch aufgrund der Einstellungsempfehlungen der Interviewer. Im gleichen Sinne wurde von Conway, Jako und Goodman (1995) aufgezeigt, dass „mechanisch" kombinierte Einzelurteile zu Gesamturteilen höherer Reabilität führt.

Zum Ergebnis suboptimaler Entscheidungsfindung kommen auch Versuche, Entscheidungsprozesse mittels *policy capturing*-Verfahren nachzumodellieren (z. B. Dougherty, 1986). Um ein solches Verfahren handelt es sich auch bei der Methode der *Hypothesenagglutination* (HYPAG, Wottawa, 1995). Regelmäßig wird durch solche Modelle der Entscheidungsnachbildung gezeigt, dass Diagnostiker nur einen Teil der Information verwerten, die sie zu nutzen angeben, und dass ihr intuitiver Gewichtungsalgorithmus meist simpler ist, als ihnen selbst bewusst wird.

Dies erinnert an die alte Frage, ob „klinische" (im Wesentlichen: intuitive) Urteilsbildung oder „statistische" Informationsverarbeitung zum besseren Ergebnis kommt. Seit der klassischen Arbeit von Meehl (1954) halten es die meisten Psychometriker für ausgemacht, dass die statistische Form der Datenverwertung intuitiv nicht zu übertreffen sei. Dies zu beweisen setzt allerdings voraus, dass der Verwertungsalgorithmus ohne Verlust nachgebildet werden kann. Im Einstellungsinterview scheint dies schwierig zu sein, weshalb Ganzach, Kluger und Klayman (2000) zum Ergebnis kommen, dass zwar die statistische Kombination dem intuitiven Urteil deutlich überlegen ist, die beiden Einzelmethoden jedoch übertroffen werden durch die Kombination beider Vorgehensweisen.

Trainings scheinen auf die Art der Informationsintegration und Entscheidungsfindung keine oder allenfalls geringe Auswirkungen zu haben (Zedeck et al., 1983). Webster (1982, S. 84) schreibt: „The only measure that differentiated trained experienced recruiters from others was their greater confidence". Die Verknüpfung dieser Ergebnisse – unzulängliche Informationsverarbeitung und Trainingsresistenz – spricht sehr stark für ein methodengestütztes Vorgehen im Interview, das dem Interviewer zu besseren Entscheidungen verhilft. Gemäß den Ergebnissen von Ganzach et al. (2000) müsste dabei eine Vorgehensweise optimal sein, welche die intuitive Form der Urteilsbildung um eine statistische Informationsaggregation nicht vollständig ersetzt, sondern ergänzt.

Orientierung am Person-Organisations-Fit

Überhaupt muss dem Eindruck vorgebeugt werden, es handle sich bei der Urteilsbildung von Interviewern um eine völlig unzulängliche, irrationale, willkürliche Vorgehensweise. Die Untersuchung von Cable und Judge (1997) kann dies illustrieren. Cable und Judge entwickelten ein Kovarianzstrukturmodell, das die vermuteten Einflussgrößen auf die Entscheidungsfindung abbildet, und prüften es an einer Gruppe von 38 Interviewern, die insgesamt 93 Bewerber interviewten. Aus den Daten errechneten sie Maximum-likelihood-Parameterschätzungen für das entworfene Modell wie in Abbildung 19 wiedergegeben.

Aus den in Abbildung 19 eingetragenen Pfadkoeffizienten ist ersichtlich, dass die Einstellungsempfehlungen der Interviewer in erheblichem Maße – nämlich stärker als von ihrer Sympathie gegenüber dem Bewerber und weit mehr als von dessen Notendurchschnitt – von ihrer Einschätzung beeinflusst werden, inwieweit die Werthaltungen des Bewerbers mit den Werten der Organisation übereinstimmen. Diese Ergebnisse können auch als Bestätigung der ASA-Theorie von Schneider (1987) angesehen werden, in der die Annahme formuliert wird, dass Organisationen dadurch geprägt werden, dass sie bestimmte Personen anziehen und behalten (ASA ist die Abkürzung für *a*ttraction, *se*lection, *a*ttrition). Aus der Abbildung ist weiterhin erkennbar, dass die Variablen Berufserfahrung und Geschlecht von gewissem Einfluss sind (Frauen werden bevorzugt), während Notendurchschnitt, Attraktivität und Rassenzugehörigkeit praktisch unerheblich waren. Die abschließende Entscheidung wird in diesem Fall (der immerhin 35 verschiedene Organisationen repräsentiert, die Hochschulabsolventen einstellen) in hohem Maße von der Empfehlung der Interviewer beeinflusst.

Entscheidungssicherheit trotz geringer Validität

Viele Interviewer sind sich ihres Urteils sicher. Bei Downs (1969) waren es 81 % der befragten Interviewer, die nach getroffener Entscheidung ihr Sicherheitsempfinden auf „75 % oder höher" bezifferten. Für die Zeit der Untersuchung von Downs, in der die allermeisten der durchgeführten Interviews unstrukturiert und häufig wenig anforderungsbezogen waren, beträgt die durchschnittliche prognostische Interviewvalidität $r = .14$ (Hunter & Hunter, 1984). Wie lässt sich erklären, dass die Urteilssicherheit weit-

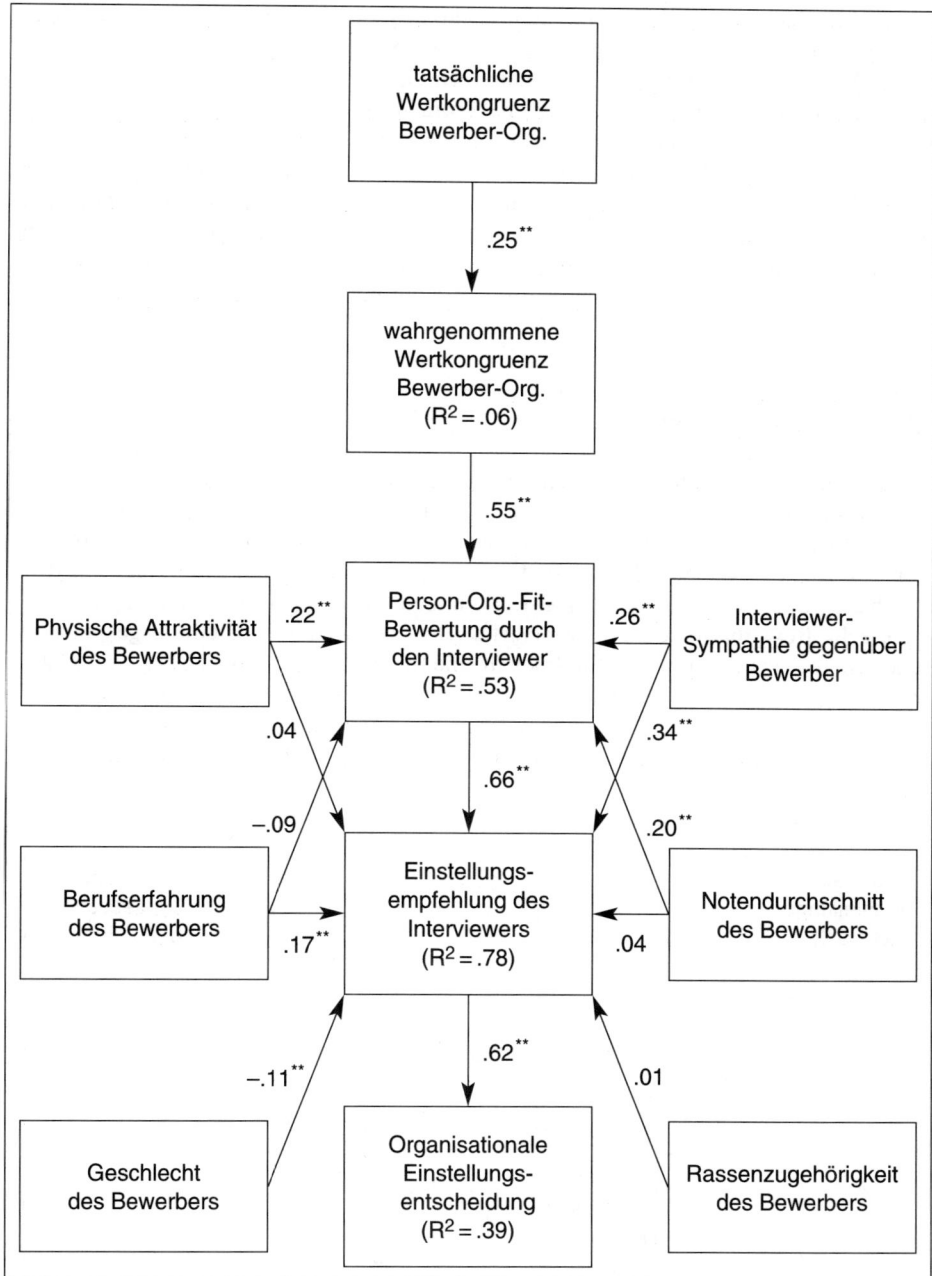

Abbildung 19: Maximum-likelihood-Parameterschätzungen für das angenommene Modell von Selektionsentscheidungen auf Basis des Person-Organisations-Fit. Eingetragene Werte sind standardisierte Pfadkoeffizienten; R^2 = Determinationskoeffizient; ** $p < .01$, zweiseitig (übs. aus Cable & Judge, 1997, p. 553)

gehend unabhängig von der Richtigkeit der getroffenen Entscheidung zu sein scheint bzw. selbst bei durchschnittlich geringer Validität recht hoch ausgeprägt ist?

Ein Teil der Erklärung für dieses Phänomen dürfte darin zu finden sein, dass Interviewer häufig keine Erfolgsmeldungen bekommen (und sich auch nicht darum bemühen), die sie systematisch mit ihrer Auswahlprozedur vergleichen. Im Falle des Einstellungsinterviews würden ihnen selbst Erfolgsmeldungen nicht helfen zu erkennen, welche ihrer Fragen brauchbar und welche unbrauchbar sind. Ein großer Teil der Fehler, die bei Einstellungsentscheidungen gemacht werden, ist sogar prinzipiell nicht erkennbar, nämlich die *Ablehnung qualifizierter Bewerber*. Ein Beispiel mag verdeutlichen, dass man selbst bei sehr fehlerhafter Entscheidung mit seiner Auswahl zufrieden sein kann:

Kasten 7: Falsche Sicherheit

Angenommen, zwei gleichartige Arbeitsplätze sollen besetzt werden. Aufgrund der Selbst- und Vorselektion der Bewerber (z. B. durch geforderte Schulbildung) soll die Wahrscheinlichkeit, dass jemand in der unausgelesenen Bewerbergruppe zumindest einigermaßen zufriedenstellend arbeitet, 80 % betragen; d. h. nur zwei von zehn Bewerbern würden eindeutig an den Anforderungen scheitern. Nun unterziehen wir unsere zehn Bewerber einem Auswahlverfahren – z. B. einem Einstellungsgespräch – und bringen sie nach unserem Eindruck in eine Rangreihe von A bis K. Nach drei Jahren „messen" wir ihren Berufserfolg mittels der Vorgesetztenbeurteilung und stellen auch hierfür wieder eine Rangreihe auf (für die abgelehnten Kandidaten handelt es sich natürlich um fiktive Rangplätze). Es könnte sich hierbei das in Abbildung 20 dargestellte Bild ergeben.

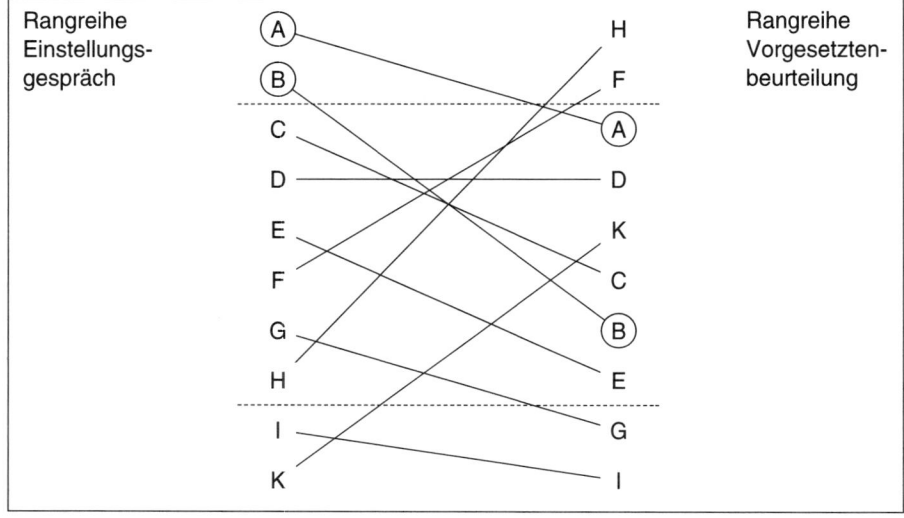

Abbildung 20: Weshalb Interviewer ihre Fehler nicht als solche erkennen (Erklärung s. Text)

Die Kandidaten A und B machten im Einstellungsgespräch den besten Eindruck und wurden daraufhin eingestellt. Der Vergleich der beiden Rangreihen bietet ein recht konfuses Bild: Nur für Person D wurde ihr späterer Rangplatz richtig vorhergesagt, in allen anderen Fällen kam es zu Differenzen zwischen einem und sieben Rangplätzen. Die ausgewählten, weil vermeintlich besten Kandidaten A und B kommen nach der Leistungsbeurteilung nur auf die Plätze drei und sieben. Die beiden besten Bewerber H und F wurden nicht als solche erkannt und deshalb abgelehnt. Die Prognose war also denkbar schlecht.

Dass man mit der Entscheidung – und damit mit dem Auswahlverfahren – trotzdem zufrieden sein wird, hat folgende Gründe: Die Unterschätzung der beiden besten Bewerber wird nie aufgedeckt, ebenso wenig wie die übrigen Rangplatzdifferenzen. Dagegen wird nach der Leistungsfeststellung konstatiert, dass tatsächlich – wie erwartet – A vor B liegt und dass beide – A deutlich, B noch – im Bereich der zufriedenstellenden Leistung liegen. A leistet mehr als B, so dass man das Auswahlverfahren für gut differenzierungsfähig halten kann. Eventuell kommt man zum – falschen – Schluss, dass man künftig strenger (nur die besten 10 % statt 20 % der Bewerber) auswählen muss, wenn man Mitarbeiter B als nur knapp über der Grenze zur akzeptablen Leistung wahrnimmt. Den richtigen Schluss, dass es sich um ein wenig valides Auswahlverfahren handelt, wird man aufgrund dieser Sachlage kaum ziehen.

Genau beziffert, beträgt die Validität dieses Einstellungsgesprächs $r = .14$, berechnet als Korrelation zwischen den beiden Rangreihen. (Üblicherweise wird eine so genannte Produkt-Moment-Korrelation berechnet, auf die hier aus Anschaulichkeitsgründen verzichtet wurde.) Mit einem Wert von $r = .14$ liegt unser Einstellungsgespräch zwar über der Zufallswahrscheinlichkeit von 0, aber doch deutlich unter dem, was mit besser kontrollierten Verfahren zu leisten ist. Die Konfiguration im Beispiel wurde nicht zufällig so gewählt, dass sie den Wert $r = .14$ ergibt, sondern gemäß dem von Hunter & Hunter (1984) als durchschnittlichen Validitätskoeffizienten für herkömmlich geführte Einstellungsgespräche errechneten Wert (der in neueren Analysen eher in der Größe von $r = .20$ ermittelt wird).

4.12 Die Entscheidung des Bewerbers

Angesichts der nahezu hundertjährigen Geschichte der Interviewforschung ist das Interesse an der Bedeutung, die das Auswahlgespräch für die Entscheidung der Bewerber hat, erst spät auf den Plan getreten.

Perspektivenwechsel

Schein (1965) hat das Konzept des *psychologischen Kontrakts* in die Organisationspsychologie eingeführt, um die Wechselwirkung zwischen Individuum und Organisation zu verstehen, aus der im günstigen Falle Integration und gegenseitiges Commitment entstehen. Während es sich aber in so gut wie allen Teilbereichen der Arbeits- und Organisationspsychologie früh zur Selbstverständlichkeit entwickelte, auch die Perspektive der Mitarbeiter einzunehmen und dadurch hohe Ansprüche an Fairness und Reziprozität zu entwickeln, konnte die Personalauswahl lange Zeit „als letzte Insel der Intransparenz und Nichtpartizipation im heutigen Verständnis organisationalen Handelns (gelten)", wie an anderer Stelle (Schuler, 1990, S.185) formuliert wurde.

Interviewer als Einflussgröße

Alderfer und McCord (1970) befragten Hochschulabsolventen nach ihren Erfahrungen mit Auswahlgesprächen und nach den Bedingungen, unter denen sie bereit wären, ein Stellenangebot anzunehmen. Aus den Antworten ging u. a. hervor, dass die Befragten sich für jene Firmen entscheiden würden, deren Interviewer sich um sie bemühten, Interesse an ihnen zeigten und ihnen den Berufsweg anderer Hochschulabsolventen im Unternehmen aufzeigten.

Schmitt und Coyle (1976) führten eine einflussreiche Untersuchung zu dieser Frage durch. Über die Ergebnisse wurde in Abschnitt 4.9 berichtet, soweit sie sich auf den Eindruck bezogen, den die Bewerber von den Interviewern gewannen. Knapp zusammengefasst, sagten sie aus, dass die Wahrnehmung des Unternehmens sowie des Interviewers selbst von dessen Verhalten im Auswahlgespräch abhing. Aber auch die Bereitschaft, ein Einstellungsangebot anzunehmen, erwies sich als abhängig von diesem Eindruck, und zwar insbesondere von den Urteilsfaktoren 1, 2 und 5, d.h. davon, ob der Interviewer warmherzig und kooperativ wirkte, wie er sich ausdrückte und ob er über Aufgaben und Entwicklungsmöglichkeiten im Unternehmen informierte. Diese Studie erwies sich später als wichtige Stütze für die Entwicklung der ASA-Theorie, die besagt, dass Organisationen jeweils einen bestimmten Typ von Menschen anziehen, prägen und behalten (Schneider, 1987). Verwandt zur Schmitt und Coyle-Studie ist die Arbeit von Ralston und Brady (1994), die Auswirkungen des Erstgesprächs auf die Bereitschaft der Bewerber feststellte, der Einladung zu einem zweiten Interview Folge zu leisten.

In der Folge wurden weitere Studien durchgeführt, die den Einfluss des Interviews sowie des Interviewers auf die Entscheidung des Bewerbers unterstrichen. Speziell ist damit zu rechnen, dass es das *Erstgespräch* ist, von dem ein solcher Einfluss ausgeht, während spätere Kontakte und Gesprächserlebnisse bereits auf Vorerfahrungen treffen, die insofern eine gewisse Änderungsresistenz aufweisen dürften, als die aktivierende Situation des Erstgesprächs starke emotionale Konditionierungen begünstigt.

Gleichwohl kommen eine Reihe von Untersuchungen auch zu Ergebnissen, die den Einfluss von Interview und Interviewer relativieren. Ein Beispiel hierfür ist die Studie von Powell (1984), in der zweihundert Bewerber nach ihrer Einschätzung der angestrebten Position, des Unternehmens und des Interviewers befragt wurden. Als stärkstes Korrelat der Bereitschaft, ein Stellenangebot anzunehmen, erwies sich die Meinung über die Tätigkeit als solche ($r=.51$), danach folgten das Unternehmen ($r=.48$), Sympathie gegenüber dem Interviewer ($r=.40$), Einschätzung der Kompetenz des Interviewers ($r=.37$) und Gehalt/Sicherheit ($r=.28$). Eine Strukturgleichungsanalyse bestätigte, dass die Merkmale der Tätigkeit wichtiger für die Entscheidung der Bewerber sind als die Auswahlprozedur. Zu einem ähnlichen Resultat kommt die Untersuchung von Macan und Dipboye (1988), in der sich Tätigkeit ($r=.64$) und Unternehmen ($r=.67$) als stärkere Korrelate der Entscheidung erwiesen als der Interviewer ($r=.42$). In diesem Fall trug die Tätigkeitsbewertung in einer multiplen Regression sogar als einzige Variable eigenständige Varianz zur Aufklärung der Bewerberentscheidung bei.

Vergleicht man die Wirkung verschiedener Auswahlverfahren untereinander, wie in Abschnitt 4.9 bereits geschehen, so steht das Interview an der Spitze der Präferenzen, wofür seine Charakteristika persönlicher Kontakt, Situationskontrolle, gegenwärtige Leistung und Information ausschlaggebend sind. Zwar führt das hohe Kontrollerleben zu einer Bevorzugung freier Gesprächsformen, andererseits wird es von Bewerbern aber auch als gerecht gutgeheißen, dass in strukturierten Interviews allen Bewerbern die gleichen Fragen gestellt werden, und als Indikator für Kompetenz und Professionalität der Organisation wahrgenommen (Schuler, 1993a). Gilmore (1989) zeigte auf, dass Blickkontakt, Lächeln und weiteres positiv bewertetes Interviewerverhalten bei beiden Interviewformen möglich ist.

Es sollte nicht aus den Augen verloren werden, dass dem Interview über die Auswahl geeigneter Mitarbeiter hinaus noch weitere Funktionen zukommen, wie in Kapitel 1 ausgeführt wurde. Dipboye (1992) hebt als besonders wichtige zusätzliche Funktionen heraus:

– *den Interviewer als Ratgeber:* Unterstützung des Bewerbers bei der Berufs- und Organisationswahl; speziell Beratung und Trost für die abgelehnten Bewerber;
– *die symbolischen Funktionen des Interviews:* Vermittlung der Organisationskultur und -werte; Betonung der Selektivität der Mitgliedschaft; ritueller Charakter der Auswahl; Betonung des Persönlichen; Angstreduktion;
– *das Interview als Mittel der Sozialisation:* Vermittlung von Einstellungen und Verhalten, die von Mitgliedern der Organisation erwartet werden; Schaffung einer Atmosphäre von Offenheit und Vertrauen; Begegnung mit künftigen Kollegen und anderen Organisationsmitgliedern.

Darüber hinaus nennt Dipboye (1992) noch die beiden Funktionen *persönliche Befriedigung* und *politische Taktik,* die aber Präferenzen der *Interviewer* betreffen, deren Bedürfnis nach Macht, Einfluss und nach einer anspruchsvollen Tätigkeit das Interview stärker entgegenkommt als der Einsatz standardisierter, also Routineprozeduren zur Personalauswahl.

Die genannten Funktionen lassen erkennen, dass die Aufgabe des Einstellungsinterviews in die Hände von Personen gelegt werden sollte, die zum einen an anspruchsvoller, selbstbestimmter Arbeit interessiert sind, die vor allem aber den Eindruck vermitteln können, in Anspruch und persönlichem Niveau als Repräsentanten des Unternehmens zu wirken und die die Bedeutung dieser Aufgabe und damit der künftigen Mitarbeiter betonen. Die Besten sind, wie Klitgaard (1985) sagt, die „Aristokraten" der Organisation.

Realistische Tätigkeitsinformation

Zu Abschnitt 4.9 wurde auch bereits ausgeführt, dass Realistische Tätigkeitsinformation (Realistic Job Preview, RJP) einen Beitrag leisten kann, die Entscheidung der Bewerber zu begünstigen, und zwar insofern, als sie die Selbstselektion fördert und damit künftiger Abwanderung vorbeugt (Wanous, 1989). Im Sinne von Schneider (1987) könnte man sagen, RJP trägt dazu bei, solche Mitarbeiter zu gewinnen, die besser zur Organisation passen. Freilich hat man dabei auch in Kauf zu nehmen, dass der eine oder andere Bewerber, den man gern gewonnen hätte, sich für ein anderes Unternehmen entscheidet, wenn man darauf verzichtet, die eigene Organisation sowie die Tätigkeit und die beruflichen Entwicklungsmöglichkeiten beschönigt darzustellen. Wenn man Glück hat, wird dieser Effekt (mehr als) aufgewogen durch die Vorteile von RJP. Saks (1989) hat diese potenziell konflikthafte Konstellation in das Schema gebracht, wie es in Abbildung 21 wiedergegeben wird.

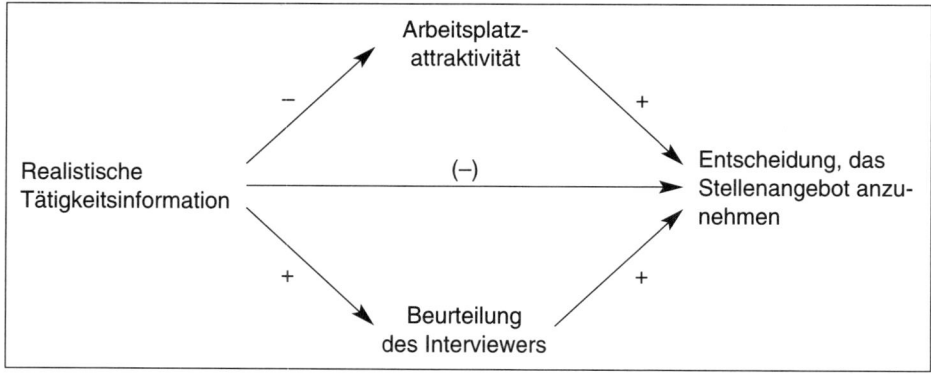

Abbildung 21: Beziehung zwischen Realistischer Tätigkeitsinformation und Entscheidung, das Stellenangebot anzunehmen, moderiert durch Arbeitsplatzattraktivität und Beurteilung des Interviewers (Saks, 1989)
Anmerkung: + positive Beziehung, – negative Beziehung

Wie Abbildung 21 deutlich macht, hat nach den Vorstellungen und Daten von Saks (1989) RJP zunächst einen potenziell negativen Effekt auf die Entscheidung des Bewerbers, da die Attraktivität des Arbeitsplatzes darunter leidet. Andererseits kann durch dessen positive Qualitäten und durch Person sowie Verhalten des Interviewers das Gesamtkalkül auch in ein positives verkehrt werden. Die „Zweiseitigkeit" der Information (also gemischt positive und negative Aussagen) dürfte vor allem bei Personen höheren Differenzierungsgrades positiv aufgenommen werden (Schuler & Moser, 1993). Daraus würde plausibel, weshalb bei komplexeren Arbeitsplätzen stärkere Effekte gefunden wurden (McEvoy & Cascio, 1985).

Einem Vorschlag von Thornton (1993) gemäß kann die positive Wirkung von RJP dadurch erhöht werden, dass die Information „individualisiert" wird, d. h. beispielsweise bezüglich solcher Werte und Bedürfnisse erfolgt, die dem betreffenden Kandidaten bei seiner Arbeit wichtig sind. Harriot (1989) empfiehlt zusätzlich, auch über das Auswahlverfahren und darüber zu informieren, was das Unternehmen in seinen Kandidaten sucht, sowie diese der Vertraulichkeit zu versichern. Von Barber, Hollenbeck, Tower und Phillips (1994) wird empfohlen, getrennte Gespräche zu Anwerbung und Auswahl zu führen, weil Kandidaten mehr Information aufnehmen, wenn das Erstgespräch keine Selektionsfunktion hat.

Rynes (1993) stellt Ursachen zusammen, weshalb Bewerbererwartungen und Rekrutierungsbemühungen so häufig in Diskrepanz zueinander geraten (z. B. widersprüchliche Ziele sowie überhöhte Erwartungen auf der einen und administrative Nachlässigkeit auf der anderen Seite), und nennt Fälle, in denen durch geschickte Interviewführung Kandidaten gewonnen werden konnten, die sich ohne eigentliches Interesse für das Unternehmen – z. B. nur zu Übungszwecken – beworben hatten. Erfolgskritische Elemente in diesen Fällen von Campus-Recruiting an hochrangigen Universitäten waren dynamische Interviewer, die von ihrem Unternehmen begeistert waren, schnelle Einladungen zu Firmenbesuchen, gutorganisierte Auftritte ohne „Durchhänger", Gelegenheiten, mit hochrangigen Führungskräften und Leuten aus anderen Bereichen zu sprechen, sowie Aufrechterhalten des Kontakts und gegebenenfalls ein rasches Angebot nach dem Firmenbesuch.

In diesem Abschnitt wurde nur die Entscheidung des Bewerbers betrachtet, soweit sie vom Interview sowie den in der Interaktion wirksamen Einflussgrößen und Prozessen abhängig ist. Für allgemeinere Ausführungen über Organisationswahl und berufliche Entscheidungen von Stellungssuchenden muss auf entsprechende Literatur (z. B. Moser & Zempel, 2001; Schuler & Moser, 1993) verwiesen werden.

5 Anforderungsanalyse

Spricht man von beruflicher Eignung, so ist gemeint „Eignung *wofür*"; mit beruflicher Leistung ist zumeist die Leistung in einem *spezifischen Tätigkeitsbereich* gemeint, und wenn *Personalentwicklungsmaßnahmen* geplant werden, so hat man gewöhnlich bestimmte Zielpositionen oder Ausbildungswege im Auge. Die Ermittlung dieses „Wofür" ist Aufgabe der *Arbeits- und Anforderungsanalyse*. Sie hilft uns, die Charakteristika von Arbeitsvollzügen festzustellen, die als Anforderungen an Mitarbeiter gestellt werden.

5.1 Zum Erfordernis der Anforderungsanalyse

Wie in Kapitel 2 bereits ausgeführt, sind es drei Ebenen, auf denen Person und Arbeit zu vergleichen sind, um zu einer passenden Zuordnung zu gelangen: tätigkeitsspezifische Anforderungen sind den Fähigkeiten, Fertigkeiten und Kenntnissen der Person gegenüberzustellen; tätigkeitsübergreifende Anforderungen sind mit generell erfolgsrelevanten Eigenschaften und dem Entwicklungspotenzial der Person zu vergleichen; schließlich ist das Befriedigungspotenzial der Tätigkeit mit den Interessen, Bedürfnissen und Werthaltungen der Person abzustimmen (vgl. Tabelle 2).

Die Gegenüberstellung auf allen drei Ebenen erlaubt uns, nicht nur dem derzeitig erkennbaren Bedarf zu entsprechen, sondern auch für mögliche künftige Anforderungen vorzusorgen sowie sicherzustellen, dass durch die Erfüllung persönlicher Strebungen Zufriedenheit, Gesundheit und das Verbleiben in der Organisation berücksichtigt werden.

Damit ist der erste der drei Hauptgründe festgestellt, weshalb eine Anforderungsanalyse wichtig, in vielen Fällen unentbehrlich ist: der inhaltlich-logische Zusammenhang zwischen Person- und Arbeitsplatzmerkmalen, der den *Eignungsbegriff* konstituiert.

Der zweite Grund wurde in Kapitel 3 (Interviewforschung) angesprochen: Neben der Interviewstruktur ist der Anforderungsbezug der beste Garant für höhere *prognostische Validität* im Vergleich zu konventionellen Auswahlgesprächen. Der Anforderungsbezug stellt gewissermaßen sicher, dass der Interviewer sehr viel vom Arbeitsplatz versteht und sich bei seinen Fragen an tätigkeitsrelevante Gesichtspunkte hält. Schon die Ausstattung der Interviewer mit Stellenbeschreibungen führt zur vermehrten Nutzung tätigkeitsrelevanter Information im Interview (Wiener & Schneiderman, 1974). Überdies erhöht der Anforderungsbezug die Objektivität der Beurteilungen (Conway et al., 1995). Hinzu kommt als weiterer Aspekt, dass die prognostische Validität in den meisten Fällen nicht vor dem Ersteinsatz eines Interviews geprüft wird (wie man es beispielsweise von einem Test erwartet), vielfach sogar überhaupt nie ermittelt wird (z. B. weil die Zahl der Anwendungen zu gering ist, um verlässliche Koeffizienten zu errechnen). In diesen Fällen stellt die *inhaltliche Validität* den vorläufigen oder dauerhaften Ersatz für die Bestimmung der prognostischen Validität dar und ist deshalb zur methodischen Begründung des Einsatzes dieses diagnostischen Instruments von herausragender Bedeutung. Drittens schließlich liefert die Anforderungsanalyse die ethische und juristische Rechtfertigung der Diagnose und Auswahl. Faktisch stellt die Ableitung der Anforderungskonstrukte und eignungsdiagnostischen Instrumente gewöhnlich den einzigen Nachweis dar, dass die Auswahl der Bewerber tatsächlich sachliche Grundlagen hat und nicht etwa allein auf persönliche Sympathie, politische Gefälligkeit, Geschlecht, Alter oder andere Einflussgrößen zurückgeht, deren Summe landläufig als „Nasenfaktor" bezeichnet wird. In der nordamerikanischen Rechtsprechung, wo das Problem der Rassendiskriminierung eine große Rolle spielt, hat die Anforderungsanalyse bei allen eignungsdiagnostisch begründeten Entscheidungen (wie auch bei der Leistungsbeurteilung) einen hohen Stellenwert (vgl. Kapitel 14). Aus dem gleichen Grund ist auch die betriebliche Interessenvertretung der Mitarbeiter an Auswahlverfahren interessiert, die auf objektivierbaren Sachverhalten beruhen.

Unter ethischen Gesichtspunkten kann auch das sozialpolitische Problem diskutiert werden, dass eine Auswahl allein nach *allgemein* erfolgsbedingenden Merkmalen – z. B. Intelligenz – unfair erfolgt, d. h. Angehörige benachteiligter Gruppen in geringeren Quoten berücksichtigt werden, als es der statistischen Prädiktor-Kriterienbeziehung entspricht (vgl. Abschnitt 14.2). Die Berücksichtigung *spezifischer* – d. h. die Anforderungen der jeweils in Frage stehenden Tätigkeit berücksichtigender – Eignungsmerkmale verhindert, dass in allen Auswahlverfahren die gleichen Bewerber abgelehnt werden und sich damit am Arbeitsmarkt ein stabiler Grundstock an Arbeitslosen ohne Chancen auf Beschäftigung bildet.

5.2 Ansätze und Verfahren der Anforderungsanalyse

Wie kommt nun der Interviewer zu anforderungsbezogener Information? Es gibt drei grundsätzliche Zugänge und eine Vielzahl an spezifischen Instrumenten und Vorgehensweisen. Als grundsätzliche Zugänge unterscheiden Eckardt und Schuler (1992):
- *Die erfahrungsgeleitet-intuitive Methode*, wie sie auf der Grundlage umfangreicher vergleichender Erfahrung vielfach von Berufsberatern des Arbeitsamts verwendet wird. Bei geringerer Erfahrung und sich rasch verändernden Anforderungen ist diese Vorgehensweise unzureichend.
- *Die arbeitsplatzanalytisch-empirische Methode*. Hierbei werden berufliche Tätigkeiten mittels formalisierter Vorgehensweisen (z. B. Fragebogen) an konkreten Arbeitsplätzen untersucht. Diese Vorgehensweise hat sich für die meisten Fälle als Methode der Wahl herausgestellt, deshalb werden wir uns mit ihr im Folgenden näher befassen.
- *Die personbezogen-empirische Methode*, bei der die Anforderungen über die statistischen Zusammenhänge zwischen den Merkmalen der in einem Beruf tätigen Personen und dem Maß ihres beruflichen Erfolgs (Leistung, Zufriedenheit etc.) ermittelt werden. Diese Methode ist brauchbar, soweit es sich um stabile Eigenschaften handelt, sie findet allerdings dort ihre Grenzen, wo Merkmale erst als *Folge* der Berufstätigkeit zustande gekommen sind (z. B. Fertigkeiten und Kenntnisse).

Die Zahl verfügbarer arbeits- und anforderungsanalytischer Verfahren ist groß; Übersichten finden sich beispielsweise bei Gael (1988) sowie bei Frieling und Sonntag (1999). Die Begriffe Arbeitsanalyse und Anforderungsanalyse werden häufig synonym gebraucht oder, wie bei Schuler und Funke (1995) dahingehend differenziert, dass Arbeitsanalyse zur Beschreibung der Tätigkeit in Situationsbegriffen dient, während Anforderungsanalyse den Übergang zur Beschreibung in Personbegriffen kennzeichnet.

So wie multimodale oder multimethodale Vorgehensweisen in der Diagnostik einem einseitigen Vorgehen in aller Regel überlegen sind, steht auch die Arbeits- und Anforderungsanalyse auf einem soliden Fundament, wenn sie mit Methoden arbeitet, die verschiedene Aspekte oder Ebenen erfassen. Als wichtigste Ebenen können *Aufgaben-, Verhaltens- und Eigenschaftsanforderungen* unterschieden werden. Ihnen lassen sich entsprechende Ebenen eignungsdiagnostischer Verfahren sowie Maßnahmen der Personalentwicklung und Leistungsbeurteilung zuordnen, wie in Tabelle 18 zusammengestellt.

Tabelle 18: Beschreibungsebenen personalpsychologischer Instrumente (aus Schuler, 2001b, S. 49).

Arbeits- und Anforderungs-analyse	Eignungs-diagnostische Verfahren/ Personalauswahl	Maßnahmen der Personal-entwicklung	Leistungs-kriterien
Aufgaben-, Ergebnis- und Qualifikations-anforderungen	Kenntnisprüfungen, Noten, Biographie, fachliche Qualifikation und Erfahrung	Wissensorientierte Verfahren, Bildung, fachl. Qualifizierung	Ergebniskriterien, Qualitätskriterien, Standards, Examina, Erledigung, Zielerfüllungsgrad
Verhaltensan-forderungen, z. B. Fertigkeiten, Gewohnheiten, Handlungs-regulation	Arbeitsproben, Simulationen, Fertigkeits-prüfungen	Verhaltensorien-tierte Verfahren, stellenbezogene Entwicklung, Coaching	Verhaltenskriterien
Eigenschaftsan-forderungen, z. B. Fähigkeiten, Temperamentsmerk-male, Interessen	Tests, Potenzial-analyse	Persönlichkeits-entwicklung, Sozialisation	Eigenschafts-kriterien

Arbeitsanalyse auf der *Aufgabenebene* bedeutet, dass die objektiven Tätigkeiten oder Tätigkeitselemente beschrieben werden. Eine Analyse dieser Art wird zumeist mittels sogenannter *Aufgabeninventare* durchgeführt, deren Items eine Beurteilung der betreffenden Aufgabe bezüglich ihrer Bedeutung, Häufigkeit oder Schwierigkeit verlangen. Für Zwecke der Personalentwicklung sind detaillierte Inventare meist von Vorteil, weil der Trainingserfolg steigt, je feiner die Lerneinheiten kalibriert sind. Für eignungsdiagnostische Zielsetzungen dagegen schränken zu spezifische Verfahren die Vergleichbarkeit ein, weshalb solche Verfahren von Vorteil sind, mittels deren die allgemeineren, typischen Charakteristika eines Arbeitsplatzes festgestellt werden können. Am einfachsten lassen sich hiermit Qualifikationsforderungen feststellen, deren Erfüllung zumeist schon aus den Bewerbungsunterlagen zu erkennen ist (Kenntnisse, Erfahrungen u. ä.).

Auch Arbeitsanalysen auf der Aufgabenebene sind als Grundlage der Interviewgestaltung brauchbar, aber wichtiger für uns sind Anforderungsanalysen auf der *Verhaltensebene* und der *Eigenschaftsebene*. Sie sind nicht perfekt zu trennen, weil auch Verhalten und Eigenschaften eher als unterschiedliche Abstraktionen des gleichen Phänomenbereichs denn als grundsätzlich Verschiedenes aufgefasst werden können. Aber idealtypisch lassen sich die beiden Verfahrenstypen recht einfach unterscheiden: Verhaltensbezogene Analyseverfahren fragen danach, welche Verhaltens- oder Handlungsweisen erforderlich sind, um die Arbeitsaufgabe erfolgreich zu bewältigen – beispielsweise, im Falle eines Außendienstberaters, „führt Protokoll über seine Kundenbesuche und zieht diese Information zur nächsten Besuchsplanung heran". Hiermit wird eine Verhaltensweise beschrieben, die prinzipiell – auch wenn nicht immer faktisch – beobachtbar ist. Weiß man, dass diese Verhaltensweise dem globalen Persönlichkeitsmerkmal *Gewissenhaftigkeit* zugehört, könnte man auch dieses als erfolgsrelevant angeben. Zum ersten ist allerdings die Zuordnung von Verhaltensweisen zu Eigenschaften zwar in einem gewissen Maße empirisch festlegbar (s. das nächste Kapitel), aber nicht jedem damit Befassten gleichermaßen geläufig, zum zweiten ist das Globalmerkmal „Gewissenhaftigkeit" – und ebenso jede andere Eigenschaft – durch eine Vielzahl von Verhaltens- und Erlebensweisen charakterisiert, so dass die Abstraktion von der einen Verhaltenseinheit „Protokoll führen" zum Globalmerkmal, selbst wenn sie eindeutig wäre, sich nicht umkehren ließe: Teilten wir einer anderen Person mit, unser Berater sei gewissenhaft, so könnte sie sich darunter sehr vieles vorstellen, aber nicht zwangsläufig das gemeinte Verhalten.

Wir werden also je nach Zielsetzung ein Analyseverfahren wählen, das entweder Verhalten oder aber Eigenschaften zum bevorzugten Gegenstand hat. Es sprechen gewichtige Argumente dafür, Anforderungen auf der *Verhaltensebene* zu beschreiben. Erfolgskritisches Verhalten lässt sich nämlich mit höherer Objektivität bestimmen als erfolgsrelevante Eigenschaften. Überdies bietet dieser Ansatz den Vorteil, sich sowohl als Grundlage simulationsbezogener Diagnoseverfahren zu eignen, als auch nach Aggregation zu Eigenschaften (z. B. mittels Faktorenanalyse) als Basis konstruktbezogener Diagnoseverfahren zu dienen. Beispiele werden dies erläutern.

Arbeitsanalyseverfahren auf Fragebogenbasis, die häufigste Variante des *quantitativen* Verfahrenstyps, eignen sich besonders, Aufgaben-, Ergebnis- und Qualifikationsanforderungen, aber auch Verhaltensanforderungen zu registrieren. Durchführende einer solchen Analyse sind entweder die Arbeitsplatzinhaber selbst, deren Vorgesetzte oder außenstehende Personen, z. B. Personalfachleute oder Arbeitsanalysespezialisten. Ein Beispiel für ein allgemeines, also für verschiedenartige Arbeitsplätze einsetzbares Verfahren, das weite Verbreitung gefunden hat, ist der *Position Analysis Questionnaire* (PAQ, McCormick & Jeanneret, 1988) bzw. dessen deutsche Übertragung *Fragebogen zur Arbeitsanalyse* (FAA, Frieling & Hoyos, 1978). Der FAA umfasst 221 Items und weist damit einen Auflösungsgrad auf, der einerseits eine recht detaillierte Anforderungsbeschreibung ermöglicht, andererseits auch den Anspruch an Praktikabilität erfüllt. Als Gegenmodell hierzu existieren Verfahren mit mehr als tausend Items, die für Zwecke der detailbezogenen Arbeitsplatzgestaltung von Nutzen sein können, für eignungsdiagnostische Anwendungen aber einen zu hohen Detaillierungsgrad aufweisen. Die Items

des FAA sind großteils recht operational formuliert, beispielsweise „Wie häufig dient handgeschriebenes Material (z. B. Entwürfe für Berufe, Notizen, handschriftliche Anweisungen oder Stenogramme) als Quelle der Arbeitsinformation?" Ein Beispielitem, mit dem nicht die Nennung der Tätigkeit gleichzeitig eine Verhaltensbeschreibung ist, lautet:
> „Sprechen in der Öffentlichkeit. (Unter Öffentlichkeit wird hier die betriebsexterne oder interne Öffentlichkeit verstanden; z. B. politische Versammlungen, Radio- oder Fernsehsendungen, Vorträge vor bekannten oder nicht bekannten Zuhörern.)"

Schließlich enthält der FAA auch Items, die Eigenschaften, Fähigkeiten und Fertigkeiten ansprechen, wie z. B.:
> „Durchführen sehr trainierter Körperbewegungen. (Vom Stelleninhaber wird bei der Arbeitsausführung eine sehr gute Körperbeherrschung und manchmal auch ein besonderes Körpertraining gefordert; z. B. bei Artisten, Tänzern, Berufssportlern oder Sportlehrern.)"

Die Objektivität der Einstufung ist in diesen Fällen geringer als beim Registrieren von Merkmalen der Arbeitstätigkeit, ihr Personbezug dagegen höher.

5.3 Heute formulieren wir ein Anforderungsprofil!

Die methodisch schwächste aller Vorgehensweisen zur Anforderungsanalyse ist die, die gelegentlich von praxisnahen Wirtschaftszeitschriften durchgeführt wird, wenn Leser nach den wichtigsten Eignungsmerkmalen gefragt werden, die von Stellenaspiranten erwartet werden. Das Ergebnis besteht regelmäßig in einer Liste von Eigenschaften, der niemand wirklich widersprechen würde, weil sie naturgemäß lauter positiv bewertete Merkmale umfasst. Sie enthält zu einem Teil Eigenschaften, die auch eine methodisch anspruchsvollere Vorgehensweise auffinden würde, zu einem anderen, im Einzelfall unbestimmten Teil dagegen nur allgemeine Stereotype vom guten Mitarbeiter. Die gesammelten Eigenschaften sind taxonomisch ungeklärt – sie überlappen sich in unterschiedlichem Ausmaß, sind teilweise Synonyme, die eine ist ein Oberbegriff für andere, etc. Die Gewichtung dieser Eigenschaften – generell und noch mehr für eine bestimmte berufliche Position – ist ungewiss, ebenso ihre Kompensierbarkeit untereinander. Zu guter Letzt sind sie oft genug auch noch falsch – beispielsweise ist Extraversion eine der am häufigsten genannten Erfolgsvoraussetzungen, während die empirischen Studien zeigen, dass diese Eigenschaft zu den Globalmerkmalen mit der geringsten generalisierbaren Validität gehört (vgl. Schuler & Höft, 2001).

Bevor wir uns mit der Durchführung einer Anforderungsanalyse befassen, wie sie *lege artis* aussehen sollte, wird im folgenden Kasten ein praxisnahes Beispiel für ein Vorgehen vorgeführt, das keine brauchbare Anforderungsanalyse ist, aber als solche ausgegeben wird. Es ist nicht ganz ernst gemeint, sollte aber doch ernst genommen werden.

Kasten 8: Heute formulieren wir ein Anforderungsprofil!

Personalreferentin Anstellig hat schon oft gehört, dass Auswahlinterviews anforderungsbezogen sein sollen. Auch kennt sie die Vorteile der Partizipation von Fachvorgesetzten und weiß um das Erfordernis, Machtpromotoren auf ihre Seite zu bringen. Also initiiert sie mit Hilfe ihres Vorgesetzten, des Personalchefs Adabei, eine Projektgruppe, der neben ihr selbst und ihrem Chef der einflussreiche Marketingleiter Allesverkauft und zwei ranghohe Vertreter des Ressorts A angehören, daneben einige Abteilungsleiter, die für ihre Aufgeschlossenheit bekannt sind.

Zum Treffen der Projektgruppe lassen sich die ranghohen Personen zwar von Stellvertretern ersetzen, aber das tut der Produktivität keinen Abbruch. Motto der Sitzung ist: „Heute formulieren wir ein Anforderungsprofil für Hochschulabsolventen!" Frau Anstellig amortisiert ihre Metaplanausbildung und kann nach drei Stunden gemeinsamen Brainstormings stolz auf mehrere Stecktafeln voller Kärtchen blicken.

Nachdem sie alle Ausdrücke entfernt hat, die nicht anständig oder anderweitig astrein, ästhetisch und allseits annehmbar anmuten, bleiben an akzeptablen Anforderungen:

Was Bewerber sein sollten
Aufmerksam, aufnahmefähig, ausdauernd, anständig, anstellig, anziehend, angenehm, ausreichend angepasst, änderungsbereit, anstrengungsbereit, angstfrei, ansehnlich, autonom, authentisch, angetan von der Art des Arbeitgebers, anregend, außendiensttauglich, aufgeweckt, aufgabenorientiert, abwägend, abgehärtet, Allrounder, adrett, allzeit ansprechbar, ambitioniert, akkurat, aktivierend, allgemeingebildet, Abwechslung anstrebend, ausgeglichen, ausgezeichnet, ansprechend, assertiv, aufrichtig und aufrecht, assessmentcentertauglich, arbeitswillig und arbeitsfähig.

Was Bewerber nicht sein sollten
Achtlos, abgehoben, abgefeimt, amoralisch, amtsmüde, apokryph, armselig, apodiktisch, aufdringlich, arglistig, arrogant, abgeschlafft, abgebrüht, affektiert, altklug, ahnungslos, altbacken, abgehärmt, abgewirtschaftet, abgezehrt, absonderlich, abtrünnig, abwertend, abwesend, abweisend, Angeber, angeschlagen, angeheitert, angekränkelt, anmaßend, antagonistisch, aufgetakelt, abgestumpft, aufgeregt, aufgeblasen.

Was Bewerber können, tun oder mitbringen sollten
Auf andere achten, ausharren, Auslandsniederlassungen ankurbeln, administrative Algorithmen aufbauen, ausgeklügelte Angebote ausarbeiten, aushäusige Aufenthalte akzeptieren, Autorität ausstrahlen, außergewöhnliche Ausdrucksfähigkeit, anregende Analogien anstoßen, Anpassungsbereitschaft, ausgezeichnete Ausbildung, ausgeprägte Aufnahmefähigkeit, ausreichend Aufträge akquirieren, anspruchsvolle Aufgaben annehmen, alternative Ansätze ausprobieren, ausschließlich akzeptable Ausarbeitungen anfertigen, Auswege aufzeigen, apathische Arbeitskollegen aufwecken, aufrütteln, anspornen und anstacheln, auch abends arbeiten, Allerweltsweisheiten anzweifeln, anpacken, ausgezeichnete Analysen anfertigen, aussichtsreiche Aufkäufe anbahnen, Andersdenkende akzeptieren, angenehmes Äußeres, ansteckende Arbeitsmoral aufweisen, außergewöhnliche Assoziationen anregen, aussichtsreiche Ansätze austüfteln, alle Anstrengung aufbieten, außerordentliche Aufbruchstimmung anfachen, alles Anfallende aufarbeiten.

> **Was Bewerber nicht tun oder mitbringen sollten**
> Andere abkanzeln, abqualifizieren, anbrüllen, anekeln, abstoßen, anöden, anpflaumen, abwürgen, abschrecken, aufwiegeln, anfeinden, ausgrenzen; Ausschweifungen (auch außerdienstlich), Absentismus, Allüren, Ausländerfeindlichkeit, Ablagen auftürmen, Animositäten anstacheln, arbeitgeberfeindliche Anekdoten ausstreuen, ausrasten, ausschließlich an Althergebrachtem ansetzen anstatt attraktive Alternativen aufzuzeigen, alkoholisiert allen Anstand ablegen, Abwehrhaltungen auslösen, anmaßende Attitüden aufweisen, andere zu anstößigen Aktionen anstiften.
>
> Soweit das Ergebnis des Brainstormings, das auch in der Diskussion allgemeine Zustimmung findet. Nach längerer kontroverser Argumentation erzielt man Einigung, dass auch keine Anankasten, Astheniker und Apoplektiker als Nachwuchskräfte erwünscht sind. Bei Atheisten und anderen Agnostikern sowie bei Aussiedlern, Aussteigern und Avantgardisten blieb man indessen uneins. Gegenüber Alkoholikern und Analphabeten versteht sich die Ablehnung dagegen von selbst.
>
> Frau Anstellig obliegt nun die schwierige Aufgabe, dieses umfängliche Produkt zu reduzieren. Sie klassifiziert die Einfälle in vier Gruppen, wie wir sie hier vorfinden, und schickt die vier Listen an Fachvorgesetzte zweier weiterer Ressorts B und C mit der Bitte um Reduktion, Kommentierung und, falls unbedingt erforderlich, Ergänzung. Was sie zurückerhält, ist wenig reduziert, denn man erachtet so gut wie alles für wichtig. Vereinzelt wurden Streichungen dessen vorgenommen, was man als Synonyme ansah oder was nicht verstanden wurde.
>
> Stattdessen wurden allerlei unpassende Ergänzungen vorgeschlagen, aus Ressort B z. B. Besonnenheit, Beharrlichkeit und Begeisterungsfähigkeit, aus Ressort C z. B. Charakter, Charme und Charisma.
>
> Wie soll Frau Anstellig nun zu einer brauchbaren Klassifikation kommen, die gefundenen Anforderungen auf eine handliche Anzahl reduzieren und schließlich das Ganze in ein Interview übersetzen?
>
> Fortsetzung folgt

5.4 Sequenz von qualitativer und quantitativer Analyse

Für die Anforderungsanalyse als Grundlage eines Einstellungsinterviews gibt es mehrere Vorgehensweisen. Ein bewährter Weg besteht darin, zunächst eine qualitative und anschließend eine quantitative Analyse durchzuführen. Der Gesamtablauf könnte damit aussehen wie in Tabelle 19 aufgelistet.

Wenn die Zielsetzung in der Erarbeitung eines umfangreichen, multimethodalen Potenzialanalyseverfahrens besteht, kann es angemessen sein, mehrere ergänzende quantitative Methoden der Anforderungsanalyse einzusetzen. Als Grundlage eines Einstellungsinterviews, auch wenn es in sich mehrere Methodenkomponenten aufweist, dürfte aber das hier skizzierte Vorgehen – nach einem in der Physik geflügelten Wort von John Bell – „Gut FAPP" (for all practical purposes) sein.

Zu beachten ist, dass die zehn Schritte aus Tabelle 19 aufeinander aufbauen, also nur in sehr geringem Umfang (z. B. 1 und 2) parallel durchgeführt werden können. Der Zeitaufwand ist deshalb auch durch den Einsatz mehrerer Personen nicht beliebig zu verkürzen. Beispielsweise sollte vor der Sammlung erfolgskritischer Ereignisse der Suchbereich schon auf die besonders relevanten Aufgabenbereiche bzw. Arbeitssituationen eingeengt werden, denn um eine Berufstätigkeit wirklich vollständig zu beschreiben, wäre eine Anzahl von – je nach Komplexitätsgrad – 500 bis 1 000 Critical Incidents erforderlich.

Tabelle 19: Beispielablauf für eine Anforderungsanalyse

Qualitative Phase	1. Auswertung schriftlicher Materialien wie Stellenbeschreibungen, Führungsrichtlinien, Arbeitsamtsinformationen u. ä. 2. Bei neuartigen Tätigkeiten Sammlung von Information aus verwandten Berufen 3. Interview mit Experten (nach Interviewleitfaden) 4. Extremgruppenanalysen (erfolgreiche vs. erfolglose Stelleninhaber) 5. Sammlung von Critical Incidents (evtl. im Rahmen von Workshops)
Übergang	6. Auswertung der qualitativen Analysen und Zusammenstellung der Anforderungen zu einer Vorversion des quantitativen Verfahrens 7. Überprüfung der ersten Verfahrensversion durch Experten und Auftraggeber
Quantitative Phase	8. Ausarbeitung der Endversion des quantitativen Analyseverfahrens 9. Bearbeitung des Fragebogens durch Vorgesetzte und erfahrene Arbeitsplatzinhaber 10. Auswertung: 10.1 Faktorenanalyse 10.2 Bedeutsamkeitsstatistik (evtl. gesondert für Unternehmensbereiche) 10.3 Bildung von Anforderungsdimensionen

5.5 Die Methode der kritischen Ereignisse

Die *critical incident technique (CIT)* dürfte heute die verbreiteteste unter den qualitativen Methoden der Anforderungsanalyse sein. Sie wurde ursprünglich von Flanagan (1954) als Verfahren der Leistungsbeurteilung vorgestellt (als das sie sich aber nicht bewährt hat). Die Methode ist gut geeignet, Rohmaterial für *simulationsorientierte* Diagnoseverfahren zu liefern, beispielsweise für Rollenspiele und für situative Interviewfragen. Sie ist dagegen *keine* ausreichende Grundlage *konstruktorientierter* Diagnoseinstrumente, weil Verhaltens- und Situationsschilderungen in aller Regel keine eindeutige Übersetzung in Eigenschaften erlauben. Dies liegt in ihrer Natur begründet, die Affinität zu eigenschaftsheterogenen beruflichen Situationen aufweist, nicht aber zu eigenschaftshomogenen psychologischen Konstrukten. (Beispielsweise erfordert geschicktes Verhandeln in einer Verkaufssituation Kontaktfähigkeit, sprachliches Geschick, Einfühlungsvermögen, Dominanz, Initiative, Fachwissen, evtl. auch Frustrationstoleranz und anderes mehr.)

Für die Vorgehensweise bei der CIT gibt es mehrere Varianten. Der nachfolgende Kasten gibt den Kern dieser Methode wieder.

Kasten 9: Vorgehensweise bei der CIT

Den Befragten (Arbeitsplatzinhabern, Vorgesetzten oder anderen kundigen Beobachtern) werden folgende Fragen gestellt. Die Antworten sollen Verhaltensweisen erkennen lassen, die entscheidend dafür sind, ob eine Tätigkeit effektiv oder ineffektiv erledigt wird. Die geschilderten Ereignisse sollten eigener Beobachtung entstammen.

Wer?
Beschreibung der handelnden Person (Stelleninhaber, Position, Abteilung etc.; kein Name)

Wo?
Beschreibung der Situation, äußerer Umstände und Hintergrundbedingungen (z. B. im Beratungsgespräch, bei der Arbeit am Bildschirm, während einer Gruppendiskussion, in der ein Konflikt aufgekommen war)

Was?
Beschreibung der Handlung. Wie verhielt sich die Person? Was tat sie konkret? (An dieser Stelle muss der springende Punkt klar werden!)

Welche Konsequenzen?
Zu welchem Ergebnis führte die Handlung? (Das Ergebnis muss als Konsequenz des Verhaltens erkennbar sein. Effektivität oder Ineffektivität muss klar erkennbar sein)

Die Produktion kritischer Ereignisse kann individuell oder in einer Gruppensituation erfolgen. Von jedem Befragten bzw. Teilnehmer kann erwartet werden, dass er in einer Stunde zumindest drei positive und drei negative CI formuliert.

In einer Arbeitsgruppe (Workshop, Seminar) sollten die ersten Produkte vor weiteren Ausarbeitungen durchgesprochen werden, um festzustellen, ob sie den Anforderungen genügen (zum vereinbarten Aufgaben- oder Verhaltensbereich gehören, konkret sind, vollständig sind, prägnant und verständlich formuliert wurden). Erfahrene Seminarleiter wissen, dass es sich nicht empfiehlt, eine solche Aufgabe den Teilnehmern mit nach Hause oder an den Arbeitsplatz zu geben, da der Produktionseifer den Transfer aus der Gruppensituation zumeist nicht übersteht.

Kritische Ereignisse müssen nicht umfangreich sein, um alle zur Weiterverwendung notwendige Information zu enthalten. Ein Beispiel hierfür bietet folgende Schilderung:

Beispiel:

Anlässlich der Gehaltsgespräche musste Abteilungsleiter F. seinem Mitarbeiter S. erklären, dass er aufgrund geringer Leistungen dieses Jahr nur eine unterdurchschnittliche Gehaltserhöhung bekommt. Statt das Gespräch zur Klärung des Leistungsabfalls zu nutzen, sagte der Abteilungsleiter zu seinem Mitarbeiter, dass er ihm gerne mehr gegeben hätte, dass aber die Geschäftsleitung keinen weiteren Rahmen offen lasse.

Das eben genannte Beispiel ist für eine relativ große Gruppe von Tätigkeiten brauchbar, nämlich für alle Führungspositionen, deren Inhaber über die Kompetenz verfügen, Leistungszulagen zu vergeben. Wir werden dem Beispiel später in Gestalt einer situativen Frage wieder begegnen. Das nächste Beispiel ist weit spezifischer; es stammt aus einer Anforderungsanalyse bei der baden-württembergischen Bereitschaftspolizei.

Beispiel:

Der junge Polizeibeamte P. hält einen PKW-Fahrer wegen eines Verkehrsverstoßes an. Er erkennt, dass in dem PKW die Ehefrau des Fahrers und seine halbwüchsigen Kinder sitzen. Um keinen Streit zu riskieren, bei dem der Fahrer sich herausgefordert fühlen könnte, sich vor seiner Familie in Szene zu setzen, bittet P. ihn höflich, auszusteigen, belehrt ihn in ruhigem Ton außerhalb des Autos über seinen Fahrfehler und nimmt die Personalien für die Fertigung einer Anzeige auf.

Auch diese Verhaltensschilderung stand im Dienste der Ausarbeitung eines Auswahlverfahrens. Zielsetzung war, mittels eines Multimodalen Interviews Polizeibeamte auszuwählen, die über ausreichende soziale Kompetenz verfügen, ihre schwierige Aufgabe möglichst konfliktfrei zu bewältigen. Das Beispiel zeigt, dass der Begriff „Verhalten" nicht unbedingt in strikt behavioristischem Sinne zu verstehen ist, also nur das beschrieben wird, was „von außen" beobachtbar ist. Schilderungen, die wie in diesem Fall auch Überlegungen oder Gefühle der handelnden Person umfassen, stammen typischerweise aus selbsterlebten Situationen.

Das letzte CI-Beispiel kommt aus einem ganz anderen Berufsfeld, nämlich der Gastronomie. Aufgabe war hier, die Erfolgsbedingungen für Pächter von Brauereigaststätten zu ermitteln. Das geschilderte erfolgskritische Ereignis entstammt dem Anforderungsfeld „Serviceorientierung", die in dem hart umkämpften Feld des gastronomischen Gewerbes einen der ausschlaggebenden Erfolgsfaktoren darstellt.

> **Beispiel:**
>
> Nach meinem beruflich bedingten Umzug nach D. ging ich öfters noch spät abends essen. Noch hatte ich kein Stammlokal gefunden. Diesmal wollte ich die Gaststätte am St.-Platz ausprobieren, die mir von außen und auch von der Einrichtung her recht gut gefiel. Als ich Platz genommen hatte und bestellen wollte, sagte der Wirt recht mürrisch zu mir: „Tut mir leid, meine Küche schließt gerade; zum Essen müssen Sie schon früher kommen." Klar, dass das nicht meine Stammkneipe geworden ist.

Manche der in CI geschilderten Verhaltensweisen sind auch für spezifische quantitative Analyseverfahren verwertbar, die Situationen insgesamt sollen für Simulationsverfahren und simulationsartige Fragen im Interview nutzbar sein. Wird als quantitatives Verfahren nicht ein Standardverfahren wie der FAA verwendet, sondern ein eigenständiges Verfahren zusammengestellt, sind neben CI-Inhalten die in den anderen Schritten der qualitativen Analyse – schriftliche Unterlagen, Experteninterviews und Extremgruppenanalysen – gesammelten Hinweise und Aussagen verwertbar.

5.6 Bedeutsamkeit und Erfüllungsgrad von Anforderungen

Ein Verfahren der quantitativen Anforderungsanalyse, das vom Verfasser entwickelt und in einer größeren Zahl unterschiedlicher Berufe und Branchen eingesetzt wurde, ist der Fragebogen „Bedeutsamkeit und Erfüllungsgrad von Anforderungen" (Schuler, 2000a). Er besteht aus den Items (Aussagen), die mittels qualitativer Methoden gewonnen wurden. Vorfassungen dieses Fragebogens bestehen manchmal aus mehreren hundert Aussagen, die für die Faktorenanalyse genutzte Form sollte hingegen nicht mehr als 100 bis 150 Items umfassen.

Die Items des Fragebogens sind größtenteils verhaltensbezogen formuliert, können aber grundsätzlich auch tätigkeits- oder eigenschaftsbezogenen Charakter haben. Für jede Aussage wird zunächst entschieden, ob sie grundsätzlich auf den fraglichen Tätigkeitsbereich zutrifft. Falls sie unzutreffend ist, wird dies an der dafür vorgesehenen Stelle markiert. Für grundsätzlich zutreffende Aussagen wird anschließend die „Bedeutsamkeit" auf einer fünfstufigen Skala markiert. Ihre verbale Verankerung reicht von „gering" über „mittel", „hoch" und „sehr hoch" bis „extrem hoch". Sie ist asymmetrisch aufgebaut, weil aufgrund der Vorauswahl nur wenige unwichtige Anforderungselemente enthalten sind, und ermöglicht dadurch eine Differenzierung auch im oberen Bedeutsamkeitsbereich. Die Verwertung der Ergebnisse für die Personalauswahl erfolgt zum einen dahingehend, dass die als besonders bedeutsam markierten Anforderungen in den Diagnoseverfahren auch besondere Berücksichtigung finden, zum anderen in der Bildung von Anforderungsdimensionen mittels Faktorenanalyse. Während bei anderen Analyseverfahren *verschiedene* „Einstufungsschlüssel" Verwendung finden – z. B. im FAA „Wichtigkeit", „Häufigkeit", „Schwierigkeit" und andere –, wurde hier auf diese sprachliche Differenzierung verzichtet. Vorversuche bei der Erarbeitung eines F & E-spezifischen Arbeitsanalyseverfahrens (Schuler et al., 1995) hatten ergeben, dass die verschiedenen Einstufungen hoch miteinander korreliert waren und regelmäßig zu einem Beurteilungsfaktor zusammenfielen, der mit der Bezeichnung „Bedeutsamkeit" gut zu erfassen ist. Beurteiler scheinen die im Einzelfall jeweils unterschiedlichen Gesichtspunkte, aus denen die Bedeutsamkeit einer Aufgabe resultiert, ohne Schwierigkeiten intuitiv so zusammenzufassen und zu gewichten, dass sie durch eine Gesamteinstufung repräsentiert werden können.

Die Beurteiler werden noch um eine zweite Einstufung gebeten. Die zweite Skala verlangt eine Angabe, inwieweit die einzelnen Anforderungen von den derzeitigen Mitarbeitern erfüllt werden.

Die Einstufung erfolgt nur grob auf einer dreiwertigen Skala. Um den Einstufungsaufwand zu begrenzen, wird dabei eine gewisse Bedeutungsunschärfe in Kauf genommen: Beispielsweise könnte die Angabe „teilweise" bedeuten, dass ein Teil der Mitarbeiter die Anforderung vollständig erfüllt und ein anderer Teil gar nicht oder dass alle Mitarbeiter sie teilweise erfüllen. Denkbar wäre sogar, dass auch in einem Fall, in dem eine äußerst wichtige Anforderung nur vereinzelt nicht erfüllt wird, was aber stark ins Gewicht fällt, nur „teilweise" angegeben wird.

Ob man aus der Skala „Erfüllungsgrad" ausreichend Information gewinnt, hängt vom Verwendungszweck ab. Wofür sie die erforderliche Information liefert, sind Hinweise, welche Anforderungsaspekte (als Einzelaussagen oder in Gruppierung zu Faktoren) besondere Beachtung bei der Personalauswahl fordern, weil sie möglicherweise bisher nicht ausreichend berücksichtigt wurden. Als zusätzlicher Verwendungszweck bietet sich die *Personalentwicklung* an, für die – ebenfalls in Form von Einzelitems oder in aggregierter Form – Information darüber gewonnen wird, an welcher Stelle Fortbildungs- oder Trainingsinvestitionen besonders nötig sind.

Liegen Erfahrungen oder zumindest begründete Meinungen darüber vor, welche Fähigkeiten in welchem Maße trainierbar sind, so können die mit dem Analyseverfahren „Bedeutsamkeit und Erfüllungsgrad von Anforderungen" gewonnenen Ergebnisse Entscheidungshilfe dahingehend leisten, welchen Anforderungen eher durch Personalauswahl und welchen mittels Personalentwicklung Genüge getan werden kann.

Ein Beispiel für das Anforderungsanalyseverfahren *Bedeutsamkeit und Erfüllungsgrad von Anforderungen*, wiederum aus dem gastronomischen Bereich, wird in Abbildung 22 auszugsweise wiedergegeben.

Die Vorarbeiten während des qualitativen Teils der Anforderungsanalyse hatten ergeben, dass eine Trennung in drei verschiedene Typen von Gastronomieunternehmen erforderlich ist, nämlich Schankwirtschaften, Speisewirtschaften und Großgastronomie. Die Ergebnisse der quantitativen Anforderungsanalyse bestätigen diese Festlegung, indem sie teilweise unterschiedliche Bedeutsamkeiten und Erfüllungsgrade für die drei Kategorien aufweisen. Als Beispiel für die resultierenden Ergebnisse soll die Rangreihe der zehn wichtigsten Anforderungen an Gastwirte der Schankgastronomie aufgeführt werden:

Ein Gastwirt einer Schankwirtschaft sollte …
   1. kein Alkoholiker sein
   2. mit Geld umgehen können
   3. sich mit dem Lokal identifizieren
   4. Umsatz nicht als Gewinn ansehen
   5. seine Lebenshaltung den Einnahmen anpassen
   6. „unchristliche" Arbeitszeiten akzeptieren
   7. Freude am Beruf haben
   8. sich um neue Gästegruppen bemühen
   9. bereit sein, hohe Arbeitszeiten aufzubringen
  10. keine unkontrollierten Eigenentnahmen vornehmen

Frage 1: Bitte kreuzen Sie an, wie bedeutsam die folgenden Anforderungen für die erfolgreiche Erfüllung der Aufgaben eines Gastronomen (Schankwirtschaften) sind.

Frage 2: In welchem Maße werden die einzelnen Anforderungen im Allgemeinen von den Gastronomen, mit denen Sie zu tun haben (Schankwirtschaften), erfüllt?

Ein Gastwirt/Pächter einer Brauereigaststätte (Schankwirtschaft) sollte …	trifft nicht zu	Frage 1 Bedeutsamkeit (gering, mittel, hoch, sehr hoch, extrem hoch)	Frage 2 Anforderungen erfüllt (unzureichend, teilweise, vollständig)
1. Gäste unterhalten können	0	1 … 2 … 3 … 4 … 5	☐ ☐ ☐
2. lebensfroh wirken, fröhlich sein	0	1 … 2 … 3 … 4 … 5	☐ ☐ ☐
⋮			
27. durchhalten, etwas zu Ende bringen	0	1 … 2 … 3 … 4 … 5	☐ ☐ ☐
28. selbstkritisch prüfen, was man besser machen kann	0	1 … 2 … 3 … 4 … 5	☐ ☐ ☐
⋮			
72. Freude am Unternehmerischen haben	0	1 … 2 … 3 … 4 … 5	☐ ☐ ☐
73. Ansatzpunkte zur Geschäftsausweitung erkennen und nutzen	0	1 … 2 … 3 … 4 … 5	☐ ☐ ☐

Abbildung 22: Bedeutsamkeit und Erfüllungsgrad von Anforderungen (Auszug; aus Schuler, 1999b, S. 149)

Die quantitative Form der Anforderungsanalyse ermöglicht nicht nur den Vergleich zwischen verschiedenen Tätigkeitsgruppen (in diesem Fall Gastronomietypen), sondern auch die empirische Ermittlung der Anforderungsdimensionen. Werden die Verhaltensanforderungen, aus denen sich die Dimensionen konstituieren, als unterschiedlich bedeutsam eingestuft, so kann es auch sinnvoll sein, die Dimensionen dementsprechend verschieden zu gewichten. Zur Ermittlung der grundlegenden Anforderungsdimensionen wurde eine Faktorenanalyse berechnet, die in den fünf Dimensionen Organisation, Motivation, Selbstkontrolle, Serviceorientierung und Führung resultierte. Von einer unterschiedlichen Gewichtung der Dimensionen wurde in diesem Fall abgesehen.

Faktorenanalysen der mit dem Fragebogen „Bedeutsamkeit und Erfüllungsgrad von Anforderungen" erzielten Ergebnisse ergeben in den meisten (aufgrund von Anforderungshomogenität allerdings nicht in allen) Fällen eine Zahl von Anforderungsdimensionen, die für Einstellungsinterviews praktikabel ist, also etwa drei bis sechs Dimensionen (um ausreichende Reliabilität zu erzielen, muss jede Dimension durch zumindest fünf Fragen repräsentiert sein). Inhaltlich unterscheiden sich die Dimensionen selbstverständlich, da sie ja Zusammenfassungen der im Fragebogen enthaltenen Items darstellen. Im Falle der Bereitschaftspolizei waren es beispielsweise die Dimensionen *soziale Kompetenz*, *Belastbarkeit*, *Leistungsmotivation*, *Selbstkontrolle* und *Selbstständigkeit*. Die für diesen Beruf gefundenen Anforderungen überschneiden sich demgemäß mit den Tätigkeitsanforderungen in der Gastronomie nur in geringem Maße.

5.7 Einige methodische Erfordernisse und Probleme

Die Ergebnisse der Anforderungsanalyse können natürlich nur dann zu den angemessenen eignungsdiagnostischen Maßnahmen führen, wenn die Anforderungslisten auch wirklich die tätigkeits- und organisationsrelevanten Merkmale enthalten – deshalb sind die vorangehenden qualitativen Schritte unentbehrlich. Selbstverständlich ist es auch unentbehrlich, die Zielgruppe genau festzulegen. Sollen beispielsweise die Anforderungen an Führungskräfte bestimmt werden, kann man sich bei der Erhebung, um keine wesentlichen Aspekte zu übersehen, an Anforderungssammlungen wie der von Borman und Brush (1993) orientieren. Diese Autoren stellten aus der eignungsdiagnostischen Managementliteratur die am häufigsten genannten Anforderungen zusammen und reduzierten sie statistisch zu 18 grundlegenden Anforderungsdimensionen. An dieser Stelle muss es genügen, hieraus sechs der Anforderungen beispielhaft zu nennen: Organisationen nach außen repräsentieren, Mitarbeiter anleiten und motivieren, Ausdauer bei Schwierigkeiten, Kommunizieren und Informieren, Planen und Organisieren, Aufrechterhalten guter Beziehungen.

Bei der Zusammenstellung von Borman und Brush (1993) handelt es sich um eine Mischung aus Eigenschafts-, Verhaltens- und Qualifikationsanforderungen, was einerseits einer Gesamtsicht des Anforderungsspektrums zugute kommt, andererseits die Umsetzung in eignungsdiagnostische Instrumente erschwert. Speziell die letztgenannte Anforderung – Aufrechterhalten guter Beziehungen – weist darauf hin, dass eine vollständige Anforderungssammlung sich nicht nur auf berufliche Aufgaben im engeren Sinne beziehen sollte, sondern auch auf das, was seit einiger Zeit als „Organizational Citizenship Behavior" oder als „kontextbezogenes Verhalten" (Borman & Motowidlo, 1993) bezeichnet wird. Weitere Beispiele kontextbezogenen Verhaltens wären Bindung an die Organisation oder Unterstützung von Kollegen. Zu beachten ist, dass metaanalytisch gewonnene Ergebnisse wie die von Borman und Brush eine wichtige Hilfestellung sein können, aber kein vollwertiger Ersatz dafür sind, die Bedeutsamkeit von Anforderungen im Einzelfall zu bestimmen.

Angesichts der Nützlichkeit oder gar Unentbehrlichkeit der Arbeits- und Anforderungsanalyse für personalpsychologische und manche andere Zwecke können wir uns fragen, weshalb ihr sachgerechter Einsatz in der Praxis bisher eher die Ausnahme als die Regel ist. Ein Teil der Ursachen dürfte in mangelnder Sachkenntnis, ein anderer im tatsächlichen oder vermuteten Aufwand zu suchen sein. Auch sind bei weitem noch nicht alle methodischen Probleme gelöst – oder noch nicht einmal angesprochen –, die mit dieser Verfahrensgruppe zusammenhängen. Beispielsweise können die Gütekriterien Objektivität, Reliabilität und Validität an arbeitsanalytische Verfahren durchaus in analoger Weise angelegt und unter verschiedenen Verwendungsbedingungen ermittelt werden wie an eignungsdiagnostische Verfahren (Moser et al., 1989), was nur selten und unvollständig erfolgt. Weitere methodische Probleme werden bei Morgeson und Campion (1997) sowie bei Schuler (1989b) erörtert. Landy (1993) zeigt, dass die Ergebnisse von Arbeitsanalysen auch von den Persönlichkeitsmerkmalen der Respondenten abhängen, wobei die Effektstärken, z. B. für das Geschlecht, immerhin eine halbe Standardabweichung betragen. Bei Körner (1995) ergab sich sogar ein Zusammenhang mit der Beurteilung der Respondenten durch ihre Vorgesetzten. Um dem bekannten Phänomen zu beggenen, dass von manchen Arbeitsplatzinhabern die Bedeutsamkeit ihrer Aufgaben übertrieben dargestellt wird, empfiehlt Landy (1993), zur Kontrolle einige objektiv unzutreffende Items einzustreuen.

Bei allen methodischen Problemen bleibt gleichwohl zu konstatieren, dass die Durchführung von Arbeits- und Anforderungsanalysen nicht nur eine nützliche Basis personalpsychologischer Arbeit darstellt, sondern auch, dass sie als Maßnahme der Qualitätssicherung angesehen werden kann; aufgrund der Durchführung angemessener Analyseverfahren kann beispielsweise nachvollziehbar belegt werden, wie ein Verfahren der Personalauswahl oder Leistungsbeurteilung zustande gekommen ist. In vielen Fällen wird es sogar empfehlenswert sein, zur Kontrolle oder zur Abdeckung unterschiedlicher Aspekte „multimethodal" vorzugehen, also verschiedene Verfahren parallel einzusetzen (Schuler & Schmitt, 1987).

6 Merkmale und Konstrukte im Interview

Drei Fragen haben wir uns in diesem Kapitel zu stellen:
1. Welche Merkmale sind prinzipiell mittels eines Interviews zu erfassen?
2. Welche Merkmale sollten erfasst werden?
3. Wie können die gewünschten Merkmale erfasst werden?

Statt von „erfassen" könnten wir auch von „messen" sprechen, weil die allgemeine Messtheorie vom Vorgang der Messung nicht mehr verlangt als die regelhafte Zuordnung von Phänomenen zu Kategorien (am besten, aber nicht notwendigerweise, Zahlen). Zumindest in manchen Interviewformen wäre also auch die Verwendung des Messbegriffs korrekt, auch wenn der umgangssprachliche Wortgebrauch ein anderer ist.

6.1 Begriffsklärung

Zu klären ist noch, was wir unter den Begriffen „Merkmale" und „Konstrukte" verstehen sollen. „Konstrukte" ist der speziellere Ausdruck; in unserem Zusammenhang ist er eine Sammelbezeichnung für Erlebens- und Verhaltensweisen, die Reaktionsdispositionen zu einer Einheit zusammenfasst, relativ stabil ist und bezüglich deren sich Menschen unterscheiden. Ein Beispiel für ein solches Konstrukt ist das Merkmal *Erlebnishunger* (*Sensation seeking*; Zuckerman, 1979). Erlebnishungrige Menschen suchen nach Anregung und Aufregung, sie lernen gern neue Menschen kennen, betreiben gefährliche Sportarten, essen stark gewürzte Speisen und hören laute Musik. Diese phänomenal recht verschiedenen Reaktionstendenzen lassen sich empirisch zusammenfassen, sie treten überzufällig häufig zusammen auf, können also zu einem Persönlichkeitsmerkmal zusammengefasst werden. Weil dieses Merkmal als solches nicht zu sehen ist, sondern nur eine Abstraktion aus den beobachteten Verhaltensweisen darstellt und oft – aber nicht notwendigerweise – als ein „hinter" ihnen stehendes, verursachendes Agens angenommen wird, weil es als Merkmal gewissermaßen „konstruiert" wird, nennen wir es *Konstrukt*.

In Abschnitt 2.3 wurden drei methodische Ansätze der Eignungsdiagnostik vorgestellt, darunter der Konstruktansatz. Psychologische Konstrukte werden klassischerweise mittels psychologischer Tests erfasst, weil die Testmethodik den unschätzbaren Vorteil bietet, mittels statistischer Maße die Enge des Zusammenhangs zwischen den Elementen angeben zu können, die zu einer Einheit, z. B. einem Faktor, zusammengefasst werden. Von einem Konstrukt spricht man gewöhnlich nur dann, wenn die Zusammenhänge eng sind, man es also mit einem in sich weitgehend homogenen Persönlichkeitsmerkmal zu tun hat. Überträgt man die Methodik der Testkonstruktion auf Auswahlgespräche, was bei strukturierten Interviews möglich ist, so stellen Konstrukte auch im streng verstandenen Sinn eine wichtige Merkmalskategorie im Interview dar.

Der Begriff „Merkmal" ist demgegenüber wesentlich weiter und weniger scharf definiert. Als Merkmal wird hier jedes Charakteristikum einer Person verstanden, das der Beurteilung wert scheint und deshalb einen möglichen Beitrag zur Auswahlentscheidung leisten kann. Neben Konstrukten sind dies auch biographische Einheiten – z. B. ein guter Schüler gewesen zu sein – oder in sich heterogene und durch die berufliche Anforderungssituation definierte Verhaltensbereitschaften wie z. B. „Führungsbefähigung" oder „Serviceorientierung".

Auch bei sehr fein kalibrierten Einheiten könnte man von Merkmalen sprechen – beispielsweise bei der Gewohnheit, im Gespräch häufig zu blinzeln –, aber wir neigen auch intuitiv eher dazu, mehrere solcher Elemente zusammenzufassen und als Indikatoren größerer Einheiten oder eben „Konstrukte" zu verstehen – in diesem Fall etwa unterschiedliche Symptome des Konstrukts „Nervosität" oder „Unsicherheit". Einzelmerkmalen erkennen wir aber dann Indikatorwert und damit Merkmalsrang zu, wenn wir sie für sich genommen als berufserfolgsrelevant ansehen, z. B. dem Stottern. Erfolgt die Zuordnung einzelner Verhaltensweisen zu Merkmalen intuitiv, so können daraus erhebliche Diskrepanzen zwischen verschiedenen Beurteilern resultieren, wie im Abschnitt über Objektivität (2.4) erörtert.

So wie bei den meisten Merkmalen eine gewisse Aggregation zu umfangreicheren Urteilseinheiten stattfindet, ist auch bei allen eine gewisse Stabilität die Voraussetzung dafür, eignungsdiagnostische Beachtung zu finden, da dies der Logik der Prognose entspricht. Mit „Stabilität" ist übrigens in diesem Kontext nicht Unveränderlichkeit des Merkmals an sich gemeint, sondern der relativen Position des Merkmalsträgers im Vergleich zu anderen Personen. Bezeichnet man beispielsweise ein zehnjähriges Kind als überdurchschnittlich kräftig, so wird man vernünftigerweise nicht erwarten, dass seine Körperkraft fortan unverändert bleibt, vielleicht aber, dass es auch noch als Erwachsener durch (dann auf andere Erwachsene bezogen) überdurchschnittliche Kräfte auffällt.

Konstrukte und andere Merkmale werden im Kontext der Personalauswahl auch mit einer Vielzahl anderer Ausdrücke bezeichnet, z. B. als Dimensionen, Faktoren, Facetten, Aspekte oder Fähigkeiten. Manche dieser Begriffe sind mit psychometrischen Bedeutungen belegt und bieten sich deshalb weniger zu unspezifischer Verwendung an; der letztgenannte Begriff „Fähigkeiten" wird in der Eignungsdiagnostik üblicherweise nur für Leistungsmerkmale verwendet – und beispielsweise nicht für Temperamentsmerkmale –, und zwar für Merkmale grundlegenden, dispositionalen und dauerhaften Charakters, z. B. als sprachliche Fähigkeiten. Die Beherrschung eines Vokabulars in einer bestimmten Fremdsprache wird dagegen den *Kenntnissen* zugeordnet, die Geübtheit, in dieser Sprache Übersetzungen auszuführen, den *Fertigkeiten*.

Merkmalstaxonomien, die den Anspruch der Vollständigkeit erheben, wurden verschiedentlich im Rahmen der anforderungsanalytischen Forschung erstellt. So hat die Auflistung von Fleishman und Quaintance (1984) im Umfang von 52 Merkmalen – darunter auch körperliche Fähigkeiten – einen gewissen Einfluss erlangt. Für den Bereich der Führung ist die schon zitierte Zusammenstellung von 18 Fähigkeits- und Tätigkeitsbereichen durch Borman und Brush (1993) vermutlich diejenige mit der breitesten empirischen Basis. Als maßgebliche Referenzquelle wird *O-Net* (Peterson et al., 2001), die Nachfolgeklassifikation des *Dictionary of Occupational Titles*, vielfache Nutzung erfahren. Derlei umfassende Taxonomien sind für die Forschung und etwa auch für die Konstruktion generell einsetzbarer Arbeitsanalyseverfahren von großem Nutzen, für die Ermittlung der relevanten Merkmale im gegebenen Einzelfall kommt ihnen allerdings eher die Funktion der Anregung zu sowie der Hilfestellung, bei eigenen Sammlungen nicht wesentliche Merkmale zu übersehen.

6.2 Kognitive Fähigkeiten und ihre Klassifikation

In der persönlichkeitspsychologischen Forschung wie in der Eignungsdiagnostik wird häufiger mit Systemen gearbeitet, die sich auf Teilbereiche des gesamten Merkmalsspektrums beschränken. Im Bereich der kognitiven Fähigkeiten waren Thurstones neun *primary mental abilities* (Thurstone, 1938) das Referenzsystem für viele Intelligenztests. Differenziertere Taxonomien unterscheiden teilweise eine erheblich größere Zahl von Einzelmerkmalen. Die bekannteste unter ihnen ist das mehrdimensionale Klassifikationsschema von Guilford (1956), das 120 Einzelkomponenten aufführt. Bekannt geworden ist dieses System vor allem für seine Unterscheidung von konvergentem Denken (Finden von Richtiglösungen) und divergentem Denken (Finden vielfältiger Lösungen oder Kreativität). Gegenpol an Komplexität ist die „triarchische" Intelligenztheorie von Sternberg (1985), die sich mit der Unterscheidung der drei fundamentalen Aspekte analytische, kreative und praktische Intelligenz begnügt. Trotz ihrer Simplizität greift dieses Modell über den „klassischen" Intelligenzbereich hinaus, indem es mit dem Aspekt der *praktischen Intelligenz* Fähigkeitskomponenten anspricht, die zwar zur Lebensbewältigung von Nutzen sein dürften (sie werden mit Aufgaben erfasst, die situativen Interviewfragen ähneln), aber sich empirisch nicht als zugehörig zur Intelligenz erweisen lassen. Einem noch konsequenteren Übergriff auf Fähigkeitsbereiche, die nicht zur Intelligenz gehören, aber vom Autor so genannt werden, hat Gardner (1983) mit seinem Konzept der *multiplen Intelligenzen* geliefert. Unter anderem subsumiert Gardner auch musikalische, motorische und soziale Fähigkeiten dem Intelligenzbegriff. Die öffentliche Resonanz war so groß, dass eine empirische Überprüfung – die wenig Aussicht auf Erfolg hätte – entbehrlich schien. Mit dem Begriff der *emotionalen Intelligenz* haben schließlich derlei Bemühungen, wissenschaftliche Brauchbarkeit durch öffentlichkeitswirksame Namensgebung zu ersetzen, einen vorläufigen Höhepunkt erreicht (vgl. Schuler, 2002).

Ein Beispiel für eine Intelligenztheorie, die sowohl wissenschaftlich fruchtbar ist als auch praktisch brauchbar, ist demgegenüber das Berliner Intelligenzstrukturmodell von Jäger (1984). Es stellt gewissermaßen eine Verknüpfung klassischer Intelligenzfaktoren wie der von Thurstone (1938) mit dimensionaler Kategorisierung wie bei Guilford (1956) in einem gut handhabbaren Umfang dar. Die Strukturierung umfangreicher Leistungsdaten mittels Faktorenanalyse ergab, dass die Leistungen nach zwei Modalitäten gegliedert werden können, nach „operativen Fähigkeiten" – Bearbeitungsgeschwindigkeit, Gedächtnis, Einfallsreichtum und Verarbeitungskapazität – sowie nach „inhaltsgebundenen Fähigkeiten" – sprachgebundenes Denken, zahlengebundenes Denken und anschauungsgebundenes Denken. Die Kombination dieser „Operationsfaktoren" und „Inhalts- oder Materialfaktoren" ergibt ein Schema von $3 \times 4 = 12$ Intelligenzfaktoren. Aus ihrer Kombination lässt sich auch eine allgemeine Komponente extrahieren, die als Generalfaktor („g") allen Intelligenzleistungen gemeinsam ist. Damit wird gleichzeitig gezeigt, dass es, je nach Zielsetzung, sowohl sinnvoll sein kann, einzelne Intelligenzfaktoren gesondert zu messen, als auch einen Gesamtwert für die *allgemeine Intelligenz* zu ermitteln (und als Standardwert bzw. Intelligenzquotient anzugeben).

Die nähere Befassung mit dem Merkmal Intelligenz mag im Zusammenhang mit Einstellungsinterviews entbehrlich erscheinen, da es ungewöhnlich ist, die Ausprägung kognitiver Fähigkeiten im Gespräch explizit einzuschätzen – stehen doch gerade für diesen Merkmalsbereich die verlässlichsten Testverfahren zur Verfügung und geben doch Bildungsniveau und Schulleistungen recht gute Anhaltspunkte, zumindest in welchem Niveaubereich die Intelligenz eines Kandidaten zu vermuten ist. Andererseits hat das Interview durch verstärkten Anforderungsbezug und Strukturierung in den letzten beiden Jahrzehnten so erhebliche Fortschritte gemacht, dass es hinsichtlich der Validität zu einem konkurrenzfähigen Verfahren geworden ist. Weshalb sollten geistige Fähigkeiten eine Tabuzone darstellen, weshalb sollte auf den Versuch verzichtet werden, den ubiquitären Einsatz des Mediums Gespräch und seine Wertschätzung durch Anwender und Kandidaten auch für diesen Merkmalsbereich nutzbar zu machen? Vielleicht ergeben sich dadurch sogar Chancen, neben den Kernelementen des Konstrukts auch solche Facetten zu erfassen, die dem beruflichen Kontext besonders nahe stehen, und auch die Kernelemente in eine Itemform zu kleiden, die der Diagnosesituation besser entspricht als klassische Intelligenzaufgaben.

Immerhin haben sich unter allen allgemeinen Personmerkmalen für kognitive Fähigkeiten die deutlichsten Nachweise für einen verlässlichen Zusammenhang mit Berufserfolg erbringen lassen. Das erste spektakuläre Ergebnis aus der Anwendung der damals für die Eignungsdiagnostik noch neuen Methode der psychometrischen Metaanalyse war der Aufweis durch Schmidt und Hunter (1981), dass Intelligenztests in praktisch allen Berufsfeldern – es waren 12 000 Berufe untersucht worden – als valide Leistungsprädiktoren gelten können. Die Bedeutung kognitiver Fähigkeiten ist proportional der Komplexität der Tätigkeit und umgekehrt proportional dem Anteil manueller Verrichtungen. Wenige Jahre später konnten Lord, DeVader und Alliger (1986) den in der Führungslehre liebgewordenen Mythos von der Unangemessenheit einer „Eigenschaftstheorie" ins Wanken bringen, indem sie – ebenfalls metaanalytisch – zeigten, dass einige Persönlichkeitsmerkmale die wahrgenommene Führungsbefähigung zu erheblichen Varianzanteilen aufklären können – allen voran die Intelligenz, für die sich eine artefaktkorrigierte Validität von $r = .50$ errechnete.

Dass dem Merkmal „allgemeine Intelligenz" so hohe Bedeutung für den Berufserfolg zukommt, mag insofern erstaunen, als seine Messung üblicherweise mit nichts anderem als mit jenen Intelligenztests erfolgt, die in der Öffentlichkeit so kritisch bewertet werden. Schon die Definition des Merkmals an sich, heißt es oft, sei überaus fraglich und umstritten. Aber vielleicht ist gerade die Ahnung von der ungeheuren Bedeutsamkeit dieser merkwürdigen Eigenschaft das eigentlich Beängstigende an ihr – wird doch zunehmend offen diskutiert, dass Intelligenz nicht nur für Schul- und Berufsleistungen maßgeblich ist (die Korrelation mit Schulnoten beträgt etwa $r = .50$, die mit dem Bildungsniveau liegt mindestens in gleicher Höhe), sondern vielleicht die wichtigste einzelne Determinante des sozialen Erfolgs und – auf der anderen Seite der Verteilung – auch der sozialen Probleme darstellt (Herrnstein & Murray, 1994). Wie die kurze Darlegung über Intelligenztheorien schon andeutete, ist seit dem Beginn der Intelligenzforschung vor etwa 100 Jahren umstritten, wie die beste Definition dieser Eigenschaft genau formuliert werden sollte: z. B. lassen Sternberg und Detterman (1986) 25 Experten zu Wort kommen, die natürlich zu 25 Definitionen oder besser Merkmalsumschreibungen kommen; allerdings widersprechen sich die Experten nicht wirklich, sondern betonen teilweise verschiedene Facetten und Messmethoden des Konstrukts Intelligenz. Diese moderate Uneinigkeit ist nicht ausgeprägter als bei den meisten anderen Persönlichkeitsmerkmalen (z. B. Extraversion). Und es ist begriffliche Einigung nicht unbedingt erforderlich, um arbeitsfähige Messverfahren zu finden. Dies gilt gleichermaßen für Begriffe in anderen Wissenschaftsbereichen, z. B. in der Medizin (Immunsystem) oder der Physik (Gravitation). Die Beschreibung der Vererbungsgesetze gelang Alfred Mendel ein Jahrhundert vor ihrer biochemischen Aufklärung.

Was eine einzelne allgemein akzeptierte Definition von Intelligenz besonders schwierig zu machen scheint, ist, dass die Vielfalt von Phänomenen und Wirkungen so groß ist, die mit Intelligenz in Zusammenhang stehen. Aber dies ist ja nur eine andere Ausdrucksweise für Bedeutsamkeit. In sehr allgemeiner Auffassung wird unter Intelligenz die Gesamtheit der kognitiven oder geistigen Fähigkeiten verstanden, spezielle Definitionen heben einzelne kognitive Prozesse oder deren Ergebnis heraus. Gemeinsamer Kern praktisch aller Konzepte der Intelligenzmessung ist die *Qualität und Geschwindigkeit der Lösung neuartiger* (also nicht routinebestimmter) *Aufgaben mittels kognitiver Fähigkeiten*. Unterschiedlich ist, welche Strukturelemente oder Prozesse dabei betont werden und an welchem „Material" und in welchem Kontext sich intelligentes Handeln besonders deutlich ausdrückt (Sprache, Zahlen; auch praktisches Handeln, was zur Rede von der „praktischen Intelligenz" führt?; auch Handeln im sozialen Kontext, was den Ausdruck „soziale Intelligenz" rechtfertigen würde?)

6.3 Erfassung kognitiver Fähigkeiten im Interview

Inwieweit sind kognitive Fähigkeiten nun im Rahmen eines Interviews erfassbar? Es empfiehlt sich, an dieser Stelle explizite und implizite Messung zu unterscheiden. *Explizit* wollen wir die durch Form oder Inhalt der Items bedingte oder durch den Interviewer intentional aufgrund von Verhaltens- oder Ausdrucksbeobachtungen vorgenommene Einschätzung nennen, *implizit* diejenige Erfassung, die nicht vorsätzlich-instrumentell geschieht, sondern sich durch das Medium des Gesprächs oder andere Aspekte der Interaktion übermittelt, sich durch Verhalten, Aussagen und Ausdruck des Bewerbers unwillkürlich zu einem Eindruck beim Beobachter formt, ohne dass dieser sich darum bemüht hätte.

Beiden Arten der Fähigkeitserfassung hätte man früher geringe Chancen eingeräumt; beispielsweise haben Hunter und Hirsh (1987) die Domäne des frei geführten Interviews bei sozialen Kompetenzen gesehen, andere Autoren erwarteten, mit dieser Form des Gesprächs vor allem Leistungsmotivation zu erfassen. Lediglich dem strukturierten Interview billigten Hunter und Hirsh (1987) zu, auch die geistigen Kapazitäten der Kandidaten zu ermitteln. Wie im Abschnitt „die Validität des Einstellungsinterviews" (3.3) schon dargelegt, konnten neue Konstruktanalysen zeigen, dass Interviews generell in nicht geringem Maße Intelligenz erfassen, wobei sich in den Metaanalysen von Huffcutt et al. (1996) sowie Moscoso (2000) gerade die unstrukturierten als geeigneter erwiesen, auf implizite Weise Intelligenz zu erfassen, als die strukturierten Interviews. Wie unter 3.3 bereits angesprochen, ist diese Unterscheidung allerdings wenig verlässlich, da sie in beiden Fällen maßgeblich dadurch mitverursacht wurde, dass ein Multimodales Interview in die Analysen einbezogen wurde, dessen Konstruktionsziel es war, inkrementelle Validität gegenüber Intelligenztests zu messen, das also gerade auf nichtkognitive Eigenschaften abzielte. Die Metaanalyse von Huffcutt, Conway, Roth und Stone (2001) ergibt dementsprechend sogar eine leichte Überlegenheit strukturierter

Interviews bei der Intelligenzmessung, wobei vor allem Kreativität besonders heraussticht.

Jedenfalls lässt sich sagen, dass Interviews zu einem gewissen Anteil Intelligenz erfassen, auch ohne dass direkt Fragen gestellt würden, die dies zum Ziel hätten. Mit dem Ergebnis von Intelligenztests sind Interviews nach Huffcutt et al. (1996) in der Höhe von $r = .25$ (unkorrigiert) bzw. $r = .40$ (korrigiert) korreliert (vgl. auch Campion, Pursell & Brown, 1988). Auch ohne dass dies bisher im Detail geklärt wäre, lassen sich Vermutungen anstellen, worauf dieser Zusammenhang beruht. Insbesondere folgende Gesichtspunkte könnten Grundlage des Intelligenzeindrucks beim Interviewer sein:
- Ausdrucksfähigkeit, Wortwahl, Wortschatz
- Sprechgeschwindigkeit
- Fragenverständnis
- Problemdurchdringung
- Reagibilität, Reaktionstempo
- Dauer der Konzentration auf Detailfragen
- Äußere Erscheinung
- Physiognomisch-mimischer Ausdruck (z. B. Muskeltonus)
- Bericht über eigene Problemlösungen
- Niveau der Beschäftigungen im Beruf und Freizeit
- Fachkenntnisse
- Allgemeinbildung
- Informationsbeschaffung und Vorwissen über das Unternehmen
- Fragen des Bewerbers

Über diese im Gespräch mutmaßlich eindruckswirksamen Aspekte hinaus könnte sich auch aus den Bewerbungsunterlagen stammendes Vorwissen des Interviewers bezüglich Bildung, Schul- und Studienleistungen, schriftlicher Ausdrucksfähigkeit sowie verwandter Hinweise auf seine Einschätzung auswirken. Es kommt also eine Vielzahl potenzieller Intelligenzindikatoren zusammen, so dass ein urteilsfähiger Interviewer gar nicht umhin kann, sich über die Intelligenz seines Kandidaten eine Meinung zu bilden – auch wenn er sich darüber nicht ausdrücklich Rechenschaft ablegt.

Im Prinzip ließen sich alle diese Einflussgrößen auch zu *expliziten* Urteilsquellen machen, indem entsprechende Skalen und Beobachtungshinweise für den Interviewer bereitgestellt werden und indem den Kandidaten entsprechende Fragen gestellt und Anregungen gegeben werden. Freilich wäre es hierzu günstig, den relativen Beitrag dieser und eventuell weiterer Komponenten für ein fundiertes Intelligenzurteil zunächst empirisch zu prüfen. Dieser Gedanke wird unter dem Stichwort *Multiindikatorendiagnostik* in Abschnitt 15.2 wieder aufgegriffen.

Inwieweit sich ein Interview zur expliziten Erfassung kognitiver Fähigkeiten eignet, hängt vornehmlich vom zugrunde gelegten Interviewbegriff ab. Scheut man sich nicht, ein Auswahlverfahren auch dann noch mit Interview zu bezeichnen, wenn im Gespräch mündlich oder sogar als Einschubaufgaben in schriftlicher Form Items aus Intelligenztests vorgegeben werden, so sind prinzipiell keinerlei Grenzen gesetzt, das Interview auch als Intelligenzdiagnostikum einzusetzen. De facto sind Grenzen allerdings durch Reliabilitätsansprüche – und damit durch die Zahl der erforderlichen Items – gegeben.

Daneben wird man auch gewisse Arten von Aufgaben für passender halten als andere. Sprachliche Aufgaben dürften sich zumeist besser in ein Interview einfügen als numerische und figurale. Eingekleidete Aufgaben finden sicherlich eher Akzeptanz als solche, denen man ihre Herkunft aus klassischen Intelligenztests ansieht. Aufgaben, die divergentes Denken erfordern, lassen sich besonders leicht in einen fachlichen Kontext einkleiden. Alle Arten von Wissen sind gewissermaßen geronnene Intelligenz und Lernfähigkeit, deshalb bieten sich Wissensfragen besonders an und werden allgemein als legitimer Bestandteil des Einstellungsinterviews empfunden. Denkt man an die Unterscheidung von *fluider* und *kristalliner* (oder kristallisierter) Intelligenz, die wir Cattell (1963) verdanken, so ist die kristalline Komponente, die Wissensbestandteile und Erfahrung enthält und in stärkerem Maße sprachgetragen ist, besser im Gespräch abzubilden als die fluide Komponente, die für das Lösen neuartiger Aufgaben maßgeblich ist und engere Beziehung zu physiologischen Parametern wie der neuralen Reaktionszeit aufweist.

Für einen pädagogischen Psychologen wäre die Kenntnis der fluiden Intelligenz sicher ergiebiger, denn sie gibt Aufschluss über das Potenzial einer Person. Im kristallinen Anteil hat sich niedergeschlagen, inwieweit Anregungen an Sprache, Bildung und Kultur Früchte getragen haben. Dies ist eine Funktion des Potenzials an Lernfähigkeit sowie der Anregungen. Insofern ist die kristalline Intelligenz in ihrem Aussagegehalt weniger eindeutig als die fluide. Für die pragmatische Aufgabe des Personalauswählenden ist demgegenüber das *Ergebnis* zumeist wesentlicher – zumindest wenn er unter gleichaltrigen Bewerbern mit etwa gleicher Berufserfahrung vergleicht.

Generell muss damit gerechnet werden, dass Aufgaben, die im Interview gestellt werden, kognitive (und wohl auch andere) Fähigkeiten weniger „sauber" messen als dies mit Tests möglich ist. Als Beispiel hierfür können Fragen dienen, die Pachtbewerbern um Brauereigaststätten gestellt wurden (Schuler, 1999b). Die Bewerber werden beispielsweise gefragt: „Wie häufig müssen Bierleitungen gereinigt werden?" Dies ist ein Item, mit dem Fachkenntnisse ermittelt werden können. Diese Fachkenntnisse können entweder aus bisheriger Berufserfahrung stammen, aus dem – obligatorischen – Kurs, den jeder Wirt vor Aufnahme der Berufstätigkeit an der Industrie- und Handelskammer absolvieren muss, oder aus sonstigen Quellen, z. B. Gesprächen mit Gastronomen und dem Personal. Der „Score", den jemand mit seiner Antwort auf diese Prüfungsfrage erzielt, ist deshalb nicht eindeutig: Indiziert er Verarbeitungskapazität, Merkfähigkeit, Erfahrung, Motivation oder von allem etwas? Eindeutig ist nur, dass ein hoher Wert einem niedrigen vorzuziehen ist. Das gleiche Problem stellt sich – und der gleiche Trost bietet sich an –, wenn AC-Teilnehmer die Aufgabe bekommen, im Vorfeld Information zu beschaffen (Sarges, 1993), oder wenn Bewerber zwischen zwei Einstellungsinterviews Gelegenheit erhalten, sich im Unternehmen umzusehen und mit möglichen künftigen Kollegen zu sprechen, um im zweiten Gespräch gefragt zu werden, was sie alles in Erfahrung gebracht haben.

Die potenzielle Vielfalt der Intelligenzmessung im Interview ist noch weitgehend unrealisiert, zumindest was die explizite Erhebungsvariante anbelangt. Die folgende Zusammenstellung enthält einige Beispiele, die als Anregung dienen mögen (ohne alle Rafinessen in der Fragestellung, die wir erst in späteren Kapiteln behandeln). Für die Forschung steht hier noch ein weites Feld offen.

Kasten 10: Beispielfragen zur Erfassung von Intelligenz im Interview

Allgemeine Fragen (v. a. „g" und Verarbeitungskapazität. Auch: Lernfähigkeit, Motivation u. a.; durchgängig verbale Fähigkeit, zumeist kristalline Intelligenz):
- Wie sind Sie vorgegangen, um dieses Problem zu lösen?
- wann sind Sie zuletzt von Kollegen gebeten worden, ihnen bei der Lösung eines Problems behilflich zu sein?
- Lesen Sie gerne wissenschaftliche Literatur?
- was war die schwierigste Aufgabe, die Sie je in Angriff genommen haben?

Ausdrucksfähigkeit (dahinterstehend g, Verarbeitungskapazität, Gedächtnis):
- Können Sie mir die genaue Bedeutung von ... (schwieriger Sachverhalt) ... erklären?
- Haben Sie während der Schulzeit oder während des Studiums Nachhilfeunterricht gegeben?
- Beschreiben Sie bitte den kompliziertesten Teil dieser Aufgabe.

Bearbeitungsgeschwindigkeit (zumeist mit Verarbeitungskapazität, auch Flexibilität):
- Wie lange haben Sie gebraucht, um diese Vorlage auszuarbeiten?
- Wie lange hat es gedauert, bis Sie sich unter den neuen Bedingungen zurechtgefunden hatten?
- In welchem Fall haben Sie mehr als das vorgesehene Arbeitspensum geschafft?
- Bleibt Ihnen noch die Zeit, anspruchsvolle Bücher zu lesen?
- Was konnten Sie in der kurzen Zeit über unser Unternehmen in Erfahrung bringen?

Merkfähigkeit/Gedächtnis (mit Fachkenntnis und Transfer):
- Fällt es Ihnen leicht, sich an den Stoff aus den ersten Semestern Ihres Studiums zu erinnern?
- Nennen Sie mir alle Arten von Finanzderivaten, die Ihnen einfallen.
- Welches waren die letzten Änderungen im europäischen Kartellrecht? Weshalb wurden sie eingeführt?
- Hat sich das im Studium Gelernte für Sie als anwendbar in der Praxis erwiesen?

Divergentes Denken/Kreativität (mit Initiative, Belastbarkeit u. a.):
- Welche Verwendungsmöglichkeiten können Sie sich für unsere Produktionsabfälle vorstellen?
- Gibt es Neuerungen, die Sie in Ihrem Unternehmen eingeführt haben?
- Gibt es ein Produkt oder eine Vorgehensweise, die aufgrund Ihrer eigenen Ideen verbessert wurde?
- Bei unserer letzten Analyse haben wir ein überraschendes Ergebnis gefunden. Können Sie sich das erklären? Wie würden Sie jetzt vorgehen, um diese Sache aufzuklären?
- Wir versuchen, unseren Absatz zu verbessern, indem wir auch Senioren als neue Zielgruppe ansprechen. Hätten Sie zusätzliche Einfälle hierzu?

Wenige Ihrer Bewerber werden so schlau und so „cool" sein, die folgende Aufgabe zu lösen, wenn sie Ihnen im Einstellungsinterview gegenübersitzen:

> Stellen Sie sich folgende Situation vor: Fünf Lieferanten bemühen sich um einen Auftrag, darunter auch Sie. Vom Sicherheitsdienst des Auftraggebers wurde jedem von Ihnen ein Identifikationsmärkchen auf die Stirn geklebt, und zwar entweder in der silbernen oder in der goldenen Ausführung. Leider kann keiner von Ihnen die Farbe seines eigenen Aufklebers erkennen, wohl aber die der anderen. Den Auftrag soll derjenige Lieferant bekommen, der als erster erkennt, welche Farbe seine Sicherheitsmarke hat. Was müssen Sie tun, um den Auftrag zu erhalten?
>
> Und zum Abschluss noch eine Aufgabe, die zeigt, dass selbst Aufgaben zum räumlichen Vorstellungsvermögen (genauer: mental rotation) verbal gestellt und zumindest ansatzweise berufsbezogen eingekleidet werden können:
> Stellen Sie sich vor, sie halten unseren Geschäftsbriefbogen vor sich in der Hand. Links oben ist das Firmenemblem. Nun falten Sie diesen Briefbogen dreimal, und zwar zuerst von unten nach oben, dann von links nach rechts und schließlich von oben nach unten. Wo steht jetzt unser Firmenemblem?
>
> Einfacher wäre es wohl, den Intelligenzfaktor „figurales Denken" oder „space", dem die Mentale Rotation zugehört, durch die näher liegende Frage zu messen: Wenn Sie mit dem Auto in eine fremde Stadt (wie vielleicht gerade eben) kommen und durch Einbahnstraßen und Umleitungsschilder von Ihrem Weg abgebracht werden, tun Sie sich da leicht oder schwer, sich wieder zu orientieren?

Wir haben uns mit den kognitiven Fähigkeiten ausführlicher befasst, als es im Zusammenhang des Einstellungsinterviews üblich ist. Der Grund war die Erwartung, bei dieser Merkmalsgruppe noch ungenutzte Ressourcen für unsere Auswahlmethode zu finden und Anregungen für ihre explizite Erfassung geben zu können. Wir sollten gleichwohl in Erinnerung behalten, dass es sich derzeit bei dem Bemühen, Intelligenz *systematisch* im Interview zu ermitteln, um einen *Versuch* handelt. Verschiedene Ergebnisse zeigen, dass Intelligenz implizit im Auswahlgespräch miterfasst wird. Der Nachweis, welche Interviewstruktur, -fragen und -skalierungen am besten geeignet sind, allgemeine Intelligenz (g) oder einzelne Intelligenzfaktoren zu messen, steht noch aus.

6.4 Nicht-kognitive Merkmale

In dem autoritativen Sammelreferat in den *Annual Reviews of Psychology* kommen Landy, Shankster & Kohler (1994) zu dem Schluss, am dringlichsten sei die Frage der Aufklärung, welche Konstrukte im Interview eigentlich gemessen würden. Sie wiederholen damit die von Harris (1989) vorgebrachte Klage, wir verfügten über unzulängliches Konstruktwissen. Tatsächlich werden die gelegentlichen Spekulationen über den Konstrukthintergrund des Interviews (z. B. Hunter & Hirsh, 1987) erst in neuester Zeit durch empirische Analysen abgelöst (Huffcutt et al., 1996; Huffcutt et al., 2001; Salgado & Moscoso, in press).

An dieser Stelle wird eine ganz andere Auffassung vertreten, nämlich die, dass das Interview im Prinzip alle Merkmale messen kann. Dies mag nicht für alle Interviewformen in gleichem Maße gelten, und es ist wohl auch nicht für alle Merkmale gleichermaßen einfach zu realisieren. Aber auf die gleiche Weise, wie man psychologische Tests als grundsätzlich geeignet ansieht, alle berufserfolgsrelevanten Merkmale zu erfassen, sollte dies auch für das Gespräch möglich sein. Man würde auch die Frage nicht für angemessen halten, welche Merkmale „im Test" gemessen werden – selbst wenn man in Rechnung stellt, dass es Merkmalsdomänen gibt, die dem Testprinzip näher stehen als andere (etwa Leistungen und Fähigkeiten, weil bei Aufgaben, die maximale – statt typischer – Leistung erfassen, geringere Verfälschungsmöglichkeiten bestehen).

Vermutlich gilt die Annahme, Interviews könnten alle interessierenden Merkmale ermitteln, für Verfahren, die nach testtheoretischen Prinzipien konstruiert werden, in weitergehendem Maße als für weniger kontrollierte Verfahrenstypen. Im Falle strukturierter und psychometrisch kontrollierter Verfahren können wir das Interview als eine Art „Hülle" auffassen, die inhaltlich mit verschiedenen Konstrukten gefüllt werden kann, wie es formal durch verschiedene Methoden oder Modi repräsentiert werden kann.

Als erster Beleg für diese These wurde von Schuler und Funke (1989) eine Reanalyse der internen Konsistenzen der Interviewdaten von Campion et al. (1988), Janz (1982), Latham und Saari (1984) sowie Weekly und Gier (1987) vorgenommen. Die genannten Autoren verwendeten Interviews mit verschiedenen Komponenten oder Teilmethoden, analysierten ihre Ergebnisse aber unter der Annahme einer einfachen eindimensionalen Struktur. Die Reanalyse ihrer Daten ergab mittlere Item-Interkorrelationen von $r = .15$, also sehr geringe Homogenität.

Dieses Ergebnis legte die Prüfung der Frage nahe, inwieweit durch unterschiedliche *Methodenkomponenten* oder *Modi* im Interview unterschiedliche Anforderungs- oder Merkmalskonstrukte erfasst werden und ob innerhalb jedes Modus verschiedene Anforderungsdimensionen unterscheidbar sind bzw. – wenn das Interview nach *Anforderungsdimensionen* aufgebaut wurde – rekonstruiert werden können. Eine solche Prüfung wurde erstmals mit dem Multimodalen Interview vorgenommen (Schuler, 1989a und 1992a, Schuler & Funke, 1989).

An dieser Stelle können nur knappe Auszüge aus zwei Teiluntersuchungen berichtet werden. Untersuchung I umfasst N = 305 Bewerber im Alter von durchschnittlich 18 Jahren um einen Ausbildungsplatz als Bankkaufmann/-frau, davon 145 männlichen und 160 weiblichen Geschlechts. Die zweite Untersuchung wurde im Rahmen eines Assessment Centers durchgeführt; Teilnehmer waren N = 69 Studierende der Wirtschafts- und Sozialwissenschaften (43 männlich, 26 weiblich) im Alter von durchschnittlich 24 Jahren.

Für den Datensatz aus Untersuchung I werden die Korrelationen der verschiedenen Interviewkomponenten mit einem Globalmaß kognitiver Fähigkeiten (WILDE-Intelligenztest; Jäger & Althoff, 1983), mit einem Maß für interaktives Verhalten (Gruppendiskussion) und mit dem Geschlecht der Bewerber in Tabelle 20 wiedergegeben. Für diese Berechnung wurden die Ergebnisse der fünf Parallelversionen metaanalytisch kombiniert (nach Hunter, Schmidt & Jackson, 1982). In Tabelle 20 ist zu erkennen, dass intentionsgemäß die Korrelationen mit dem Intelligenzmaß niedrig sind, während die Korrelationen mit dem Indikator sozialer Kompetenz, der Gruppendiskussion, hoch ausfallen (mit Ausnahme der Berufsinteressen). Für das Geschlecht findet sich keine aussagekräftige Korrelation (die negativen Vorzeichen in der Spalte „Geschlecht" indizieren leicht höhere Werte für weibliche Bewerber). Der Fragenteil „Berufsinteressen", der in diesem Fall nur aufgenommen worden war, um den Konventionen des Einstellungsgesprächs zu entsprechen, leistete erwartungsgemäß keinen nennenswerten Beitrag zur Messung des Konstrukts „soziale Kompetenz".

Tabelle 20: Korrelation von Interviewkomponenten mit kognitiven Fähigkeiten, sozialer Kompetenz und Geschlecht auf Item- und Skalenbasis sowie für das Gesamtinterview (aus Schuler & Funke, 1989)

Items	kognitive Fähigkeiten	soziale Kompetenz	Geschlecht
Selbstvorstellung	.12* (.22)	.46** (.53)	–
Berufsinteressen	.01 (.02)	.13* (.15)	–
Biographische Fragen	.06 (.10)	.19** (.22)	–
Situative Fragen	.11* (.20)	.27** (.31)	–

Skalen	kognitive Fähigkeiten	soziale Kompetenz	Geschlecht
Selbstvorstellung	.18** (.33)	.63** (.73) [.63]	–.05
Berufsinteressen	.03 (.07)	.24** (.28) [.22]	–.08
Biographische Fragen	.14 (.26)	.40** (.47) [.40]	.02
Situative Fragen	.19** (.34)	.52** (.60) [.52]	–.09
Gesamtinterview	.21** (.37)	.60** (.69) [.60]	–.10

Anmerkungen: N = 305; * p ≤ .05, ** p ≤ .01. Parallelversionen wurden metaanalytisch kombiniert. In runden Klammern werden reliabilitätskorrigierte, im Falle der kognitiven Fähigkeiten auch bezüglich verminderter Streuung (aufgrund der Vorselektion mittels Intelligenztest) korrigierte Koeffizienten angegeben. In eckigen Klammern werden Koeffizienten angegeben, bei denen kognitive Fähigkeiten auspartialisiert sind.

In Abbildung 23 werden die Interviewergebnisse mit verschiedenen Testwerten und Schulnoten verglichen (für genaue Datenangaben s. Schuler, 1992a). Während alle Korrelationen mit kognitiven Maßen gering sind, finden sich einige bemerkenswerte Zusammenhänge mit Persönlichkeitsfaktoren, wie sie mit dem Deutschen CPI (Weinert, Streufert & Hall, 1982), dem FPI (Fahrenberg, Hampel & Selg, 1983) und dem LMT (Hermans, Petermann & Zielinski, 1978) gemessen werden. Speziell die biographiebezogenen Fragen sind hoch korreliert mit „Dominanz", „Erfolgspotenzial" und „Selbstbejahung" (CPI), mit „Gehemmtheit" und „Extraversion" (FPI) und mit „leistungsfördernder Prüfungsangst (F+)" sowie „leistungshemmender Prüfungsangst (F–)" (LMT). Wie erwartet, ergeben sich nur niedrige Korrelationen der Interviewwerte mit Persönlichkeitsfaktoren, die nicht Zielkonstrukte des Interviews waren, z. B. mit „sozialer Orientierung" (FPI).

Mit den Zielkonstrukten des Interviews sind speziell die Korrelationen der biographiebezogenen Fragen auffallend hoch. Dies wird besonders deutlich in der Beziehung zum FSK (Fragebogen zur Messung sozialer Kompetenz; Schuler & Funke, 1990) – einem biographischen Fragebogen, der ebenfalls konstruiert wurde, um kundenorientiertes Verhalten zu erfassen. Die Korrelation zwischen dem Gesamtwert der biographischen Interviewfragen und dem FSK-Wert beträgt r = .71.

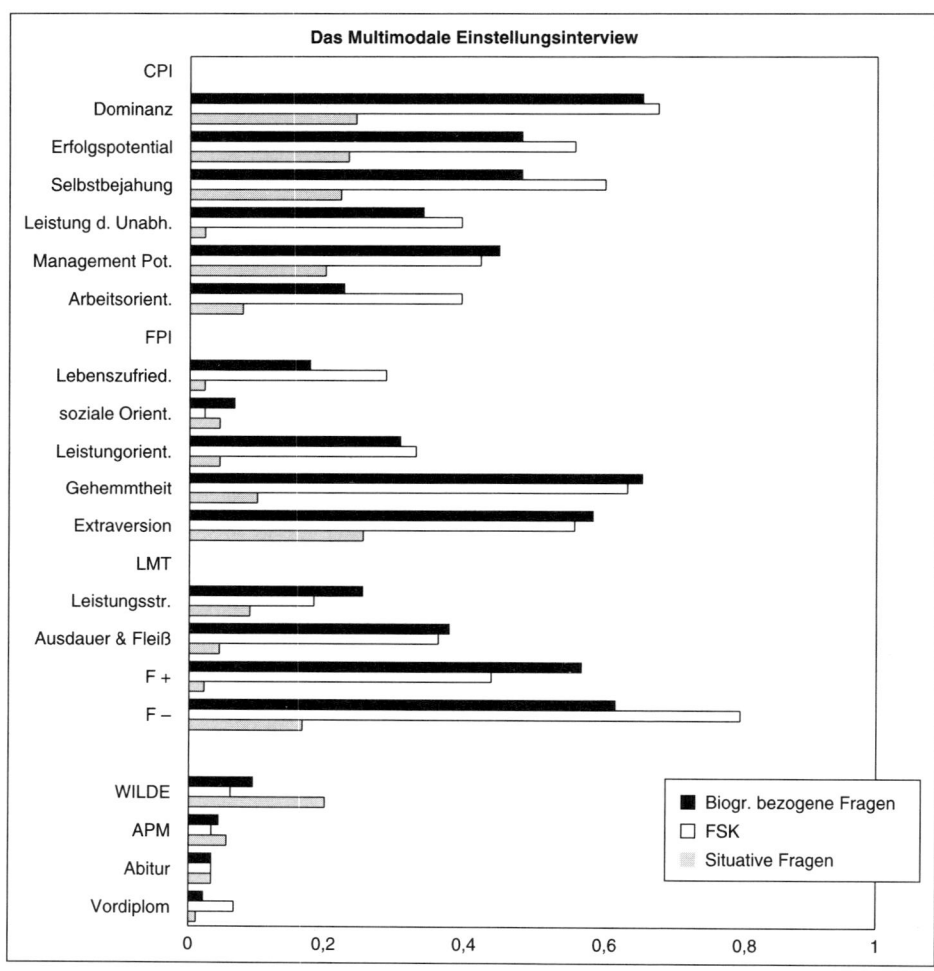

Abbildung 23: Korrelationsmuster der biographiebezogenen und situativen Interviewfragen sowie des Fragebogens zur Messung sozialer Kompetenz (FSK) mit Persönlichkeitstests, Fähigkeitstests und Außenkriterien.
Anmerkungen: N = 69; Signifikanzgrenzen: r = .23 für p ≤ .05, r = .30 für p ≤ .01. Negative Korrelationskoeffizienten sind durch „(–)" gekennzeichnet. CPI = California Personality Inventory, FPI = Freiburger Persönlichkeitsinventar, LMT = Leistungsmotivationstest, WILDE = Wilde Intelligenz Test, APM = Advanced Progressive Matrices, F+ = Leistungsfördernde Prüfungsangst, F– = Leistungshemmende Prüfungsangst.

Offensichtlich wird das Maß an Übereinstimmung aber erst, wenn man die Korrelationsmuster beider Verfahren – Interview und FSK – mit anderen Testwerten betrachtet. Abbildung 23 zeigt das gleiche Korrelationsmuster für die Interviewkomponente „Biographiebezogene Fragen" und den FSK; beide unterscheiden sich dagegen von den Korrelationen der situativen Fragen mit den Testwerten und sonstigen Daten, wobei die situativen Fragen generell weniger Bezug zu Persönlichkeitskonstrukten und – soweit man diese Werte überhaupt interpretieren möchte – etwas engeren Bezug zu den Indikatoren kognitiver Leistung aufweisen als die biographiebezogenen Fragen.

Dipboye (1992, S. 91 f.) vergleicht diese Daten mit Ergebnissen aus anderen Untersuchungen, in denen vorwiegend unstrukturierte Interviews Verwendung fanden, und kommt zu dem Schluss, dass dort zumeist niedrigere Zusammenhänge mit Persönlichkeitsmerkmalen gefunden wurden. So stehen die referierten Daten auch im Gegensatz zur Schlussfolgerung aus der Metaanalyse von Barrick, Patton und Haugland (2000), Gewissenhaftigkeit und Neurotizismus ließen sich im Interview schlecht ermitteln. Inwieweit intendierte Konstrukte erfasst werden können, scheint also von der Form des Interviewverfahrens abzuhängen (s. a. Huffcutt et al., 2001). Diese Vermutung wird durch weitere Untersuchungen bestätigt. Sue-Chan, Latham und Evans (1995) untersuchten die Konstruktvalidität von situativen und von patterned Interviews, indem sie Tests zur Messung von Intelligenz, tacit knowledge und self-efficacy parallel zur Anwendung brachten, und fanden signifikante Übereinstimmung nur mit dem letztgenannten Merkmal. Latham und Skarlicki (1995) fanden, dass ein situatives Interview, nicht aber ein patterned Interview, in der Lage war, Organizational Citizenship Behavior (OCB) zu prognostizieren. OCB kann man mit Fragen der folgenden Art erfassen: „Haben Sie schon einmal Kollegen in einer Weise unterstützt, die nicht zu Ihren Verpflichtungen gehört hätte?". (Nebenbei bemerkt darf man sich natürlich nicht mit der Antwort „ja" auf eine solche Frage begnügen. Aber das ist Gegenstand der weiteren Kapitel.)

Im Abschnitt *Die Person des Bewerbers (4.3)* hatten wir als Merkmalsgruppen unterschieden, die den Eindruck des Interviewers beeinflussen:
– Demographische Merkmale
– Physische Merkmale
– Äußere Erscheinung
– Ausbildung
– Berufsqualifikation
– Fähigkeiten
– Temperamentsmerkmale
– Handlungseigenschaften
– Bewertungsdisposition
– Selbstbezogene Dispositionen
– Zustand

Nicht alle diese Merkmale sind gleichermaßen erfolgsbezogen, manche beeinflussen das Urteil des Interviewers sogar dann, wenn sie nicht erfolgsrelevant sind, wirken also als Fehlerquelle. Besonders die ersten drei Merkmalsgruppen dürften diesbezüglich hervortreten. Physische Merkmale und äußere Erscheinung lassen sich im Gesprächskontakt gewöhnlich einschätzen, ohne dass das Interview darauf abgestellt werden müsste. Handelt es sich bei den physischen Merkmalen um speziellere Eigenheiten, die mit Fertigkeiten in Verbindung stehen, wie z. B. zartgliedrige Hände mit feinmotorischem Geschick, so wird man sich besser nicht auf den Augenschein verlassen, sondern die benötigte Information aus der Arbeitsbiographie oder aus Arbeitsproben beziehen. Notfalls können auch Interviewfragen diese Funktion übernehmen, die sich auf Tätigkeitserfahrungen und Fehler, ersatzweise auch auf Hobbys beziehen. Ausbildung und Berufsqualifikation sind, soweit nicht durch die Bewerbungsunterlagen bereits geklärt, mit direkten Fragen, am besten durch den Fachvorgesetzten, zu ermitteln. Auch eingeflochtene Aufgaben wie das Referieren einer Studienarbeit sind taugliche Ansatzpunkte.

Interessant sind für ein anspruchsvolles Auswahlgespräch insbesondere die Fähigkeiten, Temperamentsmerkmale, Handlungseigenschaften sowie Bewertungs- und selbstbezogene Dispositionen. Die wichtigste Gruppe der Fähigkeiten, die kognitiven Fähigkeiten, wurde bereits erörtert. Unter den restlichen Eigenschaften wollen wir uns im Folgenden auf die Temperamentsmerkmale konzentrieren, in geringerem Umfang werden auch Handlungseigenschaften angesprochen. Beispielfragen zu den verbleibenden Dispositionen werden in späteren Kapiteln angeboten.

Temperamentsmerkmale

Zur Klassifikation der Temperaments- oder Charaktermerkmale findet derzeit ein Modell breite Anerkennung, das fünf große Faktoren – „Big Five" – unterscheidet. Die fünf großen Merkmale werden von verschiedenen Forschern nicht ganz einheitlich definiert (einen Überblick bietet Goldberg, 1993); Tabelle 21 gibt eine Begriffsfassung, die das Wesentliche an diesen Konstrukten zusammenfasst.

Tabelle 21: Fünf-Faktoren-Modell der Persönlichkeit (Facetten nach Costa & McCrae, 1995)

Extraversion	Neurotizismus	Verträglichkeit	Gewissenhaftigkeit	Offenheit für Erfahrungen
– Herzlichkeit – Geselligkeit – Durchsetzungsfähigkeit – Aktivität – Erlebnishunger – Frohsinn	– Ängstlichkeit – Reizbarkeit – Depression – Soziale Befangenheit – Impulsivität – Verletzlichkeit	– Vertrauen – Freimütigkeit – Altruismus – Entgegenkommen – Bescheidenheit – Gutherzigkeit	– Kompetenz – Ordnungsliebe – Pflichtbewusstsein – Leistungsstreben – Selbstdisziplin – Besonnenheit	– O. für Phantasie – O. für Ästhetik – O. für Gefühle – O. für Handlungen – O. für Ideen – O. für Normen- und Wertesysteme

Einer neuen Metaanalyse von Huffcutt et al. (2001) zufolge sind Interviews geeignet, neben „applied social skills" und „organizational fit" alle fünf großen Persönlichkeitsmerkmale zu erfassen.

Trotz hoher Plausibilität, dass diese Merkmale im Berufsleben von Bedeutung sind, lassen sich auf dieser allgemeinen Ebene bislang allerdings keine überzeugenden Beweise finden. Zwei durchgeführte Metaanalysen kommen zu positiven, aber relativ geringen Prognosewerten, wobei sich im einen Fall das Merkmal „Gewissenhaftigkeit" als das generell wichtigste erwies (Barrick & Mount, 1991), im anderen Fall „Verträglichkeit" (Tett, Jackson & Rothstein, 1991). Beiden Merkmalen verwandt, nur in den meisten Fällen wiederum spezifischer gemessen, ist die Eigenschaft „Integrität", für die relativ hohe und generelle Validität nachgewiesen werden konnte (Marcus, Funke & Schuler, 1997; Ones & Viswesvaran, 2001).

Ein Grund für die geringeren Zusammenhänge der allgemeinen Merkmale mit dem Berufserfolg könnte die „Exzessivität", der „Bedeutungsüberschuss" dieser Persönlichkeitskonstrukte sein, d. h., diese allgemeinsten Faktoren umfassen jeweils heterogene Merkmale, die nicht alle in gleichem Ausmaß an Arbeitsplätzen gefordert sind. Für diese Interpretation spricht, dass für Subfaktoren der Big Five jeweils größere Bedeutung nachgewiesen werden konnte als für den jeweiligen Faktor als ganzen – etwa für Dominanz (Durchsetzungsfähigkeit) aus dem Faktor Extraversion und für den Leistungsmotivationsanteil aus dem Faktor Gewissenhaftigkeit.

Höhere Validität – also Relevanz für beruflichen Erfolg – hat sich für spezifischere Persönlichkeitsmerkmale nachweisen lassen, darunter für soziale Kompetenz, Selbstvertrauen sowie für die schon genannte Leistungsmotivation. Neuere Konstruktanalysen zeigen, dass es sogar lohnenswert sein kann, innerhalb des Merkmals Leistungsmotivation weiter zu differenzieren, da verschiedene Leistungsbereiche und auch berufliche Interessen mit unterschiedlichen Facetten dieses Konstrukts zusammenhängen. Als erfolgsrelevant für anspruchsvolle Aufgaben haben sich unter anderem die Teilkonstrukte Lernbereitschaft, Schwierigkeitspräferenz und Zielsetzung erwiesen.

In vielen Fällen ist man gut beraten, nicht oder nicht primär mit allgemeinen Persönlichkeitsmerkmalen zu arbeiten, sondern schon die Anforderungsanalyse so anzulegen, dass sie eng an den Zieltätigkeiten orientierte, verhaltensbezogene Anforderungen liefert. Dies ermöglicht, eignungsdiagnostische Verfahren direkt auf der Verhaltensebene zu entwickeln oder zuzuordnen. Selbst wenn man aber aggregiert und umfangreichere, eigenschaftsartige Anforderungskonstrukte (siehe die oben genannten Faktoren) bildet, so haben diese qua Konstruktionsprozess enge Beziehung zu den tatsächlichen beruflichen Anforderungen.

Ein Beispiel hierfür ist eine Ableitung von Verhaltensweisen und Fähigkeiten aus einer gründlichen Anforderungsanalyse im kreditwirtschaftlichen Bereich (Schuler & Funke, 1988, zitiert nach Schuler & Barthelme,1995), die sich auf das Verhalten gegenüber Kunden bezog. Die dort ermittelten Erfolgsvoraussetzungen waren die Grundlage für die Konstruktion des Fragebogens zur Messung sozialer Kompetenz (FSK), lassen sich allerdings auch in Interviewfragen umsetzen, wie die folgenden Beispiele zeigen mögen.

Kasten 11: Umsetzung von Anforderungen in Interviewfragen	
Merkmals- und Verhaltensanforderung	**Beispiel für eine korrespondierende Interviewfrage**
1. Frühzeitiges und richtiges Wahrnehmen in sozialen Situationen (Erkennen von Reaktionen, Bedürfnissen, Signalen des Kunden etc.).	1. Haben Sie schon einmal bemerkt, dass jemand etwas von Ihnen erwartet, ohne dass er es Ihnen gesagt hat?
2. Leichtes Herstellen von Kontakt (Interesse und Offenheit gegenüber Kunden; unkomplizierte Gesprächseinleitung; freundliches, gesprächiges Verhalten etc.).	2. Wie stellen Sie es an, wenn Sie mit jemandem ins Gespräch kommen wollen?
3. Gespräche und Verhandlungen geschickt führen (Reaktionen auf Kundenbedürfnisse und -einwände; Umgang mit Kritik; Einflussnahme auf Entscheidungen etc.).	3. Stellen sie sich vor, ein Kunde kritisiert Sie unberechtigterweise. Was entgegnen Sie ihm?
4. Selbstsicher auftreten (überzeugend wirken; keine Angst, sich Blößen zu geben; unangenehme Situationen nicht umgehen etc.).	4. Gibt es einen Fall, in dem Sie Ihren Vorgesetzten für eine Idee gewinnen konnten, der er zunächst ablehnend gegenüber stand?
5. Persönliche Belastungen und Stress bewältigen (trotz Belastung kontrolliert reagieren; Toleranz; Verkraften von Ablehnungen und persönlichen Angriffen; Bewältigen komplexer Aufgaben unter Zeitdruck und Beobachtung; Lösen von Aufgaben mit Prüfungscharakter etc.).	5. Prüfungsdruck wirkt auf viele Menschen beeinträchtigend. Geht es Ihnen auch so?
6. Selbstdarstellung (gepflegte Erscheinung; Vertrauen ausstrahlen, seriös wirken; mit Kunden höflich und zuvorkommend umgehen etc.).	6. Wann haben Sie zum letzten Mal ein Kompliment von einem Kunden zu hören bekommen?
7. Sprache gut verstehen und sich sprachlich gut ausdrücken können (Kunden sprachlich gut verstehen; Fach- und Fremdworte sowie gehobene Ausdrucksweise verstehen;	7. Man kann sich mit manchen Kunden leichter, mit anderen weniger leicht verständigen. Mit welchen Kunden fällt Ihnen das Gespräch eher leicht, mit welchen weniger leicht?

daraus richtige Schlussfolgerungen ziehen können; sich im eigenen mündlichen und schriftlichen Ausdruck dem Kunden gegenüber angepasst verhalten etc.).	
8. Mit Kollegen gut zusammenarbeiten (fairer Umgang untereinander; zum Arbeitsklima beitragen; Informationen austauschen; gegenseitig aushelfen; nicht untereinander um Kunden konkurrieren etc.).	8. Können Sie einen Fall aus dem vergangenen Jahr nennen, bei dem Sie einen Kollegen aus eigenen Stücken unterstützt haben?
9. Motiviert und mit Initiative arbeiten (sich für die Aufgaben stark engagieren; selbst Initiative ergreifen; Risiken eingehen; für Neues offen sein; weiterkommen wollen etc.).	9. Gibt es ein Projekt, das auf Ihre Initiative hin in Angriff genommen wurde?
10. Interesse an Verkaufstätigkeiten haben (positive Einstellung gegenüber der Dienstleistungsfunktion; Interesse am Umgang mit Kunden; sich mit Verkaufsaufgabe identifizieren etc.).	10. Würden Sie es vorziehen, sich neue Produkte auszudenken oder diese Produkte an Kunden zu verkaufen?
11. Gewissenhaft und korrekt arbeiten (nur haltbare Zusagen geben; systematisch und ordentlich arbeiten; ehrlich sein; nicht überkorrekt handeln etc.).	11. Stellen Sie sich vor, Sie entdecken im letzten Moment einen Fehler in Ihrer Ausarbeitung für den Kunden. Es handelt sich um einen etwas kleinlichen Menschen, der Sie wahrscheinlich wegen des Fehlers kritisieren würde. Aller Wahrscheinlichkeit nach fällt ihm der Fehler allerdings gar nicht auf. Wie verhalten Sie sich?
12. Ursachen und Verantwortlichkeiten erkennen (Ursachen für Erfolge und Misserfolge realitätsgerecht einschätzen; angemessene Schlussfolgerungen ziehen; Verantwortlichkeit nicht abschieben etc.).	12. Viele Schüler haben den Eindruck, sie könnten bessere Leistungen erbringen, wenn ihr Lehrer mehr Verständnis für sie hätte. Wie war das in Ihrer Schulzeit?

In manchen Fällen kann es erforderlich sein, ergänzend zu den Merkmalen, die eine Personengruppe auszeichnen sollen, auf zusätzliche Verhaltenstendenzen zu achten, um die Qualifikation für besondere Aufgaben festzustellen. So könnte das Merkmal „Offenheit für Erfahrungen" aus den großen fünf Persönlichkeitsmerkmalen, das ansonsten wenig Bezug zum Berufserfolg zeigt, für Mitarbeiter, die in fremde Kulturen entsandt oder mit kulturbezogenen Aufgaben betraut werden, eine relevante Größe darstellen. Stahl (1995a) nennt als weitere Fähigkeitsvoraussetzungen für den Auslandseinsatz Ambiguitätstoleranz (Mehrdeutigkeit aushalten), Mobilität/Flexibilität, Polyzentrismus (als Gegensatz zu Ethnozentrismus), Einfühlungsvermögen und Werthaltungen.

Für Mitarbeiter, von denen aufgrund ihrer Aufgaben die Fähigkeiten eines „Intrapreneurs" erwartet werden, könnten die Charakteristika Initiative, Selbstständigkeit und Eigenverantwortlichkeit von besonderer Relevanz sein. Da menschliche Eigenschaften selten völlig unabhängig voneinander sind, muss man allerdings damit rechnen, dass jedes zusätzlich geforderte Merkmal die „Passung" an einer anderen Stelle gefährdet. Beispielsweise könnte ein ausgeprägtes Autonomiestreben, das für unternehmerische Persönlichkeiten charakteristisch ist, ihrer Bereitschaft zur Normanpassung entgegenstehen und dadurch in Konflikt zu anderen Anforderungen führen.

Ein anderer Fall, der zu einem Zwiespalt führt, ist das Bestreben, bevorzugt solche Mitarbeiter einzustellen, die eine längere Verweildauer im Unternehmen erwarten lassen. Besonders in der IT-Branche, aber auch in anderen vom Wachstum begünstigten Bereichen ist ein harter Wettbewerb um qualifizierte Mitarbeiter entbrannt, der hohe Gehälter und Versuche der gegenseitigen Abwerbung zur Folge hat. So ist es verständlich, wenn man bemüht ist, besonders treue Mitarbeiter zu finden.

Wie in den meisten Fällen, in denen ein Merkmal durch das *Kriterium* definiert wird, an dem es auffällt, findet man hierzu keine einzelne homogene Eigenschaft, die man verantwortlich machen könnte, sondern ein Merkmalsbündel. Zwei Merkmalsbereiche dürften es sein, die mit geringer Fluktuationsneigung zusammengehen. Der erste ist dem Merkmal *Integrität* verwandt, das seinerseits in enger Beziehung zu den Eigenschaften Verträglichkeit, Gewissenhaftigkeit und psychische Stabilität steht (Marcus, 2000). Dieses Merkmal lässt sich mit Tests erfassen (Marcus & Schuler, in Vorbereitung), also auch in die Interviewform übertragen. Eine einschlägige Frage könnte lauten: „Gab es einen Fall, in dem Sie den Geschäftsprinzipien Ihres Unternehmens zuwiderhandeln mussten?" Dieser Merkmalsbereich ist unproblematisch, weil er generell mit loyalem, verlässlichem Verhalten zu tun hat.

Schwieriger ist das zweite Verhaltenssyndrom, das mit Veränderungsbereitschaft zusammenhängt: Flexibilität, Lernbereitschaft, Neugierde, Leistungsmotivation, Initiative, vielleicht sogar Intelligenz sind Eigenschaften, die als Impulse wirken, weiterzukommen, seine Chancen zu suchen, also auch nach neuen Arbeitgebern Ausschau zu halten. Sie prädestinieren jemanden zum Opfer für Headhunter und machen ihn gleichzeitig ansprechbar für deren Verlockungen. Dieser zweite Merkmalsbereich bewirkt das Dilemma: Wenn man sich um betriebstreue Kandidaten bemüht, ist man gleichzeitig in Gefahr, unflexible, unmotivierte und weniger lernfähige Mitarbeiter zu bekommen. Im Handwerk ist die Lehrabbruchsquote bei Abiturienten fünfmal so hoch wie bei Realschülern. Man wird also zweckmäßigerweise keine schrankenlose Selektion in dieser Richtung betreiben, sondern sich unter Auswahlgesichtspunkten auf den Integritätsbereich beschränken.

Um diesen Überlegungen nicht mehr Gewicht zu geben, als ihnen gebührt, sei daran erinnert, dass es sich hierbei mehr um Spekulation als um empirisch fundiertes Wissen handelt. Ein Beispiel sei noch ergänzt, das demonstriert, dass sich der Sinn einer Interviewfrage nicht immer nach ihrer Augenscheinlichkeit bemisst. In einem großen, sehr bodenständigen Technologieunternehmen werden die Bewerber regelmäßig gefragt, ob sie bereit wären, ins Ausland zu gehen. Oberflächlich betrachtet, ist das keine sehr sinnvolle Frage, denn erstens werden in diesem Unternehmen nur 1,5 % der jungen Ingenieure tatsächlich ins Ausland geschickt, und zweitens erklärt so mancher 25-jährige Bewerber seine Reisebereitschaft, der sie fünf Jahre später, wenn der Auslandsaufenthalt anstehen würde, widerruft, weil er durch Familie und Haus inzwischen immobil geworden ist. „Hinter" der Mobilität steht aber das Merkmal Leistungsmotivation, und dadurch dürfte die Frage ihren „Tiefensinn" gewinnen, auch wenn sie auf den ersten Blick nutzlos scheint.

Es wären noch eine ganze Reihe von Merkmalen zu nennen und mit Fragebeispielen zu illustrieren. Allerdings begäben wir uns damit in die Nähe allgemeiner Verfügungslisten, die zur Fragenauswahl nach Gutdünken angeboten werden, statt unsere Interviewfragen an den Ergebnissen der Anforderungsanalyse abzuleiten. Fragenbeispiele werden in größerer Zahl noch in nachfolgenden Kapiteln angeboten.

6.5 Zusammenwirken kognitiver und nicht-kognitiver Merkmale

Zu wenig Beachtung fand bisher noch das Zusammenwirken kognitiver und nicht-kognitiver Persönlichkeitsmerkmale, z. B. die kognitive Mitsteuerung von Handlungsausführungen (Kreitler & Kreitler, 1990). Ein Beispiel hierfür wäre das Erkennen der Anforderungen in einer sozialen Situation als Voraussetzung des situationsgerechten Einsatzes sozialer Fertigkeiten. Das Erkennen angemessener Handlungsmöglichkeiten in vorgeführten Filmszenen, das sich als abhängig von kognitiven Fähigkeiten erwiesen hat (Schuler, Diemand & Moser, 1993), sollte in analoger Weise auch im Interview, beispielsweise in situativen Fragen, wirksam werden.

Ein anderes Beispiel ist der Einfluss verschiedener (nichtkognitiver) Persönlichkeitsmerkmale auf das Hervorbringen (kognitiver) kreativer Leistungen. Mumford und Gustafson (1988) nehmen an, dass dieser Einfluss auf drei Wegen zustande kommt: erstens können Persönlichkeitsmerkmale die wirksame Anwendung kognitiver Prozesse erleichtern, die dem kreativen Denken zugrunde liegen; zweitens können Merkmale wie Energie, Offenheit und Leistungsmotivation den motivationalen Impuls bewirken, die erforderlichen kognitiven Prozesse zum Einsatz zu bringen; drittens schließlich können Merkmale wie Selbstvertrauen jemanden ermutigen, an neuartigen, schlecht definierten Aufgaben zu arbeiten und seine Bemühungen trotz anfänglicher Rückschläge aufrechtzuerhalten.

Tatsächlich wurde in einer Untersuchung an Ingenieuren und Wissenschaftlern in der industriellen Forschung und Entwicklung (F & E) gefunden, dass einige der genannten Merkmale, namentlich Selbstvertrauen und Leistungsmotivation, zu den wichtigsten Determinanten des beruflichen Erfolgs zählen (Schuler, Funke, Moser & Donat, 1995), daneben auch Fähigkeiten aus dem Bereich sozialer Kompetenzen (insbesondere Dominanz). Auch fanden sich Hinweise auf eine begünstigende Funktion dieser nichtkognitiven Merkmale für geistige Leistungen.

Ein einfaches Beispiel für solche Zusammenhänge im F & E-Bereich ist der Fall eines Entwicklungsingenieurs, der zwar einfallsreich ist, aber nicht wagt, Kollegen um Rat zu fragen, weil er befürchtet, in deren Augen inkompetent zu wirken. Auf diese Weise investiert er seine Einfälle zu häufig in Sackgassen und bringt schließlich nicht so viel zustande wie jemand, der zwar weniger eigene Ideen hat, die „kollegialen Ressourcen" aber erfolgbringender einzusetzen weiß.

In manchen Persönlichkeitstests werden Persönlichkeitsmerkmale als polare Gegensatzpaare verstanden. Beispielsweise lauten Eigenschaften („Primärdimensionen") im 16-Persönlichkeits-Faktoren-Test (Schneewind, Schröder & Cattell, 1983) „Soziale Anpassung – Selbstbehauptung", „Besonnenheit – Begeisterungsfähigkeit" oder „Flexibilität – Pflichtbewusstsein". Nicht erkennbar wird aus dem gegebenen Resultat für einen Probanden, ob sein mittlerer Wert aus einer indifferenten Stellung auf diesem Kontinuum zustande kommt – wenn also gleichsam beide Pole gering ausgeprägt sind – oder ob er beide Pole für sich beanspruchen kann und über ein großes, flexibel einsetzbares Verhaltensrepertoire verfügt. Es wäre denkbar, dass Personen, die man als „Persönlichkeiten" bezeichnet oder ihnen „Niveau" attestiert, von solcher Art sind, aber durch derlei Testwerte nicht erkennbar sind. Für solche Fälle müsste das Interview das geeignetere Instrument sein, weil es flexiblere Erkundungsstrategien und Antwortkategorisierungen erlaubt. Auch für diesen Gedanken steht allerdings nach Kenntnis des Verfassers eine empirische Prüfung noch aus. Ebenso ist über die Kompensationsmöglichkeiten verschiedener Merkmale untereinander noch wenig bekannt.

6.6 Zur Klassifikation von Anforderungen, Tieren und Weinen

Kasten 12: Zur Klassifikation von Anforderungen, Tieren und Weinen

Fast hätten wir vergessen, die Bemühungen der Personalreferentin Anstellig weiterzuverfolgen, obwohl sie als Vertreterin des positiven Denkens doch alle Aufmerksamkeit verdient.
Sie hatte sich erhofft, dass die Ergebnisse des Brainstormings irgendwie auf eine handliche Zahl besonders wichtiger Anforderungen reduziert würden. Stattdessen hat die diesbezügliche Bitte an die Abteilungen B und C weitere Merkmale zutage gefördert. Ihr zur Seite sitzt Personalchef Adabei, und auch Marketingleiter Allesverkauft hat sich kurz eingefunden, um zu prüfen, ob das Ergebnis der Aktion erfolgversprechend genug aussieht, dass es sich als Produkt des Marketings anbietet. „Vor allem muss es verkäuflich sein", sagt er. Personalchef Adabei ist ein Freund neuer Methoden. „Faktoranalyse", wirft er ein, „Faktoranalyse oder wie das heißt! Ist das nicht eine Methode für solche Fälle? Berechnen Sie doch so eine Faktoranalyse, Frau Anstellig!" Die Angesprochene blickt erschreckt und ratlos.
„Für eine Faktorenanalyse braucht man Fakten", meldet sich eine Stimme aus dem Hintergrund, „und was bisher vorliegt, ist nur rhetorischer Schrott!" Die Stimme gehört zu einem finsteren Gesellen, dessen Anwesenheit bisher niemandem aufgefallen war. Aber seit er sich zu Wort gemeldet hat, ist es merklich kühler im Raum geworden. „Degedestev", stellt sich der Finsterling vor, „Dr. Degedestev von der Abteilung

Denken vor Handeln". Keiner der übrigen Anwesenden hat je von einer solchen Abteilung gehört, aber in dieser Zeit wird so viel umorganisiert oder zumindest umbenannt, dass man sich keine Blöße geben möchte.

Frau Anstellig jedenfalls will sich keine dubiosen Berechnungen aufhalsen lassen, und schon gar nicht mit rhetorischem Schrott. Deshalb übernimmt sie die Initiative: „Ich dachte an Haben und Sein oder an Soll und Haben. Sind das nicht zwei wichtige Kategorien?" „Knapp und gut", pflichtet Adabei bei. „Geradezu existenziell, um nicht zu sagen ontologisch!", schwärmt Allesverkauft. „Fromm und Freitag", brummte es aus dem Hintergrund. Oder brummt es „Freytag"? Zwar versteht den Einwurf niemand, aber der abfällige Ton ist nicht zu überhören. „Sein und Haben sowie Nichtsein und Nichthaben", fährt die Personalreferentin fort. „Das gibt ein schönes Vierfelderschema", sagt Adabei. „Klingt aber nicht mehr gut", schneidet ihm der Marketingmann das Wort ab, „das kauft niemand. Überhaupt fällt mir jetzt auf, dass die wichtigsten Kriterien gar nicht enthalten sind in unserer Sammlung." „Überhaupt keine Kriterien sind in dieser Sammlung enthalten", lässt sich die Stimme aus dem Hintergrund vernehmen, „bisher sind es nicht einmal Prädiktoren, sondern nur Anforderungen, genauer gesagt: vermeintliche Anforderungen."

Von solchen Haarspaltereien lässt sich der Mann der Tat nicht aufhalten: „Helikopterfähigkeit ist leider nicht mehr ganz aktuell", fährt Allesverkauft fort, „ebenso vernetztes Denken; aber Visionen zieht immer noch, und Teamfähigkeit ist so gut wie zeitlos. Voll im Trend liegen Competencies. Lasst uns doch auf Competencies umstellen!" „Kategorien bilden, lieber Kollege, Kategorien bilden ist jetzt unsere Aufgabe!", erinnert ihn Adabei, „wir müssen die Menge reduzieren, nicht neue Bezeichnungen finden! Reduzieren, systematisieren!"

„Wir müssen mehr emotionale Intelligenz zeigen", widerspricht Allesverkauft, „das ist es, was wir brauchen. Trockene Kategorien helfen uns nicht weiter!"

Reduzieren ist schwer, ist der dynamischen Natur einer Brainstorming-Gruppe irgendwie zuwider, deshalb kehrt einen Moment Stille ein. Frau Anstellig überlegt krampfhaft, wie sie jetzt mehr von ihrer emotionalen Intelligenz zeigen könnte. „Ich hab's", ruft der Personalmann, „bei uns in der Betriebspädagogik gibt es doch so eine geniale Dreiteilung: Sachkompetenz, Fachkompetenz, Methodenkompetenz. Warum nehmen wir die nicht!?" „Soziale Kompetenz", sagt seine Mitarbeiterin, lässt aber offen, ob sie damit eine Korrektur oder eine Ergänzung vorgeschlagen hat. „Großartig!", ruft das Marketing, „großartig, warum habe ich nicht gleich daran gedacht! Sozialkompetenz, Fachkompetenz, Methodenkompetenz! Das sind doch die Schlüsselkompetenzen, mit denen das wissenschaftliche Marketing seit langem arbeitet. Habe ich mir die nicht selbst mal ausgedacht? Na egal. Man stellt seine Ideen ja gern zur Verfügung und freut sich, wenn sie von der Welt aufgegriffen werden, nicht wahr?". Aus der Ecke zischelt leise etwas, das, würde man genau hinhören, lauten könnte: „Gewöhnlich glaubt der Mensch, wenn er nur Worte hört, es müsse sich dabei doch auch was denken lassen."

„Ich bin nicht so sicher", wendet Frau Anstellig ein, will aber keine Spielverderberin sein. Außerdem hat sie ihren Einwand viel zu zaghaft vorgebracht, als dass ihn jemand brauchen könnte. „Gut", sagt Herr Adabei, „wir fangen gleich mit dem ersten Kriterium an. Was war es noch? Aufmerksam. Das ist eine – äh, nun, sagen wir, das ist eine Fachkompetenz. Aufmerksame Leute sind in der Lage, viel Fachwissen zu erwerben." „Methodenkompetenz?" schlägt die Personalreferentin vor. „Ist nicht die Aufmerksamkeit der Weg, die Methode, anstehende Probleme zu lösen? Und Probleme lösen gehört zur Methodenkompetenz, ganz ohne Zweifel." „Schnickschnack!", weist Allesverkauft sie zurecht, „an das Wichtigste denkt Ihr Personaler immer zuletzt, an die Menschen, an die Kontakte! Mit ‚aufmerksam' ist natürlich ‚aufmerksam gegenüber anderen' gemeint. Jemand widmet seinen Mitmenschen genügend Aufmerksamkeit, er überlegt, wie er anderen helfen, wie er sie durch seine Produkte unterstützen kann. Das ist es, was einen Bewerber als Mitarbeiter bei uns qualifiziert! Also Sozialkompetenz."

Man fährt fort und findet, dass sich die zweite Anforderung auf der Liste, „aufnahmefähig", nicht eindeutiger zuordnen lässt als die erste. „Karl von Linné", lässt sich da der ungebetene Gast vernehmen, den man mittlerweile fast vergessen hatte, „kennen Sie Karl von Linné, den großen schwedischen Biologen und Wissenschaftssystematiker aus dem 18. Jahrhundert? Er hat die Fauna und die Flora so klassifiziert, dass jedes Tier und jedes Pflänzchen zugeordnet werden kann zu Stämmen und Klassen, Ordnungen, Familien, Gattungen und Arten, dazwischen Unterklassen, Unterarten und einige weitere Kategorien. Er hat eine große Idee mit ungeheurem Fleiß ausgeführt und damit eine Systematik geschaffen, durch welche die Entwicklung der Wissenschaft eminent gefördert wurde und mit der die Biologie noch heute arbeitet. Erst jetzt, nach 250 Jahren, beginnt die biochemische Forschung, die Verwandtschaftsbeziehungen neu zu ordnen. Nun, der gute Linäus hätte sich viel Mühe sparen können, hätte er damals schon von Ihrem Konzept der Schlüsselkompetenzen gehört. Vielleicht hätte er sich dann damit begnügt, die Vielfalt der Tiere in Landtiere, Wassertiere und Lufttiere einzuteilen."

„Stimmt eigentlich", sagt Herr Allesverkauft, „falsch wäre das bis heute nicht, und die Menschen verstünden es besser." Frau Anstellig dagegen ist misstrauisch. Noch ist sie sich nicht ganz sicher, was dieser Dr. Degedestev eigentlich gemeint hat, aber irgendetwas scheint er im Schilde zu führen. Zu trauen ist ihm jedenfalls nicht. Mit seinem Linäus und den Lufttieren will er uns wahrscheinlich auf den Arm nehmen.

Adabei ist in Gedanken versunken. Er geht seinen Weinkeller durch und überlegt, wie lange es gedauert hat, ein Bordeaux-Kenner zu werden. Jetzt kann er Crus Bourgeoix von Grands Crus unterscheiden, und dass darüber noch die klassifizierten Gewächse rangieren und darunter die Bordeaux Controllés, ist auch nicht unwichtig. Kennern unter seinen Gästen – wenn es nicht gar zu viele Banausen gäbe! – Kennern kann er sogar ein drittes Gewächs anbieten, das so gut wie nicht von einem der Premiers Grands Crus zu unterscheiden ist! Die Rebsorten und Anbaugebiete nicht zu vergessen: Nur Ignoranten können einen Pauillac mit einem St. Emilion verwechseln. Und erst die Jahrgänge: Welten, wirklich Welten liegen zwischen einem Neunundachtziger und einem Zweiundneunziger! Wer sich da nicht auskennt, dem kann man in der Gastronomie ein X für ein U vormachen und ihm für viel Geld – aber wie komme ich eigentlich jetzt auf den Bordeaux? Ach ja, Landtiere, Wassertiere und Lufttiere! Lächerlich, ebenso könnte ich mich damit begnügen, billige und teure Weine zu unterscheiden, oder warme und kalte. Absurd! Er merkt, dass ihm etwas zu dämmern beginnt, etwas, das mit Linné und Bordeaux, mit Schlüsselqualifikationen, warm/kalt und dem Sinn elaborierter Klassifikationen zu tun hat. Aber bevor er diesen Gedanken noch richtig am Schopf gepackt hat, schreckt ihn ein spitzer Schrei seiner Mitarbeiterin aus der Meditation.

> „Jetzt weiß ich, was sich hinter Ihrem Namen verbirgt", stößt sie hervor, „Degedestev war mir gleich verdächtig. Geben Sie es zu: Sie sind der Geist, der stets verneint!" Alle blicken in die Ecke, in der ihr ungeladener Gast gesessen hat. Sein Platz ist leer, und mit dem unheimlichen Kollegen aus der nie gehörten Abteilung ist nun auch dieser merkwürdige kühle Hauch verschwunden.

6.7 Ergänzungen

Nicht die Rede war bisher von gruppenbezogenen Merkmalen. Seit langem wird darüber spekuliert, ob es nicht Merkmale gebe, die für die erfolgreiche Arbeit in Gemeinschaft maßgeblich sind und bei der Personalauswahl berücksichtigt werden sollten (z. B. Prieto, 1993). Die wissenschaftliche Literatur hierzu zeigt kein klares Bild auf, legt aber insgesamt die Schlussfolgerung nahe, es ließen sich keine Eigenschaften finden, die über das hinausgehen, worauf bei der individuumsbezogenen Auswahl geachtet wird (Wegge, 2001). So konnten Barrick, Stewart, Neubert und Mount (1998) belegen, dass *team effectiveness* von den gleichen Merkmalen abhängt, die generell für beruflichen Erfolg im Sozialgefüge einer Organisation verantwortlich sind.

Der umgangssprachlich populäre Begriff *Teamfähigkeit* ist also aller Wahrscheinlichkeit nach nicht von besonderem Kennzeichnungswert. In manchen Fällen teilt er sogar mit anderen vermeintlich praktischen summarischen – aber nicht als solche empirisch fundierten – Begriffen den Nachteil, heterogene, empirisch unzusammenhängende Teilaspekte zu umfassen und damit die Kommunikation zu behindern. Beispielsweise kann unter dem ebenfalls beliebten Terminus *Kritikfähigkeit* sowohl die Fähigkeit verstanden werden, Kritik offen auszusprechen (was zum Merkmal Dominanz gehört und damit eine Teilfacette der *Extraversion* darstellt), Kritik in rücksichtsvoller Form zu üben (ein Teilaspekt der *Verträglichkeit*) oder Kritik seitens anderer gut zu ertragen (was zu *psychischer Stabilität* gehört), vielleicht sogar noch Kritik konstruktiv umzusetzen, was mit Leistungsmotivation, Lernfähigkeit und Flexibilität zu tun hat. Wir sollten uns also davor hüten, uns sprachliche Klischees aufdrängen zu lassen, die den Trivialmythen der Reklamewelt näher stehen als der Berufseignungsdiagnostik.

Wenn im Kontext dieses Kapitels die Auffassung vertreten wurde, es sei im Prinzip jedes Merkmal durch ein Einstellungsinterview erfassbar, so muss ergänzend darauf hingewiesen werden, dass die Erfolgsrelevanz dieser Merkmale, wie sie durch eine Anforderungsanalyse nachgewiesen werden kann, noch keine Garantie darstellt, dass sie mit ausreichender Zuverlässigkeit gemessen werden. Tests bieten gegenüber Interviews im Normalfall den Vorteil, ein bestimmtes Merkmal mit einer größeren Zahl von Fragen zu erfassen, für die nachgewiesen wurde, dass sie zum gleichen Konstrukt gehören. Nur ein standardisiertes Interview, das nach testtheoretischen Prinzipien konstruiert wurde, bietet diese Möglichkeit, in allen übrigen Fällen ist mit Reliabilitätsdefiziten zu rechnen.

Weitere Informationen über Merkmale und Konstrukte bieten Lehrbücher der Persönlichkeitspsychologie (z. B. Asendorpf, 1999) sowie drei Bände zur Differentiellen Psychologie und Persönlichkeitsforschung innerhalb der Enzyklopädie der Psychologie (Amelang, 1995; 1996; Pawlik, 1996). Die Bedeutung von Persönlichkeitsmerkmalen speziell im organisationspsychologischen und im personalpsychologischen Kontext wird beispielsweise durch die Bände *Individual differences and behavior in organizations* (Murphy, 1996) und *Persönlichkeitstests im Personalmanagement* (Hossiep, Paschen & Mühlhaus, 2000) sowie durch mehrere Kapitel im *Lehrbuch der Personalpsychologie* (Schuler, 2001a) angesprochen. Wer vor der Suggestion der Merkmalsbegriffe noch weiter gewarnt werden möchte, wird mit Gewinn den Aufsatz *Words, words, words* (Fiske, 1995) lesen.

7 Fragentypen

Analysiert man menschliche Kommunikation, so wird man feststellen, dass die Gesprächspartner selbst in alltäglichen, ungeplanten Unterhaltungen von verschiedenartigen Aussage- und Fragentypen Gebrauch machen. Die verschiedenen Arten von Kommunikationselementen werden zu bestimmten Gesprächsphasen eingesetzt und dienen der parasprachlichen Vermittlung von Absichten, Stimmungen, Bedeutsamkeiten, Statusbestimmungen etc. – zuweilen wohl auch einfach der Absicht, die Äußerungsform abwechslungsreich zu gestalten.

Auch im Einstellungsinterview hat die Verwendung verschiedener Arten von Fragen teilweise diese Funktionen. Zu einem anderen Teil geht die zugrunde liegende Absicht allerdings darüber hinaus – vor allem dahingehend, dass die Fragen der Steuerung des Gesprächs dienen und diagnostische Funktion haben. Werden sie systematisch und regelmäßig hierzu eingesetzt, kann darin bereits eine Form von Strukturierung gesehen werden, die in Ansätzen den Reliabilitätsvorteil strukturierter Gespräche erwarten lässt. Dies dürfte der Grund dafür sein, dass zu Zeiten vor der Entwicklung regelrechter Interviewsysteme die eignungsdiagnostische Literatur eifrig Empfehlungen ausgesprochen hat, welche Typen von Fragen Verwendung finden sollten, und Erwartungen, welche Effekte daraus resultierten (z. B. Fear, 1978).

Solche Empfehlungen sind eigentlich insofern überholt, als ihre Wirksamkeit generell oder im Einzelnen (zumindest in der Fachliteratur) niemals unter Beweis gestellt wurde, was es sehr unwahrscheinlich macht, dass ihr Effekt dem psychometrischen Vorteil strukturierter Interviewsysteme auch nur gleichkommt. Das wäre schon allein dadurch nicht zu erwarten, dass die einschlägigen Ratgeber sich allezeit auf die Empfehlung von Fragen beschränkt haben, während die Verwertung der Antworten dem Interviewer obliegt. Auch hinsichtlich des Geschicks, Fragen des empfohlenen Typus eigenständig zu formulieren, bleibt viel Unsicherheit auf Seiten der Interviewer. In manchen Interviewsystemen – z. B. im situativen Interview – wären zusätzliche Fragenarten nicht nur entbehrlich, sondern sogar störend.

Aus zwei Gründen werden in diesem Text trotzdem verschiedene Fragenarten vorgestellt: Erstens sollen jenen Anwendern, die sich gegen ein hochstrukturiertes System entscheiden, Möglichkeiten geboten werden, ihre Auswahlgespräche durch bewussten Einsatz von Gesprächselementen anzureichern. Eine Untergruppe dieses Personenkreises sind praktisch alle Bewerber, denen ihrerseits die Freiheit gar nicht offensteht, strukturierte Gesprächssysteme für ihren Teil der Fragen einzusetzen. Die zweite Begründung liegt darin, dass nach Auffassung des Verfassers – wobei er durch neuere Analysen unterstützt wird (z. B. Moscoso, 2000) – ein Interviewsystem, das standardisierte *und* freie Gesprächskomponenten enthält, einem vollständig festgelegten Verfahren in seiner Validität zumindest ebenbürtig, hinsichtlich seiner Akzeptabilität aber überlegen ist.

Im Folgenden werden also verschiedene Fragenformen benannt und kurz erläutert. Die Reihenfolge ist die von einfacheren, teilweise gängigen Arten zu elaborierteren Formen, wie sie in strukturierten Systemen Verwendung finden. Für alle Fragen gilt selbstverständlich, dass sie verständlich, klar, nicht zu lang, dem Sprachniveau des Empfängers entsprechend, rechtmäßig und sozial akzeptabel sowie in der Sache relevant sein sollen. Gute Interviewsysteme zeichnen sich auch dadurch aus, dass solche Gesichtspunkte vor ihrem Einsatz – wie bei anderen diagnostischen Verfahren selbstverständlich – geprüft wurden.

7.1 Offene Fragen

Offene Fragen haben vor allem die Funktion, das Gespräch in Gang zu setzen und den Gesprächspartner zum Reden zu bringen. Auf offene Fragen ist keine einfache Antwort wie „ja" oder „nein" möglich. Sie erfordern eine ausführliche Antwort und liefern dem Fragenden so in relativ kurzer Zeit viel Information. Vor allem stellen sie „schwache Situationen" dar, die dem Gesprächspartner viel Handlungsspielraum lassen und deshalb – so hofft man – zu Aussagen führen, die für ihn typisch sind. Offene Fragen werden auch „W-Fragen" genannt, weil sie in der Regel durch folgende und ähnliche Fragewörter eingeleitet werden:
– Was?
– Wie?
– Welche?
– Womit?
– Wodurch?

Beispiele für offene Interviewfragen sind: „Welche Erfahrungen haben Sie mit aktiver Kundenansprache gemacht?" „Was erwarten Sie von den neuen Technologien in Ihrem Bereich?" Auch der Fragenbeginn „Warum?" gehört in diese Kategorie, ist aber insofern heikel, als der Gesprächspartner damit in die Enge getrieben werden kann.

7.2 Geschlossene Fragen

Geschlossene Fragen werden gewöhnlich gestellt, um bestimmte Informationen zu erhalten. Sie eignen sich deshalb zur gezielten Abfrage, führen dementsprechend allerdings auch leicht dazu, dass das Gespräch einen „Abfrage-Charakter" bekommt. Andererseits können sie dadurch diagnostisch brauchbare Information liefern, dass mancher Befragte sich auf die kürzestmögliche Antwort beschränkt, während andere die vorgegebene Einengung durchbrechen oder gar ihrerseits die Lenkung des Gesprächs übernehmen (man denke an geschickte Politiker!). So würde ein Bewerber um eine Stelle, die flüssige Kommunikation von ihm verlangt, keinen guten Eindruck machen, wenn er alle Gelegenheiten wahrnähme, Fragen mit „ja" oder „nein" zu beantworten.

Beispiele für geschlossene Fragen sind: „Hat man Sie schon darüber informiert?" „Sind Sie damit einverstanden?"

7.3 Mehrfach- oder Kettenfragen

Aus der Beantwortung von Mehrfach- oder Kettenfragen lässt sich mitunter erkennen, ob der Befragte in der Lage ist, umfangreichere Information in seinem Arbeitsgedächtnis zu speichern und im einfacheren Fall nacheinander abzuarbeiten, im anspruchsvolleren Fall sogar zu einer Synthese zu verbinden. Ein Beispiel hierfür ist die Bitte um

Selbstvorstellung im Multimodalen Interview (s. Kapitel 9): „Sprechen Sie bitte über alle wichtigen Stadien Ihres Lebens, über Ihre Ausbildung, vor allem aber über Ihre berufliche Erfahrung und deren Beziehung zu Ihren künftigen beruflichen Aufgaben. Auch über Ihre beruflichen Vorstellungen und Ziele würden wir gern etwas hören, weshalb Sie sich für diese Stelle beworben haben, was Sie von dieser Tätigkeit erwarten und wie Sie sich die Gestaltung Ihrer künftigen Aufgabe vorstellen." Für einen Bewerber, der mitdenkt, reduziert sich die Instruktion auf den *chunk* „Schildern Sie Ihren Lebenslauf und berücksichtigen Sie dabei Vergangenheit, Gegenwart und Zukunft". Die (vermeintliche) Komplexität der Frage hat also in diesem Fall eine diagnostische Funktion.

In vielen anderen Fällen haben Mehrfach- oder Kettenfragen allerdings den Effekt, dass der Befragte den Teil der langen Frage beantwortet, der ihm am leichtesten fällt, und der Interviewer sich damit zufrieden gibt und die übrigen Teile vergisst. Ein Beispiel für eine solche Frage wäre: „Was hat Sie am Beruf des ... besonders interessiert und wie haben Sie sich über diesen Beruf informiert?"

7.4 Suggestivfragen

Eine ebenfalls heikle Kategorie sind die Suggestivfragen. Vielfach werden sie schlicht als Kunstfehler im Interview angesehen. Beispiel: „Meinen Sie denn, dass Sie sich hier in ... auch wohlfühlen könnten?" Was soll der arme Bewerber sagen!? Vieles fällt in diese Fragengruppe, von „Halten Sie sich für teamfähig?" bis „Würde Ihnen eine Arbeit liegen, bei der Sie auch etwas kreativ sein müssten?" Fragen, deren Antwort vorauszusehen ist, sind diagnostisch wertlos (d. h. liefern keine Information; dem Zweck der Affirmation können sie durchaus dienen, so wie die Frage „Schönes Wetter heute, nicht wahr?").

Aber auch Suggestivfragen lassen sich diagnostisch einsetzen, beispielsweise dadurch, dass die Suggestion den gängigen Werthaltungen entgegenläuft. Ein Beispiel: „Im Verkauf muss man auch mal fünfe gerade sein lassen. Was gibt es bei Ihnen für ein Beispiel, dass Sie es mit der Wahrheit nicht so ganz genau genommen haben, um gute Umsätze zu erzielen?" Mit dieser Frage wird das Gegenüber aus der Reserve gelockt, indem man ihm eine positive Bewertung seines weniger integren Verhaltens suggeriert. So etwas kann funktionieren und wurde z. B. von Alfred Kinsey genutzt, um zur Mitte des vergangenen Jahrhunderts das sexuelle Verhalten der Amerikaner zu erkunden. In sehr prüder Zeit bekam er dadurch sehr offenherzige Antworten. Unter anderem vertraute ihm jede zweite Prostituierte an, dass sie ihre Kunden bestiehlt (Kinsey, Pomeroy, Martin & Gebhard, 1953). Moralisch sensible Personalverantwortliche werden in bewusst suggestiver Fragestellung das ethische Problem der Fragwürdigkeit eines solchen Vorgehens sehen, ökonomische Pragmatiker dürften eher die Gefahr erkennen, damit Werthaltungen zu signalisieren, die im Unternehmen gar nicht vertreten werden, und auf diese Weise korrekte Bewerber möglicherweise abzustoßen.

7.5 Zweiseitige oder Alternativenfragen

Die zweiseitige Frage steht zwischen den offenen und den geschlossenen Fragen. Sie ist keine offene Frage mehr, da bereits Alternativen vorgegeben werden, aber auch keine geschlossene Frage, da der Gesprächspartner angehalten wird, mit mehr als nur mit „ja" oder „nein" zu antworten, eventuell auch Begründungen zu geben. Alternativenfragen werden gestellt, um den Bewerber zwischen zwei gleichwertigen Möglichkeiten wählen zu lassen. Bedingt durch die Gleichwertigkeit, wirken Alternativenfragen dem suggestiven Gehalt einseitiger Fragen entgegen.

Zwei Beispiele: „Möchten Sie gern im Team arbeiten oder würden Sie sich lieber auf Ihre eigene Arbeit konzentrieren?" „Lagen Ihre Stärken bei Prüfungen eher in den mündlichen oder in den schriftlichen Leistungen?" Beide Fragen dienen nicht allein der sachlichen Informationsgewinnung, sondern verfolgen auch den diagnostischen Zweck, über das Kontaktverhalten Aufschluss zu bekommen. Gleiches gilt für die Frage „Würden Sie lieber in einem Einzelzimmer oder in einem Großraumbüro arbeiten?"

7.6 Auswahlfragen

Eine offene Alternative zur geschlossenen Form der Alternativenfragen sind die Auswahlfragen. Sie bieten sich besonders dann an, wenn nicht sichergestellt ist, dass dem Befragten unmittelbar klar ist, welche Art von Antwort von ihm erwartet wird, oder wenn sein eigener sprachlicher Einfallsreichtum durch eine vorgegebene Vorschlagsliste erst angeregt werden muss. Beispiel: „Womit waren Sie am erfolgreichsten – mit der Bearbeitung von Details, mit der Lösung von Organisationsproblemen, in der Zusammenarbeit mit anderen – oder womit?"

7.7 Kenntnisfragen

Fachkenntnisse können üblicherweise aus dem Ausbildungsgang, den Abschlussnoten und der Berufserfahrung eines Bewerbers erschlossen werden. Soweit diesbezüglich Unsicherheit herrscht, können Kenntnisfragen in schriftlicher Form oder im Interview gestellt werden. Letzteres bietet sich insbesondere bei der Befragung durch Fachvorgesetzte an, die sowohl die Relevanz der Frage als auch die Qualität der Antwort beurteilen können. Was die Ermittlung der Fachkenntnisse zusätzlich interessant macht, ist, dass sie sich als Indikator der Intelligenz erwiesen haben (Dye, Reck & McDaniel, 1993).

Beispiele für Kenntnisfragen sind: „Welche Substanzen fallen unter das Betäubungsmittelgesetz?" „Welche Anweisungen geben Sie Ihrem Arbeitsteam, das Telefonleitungen in einem Neubau verlegen soll?"

7.8 Schwächenanalyse

Die Stärken eines Bewerbers zu erkennen, ist in den meisten Fällen deshalb nicht schwer, weil sowohl die Bewerbungsunterlagen als auch sein Auftreten im Gespräch geradezu darauf abzielen, ihn in gutem Lichte erscheinen zu lassen. Schwieriger ist es nur bei unerfahrenen und nervösen Bewerbern sowie dann, wenn ihnen die Tätigkeitsanforderungen nicht gut genug bekannt sind, um ihre relevanten Stärken zu betonen.

Ungleich diffiziler ist es, Schwächen sachgerecht zu erkennen, und zwar nicht nur deshalb, weil viele Bewerber bemüht sind, ihre Schwächen zu kaschieren, sondern auch aufgrund der Ungeschicklichkeit der Fragesteller. Beliebt ist beispielsweise die Frage: „Welches sind Ihre größten Stärken und Schwächen?" oder, gleichermaßen platt, aber direkt aufs Wesentliche gerichtet: „Was sehen Sie als Ihre größte Schwäche an?" Der Interviewer bekommt hierauf gewöhnlich Antworten wie „Eine Schwäche von mir ist meine Ungeduld mit Leuten, die langsamer arbeiten als ich." Der Antwortende nutzt die Frage, die eigentlich Selbstkritik provozieren soll, um sich in ein positives Licht zu setzen. Was diagnostisch daraus erschlossen werden kann, ist allenfalls, dass der Bewerber geschickter ist als der Interviewer.

Aussichtsreicher ist eine Fragestellung, die nicht nur die Chance eröffnet, etwas über das Selbstbild des Bewerbers zu erfahren, sondern auch darüber, inwieweit er sich richtig eingeschätzt fühlt und eventuell meint verteidigen zu müssen: „Welches Bild haben Ihre Bewunderer von Ihnen, welches Ihre Gegner?" Nach der Antwort könnte man nachfragen: „Worin haben die Kritiker Recht, worin Unrecht?"

Was eine Schwächenanalyse vereinfacht, ist der Beginn mit einer Verstärkung: „Mir scheint, in diesem Bereich waren Sie wirklich erfolgreich. An welcher Stelle hat es denn weniger gut geklappt?" Die Formulierung erlaubt dem Befragten, auch selbstwertschonende externale Erklärungen heranzuziehen. Heikler wird die Sache bei merkmalsbezogenen (statt tätigkeitsbezogenen) Fragen. In solchen Fällen wird eine offene Antwort erleichtert, wenn man nicht von Schwächen, sondern von Verbesserungsmöglichkeiten spricht: „Eine Ihrer besonderen Stärken scheint mir zu sein, dass Sie ... Das ist für diesen Beruf von großem Nutzen. Jeder von uns hat aber auch einige Punkte, in denen er sich noch verbessern kann. In welchen Punkten sehen Sie bei sich denn noch Verbesserungsmöglichkeiten?"

Im letzten Beispiel erleichtert die Formulierung „jeder von uns" das Eingeständnis von Defiziten, indem diese als Selbstverständlichkeit dargestellt werden, was ihnen einen Teil ihrer negativen Bewertung zu nehmen scheint. Noch stärker in diese Richtung geht die Frage, wenn der Interviewer „mit gutem Beispiel vorangeht", also eigene Probleme anspricht, z. B.: „Als ich damals die Schule abbrechen wollte, lag das daran, dass meine Freunde, die schon Geld verdienten, Autos hatten und schöne Urlaube machten, was ich mir nicht leisten konnte. War das bei Ihnen auch der Grund?" Die vielfach bestätigte Gesetzmäßigkeit, dass die Offenheit des einen Gesprächspartners in symmetrischer Weise beantwortet wird, hat auch in diesem Fall gute Chancen. Es empfiehlt sich allerdings, mit dieser Technik, soweit man sie überhaupt einsetzen möchte, sparsam umzugehen; leicht überschreitet man damit die Grenze zur Manipulation.

7.9 Sequenzielle Fragetechnik und Konkretisierungsfragen

Werden mehrere Fragen zu einem Thema in Folge gestellt, ist es günstig, mit einer offenen Frage zu beginnen und die Fragen danach zu konkretisieren. Ein Beispiel: „In welcher Richtung liegen Ihre fachlichen Interessen?" (Antwort.) „Mit welchen Fächern haben Sie sich im Studium intensiver beschäftigt?" (Antwort.) „Welche der Finanzierungstheorien hat Sie besonders interessiert?" Auf diese Weise kann geprüft werden, ob allgemeine Präferenzen tatsächlich ihren Niederschlag im Verhalten gefunden haben und zu sachlicher Kompetenz führen. Es erfordert allerdings einiges Geschick, das Gespräch so zu führen, dass der Bewerber eher den Eindruck hat, ein Fachgespräch zu führen, als ausgefragt zu werden.

Die sequenzielle Fragetechnik führt nicht zwangsläufig zur Konkretisierung des Sachverhalts, sondern evtl. nur zur Abarbeitung eines Themenbereichs auf konstantem Abstraktionsniveau. Dezidiert um Konkretisierung handelt es sich, wenn beispielsweise im Anschluss an die Schilderung einer beruflichen Tätigkeit gebeten wird: „Schildern Sie mir bitte genau, wie Sie vorgegangen sind, um dieses Problem zu lösen."

7.10 Biographiebezogene Fragen

Fragen werden dann als biographiebezogen oder biographisch bezeichnet, wenn sie vergangene Erlebnisse, Ereignisse und Verhaltensweisen, aber auch die subjektive Verarbeitung dieser Vorfälle zum Gegenstand haben. Es liegt ihnen die Annahme zugrunde, dass die vergangenen Vorgänge Aufschluss über tätigkeitsrelevante Fähigkeiten, Prägungen oder Verhaltensweisen geben. Eingeschränkt auf die Kategorie des Verhaltens, lautet das einfache Prinzip der biographiebezogenen Diagnostik: Vergangenes Verhalten ist der beste Prädiktor künftigen Verhaltens.

Biographische Fragen bieten sich besonders dort an, wo bereits Berufserfahrung vorliegt; in diesem Fall kann unmittelbar nach der Bewältigung der Aufgaben gefragt werden, die den Betreffenden auch künftig erwarten. In vielen Fällen – selbst bei Berufserfahrung – ist diese Möglichkeit nicht so einfach gegeben, u. a. aufgrund der raschen Änderung von Tätigkeiten und Anforderungen. In diesen Fällen muss entweder abstrahiert werden („Welche Erfahrung haben Sie mit Gruppenarbeit gemacht?"), oder es muss ein Analogieschluss aus früheren Aufgaben- oder Lebensbereichen auf künftige Situationen vorgenommen werden („Was haben Sie unternommen, wenn Sie mit der Bewertung durch Ihren Lehrer nicht einverstanden waren?").

Bei Ausweitung des biographischen Prinzips auf abstrakte und analoge Bereiche gibt es kaum ein Thema, das nicht auch mit Fragen dieser Art erfasst werden kann. Festzuhalten ist allerdings, dass die Tauglichkeit (also Validität) biographischer Fragen umso höher ist, je sorgsamer folgende Grundsätze berücksichtigt werden:
– vor allem aktivitäts- und leistungsbezogene Fragen stellen
– vor allem quantifizierbare, objektive Information sammeln
– Konkretisierungsfragen stellen, Beispiele erfragen
– eingetretene Ereignisse (im Gegensatz zu Vorhaben und Plänen) erfragen
– faktische Sachverhalte (im Gegensatz zu inneren Vorgängen) ermitteln
– tatsächliches Verhalten schildern lassen
– Verhaltensweisen und Vorkommnisse erfragen, die dem Zielverhalten (den Anforderungen) ähnlich sind
– bevorzugt nach Verhalten und Leistungen fragen, die in der jüngeren Vergangenheit liegen
– soweit verfügbar, geprüfte (validierte) Fragen (mit Itemgewichtung) aus biographischen Fragebogen aufnehmen

Weitere gelegentlich geforderte Prinzipien (z. B. Mael, 1991), wie die Beschränkung auf selbst zu verantwortende Begebenheiten sowie auf Fragen, welche die Privatsphäre respektieren, sind ebenfalls wichtig, aber nicht aus methodischen, sondern aus ethischen Gründen.

Empfehlenswert ist es, das biographische Prinzip der Fragestellung mit der sequenziellen Fragetechnik in der Weise zu verbinden, dass einer zunächst offenen allgemeineren Frage einengende, konkretisierende Fragen folgen: „Wie sind Sie vorgegangen, wenn Sie schwierige Mitarbeiter zu führen hatten?" „Was haben Sie unternommen, wenn Konflikte der Mitarbeiter untereinander auftraten?" „Zu welchem Ergebnis hat Ihre Maßnahme geführt?" Die Bitte um möglichst konkrete Schilderung vergangener Ereignisse hat auch den willkommenen Effekt, dass ein Bewerber nur schwerlich die Möglichkeit hat, die Ereignisse zu erfinden oder sein Verhalten extrem beschönigt darzustellen. Die konkretisierende Nachfrage bietet gewissermaßen eine Quasi-Überprüfbarkeit der berichteten Sachverhalte.

Beispiele für biographiebezogene Fragen, die auch berufsunerfahrenen Bewerbern gestellt werden können und die zumindest einige der aufgeführten Grundsätze berücksichtigen, sind:
– Haben Sie schon einmal Führungsaufgaben übernommen?
– Haben Sie bei der Bundeswehr auch mal von sich aus eine Aufgabe übernommen, die Ihnen nicht zugeteilt war?
– Haben Sie schon einmal etwas für Ihren Freundeskreis organisiert?
– Wie viele Bücher haben Sie im letzten Jahr gelesen?
– Haben Sie je ein Modellflugzeug gebaut, das geflogen ist?

Die Frage nach der Anzahl gelesener Bücher macht deutlich, weshalb den meisten biographischen Fragen – anders als Intelligenzaufgaben – keine generelle Validität zukommt, das heißt, dass sie für jeden Einsatzzweck anforderungsentsprechend zu konzipieren und zu prüfen sind: Während gute Buchhändler sehr belesen sind, gilt für gute Verkäufer das Gegenteil.

Auch die Frage nach dem Modellflugzeug, die z. B. einem Bewerber in technischen Berufen gestellt werden könnte, wurde gewählt, um auf etwas hinzuweisen. Von zwei Kandidaten, die beide keinen Erfolg dieser Art aufzuweisen haben, könnte der erste einfach „Nein" sagen, während der zweite erklären mag: „Ein Modellflugzeug zwar nicht, aber ich habe als Junge sehr gute Drachen gebaut, um die mich meine Freunde beneidet haben." Falls wir von dem zweiten Kandidaten einen besseren Eindruck gewinnen als von dem ersten, so liegt das nicht an seinem ausgeprägteren technischen Geschick (diesbezüglich wissen wir über den ersten Bewerber nur, dass er – ebenso wie der zweite – kein funktionierendes Modellflugzeug gebaut hat), sondern an seiner Initiative, seiner Neigung zu positiver Selbstdarstellung und seiner Konkurrenzorientierung (einem Teilaspekt der Leistungsmotivation). An diesem Beispiel zeigt sich, was für viele biographische Fragen gilt und zudem mit der Gesprächsform des Interviews zusammenhängt, dass damit keine homogenen Konstrukte erfasst werden, sondern dass sich – ähnlich wie bei Arbeitsproben – verschiedene Fähigkeiten, Fertigkeiten, Interessen und Wissenskomponenten zu der beobachteten Äußerung bündeln. Es sind aber nicht eigentlich diese Konstrukte Gegenstand der Diagnose, sondern nur das Faktum des früher gezeigten und deshalb für die Zukunft in ähnlicher Form erneut zu erwartenden Verhaltens.

Nicht alle biographiebezogenen Fragen ähneln allerdings den Arbeitsproben (sonst könnten sie vollständig dem Simulationsprinzip zugeordnet werden, vgl. Abschnitt 2.3). In anderen Fällen sind es eher *Konstrukte*, die daraus erschlossen werden. Dies gilt beispielsweise für viele demographische Charakteristika, für die Landy (1993) darauf hinweist, dass sie nicht als solche interessant sind, sondern nur als Korrelate interessierender Variablen. Ob jemand unter mehreren Geschwistern aufgewachsen ist, dürfte als solches für den Interviewer unerheblich sein; möglicherweise zieht er aber daraus Schlüsse über die Anpassungsfähigkeit (oder auch Selbstständigkeit) seines Gesprächspartners.

7.11 Situative Fragen

Auch der situative Ansatz befasst sich eher mit spezifischem Verhalten als mit allgemeinen Eigenschaften. Grundgedanke der situativen Fragen ist, eine Arbeitsprobe nicht in Form eines tatsächlichen Handlungsvollzugs durchführen zu lassen, sondern zu erfragen, auf welche Weise ein Bewerber in einer vorgestellten Situation reagieren würde. Man kann situative Fragen deshalb auch als *mentale Tätigkeitssimulationen* bezeichnen. Was situative Fragen wesentlich von biographischen Fragen unterscheidet, ist zum einen der Zukunftsbezug gegenüber dem Vergangenheitsbezug, der als Intention oder Zielsetzung aufgefasst werden kann, allerdings auch als fiktionale Komponente („Was würden Sie tun?" vs. „Was haben Sie getan?"). Zum zweiten wird mit einer situativen Frage schwerpunktgemäß *maximales Verhalten* erfasst, während man durch eine biographische Frage *typisches Verhalten* zu ermitteln hofft.

Die „richtige" oder „gute" Beantwortung einer situativen Frage erfordert entweder Fachkenntnisse oder – mangels Erfahrung – Einfallsreichtum und die Fähigkeit, neuartige Probleme zu lösen. In beiden Fällen ergibt sich daraus, dass mit diesem Fragetyp in gewissem Maß Intelligenz erfasst wird. Das wird durch verschiedene Analysen bestätigt, u. a. in der im Kapitel 9 geschilderten Untersuchung zur Konstruktvalidität des Multimodalen Interviews. Bezeichnenderweise nennen auch Sternberg und Wagner (1986) das Konstrukt, das sie mit einer den situativen Fragen eng verwandten Methode zu erfassen suchen, *praktische Intelligenz*.

Nachdem situative Fragen möglichst eng an tatsächliche berufliche Situationen angelehnt sein sollen, ist das Verfahren auf die Durchführung einer Anforderungsanalyse als Grundlage angewiesen. Üblicherweise wird die *Methode der kritischen Ereignisse* (vgl. Abschnitt 5.5) als Analyseverfahren eingesetzt.

Beispiele für situative Fragen sind: „Sie kommen als Auszubildender in eine neue Abteilung. Der Abteilungsleiter ist nicht da und der Nebenausbilder hat keine Zeit und keine Arbeit für Sie. Sie setzen sich an einen freien Schreibtisch und lesen eine Zeitschrift, die dort liegt. Plötzlich erscheint der Abteilungsleiter und kritisiert Sie. Was tun Sie?" „Sie kommen zum Einkäufer eines Kunden und erfahren, dass er in Zukunft seinen Bedarf an Bindemitteln nicht mehr bei Ihnen decken will. Auf Ihre Frage nach den Gründen gibt er Ihnen eine ausweichende Antwort. Wie verhalten Sie sich?"

In der Version der situativen Fragen nach dem System von Latham (Latham et al., 1980), das im nächsten Kapitel dargestellt wird, ist jede Frage mit Beispielantworten „verankert", um dem Interviewer Hinweise zur Bewertung zu geben.

7.12 Weitere rhetorische Mittel

Eine Vielzahl an weiteren rhetorischen Mitteln findet sich in der allgemeinen kommunikationstheoretischen Literatur (z. B. Schulz von Thun, 1992, 1993) sowie in der zur Führung von Mitarbeitergesprächen (Fiege et al., 2001). An dieser Stelle seien lediglich einige wenige Beispiele daraus ausgewählt:

Die kalkulierte Pause

Gesprächspausen dauern üblicherweise nur wenige Sekunden. Schweigt einer der Gesprächspartner länger als etwa fünf Sekunden, wird dadurch Spannung erzeugt, die manchmal den anderen dazu bringt, sich weitergehend zu äußern, als dies ursprünglich in seiner Absicht lag. Damit ist die kalkulierte Pause, so paradox es klingen mag, ein Mittel, den anderen zum Reden zu bringen.

Den Gesprächspartner unterbrechen

Vielen Interviewern fällt es schwer, die Befragten zu unterbrechen, wenn sie zu weitschweifig sprechen. Unterbrechungen bergen das Risiko, die Beziehung zu beeinträchtigen. Wenn man einen unkonzentrierten Eindruck macht, um geringes Interesse zu signalisieren, läuft man Gefahr, das Gleiche nochmals in anderen Worten erklärt zu bekommen, weil der Sprecher meint, sich deutlicher ausdrücken zu müssen. In solchen Fällen hilft es meist, ihn in seiner Aussage zu bestärken, um dann abrupt das Thema zu wechseln; z. B. so: „Das ist interessant, Herr Mayer, das hätte ich genauso gemacht. Wie war es denn um Ihre Beziehung zu Ihren Kollegen bestellt?" Das Bestärken ermöglicht dem Sprecher, sein Thema „abzuhaken" – er weiß, was er zu sagen hatte, ist angekommen –, um für ein neues Thema frei zu sein.

Verständnis/Entlastung

Gelegentlich äußert sich ein Bewerber so, dass es vom Interviewer negativ bewertet werden könnte; beispielsweise berichtet er, dass er mit seinem Vorgesetzten in Konflikt geraten ist. In einem solchen Fall ist es heikel, Stellung zu beziehen: Äußert der Interviewer Zustimmung, zieht der Bewerber vielleicht falsche Schlüsse über die Unternehmenskultur. Gibt er Ablehnung zu erkennen, induziert er Vorsicht und Redehemmung beim Gesprächspartner. In einem solchen Fall kann es zweckmäßig sein, sich in der Sache neutral zu äußern (soweit es überhaupt erforderlich ist), aber zu signalisieren, dass die grundsätzlich positive Haltung gegenüber dem anderen unverändert weiterbesteht: „Ich kann verstehen, Herr Mayer, wie es unter diesen Umständen dazu kommen konnte …"

Gerade bei heiklen Themen kann es von Vorteil sein, Fragen nicht zu direkt zu stellen, sondern sie in eine etwas gefälligere, verträglichere Form zu kleiden. Statt „Weshalb sind Sie in Schwierigkeiten mit Ihrem Vorgesetzten gekommen?" könnte man beispielsweise fragen: „Wie erklären Sie sich, dass es zu Unstimmigkeiten zwischen Ihnen und Ihrem Vorgesetzten gekommen ist?" Die Antwort sollte nicht sichtbar bewertet werden. Diese *Permissivität* ist ein wichtiges Prinzip, um weiterhin offene Antworten zu erhalten.

Dieses generelle Wohlwollen gegenüber dem Bewerber ist ein Grunderfordernis erfolgreicher Kommunikation. Auch einem abgelehnten Bewerber sollte man auf der Straße begegnen können, ohne sich schämen zu müssen. Ein erfolgreicher Fußballtrainer hat einen wichtigen Bewertungsgrundsatz so formuliert: „Ich kritisiere Sie als Spieler. Als Mensch sind Sie mir heilig." Im Einstellungsinterview wird überhaupt nicht kritisiert, es werden aber ebenfalls negative Eindrücke gesammelt, die schließlich zu Ablehnungsentscheidungen führen können. Die Unantastbarkeit der Menschenwürde ist allerdings auch hier oberstes Gebot.

Weitere Hinweise zum Ablauf eines Interviews und zum Verhalten des Interviewers werden in Kapitel 10 gegeben. Auch werden dort Themen erörtert, die häufig in Interviews angesprochen werden. In den nächsten beiden Kapiteln werden Interviewsysteme dargestellt. Hierbei spielen auch verschiedene der soeben besprochenen Fragentypen eine Rolle, teilweise in weiterentwickelter Form.

8 Interviewsysteme

Wie in den Kapiteln 3 und 5 dargelegt, besteht die verlässlichste Möglichkeit, Auswahlgespräche zu verbessern, in ihrer Fundierung durch eine Anforderungsanalyse sowie in der Strukturierung. In vielen Fällen sind strukturierte Verfahren anforderungsbasiert, so dass dieser Gesichtspunkt von Campion et al. (1997) sogar den Maßnahmen der Strukturierung zugeschlagen wird. Die Validität strukturierter Interviews dürfte mit $r = .40$ konservativ geschätzt sein; metaanalytisch korrigierte Werte liegen noch höher, McDaniel et al. (1994) errechneten $r = .51$ (sie kommen allerdings auch für unstrukturierte Interviews auf eine Validität von immerhin $r = .38$, die von Hunter & Hunter, 1984, noch mit $r = .14$ angegeben worden war.)

Validitätsangaben sind also, wie an anderer Stelle schon erwähnt wurde, mit Vorsicht zu betrachten. Es lässt sich aber sagen, dass strukturierte Interviews hinsichtlich ihrer Validität mit den besten anderen Auswahlverfahren in Konkurrenz treten können, namentlich mit Intelligenztests und Arbeitsproben sowie mit Integritätstests als den derzeit besten Persönlichkeitsverfahren. Auch sind strukturierte Interviews gemeinsam mit Arbeitsproben und Integritätstests diejenigen Verfahren, welche die höchste *inkrementelle Validität* gegenüber Intelligenztests aufweisen, d. h. deren zusätzliche Verwendung den höchsten Zusatznutzen erwarten lässt (was für unstrukturierte Interviews nicht gilt, insofern bleibt diesbezüglich die erhebliche Nutzendifferenz bestehen).

Im Folgenden werden die Interviewsysteme in ihrem Aufbau, ihrer Funktionsweise und anhand einiger Fragenbeispiele dargestellt. Dem Multimodalen Interview ist im Anschluss daran ein eigenes Kapitel gewidmet.

8.1 Das Behavior Description Interview

Unter den Interviewverfahren, die mit *biographiebezogenen Fragen* arbeiten, ist das *Behavior Description Interview (BDI)* das verbreiteteste. Seine Ursprünge liegen bereits in den sechziger Jahren, aber diejenige Veröffentlichung, die gewöhnlich als Ursprung des Verfahrens zitiert wird, stammt von Janz (1982). Ausführliche Darstellungen finden sich bei Janz, Hellervik und Gilmore (1986) sowie – unter der Bezeichnung Patterned Behavior Description Interview – bei Janz (1989).

Interviewaufbau

Grundprinzip des BDI ist die Lord Byron zugeschriebene Weisheit „the best prophet of the future is the past". Dementsprechend ist dieser Interviewtyp auf biographiebezogene Fragen zentriert. Daneben werden allerdings auch Meinungen erfragt, die sich u. a. auf das Selbstbild des Befragten beziehen. In der erweiterten Form des Patterned Behavior Description Interview (Janz et al., 1986) umfasst das Interview fünf Phasen, in denen Folgendes ermittelt wird:

Phase 1:	Dokumentierte, überprüfbare Fakten wie biographische Daten und Leistungsergebnisse
Beispiele:	Was war Ihre durchschnittliche Abiturnote? Über welches Budget haben Sie verfügt?
Phase 2:	Fachkenntnisse und Fertigkeiten
Beispiele:	Mit welchen Textverarbeitungsprogrammen können Sie umgehen? Wie kann man mit Hilfe des Textverarbeitungsprogramms Tabellen in Texte einfügen?
Phase 3:	Erfahrung, Beschreibung von Aktivitäten
Beispiele:	Welche Aufgaben hatten Sie an Ihrem letzten Arbeitsplatz? Was war Gegenstand Ihrer Diplomarbeit?
Phase 4:	Bewertungen und Selbsteinschätzungen
Beispiele:	Was mochten Sie am meisten in Ihrer bisherigen Tätigkeit? Was sind Ihre Stärken und Schwächen? Was wollen Sie in fünf Jahren erreicht haben?
Phase 5:	Verhaltensbeschreibungen
Beispiele:	Berichten Sie über Ihren größten Erfolg in Ihrer letzten Tätigkeit. Beginnen Sie damit, wie Sie die Aufgabe geplant haben, wie Sie den Plan ausgeführt haben und wie Sie mit der größten Schwierigkeit fertig wurden, auf die Sie gestoßen sind. Berichten Sie über Ihren gestrigen Tag. Ich interessiere mich für alle Details vom Beginn Ihres Arbeitstags, bis Sie das Büro verließen. Erzählen Sie mir von dem schwächsten Mitarbeiter, mit dem Sie jemals zu tun hatten.

Phase 5 stellt den wichtigsten Teil des BDI dar. Bei diesen Fragen geht es um tatsächliches Verhalten, wovon die größte Aussagekraft erwartet wird. Deshalb wird dem Bewerber eine größere Zahl von Fragen dieser Art gestellt, wobei bei Bedarf nachgefragt wird, um Details der Arbeitsweise zu erfahren. Janz und Kollegen empfehlen besonders Fragen nach Extremsituationen, die nach ihrer Auffassung dem Kandidaten eine unbefangene Antwort ermöglichen. Dieser Aspekt und die Art der konkretisierenden Nachfrage wird in dem folgenden Beispiel nochmals deutlich, in dem auf eine so genannte Stammfrage zwei Untersuchungsfragen folgen:

- Schildern Sie die Situation, in der Sie die größten Probleme mit einem Kunden hatten!
- Wie haben Sie versucht, den Kunden zu beschwichtigen?
- War es möglich, in dieser Situation noch Ihre Verkaufsstrategie zu verfolgen?

Fragenentwicklung

Der zur BDI-Entwicklung empfohlene Weg ist die Durchführung einer Anforderungsanalyse mit der Methode der kritischen Ereignisse (CIT, vgl. Kapitel 5). Damit soll sichergestellt werden, dass nur Fragen gestellt werden, die tatsächlich erfolgsrelevantes Verhalten ansprechen. Um die Gleichbehandlung berufserfahrener und -unerfahrener Bewerber sicherzustellen, wird für alle Anforderungsdimensionen (die lediglich intuitiv festgelegt werden) versucht, analoge Situationen zu finden, die ähnliches Verhalten erfordern und in denen sich jeder schon einmal befunden haben müsste. (Ob dadurch tatsächlich eine Gleichbehandlung zustande kommt, hängt wesentlich davon ab, ob die Fragen parallel hinsichtlich Dimensionalität und Schwierigkeitsgrad sind.) Gleichzeitig bemüht sich der Interviewentwickler, die Fragen so zu formulieren, dass sie nur *eine* Verhaltensdimension ansprechen.

Auch wenn die Durchführung einer CIT für *lege artis* gehalten wird, lassen die Autoren des Verhaltensbeschreibungsinterviews auch andere Wege zu, Aufschluss über die Anforderungen zu gewinnen (z. B. wenn die fraglichen Aufgaben sich geändert haben oder im Unternehmen zu selten sind). In einem solchen Fall sollten die Anforderungen direkt aus den Aufgaben erschlossen werden. Hierzu sind Verantwortlichkeiten und (erwünschte) Arbeitsergebnisse festzustellen, gegebenenfalls in ihren unterschiedlichen Elementen. Zur Identifikation erforderlicher Kompetenzen können arbeitsanalytisch aufgebaute Systeme wie das *Dictionary of Occupational Titles* (US Department of Labor, Employment and Training Administration, 1977) bzw. sein neues Äquivalent O-Net (Peterson et al., 2001) verwendet werden. Zur Zuordnung von Kompetenzen (Fähigkeiten, Fertigkeiten, Kenntnisse und andere Merkmale) zu Tätigkeitselementen ist die Kenntnis sowohl der Aufgaben als auch ihrer Bedeutung für den Job als möglichst auch zu erwartender Änderungen in der vorhersehbaren Zukunft erforderlich.

Bewertung und Entscheidungsfindung

Jede der „Kompetenzen" wird typischerweise durch zwei oder drei Fragen erfasst. Wie die Bewertung eines Kandidaten hinsichtlich einer Kompetenz ausfällt, sollte nach Taylor und O'Driscoll (1995) davon abhängen,
- wie relevant die Situationen in den Verhaltensbeschreibungen für die Arbeitstätigkeit sind;
- wie effektiv das Verhalten des Kandidaten ist (wie ähnlich es dem erfolgreichsten Zielverhalten ist);
- wie viele Verhaltensbeschreibungen für eine bestimmte Kompetenz gegeben wurden;
- wie groß der Zielabstand zum fraglichen Verhalten ist.

Von Taylor und O'Driscoll (1995) wird vorgeschlagen, die Bewertungen für jede der Kompetenzen (z. B. Führung, Entscheidungsverhalten, sprachliche Kompetenz etc.) auf

einer fünfstufigen Skala vorzunehmen, die beispielsweise durch folgende Verankerung gekennzeichnet sein kann:
1. weit unter den Anforderungen
2. knapp unter den Anforderungen
3. erfüllt gerade die Anforderungen
4. knapp über den Anforderungen
5. weit über den Anforderungen

Zur Gesamtbewertung und als Grundlage der Entscheidungsfindung empfehlen Janz et al. (1986) ebenfalls eine fünfstufige Skala, die allerdings unmittelbar zum Vergleich mit anderen Bewerbern dienen und auf diese Weise gleich als Grundlage der Entscheidungsfindung brauchbar sein soll:
1. die Leistung des Kandidaten gehört zu den untersten 20 % aller Bewerber
2. ... zu den unteren 20–40 % ...
3. ... zu den mittleren 40–60 % ...
4. ... zu den oberen 60–80 % ...
5. ... zu den obersten 80–100 % ...

Um die Entscheidungsfindung zu erleichtern, kann die Einstufung getrennt für jede Urteilsdimension vorgenommen werden, um dann (evtl. gewichtet) zusammengezählt zu werden. Die Einstufung auf einer solchen Prozentrangskala kann sich allerdings immer nur innerhalb des Qualifikationsbereichs der Bewerber bewegen (d. h. auch jemand mit Einstufung 5 kann Defizite im Vergleich zu den Anforderungen aufweisen). Überdies setzt es den Überblick über eine große Zahl von Bewerbern zum Zeitpunkt der Einstufung voraus. Gegebenenfalls muss auch für die Gesamtbeurteilung die unmittelbar anforderungsbezogene Skala anstelle der verteilungsbezogenen Skala verwendet werden.

Die Bewertung, Gewichtung und Integration der Einzeldimensionen (Kompetenzen) sowie Gesamtwerte verlangt dem Interviewer seinerseits erhebliche Kompetenz ab. Dies gilt umso mehr, als im BDI vorgesehen ist, verschiedenen Bewerbern auch durchaus verschiedene Fragen zu stellen. Damit erfüllt das Behavior Description Interview zwar zwei wichtige Kennzeichen der Strukturierung – Anforderungsbezug und Biographieprinzip –, bezüglich des Standardisierungsgrades von Fragenauswahl und Urteilsbildung gehört es demgegenüber eher zur Gruppe der „offenen" Verfahren.

Verhaltensdreieck

Eine Variante des biographiebezogenen Interviews besteht in der Schematisierung der Fragen zu einem sog. *Verhaltensdreieck*. Das Dreieck wird gebildet aus:
– Situation oder Aufgabe: Ausgangspunkt für die Handlungsweise des Bewerbers
– Verhalten/Vorgehen: spezifische Handlung oder Maßnahme des Bewerbers
– Ergebnis: durch das Vorgehen bewirkte Veränderung

Im Rahmen der Nachfragen sollen auch Gründe für das gewählte Verhalten ermittelt werden. Dies entspricht der üblichen Befragungspraxis bei unstrukturierten Interviews, widerspricht aber dem biographischen Prinzip, das nicht die Motive einer Handlung beachtet – und erst recht nicht deren Darstellung in einer Auswahlsituation –, sondern das Verhalten als solches.

Ein Fragen- und Antwortbeispiel:	
Wurden Sie schon einmal mit Führungsaufgaben betraut?	Mein Vorgesetzter ging in Urlaub, und ich hatte in seiner Stellvertretung die Aufgabe des Filialleiters wahrzunehmen
Wie sind Sie vorgegangen, um die zusätzliche Arbeit zu schaffen?	Ich kam jeden Tag eine halbe Stunde früher zur Arbeit und hatte dadurch genügend Zeit, den Tagesablauf zu planen.
Zu welchem Ergebnis hat das geführt?	Die Kunden waren zufrieden und äußerten sich positiv über meine Arbeit. Dies hat sich in der Verbesserung meiner nächsten Beurteilung niedergeschlagen.

Als Grundsätze der Methode des Verhaltensdreiecks werden gewöhnlich angeführt:
1. Eindeutige Definition der Anforderungsaspekte
2. Systematische Strukturierung des Auswahlverfahrens
3. Ermittlung konkreten früheren Verhaltens
4. Klar gegliederter Interviewablauf
5. Durchführung des Gesprächs durch mehrere Interviewer

Diese Grundsätze entsprechen teilweise den Prinzipien der Interviewstrukturierung, allerdings werden die Anforderungen nach dieser Methode nicht quantitativ-empirisch erfasst, es werden nicht jedem Kandidaten die gleichen Fragen gestellt, die Interviewer werden zu Nachfragen animiert, die subjektive Attributionen statt objektiver Sachverhalte zutage fördern, und den Interviewern werden keine Bewertungshilfen für die Beurteilungen vorgegeben. Die Durchführung durch mehrere Interviewer ist aufgrund der unzulänglichen Objektivität (Beurteilerübereinstimmung) erforderlich. Die Schematisierung durch das „Verhaltensdreieck" mag also als Gedankenstütze für den Interviewer dienen, aber führt nicht zu einer Strukturierung, welche die psychometrische Qualität des Interviews sichern könnte.

8.2 Das Situative Interview

Ein Fragentypus, der weite Verbreitung gefunden hat, wurde von Latham, Saari, Purcell und Campion (1980) vorgestellt: die situative Frage. Ihre Grundcharakteristik wurde im vorangegangenen Kapitel bereits dargestellt, hier sei nur kurz wiederholt, was situative von biographiebezogenen Fragen unterscheidet, dies sind vor allem Zukunftsbezug vs. Vergangenheitsbezug, Vorstellung vs. Realität und maximales Verhalten vs. typisches Verhalten.

Interviewaufbau

Der Aufbau eines Situativen Interviews (SI) gestaltet sich recht einfach, es enthält nämlich (neben einigen einleitenden erklärenden Sätzen) nichts anderes als eine Aneinanderreihung situativer Fragen. Den später referierten Validierungsstudien liegen Instrumente mit etwa 20 bis 30 Fragen zugrunde. Anforderungsdimensionen wären beim SI eigentlich nicht erforderlich, wenn das Simulationsprinzip ernst genommen würde, da die Zielsetzung lediglich darin besteht, wichtige erfolgskritische Verhaltensbeispiele zu erfassen – welche Eigenschaften, Verhaltensdimensionen oder Kompetenzen auch immer damit gemessen werden. Latham spricht dennoch von einer Subklassifikation, die sich an denjenigen Erfolgskriterien zu orientieren hat, die der Leistungsbeurteilung zugrunde liegen. Wichtige Kriterien sind durch eine größere Zahl von Fragen abzudecken als weniger wichtige.

Ein Beispiel für eine situative Frage, die von Latham (1989) selbst als typisch angesehen wird, lautet folgendermaßen:

Kasten 13: Beispiel für eine situative Frage (Latham, 1989)

Sie sind der Vorgesetzte von Lastwagenfahrern in Philadelphia. Ihr Kollege ist der Vorgesetzte von Lastwagenfahrern 800 Meilen entfernt in Atlanta. Sie haben beide den gleichen Chef. Ihr Gehalt und Bonus resultiert zu 100 % aus Ihren Kosten. Ihr Kollege benötigt dringend einen Ihrer Lastwagen. Wenn Sie nein sagen, bleiben Ihre Kosten niedrig, und Ihr Team wird in diesem Quartal wahrscheinlich den Goldenen Flügel gewinnen. Wenn Sie ja sagen, wird wahrscheinlich das Atlanta-Team diesen angesehenen Preis gewinnen, weil Sie der Firma erheblichen Gewinn bringen. Ihr Chef predigt Kosten, Kosten, Kosten ebenso wie Kooperation mit den Kollegen. Ihr Chef hat keine Kontrolle über die Buchhalter, die die Schiedsrichter sind. Ihr Chef ist sehr wettbewerbsorientiert, er belohnt Sieger. Sie selbst sind genauso wettbewerbsorientiert, Sie sind ein Siegertyp! Was würden Sie tun?

Antwortprotokoll:
_____
_____
_____

Bewertungsanleitung

(1) Ich würde mich um den Preis bemühen. Ich würde meinem Kollegen die Umstände erklären und sein Verständnis dafür gewinnen.
(3) Ich würde den Rat meines Vorgesetzten einholen.
(5) Ich würde meinem Kollegen den Lastwagen leihen. Ich würde die Anerkennung meines Vorgesetzten wie meines Kollegen dafür gewinnen, dass ich meinen guten Abschluss dem ihren geopfert habe. Dann würde ich meinen Leuten den Sinn der Sache erklären.

Das Beispiel lässt das Prinzip der Frage erkennen: eine realitätsnahe Arbeitssituation wird geschildert, und der Bewerber wird aufgefordert, anzugeben, wie er in dieser Situation handeln würde. Was Latham mit den situativen Fragen in die Entwicklung strukturierter Interviews eingeführt hat, ist die Unterstützung des Beurteilers durch Beispielantworten. Diese verbalen Verankerungen geben für die Skalenpunkte 1, 3 und 5 typische und evtl. auch häufige Antworten wieder. Latham möchte sie gleichwohl nicht als Bewertungsschlüssel (scoring key), sondern als Bewertungsrichtlinie (scoring guide) verstanden wissen, weil der Befragte ja auch andere als die aufgeführten Antworten geben kann. In diesem Fall muss der Interviewer die Tätigkeitsanforderungen kennen, um zu einer angemessenen Einschätzung zu kommen.

Die Antwortbeispiele werden dem Kandidaten selbstverständlich nicht gezeigt, da es einfacher ist, gute Lösungen als solche zu erkennen, als sie selbst zu produzieren. (Bemerkenswerterweise ist es allerdings gelungen, mit den *Situational Judgment Tests* auch schriftliche Aufgaben ähnlicher Art zu entwickeln, die sich als inkrementell valides Diagnostikum erwiesen haben, vgl. Clavenger, Pereira, Wiechmann, Schmitt & Schmidt-Harvey, 2001; ähnliches findet sich unter der Bezeichnung *low fidelity simulation* bei Motowidlo & Tippins, 1993). Jedem Kandidaten werden die gleichen Fragen gestellt, was ein wichtiges Element der Standardisierung ist.

Die verbalen Verankerungen können jeweils auch mehrere alternative Antworten enthalten, wie das folgende Beispiel zeigt. Die Frage entstammt einem Interview zur Auswahl einer Oberschwester im Krankenhaus (aus Taylor & O'Driscoll, 1995, S. 137 f.; eigene Übersetzung). Oftmals stehen, wie hier, mehrere schlechte oder mittlere Alternativen zur Verfügung, aber nur eine gute Lösung. In diesem Fall verzichten die Autoren darauf, die Interviewer dazu anzuhalten, die Antwort zu protokollieren.

Kasten 14: Beispiel für eine situative Frage (Taylor & O'Driscoll, 1995)

Es ist kurz vor Weihnachten. Zwei Mitarbeiterinnen informieren Sie, dass sie in der morgigen Nachtschicht nicht anwesend sein werden. Beide haben berechtigte Gründe, weshalb sie nicht kommen können. Die Schicht wird deshalb unterbesetzt sein. Wie würden Sie vorgehen, um dieses Problem zu lösen?

1 – Wir haben eine Schwesternbereitschaft in der Klinik. Sie sollen Mitarbeiterinnen für die Nachtschicht schicken.
  oder
  Ich akzeptiere, dass sie nicht verfügbar sind, und überlasse es der Verwaltung, für Abhilfe zu sorgen.
  oder
  Ich informiere sie, dass sie beide zur Arbeit kommen müssen.

3 – Ich diskutiere die Situation mit meiner Vorgesetzten. Ich suche nach einer Möglichkeit, Patienten auf eine andere Station zu legen
  oder
  Ich versuche, die beiden Schwestern dazu zu bringen, auszuhandeln, wer von beiden anwesend ist, und ersetze die andere durch eine Aushilfsschwester.

> 5 – Ich verständige meine Vorgesetzte und diskutiere die Situation mit ihr. Ich prüfe, ob Ersatzpersonal zu bekommen ist, verhandle über Änderungen des Besetzungsplans, so dass für die Nacht gesorgt ist, selbst wenn die Tagesschicht darunter leidet. Ich nehme Kontakt zur Verwaltungsleitung auf und erörtere mit ihnen, welche sonstigen Möglichkeiten es gibt. Wenn ich damit keinen Erfolg habe, nehme ich Kontakt zu Teilzeit- oder Aushilfskräften auf. Falls auch dies zu nichts führt, prüfe ich den Schichtplan und verhandle über Umbesetzungen. Schließlich kann ich mich noch um Möglichkeiten der Verlegung auf eine andere Station bemühen. Falls alles schief geht, übernehme ich selbst die Schicht.

Verfahrensentwicklung

Die Schritte der Entwicklung eines Situativen Interviews sind folgende (Latham, 1989, S. 171):

1. Durchführung einer Anforderungsanalyse mittels critical incident technique (Flanagan, 1954).
2. Entwicklung eines Beurteilungsinstruments wie einer Verhaltensbeobachtungsskala (Latham & Wexley, 1977) auf der Grundlage der Anforderungsanalyse.
3. Auswahl eines oder mehrerer Ereignisse, die Grundlage der Entwicklung der Leistungskriterien waren (z. B. Kostenbewusstsein) und Bestandteil des Beurteilungsinstruments sind.
4. Umformulierung jedes kritischen Ereignisses in eine „Was würden Sie tun, wenn ..."-Frage.
5. Entwicklung einer Bewertungsrichtlinie, um Übereinstimmung zwischen den Beurteilern in Bezug darauf zu fördern, was eine gute (5), akzeptable (3) oder unzureichende (1) Antwort auf jede Frage darstellt. Zusätzlich können auch Verankerungen für die Skalenwerte 2 und 4 ausgearbeitet werden, falls möglich.
6. Überprüfung, ob die Fragen insoweit vollständig sind, als sie das Material aus der Anforderungsanalyse und der Zusammenfassung im Beurteilungsinstrument abdecken.
7. Durchführung eines Vorversuchs, um Fragen zu eliminieren, bei denen die Antworten der Bewerber nicht differenzieren oder die Interviewerübereinstimmung zu gering ist.
8. Durchführung einer kriterienbezogenen Validierungsstudie, soweit möglich.

Bemerkenswert an diesen Richtlinien zur Verfahrensentwicklung ist, dass die Ausarbeitung eines Beurteilungsverfahrens gleichzeitig mit der des Auswahlverfahrens vorgesehen ist. Dies entspricht dem in der neueren Personalpsychologie vertretenen Prinzip der Zuordnung von Analyse, Diagnose und Beurteilung (Schuler, 2001b). Im Falle der Validierung kommt die dadurch bedingte Ähnlichkeit von Prädiktor und Kriterium natürlich gleichzeitig dem Bewährungsnachweis des Auswahlverfahrens zugute.

Verfahrensbewährung

Latham (1989) führt aus anderen Einzeluntersuchungen ausreichende bis gute Koeffizienten der internen Konsistenz sowie der Beurteilerübereinstimmung auf (ohne allerdings die Itemzahl zu nennen). Ob hohe interne Konsistenz bei diesem Verfahren tatsächlich erstrebenswert ist, ist allerdings zweifelhaft, da die Aufgaben ja nicht homogene Konstrukte abbilden sollen, sondern unterschiedliche und in sich durch verschiedene Fähigkeitskomponenten beeinflusste Arbeitssituationen. Die in der gleichen Zusammenstellung aufgeführten Validitätskoeffizienten liegen mit einer Ausnahme um $r=.40$, einen für strukturierte Interviewverfahren typischen Wert. Der abweichende Koeffizient ($r=.14$) wird von Latham damit erklärt, dass die Interviewer nicht die vorgesehenen Beurteilungsrichtlinien benutzten, sondern einfach ihren Gesamteindruck von den Kandidaten festhielten.

Mit vergangenheitsbezogenen (oder biographischen) Fragen waren situative Fragen bei Latham mit $r=.47$ korreliert (bei Campion, Campion & Hudson, 1994, dagegen mit $r=.73$), mit den Angaben von Vorgesetzten und Kollegen, wie weit das gleiche Verhalten tatsächlich am Arbeitsplatz gezeigt wird, mit $r=.39$ bzw. $r=.42$. Bei Campion et al. (1994) wiesen biographische Fragen inkrementelle Validität über situative Fragen hinaus auf, nicht aber umgekehrt.

Wie verschiedene Studien gezeigt haben, ist das Situative Interview einem strukturierten biographischen Interview in etwa ebenbürtig, wobei situative Fragen etwas höhere Übereinstimmung mit dem Ergebnis von Intelligenztests zeigen und entsprechend geringere inkrementelle Validität gegenüber diesen aufweisen (Campion, Pursell & Brown, 1988). Dieses Phänomen steht in Übereinstimmung damit, dass situative Fragen einem Verfahren ähneln, das Sternberg und Wagner (1986) als Methode zur Messung von *praktischer Intelligenz* propagiert haben. Latham selbst bezieht sich auf die Theorie der Zielsetzung (Locke & Latham, 1984) und vertritt die Auffassung, dass durch situative Fragen Verhaltensintentionen erfasst werden. Inwieweit „Verhaltensintentionen" eine psychologische Kategorie darstellen, die etwas zur Konstruktaufklärung beiträgt, wäre zu diskutieren. Gegenstand der Absicht kann nur etwas sein, das man als Verhaltensmöglichkeit erkennt und unter den in Frage stehenden Alternativen auswählt – weil es angemessen (anforderungsgerecht) ist, also das Problem zu lösen verspricht, und weil man es sich zutraut. Die Lösung enthält also Fähigkeits- und Wissenskomponenten sowie Komponenten der Selbsteinschätzung.

Gerade angesichts der Affinität des Situativen Interviews zu kognitiven Fähigkeiten ist es bemerkenswert, dass sich auch eine Korrelation zu Organizational Citizenship Behavior in Höhe von $r=.50$ und $.30$ fand (Latham und Skarlicki; 1995), während BDI-Fragen nur Korrelationen von $r=.16$ und $r=.02$ aufwiesen. Am Kriterium allgemeiner Arbeitsleistung wiederum gemessen, fanden Pulakos und Schmitt (1995) einen ebenso extremen Unterschied zugunsten vergangenheitsbezogener Fragen, für die $r=.32$ ermittelt wurden, während das Situative Interview mit $r=-.02$ keine Validität aufwies. Interessanterweise errechnete sich in dieser Studie ein signifikanter Einfluss der Berufserfahrung auf die Berufsleistung, nicht aber auf das Abschneiden im Interview. Dies spricht dafür, dass strukturierte Interviews auch bei berufsunerfahrenen Bewerbern eingesetzt werden können.

Situative Interviews haben den Vorzug, Kandidaten über Anforderungen, insbesondere über möglicherweise auftretende Schwierigkeiten, zu informieren. Sie werden von den Bewerbern geschätzt, wenn auch nicht in gleichem Maße wie frei geführte Gespräche (Latham & Finnegan, 1993), vermutlich aufgrund der eingeschränkten Möglichkeit zur Situationskontrolle (vgl. Kapitel 12). Verschiedentlich durchgeführte Versuche, situative Interviews nicht in Gesprächsform, sondern via Bildschirm durchzuführen, verlieren dadurch die von Bewerbern gutgeheißenen Charakteristika von Vorstellungsgesprächen und gehören eigentlich in eine andere Kategorie von Auswahlinstrumenten.

8.3 Das Entscheidungsorientierte Gespräch

Eine ganze Reihe weiterer Interviewsysteme stehen zur Verfügung. Hierzu gehören das Job Content Interview (Feild & Gatewood, 1989), das dem Situativen Interview verwandt ist, aber einen geringeren Strukturierungsgrad aufweist, das *Structured Behavioral Interview* von Motowidlo et al. (1992), eine dem BDI ähnliche Interviewform (für die allerdings geringe Validität berichtet wird), der Interviewfragebogen STAFF von Friedrichs (1981) zur Auswahl von Führungskräften sowie ein Verfahren von Pursell, Campion und Gaylord (1980), das mehrere Fragenprinzipien kombiniert.

An dieser Stelle soll demgegenüber noch etwas ausführlicher auf ein Verfahren eingegangen werden, dessen Besonderheit darin liegt, dass es nicht bestimmte Fragentypen oder Frageninhalte zum Gegenstand hat, sondern eine Systematik der Vorbereitung, Durchführung und Auswertung von Interviews, das *Entscheidungsorientierte Gespräch* (EOG) von Westhoff und Mitarbeitern (Kici & Westhoff, 2000; Westhoff & Kluck, 1998).

Das EOG ist nicht auf das Führen von Personalauswahlgesprächen beschränkt, sondern beansprucht Einsatzmöglichkeiten für alle Arten von Gesprächen, die im Dienste der Vorbereitung von Entscheidungen stehen. „Um dieses Ziel zu erreichen, die Flexibilität des Gesprächs zu erhalten sowie Urteilsfehlern und -tendenzen des Interviewers entgegenzuwirken, werden bei den Gesprächen vorher erstellte Leitfäden genutzt, die sämtliche Fragen, Einleitungen bzw. Überleitungen und Zusammenfassungen für die verschiedenen Gesprächsphasen enthalten" (Kici & Westhoff, 2000, S. 428). Die Fragen sind nach den Variablenbereichen Umgebung und Organismus, dem kognitiven, emotionalen, motivationalen, sozialen Bereich sowie deren Wechselwirkung geordnet.

Ein psychologisch-diagnostisches Gespräch, das nach den Prinzipien des EOG aufgebaut ist, umfasst die Phasen Planung, Durchführung und Auswertung. Im Rahmen der Planung wird der Gesprächsleitfaden erstellt, und es werden alle darüber hinaus erforderlichen Vorbereitungen getroffen. Das Gespräch läuft entsprechend diesem Plan ab, anschließend werden die erhobenen Informationen, gegliedert nach den definierten Variablen, zusammengestellt und mit Informationen aus anderen Quellen kombiniert, um ein diagnostisches Urteil zu ermöglichen. Mit der EOG steht für jede dieser Phasen ein umfangreicher Katalog an methodischen Regeln und Vorschlägen zur Verfügung, wobei dieser Regelkatalog die Grundlage der Zusammenstellung ist, die im Einzelfall vom Interviewer selbst vorzunehmen ist.

Als Ausschnitte aus dem Gesamtsystem werden hier die Regeln zur *Gesprächsdurchführung* aufgelistet:

- das Gespräch entsprechend der Planung durchführen;
- zielorientiert vorgehen;
- möglichst hohen Redeanteil der Probanden bei gleichzeitig niedrigem Redeanteil des Diagnostikers sicherstellen;
- Leitfaden nicht als Fragebogen verwenden, sondern als Gedächtnisstütze;
- durch verbale und nonverbale Gesprächsverstärker relevante Inhalte verstärken;
- bei irrelevanten Gesprächsinhalten Verstärker aussetzen oder direkt wieder zum Thema zurückführen;
- Aufzeichnung des Gesprächs auf Kassette oder Video.

Aus der Vielfalt der im EOG vorgesehenen Richtlinien soll schließlich noch ein Auszug aus den Regeln zur *Gesprächsauswertung* übernommen werden:
- das Gespräch möglichst bald auswerten;
- hypothesenorientierte Auswertung vornehmen;
- richtige Zuordnung der Informationen zu Hypothesen;
- Quelle angeben, aus der die Information stammt;
- jede Information inhaltlich richtig wiedergeben;
- Kontext der Information bei der Wiedergabe berücksichtigen;
- möglichst fair formulieren;
- Gesprächsergebnisse schriftlich darstellen.

Diese Auszüge demonstrieren, dass das EOG dem Interviewer kein gebrauchsfertiges Verfahren vorgibt, sondern eine Regelsammlung zur Verfügung stellt, mit deren Hilfe ein eigener Gesprächsleitfaden aufgebaut und die Phasen der Vorbereitung, Durchführung und Auswertung auf ihre Qualität hin überprüft werden können. Diese Überprüfung kann nicht nur durch den Diagnostiker selbst, sondern – bei ausreichender Gesprächsdokumentation – auch durch andere Personen erfolgen. Das Verfahren dürfte sich deshalb auch zur Ausbildung von Interviewern eignen; im Unterschied zu anderen hier referierten Interviewsystemen ist es vor allem auf die diagnostische Gesprächsführung von Diplom-Psychologen ausgerichtet. Nach Kenntnis des Verfassers liegen augenblicklich keine Evaluationsdaten zum EOG vor; nach Kici und Westhoff (2000) werden aber derzeit Erprobungen und Studien zur Evaluation durchgeführt.

9 Das Multimodale Interview

Das Multimodale Interview[1] wurde in Konsequenz der Defizite herkömmlicher Auswahlgespräche und der Einseitigkeiten bereits publizierter strukturierter Interviewverfahren entwickelt. Durch anforderungsbezogene, psychometrische Konstruktion und teilstandardisierte Durchführung wird versucht, die erkannten Defizite zu überwinden.

Theoretische Grundlage ist die Mehrfachabdeckung der Anforderungskonstrukte durch verschiedene diagnostische Methoden. Dabei wird das Prinzip beachtet, alle drei grundsätzlichen diagnostischen Ansätze – Konstruktansatz, Simulationsansatz und biographischen Ansatz – zur Anwendung zu bringen. Zu diesem Zweck besteht das Multimodale Interview aus mehreren Methodenkomponenten, die teilweise anderen Verfahrenskontexten entlehnt sind.

Neben methodischen Prinzipien werden im Multimodalen Interview auch die Zielsetzungen verfolgt, ein sozial valides und mit moderatem Trainingsaufwand erlernbares Verfahren zur Verfügung zu stellen, dessen Ergebnis von der Person des Durchführenden und seiner Qualifikation relativ unabhängig ist.

Die Ergebnisse wissenschaftlicher Evaluation und praktischer Anwendungserfahrung stützen die Annahme, dass diese Ziele bei sachgerechtem Einsatz erreicht werden. Zudem wurden Belege erbracht, dass mittels des Multimodalen Interviews definierte bzw. „angezielte" Anforderungskonstrukte gemessen werden können.

9.1 Ausgangspunkt

Wie in den vorausgegangenen Kapiteln ausgeführt, hat die Interviewforschung eine ganze Reihe von Ursachen für die unzulängliche Validität herkömmlicher, frei geführter Auswahlgespräche aufgezeigt. Grob zusammengefasst, können hierfür verantwortlich gemacht werden:
- mangelnder Bezug der Fragen zu den Tätigkeitsanforderungen,
- unzulängliche Verarbeitung der aufgenommenen Information,
- geringe Beurteiler-Übereinstimmung,
- dominierendes Gewicht früher Gesprächseindrücke,
- Überbewertung negativer Information,
- emotionale Einflüsse (z. B. Sympathie) auf die Urteilsbildung,
- Beanspruchung des größten Teils der Gesprächszeit durch den Interviewer.

Was sich an Verbesserungsmöglichkeiten des Interviews aus den erkannten Defiziten ergibt – teils in Form deduktiver Ableitung, teils als Ergebnis der empirischen Interviewforschung –, wurde in Tabelle 8 bereits aufgelistet und soll hier in erweiterter Form nochmals aufgenommen und etwas genauer ausgeführt werden, da es unmittelbarer Ausgangspunkt für das Multimodale Interview ist:

---

1 Der Begriff Das Multimodale Interview MMI® ist eine eingetragene Markenbezeichnung der S & F Personalpsychologie Managementberatung GmbH

1. Anforderungsbezogene Gestaltung des Interviews, die sowohl seiner Validität als auch dem Informationsgehalt für die Bewerber zugute kommt. Durch die Anforderungsanalyse werden der zu erfassende Verhaltensbereich und die Konstrukte festgelegt.
2. Beschränkung auf das Registrieren von Merkmalen, die nicht anderweitig zuverlässiger gesammelt werden können (z. B. Schul- und Examensnoten). Unter diesem Punkt hätte man bis vor wenigen Jahren auch eine Reihe wichtiger Konstrukte, u. a. kognitive Fähigkeiten, aufgelistet. Mittlerweile ist zu erkennen, dass es nur wenige Konstrukte geben dürfte, die im Interview nicht erfassbar sind.
3. Durchführung des Interviews in strukturierter bzw. teilstandardisierter Form. Volle Standardisierung empfiehlt sich deshalb nicht, weil Bewerber die freie Gesprächsform bevorzugen. In den Augen vieler Interviewer – allerdings nicht gemäß den empirischen Daten – kommt eine gewisse Flexibilität auch der Aussagekraft des Interviews zugute.
4. Empirische Prüfung der Einzelfragen wie der Dimensionen (Aggregate, z. B. Persönlichkeitsmerkmale oder Verhaltensbereiche) nach psychometrischen Prinzipien, d. h. insbesondere Bestimmung von Schwierigkeit und Trennschärfe sowie gegebenenfalls faktorenanalytische Gruppierung.
5. Übernahme validierter Fragen aus Tests und biographischen Fragebogen (wobei der Anforderungsbezug zu beachten ist).
6. Anreicherung durch Komponenten aus simulationsbezogenen Verfahren, z. B. Kurzvortrag.
7. Verwendung geprüfter und verankerter (vorzugsweise verhaltensverankerter) Skalen zur Eindrucksbeurteilung und Antwortbewertung.
8. Trennung von Informationssammlung und Entscheidung. Jede Antwort sollte für sich genommen unmittelbar bewertet werden, ebenso sind Registrierungen von Verhaltensbeobachtungen unverzüglich vorzunehmen. Erst nach Abschluss des Gesprächs werden diese Notizen zu einer Gesamtbewertung aggregiert.
9. Bei geringer Objektivität Einsatz mehrerer Beurteiler (die erforderliche Anzahl lässt sich mit der Spearman-Brown-Formel berechnen). Bei befriedigender Objektivität (für das Multimodale Interview: $r = .83$) ist ein zweiter Beurteiler zwar unter psychometrischen Gesichtspunkten nicht erforderlich, kann aber von Nutzen sein, um verschiedene Perspektiven – z. B. Personal- und Fachbereich – zur Geltung kommen zu lassen. Auch zur Einübung des Verfahrens und als Mittel der Qualitätskontrolle („Vier-Augen-Prinzip") ist eine Doppelbesetzung der Interviewerrolle erwägenswert.
10. Gestaltung der Gewichtungs- und Entscheidungsprozedur nach psychometrischen Prinzipien; Bestimmung der Gewichtung von Interviewkomponenten nach errechneter, metaanalytisch bestimmter oder (vorläufig) geschätzter Validität.
11. Vorbereitung der Interviewer durch ein verfahrensspezifisch konzipiertes und kompetent durchgeführtes Training.
12. Validierung des Interviewverfahrens:
    a. Inhaltsvalidierung durch anforderungsanalytische Fundierung;
    b. Konstruktvalidierung durch Vergleich mit Testergebnissen und anderen diagnostischen Indikatoren oder durch experimentelle Variation;
    c. prognostische (ersatzweise konkurrente) Validierung an Außenkriterien, z. B. Berufserfolg. Vorzugsweise sind auch diese multimethodal zu erheben. (Vorsicht: Kriterien sind oft von geringerer Qualität als die Prädiktoren, die an ihnen gemessen werden sollen!)

9.2 Theoretische Grundlagen

Die wichtigste theoretische Grundlage des Multimodalen Interviews ist der *trimodale Ansatz der Berufseignungsdiagnostik* (s. Abschnitt 2.3). In dieser Theorie wird angenommen (Schuler, 2000b; 2001b; Schuler & Höft, 2001; Schuler & Marcus, 2001), dass mit verschiedenen eignungsdiagnostischen Methoden insofern systematisch Unterschiedliches erfasst wird, als ihnen eine unterschiedliche Logik der Beziehung zwischen Zeichen und Bezeichnetem zugrunde liegt. Der *Konstruktansatz* ist auf Eigenschaften gerichtet, die als homogen und stabil angenommen werden können. Mit dem *Simulationsansatz* wird Verhalten erfasst, das von der Situation oder vom Kriterium her definiert und deshalb konstruktheterogen ist. Der *biographische Ansatz* zielt auf vergangenes Verhalten und vergangene Ereignisse und deren subjektive Verarbeitung. Die Unterscheidung dreier diagnostischer Modalitäten stellt die Erweiterung der theoretischen Unterscheidung von zunächst nur zwei Ansätzen, dem Eigenschafts- und dem Simulationsprinzip (Schuler & Funke, 1995), dar sowie die Konkretisierung des theoretisch seit längerem postulierten Vorzugs multimodaler oder multimethodaler Messungen in der Personalpsychologie (Schuler & Schmitt, 1987). Die Messung erfolgt innerhalb der drei Ansätze klassischerweise mittels Tests (Eigenschaftskonstrukte), Arbeitsproben (Simulation von Verhalten) und biographischen Fragen in Fragebogen- oder Interviewform. Erkenntnistheoretischer Hintergrund des eignungsdiagnostischen Multimodalitätsprinzips ist die Position des kritischen Multiplizismus (Campbell & Fiske, 1959; Cook & Campbell, 1976; s. a. Holling & Schulze, in Druck), der eine Mehrfachdeterminiertheit aller Phänomene und deshalb singuläre empirische Operationalisierungen nicht als ausreichende Form der Theorieprüfung ansieht.

Das Multimodale Interview wurde als Versuch konzipiert, alle drei diagnostischen Ansätze zu integrieren und damit eine Alternative zu aufwendigen Potenzialanalyseverfahren zu bieten, in deren Rahmen alle genannten Verfahrenstypen repräsentiert sind. Dies müsste dadurch begünstigt werden, dass es gelingt, Anreicherungen des Interviews durch Komponenten aus anderen diagnostischen Verfahren, z. B. aus Tests, Fragebogen oder aus dem Assessment Center, vorzunehmen. Die Konstruktanalysen (Schuler, 1989a; 1992a; Schuler & Funke, 1989; Schuler & Moser, 1995) sowie die nachfolgenden kriterienbezogenen Validierungsstudien (s. Abschnitt 9.6) weisen diesen Versuch als gelungen aus. Gleichzeitig konnte damit die bis dahin vorherrschende Annahme widerlegt werden, beim Interview handle es sich qua Methode um ein eignungsdiagnostisches Verfahren, mit dem nur bestimmte Merkmale gemessen würden. Wir können das Interview vielmehr als inhaltsneutrale Hülle verstehen, mittels deren zielgerichtet beliebige Merkmale diagnostisch realisiert werden können. Dies wird dadurch begünstigt, dass auch bereits die Anforderungsanalyse konstrukt-, verhaltens- oder ergebnisbezogen durchgeführt wird (Schuler, 2001b).

Inwieweit die Beliebigkeit der Merkmalserfassung dadurch eingeschränkt ist, dass gewisse Affinitäten zwischen Merkmalen und Interviewverfahren insgesamt oder Teilkomponenten (z. B. Fragenarten) bestehen, ist noch durch die Forschung zu klären. Erste Hinweise zeigen auf, dass mit biographischen Fragen Temperamentsmerkmale besser erfasst werden können als mit anderen Fragentypen, während situative Fragen selbst dann Intelligenzladungen aufweisen, wenn dies nicht intendiert ist (Schuler & Funke, 1989; Huffcutt & Arthur, 1996). Dies wird bestätigt durch Ergebnisse, die biographischen Fragen höhere inkrementelle Validität über Intelligenztests hinaus zusprechen als situativen Fragen (Campion et al., 1994; Pulakos & Schmitt, 1995).

Neben der generellen theoretischen Basis des Multimodalen Interviews in seiner Gesamtstruktur finden sich im Multimodalen Interview in eklektischer Zusammenfügung diejenigen theoretischen Gesichtspunkte, welche die verschiedenen Einzelkomponenten begründen. Hierzu gehört beispielsweise – für die biographischen Fragen – das Postulat, vergangenes Verhalten sei ein guter Prädiktor künftigen Verhaltens, ebenso die Annahme, Antworten auf situative Fragen seien Ausdruck von Verhaltensintentionen, die ihrerseits gemäß der Zielsetzungstheorie (Locke & Latham, 1990) als Wegbereiter realen Verhaltens aufgefasst werden können (Latham, 1993). Ein drittes Beispiel sind die theoretischen Annahmen, die hinter der realistischen Tätigkeitsinformation stehen – insbesondere Anspruchsniveausenkung –, ein viertes schließlich die Person-Organisations-Fit-Hypothese, die als Bestandteil der Hollandschen Berufsinteressentheorie (Rolfs & Schuler, in Druck) höhere Berufszufriedenheit dort erwarten lässt, wo die Berufswahl den individuellen Interessenausprägungen entspricht; dieser Zusammenhang ist für die Fragen zur Berufs- und Organisationswahl von Bedeutung.

9.3 Der Aufbau des Multimodalen Interviews

Der Aufbau des Multimodalen Interviews umfasst im Regelfall acht Komponenten, von denen fünf zur Bewertung von Antworten oder zur Verhaltenseinschätzung genutzt werden. Für die meisten vorzunehmenden Beurteilungen finden fünfstufige verhaltensverankerte Einstufungsskalen Verwendung. Die Reihenfolge der Komponenten ist weitgehend festgelegt, u. a. weil die Komponenten aufeinander aufbauen. Um eine angenehme Gesprächssituation zu erreichen, wechseln sich im Aufbau des Interviews standardisierte und freie Gesprächsteile ab. Der Praktikabilität wird dadurch Rechnung getragen, dass die Gesamtdauer des Interviews in vielen Fällen nur 30 Minuten und selten mehr als 60 Minuten beträgt. Das gesamte Interview ist aus folgenden Bestandteilen aufgebaut:

1. *Gesprächsbeginn.* Dieser erste Teil besteht aus einem kurzen informellen Gespräch, das aus der Begrüßung in das Interview überleitet. Seine Hauptfunktion besteht darin, eine Atmosphäre der offenen, freundlich gestimmten Begegnung zu erzielen. In diesem Teil wird keine Beurteilung vorgenommen.
2. *Selbstvorstellung des Bewerbers.* In Anlehnung an die Assessment Center-Forschung, wo sich diese Vorgehensweise als brauchbare Methodenkomponente herausgestellt hat (Schuler, 1992b; Thornton, 1992), berichtet der Bewerber in freier Form über seinen Werdegang, wobei die Aufforderung des Interviewers je nach Alter und Berufserfahrung des Kandidaten lautet, den Schwerpunkt entweder auf die vorangegangene berufliche Erfahrung oder auf die Ausbildung, in beiden Fällen aber auch auf die Berufswahl und die berufsbezogenen Erwartungen zu legen. Die Beurteilung erfolgt hinsichtlich solcher Dimensionen, die einerseits den Anforderungen der in Frage stehenden Position entsprechen und andererseits in dieser speziellen Situation beobachtbar sind. Dabei wird sowohl eine Verhaltensbeurteilung als auch eine summarische Beurteilung der Äußerungen vorgenommen.

3. *Freier Gesprächsteil.* Im Anschluss an die Selbstvorstellung werden Fragen gestellt, die sich aus den Darlegungen des Kandidaten oder aus der vorausgegangenen Auswertung seiner Bewerbungsunterlagen ergeben haben. Die Frageform ist speziell zu Beginn des Gesprächs eher offen. Da weder Fragenzahl noch Frageninhalt standardisiert sind, wird die Bewertung der Antworten am Ende dieses Gesprächsteils in summarischer Form vorgenommen.
4. *Berufsinteressen, Berufs- und Organisationswahl.* In diesem Gesprächsabschnitt werden Fragen zu berufsbezogenen Interessen und zu Motiven und Hintergründen der Berufswahl gestellt, ebenso zu Beweggründen der Bewerbung und des Arbeitgeberwechsels. Auch Fragen zur Selbsteinschätzung und zum Vergleich des Selbstbilds mit den vermuteten Tätigkeitsanforderungen haben an dieser Stelle ihren Platz. Die Bewertung erfolgt anhand verhaltensverankerter Einstufungsskalen. Bei berufserfahrenen Bewerbern können die Fragen zur Berufswahl ersetzt oder ergänzt werden durch *Fragen zum Handlungswissen* (praxisbezogene Kenntnisfragen, die selbstverständlich kein Ersatz für die Prüfung von Qualifikationszertifikaten sind). Zur Bewertung von Kenntnisfragen ist gewöhnlich die Unterscheidung von Richtig- und Falschlösungen als Skalierungsform ausreichend.
5. *Biographiebezogene Fragen.* Als biographische Fragen werden sowohl Fragen gestellt, die sich an Eigenschaftskonstrukten orientieren, als auch solche, die Verhalten in eng umrissenen beruflichen Situationen zum Gegenstand haben. Üblicherweise werden alle festgestellten Anforderungsdimensionen mit biographischen Fragen abgedeckt. Diese Fragen werden entweder entsprechend der dimensionierten Anforderungsanalyse formuliert oder einem Pool geprüfter Fragen (gegebenenfalls auch aus validierten biographischen Fragebogen) entnommen. Die Fragestellung ist zumeist anfangs weit und wird dann eingeengt, um ein Bild von typischen Handlungsweisen des Kandidaten zu gewinnen. Wichtig ist, dass von konkreten Beispielen berichtet wird. Die Bewertung biographiebezogener Fragen erfolgt anhand verhaltensverankerter Einstufungsskalen.
6. *Realistische Tätigkeitsinformation.* Orientiert am Konzept des *Realistic job preview* (Wanous, 1989), wird über Ausbildung oder Tätigkeit, Anforderungen und Unternehmen informiert. Hierbei sind auch solche Gesichtspunkte zu berücksichtigen, auf die sich das Interesse der Bewerber richtet (z. B. Organisationsklima, Interaktionsstil, Entwicklungsmöglichkeiten) und die zu ihrer Selbstselektion und Entscheidungsfindung beitragen können. Die Information spricht nicht nur positive Seiten an, sondern auch Probleme der Organisation und des Arbeitsalltags. Dem Bewerber wird die Möglichkeit zu Nachfragen angeboten. In diesem Gesprächsteil wird keine Beurteilung des Bewerbers vorgenommen.
7. *Situative Fragen.* Die im Multimodalen Interview enthaltenen situativen Fragen entsprechen mit geringer Modifikation dem von Latham et al. (1980) vorgeschlagenen Format und ähneln damit auch den Konzepten des *tacit knowledge* von Sternberg und Wagner (1986) sowie der *job content method* von Feild und Gatewood (1989). Die Fragen bestehen dementsprechend aus einer knappen Schilderung einer erfolgskritischen Situation und der Frage nach dem Verhalten des Kandidaten in dieser Situation. Speziell unter diesen Fragen entstammt gewöhnlich der größte Teil einer organisationsspezifischen Aufgabensammlung, einzelne „arche-

typische" Problemsituationen können aber auch generell eingesetzt werden. Die Fragen repräsentieren ein breites Tätigkeitsspektrum. Die Bewertung der Antworten erfolgt anhand verhaltensverankerter Einstufungsskalen.
8. *Gesprächsabschluss.* Zum Abschluss des Gesprächs wird den Bewerbern Gelegenheit gegeben, ihrerseits noch Fragen zu stellen und eventuell verbliebene Unklarheiten zu erörtern. Am Ende des Gespräch stehen die Information über das weitere Vorgehen und organisatorische Fragen. Eine explizite Bewertung findet in diesem Gesprächsabschnitt nicht mehr statt.

Nicht alle diese Elemente müssen in allen Fällen in identischer Weise eingesetzt werden, um die Bezeichnung Multimodales Interview zu rechtfertigen. Die essentiellen Merkmale dieses Verfahrenstyps werden in Abschnitt 9.8 zusammengestellt.

9.4 Konstruktion und Anwendungsbeispiele

Multimodale Interviews wurden für verschiedene Branchen, Tätigkeiten und Positionsniveaus erarbeitet, darunter für Finanzdienstleistungsorganisationen (Schuler & Backhaus, 1987; Backhaus & Wagner (2002) Diemand, Becker & Schuler, 1997a,b; Diemand & Schuler, 1998; Schuler, 1989a; Schuler & Funke, 1989; Schuler, Moser, Diemand & Funke, 1995), für technische Bereiche, insbesondere Forschung und Entwicklung (Schuler, 1984; Schuler, Funke, Moser & Donat, 1995), für die spezielle Funktion des Auslandseinsatzes (Stahl, 1995a), zur Auswahl von oberen Führungskräften (Deller & Kendelbacher, 1998) sowie von Führungskräften weiterer Hierarchieebenen (Frintrup & Renner, 2002), Verkäufern (Sander, 2000), Polizeibeamten (Gentsch & Frintrup, 2000) Gaststättenpächtern (Schuler, 1999), zur Diagnose und Beratung von Unternehmensgründern (Schuler & Rolfs, 2000; Schuler, Tannhäuser & Rolfs, 2000) und zur Erfassung von Kundenorientierung (Nerdinger, in Vorbereitung). Der Einsatz in verschiedenen weiteren Anwendungsbereichen wurde bislang nicht publiziert, darunter Multimodale Interviews zur Auswahl von Ärzten, Klinikleitern, Studierenden, Bereitschaftspolizisten, Pastoralreferenten, Sekretärinnen und anderen Bürokräften, Auszubildenden, Führungsnachwuchskräften sowie für Führungskräfte verschiedener Branchen und Hierarchieebenen.

Als Beispiel für die Ausarbeitung eines Multimodalen Interviews kann der Anwendungsfall des Brauereiverbands dienen, der ein Verfahren zur Auswahl von Gaststättenpächtern benötigte (Schuler, 1999). Die Konstruktionsabschnitte können als typisch gelten, auch wenn sie im Einzelfall – in Anpassung an die spezifischen Gegebenheiten – etwas variieren können (s. Abschnitt 5.4).
1. Festlegung der Zielsetzung und der Zielgruppe
2. Auswertung vorliegenden anforderungsbezogenen Materials
3. Interviews mit Führungskräften
4. Durchführung einer Anforderungsanalyse auf Critical Incident-Basis
5. Durchführung einer Anforderungsanalyse mit dem standardisierten Verfahren „Bedeutsamkeit und Erfüllungsgrad"
6. Festlegung der Anforderungsdimensionen
7. Auswahl und Überarbeitung vorhandener Interviewfragen nach Kompatibilität mit den Anforderungsdimensionen

8. Formulierung neuer, tätigkeitsspezifischer Interviewfragen entsprechend den Anforderungsdimensionen
9. Ausarbeitung einer vollständigen Fassung des Multimodalen Interviews für die Zielgruppe
10. Durchführung eines Interviewertrainings für die Anwender inklusive Feinabstimmung des Interviews

Die Schritte der qualitativen Anforderungsanalyse (2 bis 4) brachten genügend Material zustande, um das in Punkt 5 genannte Analyseverfahren „Bedeutsamkeit und Erfüllungsgrad" aus 113 verhaltens- und eigenschaftsbezogenen Aussagen aufzubauen. Es handelt sich um das Verfahren, das in Auszügen in Abschnitt 5.6 vorgestellt wurde. Wie dort bereits ausgeführt, hatten die Vorarbeiten während des qualitativen Teils der Anforderungsanalyse ergeben, dass die Unterscheidung der Unternehmenstypen Schankwirtschaften, Speisewirtschaften und Großgastronomie erforderlich ist. Dementsprechend resultierten die quantitativen Analysen trotz des Einsatzes des gleichen Analyseinstuments in unterschiedlichen Bedeutsamkeitswerten. Die faktorenanalytische Datenanalyse ergab, wie bereits in Abschnitt 5.6 ausgeführt, die fünf Anforderungsdimensionen Organisation, Motivation, Selbstkontrolle, Serviceorientierung und Führung.

Bei der Umsetzung in Interviewfragen spielen die Anforderungsdimensionen eine unterschiedliche Rolle: Im Falle der Selbstvorstellung eignen sich nur manche – hier Organisation, Motivation und Serviceorientierung – zur aufmerksamkeitszentrierenden Verhaltensbeobachtung und -beurteilung. Die Fragen zum Handlungswissen sind weitgehend unabhängig von Anforderungsdimensionen. Biographiebezogene Fragen weisen den engsten Bezug zu den Anforderungsdimensionen auf. Situative Fragen schließlich können den Dimensionen schwerpunktgemäß zugeordnet werden; die Entsprechung ist allerdings dadurch eingeschränkt, dass diese Fragen Anforderungssituationen repräsentieren, die zumeist heterogen hinsichtlich der erforderlichen Eignungsmerkmale sind. Beispielsweise erfordert der erfolgreiche Umgang mit schwierigen Gästen in einer gegebenen Situation nicht nur Serviceorientierung, sondern auch Selbstkontrolle und Teilaspekte aus anderen Anforderungsdimensionen.

Zur Illustration des Fragentyps „Handlungswissen" wird in Kasten 15 jeweils eine Frage für die drei Gastronomietypen vorgestellt. Insbesondere dieser Fragentyp ist auf die Kooperation mit Experten der Branche angewiesen. Im vorliegenden Fall wurden die Fragen größtenteils von den Brauereiunternehmern oder ihren Beauftragten formuliert. Zur Anwendung kamen nur solche Fragen, die den Konsens aller Beteiligten fanden.

Kasten 15: Beispielfragen Handlungswissen

Schankwirtschaften:
Laut Schankverordnung sind Sie verantwortlich für die Sauberkeit Ihrer Bierleitungen. Wie oft müssen Sie spätestens die Leitungen reinigen oder reinigen lassen?
Richtige Antwort: alle 14 Tage

Speisegastronomie:
Müssen Konservierungs- und/oder Farbstoffe in der Speisekarte einzeln und zu jedem Gericht/Getränk gekennzeichnet und angegeben werden oder reicht der Hinweis „Wir verwenden ausschließlich die gesetzlich zugelassenen Farb- und Konservierungsstoffe"?
Richtige Antwort: Jedes Gericht/Getränk ist zu kennzeichnen, die Farb- und Konservierungsstoffe sind im Einzelnen anzugeben (z. B. 1 = ..., 2 = ... etc.)

Großgastronomie:
Wie beugen Sie Manipulationen/Bereicherungsversuchen Ihrer Mitarbeiter vor?
Richtige Antwort: Durch zeitlich und örtlich ständig wechselnde Mitarbeiterkonstellationen. Durch ein überschaubares Warenwirtschaftssystem, das wegen seiner einfachen Handhabung auf wenige, aber relevante Produktgruppen ausgelegt ist. Durch die strikte Verpflichtung, beim Gast nur maschinengeschriebene Beträge zu kassieren.

Als Form für biographiebezogene Fragen („Erfahrungen und Interessen") wurde in diesem Anwendungskontext angesichts relativ geringer Geübtheit der Interviewer der Typus der einfachen (im Gegensatz zu komplexen) Fragen gewählt. Drei Beispiele hierfür aus der Anforderungsdimension „Selbstkontrolle" werden in Kasten 16 vorgestellt. Wichtig ist bei den biographiebezogenen Fragen die Betonung konkreter, durch Beispiele konkretisierter Verhaltensschilderungen. Als biographiebezogene Fragen wurden teilweise solche Fragen verwendet, die sich bereits in anderen Kontaktberufen bewährt haben; sie entstammen ursprünglich Tests und biographischen Fragebogen oder wurden in eigenen Validierungsstudien in anderen Kontaktberufen überprüft.

Kasten 16: Biographiebezogene Fragen, Anforderungsdimension „Selbstkontrolle"

1. Wann waren Sie mit Ihren eigenen Leistungen nicht so recht zufrieden? (Beispiel) Was haben Sie dann unternommen?
   3 Punkte: Hoher Anspruch, zweckmäßige Maßnahme zur Verbesserung
2. Viele sagen, sie könnten mehr schaffen, wenn der Stress geringer wäre. Ist das bei Ihnen auch so?
   3 Punkte: Nein, Anstrengung/Leistung wächst mit den Anforderungen
3. Wieviel Stunden pro Woche haben Sie in den letzten beiden Jahren durchschnittlich gearbeitet?
   3 Punkte: Mehr als 50 Stunden
   2 Punkte: Mehr als 40 Stunden

Als letzte Fragenart sollen die eingesetzten situativen Fragen am Beispiel veranschaulicht werden. Kasten 17 stellt eine Frage an prospektive Speisegastronomen vor. Es wird evident, dass diese Frage den Anforderungsdimensionen Motivation und Serviceorientierung zugeordnet werden kann. Die situativen Fragen wurden größtenteils zielgruppenspezifisch formuliert (wiederum unter wesentlicher Unterstützung durch die Brauereiexperten), lediglich für die Anforderungsdimension „Führung" wurden auch einige bereits zur Diagnose anderer Gruppen von Führungskräften eingesetzte und bewährte Fragen verwendet.

Kasten 17: Situative Frage (Speisegastronomie)

Ein Gast kommt kurz vor 22.30 Uhr in Ihre Gaststätte. Er möchte gerne noch etwas essen. Ihre Küche schließt aber um 22.30 Uhr. Was geben Sie Ihrem Gast zur Antwort?

Bewertungshinweise:
1 – „Es tut mir leid, aber meine Küche ist jetzt geschlossen!"
⋮
2 –
⋮
3 – „Es tut mir leid, meine warme Küche ist zwar geschlossen, aber gerne richte ich Ihnen etwas aus meiner kalten Küche. Davon werden Sie bestimmt auch satt."
⋮
4 –
⋮
5 – „Natürlich bekommen Sie noch etwas zu essen. Der Koch hat zwar schon Feierabend, ich kann Ihnen aber noch zwei warme Gerichte anbieten, die ich selbst für Sie zubereite."

Die in Kasten 17 wiedergegebene Frage zeigt, dass Berufserfahrung der Beantwortung situativer Fragen zwar dienlich sein kann, aber keineswegs zwangsläufig erforderlich ist. In mehreren Datenanalysen ergab sich, dass Multimodale Interviews mit Berufserfahrung unkorreliert oder nur geringfügig korreliert waren (was von Vorteil ist, da es ermöglicht, diese Fragen auch Berufsanfängern zu stellen). Selbstverständlich ist dies eine Sache der Formulierung der Fragen. Auch bei der nächsten Beispielfrage, diesmal aus der Sparte der Schankgastronomie, wird erkennbar, dass die Antwortqualität eher von der Grundhaltung gegenüber dem Beruf und den Gästen abhängt als von der Berufserfahrung (Kasten 18). Dies ist besonders dort wichtig, wo man, wie im Fall der Schankwirte, keine gründlich sozialisierende Ausbildung voraussetzen kann, wie sie beispielsweise in hochrangigen Hotels geboten wird.

> **Kasten 18: Situative Frage (Schankgastronomie)**
>
> Ein Gast sitzt seit längerer Zeit still an der Theke. Unternehmen Sie etwas oder lassen Sie ihn in Ruhe?
>
> *Bewertungshinweise:*
> 1 – Ich lasse ihn in Ruhe.
> :
> 2 –
> :
> 3 – Ich spreche ihn an / beginne ein Gespräch mit ihm.
> :
> 4 –
> :
> 5 – Ich versuche, ihn in ein Gespräch zu ziehen und ihn dabei mit seinen Nachbarn bekannt zu machen, so dass sie sich weiter unterhalten können.

Das Multimodale Interview insgesamt – aber besonders die situativen Fragen – eignen sich gut zur Information der Kandidaten über die zu erwartenden Anforderungen. Mit einer „positiven" Beantwortung einer Frage wie der in Abbildung 5 vorgestellten gehen sie auch ein Commitment gegenüber der Brauerei ein, sich später in diesem Sinne zu verhalten. Dies ist auch ein Hemmfaktor gegen grob beschönigte Aussagen. Im Übrigen werden Fragen, die beschönigtes Antwortverhalten provozieren, in Vorversuchen aussortiert, so dass die im Auswahlgespräch eingesetzten Fragen über die testtheoretisch erwünschte mittlere Aufgabenschwierigkeit verfügen.

Die Durchführung des vollständigen Interviews dauert etwa eine Dreiviertelstunde. Um in solchen Fällen, in denen mangelnde Eignung des Bewerbers nach kurzer Zeit offensichtlich ist, nicht die volle Gesprächszeit aufwenden zu müssen, wurde in einigen Fällen eine „Zwischenbilanz" nach 10 bis 15 Minuten Interviewzeit vorgesehen. An dieser Stelle wird die Entscheidung getroffen, ob das Gespräch beendet oder weitergeführt wird.

Eine solche „Sollbruchstelle" empfiehlt sich dort, wo keine ausgeprägte Vorselektion dafür sorgt, dass nur prinzipiell geeignete Kandidaten in das Auswahlgespräch gelangen. Abgebrochen werden sollte das Gespräch nur in eindeutig negativen Fällen. Die Art der Fragen im Multimodalen Interview erleichtert einen solchen Abbruch insofern, als sie auch dem Kandidaten ein recht deutliches Feedback darüber geben, inwieweit er den Anforderungen gewachsen ist.

Während biographische Fragen und Fragen zur Berufs- und Organisationswahl teilweise für die verschiedensten Zielgruppen eingesetzt werden können – soweit sie den Anforderungen entsprechen –, sind Fragen zum Handlungswissen und situative Fragen gewöhnlich umso tauglicher, je spezifischer sie auf die fragliche Tätigkeit bezogen sind. Erst durch engen Aufgabenbezug gewinnen sie den Charakter einer „mentalen Tätigkeitssimulation". Um gute Fragen dieser Typen zu formulieren, sind dementsprechend gute Kenntnisse der Tätigkeit und ihrer erfolgskritischen Elemente erforderlich. Ein weiteres Beispiel hierfür gibt Kasten 19, eine situative Frage aus einem Interview zur Auswahl von Pastoralreferenten.

Kasten 19: Situative Frage (Pastoralreferenten)

Sie sind seit ca. einem Jahr als Pastoralreferent tätig. Sie stellen derzeit fest, dass Sie – bei allen positiven Seiten des Berufs – die psychische Belastung sehr mitnimmt, Sie fühlen sich daher etwas „ausgepowert". In dieser Situation werden Sie von der Leiterin einer Selbsthilfegruppe für Tumorpatienten gebeten, sich an der Gruppe zu beteiligen. Was tun Sie?

Bewertungshinweise:
1 – Ich sage spontan meine Mitarbeit in der Gruppe zu, weil dies zu meinen Aufgaben gehört und man diese Menschen in ihrem Leid auf keinen Fall alleine lassen kann.
   Oder: Ich verweise auf meine ohnehin große Belastung und sage spontan die Mitarbeit ab, denn es wäre zu viel, diese belastende Aufgabe auch noch zu übernehmen.
:
2 –
:
3 – Ich teile der Gruppenleiterin mit, dass ich mir aufgrund meiner hohen Arbeitsbelastung erst überlegen muss, ob ich diese Aufgabe noch übernehmen kann, und verschiebe die Entscheidung, bis ich mir das selbst gut überlegt habe.
:
4 –
:
5 – Ich teile der Gruppenleiterin mit, dass ich noch Zeit brauche, um ihr einen geeigneten Vorschlag zu unterbreiten. Ich führe ein Gespräch mit meinem Vorgesetzten und erkläre mich zur Übernahme der Aufgabe bereit, wenn sich eine Supervision einrichten lässt und andere geeignete Maßnahmen zur Erhaltung meiner seelischen Gesundheit eingeleitet werden können (Delegation anderer Aufgaben, Exerzitien etc.).

Für situative Fragen ist es, wie bereits gesagt, von Vorteil, wenn sie tätigkeitsspezifisch formuliert sind. Doch auch biographiebezogene Fragen können eine solche Ausrichtung aufweisen. Das in Kasten 20 wiedergegebene Beispiel gehört zur Dimension „Spiritualität/Glauben", die für Pastoralreferenten berufsrelevant ist. Fragen nach dem Umgehen mit dem eigenen Glauben mögen zunächst schwer in einer Weise stellbar scheinen, die nicht platt oder zudringlich wirkt. Die Frage, wie Glaubenserfahrung gegenüber anderen zum Ausdruck gebracht wurde, kann in diesem Fall aussagekräftige Hinweise ergeben.

> **Kasten 20: Biographiebezogene Frage (Pastoralreferenten)**
>
> Wann haben Sie das letzte Mal versucht, einer anderen Person Ihre Glaubensbeziehung bildlich oder symbolhaft zu erklären?
>
> Nennen Sie bitte ein Beispiel für eine solche Situation.
>
> Wie hat Ihr Gesprächspartner reagiert?
>
> ---
>
> *Bewertungshinweise:*
>
> 1 – Hat sich noch keine Gedanken über diese Frage gemacht und war noch nicht in der Situation, jemandem die Glaubensbeziehung bildlich erklären zu wollen, kann kein Bild oder Beispiel nennen.
>
> :
>
> 2 –
>
> :
>
> 3 – Hat eine solche Situation bereits erlebt, hat aber Schwierigkeiten, ein adäquates Bild zu finden und/oder der Gesprächspartner konnte die Erklärung erst nach mehreren Anläufen nachvollziehen.
>
> :
>
> 4 –
>
> :
>
> 5 – Hat sich darüber schon einige Gedanken gemacht und „sein Bild" gefunden, dieses auch verschiedentlich gegenüber Personen erläutert, hat den Eindruck, sich klar verständlich gemacht zu haben.

Weit weniger spezifisch und deshalb für eine große Zahl von Berufen einsetzbar ist demgegenüber die biographiebezogene Frage des nächsten Beispiels (Kasten 21), die sich auf die Anforderungsdimension „Kooperation" oder „Teamfähigkeit" bezieht. Sie weist den typischen sequenziellen Aufbau einer guten biographischen Frage auf: Die Eingangsfrage wird offen gestellt und ist relativ weit gefasst, während die nachfolgenden Fragen spezifischer und konkreter werden. Dies gibt über den persönlichen Verhaltensstil des Befragten sowie über seine Wirkung auf andere Aufschluss und kommt auch der Veridikalität des Berichteten zugute.

> **Kasten 21: Biographiebezogene Frage zur Teamfähigkeit**
>
> Welche Erfahrungen haben Sie mit Gruppenarbeit gemacht?
> (Nennen Sie bitte ein Beispiel.)
>
> Sind in der Gruppenarbeit auch mal Probleme und Meinungsverschiedenheiten aufgetreten?

Was haben Sie unternommen, um die Probleme zu lösen?

Was ist dabei herausgekommen?

Bewertungshinweise:
1 – Arbeitet weniger gerne im Team, empfindet Probleme und Meinungsverschiedenheiten als unangenehm und hält sich deshalb aus dem Problemlösungsprozess lieber heraus.
2 –
:
3 – Arbeitet gerne in einem Team, nimmt auftretende Probleme wahr, macht Vorschläge zur Problemlösung und hilft bei der Problemlösung mit.
4 –
:
5 – Bewertet Teamarbeit als sehr produktiv, erkennt rasch Probleme in der Gruppe, steuert kreative Vorschläge zur Problemlösung bei und ist bei der Durchführung der Problemlösung engagiert dabei.

Aber auch situative Fragen, deren organisations- und tätigkeitsspezifischer Charakter zumeist besonders ausgeprägt ist, können von relativ generell einsetzbarer Art sein. Ein Beispiel hierfür findet sich in Kasten 22. Fragen, die generell oder doch für eine große Gruppe von Tätigkeiten einsetzbar sind, haben den Vorteil, dass für sie itemanalytische Kennwerte (Trennschärfe und Schwierigkeit) sowie Normen ermittelbar sind, die von den Verwendern genutzt werden können, noch bevor in der betreffenden Organisation selbst eine ausreichende Zahl von Vergleichswerten gesammelt wurde.

Kasten 22: Situative Frage allgemeiner Verwendbarkeit

Sie haben in einer wichtigen Sache eine falsche Entscheidung getroffen, die das Unternehmen Geld kosten wird. Sie befürchten, dass Ihr Vorgesetzter sehr verärgert sein wird, wenn er davon erfährt. Was tun Sie?

Bewertungshinweise:
1 – Vielleicht gelingt es mir, die Sache bald wieder in Ordnung zu bringen, so dass er davon gar nichts erfahren muss.
2 –
:
3 – Ich informiere trotzdem meinen Vorgesetzten. Ich bemühe mich, ihm verständlich zu machen, wie es dazu kommen konnte.
4 –
:
5 – Ich informiere ihn trotzdem unverzüglich und erkläre ohne Umschweife, was passiert ist. Dann mache ich ihm Vorschläge, was getan werden kann – vor allem, was *ich* tun möchte –, um den Schaden gering zu halten.

Als letzte Fragenbeispiele zum Multimodalen Interview sollen nun noch eine allgemeine und eine etwas spezifischere Frage zur Organisations- und Berufswahl aufgeführt werden. Kasten 23 stellt zunächst die spezifische Frage vor, die in dieser Formulierung aus der Versicherungsbranche stammt. Diese Frage liefert bessere Information als die häufig gestellte Frage „Aus welchem Grund sind Sie Versicherungskaufmann geworden?". Sie gibt Aufschluss darüber, inwieweit die Berufswahl reflektiert und zielgerichtet war oder sich vielmehr als Zufallswahl darstellt, die vielleicht vom Arbeitsmarkt her begründet ist, nicht aber von den persönlichen Neigungen.

Kasten 23: Spezifische Frage zur Berufs- und Organisationswahl

Welcher Beruf hätte Sie noch interessiert, wenn Sie sich nicht für die Ausbildung zum Versicherungskaufmann entschieden hätten?

Bewertungshinweise:
1 – Berufe anderer Interessensrichtungen, die andere Fähigkeiten erfordern, z. B. Mechaniker, Gärtner etc.
⋮
2 –
⋮
3 – Verwandte Berufe wie Bankkaufmann, Speditionskaufmann etc.
⋮
4 –
⋮
5 – Es hätte noch andere Berufe gegeben, die mich interessiert hätten, z. B. Bankkaufmann und Großhandelskaufmann, aber für mich war klar, dass ich unbedingt Versicherungskaufmann werden wollte, weil mich das am meisten interessierte. Deshalb hatte ich mich schon gründlich über diese Ausbildung informiert und alles darangesetzt, einen Ausbildungsplatz zu bekommen.

Die mit dem Wert 5 markierte Antwort scheint vielleicht zu anspruchsvoll. Es ist aber zu bedenken, dass eine akzeptable „mittlere" Antwort bereits unter dem mit 3 markierten Wert vorliegt. Sehr positive Bewertungen sollten der geringen Zahl bemerkenswerter Antworten (etwa 10 bis 15 %) vorbehalten bleiben.

Erkennbar ist, dass die Frage in Kasten 23 zwar auf die Versicherungsbranche spezifiziert formuliert ist, aber nicht wirklich spezifisch ist. Sie lässt sich auch für andere Branchen und Tätigkeitsbereiche umformulieren. Die angemessenen Verankerungen zu finden, setzt allerdings eine Mindestkenntnis an Berufsanforderungen und Ähnlichkeiten zwischen verschiedenen Berufen voraus. Etwas höher ist der Allgemeinheitsgrad im nächsten Beispiel (Kasten 24), das aus einem Telefoninterview zur Vorauswahl von Hochschulabsolventen für einen Automobilhersteller stammt. Der spezifische Anteil dieser Frage besteht darin, dass von Hochschulabsolventen mehr als von jüngeren Bewerbern und von solchen mit geringerem Ausbildungshintergrund erwartet wird, dass sie sich Vorstellungen über ihre berufliche Entwicklung bilden. Wirklich spezifische, aber hier nicht abgebildete Fragen werden beispielsweise Bewerbern für den Polizeidienst gestellt, um zu eruieren, inwieweit sie sich schon mit den speziellen Belastungen des Polizeiberufs und den Besonderheiten der Ausbildung (z. B. Bereitschaftsdienst oder Versetzungen) auseinandergesetzt haben.

Kasten 24: Allgemeine Frage zur Berufs- und Organisationswahl

Was erwarten Sie sich von Ihrer künftigen Tätigkeit bei XX?

Haben Sie schon Vorstellungen über Ihre berufliche Entwicklung?

Bewertungshinweise:
1 – Wenig konkrete Erwartung; möchte berufliche Entwicklung auf sich zukommen lassen.
: Oder: weit überzogene Erwartungen.
2 –
:
3 – Anspruchsvolle Erwartungen; ansatzweise Vorstellungen über künftige Entwicklung.
:
4 –
:
5 – Realistische und differenzierte Erwartungen. Anspruchsvolle Erwartungen bezüglich der eigenen beruflichen Entwicklung, die in Abhängigkeit von eigener Anstrengung und Leistung gesehen wird.

9.5 Integration in ein Potenzialanalyseverfahren

Ein Fall, in dem ein Multimodales Interview als Teil eines umfangreicheren Diagnoseverfahrens fungiert, ist ein Potenzialanalyseverfahren, das vom Verfasser und seinen Mitarbeitern für eine große kreditwirtschaftliche Organisation ausgearbeitet wurde. Die Kernfragestellung lautete zunächst, für welchen Funktionsbereich (z. B. Stabsbereich oder Beratung von Firmenkunden) die individuelle Erfolgswahrscheinlichkeit junger Mitarbeiter am höchsten ist. Mit Hilfe mehrerer – darunter speziell für diesen Zweck entwickelter – Methoden der Anforderungsanalyse wurden zunächst die Möglichkeiten bestimmt, zwischen den Funktionsbereichen zu diskriminieren. Die ermittelten Anforderungsmerkmale wurden zu folgenden Anforderungsdimension aggregiert:
– Kundenorientierung/verkäuferische Fähigkeiten
– Kooperation Teamfähigkeit
– Planung/Organisation
– Kognitive Fähigkeiten
– Konzentrationsfähigkeit
– Soziale Belastbarkeit
– Initiative/Erfolgsorientierung

Entsprechend dem trimodalen Ansatz der Eignungsdiagnostik (vgl. Abschnitt 2.2) wurde jede Anforderungsdimension durch mehrere Verfahrenstypen abgedeckt, in denen jede der drei Modalitäten – konstrukt-, simulations- und biographieorientiert – repräsentiert waren: Selbsteinschätzung, Interessentest, kognitiver Fähigkeitstest, Konzentrationsarbeitsprobe, Fallbearbeitung, Präsentationsaufgabe, Aufgabe zur Stressbewältigung, Rollenspiel, Gruppendiskussion und Interview.

Nach Bewährung dieses Potenzialanalyseverfahrens wurde es ergänzt um ein zweites Verfahren, das etwa fünf Jahre später ansetzt, wenn die Frage ansteht, von wem unter den Mitarbeitern erste Führungsaufgaben (z. B. Zweigstellenleitung) oder besonders anspruchsvolle Beratungsaufgaben übernommen werden können (z. B. Firmenkundenberatung oder Stabstätigkeit). Im Unterschied zum ersten Verfahren wird diese Potenzialanalyse nicht mehr von allen Mitarbeitern durchlaufen, sondern nur noch von jenen etwa zwanzig Prozent, die sich in den vorausgegangenen fünf Jahren besonders qualifiziert und bewährt haben. Entsprechend den erweiterten Aufgaben wurden die Anforderungsdimensionen erweitert um die Führungsdimensionen
- Mitarbeiterorientierung
- Leistungsförderung
- Steuerung/Koordination

Die Aufgaben wurden an diese Gruppe angepasst und umfassten demgemäß Führungsfälle, ein Mitarbeitergespräch, einen organisationsspezifischen Postkorb und weitere anspruchsvolle, den möglichen Funktionen gemäße Aufgaben. Auch in diesem Fall waren Selbsteinschätzung und Interessentest enthalten, um den individuellen Präferenzen bei nachfolgenden Entwicklungsgesprächen und Personalentscheidungen Rechnung zu tragen. Das Interview wurde dieser Gruppe angepasst und um führungsbezogene Fragen erweitert.

Diese beiden Potenzialanalyseverfahren fanden in der Organisation so weite Verbreitung – pro Jahr werden mehrere tausend Personen damit diagnostiziert –, dass schließlich entschieden wurde, für die Auswahl von Auszubildenden – eine noch weit größere Zahl – analog zu verfahren. Die kognitiven Fähigkeiten der Bewerber werden aufgrund von Schulbildung, Zeugnisnoten und Intelligenztest ermittelt. Für die nichtkognitiven Eigenschaften konnten die Anforderungsdimensionen empirisch auf fünf reduziert werden. Diese Dimensionen und die zugeordneten Diagnoseverfahren können Tabelle 22 entnommen werden.

Tabelle 22 zeigt, dass jede Anforderungsdimension durch mehrere Verfahren abgedeckt wird, wodurch die Reliabilität der Messung und die Generalisierbarkeit der Ergebnisse erhöht wird. Das Interview erfasst sämtliche Anforderungsdimensionen, was durch zwei unabhängige Prüfdurchgänge erprobt und durch Konstruktvalidierung rechnerisch bestätigt wurde. Die praktische Durchführung findet bei den meisten Anwendern sequenziell statt, und zwar dergestalt, dass zunächst die schriftlichen Verfahren und erst nach deren Auswertung im Falle positiver Ergebnisse die mündlichen Verfahren Anwendung finden. Das Multimodale Interview wird also nur bei einem Teil der Bewerber eingesetzt. Dieser Umstand muss selbstverständlich bei der Normierung berücksichtigt werden, da ja die Werte der vorausgelesenen Kandidaten denen der Gesamtbewerbergruppe überlegen sind.

Tabelle 22: Verfahrens- und Anforderungs-Matrix des Potenzialanalyseverfahrens „Bankkaufmann/-frau"

Anforderungs-dimensionen	schriftliche Verfahren			mündliche Verfahren		
	Verhaltens-orientierung	Interessen-fragebogen	Selbstein-schätzung	Interview	Rollenspiel	Gruppen-diskussion
Kundenorientierung & verk. Fähigkeiten	◆	Interessen-felder	◆	◆	◆	◆
Kooperation & Teamfähigkeit	◆		◆	◆		◆
Soziale Belastbarkeit	◆		◆	◆	◆	
Initiative & Erfolgsorientierung	◆		◆	◆	◆	◆
Selbstkontrolle & Qualitätsorientierung	◆		◆	◆		

Die Gewichtung der verschiedenen Einzelverfahren für die Auswahlentscheidung erfolgt zunächst auf der Basis der Inhaltsvalidierung (Bedeutung der Anforderungen) und der Konstruktvalidierung (Multitrait-Multimethod-Analyse). Nach Vorliegen beruflicher Erfolgsindikatoren (Leistung, Zufriedenheit, Verbleiben in der Organisation etc.) können die Gewichte sowie der Entscheidungsalgorithmus empirisch überprüft und gegebenenfalls optimiert werden. Fragestellung ist dann nicht nur, wie hoch jedes Einzelverfahren mit den Kriterienmaßen korreliert ist, sondern welche *inkrementelle* Validität es über die anderen Verfahren hinaus leistet. Dadurch kann entweder mittels Gewichtung die Gesamteffektivität der Personalauswahl erhöht oder bei gegebener Validität der Aufwand vermindert werden. Auch entsteht auf diese Weise die Möglichkeit, mittels einer Multitrait-Multimethod-Analyse über zugrunde liegende Urteilsprozesse Aufschluss zu bekommen, was von Dipboye und Gaugler (1993) in der bisherigen Forschung vermisst wurde (vgl. Abschnitt 3.3).

Als Gesamtverfahren stehen in der betreffenden Organisation also jetzt drei Potenzialanalysen zur Verfügung, die im Abstand von ca. fünf Jahren eingesetzt werden. Da sie sich an den im Kern gleichen Anforderungen orientierten und in den Messergebnissen vergleichbar aufgebaut wurden, kann die Entwicklung eines Mitarbeiters im Laufe der ersten zehn Berufsjahre – insgesamt und getrennt nach Anforderungsdimensionen – verfolgt werden. Dadurch ist sichergestellt, dass jeder Mitarbeiter entsprechend seinem Potenzial – d. h. seinen Fähigkeiten und Interessen gemäß – nachhaltig gefördert und eingesetzt wird. Das Multimodale Interview spielt dabei eine wichtige Rolle, zumal sich in diesem Verfahren kurzfristige Anforderungsänderungen rascher und gezielter umsetzen lassen als in den meisten übrigen Diagnoseverfahren und auch der Informationsgehalt für den Diagnostizierten höher ist als bei vielen anderen Methoden.

> **Kasten 25: Verantwortung auf den Schultern des Multimodalen Interviews**
>
> Im Zuge der Reorganisation eines Hochtechnologie-Unternehmens wurde die Organisations- und Führungsstruktur auf „Inselfertigung" umgestellt. Bisher war die Organisation teilweise nach konventionellen betriebswirtschaftlichen Sparten ausgerichtet, zum anderen Teil nach Produktlinien. Auftraggeber waren Großunternehmen sowie, mit einem Anteil über 50%, die Bundeswehr. Dies hatte zur Folge, dass die Qualitätsorientierung hoch, die Marktorientierung gering war.
>
> Das Unternehmen sollte sich nach der Umstrukturierung am freien Markt orientieren und seine – anerkannt hohen – Kompetenzen kundenorientiert verkaufen. Hieran war nur eine geringe Zahl der Mitarbeiter und ebenso der Führungskräfte gewöhnt, und es war vollständig unbekannt, wer in der Belegschaft dazu imstande sein würde. Die angestrebte Struktur sollte aus „Unternehmen im Unternehmen" bestehen, die sehr marktnah und schnell ihre Kompetenzen in die gewünschten Produkte und Dienstleistungen umzusetzen in der Lage wären.
>
> Als Führungsstruktur wurden Leitungsteams aus drei Personen für jede der „Fertigungsinseln" vorgesehen. Ihre Auswahl sollte mittels Assessment Center aus den bisherigen Führungskräften und Mitarbeitern mit Führungspotenzial (Selbstnominierung plus Nominierung durch Vorgesetzte) erfolgen. An der Entwicklung der Assessment Center waren Betriebsräte beteiligt.
>
> Nach Abschluss der Auswahlverfahren bestand der Betriebsrat darauf, dass die Assessment Center ausschließlich zu *Personalentwicklungszwecken* eingesetzt werden. Daraufhin einigte man sich, als Entscheidungsgrundlage die Personalakten heranzuziehen – in der Erwartung, darin leistungsrelevante Daten zu finden. Diese Erwartung wurde enttäuscht, es lagen keinerlei systematische, vergleichbare Beurteilungen oder in sonstiger Weise aussagekräftige Hinweise vor.
>
> Unter diesen Umständen verständigte man sich auf die Entscheidung, allein mittels des Multimodalen Interviews, das zunächst nur als Bestandteil des Assessment Centers vorgesehen war, die Auswahlentscheidung zu treffen. Nach einer nochmaligen Vergewisserung, dass mit dem Multimodalen Interview alle relevanten Anforderungsaspekte erfasst würden, wurde ein sorgfältiges Interviewtraining der Personalverantwortlichen durchgeführt, von denen anschließend die Auswahl von ca. 100 Mitgliedern der Führungsteams für die neuen Unternehmenseinheiten getroffen wurde.

9.6 Psychometrische Qualität

Im Folgenden werden die üblichen Indikatoren psychometrischer Qualität – Objektivität, Reliabilität und Validität –, ergänzend Bewerberreaktion (soziale Validität) sowie Verfahrensökonomie des Multimodalen Interviews zusammengestellt.

Objektivität

Der Aufbau des *Multimodalen Interviews* aus mehreren unabhängigen Einzelkomponenten ermöglicht es, Kennwerte für die Objektivität oder Beurteilerübereinstimmung (Interrater-Reliabilität) für diese Elemente jeweils gesondert zu bestimmen. So wurden erheblich unterschiedliche Beurteilerübereinstimmungen innerhalb eines Interviews ermittelt, das zur Auswahl von Auszubildenden eingesetzt wurde. In den von Schuler und Funke (1989) berichteten Daten beliefen sich diese Werte für die *Selbstvorstellung* auf r = .32, für *Berufswahlfragen* auf r = .90, für *biographische* Fragen auf r = .83 und für *situative Fragen* auf r = .71. In einer weiteren Studie (Schuler & Fruhner, 1993, Daten berichtet bei Schuler & Moser, 1995) wurden als Kennwerte der Beurteilerübereinstimmung ermittelt: *Selbstvorstellung* r = .45, *biographische Fragen* r = .89, *situative Fragen Teil 1* r = .55, *situative Fragen Teil 2* r = .66. Die Objektivität des gesamten Multimodalen Interviews liegt in verschiedenen Datensätzen zwischen r = .71 und r = .92. Bei trainierten Interviewern liegt sie etwa um r = .10 höher als bei untrainierten oder nur kurz eingewiesenen Interviewern. Aus der bereits mehrfach erwähnten F & E-Studie (Schuler, et al. 1995) liegen Objektivitätswerte vor, die sich auf die einzelnen Anforderungsdimensionen beziehen. Sie streuen zwischen .70 und .76 und betragen für den Gesamtwert r = .78.

Reliabilität

Die Kennwerte der *internen Konsistenzen* (Cronbachs Alpha) lagen in der zuletzt zitierten Studie bei α = .72 für die *Selbstvorstellung*, α = .68 für die *biographischen Fragen* sowie α = .58 und .70 für die beiden Teile der *situativen Fragen*. Die interne Konsistenz des Gesamtinterviews betrug α = .82. Aus der F&E-Studie liegen wiederum Daten für die erfassten Anforderungsdimensionen vor (*Innovation, Kooperation mit Vorgesetztem* und *Führung*). Sie belaufen sich auf .70, .77 und .75 bei einem Gesamtwert von α = .87. In einem vergleichbaren neueren Multimodalen Interview zur Auswahl von Auszubildenden eines Dienstleistungsunternehmens betragen die internen Konsistenzen für die dimensionsbezogenen Reliabilitätsschätzungen: Kundenorientierung und verkäuferische Fähigkeiten .80, Kooperation und Teamfähigkeit .78, Soziale Belastbarkeit .84, Initiative und Erfolgsorientierung .75, Selbstkontrolle und Qualitätsorientierung .76 (Schuler, Höft, Fiege, Backhaus & Haase, 1999).

Validität

Zu den Verfahrenseigenheiten des Multimodalen Interviews gehört der Anforderungsbezug. Sämtliche Fragenteile basieren auf den empirisch ermittelten Tätigkeitsinhalten, können also *Inhaltsvalidität* für sich reklamieren. Teilweise hat diese die Form der inhaltlichen Repräsentativität (situative Fragen und Handlungswissen), zu anderen Teilen die der Dimensionsentsprechung (Selbstvorstellung und Berufswahlfragen). Die biographischen Fragen basieren sowohl auf dem berufsbiographischen oder analogen Hintergrund (Simulationsprinzip) als auch auf dem der dimensionalen Konstruktentsprechung.

Die *prognostische Validität* des Multimodalen Interviews wurde, wie in Abschnitt 3.3 bereits erwähnt, in verschiedenen Studien mit Werten ermittelt, die für die Summenwerte größtenteils zwischen r = .30 und .50 (unkorrigiert) lagen. In der mehrfach angesprochenen F & E-Studie (Schuler et al., 1995) stellte das Multimodale Interview in reduzierter Form (v. a. biographische und situative Fragen) den potentesten einzelnen Prädiktor. Unter der Voraussetzung, dass die Vorgesetzten (nach einer Dauer der Zusammenarbeit von zumindest zwei Jahren) in der Lage waren, verlässliche Beurteilungen abzugeben, belief sich die Validität auf r = .51. Stahl (1995b) berichtet eine Korrelation von r = .57 zwischen einem Multimodalen Interview, das speziell für den Auslandseinsatz von Führungskräften konzipiert worden war, und der Einschätzung ihres allgemeinen Managementpotenzials. Eine ähnlich hohe Validitätsbeziehung (r = .50) wird von Sander (2000) für Werte eines Multimodalen Interviews angegeben, das bei Textilverkäufern zur Anwendung kam; Kriterien waren hier „hard facts" wie Verkaufszahlen. In einer vergleichenden Betrachtung der zur Studienzulassung in Frage kommenden Verfahren wird das Multimodale Interview neben den Abiturnoten und Intelligenztests von Rindermann und Oubaid (1999) als das am besten geeignete Verfahren eingeschätzt.

Bei einer der bei Schuler und Moser (1995) genauer berichteten Studien (Schuler, Fruhner, Karkoschka & Moser, 1994) handelte es sich um den Ausnahmefall eines tätigkeitsunspezifischen Assessment Centers, in dessen Rahmen ein Multimodales Interview eingesetzt wurde. Teilnehmer waren Studierende verschiedener Fächer im Hauptstudium, als Kriterien wurden viereinhalb Jahre später verschiedene Erfolgsindikatoren erhoben. Die Ergebnisse werden in Tabelle 23 wiedergegeben (alle Validitätskoeffizienten sind unkorrigiert). Sie zeigen, dass zwar zu objektiven Erfolgsindikatoren wie Arbeitszeit und Zahl der Stellenangebote bemerkenswerte Beziehungen bestehen, nicht aber zur Vorgesetztenbeurteilung. Auch Motivationsindikatoren wie Work Involvement und Commitment sind offenbar durch das Interview prognostizierbar.

Tabelle 23: Validität des Multimodalen Interviews (Schuler, Fruhner, Karkoschka & Moser, 1994; Darstellung aus Schuler & Moser, 1995

	Selbstvorstellung	biogr. Fragen	sit. Fragen (Bankkaufmann)	sit. Fragen (Verkauf/Management)	Gesamtwert
Mittelwert von 12 Einzelbeurteilungen (Selbstbeurteilung)	.05	.28*	.22*	.24*	.30*
Mittelwert von 12 Einzelbeurteilungen (Vorgesetztenbeurteilung)	.00	.00	–.05	.14	.05
Arbeitsstunden pro Woche	.28*	.43	.21*	.25*	.40**
organisationales Commitment	.23*	.41**	.21*	.06*	.30*
Involvement, Gesamtskala	.37**	.37**	.19*	.23*	.38**
Work Involvement	.28*	.32*	.22*	.24*	.36**
Job Involvement	.38**	.28*	.04	.10	.23*
Zahl der Stellenangebote bei Antritt des ersten Arbeitsplatzes	.21*	.36**	.13	.26*	.34**

Anmerkungen: $N \leq 56$; für Vorgesetztenurteile $N \leq 32$. Alle Angaben ohne Attenuationskorrektur. Alle Variablen wurden sinngemäß positiv gepolt.
* $p < .10$; * $p < .05$; ** $p < .01$; jeweils einseitige Testung.

Bei der Überprüfung eines Potenzialanalyseverfahrens, das ebenfalls eine Kurzform des Multimodalen Interviews enthielt (Diemand & Schuler, 1998), war die zentrale Fragestellung, inwieweit die Validität der Diagnosen durch Selbstdarstellungstendenzen verfälscht werde; Selbstdarstellung wurde durch die Crowne Marlowe-Skala (Lück & Timaeus, 1969) gemessen, Kriterium war die Einschätzung der Eignung für Kundenberatung durch die Vorgesetzten. Diese Einschätzung konnte durch die Prädiktoren, die zur Anforderungsdimension Kundenorientierung/verkäuferische Fähigkeiten zusammengefasst wurden, mit $r = .34$ prognostiziert werden, durch die relevanten Interviewfragen allein mit $r = .28$. Wurde die soziale Erwünschtheit (Selbstdarstellungstendenz) auspartialisiert, blieben diese Werte mit $r = .35$ beziehungsweise .29 praktisch konstant (unkorrigierte Werte; die attenuationskorrigierte Validität der kundenbezogenen Interviewfragen betrug $r = .37$). Es kann also angenommen werden, dass die Aussagekraft des Multimodalen Interviews nicht durch die Tendenz zu beschönigender Selbstdarstellung beeinträchtigt wird.

Hinsichtlich der *Konstruktvalidität* des Multimodalen Interviews wurden mehrere Studien berichtet; zusammenfassende Darstellungen finden sich bei Schuler (1992a), Schuler und Moser (1995) sowie Salgado (2001). Quintessenz der Konstruktanalysen ist, dass mittels dieses diagnostischen Verfahrens diejenigen psychologischen Konstrukte gezielt ermittelbar sind, die zu erfassen angestrebt wurde. Beispielsweise ergaben sich für ein Multimodales Interview, dessen Aufgabe die Erfassung der Leistungsmotivation war, Korrelationen in Höhe von $r = .57$ und .54 mit den Faktoren des *Leistungs Motivations Tests* (LMT; Hermans; Petermann & Zielinski, 1978) *Leistungsstreben* und *Ausdauer und Fleiß* (Schuler & Prochaska, 1990). Zur Prüfung, inwieweit ein breit verstandenes Konstrukt *soziale Kompetenz* durch das Multimodale Interview erfassbar ist, wurden die Zusammenhänge der Summenwerte aus situativen und biographischen Fragen mit ausgewählten Skalen des *California Personality Inventory* (CPI; Weinert, Streufert & Hall, 1982) sowie des Freiburger Persönlichkeitsinventars (FPI; Fahrenberg, Hampel & Selg, 1983) ermittelt (Abbildung 23). Als Referenzinstrument für das Konstrukt soziale Kompetenz diente der *Fragebogen zur Messung sozialer Kompetenz* (FSK; Schuler & Funke, 1990).

In Abbildung 23 waren die korrelativen Zusammenhänge der biographischen und der situativen Interviewfragen sowie des FSK mit dem Testverfahren dargestellt worden. Dabei konnte gezeigt werden, dass speziell die biographiebezogenen Fragen sehr deutliche Übereinstimmung mit den Faktoren *Dominanz*, *Erfolgspotenzial* und *Selbstbejahung* aus dem CPI, mit *Gehemmtheit* (*invers*) und *Extraversion* aus dem FPI sowie mit den beiden Leistungsmotivationsfaktoren *leistungsfördernde* und *leistungshemmende Prüfungsangst* (invers) zeigen. Bemerkenswert ausgeprägt war mit $r = .71$ die Korrelation zwischen biographischen Fragen im Interview und dem FSK. Die Übereinstimmung der beiden Verfahren zeigte sich aber auch in der Beziehung zu den Persönlichkeitstests, mit denen sie ein weitestgehend gleiches Korrelationsmuster bilden (s. Abbildung 23).

Auch in negativer Abgrenzung erfüllte das Multimodale Interview die konstruktbezogenen Erwartungen: Es war zur *Ergänzung* kognitiver Leistungsprädiktoren (Schulnoten und Intelligenztests) entwickelt worden und sollte deshalb den kognitiven Bereich nicht nochmals erfassen. Wie die geringen Korrelationen zu einem nichtsprachlichen Intelligenztest (APM) sowie zu Abitur- und Vordiplom zeigen, konnte diese Absicht erfolgreich umgesetzt werden. Lediglich die Beziehung zu einem sprachgebundenen Intelligenztest (WILDE) erreichte im Falle der situativen Fragen ein Korrelationsniveau von r = .20. Wie die Metaanalyse von Huffcutt, Roth und McDaniel (1996) zeigte, ist mit der Messung von allgemeiner Intelligenz durch strukturierte Interviews generell zu rechnen – hierfür sorgt vermutlich schon das Medium der Sprache, das zur Verständigung erforderlich ist. Bei Huffcutt et al. markierte das Multimodale Interview sogar die untere Grenze des Intelligenzbezugs, der bei durchschnittlich r = .40 (unkorrigiert .25) lag. Multimodale Interviews, die ihrerseits darauf ausgerichtet sind, kognitive Fähigkeiten zu ermitteln, wurden zwar mittlerweile ausgearbeitet und angewandt, waren allerdings noch nicht Gegenstand von Validierungsstudien.

Was weiteren Untersuchungen vorbehalten bleibt, ist die spezifische Affinität der verschiedenen Komponenten des Multimodalen Interviews zu Konstrukten oder Außenkriterien. Bisher vorliegende Daten weisen für situative Fragen eine engere Beziehung zu kognitiven Fähigkeiten aus als für biographische Fragen. Umgekehrt gilt, dass letztere engeren Bezug zu Temperamentsmerkmalen haben. In Abbildung 23 sind diese Zusammenhänge erkennbar.

Tabelle 24: Korrelationen zwischen Interview-Dimensionen (biographiebezogene Fragen) und ausgewählten Testfaktoren (aus Schuler, 1992a, S. 294)

Interview-Dimensionen (2 Bio-Fragen)	GD		FPI			LMT	
	Akt.	Arg.	Geh.	Aggr.	Extr.	Leist.	F–
Inform. verhalten	.32**	.06	–.21	.08	.07	.16	–.24*
Gewiss. Arbeiten	.08	.03	.16	–.02	–.23*	–.11	.03
Expressivität	.50**	.19	–.58**	.17	.48**	.29*	–.39**
Eigeninitiative	.35**	.18	–.21	.14	.33**	.46**	–.03
Unterstützung	.16	.27*	–.09	–.08	.13	.08	–.11
Umg. mit Fehlern	.07	–.23*	–.34**	.05	.33**	.05	–.33*
Umg. mit Beschw.	.36**	.11	–.59**	.30**	.53**	.15	–.63**
Gelassenheit	.27*	.10	–.50**	.00	.34**	.13	–.51**
Kontaktfähigkeit	.35**	.11	–.47**	.27*	.47**	.20	–.40**
Σ Bio-Fragen	.53**	.18	–.67**	.22	.58**	.28*	–.62**

Anmerkungen: N = 69; * p ≤ .05, ** p ≤ .01; GD = Gruppendiskussion, Akt. = Aktivität, Arg. = Argumentation, Geh. = Gehemmtheit, Aggr. = Aggressivität, Extr. = Extraversion, Leist. = Leistungsstreben, F– = leistungshemmende Prüfungsangst.

Ergänzend hierzu konnte in der gleichen Untersuchung festgestellt werden, dass bereits die Summe aus zwei biographiebezogenen Fragen pro Interviewdimension ausreicht, zu erwartende Konstruktzusammenhänge deutlich aufzuzeigen. Tabelle 24 illustriert einige dieser Zusammenhänge. Beispielsweise wird erkennbar, dass engere Beziehungen zum

Ergebnis der Gruppendiskussion nur für deren Beurteilungsdimension *Aktivität*, nicht aber für *Argumentation* bestehen. Engere Zusammenhänge zum Freiburger Persönlichkeitsinventar finden sich für dessen Faktoren *Gehemmtheit* und *Extraversion*, nicht aber für *Aggressivität* (mit Ausnahme der Interviewdimension Umgang mit Beschwerden!) Mit dem Faktor *Leistungsstreben* des Leistungs Motivations Tests findet sich die einzige hohe Korrelation für die Interviewdimension *Eigeninitiative*, während der Neurotizismusnahe Faktor *leistungshemmende Prüfungsangst* sich in mehreren Interviewdimensionen wiederfindet, besonders stark im *Umgang mit Beschwerden* und in *Gelassenheit*, die auch ihrerseits engen Bezug zu psychischer Stabilität aufweisen.

Wie in Abschnitt 3.3 bereits vorgebracht, errechneten Salgado und Moscoso (in press) für strukturierte und unstrukturierte Interviews unterschiedliche Konstruktvaliditäten. Aufgrund ihrer Analysen kommen sie zu der Empfehlung, nicht einfach unstrukturierte Interviews durch strukturierte zu ersetzen, sondern einen Verfahrenstyp wie das Multimodale Interview zu wählen, das Charakteristika beider Interviewtypen miteinander verbindet. Diese Einschätzung wird durch die Ergebnisse von Ganzach, Kluger und Klayman (2000) unterstützt, denen zufolge die statistische Kombination von Urteilsdaten im strukturierten Interview der klinisch-ganzheitlichen Beurteilung zwar überlegen ist; die beste Urteilsgenauigkeit (accuracy) wurde allerdings erreicht, als beide Arten der Urteilsbildung miteinander kombiniert wurden.

9.7 Bewerberreaktionen

Wie in Kapitel 12 detaillierter erörtert, werden Interviews von Bewerbern in höherem Maße geschätzt, wenn sie in freier Form geführt werden. Wichtigste Ursache hierfür dürfte das ausgeprägtere Erleben von Situationskontrolle sein. Dementsprechend werden Interviews, die allein aus standardisiert vorgegebenen Fragen bestehen, von Bewerbern nicht sehr geschätzt (Latham & Finnegan, 1993). Ähnliches gilt auch für die Interviewer. Potenziell entsteht hieraus ein Dilemma zwischen „technischer" und „sozialer" Validität (Schuler, 1993b)

Bei der Entwicklung des Multimodalen Interviews wurde dieser Sachverhalt in der Weise berücksichtigt, dass freie und standardisierte Gesprächsteile einander abwechseln, so dass das Gespräch insgesamt einen harmonischen Ablauf nehmen kann.

Ein direkter Vergleich des Multimodalen Interviews (Kurzform) mit anderen eignungsdiagnostischen Verfahrenstypen war im Rahmen eines Potenzialanalyseverfahrens möglich. Dabei beurteilten 69 Bankmitarbeiter die Akzeptabilität von neun verschiedenen diagnostischen Instrumenten hinsichtlich aller vier Aspekte der sozialen Validität und zusätzlich der empfundenen Fairness und Belastung; überdies gaben sie eine Gesamtbewertung ab. Abbildung 24 beschränkt sich auf die Wiedergabe der Gesamtbewertung.

Die Bewertung des Interviews liegt in gleicher Höhe wie die des Interessenfragebogens, der nur eingeschränkt als Selektionsverfahren gelten kann. Alle übrigen Verfahren – obwohl auch sie im Bemühen um teilnehmerfreundliche Wirkung gestaltet wurden – werden geringfügig bis deutlich weniger positiv eingeschätzt (signifikante Differenzen errechnen sich allerdings nur zu den vier letztgenannten Instrumenten). Damit bestätigt sich im konkreten Anwendungsfall die generell vergleichsweise positive Einschätzung von Auswahlgesprächen (Fruhner et al., 1991).

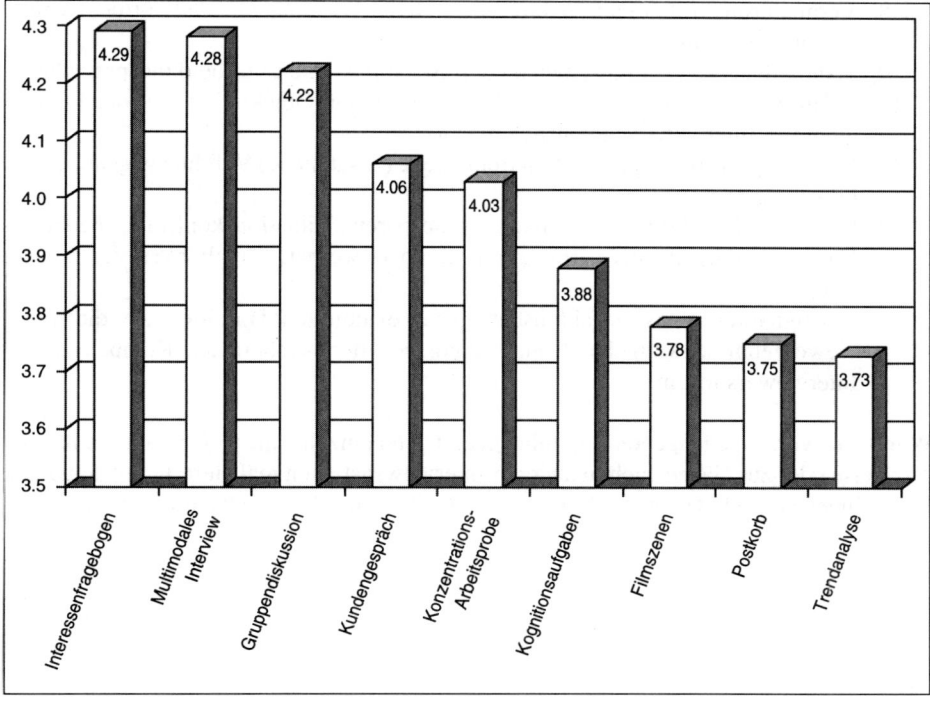

Abbildung 24: Gesamtbewertung des Multimodalen Interviews im Vergleich zu anderen eignungsdiagnostischen Verfahren (Bewertung von 1 bis 5; 5 = Bestwert; N = 69)

9.8 Charakteristika des Multimodalen Interviews

Zusammenfassend können als Charakteristika des Multimodalen Interviews folgende Merkmale festgehalten werden:
1. Trimodale Charakteristik, d. h. Integration des konstrukt-, simulations- und biographiebezogenen Ansatzes in einem Verfahren
2. Hohe inhaltliche Validität durch Anforderungsbezug, der sowohl allgemeine berufserfolgsrelevante Merkmale als auch tätigkeitsspezifische Anforderungen umfasst und den Abgleich von Interessen und Befriedigungspotenzial berücksichtigt
3. Detailliert festgelegte Konstruktionsschritte als Mittel der Qualitätssicherung
4. Zusammenstellung aus Fragentypen, die nach Bewährung (Validität und Akzeptabilität) ausgewählt wurden
5. Integration standardisierter und freier Gesprächskomponenten bei strukturiertem Gesamtablauf
6. Sicherstellung von Konstruktvalidität durch dimensions- bzw. faktorenbezogene Verfahrenskonstruktion
7. Verwendung geprüfter und verhaltensverankerter Beurteilungsskalen

8. Verhinderung früher Pauschalurteile durch die Trennung von Antwortbeurteilungen und Gesamtbewertung
9. Standardisierte, validitätsgewichtete Bewertungs- und Entscheidungsprozedur
10. Vergleichsweise hohe Beurteilerübereinstimmung (Objektivität), die den Einsatz mehrerer Interviewer entbehrlich macht
11. Hohe prognostische Validität; inkrementelle (zusätzliche) Validität gegenüber Fähigkeitstests
12. Hohe soziale Validität, (Information, Transparenz, Situationskontrolle, Feedback-Charakteristik); positive Bewertung durch Bewerber; Tauglichkeit zur Selbstselektion
13. Verfügbarkeit eines verfahrensbezogenen evaluierten Trainings, das die Interviewergebnisse weitgehend unabhängig von der persönlichen Kompetenz des Interviewers macht.

Wie in den vorausgegangenen Kapiteln gezeigt, sind einzelne dieser Charakteristika ansatzweise oder zur Gänze auch in anderen Interviewsystemen realisiert. In vollständiger Form finden sie sich dagegen, soweit bekannt, allein im Multimodalen Interview.

10 Der Ablauf des Interviews: Vorbereitung, Durchführung, Entscheidung

In der Vorbereitung und Durchführung eines Auswahlgesprächs sowie in der Entscheidungsfindung hängt vieles davon ab, ob ein Interviewsystem Verwendung findet und welcher Art dieses System ist. Beispielsweise braucht sich der Interviewer bei einem anforderungsbasierten Verfahren nicht selbst den Kopf zu zerbrechen, wie er die Tätigkeitsanforderungen in Interviewfragen übersetzt, und wenn beispielsweise ein situatives Interview geführt wird, entfällt die Erwägung, aus welchen Fragentypen das Gespräch zusammenzustellen ist. Andere Gesichtspunkte sind dagegen bei jedwedem Vorgehen zu berücksichtigen, etwa die Sorge für eine ungestörte Gesprächsführung oder das Bemühen um ein angenehmes Gesprächsklima.

Im Folgenden werden, gegliedert in die Abschnitte Vorbereitung, Durchführung und Entscheidung, solche Punkte hervorgehoben, die zumindest in einer größeren Zahl von Fällen relevant sind. Im Einzelfall ist letztlich immer vom Leser zu entscheiden, aus welchen der angebotenen Hinweise er Anregungen ziehen möchte.

10.1 Vorbereitung

Zu den Schritten der Vorbereitung gehören die Vergewisserung, dass Ziele und Anforderungen festgelegt sind, die Auswertung der Bewertungsunterlagen, soweit sie nicht auf elektronischem Wege erfolgt, verschiedene organisatorische Maßnahmen sowie, für den Fall einer gering strukturierten Gesprächsführung, die Zusammenstellung eines Interviewleitfadens nach Inhalten und Fragenarten.

Ziele und Anforderungen

Der Erfolg der Personalauswahl hängt von mehreren Parametern ab. Die *Validität* des verwendeten Verfahrens ist der wichtigste (weil hohe Validität ermöglicht, gleichzeitig Fehler erster und zweiter Art zu vermeiden, wie Abschnitt 13.2 zeigen wird). Daneben sind aber auch die *Basisrate* – d. h. der Prozentsatz geeigneter Personen in der Bewerbergruppe – und die *Selektionsquote* – der Prozentsatz der Angenommenen – von Bedeutung, und zwar schon in der Vorbereitungsphase. So fordert eine geringe Basisrate eine besonders sorgfältige Gestaltung des Auswahlverfahrens, um die wenigen Geeigneten wirklich zu erkennen. Eine geringe Selektionsquote impliziert, dass die Wahrscheinlichkeit, geeignete Bewerber abzulehnen, hoch ist. Diese Gefahr wird bei der Auswahl externer Bewerber meist gering geschätzt, aber wenn das Ziel in unternehmensinterner Zuordnung von Personen und Arbeitsplätzen oder Entwicklungsmaßnahmen besteht, sind diese Fehler sehr gewichtig. Die Ziele, denen die Auswahl dienen soll, und die Randbedingungen, unter denen sie stattzufinden hat, sind also zu klären, bevor die weiteren Schritte in Angriff genommen werden können.

Andere Fragen, die im Zusammenhang mit Zielsetzungen beantwortet werden müssen, gehören bereits zum Komplex der *Anforderungen* – beispielsweise die Festlegung, ob Bewerber die erwarteten Kenntnisse und Fertigkeiten bereits mitbringen müssen, oder ob geeignete Weiterbildungsmaßnahmen zur Verfügung stehen. Auch ist eine Entscheidung zu treffen, ob allein Leistungsaspekte die Auswahl bestimmen sollen, oder ob beispielsweise auch die zu erwartende Betriebstreue, Vertraulichkeitsgesichtspunkte, Loyalität oder andere Aspekte der Integrität eine Rolle spielen sollen.

Generell gehört die Bestimmung der Anforderungen zu den wichtigsten Grundlagen der Personalauswahl, wie durch die Validierungsforschung belegt werden konnte. Die in Kapitel 5 dargestellten Analysemethoden sollen sicherstellen, dass mit einem Interviewverfahren die tatsächlich erfolgsrelevanten Merkmale und Verhaltensweisen erkannt werden. Möchte man lege artis vorgehen, so ist das nicht von einem Interviewer im Vorfeld seiner Gespräche durch intuitives Erwägen der mutmaßlich relevanten Konstrukte zu erledigen. Andererseits ist jede Art von Anforderungsbezug besser als gar keine, weshalb dort, wo kein systematisches Verfahren der Anforderungsanalyse und ihrer Transformation in ein Diagnoseverfahren zur Anwendung kommt, zumindest eine Sichtung von Tätigkeitsbeschreibungen und die Befragung sachkundiger Personen unternommen werden sollte.

In diesem Text wird niemand ermuntert, auf eine sorgfältige Anforderungsanalyse zu verzichten. Gleichwohl gibt es Fälle, in denen eine gründliche quantitative Analyse nicht erfolgen kann, z. B. in kleinen Unternehmen aufgrund der geringen Zahl von Respondenten. Auch dort ist es möglich, schriftliches Material auszuwerten, Vorgesetzte und Arbeitsplatzinhaber zu befragen, nicht aber, durch eine Faktorenanalyse die Anforderungsdimensionen zu bestimmen.

In solchen Fällen wurden bei der Ausarbeitung eines Multimodalen Interviews sowie auch anderer eignungdiagnostischer Verfahren gelegentlich vier Grunddimensionen vorgegeben, in die sich die Kernanforderungen über Berufstätigkeiten integrieren lassen:

Kasten 26: Vier allgemeine Eignungsanforderungen
Organisation
Erfolgsorientierung
Kooperation
Überzeugung

Die Dimensionen „Organisation" und „Erfolgsorientierung" betreffen schwerpunktmäßig Charakteristika der Einzelperson (Fähigkeiten und Motivation), „Kooperation" und „Überzeugung" umfassen Verhaltensorientierungen gegenüber anderen (Verträglichkeit und Durchsetzung).

Im Falle der internen Auswahl von Führungskräften wurden diesen Dimensionen folgende mutmaßlich erfolgsrelevante Einzelmerkmale und Verhaltensweisen zugeordnet:

Kasten 27: Beschreibung der vier allgemeinen Eignungsanforderungen (Zielgruppe Führungskräfte)

Organisation
- Informationsverarbeitung, Übersicht, Denken und Handeln in Zusammenhängen, planvolles und systematisches Arbeiten, Fachkompetenz, strategische Planung, Prioritäten setzen, Problembewusstsein, vorausschauendes Handeln, kompetentes Denken und Problemlösen;
- Gewissenhaftigkeit, Ordnung, Sorgfalt, Zuverlässigkeit, Kostenbewusstsein, Sparsamkeit, Konzentration, Korrektheit, Verantwortlichkeit, Selbstdisziplin;
- Loyalität, Identifikation, Einsatz für das Unternehmen, Orientierung an übergeordneten Zielen, Unternehmenskenntnis und -verständnis, ökonomisches Interesse, Streben nach Gewinn.

Erfolgsorientierung
- Leistungsbereitschaft, Zielstrebigkeit, Fleiß, Ausdauer, Beharrlichkeit, Belastbarkeit, Streben nach Erfolg, Arbeitsmenge, Frustrationstoleranz (Enttäuschungsfestigkeit), Fokussierung;
- Selbstvertrauen, Optimismus, Erfolgserwartung, Zuversicht, Wettbewerbsorientierung, eigene Zielsetzung, Selbständigkeit, Risikobereitschaft, Begeisterungsfähigkeit, Mut, Probleme anzupacken;
- Initiative, Einfallsreichtum, Kreativität, Flexibilität (Umstellungsfähigkeit), Arbeitstempo, Entscheidungsfreude, Neugierde, Lernbereitschaft, geistige Offenheit.

Kooperation
- Freundlichkeit, Entgegenkommen, Offenheit, Kommunikationsfähigkeit, sich in andere hineinversetzen können, Anerkennung und Respekt für andere, Rücksicht, eigene Fehler eingestehen, Vertrauenswürdigkeit;
- Kollegialität, Unterstützung, Coaching, persönliches Engagement für Mitarbeiter, Delegation, Kooperation mit dem Vorgesetzten, Zeit nehmen für andere, Förderung anderer, Bereitschaft zu dienen;
- Gruppenorientierung, Bemühen um Zusammenarbeit, Informationsaustausch, Förderung von Partizipation, Konsensorientierung, Gemeinschaftssinn, Kompromissbereitschaft, Fairness.

Überzeugung
- Anregung, Motivierung, Bewegung anderer, Interesse wecken, Anspornen, Verständnis anderer fördern, Engagement anderer fördern, Vorbild für andere sein;
- Einfluss, Durchsetzung, Dominanz, Verhandlungsgeschick, engen Kontakt halten, Kundenorientierung, Auftreten, Präsentation, geschickte Gesprächsführung, gerechte, aber auch unpopuläre Entscheidungen treffen;
- Koordination der Aktivitäten anderer, Ziele setzen, offenes Feedback geben, durch Anerkennung und Kritik steuern, kontrollieren, Leistung fordern, Konflikte regeln, Coaching, persönliches Engagement für die Mitarbeiter.

Die beiden individuumsbezogenen Dimensionen umfassen in diesem Fall etwa folgende Subdimensionen:
Organisation: Kognitive Fähigkeiten, Gewissenhaftigkeit, unternehmerische Haltung
Erfolgsorientierung: Leistungsbereitschaft, Selbstvertrauen, Offenheit

Die beiden Dimensionen des Sozialverhaltens können in die Subdimensionen gruppiert werden:
Kooperation: Kommunikation, Unterstützung, Teamorientierung
Überzeugung: Motivierung, Dominanz, Koordination

Die Aufgliederung lässt erkennen, dass es sich bei diesen Anforderungskonstrukten um Merkmale handelt, die von der empirischen Forschung als stellenübergreifende Eignungsmerkmale bestätigt werden konnten. Aufgrund ihrer inhaltlichen Breite könnten die vier Grunddimensionen auch aufgegliedert werden. Allerdings wären sowohl ein Interview als auch ein Assessment Center mit 12 Dimensionen weit überfordert.

Mit gewissen Anpassungen haben sich diese vier Anforderungsdimensionen in verschiedenen Tätigkeitsbereichen – vor allem in Kontaktberufen – insofern bewährt, als sie auch faktorenanalytisch bestätigt werden konnten und in allen Fällen Zustimmung der Verwender gefunden haben.

Auswertung der Bewerbungsunterlagen

Die Sichtung bzw. Auswertung schriftlicher Bewerbungen ist eigentlich ein eigenes Thema, weshalb bei Interesse die einschlägige Literatur konsultiert werden sollte (z. B. Kleinmann & Seibt, 1990; Mell, 1988; Schuler & Marcus, 2001).

Nachdem Bewerbungsunterlagen aber auch eine Quelle für Interviewfragen darstellen, in denen das schriftlich Vorgebrachte vertieft wird, sollen hier zumindest die wichtigsten Gesichtspunkte aufgelistet werden, nach denen üblicherweise Bewerbungsunterlagen ausgewertet werden.

Kasten 28: Auswertung von Bewerbungsunterlagen

1. Formale Aspekte
   – Ist die Bewerbung ordentlich und übersichtlich angelegt?
   – Ist sie fehlerfrei und vollständig?
   – Sind Art und Umfang der Bewerbung der zu besetzenden Position angemessen?
   – Ausdrucksweise und Darstellungsart
   – Lichtbild

2. Anschreiben und Lebenslauf
   – Sind Anschreiben und ausführlicher oder tabellarischer Lebenslauf enthalten?
   – Simulationsorientierte und eigenschaftsorientierte Auswertung

3. Erforderliche Ausbildung
   - Zeugnisse
   - fachliche Schwerpunkte
   - Praktikumsnachweise
   - sonstige Bescheinigungen
   - ausbildungsbedingter Auslandsaufenthalt

4. Erforderliche Spezialkenntnisse
   - Sprachen
   - EDV-Kenntnisse
   - sonstige Zusatzausbildungen, Lehrgänge etc.

5. Übereinstimmung Lebenslauf/Belege
   - Lückenlosigkeit
   - Zeitfolgeanalyse

6. Plausibilität des Stellenwechsels
   - Abfolge der Positionen
   - Nachvollziehbarkeit der Arbeitgeberwechsel
   - Kündigung durch den Arbeitgeber?

7. Gehalt
   - bisheriges Gehalt
   - gegebenenfalls ergänzende Einkommensbestandteile
   - gegebenenfalls Gehaltsforderung

8. Schulnoten
   - gut geeignet zur Prognose weiterer Ausbildungsleistungen
   - weniger geeignet zur Prognose des Berufserfolgs

9. Studienleistungen
   - falls bekannt, Notenniveau von Hochschule und Studienfach berücksichtigen
   - Qualität der Diplomarbeit ist wichtiger als das Thema

10. Arbeitszeugnisse und Referenzen
    - meist nur verlässlich, wenn von Fachleuten ausgestellt
    - persönliche (mündliche) Referenzen meist aussagekräftiger als schriftliche

11. Ergänzende Gesichtspunkte
    - direkte Berufserfahrung
    - ergänzende/erweiternde Berufs- und Lebenserfahrung (z. B. Bundeswehr)
    - arbeits- und tarifrechtliche Besonderheiten
    - Vorbeschäftigung oder Vorbewerbung in diesem Unternehmen
    - Mobilität etc.

12. Offen gebliebene Fragen werden für das Gespräch vorgemerkt

Wenn Informationen aus der schriftlichen Bewerbung im Gespräch wieder aufgenommen werden, sollte man sich bemühen, *zusätzliche* Information zu erhalten oder Widersprüche zu klären. Wenig ergiebig ist zumeist die Praxis, subjektive Erklärungen für objektive Daten (z. B. Zeugnisnoten) zu erfragen (es sei denn, man interessiert sich dafür, ob jemand eher zu internalen oder zu externalen Erklärungen neigt).

Neuere elektronische Systeme ermöglichen, die Vorauswahl einem Entscheidungsprogramm zu überlassen. Hierbei wird gewöhnlich ein Personalbogen via Internet oder Intranet vorgegeben und beantwortet. Aufgrund festgelegter Entscheidungsparameter kann automatisch entschieden werden, wer von den Bewerbern den nächsten Auswahlschritt erreicht, d. h. zumeist, zu einem Vorstellungsgespräch eingeladen wird. Ergiebiger wird diese Art der Vorauswahl, wenn der Personalfragebogen mit einem biographischen Fragebogen kombiniert wird.

Vorbereitung des Interviews

Speziell bei halbstrukturierter Vorgehensweise besteht ein wichtiger Teil der Vorbereitung in der Zusammenstellung der Themenbereiche, die angesprochen, sowie der Fragenarten, die zum Einsatz kommen sollen. Macht man von einem Interviewverfahren wie dem *Behavior Description Interview* Gebrauch, besteht diese Vorarbeit vor allem darin, die interessierenden Themen in die Frageform des entsprechenden Typs einzukleiden, in diesem Fall also in biographiebezogene Fragen. Bei hochstrukturierten Verfahren wie dem Multimodalen Interview, die vorsehen, dass allen Bewerbern – ganz oder teilweise – die gleichen Fragen gestellt werden, hat man die Entscheidung zu treffen, welchen Umfang das Gespräch haben soll, ob eine frühzeitige Abbruchmöglichkeit vorzusehen ist, welche Information man seinerseits an den Bewerber geben möchte etc.

Wird das Gespräch mehr oder weniger frei geführt, sollten zumindest die Themenbereiche notiert werden, die man auf alle Fälle ansprechen möchte, um sicherzustellen, dass man nicht „im Eifer des Gefechts" Gesichtspunkte außer Acht lässt, die man für wichtig gehalten hat. Zu diesbezüglicher Anregung mag die in Kasten 29 angebotene Auflistung häufig angesprochener Themenbereiche dienen.

Neben der inhaltlichen Gesprächsvorbereitung sind – je nach Gegebenheiten – verschiedene organisatorische Vorbereitungen zu treffen.
Dabei ist insbesondere zu denken an:
- Schriftliche – in Ausnahmefällen telefonische – Einladung noch vor einem kündigungsrelevanten Termin vornehmen; gegebenenfalls fehlende Unterlagen anfordern und Personalbogen zusenden; um Terminbestätigung bitten;
- gegebenenfalls andere Gesprächsteilnehmer einladen;
- ungestörte Gesprächsgelegenheit schaffen;
- evtl. Wartegelegenheit vorsehen (allerdings nicht lange warten lassen);
- freundlichen Empfang sicherstellen (auch schon beim Pförtner);
- Sitzordnung planen;
- angenehme äußere Bedingungen schaffen;
- Unterlagen und Schreibmaterial bereitstellen;
- evtl. Bewirtung vorsehen;
- gegebenenfalls Arbeitsplatzbesichtigung vorbereiten;
- „roten Faden" kurz vor dem Gespräch im Geiste durchgehen.

Kasten 29: Im Interview häufig angesprochene Themenbereiche	
– Ausbildung und Vorbildung – Fähigkeiten, Fertigkeiten und Kenntnisse – bisherige Berufserfahrung – bisherige Aufgaben und Verantwortung – Gründe für die Berufswahl – Gründe der Organisationswahl – Vorlieben, erwünschte Tätigkeit, idealer Arbeitsplatz – weniger befriedigende Aufgaben – Einstellung zur Arbeit, Anstrengungsbereitschaft – Arbeitsmotive, Aspekte der Arbeitszufriedenheit – Verdienst – Attribution von Konflikten, Erfolg und Misserfolg – Verhalten in Konfliktsituationen – Gründe für den Arbeitsplatzwechsel – Anzahl bisheriger Stellen – Logik der beruflichen Entwicklung – Mobilität – Führungserfahrung – Einstellung zu Führung, Führungswissen – Beziehung zu Vorgesetzten	– Beziehung zu Mitarbeitern, Kollegen – Leistungen, Stärken – Entwicklungsbedarf (Defizite) – Schulleistungen – Gründe für gute/schlechte Schulleistungen – präferierte/abgelehnte Fächer – Beziehung zu Lehrern (bei Schulabsolventen) – weitere Ausbildung – Ziele der weiteren Ausbildung – Schwerpunkte in der weiteren Ausbildung – Neigungen, Leistungen – Funktionen in Schule und Studium – Extracurriculare Aktivitäten – Finanzierung der Ausbildung – Finanzielle Freiheit bzw. Abhängigkeit – Freundeskreis – Interessen und Hobbys, Sport – Familienstand – Beruf und Mobilität des Partners – Einstellung gegenüber der Familie – Gesundheit – Selbsteinschätzung (Stärken und Schwächen, Vergleich mit Anforderungsprofil) – Zukunftspläne

10.2 Durchführung

Der Ablauf des Gesprächs richtet sich nach dem verwendeten Interviewverfahren, den gewählten Inhalten und weiteren Besonderheiten. Anzusprechende Themen wurden im Abschnitt „Vorbereitung", die Wahl der Fragentypen in einem eigenständigen Kapitel (7) erörtert. Eine Reihe von allgemeinen Empfehlungen kann freilich dennoch formuliert werden, deren Berücksichtigung ein erfolgreiches Interview erwarten lässt.

Gesprächsatmosphäre

Jedes Vorstellungsgespräch, speziell aber an seinem Beginn, erfordert eine angenehme, gute Atmosphäre, die getragen ist von Freundlichkeit, Höflichkeit und Wohlwollen, von situationsgemäßer Offenheit, Vertrauen und positiver Verstärkung. Neben freundlichen

Worten sollten auch nonverbale Signale des Entgegenkommens gesendet werden. Das erste Signal ist der freundliche Handschlag, mit dem der Kandidat begrüßt wird. Die gute Atmosphäre erleichtert die Interaktionsfähigkeit *beider Gesprächspartner*. Es ist günstig, wenn der Interviewer ruhig, gelassen (unaufgeregt) und natürlich wirkt. In einem gewissen Maße sollte die Sprache des Bewerbers gesprochen werden, insbesondere wenn es sich um weniger gebildete Kandidaten handelt. Das nonverbale Verhalten sollte das verbale Verhalten unterstützen, manchmal ersetzen, aber ihm nicht widersprechen.

Der Interviewer sollte vermeiden, seine Überlegenheit zu betonen, die ihm qua Position zukommt. Der Bewerber ist kein Bittsteller, sondern Verhandlungspartner. Im Gegenteil ist der Interviewer vielfach gut beraten, sich durch lockeres, unkompliziertes Auftreten um den Abbau von Hemmungen beim Gesprächspartner zu bemühen sowie dem Bewerber Anerkennung für seine Leistungen auszusprechen. Wie die Erörterungen zur sozialen Urteilsbildung gezeigt haben (Kapitel 4), ist Sympathie zum Interviewer eine recht verlässliche Basis einer positiven Haltung gegenüber dem Unternehmen und häufig sogar der Grund für die Annahme eines Stellenangebots. Ältere und ranghohe Interviewer haben es leichter, weil Menschen bestrebt sind, mit ranghohen Personen zu verkehren. Humor erleichtert die Interaktion hier wie überall im Leben.

Gesprächsbeginn

In den meisten Fällen ist es günstig, im Vorfeld des eigentlichen Einstellungsinterviews etwas small talk zu betreiben, in dessen Rahmen die persönliche Vorstellung fällt. Affirmatives (bejahendes, bestätigendes) Verhalten schafft positiven Kontakt. Gemeinsamkeiten fördern die Sympathie („Hintertupfing kenne ich gut, dort betreibt mein Schwager ein Elektrogeschäft"). Zwar ist die small talk-Phase noch keine eigentliche Bewertungsgelegenheit, doch ist schon hier feststellbar, ob jemand imstande und bereit ist, ein Gespräch aufzunehmen, oder nur wortkarg reagiert.

Zu Gesprächsbeginn sollten Zeitbedarf, Gesprächsablauf und die – gemeinsamen! – Ziele des Gesprächs festgelegt werden. Auch kann bereits an dieser Stelle über die Art der Fragen informiert werden sowie über die Gesprächsrollen (Fragen auch seitens des Bewerbers). Es kann betont werden, dass man es wichtig findet, einander möglichst gut kennen zu lernen, weshalb ein gründliches und offenes Gespräch über alle relevanten Fragen geführt werden sollte, in dem der Bewerber eine möglicht aktive Rolle einnimmt.

Gesprächssteuerung

Trotz der (ernst gemeinten!) Aufforderung des Bewerbers zu aktivem Verhalten liegt die Steuerung des Gesprächs im Wesentlichen beim Interviewer. Dies ergibt sich bei einem strukturierten Gespräch mit (teilweise) vorbereiteten Fragen ganz automatisch. Aber auch frei geführte Auswahlgespräche sollten nach einem Plan ablaufen, der zumindest Phasen und Themen vorsieht, die zu bearbeiten sind. Einstellungsinterviews orientieren sich grundsätzlich an den Tätigkeitsanforderungen, dies wird auch vom Bewerber anerkannt und sogar erwartet. Deshalb respektiert er durchaus, dass Themenauswahl, Tenor und Tempo des Gesprächs vorwiegend beim Interviewer liegen.

Die Entwicklung geht von offenen zu geschlossenen Fragen, vom Fachlichen zum Persönlichen. Die Beherrschung verschiedener Fragetechniken erlaubt den sachgerechten, zielführenden Einsatz der jeweils adäquaten Frageform. Gesprächssteuerung heißt natürlich nicht, dass man einem interessanten Punkt, den der Bewerber unerwartet ins Gespräch gebracht hat, nicht nachgehen kann. Aber Plan und Zielsetzung helfen, wieder in die vorgesehene Bahn zurückzufinden und trotz flexiblen Eingehens auf den anderen die vorgesehenen Gesichtspunkte nicht aus den Augen zu verlieren. Nachfragen ist meist nur dann sinnvoll, wenn durch die Nachfrage eine Hypothese geprüft wird, die sich im Gespräch oder aus den Unterlagen ergeben hat, oder eine Bewertung *der Antwort* (nicht des Kandidaten!) noch nicht möglich war.

Verschiedene Themen sollte man nicht durcheinanderbringen, sondern nacheinander abhandeln. Irrelevante Gebiete sollten vermieden werden, die ergiebigsten Themen sind immer die der Berufstätigkeit nächstliegenden. Dies erfordert Vertrautheit des Interviewers mit den Aufgaben der fraglichen Position, also mit den Tätigkeitsanforderungen. Zielführende Fragestellung bedeutet allerdings nicht, dass sich der Kandidat wie in einem Kreuzverhör vorkommen sollte (vgl. Gesprächsatmosphäre)!

Hinhören

Ein altes Bonmot lautet, der Schöpfer habe uns deshalb mit zwei Ohren, aber mit nur einem Mund ausgestattet, weil das Zuhören wichtiger sei als das Reden. Diese Maxime gilt besonders im Einstellungsinterview. In diesem Kontext wird die empfohlene Art des Zuhörens oft als „aktives Zuhören" bezeichnet (Rogers & Roethlisberger, 1992). Damit ist gemeint, dass vom Interviewer ein hohes Maß an Aufmerksamkeit und Konzentration erfordert wird, das Eingehen auf den anderen auch ohne Worte – „Hinhören" trifft den Sachverhalt wohl noch besser als „Zuhören" und wurde hier deshalb als Stichwort gewählt. Sich auf den Gesprächspartner konzentrieren, bedeutet verbal und nonverbal stimmig reagieren, Anschlussfragen stellen, zusammenfassen, Blickkontakt halten, sich ihm zuwenden, mimisch und gestisch reagibel sein etc.

Hinhören bedeutet auch, darauf zu achten, wie der Bewerber die Fragen aufnimmt und seine Antwort strukturiert, welche Begriffe oder Phrasen er verwendet, was er besonders betont oder mehrfach vorbringt, ob seine Aussagen zu seinem nonverbalen Verhalten passen, was er „zwischen den Worten" sagt, was er gar nicht sagt. Freilich ist solche diagnostische Feinfühligkeit in höherem Maße dort erforderlich, wo nicht die Art der Fragen und ihre Beantwortung für eine ausreichende und verlässliche Informationsgewinnung sorgt. Was aber in allen Fällen wichtig ist, ist das Einstellen auf den Gesprächspartner, Geduld haben, auch Pausen machen können und Zeit zum Nachdenken geben, sich beherrschen und den anderen nicht unterbrechen, die Meinung des anderen richtig erfassen, sich nicht ablenken lassen, Interesse zeigen (und nicht während des Gesprächs in den Unterlagen blättern). Wichtig sind auch eine zugewandte Haltung, die Mimik freundlicher Aufmerksamkeit, häufiger Blickkontakt und unspezifische Verstärker (Nicken, paraverbale Bekräftigung). Der Interviewer sollte vermeiden, sich schon früh im Gespräch einen abgeschlossenen Eindruck zu bilden oder schon die Entscheidung zu treffen. Dies kommt nicht nur der Qualität der Entscheidung zugute, sondern auch seinem Verhalten als Gesprächführender.

> **Kasten 30: Wie man durch Nachfragen statt Zuhören eine Interviewfrage verdirbt**
>
> *Interviewer* (in der Absicht, Hinweise auf unintegres Verhalten beim Bewerber zu provozieren): „Viele Verkäufer sind dadurch erfolgreich, dass sie auch mal fünfe gerade sein lassen. Hat Ihnen das auch schon geholfen, gut zu verkaufen?"
>
> *Bewerber*: „Nun, tatsächlich ist ... äh, man steckt ja in einer Schwierigkeit als Verkäufer ... mhm, wissen Sie ..."
>
> *Interviewer* (unterbricht): „Sie verstehen, was ich meine: wenn man immer ehrlich wäre ..., also man legt ja nicht immer jedes Wort auf die Goldwaage, deshalb muss man kein Betrüger sein ..."
>
> *Bewerber* (horcht auf): „Auf keinen Fall darf man seine Kunden reinlegen."
>
> *Interviewer*: „Sind Sie immer ehrlich zu Ihren Kunden?"
>
> *Bewerber*: „Klar!"

Notizen

Angesichts unserer beschränkten Informationsverarbeitungskapazität sind Notizen während des Einstellungsinterviews unentbehrlich; auch erhöhen sie die Aufmerksamkeit des Interviewers. Andernfalls müssten wir damit rechnen, nach dem Gespräch nur einen Teil der Information im Gedächtnis verfügbar zu halten, der überdies selektiv ausgewählt und subjektiv eingefärbt ist. Bei eindeutig positivem oder negativem Eindruck mögen Notizen entbehrlich sein, nicht aber in den vielen Fällen zwischen diesen beiden Extremen – noch dazu, wenn noch nach Tagen oder Wochen Vergleiche zwischen Kandidaten vorgenommen werden sollen.

Die günstigste Art der Notizen besteht darin, sich auf kurze Vermerke zu beschränken, wie es dann der Fall ist, wenn beispielsweise die Antwort auf eine situative Frage mit einer Bewertungszahl markiert wird. Auch Stichworte sind unproblematisch, da sie keine längere Unterbrechung des Blickkontakts erfordern. Umfangreichere Aufzeichnungen bringen demgegenüber die Gefahr mit sich, den Rapport zwischen den Gesprächspartnern zu stören. Protokollartige Notizen sollten deshalb, soweit sie überhaupt für erforderlich erachtet werden, von einer zusätzlich anwesenden Person gemacht werden. Es empfiehlt sich nicht, dann Notizen zu machen, wenn ein Bewerber gerade persönliche, sensible Sachverhalte berichtet. Generell kann es von Vorteil sein, nicht kontinuierlich mitzuschreiben, sondern das Wichtige zu günstigen Zeitpunkten zusammenzufassen.

Ist eine gründliche Auswertung des Gesprächs nach seiner Beendigung vorgesehen, kann auch – mit Erlaubnis des Befragten – eine Tonbandaufnahme gemacht werden. Die Gefahr der Störung ist geringer als oft angenommen. Andererseits wird der Aufwand dadurch erheblich erhöht, denn wenn damit der gewonnene Eindruck legitimiert und anderen vermittelt werden soll, müssen nicht nur die Äußerungen festgehalten, sondern auch Verhaltensprotokollierungen vorgenommen werden.

Von Interviewern wird häufig befürchtet, Notizen würden von Bewerbern als störend empfunden (was nur bei längeren Mitschriften, nicht aber bei stichwortartigen Notizen der Fall ist). Ihnen sei angeraten, die Sache von vornherein ihrerseits anzusprechen, und zwar mit einer positiven Konnotation, etwa: „Es ist mir wichtig, ein gründliches Gespräch mit Ihnen zu führen, und damit ich nichts Wichtiges vergesse, werde ich mir Notizen machen." Interviewer können ein Übriges tun, indem sie hinzufügen: „Für den Fall, dass auch Sie sich etwas notieren wollen, habe ich Ihnen Schreibblock und Bleistift hergerichtet." Diese Geste weist auf die Symmetrie der Beziehung und die Fairness des Verfahrens hin und wird deshalb von Bewerbern positiv aufgenommen, auch wenn das Angebot, Notizen zu machen, selten genutzt wird.

Zahl der Interviewer

Die klassische Gesprächssituation ist die, in der sich zwei Personen gegenübersitzen. Sie ist auch für Einstellungsinterviews das maßgebliche Modell. In dieser Situation kann die ungeteilte Aufmerksamkeit dem Gesprächspartner gelten, die Gesprächssteuerung kann wie geplant erfolgen oder die Interaktion kann sich – in wechselseitiger Kongruenz von Aktion und Reaktion – dynamisch flexibel entwickeln.

Jede zusätzliche Person stört zunächst einmal das Verhältnis. Es entstehen Koalitionen, Fronten, Abhängigkeiten, Erfordernisse von Rücksichtnahme und Abstimmung. Dennoch kann es gute Gründe für die Beteiligung mehrerer Interviewer oder Beobachter geben. Der wichtigste ist der Objektivitätsmangel: Die Beurteilerübereinstimmung frei geführter Auswahlgespräche liegt in den meisten Fällen zwischen $r = .30$ und $.50$, wie in Abschnitt 2.4 berichtet wurde. Die wirksamste Abhilfe besteht darin, hochstrukturierte Interviews zu führen, deren Objektivität etwa bei $r = .80$ liegt, in glücklichen Fällen sogar bei $.90$, was einen zweiten oder weitere Beurteiler entbehrlich macht, weil sie aller Wahrscheinlichkeit nach zum gleichen Urteil kommen.

Weitere Gründe für die Beteiligung zusätzlicher Personen können einfach darin liegen, dass mehrere sich einen Eindruck von dem Bewerber bilden wollen. Häufig ist die Konstellation Personalleiter (oder -sachbearbeiter) plus Fachvorgesetzter. Bei guter Abstimmung kann das ergiebig sein, beispielsweise kann der Fachvorgesetzte vor allem die situativen Fragen übernehmen oder in Ansätzen ein Fachgespräch führen. Das Ergebnis ist allerdings selten dem aus zwei unabhängig geführten Gesprächen überlegen, die für die Interviewer keinen größeren Zeitaufwand erfordern (allerdings gesprächstrainierte Fachvorgesetzte voraussetzen) und jedem von ihnen ermöglichen, sich auf das für sie Wesentliche zu konzentrieren.

Die wichtigste Legitimation dafür, Interviews – auch in strukturierter Form – zu zweit zu führen, ist die Lern- und Abstimmungsmöglichkeit in der Übungsphase. Die Diskussion des Gesamteindrucks sowie einzelner Fragen und Antworten bietet eine gute Gelegenheit, sich mit dem Verfahren vertraut zu machen und die eigene Urteilsbildung zu überprüfen. Auch mag das Wissen um die nachfolgende Abstimmung der Aufmerksamkeit der Interviewer während des Gesprächs zugute kommen.

Gelegentlich wird die gleichzeitige Anwesenheit von zwei Interviewern deswegen befürwortet, weil sie dem Bewerber Gelegenheit biete, sich einen bevorzugten Gesprächspartner zu wählen. Dies ist bei unsicheren, vor allem jungen Bewerbern nicht von der Hand zu weisen, ist aber kein gewichtiges Argument, da man von allen Berufstätigen erwartet, dass sie mit unterschiedlichen Typen von Personen in Interaktion treten können – und wirklich abschreckende Menschen sollten weder zu Einzel- noch zu Mehrpersoneninterviews eingesetzt werden.

Von der Beteiligung von mehr als zwei Interviewern oder Beobachtern ist abzuraten, wenn sie den Rang von Personalexperten oder Vorgesetzten haben. Das Gespräch gewinnt dadurch stark den Charakter einer Konfrontations- oder Prüfungssituation. Ausnahme ist ein Gruppengespräch im Kreise der engeren Kollegen, das dem „Beschnuppern" im künftigen Team dienen kann oder auch die formellere Funktion haben kann, ein Forum beispielsweise für die Präsentation und Diskussion der Diplomarbeit des Kandidaten zu bieten.

Gesprächsdauer

Bei Verwendung eines strukturierten Interviewverfahrens ist selten mehr als eine Stunde Gesprächszeit erforderlich, in vielen Fällen genügt eine halbe Stunde. Berufserfahrenen und gesprächigen Bewerbern wird man aber mehr Zeit zubilligen müssen. Für geprüfte Fragen, wie sie im Situativen oder Multimodalen Interview verwendet werden, hat sich gezeigt, dass es zumeist weniger ergiebig ist, den Antworten durch Nachfragen nachzugehen, als – in der gleichen Zeit – eine neue kontrollierte Frage zu stellen. Frei geführte Gespräche nehmen demgegenüber oft wesentlich längere Zeit in Anspruch – vor allem wohl deshalb, weil kein eindeutiges Kriterium dafür vorliegt, wann das Interview abgeschlossen ist, also die ausreichende Informationsgrundlage für eine Entscheidung vorliegt. Gesprächszeiten von mehr als zwei Stunden sind allerdings nur durch die Redseligkeit oder Unentschlossenheit des Interviewers zu begründen.

Steht die mangelnde Eignung des Bewerbers schon früh im Gespräch außer Frage, wäre es Zeitverschwendung für alle Beteiligten, ein voll umfängliches Interview zu führen. In einem solchen Fall wird man sich um eine rasche Beendigung bemühen, ohne die freundliche Grundhaltung zu verlieren. Wenn mangelnde Eignung oder mangelndes Interesse auch für den Bewerber offensichtlich werden (hierfür können situative Fragen und realistische Tätigkeitsinformation hilfreich sein), kann auch offen angesprochen werden, dass in diesem Fall Person und Arbeitsplatz nicht zusammenpassen.

Gesprächsabschluss

Zum Abschluss des Gesprächs empfiehlt es sich, die wichtigsten Punkte zusammenzufassen und den Bewerber zu fragen, ob seinerseits noch Fragen offen geblieben sind. Die freundliche Haltung sollte bis zum Abschluss aufrechterhalten werden, dem Bewerber ist für das Gespräch zu danken. In allen Fällen sind Vereinbarungen über das weitere Vorgehen zu treffen. Bei negativem Eindruck werden sich diese zumeist auf die Mitteilung beschränken, bis wann mit einem Bescheid zu rechnen ist. In positiven Fällen stehen zumeist weitere Schritte an – ein weiteres Gespräch, ein Assessment Center oder andere diagnostische Verfahren. Auch bei positivem Eindruck wird man – selbst wenn keine weiteren Diagnoseschritte mehr vorgesehen sind – nur dann gleich eine Entscheidung treffen, wenn keine anderen Bewerber mehr in Frage kommen. Gegebenenfalls sind Vereinbarungen wie Arbeitsvertrag, Gehalt, Einsatzgebiet, Urlaubsregelung, Einstellungstermin und Arbeitsbeginn etc. zu treffen. Das Gespräch endet, wie es begonnen hat, mit einem Handschlag.

Es ist zu vermeiden, einem geeigneten Bewerber unerfüllbare Zusagen zu machen oder unrealistische Erfolgs- und Aufstiegschancen in Aussicht zu stellen, nur um ihn für das Unternehmen zu gewinnen. Was man demgegenüber tun kann, ist, ihn zu fragen, ob er noch „andere Eisen im Feuer hat", und ihn zu bitten, keinesfalls anderweitig eine Entscheidung zu treffen, ohne nochmals Rücksprache mit dem Interviewer zu halten. Gegebenenfalls kann dadurch die Entscheidungsfindung im eigenen Hause beschleunigt werden.

Gewöhnlich wird vermieden, Bewerbern unmittelbar nach dem Interview Feedback über ihr Abschneiden und über ihre Chancen auf ein Einstellungsangebot zu geben, von dem oben genannten Extremfall abgesehen, dass auch dem Bewerber das Defizit erkennbar ist. Freilich ist mit einer Absage immer eine Enttäuschung verbunden, und man tut gut daran, die schlechte Nachricht in aller Vorsicht zu formulieren, auch um den guten Ruf des Unternehmens nicht zu gefährden. Andererseits ist zu bedenken, dass man es auch als Gebot der Fairness sehen kann, gerade jungen Bewerbern auszugsweise Feedback darüber anzubieten, was man diagnostisch über sie in Erfahrung gebracht hat, um damit ihre weitere berufliche Orientierung zu unterstützen. In vielen Fällen bedeutet eine Absage allerdings keine Aussage über die Qualifikation – beispielsweise, wenn von mehreren qualifizierten Bewerbern nur einer eingestellt werden kann. Dies sollte bei der Mitteilung zum Ausdruck kommen.

10.3 Nachbereitung und Entscheidung

Die Nachbereitung eines Interviews besteht in der Auswertung und Aufbereitung der Ergebnisse in einer Form, die als Entscheidungsgrundlage dienen kann. Die Entscheidung selbst hängt davon ab, ob neben dem Interview noch weitere Diagnoseverfahren zum Einsatz kommen und ob diese in Kombination zur Entscheidung herangezogen werden oder schrittweise helfen, die Zahl der Bewerber zu reduzieren.

Interviewauswertung

Der Weg der Interviewauswertung ist vor allem von der Art des benutzten Verfahrens und davon abhängig, ob es allein und als einziges Gespräch geführt wird, oder ob sein Ergebnis mit den Eindrücken anderer Interviewer kombiniert wird.

Das Multimodale Interview sieht einen Entscheidungsalgorithmus vor, der angibt, wie die während des Gesprächs vorgenommenen Einzelbewertungen zusammenzufassen sind. Soweit das Einstellungsgespräch in einem solchen oder einem vergleichbaren Rahmen vorgenommen wurde, ergibt sich die Gesamtbewertung auf eindeutige Weise und mit geringem Aufwand. Beim Einsatz eines Interviewverfahrens, das lediglich die Fragen vorgibt, nicht aber deren unmittelbare Bewertung vorsieht, ist die Gesamtbewertung durch intuitive Bewertung der Einzelantworten und Kombination dieser Urteile vorzunehmen. Gleiches gilt selbstverständlich auch dann, wenn selbst die Wahl der Fragen der Entwicklung des Gesprächsverlaufs überlassen bleibt.

Die Abstimmung der Gesprächseindrücke zwischen mehreren Interviewern ist umso nötiger, je offener die Gespräche geführt werden – wobei Abstimmung nicht heißt, dass die Gesprächführenden durch Diskussion zu einem gemeinsamen Urteil kommen müssen;

die rechnerische Kombination mehrerer Urteile erhöht die Verlässlichkeit des resultierenden Werts etwa in gleichem Maße wie die gesprächsweise Einigung der Interviewer. Ebenfalls ist es für die *Reliabilität* des Gesamtwerts ziemlich unerheblich, ob die zu kombinierenden Meinungen aus einem gleichzeitig geführten Interview oder aus verschiedenen Gesprächen stammen (während die *Inhalte* in letzterem Fall natürlich breiter werden können).

Die Verbesserung der Objektivität in Abhängigkeit von der Anzahl der Urteile lässt sich mit Hilfe der sog. *Spearman-Brown-Formel* errechnen, die sich in jedem Statistiklehrbuch findet. In Umkehrung der Formel lässt sich auf diese Weise auch ermitteln, wie viele Beurteiler erforderlich sind, um auf einen angestrebten Objektivitätswert zu kommen (etwa $r = .80$, das ist der ungefähre Wert eines hochstrukturierten Interviews und gleichzeitig das Maß, das erreicht werden sollte, um sich mit einem Einzelinterview zu begnügen).

Eine Schwierigkeit besonderer Art entsteht, wenn die Interviewer sich nach Abschluss ihrer Gespräche nicht nur über ihre Meinungen bezüglich zuvor festgelegter Urteilsdimensionen zu einigen haben, sondern über die Dimensionen – also die zu beurteilenden Merkmale – als solche. Die Diskussion wird zeigen, dass sie nachträglich nichts anderes tun können, als ihre Gesamteindrücke auszutauschen oder zu kombinieren und dass sie in künftigen Fällen gut daran täten, Anforderungen und die daraus abgeleiteten Urteilsdimensionen vorweg zu bestimmen. Dimensionsbezogene Beurteilung ist besonders dann erforderlich, wenn – wie häufig bei unternehmens*internen* Entscheidungen – Maßnahmen der Personalentwicklung vom Interviewergebnis abhängig gemacht werden sollen.

Entscheidungsfindung

Wird das Interview als einziges Auswahlverfahren eingesetzt (nach der Vorauswahl aufgrund der Bewerbungsunterlagen), so ist sein Ergebnis praktisch identisch mit der Einstellungsempfehlung oder -entscheidung. Ob ein Bewerber eingestellt wird, wird dann davon abhängig gemacht, ob er einen vorher bestimmten Maßstab erreicht (= Anforderungs- oder Kriterienorientierung) und/oder ob seine Leistung (= der Intervieweindruck, den er hinterlassen hat) die der anderen Kandidaten (= Normorientierung) übertrifft. Erstrebenswert ist beim Vergleich mit anderen, eine Norm zu Grunde zu legen, wie dies bei Testverfahren üblich ist. Sie ermöglicht die Feststellung, wie ein Bewerber im Vergleich zu einer größeren Zahl von Personen vergleichbarer Ausbildung abschneidet. Dadurch wird dem Problem begegnet, dass zwar einer von drei Kandidaten der Beste sein mag, aber im Vergleich zu einer größeren Gruppe dennoch unterdurchschnittlich abschneidet. Die Bildung einer Norm erfordert Vergleichbarkeit und ist deshalb nur bei einem weitgehend standardisiert durchgeführten Verfahren möglich. Überdies kann sie erst nach der Anwendung auf eine größere Zahl von Personen angegeben werden (die allerdings nicht notwendigerweise aus dem gleichen Unternehmen stammen müssen).

Anders ist die Sachlage, wenn das Interview gemeinsam mit anderen Auswahlverfahren die Entscheidungsgrundlage bieten soll, und zwar *gleichzeitig* mit diesen. (Wird es nämlich in einer Entscheidungs*sequenz* mit anderen Verfahren kombiniert, ist der Fall praktisch der gleiche wie der oben geschilderte, nur dass die Entscheidung nicht lautet „einstellen oder nicht", sondern „in den nächsten Auswahlschritt aufnehmen oder nicht".)

Die wichtigste Frage bei gemeinsamer Verwendung verschiedener Auswahlverfahren ist die, ob sie im Verhältnis zueinander *inkrementell valide* sind, d. h., ob ein zusätzliches Verfahren die Erfolgsprognose verbessert, die auf der Basis des oder der bereits eingesetzten Verfahren möglich ist. Obwohl diese Frage in der praktischen Personalauswahl seit langem gestellt wird, hat die eignungsdiagnostische Forschung noch nicht so viel zu ihrer Beantwortung geleistet, wie man sich wünschen würde. Eine Zusammenfassung wichtiger einschlägiger Arbeiten findet sich bei Schmidt und Hunter (1998). Hierbei sind es allerdings nicht Einstellungsinterviews, sondern Intelligenztests, die mit verschiedenen anderen Verfahren verglichen werden. Während nach dieser Kalkulation u. a. Assessment Center und biographische Maße praktisch keinen zusätzlichen Erkenntnisgewinn ermöglichen, zeigen strukturierte Interviews ebenso wertvolle inkrementelle Validität wie Arbeitsproben und Integritätstests, ihr zusätzlicher Einsatz lässt also erheblichen Nutzen erwarten.

Aber es liegen auch einige Arbeiten vor, die das Inkrement des Interviews zum Gegenstand haben. Dabei ist direkt belegt oder aus der Datenkonstellation erschließbar, was in Tabelle 25 zusammengestellt wurde.

Tabelle 25: Inkrementelle Validität von Einstellungsinterviews

- Hohe inkrementelle Validität strukturierter Interviews (v. a. biographischer Fragen) gegenüber Intelligenztests
- Mäßige inkrementelle Validität unstrukturierter Interviews gegenüber Intelligenztests
- Inkrementelle Validität von Interviews gegenüber sonstigen Fähigkeitstests (wenn nicht gleiche Konstrukte erfasst werden) und Arbeitsproben wahrscheinlich
- Erhebliche Unterschiede zwischen Interviewern, inkrementelle Validität gegenüber Intelligenztests zu erzielen
- Inkrementelle Validität strukturierter Interviews gegenüber biographischen Fragebogen im Falle geringer Fragebogenwerte
- Inkrementelle Validität von Interviews gegenüber Schul- und Examensnoten
- Verminderte Validität von Interviews nach strenger Auswahl auf der Basis von Bewerbungsunterlagen
- Inkrementelle Validität strukturierter Interviews gegenüber Gewissenhaftigkeitstests, wahrscheinlich auch gegenüber anderen Persönlichkeitstests
- Inkrementelle Validität frei geführter und strukturierter Interviews in Ergänzung zueinander
- Inkrementelle Validität biographischer Interviewfragen gegenüber situativen Fragen, nicht aber umgekehrt

Ob ein Diagnoseverfahren gegenüber anderen inkrementelle Validität aufweist, hängt auch vom Prognoseziel und damit vom Kriterium ab. So sei an dieser Stelle an den Versuch erinnert, den Zulassungstest zum Medizinstudium an einer amerikanischen Universität um ein Interview zu ergänzen (Kasten 1).

Anstatt die Validität zu erhöhen, verminderte der kombinierte Wert die Prognosekraft. Anders wäre der Versuch vielleicht ausgegangen, hätte das Kriterium nicht in der Examensnote, sondern im Berufserfolg als Arzt bestanden.

Kann für ein Verfahren gegenüber einem anderen keine inkrementelle Validität ermittelt werden, wird die Entscheidung aufgrund anderer Faktoren als der Validität getroffen (Akzeptanz, Kosten, Verfügbarkeit etc.), welches Verfahren zur Auswahl eingesetzt wird. Information über formale Entscheidungsmodelle, die für Selektions- wie für Klassifikationsentscheidungen eingesetzt werden können, findet sich beispielsweise bei Cascio (1987), bei Höft (2001) sowie bei Schuler (2000a).

Ein Verwendungsbeispiel

Für einen Verband der Finanzdienstleistungsbranche wurde, wie bereits erwähnt, vom Verfasser und seinen Mitarbeitern ein multiples Verfahren zur Auswahl von Auszubildenden erarbeitet, an dessen Muster zu zeigen ist, wie mehrere Auswahlverfahren hinsichtlich gemeinsamer Anforderungsdimensionen kombiniert werden können. Als Anforderungsdimensionen wurden auf der Basis der Anforderungsanalyse bestimmt: Kundenorientierung und verkäuferische Fähigkeiten, Kooperation und Teamfähigkeit, Initiative und Erfolgsorientierung, soziale Belastbarkeit sowie Selbstkontrolle und Qualitätsorientierung. Im Zentrum der Diagnose steht ein Multimodales Interview, mittels dessen diese fünf Merkmalsgruppen bei den Bewerbern geprüft werden, und zwar mit vier Fragetypen, während der Interviewteil „freie Fragen" dimensional unspezifiziert ist. Die gleichen Dimensionen werden überdies mit einem berufsnahen Persönlichkeitstest („Fragebogen zur Verhaltensorientierung") sowie mit einem „Fragebogen zur Selbsteinschätzung" erfasst. Der zusätzlich eingesetzte Interessentest bezieht sich demgegenüber nicht auf diese Dimensionen, sondern auf Tätigkeitsfelder.

Schließlich kommen noch ein Rollenspiel sowie eine Gruppendiskussion zur Anwendung, die Gelegenheit zur Beobachtung dieser teilweise überschneidenden Verhaltensdimensionen geben (siehe Tabelle 22).

Damit sind im Sinne der *trimodalen Diagnostik* Konstrukt-, Simulations- und Biographiebezug repräsentiert, und alle Anforderungsdimensionen sind mehrfach abgedeckt. Die Daten aus der Konstruktvalidierung haben gezeigt, dass alle eingesetzten Verfahren eigenständige Varianzanteile aufklären, was auch inkrementelle prognostische Validität erwarten lässt.

Die Durchführung des Verfahrens ist so geregelt, dass am ersten Halbtag die schriftlichen Verfahren (Fragebogen) gemeinsam mit einem Intelligenztest durchgeführt werden. Nach der Auswertung, die aufgrund elektronischer Unterstützung rasch durchgeführt werden kann, werden diejenigen Bewerber, die erfolgreich abgeschnitten haben, zum zweiten Teil des Verfahrens eingeladen – bei Bedarf schon am Nachmittag des gleichen Tages.

Zur Auswertung bekommt jede der Dimensionen sowie jedes der Einzelverfahren ein Gewicht, das seiner Validität entspricht. Die Auswertung ist sowohl für jede Einzeldimension als auch für den Gesamtwert möglich.

Personalmarketing

Das Bemühen um qualifizierte Mitarbeiter endet nicht mit der Entscheidung, Bewerber einzustellen. Die Entscheidung eines Bewerbers, seinerseits das Angebot anzunehmen, ist bis zum Abschluss des Arbeitsvertrags und zum Antritt der Tätigkeit manchmal noch erheblichen Anfechtungen ausgesetzt. Beispielsweise könnte der bisherige Arbeitgeber den Versuch unternehmen, ihn durch Zugeständnisse zu halten, oder es könnten noch andere attraktive Angebote erfolgen. Beispielsweise ermittelten Ivancevich und Donnelly (1971), dass 12,5 % der Führungskräfte, die einem Unternehmen bereits zugesagt hatten, ihre Zusage vor Stellenantritt wieder zurückzogen.

Jede Organisation ist also gut beraten, sich um die Mitarbeiter, die es gewinnen und integrieren möchte, weiter zu bemühen. Zu den erwähnten Maßnahmen gehören solche, die das Gefühl der Situationskontrolle fördern (Rehn, 1993). Wie aus der Stressforschung bekannt ist, mindert Vorbereitung antizipativ die Belastung. Beispielsweise wird durch realistische Tätigkeitsinformation das Gefühl geweckt, kontrollieren zu können, was auf einen zukommt.

Zu den möglichen Maßnahmen gehören auch so einfache, wie den künftigen Mitarbeitern ein kleines Geschenk zu schicken, das sie mit dem Unternehmen verbindet, oder telefonischen Kontakt mit ihnen aufzunehmen. So konnte die Ausfallquote der Führungskräfte in der Studie von Ivancevich und Donnelly (1971) durch persönliche Telefongespräche zwischen Einstellungsinterview und Arbeitsantritt in einer Vergleichsgruppe von 12,5 % auf 2,6 % gesenkt werden. Weitere Empfehlungen zum externen wie zum internen Personalmarketing können dem Band „Personalmarketing" (Moser, Stehle & Schuler, 1993) entnommen werden.

11 Training

Zum Training der Interviewer können sowohl grundlegende lern- und unterrichtspsychologische Erkenntnisse wie auch eine mittlerweile große Zahl unmittelbar einschlägiger Studien über Interviewtrainings nutzbar gemacht werden. In diesem Kapitel wird der Versuch gemacht, die Forschungsergebnisse so aufzubereiten, dass möglichst großer praktischer Nutzen daraus gezogen werden kann.

11.1 Einführung

Die bisherigen Erörterungen zeigen, dass das Verhalten der Interviewer in vielen Fällen nicht optimal genannt werden kann.

Nachdem sich einige Merkmale identifizieren lassen, durch die sich erfolgreiche Interviewer unterscheiden (Abschnitt 4.5), könnte eine Teillösung des Problems darin bestehen, möglichst geeignete Personen für diese Aufgabe auszuwählen. Im Rahmen der Möglichkeiten dürfte es tatsächlich zweckmäßig sein, von dieser Maßnahme Gebrauch zu machen. Auf keinen Fall wird sie allerdings dazu führen, dass auf einen zweiten Ansatzpunkt verzichtet werden kann – auf den Einsatz tauglicher Interviewverfahren. Der Zugewinn an verlässlicher Information mittels geeigneter Methoden ist so groß, dass er nur in wenigen glücklichen Fällen durch besonders ausgeprägte Fähigkeiten als Interviewer kompensierbar sein dürfte. Auch liegt ein ganz wesentlicher Vorteil strukturierter Verfahren gerade darin, das Ergebnis nicht vom Naturtalent des Interviewers abhängig zu machen, sondern dafür zu sorgen, dass ein qualitativer Mindeststandard auch im Falle weniger begnadeter Gesprächführender gewährleistet werden kann.

Andererseits scheinen allerdings selbst hochstrukturierte Verfahren wie das situative Interview nicht gegen unzulängliche Verwendung gefeit zu sein; zumindest führten Latham und Saari (1984) den Mangel an Validität dieser Methode in einem bestimmten Anwendungsfall auf fehlerhafte Durchführung des Interviews zurück. Auch Milia und Gorodecki (1997) berichten, dass ein strukturiertes Interview nicht in vorgesehener Weise angewandt wurde.

Solange man die Meinung vertritt, ein Einstellungsinterview werde am Besten als freies, in seiner Entwicklung vom Einzelfall abhängiges Gespräch geführt, an dessen Ende eine ganzheitlich-intuitive Eindrucksbildung steht, mag auch die Annahme gerechtfertigt sein, es bedürfe dazu nichts weiter als eines gewissen Maßes an Gesprächserfahrung und natürlicher Menschenkenntnis – die sich nahezu jeder Durchführende zuschreiben dürfte.

Je „technischer" ein Interview dagegen ausfällt – in Form bestimmter Fragentypen, festgelegter Durchführungssequenz, kontrollierter Antwortbewertung etc. –, desto mehr dürfte das Erfordernis einleuchten, die korrekte Verwendung dieses Systems zu erlernen und einzuüben.

Versteht man Training in dieser Weise – Kennenlernen und Einüben eines Interviewverfahrens –, so bekommt es einen anderen Akzent als früher übliche Vorgehensweisen, die vor allem die Fehleranfälligkeit der Urteilsbildung, vielfach auch die nonverbale Interaktion zum Gegenstand hatten. Vermutlich handelt es sich um Trainings letztgenannter

Art, über die verschiedentlich in der Literatur berichtet wurde, sie entbehrten jeder Wirksamkeit. Beispielsweise schreibt Webster (1982), Interviewtrainings steigerten bei *erfahrenen* Interviewern allenfalls die Zuversicht, nicht aber die Qualität der Auswahlentscheidung. Das ist verständlich, akzeptiert man doch ungern, dass nach Jahrzehnten der Berufsausübung das eigene Verhalten und die eigenen Urteilsbildung grundsätzlich in Frage gestellt werden (zumal man es dabei mit sehr schwer veränderlichen Größen zu tun hat). Das Kennenlernen und Einüben einer neuen Technik ist demgegenüber um vieles einfacher und stellt niemandes Befähigung in Frage. Der Erfolg dieser Art des Trainings ist also sowohl von der Sache wie auch von der Akzeptanz her weit wahrscheinlicher, weshalb den folgenden Ausführungen vor allem eine solche Trainingsauffassung zugrunde liegt.

Doch die Evaluation des Trainingserfolgs ist erst Gegenstand des letzten Abschnitts in diesem Kapitel. Davor werden Trainingsbedarf und Trainingsziele, Methoden und Übungen sowie der Ablauf eines Trainings anhand eines ausführlichen Beispiels dargestellt.

11.2 Trainingsbedarf und Trainingsziele

Bedarf und Zielsetzung eines Trainings können zum Großteil als generell angesehen werden, zu einem geringeren Teil als organisationsspezifisch. Der generelle Teil ergibt sich auf einfache Weise, indem man die Defizite unsystematischer Auswahlgespräche wieder aufgreift, die im Laufe der bisherigen Erörterungen (beginnend mit der Zusammenstellung in Tabelle 7) erkennbar werden:

- Unbefriedigende psychometrische Qualität
- Defizit an anforderungsrelevanten Gesprächsinhalten
- Nichtoptimale Informationsaufnahme und -speicherung
- Unzulängliche Diagnose wichtiger Eignungsmerkmale
- Neigung zu Globalurteilen
- Unzulängliche Form der Fragestellung
- Hoher Gesprächsanteil des Interviewers
- Frühe Meinungsbildung
- Unsicherheit über die Antwortbewertung
- Ungenügendes Zuhören
- Unkontrollierte Entscheidungsfindung
- Fragwürdige Regeln der Verhaltensinterpretation
- Mangelndes Geschick, den Bewerber zu verhaltenstypischen und ehrlichen Antworten zu veranlassen
- Mangelndes Geschick, eine positive Stimmung zu erzielen
- Einfluss persönlicher Eigenheiten des Interviewers (Eigenschaften, Gefühle, Motive, Selbstbild, subjektive Ähnlichkeit etc.)
- Überstarke Wirkung persönlicher Sympathie
- Neigung zu stereotyphafter Urteilsbildung
- Mangelhafte Berücksichtigung des Fehlers zweiter Art (Abweisung geeigneter Bewerber)
- Schwierigkeit, die qualifizierten Bewerber für das Unternehmen zu gewinnen

Einem Großteil dieser Unzulänglichkeiten kann durch die Verwendung eines hochwertigen, strukturierten Interviewverfahrens begegnet werden. Daraus ergibt sich das Erfordernis, im Training in erster Linie das betreffende Verfahren zu erläutern und einzuüben. Daneben wurden einige Elemente aufgeführt, die über das Verfahren hinausgehen und der Übung bedürfen, z. B. Zuhören und Freundlichkeit.

Alle genannten Aspekte sind von genereller Bedeutsamkeit, also unabhängig von Organisation und Tätigkeit. Es gibt aber auch noch einige spezifische Gesichtspunkte; hierzu gehören der Führungs- und Interaktionsstil sowie andere „unternehmenskulturelle" Besonderheiten, die Frage, ob internetgestützte Diagnostik oder andere ergänzende Auswahlverfahren zum Unternehmen und zur Position passen, typische Rekrutierungswege (werden vornehmlich ehemalige Praktikanten oder fremde Bewerber eingestellt?) usw. Auch diese Besonderheiten können und sollten Gegenstand eines Interviewtrainings sein.

Als primäre Ziele eines Interviewtrainings ergeben sich damit folgende:
– Kenntnis und Verständnis des Interviewverfahrens
– Überzeugung der Interviewer vom Verfahren
– Erweiterung des Verhaltensrepertoires der Interviewer (beispielsweise Bewältigung besonderer Situationen)
– Einübung des Verfahrens bis zur selbstständigen Durchführung
– Sicherung gleicher Beurteilungsstandards
– Einübung von Informationsgewichtung und Entscheidungsfindung
– Maßnahmen der Transfersicherung und Wirkungsprüfung
– Implementierung des Interviewverfahrens (z. B. Einbettung in die Unternehmenskultur)
– Förderung eines gemeinsamen Verständnisses von Personalarbeit

Mittel oder Wege zu diesen Zielen, nicht aber eigenständige Ziele, können die Einsicht in soziale Urteilsprozesse, Kenntnisse über Grundsätze der Berufseignungsdiagnostik, über statistische und testtheoretische Prinzipien sowie über andere Verfahren der Personalauswahl sein. Diese Themen in das Zentrum des Trainings zu stellen, ließe allerdings nicht erwarten, damit seinem eigentlichen Ziel, die Interviewerkompetenz zu verbessern, näher zu kommen. Daraus ergibt sich, dass der wesentliche Inhalt des Trainings strikt im Auge zu behalten ist, *die Kenntnis und praktische Einübung des Interviewverfahrens.*

11.3 Trainingsprinzipien

Um ein wirksames Training aufzubauen, sollte die neuere Literatur im Gebiet Personalentwicklung zur Kenntnis genommen werden. Salas und Cannon-Bowers (2001) sowie Sonntag (2002) referieren den Stand des Wissens und neuere Entwicklungen. Speziell *verhaltensorientierte* Verfahren der Personalentwicklung werden von Sonntag und Schaper (2001) im Überblick dargestellt. Über trainingsrelevante Grundsätze zur Führung verschiedener Mitarbeitergespräche informieren Fiege et al. (2001). Bedingungen der Praxisnähe und des Tranfers in den Arbeitsalltag werden besonders bei Wexley und Latham (1991) betont.

Bevor im nächsten Abschnitt verschiedene Übungselemente vorgestellt werden, sollen einige Grundprinzipien Erwähnung finden, die sich als unterstützend wirksam in den meisten Trainings- oder Seminarsituationen erwiesen haben. Ihre Realisation ist von den konkret durchgeführten Übungselementen weitgehend unabhängig.

Partizipation

In Trainings- und Übungssituationen wie in praktisch allen Aktivitäten der Personal- und Organisationsentwicklung hat sich die Partizipation der Teilnehmer als förderlich erwiesen. Sie unterstützt das Lernen, fördert die Akzeptanz des Gelernten und hilft bei der anschließenden Umsetzung in den Arbeitsalltag. Gegenstand der Partizipation in Interviewtrainings können die Planung, Vorbereitung, Organisation sowie während der Teilnahme Diskussionen und alle anderen Arten aktiver Beteiligung und Steuerung des Trainings sein. Die Möglichkeit zur Partizipation wird durch gründliche und offene Vorinformation erhöht, gleichzeitig können dadurch Befürchtungen abgebaut werden.

Praktische Übungen

Praktische Übungen im Interviewtraining kommen auch der Partizipation zugute. Vor allem aber aktivieren sie und fördern den Lernprozess durch erhöhte Vigilanz, überdies durch Informationsaufnahme über verschiedene sensorische Kanäle. Beispiele für praktische Übungen sind natürlich vor allem Übungsgespräche, aber auch Beurteilungsübungen, wie im Weiteren genauer ausgeführt wird. Praktische Übungen beschränken die Zahl der Trainingsteilnehmer auf etwa 10–12 Personen.

Methodenvielfalt

Lernen über mehrere Wege und über verschiedene Methoden vermeidet Einseitigkeiten im Verständnis des Lernstoffs und erhöht die Generalisierbarkeit der erworbenen Fertigkeiten auf unterschiedliche Situationen. Im Interviewtraining ist dabei vor allem an mündliche und schriftliche Instruktion zu denken, Filmvorführungen und eigene Filmaufnahmen, Gesprächsbeobachtung wie eigene Gesprächsdurchführungen etc.

Wiederholung

Wie bei jedem Lernvorgang wird auch im Interviewtraining das Behalten des Lernstoffs durch Wiederholung verbessert. Besonders wirksam sind Wiederholungen in Form von Auffrischungstrainings etwa ein halbes Jahr nachdem die Teilnehmer erstmals Gelegenheit hatten, ihre neu erworbenen Fertigkeiten in der Praxis zu erproben.

Feedback

Die Leistungsforschung hat gezeigt, dass Feedback – insbesondere in Verbindung mit Zielsetzung – zu den wirksamsten Methoden der Verhaltenssteuerung gehört (Farr, 1991). Beim Erwerb einer neuen, dermaßen komplexen Fertigkeit wie dem Führen von Einstellungsinterviews ist kontinuierliches Feedback unentbehrlich. Das ist auch insofern besonders bedeutsam, als Interviewer in der Praxis zu wenig Feedback über die Zweckmäßigkeit ihres Vorgehens bekommen. Über ihre „Fehler 2. Art", geeignete Kandidaten abzulehnen, bekommen sie überhaupt keine Rückmeldung. Das Feedback im Training kommt teilweise vom Trainer, aber ergänzend auch von anderen Gesprächsteilnehmern und nicht zuletzt von den Gesprächspartnern in Rollenspielen. In diesem Kontext hat es den Vorteil, verhaltensbezogen zu sein, was seine Wirksamkeit begünstigt. Weiterhin sollte Feedback konkret und sachlich, unmissverständlich, wohlwollend und wohldosiert sein sowie nach Möglichkeit aus einer vertrauenswürdigen Quelle stammen (Wexley und Latham, 1991). Die Voraussetzungen für alle diese lernbegünstigenden Faktoren in einem gutgestalteten Interviewtraining können als günstig angesehen werden.

11.4 Transfer

Transfer, die Übertragung des Gelernten von der Seminar- auf die Arbeitssituation, geschieht selten von selbst: Wenn die Ähnlichkeit zwischen Trainings- und Alltagssituation gering ist, wenn längere Zeit keine Gelegenheit zur praktischen Anwendung und Einübung besteht oder wenn die Verstärkungsbedingungen der Übertragung entgegenstehen – z. B. wenn der Vorgesetzte gegenüber dem neuen Verfahren kritisch eingestellt ist –, dann ist die Chance gering, eine neu erlernte Methode praktisch anzuwenden (Baldwin & Ford, 1988). Dementsprechend gehört zum Gegenstand einer erfolgreichen Personalentwicklung, sich um die positive Gestaltung der genannten Faktoren zu bemühen.

Eine vollständige Auflistung aller Faktoren, von denen die erfolgreiche Übertragung des Gelernten vom Seminar in die Praxis abhängt, kann schwerlich geleistet werden, weil Quantifizierungen von Effekten im Bereich der Personalentwicklung noch selten zu finden sind, für die Kombination mehrerer Maßnahmen sogar nur in wenigen Einzelfällen; überdies mögen Transfereffekte auch von Bedingungskonstellationen des Einzelfalls abhängig sein (was allerdings häufiger als Ausflucht vor regelhaftem Vorgehen denn als nachweisbarer Tatbestand anzusehen sein dürfte). Im Folgenden wird eine Zusammenstellung der in der allgemeinen Trainingsliteratur vorfindlichen Belege (u. a. Baldwin & Ford, 1988; Salas & Cannon-Bowers, 2001; Sonntag, 2002; Wexley & Latham, 1991) mit den Trainingserfahrungen des Verfassers angeboten. Sie sollte zumindest die Funktion der Anregung haben, woran vor allem zu denken ist, wenn man sich um die praktische Gestaltung von Interviewseminaren bemüht:
- Bedarfsanalyse mit überzeugender Kommunikation der Ergebnisse und Zielsetzungen des Trainings;
- Soziales Umfeld: Unterstützung, zumindest Wohlwollen der Vorgesetzten, aber auch der Kollegen und Mitarbeiter, der Personalvertretung und anderer wichtiger Kräfte;
- Transferförderliches Organisationsklima: Grundsätze, Erwartungen, Werthaltungen, wie sie sich beispielsweise in Führungsleitlinien niederschlagen;
- Hohe Erwartung der Teilnehmer an das Training selbst und explizite Zielsetzung, das Gelernte bald anzuwenden;
- Hohe Lern- und Trainingsmotivation sowie Zuversicht, das Interview erfolgreich durchzuführen („Selbstwirksamkeit");

- Formulierung von Verhaltenszielen, evtl. auch Ergebniszielen mit klaren Verhaltensanweisungen und Erfolgsindikatoren;
- Realitätsnähe der Übungen, z. B. Interviews anhand des auch später einzusetzenden Gesprächsleitfadens;
- Vermittlung eines auch theoretischen Verständnisses durch Erläuterung von Prinzipien und Vorgehensweisen der Interviewmethodik schafft einen Wissenshintergrund, der später auch kontextunabhängig eingesetzt werden kann;
- Interviews mit echten Bewerbern oder zumindest mit Personen, die der Gruppe der Bewerber nahe kommen (Praktikanten, Auszubildende, kürzlich eingestellte Mitarbeiter);
- Die Gelegenheit, im Trainingskontext Fehler zu machen, die korrigiert werden können, stabilisiert das Gelernte und erhöht seine Generalisierbarkeit;
- Mehrfache Wiederholung des Gelernten;
- Herausarbeiten von „Schlüsselverhaltensweisen" und „Lernpunkten", die es später erleichtern, die wichtigen Elemente im Interviewablauf wiederzuerkennen;
- Baldige Durchführung von Interviews in der Praxis;
- Durchführung der ersten Gespräche in der Praxis durch zwei Interviewer, die sich nach jedem Interview abstimmen und gegenseitig Feedback geben.
- Berichtspflicht nach einer vereinbarten Anwendungszahl, am besten im Rahmen einer Trainingsauffrischung nach einigen Monaten;

Über die genannten Maßnahmen hinaus dürften auch die in Abschnitt 11.3 aufgeführten Prinzipien – Partizipation, praktische Übungen, Methodenvielfalt, Wiederholung und Feedback – transferunterstützend wirken. Nicht vergessen werden sollte, dass die wichtigste Voraussetzung der Transferleistung das Wissen und die Fertigkeiten sind, welche die Trainingsteilnehmer im Seminar selbst erworben haben (Ford, Smith, Weissbein, Gully & Salas, 1998). Diese könnten etwa durch eine Prüfung zum Abschluss des Trainings festgestellt werden, die anspornt und den Teilnehmern wie dem Trainer Feedback gibt. Die Vorsorge für erfolgreichen Transfer stellt gleichzeitig einen wichtigen Teil der Verfahrensimplementierung im Unternehmen dar.

11.5 Trainingsbausteine und Übungen

Ein Interviewtraining besteht zweckmäßigerweise in der Vermittlung von *Wissen* wie im Erwerb *praktischer Fertigkeiten*. Im Folgenden wird unterstellt, dass ein strukturiertes oder teilstrukturiertes Interview vorgestellt oder im Training erarbeitet und eingeleitet wird. Dadurch sind sowohl die theoretischen Elemente wie die praktischen Übungen zentriert auf die jeweilige Interviewmethode. Einige der erörterten Elemente eignen sich allerdings auch für jedwede Art von Gesprächsführung.

Eisbrecher

Am Beginn von Interviewtrainings und evtl. auch weiterer Seminarblöcke stehen zweckmäßigerweise kleine Aufgaben, die lockernd und stimmungshebend wirken und den Teilnehmern erleichtern, ins Gespräch zu kommen und sich aktiv an der Veranstaltung zu beteiligen. Beliebt ist die kurze Vorstellung der eigenen Person, Erfahrungen und Erwartungen; zeitaufwendiger, aber auch kontaktfördernder ist es, Paare von Teilnehmern zu bilden, die einander zunächst kennen lernen, um sich anschließend gegenseitig der Gruppe vorzustellen.

Teilnehmer mit knappem Zeitbudget ziehen es zumeist vor, ohne Verzug „themenzentriert" zu arbeiten, beispielsweise indem sie ihre bisherigen Erfahrungen mit Einstellungsinterviews kurz referieren. Eine interessante Methode, die Teilnehmer rasch zu aktivieren, besteht darin, ihnen einen Film vorzuführen, der eine Reihe markanter Gesprächsfehler enthält. Die anschließende Diskussion macht es allen Teilnehmern leicht, sich mit kurzen Beiträgen zu Wort zu melden und damit einen Einstieg in die Gruppenaktivität zu finden sowie ihre Meinungen und Erfahrungen zu äußern. Vorsicht ist allerdings in der Dosierung geboten: bei anspruchsvollen Teilnehmern dürfen die Beispiele nicht zu trivial sein; man muss Freude daran haben, sie zu entdecken. Am besten mischt man den Schwierigkeitsgrad der Aufgabe. Übungen, die mit dem Gegenstand des Seminars nichts zu tun haben, etwa Türme bauen oder ähnliche Kooperationsaufgaben, sind für ein Interviewtraining nicht zu empfehlen.

Vortrag

Neben der eigenen Lektüre (die in einem Seminar nur sehr beschränkt einsetzbar ist) ist der Vortrag das klassische Medium der Wissensvermittlung.

Im Interviewtraining können Vorträge am Beginn und danach immer dann eingesetzt werden, wenn ein neuer Themenblock eingeleitet wird. Auch davon unabhängig ist der gelegentliche Einschub eines theoretischen Bausteins nützlich und dient der Abwechslung, auch der Zusammenfassung und Fokussierung auf einen gemeinsamen Beobachtungsgegenstand sowie der Hilfe zur Interpretation des Erlebten. Die Wirkung ist gewöhnlich umso besser, je kürzer und prägnanter der Vortragsbaustein ausfällt. Wird das Seminar von zwei Trainern durchgeführt – beispielsweise durch einen externen Experten gemeinsam mit einem internen HR-Spezialisten –, können die Vortragselemente entsprechend der Kompetenzverteilung abwechselnd vorgebracht werden.

Gegenstand der Vorträge in Interviewtrainings sollten nur zum geringsten Teil allgemeine Gesetze der Urteilsbildung oder ähnliche grundsätzlich zwar wichtige, aber nicht direkt zielführende Sachverhalte sein. Stattdessen sollten Referenten sich vor Augen führen, wovon die Validität von Einstellungsinterviews abhängt: davon, dass die richtigen Fragen gestellt werden, und davon, dass die Antworten richtig bewertet werden. An diesen Kernpunkten hat sich das Training ebenso zu orientieren wie das Interviewverfahren selbst. Die Vortragsteile sollten sich also darauf konzentrieren, das gegebene Verfahren zu erläutern und verständlich zu machen und theoretische Aspekte insoweit anzusprechen, als sie dem Verständnis und der Akzeptanz dieses Verfahrens förderlich sind, sowie „Schlüsselverhalten" oder „Lernpunkte" anzusprechen, die etwa in nachfolgenden Videovorführungen demonstriert werden und in Rollenspielen der Teilnehmer eingeübt werden. Alles Übrige kann den Übungsteilen und interaktiven Trainingselementen vorbehalten bleiben.

Videovorführungen

Der Einsatz von Filmen und Videos kann hier verschiedenen Zwecken dienen. Als ersten Anlass, Filmaufzeichnungen einzusetzen, wurde bereits ihre Eisbrecherfunktion zu Seminarbeginn genannt. Die Vorführung von Gesprächsfehlern bringt verlässlich eine lebhafte

Diskussion zustande. Didaktisch noch wichtiger ist allerdings die Vorführung kompetenter Verhaltensmodelle. Bei der Besprechung vorbildhaften Interviewverhaltens ist es wichtig, die entscheidenden Elemente – die Lernpunkte – aufzuzeigen oder, besser noch, gemeinsam herauszuarbeiten. Sie stellen gleichzeitig diejenigen Elemente dar, die in eigenen Rollenspielen zu üben sind und deren Gelingen am Videovorbild zu messen ist.

Ein dritter Einsatzzweck ist die Vorführung von Bewerbern, deren Antworten oder Eignung zu beurteilen ist. Hierbei bietet die Videotechnik im Vergleich zu live-Rollenspielen den Vorteil, Einzelsequenzen wiederholen und damit gegenüber den unterschiedlichen Erinnerungen objektivieren zu können.

Die vierte Art der Nutzung besteht schließlich in der Aufnahme von Rollenspielen, die von den Trainingsteilnehmern durchgeführt werden. Die meisten Teilnehmer schätzen diese Art der Übung zunächst nicht, sind aber im fortgeschrittenen Seminarverlauf und bei angenehmer Atmosphäre durchaus dafür zu gewinnen. Im Normalfall haben zuvor gelungene Gespräche vom Interviewverfahren überzeugt und zu ausreichendem Selbstvertrauen geführt, so dass sich zwei mutige Freiwillige finden, denen dann die anderen Teilnehmer meist ohne Schwierigkeiten folgen. In der anschließenden Erörterung der Aufnahme kann sich der Seminarleiter selbst in der Kritik zurückhalten, die im günstigen Fall von den Gesprächführenden selbst, ergänzt durch die übrigen Teilnehmer, geübt wird.

Immer lässt sich auch der eine oder andere Punkt anerkennend hervorheben, so dass die Darsteller keine Rundum-Kritik erleben müssen. Der Trainer hat allerdings die Verpflichtung, erfolgskritische Stellen in der Aufnahme zur Diskussion herauszuheben. Gerade wenn solche Elemente mehrfach auftauchen, können sie zu Lernpunkten werden, die der späteren Gesprächsführung zugute kommen. Dies macht auch deutlich, dass das Ziel der Erörterung nicht die Kritik einzelner Teilnehmer, sondern das Herausarbeiten wichtiger „Stolperstellen" ist.

Schließlich soll nicht unerwähnt bleiben, dass Videoaufnahmen wie kaum ein anderes Seminarelement Aktivierung der Teilnehmer bewirken und zu gehobener Stimmungslage führen, was, gerade bei Platzierung gegen Ende der Veranstaltung, auch zu positiver Seminarbewertung beiträgt.

Freilich ist ins Kalkül zu ziehen, dass es sich bei der Diskussion eigener Videoaufnahmen um eine zeitaufwendige Übung handelt – insbesondere dann, wenn die Absicht besteht, jeden Teilnehmer in der Rolle des Interviewers aufzunehmen. Eine Ergänzung, seltener ein Ersatz für die Besprechung in der Gruppe, besteht darin, dem Teilnehmer mit der schwierigeren Rolle des Interviewers die Aufnahme zum Selbststudium zugänglich zu machen. Zur Aktivierung der Teilnehmer, die jeweils gerade nur die Rolle des Zuschauers einnehmen, ist es dienlich, ihnen spezifische Beobachtungsaufgaben zuzuweisen – z. B. Klarheit der Fragestellungen, nonverbales Verhalten etc. –, worüber sie anschließend zu berichten haben.

Fragenformulierung

Soweit es sich nicht um Interviews mit vollständig vorgegebenen Fragen handelt, sondern um freie Gespräche oder strukturierte Interviews mit freien Gesprächsteilen oder ad hoc zu formulierenden Fragen, ist ein Teil des Trainings der Ausarbeitung geeigneter Fragen zu widmen. Sieht das Interviewverfahren bestimmte Fragentypen vor, ist selbstverständlich deren sachgerechte Formulierung zu erlernen. Andernfalls kann man sich auch an der Darstellung in Kapitel 7 orientieren, die im Wesentlichen eine Abfolge von einfachen zu anspruchsvollen Fragestellungen vorsieht.

Nur in Ausnahmefällen wird man freilich die ganze Palette an Fragentypen durchgehen und bis zur souveränen Beherrschung üben können. Es ist deshalb eine Auswahl zu treffen. Ist man nicht durch das verwendete System eingeschränkt, können zu Übungszwecken besonders empfohlen werden: offene Fragen, Suggestivfragen (weniger um sie zu stellen, als sie zu erkennen und zu vermeiden), Alternativenfragen sowie sequenzielle Fragetechnik und Konkretisierungsfragen. Auch können zur Übung Fragen eines bestimmten Typs vorgegeben werden, die in einen anderen Typ zu transformieren sind, oder die Aufgabe kann darin bestehen, „harte", zu direkte Fragen in eine akzeptablere Form zu bringen. Lohnenswert dürfte es sein, sich darum zu bemühen, dass sich die künftigen Interviewer über die Diagnostizität ihrer Fragen Gedanken machen. Interviewer sind häufig überzeugt, ihre Fragen würden diagnostisch verwertbare Information liefern, auch wenn sie in Wirklichkeit nur dazu dienen, ihre bereits gefasste Meinung zu bestätigen (Diboye & Gaugler, 1993). Man hat sich also zu fragen: welche Information, über die ich noch nicht verfüge, liefert mir diese Interviewfrage? Weitere rhetorische Mittel sollten mit zunehmender Übung in das Repertoire Aufnahme finden (die ja nicht mit dem Seminar abgeschlossen ist!); spezifische, „technisch" gestaltete Fragearten wie biographiebezogene und situative Fragen erfordern besondere Zuwendung sowie Erfahrung seitens des Trainers.

Als Vorgehensweise bei Übungen zur Fragenformulierung kann empfohlen werden:
1. Vorstellen des Fragetyps (durch den Trainer oder per Video) in Form mehrerer Beispiele;
2. Gemeinsam werden die Kernelemente, die Abgrenzung zu anderen Fragentypen, die Schwierigkeit und Fehlermöglichkeiten, die Eigenheiten einer guten Frage, die Anwendungsfälle herausgearbeitet;
3. Versuchsweise werden erste Beispiele für diesen Fragetyp durch jeden Seminarteilnehmer formuliert;
4. Jeder Seminarteilnehmer nennt eines seiner Beispiele, in einer zweiten Runde evtl. noch ein zweites. Die Fragen werden diskutiert, die wesentlichen Qualitätsmerkmale herausgearbeitet;
5. Der Trainer stellt nochmals die wichtigsten Qualitätsmerkmale als Lernpunkte zusammen.
6. Auf dieser Basis erarbeitet jeder Teilnehmer erneut zwei Fragen des betreffenden Typs und stellt eine davon wiederum zur Diskussion. In den meisten Fällen müsste zu diesem Zeitpunkt jeder Teilnehmer in der Lage sein, zu befriedigenden Resultaten zu kommen. In entsprechender Weise wird bei weiteren Fragentypen vorgegangen.

Inhaltliche Substanz zur Fragenformulierung kann der Auflistung in Abschnitt 10.1 entnommen werden. Auch bieten sich hierfür Stellenbeschreibungen und Bewerbungen an. Wird eine größere Zahl unterschiedlicher Fragetypen erarbeitet, empfiehlt es sich, zur Abwechslung anders geartete Übungen einzuschieben.

Fragenstellen

Von der Sache her zugehörig zum Fragenformulieren, von der Art der Aktivität her eine willkommene Abwechslung ist das übungsweise Stellen der Fragen. Überdies ist es auch ein Prüfstein für die Brauchbarkeit der formulierten Fragen. (Ein noch besserer Prüfstein wäre es, wenn an dieser Stelle auch schon die Bewertung der Antworten geübt werden könnte; aber das würde die Übungsteile Fragenformulierung und Fragenstellen auseinanderreißen.)

Das Prozedere erfolgt am besten dergestalt, dass jeder Seminarteilnehmer seinem Sitznachbarn eine Frage stellt und von diesem eine Antwort bekommt. Anschließend wird kurz erörtert, ob die Fragestellung in Ordnung war, was v. a. daran erkennbar ist, dass sich die erhaltene Antwort diagnostisch verwerten lässt.

In einem fortgeschrittenen Stadium können die Übungen im Fragenstellen auch auf Sequenzen mehrerer gleichartiger oder verschiedenartiger Fragen ausgeweitet werden. Durch solche Sequenzen können die Teilnehmer erste Erfahrungen sammeln, welche Sequenzen im Interaktionsprozess harmonisieren und zu aufschlussreichen Ergebnissen führen. Ein Beispiel für eine solche Sequenz wäre: offene Frage – Alternativenfrage – Konkretisierungsfrage.

Antwortbewertung

Wie eingangs gesagt, ist neben dem Stellen der richtigen Fragen die richtige Bewertung der Antworten das Wichtigste im Einstellungsinterview. Während allerdings der Literaturmarkt eine Vielzahl von Ratgebern anbietet, welche Fragen man stellen sollte, findet sich bemerkenswerterweise kaum eine Publikation, die sich dem Problem widmet, was mit der Antwort anzustellen sei.

Relativ eindeutig lösbar ist das Problem der Antwortbewertung nur dann, wenn zu jeder Frage Bewertungshilfen vorgegeben sind, wie dies bei den situativen Fragen und bei mehreren Fragentypen im Multimodalen Interview der Fall ist. In diesen Fällen bietet sich zur Übung an, für ausgewählte Fragen schriftlich oder per Video jeweils mehrere Antworten vorzugeben. Dabei ähneln die ersten vorgegebenen Antworten zunächst noch stark den Musterantworten und entfernen sich nach und nach von diesen, so dass die Trainingsteilnehmer zu einiger Beurteilungssicherheit auch dann kommen, wenn die erhaltene Antwort im Wortlaut oder sogar im Sinngehalt von den verbalen Verankerungen abweicht. Auch in solchen Fällen führt ein gut gestaltetes Training zu hoher Übereinstimmung zwischen den Beurteilern. Das Verfahren setzt natürlich voraus, dass die Musterantworten verlässlich und weitgehend unstrittig sind, was durch empirische Vorprüfung, ersatzweise durch das Einholen mehrerer Expertenurteile, sichergestellt werden kann.

Schwieriger ist der Fall bei Fragen, für die es keine Beurteilungshilfen gibt – wenn auch glücklicherweise nur für einen Teil dieser Fragen. Wirklich gute und schlechte Antworten sind nämlich bei den meisten Fragen ohne Hilfestellung als solche zu erkennen, zumindest dann, wenn die Anforderungen artikuliert wurden, an denen die Antwort gemessen werden kann. Für einen weiteren Teil der Fragen lassen sich in vielen Fällen Bewertungsrichtlinien angeben, die den Beurteilern zur Ableitung ihrer Einschätzungen im konkreten Fall dienen können – am verbindlichsten wieder durch Orientierung an den Anforderungen.

Ein verbleibender Rest an Fragen bleibt, deren Auswertung entweder grundsätzlich nicht ein für allemal entscheidbar ist oder die nur mit ausgeprägtem diagnostischen Geschick angemessen zu bewerten sind. In solchen Fällen sollte der Trainer vorschlagen, die Frage so zu formulieren, dass ihre Beantwortung eindeutig einschätzbar wird, oder darauf hin wirken, dass auf sie verzichtet wird. Denn Fragen, mit deren Antworten man nichts anzufangen weiß, haben im Einstellungsinterview nichts zu suchen.

Arbeitet das vorgegebene Interview mit Urteilsdimensionen oder -faktoren – wie beispielsweise Ausdruck, Motivation, Teamfähigkeit etc. –, so kann nach dem empfohlenen Modus auch die Zuordnung von Fragen zu Dimensionen vorgenommen werden. Auf Fragen, die auch nach Erklärung und Übung nicht eindeutig zuordenbar sind, braucht nur dann verzichtet zu werden, wenn die Dimensionen von Bedeutung sind (was z. B. bei situativen Fragen gewöhnlich nicht der Fall ist, da sie keine homogenen Konstrukte repräsentieren).

Zuhören

Die angemessene Einschätzung einer Äußerung setzt, wenn sie nicht auf dem Papier steht, sondern von einem Gesprächspartner kommt, etwas voraus, das nicht selbstverständlich ist: aufmerksames Zuhören. Mangelnde Konzentration auf den Gesprächspartner kann verschiedene Ursachen haben, beispielsweise starke Aktivierung durch das Interview, geringes Interesse oder den Drang, selbst zu Wort zu kommen. Die Rezepte dagegen müssten eigentlich verschiedene sein, aber da Interviewtrainings zur Ökonomie gezwungen sind, wird man für alle Fälle eine Einheitsmaßnahme zu ergreifen suchen.

Was meistens hilft, sind Übungen zur Wiederholung des Gesagten. Oftmals stellt sich bei der Diskussion von Beurteilerdifferenzen nach Videovorführungen heraus, dass die Unterschiede weniger der Bewertung des Gesagten zuzuschreiben sind als der Wahrnehmung. Wie in Abschnitt 10.2 bereits erörtert wurde, besteht Zuhören – dort „Hinhören" genannt – sinngemäß aus weit mehr als der akustisch korrekten Wahrnehmung und reicht von dieser über das Hören zwischen den Worten bis zum aversionsbedingten Missverstehen einer Person.

Auch in dieser Hinsicht wird der Interviewer durch die Verwendung eines strukturierten Interviewsystems entlastet, indem er nicht zu einem intuitiv integrierenden Urteil gezwungen wird, sondern seine volle Aufmerksamkeit der Antwort auf eine klar gestellte Frage widmen kann.

Fallstudien

Fallstudien sind schriftlich vorgegebene Aufgaben, in denen ein echtes oder fiktives Szenario geschildert wird, zu dem die Teilnehmer Entscheidungen treffen, die anschließend diskutiert werden (s. Anderson & Shackleton, 1993). Ähnlich wie die zuvor besprochenen Beurteilungsübungen haben Fallstudien den Vorteil, allen Trainingsteilnehmern die gleiche Stimulusvorlage zu bieten. Differenzen in der Einschätzung müssen also auf Unterschiede im Beurteiler zurückzuführen sein. Deshalb bieten Fallstudien eine ideale Basis zur Diskussion üblicher oder, für Fortgeschrittene, auch schwieriger Probleme. Ihr Gegenstand können eng abgegrenzte Situationen sein wie in situativen Fragen oder breitere Problemstellungen wie die Abwägung zwischen verschiedenen Kandidaten, für die jeweils unterschiedliche Vorzüge sprechen, oder sogar die Implementierung des neuen Interviewverfahrens. Beispiele für Fallstudien geringen Umfangs bietet Knebel (1992). Sie haben teilweise Gesichtspunkte zum Gegenstand, wie sie in einem Interviewleitfaden selbst selten vorkommen und dennoch relevant sind, etwa unordentliche äußere Erscheinung oder einen Kandidaten, der den Interviewer kaum zu Wort kommen lässt. Eines dieser Beispiele wird im nachfolgenden Kasten wiedergegeben.

Kasten 31: Zu spät zur Vorstellung kommen

Ein qualifizierter Bewerber kommt ohne Ankündigung eine Stunde zu spät zum vereinbarten Termin. Er hätte pünktlich sein können, wenn er eine frühere Fahrtverbindung genutzt hätte. Auf die Frage nach dem Grund seines Zuspätkommens antwortet er: Dann wäre er zwei Stunden zu früh gewesen und hätte dazu noch um fünf Uhr morgens aufstehen müssen.
Wie bewerten Sie dieses Verhalten in Bezug auf eine spätere Beschäftigung im Unternehmen?
A Verzichten Sie auf die Durchführung des Vorstellungsgespräches beim Eintreffen des Bewerbers?
B Übergehen Sie die Situation und berücksichtigen Sie dies nicht bei der Beurteilung des Bewerbers?
C Versuchen Sie im Gespräch herauszufinden, ob sich der Bewerber auch im Arbeitsleben so verhält und ziehen erst dann die Konsequenzen?

Aus Knebel (1992, S. 229)

Fallstudien bieten gute Gelegenheiten zu Gruppendiskussionen wie auch dazu, Meinungen der Teilnehmer zu erkennen und evtl. zu beeinflussen. Auf diese Weise bietet das Interviewertraining sogar Gelegenheit, sich en passant über grundsätzliche Fragen des Verhaltensstils oder der Unternehmenskultur auseinanderzusetzen. Wichtig ist, dass sie als realitätsgerecht und zum Thema gehörig angesehen werden.

Rollenspiele

Schon die oben erörterten Übungen zum Stellen von Interviewfragen können als kleine Rollenspiele angesehen werden. In einem fortgeschrittenen Stadium des Trainings können diese „Mini-Rollenspiele" auf größere Gesprächsabschnitte und schwierige Fragestellungen ausgeweitet werden. Auch die Durchführung vollständiger Interviews ist denkbar, allerdings ein Problem für das Zeitbudget und für die nicht aktiv Beteiligten von abnehmendem Unterhaltungswert.

Gute Erfahrungen hat der Verfasser mit Rollenspielen gemacht, in denen ein vollständiger Gesprächsablauf in verdichteter Form simuliert wird. Im Falle des Multimodalen Interviews bedeutet das, dass von jedem Interviewelement ein kurzer Ausschnitt durchgespielt wird, beginnend mit einer komprimierten Begrüßung und endend mit einer ebensolchen Verabschiedung. Abbildung 25 zeigt ein Beispiel im vollständigen Ablauf.

	Realgespräch		Rollenspiel	
	Anzahl	Minuten	Anzahl	Minuten
1. Gesprächsbeginn (Anfangsphase)	–	3	–	1
2. Selbstvorstellung des Bewerbers	–	3–5	–	2
3. Freie Fragen (verschiedene Fragentypen)	3–8	3–5	2	2
4. Fragen zu Berufsinteressen und Organisationswahl	3–5	3–5	2	2
5. Biographiebezogene Fragen	10	10	3	3
6. Realistische Tätigkeitsinformation	–	5–10	–	1
7. Situative Fragen	8	8	2	2
8. Gesprächsabschluss	–	3–5	–	1
		Σ 38–51		Σ 14

Abbildung 25: Beispiel für ein Rollenspiel im Interviewtraining

Die Form des „verdichteten Gesamtgesprächs" ist aus der Beobachtung erwachsen, dass die Teilnehmer im fortgeschrittenen Trainingsstadium zwar die einzelnen Fragentypen gut beherrschen, aber teilweise Bedenken haben, die Übergänge zwischen den verschiedenen Gesprächsteilen ebenso gut zu bewältigen. Die Durchführung inhaltlich gekürzter, aber formal vollständiger Interviews gibt ihnen Gelegenheit, Fragen, Umstellung und Übergänge zu üben und zu lernen, das Gesamtgespräch im Auge zu haben. Dadurch entsteht rasch Vertrautheit mit dem System und die Zuversicht, es auch im Ernstfall gut zu schaffen. In entsprechender Weise kann auch bei anderen Interviewsystemen verfahren werden.

Rollenspiele wie das beschriebene können mit Gewinn in Dreipersonengruppen geübt werden. Dabei legt das Team zunächst gemeinsam den zu simulierenden Fall fest und stellt geeignete Fragen zusammen (entweder aus einem verfügbaren Fragenkatalog oder bei freier Gestaltung in Stichworten). Anschließend übernimmt ein Teilnehmer die Rolle des Interviewers, der zweite die des Bewerbers und der dritte die des Beobachters, der anschließend dem Interviewer Feedback gibt und sich überlegt, was er besser machen würde. Danach wird das Gleiche mit vertauschten Rollen durchgespielt, bis jeder einmal der Interviewer war.

Eine andere Variante des Rollenspiels sieht vor, dass zwei Personen gemeinsam das Interview mit einem Bewerber führen. Sie können sich dabei entweder fragenweise oder blockweise abwechseln (also z. B. stellt der eine biographische Fragen, der andere informiert über Stellenanforderungen etc.). Jede dieser Durchführungsweisen ermöglicht den Trainees, sich zunächst entweder auf das Stellen der Fragen oder das Bewerten der Antworten zu beschränken, um erst bei weitergehender Geübtheit beide Aufgaben gemeinsam zu übernehmen.

Völlig unvorbereitete Rollenspiele sind dagegen von geringem Wert, da sie geringe Ähnlichkeit mit dem Realfall haben. Auch neigen manche Teilnehmer dazu, die Schwierigkeit oder empfundene Peinlichkeit der Situation durch clowneske Vorführungen oder anderes regressives Verhalten zu kompensieren.

Was dagegen in fortgeschrittenem Trainingsverlauf zu ernsthaftem und fruchtbarem Bemühen führt, ist die Einladung echter Bewerber. Solche Gespräche erfordern selbstverständlich die gleiche Vorbereitung wie Interviews außerhalb des Übungskontexts. Im Anschluss an die Durchführung kann ein solches Gespräch von den Trainingsteilnehmern diskutiert werden (möglichst keine große Zahl von Beobachtern, günstiger ist die Übertragung per Kamera in einen Nebenraum). Als Diskussionsbeginn bietet sich an, die Gesprächführenden selbst berichten zu lassen, wie sie das Interview empfunden haben. Scheint die Prüfung echter Bewerber zu heikel oder stehen ihr logistische Probleme im Wege, sind Praktikanten, Lehrlinge oder erst kürzlich eingetretene Mitarbeiter oft ein praktikabler Ersatz. Auch Studenten von der nächstgelegenen Hochschule lassen sich gern für eine solche Aufgabe akquirieren, um Erfahrungen in der Selbstpräsentation zu sammeln. Eine interessante Variante kann darin bestehen, einzelne Kandidaten mehrfach unabhängig voneinander zu interviewen und die Ergebnisse zu vergleichen. Eine aus der Medzin berichtete elaborierte Rollenspielvariante ist die Nutzung trainierter „Profi-Patienten", die den Interviewern anschließend als Ratgeber über Befragungsverhalten dienen können (Stillman & Burpeau-DiGregorio, 1984). Dies ermöglicht auch, Teile des Trainings aus dem Seminar auszugliedern.

Bewältigung schwieriger Fälle

In der Praxis der Personalarbeit erwarten jeden Interviewer früher oder später Fälle, auf die er im Interviewtraining nicht vorbereitet wurde. Solcherlei Überraschungen sind nicht ganz zu vermeiden und von erfahrenen Interviewern zumeist auch zu bewältigen. Auf einen Teil dieser Fälle, nämlich auf diejenigen, die häufiger auftreten, kann man die Interviewer durchaus im Training vorbereiten.

Zu den schwierigen Fällen gehören z. B. Personen, die etwas zu verbergen haben, was sie dem Interviewer verschweigen oder falsch darstellen. Fälle dieser Art können geübt werden, indem zunächst schriftliche Gesprächsprotokolle durchgearbeitet werden, die Widersprüche enthalten oder in Widerspruch zu den Bewerbungsunterlagen stehen. In einer zweiten Stufe werden Rollenspieler mit der Anweisung ins Gespräch geschickt, einen wesentlichen „Pferdefuß" zu verheimlichen, während der Interviewer die Aufgabe hat, seinem Gegenüber durch geschickte Fragestellung auf die Schliche zu kommen. Hornthal (1985) ließ Seminarteilnehmer wahrheitsgemäß über ihre Hobbys und Freizeitaktivitäten berichten, aber eine Aktivität dazuschwindeln. Die übrigen Seminarteilnehmer hatten durch Fragen herauszufinden, welche der Aussagen gelogen war.

Andere Schwierigkeiten können beispielsweise in der Weise induziert werden, dass der Bewerber nach provozierenden Fragen ausfallend wird oder dass Widersprüche die Entscheidung erschweren, etwa ein nachlässiges Aussehen oder Auftreten bei einem in der Sache ausgezeichneten Kandidaten.

Realitätsnah sind Fälle routinierter Vorstellungsprofis, überzogen selbstbewusst oder aufschneiderisch auftretender Bewerber. Interviewer neigen nur zu sehr dazu, ihr Auftreten zu honorieren oder durch die Art ihrer Fragen sogar selbst zu provozieren. Beispiele dafür finden sich in nachfolgendem Kasten.

Kasten 32: Beliebte Schwächen

Zu den beliebtesten Spielen in Auswahlsituationen gehört die Aufgabe „Wer kann sich am besten rausreden?"
Typische Einleitungen dieses Spiels beginnen mit der Frage: „Weshalb haben Sie sich bei uns beworben?" Antwort, wenn man kein Spielverderber sein will: „Ich suche eine neue Herausforderung."
Gängig ist als Anstoß auch: „Arbeiten Sie gern im Team?" Aufgeklärte Interviewer stellen nach dem obligaten „Und wie!" gern die Nachfrage „Warum?", auf die allerdings nur selten die ehrliche Antwort gegeben wird, „Weil mir allein nichts einfällt" oder „Weil ich Angst vor der Einsamkeit habe".
Für Fortgeschrittene eignet sich die Frage nach der Bewältigung einer schwierigen Situation. Für einen guten Eindruck sorgt die Antwort: „Schwierig war, als ich dem Professor nach meiner herausragenden Diplomarbeit klar machen musste, dass meine Zukunft nicht in der Wissenschaft liegt, sondern in der Praxis. Er war sehr enttäuscht, dass ich die angebotene Assistentenstelle ausgeschlagen habe, aber es musste sein."
Die Krönung des Impression-Management-Ping-Pong aber ist die Frage nach den Schwächen. Diese Frage ist hart, männlich, gnadenlos. Denn – wem sagen wir das – keiner von uns ist ohne Fehl. Jetzt heißt es Hosen runterlassen.
Die beliebtesten Antworten sind:
– „Mein größter Fehler ist, dass ich nicht Nein sagen kann, wenn ich, wie so oft, um Rat oder Unterstützung gebeten werde."
– „Meine größte Schwäche ist meine mangelnde Geduld mit Leuten, die langsamer denken als ich."

Als letzte Übung für Fortgeschrittene soll die Aufgabe genannt werden, nicht nur eine Entscheidung für oder gegen die Einstellung eines Kandidaten zu treffen, sondern seine Zuordnung zu einem von mehreren Tätigkeitsbereichen vorzuschlagen. In diesem Fall muss der Interviewer über die Anforderungen der in Frage kommenden Aufgabenfelder informiert sein, die jeweils korrespondierenden Fähigkeiten kennen, ihre Ausprägung beim Bewerber richtig einschätzen und schließlich die Diskriminationsleistung vollbringen, die Erfolgschancen des Kandidaten für die verschiedenen Bereiche so abzuschätzen, dass er eine Zuordnung zu dem Bereich vornehmen kann, für den er dieser Person die höchsten Erfolgschancen einräumt. Die Komplexität des Falles ließe sich noch dadurch steigern, dass die Interessen des Bewerbers nicht vollständig mit seinen Fähigkeiten konform gehen, oder dadurch, dass mehrere Kandidaten mehreren Jobs zuzuordnen sind, wobei es keine eindeutig optimale Klassifikation gibt, sondern eine Abwägung zwischen verschiedenen Vor- und Nachteilen zu treffen ist.

Selbstverständlich ist das Training von Interviewern nicht auf Seminarveranstaltungen beschränkt. Beispielsweise schlägt Schuh (1981) ein Coaching von Interviewern vor, das aus der Durchführung von mindestens 10 Realinterviews besteht, wobei zwischen diesen Interviews Pflichtlektüre gelesen wird, die im nächsten Gespräch jeweils eingesetzt werden soll. Ergänzend werden in Gruppen die aufgetretenen Probleme diskutiert.

11.6 Beispielprogramm eines Interviewtrainings

Entsprechend den oben ausgeführten Überlegungen und unter Nutzung einiger der vorgeschlagenen Übungen wird im Folgenden ein Beispielprogramm für ein Interviewtraining ausgeführt. Es ist auf die Dauer von zwei Tagen angelegt – ein Umfang, der erfahrungsgemäß zu guten Resultaten führt und für die meisten Unternehmen akzeptabel ist. Verkürzungen auf eineinhalb Tage, bei erfahrenen Beurteilern u. U. sogar auf einen Tag, sowie Erweiterungen auf zweieinhalb bis drei Tage können sinnvoll sein.

Tag 1	
08.30 – 11.00	Einleitung und Überblick Das Interview zur Qualifikationsdiagnose Film „Einstellungsinterview" Beurteilungsübung und Diskussion Techniken zur Verbesserung des diagnostischen Gesprächs
11.20 – 12.40	Der Aufbau unseres strukturierten Interviews Durcharbeiten eines Muster-Interviews für die Zielgruppe
13.40 – 14.40	Anforderungen: Der Weg von der Tätigkeit zum diagnostischen Instrument Übungen zur Übersetzung von Anforderungsmerkmalen in Verhaltensmerkmale
15.00 – 16.00	Fragentypen und Fragenformulierung Übung im Fragenformulieren und Fragenstellen I
16.00 – 16.30	Video-gestützte Übung im Antwortbewerten
16.45 – 18.15	Übung im Fragenformulieren und Fragenstellen II Übung im Antwortbewerten Falldiskussion
Tag 2	
08.30 – 09.00	Vorbesprechung zu den Interviewdurchführungen
09.00 – 10.30	Interviewvorbereitung und -durchführung (Kurzform) in Dreipersonengruppen

10.50 – 11.20	Bericht und Diskussion im Plenum
11.20 – 12.40	Interviewvorbereitung und -durchführung (Kurzform) mit Antwortbewertung in Dreipersonengruppen
13.40 – 14.10	Bericht und Diskussion im Plenum
14.10 – 14.40	Vorbereitung von Realinterviews
15.00 – 16.30	Durchführung von Realinterviews mit Austausch der Kandidaten
16.30 – 17.00	Ergebnisvergleich und Diskussion im Plenum
17.00 – 18.00	Abschlussbesprechung mit Transferdiskussion und Zielvereinbarung

11.7 Die Wirksamkeit von Interviewtrainings

Nachdem im gesamten Kapitel 11 ausschließlich vom Training der *Interviewer*, nicht der Bewerber, die Rede war, wird auch in diesem Abschnitt allein die Frage erörtert, inwieweit Auswahlgespräche durch eine Schulung der Interviewer verbessert werden können. Die Evaluation von Bewerbertrainings wird demgegenüber in Abschnitt 12.2 angesprochen.

Daran, dass Übung den Meister mache, glaubt nur derjenige, der nicht seine Kinder ein Musikinstrument hat lernen lassen, lautet ein Bonmot aus Musikerkreisen. Im Zusammenhang mit der Entscheidung des Interviewers (Abschnitt 4.11) war bereits ein ähnlich pessimistisches Resümee zitiert worden, das Webster (1982, S. 84) aus der Trainingsforschung gezogen hatte: Was trainierte, erfahrene Interviewer von anderen unterscheidet, ist allein ihr größeres Selbstvertrauen. Die Art der Informationsverarbeitung, die in vielen Studien für die Unzulänglichkeit von Auswahlgesprächen verantwortlich gemacht wurde – z. B. in Form früher und globaler Eindrucksbildung, Bestätigungstendenz und mangelhafter Informationsintegration (s. Abschnitt 4.7) – scheint durch Training nicht wesentlich beeinflussbar zu sein (Zedeck et al., 1983).

Ebenso pessimistisch muss man sein, wenn man sich nochmals die Eigenschaften erfolgreicher Interviewer vor Augen führt; in Abschnitt 4.5 wurde u. a. aufgeführt: sprachliche Intelligenz *(verbal reasoning* und *verbal comprehension)*, soziale Kompetenz (Kontaktfähigkeit, Interesse an anderen, Einfühlungsvermögen, geringe soziale Ängstlichkeit), Realismus, Humor, Flexibilität, Bildung und kulturelles Interesse sowie Feldunabhängigkeit. Zusätzlich scheint die Ähnlichkeit zwischen Interviewer und Interviewtem dem Gesprächsverlauf sowie der Diagnose im Interview (wie übrigens allen diagnostischen Leistungen) entgegenzukommen.

Wie sollten sich all diese Faktoren durch ein Interviewertraining maßgeblich verändern lassen? Die Vermutung drängt sich auf, dass Websters pessimistische Schlussfolgerung sich vor allem auf solche Trainings bezieht, die auf Gespräche vorbereiten sollen, deren

Erfolg vor allem von der Person und den persönlichen Grundkompetenzen des Interviewers abhängt. Dies trifft vor allem auf unstrukturierte Interviews zu. In der Tat war diese Art der Gesprächsführung vor 1980 der Regelfall; zwar standen frühe Formen der Strukturierung zu dieser Zeit bereits zur Verfügung, die wesentlichen Strukturierungsinnovationen tauchten aber erst danach auf. Demgegenüber liegt beim Training strukturierter Interviews der Schwerpunkt der Ausbildung auf der Instruktion bezüglich des Verfahrens und dem praktischen Einüben der Durchführung. Bezeichnenderweise fanden Vance, Kuhnert und Farr (1978), dass die Einführung von verhaltensverankerten Einstufungsskalen zur Reduktion von Urteilsfehlern beitrug, nicht aber das Training. Offenbar waren die Strukturierungshilfen selbsterklärend und reichten als solche bereits zur Verbesserung aus.

Steht ein elaboriertes strukturiertes Interviewverfahren zur Verfügung, so hat das Training zu einem erheblichen Teil gewissermaßen die Funktion einer Gebrauchsanweisung. Freilich kann auch diese schlecht formuliert, umständlich, irreführend etc. sein – in schriftlicher wie in mündlicher Form. Gelingt es aber, sie verständlich und verhaltenswirksam zu formulieren, so kommt ihr inhaltliche oder „logische" Validität zu, und sie stellt fast zwangsläufig eine Unterstützung der Interviewer dar.

Der Evaluation bedarf allerdings auch im Falle des strukturierten Interviews die Umsetzung des Gelernten in die Beurteilung des Bewerberverhaltens bzw. der Bewerberantworten sowie das Verhalten des Interviewers. Latham, Wexley und Powell konnten bereits 1975 zeigen, dass intensive Workshops mit Übung, Feedback und Gruppendiskussionen geeignet sein können, verschiedene Urteilsfehler zu vermeiden. Dougherty et al. (1986) gelang es, die Validität von Interviewurteilen deutlich zu erhöhen, indem sie die Interviewer trainierten, nützliche Information zu gewinnen. Conway et al. (1995) errechneten metaanalytisch eine trainingsbedingte Objektivität von $r = .74$ anstatt .62 bei untrainierten Beurteilern. Die ebenfalls metaanalytische Reanalyse von Huffcutt und Woehr (1999) ergab Validitätsvorteile durch Interviewertraining sowohl bei strukturierten wie bei unstrukturierten Verfahrensweisen.

Für den Teil der *Verhaltenstrainings* empfiehlt es sich, eine Mehrzahl verschiedener Übungsverfahren einzusetzen, wie sie in den vorangegangenen Abschnitten aufgezeigt wurden, auch wenn kaum überzeugende Evaluationen dieser Maßnahmen vorliegen. Was sich relativ generell als verhaltenswirksam erwiesen hat, ist die Methode des *Behavior Modeling Training* (vgl. die Metaanalyse von Burke & Day, 1986). Wie Sonntag (2002) zusammenfassend darstellt, basiert dieser Ansatz auf dem Prinzip, dass menschliches Verhalten vor allem durch Beobachtung, also „an Modellen", gelernt wird – im Interviewtraining also durch die Nachahmung und Einübung des vorexerzierten oder mittels Filmbeispielen demonstrierten Zielverhaltens. Prozesse der Aufmerksamkeit, des Gedächtnisses, der Motorik, der Motivation sind maßgeblich für den erfolgreichen Lernprozess. Diese Prozesskomponenten sind ebenso wie einzelne „Lernpunkte" separat einer Evaluation zugänglich, so dass Verhaltensverbesserungen auch in einzelnen Lernschritten möglich und prüfbar sind.

Als wichtigste Kriterien des Trainingserfolgs werden häufig die vier von Kirkpatrick (1976) formulierten Schritte genannt: Reaktion der Teilnehmer, Lernerfolg, Verhalten und Ergebnis. Auch in unserem Zusammenhang kann diese Systematik nützlich sein, um der Vielfalt dessen gewahr zu sein, was Trainingserfolg bedeuten kann. Die *Reaktion der Teilnehmer* kann als formelle Seminarbewertung erfolgen, sie kann sich aber auch in spontanen Reaktionsweisen wie Unaufmerksamkeit, Telefonierpausen, Fernbleiben oder aber umgekehrt in wachsender Nachfrage ausdrücken. *Lernerfolg* ist an der Beherrschung der vermittelten Kenntnisse und Fertigkeiten (also der sachgerechten Interviewdurchführung seitens der Trainierten) erkennbar, *Verhalten* an der kompetenten Anwendung im Arbeitsalltag (s. o.: Transfer); als *Ergebnisse* sind schließlich Aspekte des Nutzens für übergeordnete Ziele der Organisation zu erfassen, beispielsweise Nutzen/Kosten-Kalkulationen, Anzahl oder Quote der richtig ausgewählten Mitarbeiter, Reaktion von Bewerbern auf Auswahlinterviews etc. Beispiele für den speziellen Fall der Erwerbslosen, die aber auch von darüber hinausgehendem Interesse sind, finden sich bei Zempel und Moser (2001). Diese vier Kriterienebenen hängen untereinander nur mäßig zusammen, insbesondere lässt die Reaktion der Teilnehmer (die häufigste Art der Erfolgsmessung) keinen verlässlichen Schluss auf andere Aspekte der Wirksamkeit zu (Alliger, Tannenbaum, Bennett, Traver & Shotland, 1997).

Für unseren Kontext sind die beiden mittleren Ebenen die interessantesten; sie lassen sich teilweise durch psychometrische Indizes prüfen – z. B. Beurteilerübereinstimmung, Halo etc. –, zu anderen Teilen durch Verhaltensbeobachtungen, die sich beispielsweise darauf beziehen, ob es dem Interviewer gelingt, eine gute Atmosphäre zu erreichen, ob die Kandidaten bereitwillig Auskunft geben, ob suggestive Fragen gesellt werden, ob Nachfragen nur dann gestellt werden, wenn sie erforderlich sind, usw. Stellt man eine Liste erwünschter Verhaltensweisen zusammen, die teilweise genereller Natur sein kann, insbesondere aber dem jeweils verwendeten Interviewsystem entsprechen sollte, kann man diese nicht nur zu Evaluationszwecken gebrauchen, sondern auch als Leitfaden für das nachfolgende *Coaching* der Interviewer (ein Beispiel aus der Medizin bieten Stillman & Burgeau-DiGregorio, 1984).

Damit sind wir auf einen Gedanken gestoßen, der optimistischer stimmen kann als Websters (1982) Resümee, Interviewertrainings seien erfolglos. Was erfolglos ist, ist der Versuch, grundlegende Eigenschaften von Interviewern und basale Prozesse der Informationsverarbeitung zu verändern, um ein unzulängliches Interviewverfahren zu retten. Was demgegenüber gute Aussichten auf Erfolg hat, ist ein Training, das auf verschiedene operationale Kriterien ausgerichtet ist, die nicht nur die Chance geben, detailliert herauszufinden, worin die Wirksamkeit der Übungen begründet liegt und worin nicht, sondern auch, was zu verbessern ist, um die angestrebten Effekte zu erzielen. Wenn darüber hinaus eine Soll-Liste der erwünschten Verhaltensweisen und Wirkungen erstellt werden kann, so bietet diese nicht allein eine Kontrollgrundlage für das Training, sondern auch eine Richtlinie der darüber hinausgehenden Unterweisung und Hilfestellung, etwa in der Form des Coachings der Interviewer durch Personalentwickler, Vorgesetzte oder andere Experten.

Schließlich dürfte auch bei den Überlegungen zum Interviewtraining erkennbar geworden sein, dass es von Vorteil ist, ein in seiner Konstruktion geprüftes und in seiner Anwendung prüfbares Interviewsystem zu verwenden. Es erübrigt die Suche nach geborenen Gesprächstalenten ebenso wie das Bemühen um die Veränderung stabiler Eigenschaften und psychischer Funktionen. Stattdessen macht es das Training zum Bemühen um bestmögliche Vermittlung einer zweckmäßigen Verfahrensweise.

12 Die Perspektive der Bewerber

Bereits mehrfach in diesem Text konnte die Gelegenheit genutzt werden, die Situation des Einstellungsinterviews aus der Sicht des Bewerbers zu betrachten. So wurde das Verhalten des Interviewers in seiner Wirkung auf den Eindruck des Bewerbers ebenso diskutiert (Abschnitte 4.6 und 4.9) wie die Bedeutung des Auswahlverfahrens für die Eindrucksbildung und die Entscheidung des Bewerbers (4.9 und 4.12). Auch während der Darstellung von Interviewverfahren wurde zeitweilig diese Perspektive eingenommen (z. B. 9.6).

Die Intention dieses Buchs wäre allerdings erst dann getroffen, wenn auch über diesen zeitweiligen ausdrücklichen Perspektivenwechsel hinaus erkennbar würde, dass der Respekt vor der Würde des Bewerbers als Mitmensch und möglicher künftiger Mitarbeiter die Berücksichtigung auch seiner Interessen erforderlich macht – und zwar unabhängig von der Situation am Arbeitsmarkt, die dazu verführen könnte, den Umgang mit dem Bewerber vom Austauschkalkül von Angebot und Nachfrage abhängig zu machen. Eine solche Sichtweise bietet sich an, wenn man die Personalauswahl mit Herriot (1989) als sozialen Prozess oder die Auswahlentscheidung mit Brandstätter (1982) als gemeinsame Problemlösung von Arbeitgeber und Arbeitnehmer ansieht.

Freilich kann nicht übersehen werden, dass die Auswahlsituation immer durch den potenziellen Konflikt gekennzeichnet ist, dass die interagierenden Personen gleichzeitig eine Auswahlentscheidung zu treffen haben und sich (bzw. die Institution, die sie repräsentieren) für den anderen attraktiv darstellen wollen, um ihre Chancen zu erhöhen und ihre Kosten zu vermindern (s. Abbildung 1). Die Sachlage wird überdies dadurch erschwert, dass die möglichen Entscheidungsfehler von den Handelnden verschieden gewichtet werden (s. Abbildung 14): Für die Organisation ist die Einstellung eines ungeeigneten Kandidaten, für den Bewerber seine Ablehnung trotz Qualifikation der jeweils unglücklichste Ausgang, dessen Wahrscheinlichkeit und Gewicht vom jeweils anderen unterschätzt wird. Auch die Ablehnung Ungeeigneter wird von beiden verschieden gewertet.

Einzig der Quadrant der Entscheidungsmatrix, der die Einstellung Erfolgreicher markiert, ist für beide Handelnde ideal – das ist der Strick, an dem beide in die gleiche Richtung ziehen. Der Königsweg zur Lösung des Dilemmas liegt deshalb nicht darin, den Interaktionspartner auszutricksen, sondern in der Nutzung möglichst valider Verfahren. Dadurch bekommt derjenige Kandidat die Stelle, der die höchste Erfolgswahrscheinlichkeit aufweist. Stehen mehr geeignete Bewerber als Stellen zur Verfügung, bekommt – in einem offenen Arbeitsmarkt – der zweitqualifizierte Bewerber die Stelle im zweitattraktivsten Unternehmen etc. Nicht selbstverständlich, aber möglich ist die Gestaltung einer Auswahlsituation und die Nutzung von Diagnoseverfahren, die neben hoher Validität das Recht auf menschenwürdige, faire Behandlung respektieren.

12.1 Die soziale Validität von Einstellungsinterviews

Das Konzept der sozialen Validität als Versuch, die wichtigsten Parameter zusammenzufassen, von denen die Gestaltung einer Auswahlsituation als akzeptable soziale Situation abhängt, wurde bereits ausgeführt (Abschnitt 4.9). Die Grundparameter sind Information, Partizipation/Kontrolle, Transparenz und Urteilskommunikation/Feedback. Es wurden verschiedene Prüfungen der Bedeutsamkeit dieser Parameter und ihrer faktoriellen Struktur unternommen. Zu letzterer ergaben sich zumeist Drei- bis Fünffaktorenlösungen, die im Wesentlichen die genannten Parameter wiedergeben. Beispielsweise erhielt Fischer (1996) drei Faktoren, die mit Transparenz, Selbsteinschätzung (entspricht Urteilskommunikation) und Einflussnahme (entspricht Partizipation) benannt wurden; bei Willmann (1998) resultierten Fünf- und Vierfaktorenlösungen, wobei Transparenz durch die zwei Faktoren „Erlebte Transparenz des Aufbaus und Inhalts des Auswahlverfahrens" und „Subjektiv erlebte Validität des Auswahlverfahrens" repräsentiert war. Letzteres macht deutlich, dass die in der praktischen Eignungsdiagnostik so wichtige „Augenscheingültigkeit" eine Teilkomponente der Transparenz innerhalb der sozialen Validität ist.

Die Bedeutung der sozialen Validität für Erleben und Entscheidung der Bewerber wurde von Köchling (2000) untersucht. Für die Bewertung von Auswahlinterviews errechnete sich in verschiedenen Unternehmen eine multiple Korrelation zwischen $R = .52$ und $.80$ und für die Bereitschaft zur Annahme eines Stellenangebots zwischen $R = .22$ und $.51$. Obwohl bereits damit ein erheblicher Varianzanteil von Erleben und Entscheidung aufgeklärt werden, handelt es sich bei diesen Werten insofern eher um Unterschätzungen der wahren Zusammenhänge, als entgegen dem theoretischen Konzept die Augenscheingültigkeit als eigenständiger Prädiktor außerhalb der sozialen Validität behandelt wurde. Bei Winkler (1991), wo die Parameter der sozialen Validität um das Interviewerverhalten „Wärme und Rücksichtnahme" ausgeweitet wurde, ergab sich eine Varianzaufklärung von $R^2 = .61$ für das Bild, das die Bewerber auf Grund des Interviews vom Unternehmen gewonnen haben, und von $R^2 = .52$ für die Entscheidung der Bewerber (was multiplen Korrelationen von $R = .78$ und $.72$ entspricht). Wichtigste Variable neben dem Interviewerverhalten war in dieser Studie die Information über das Unternehmen, die bei Fischer (1996) gar nicht als eigenständiger Faktor auftauchte, wohingegen sich Transparenz und Selbsteinschätzung (Urteilskommunikation) als die wichtigsten Einflussgrößen erwiesen. Bei Köchling (2000) wiederum lagen Information, Partizipation und Transparenz (unter Hinzufügung der Komponente Augenscheinvalidität) etwa gleichauf als Bestimmungsgrößen für die Akzeptanz der Interviews und der Attraktivität der angebotenen Stelle, wogegen Urteilskommunikation abfiel.

Während das Gewicht der einzelnen Parameter offenbar noch nicht definitiv geklärt ist – evtl. auch von den Spezifika des Einzelfalls abhängt –, lässt sich die Bedeutung der sozialen Validität insgesamt für den Auswahlprozess als belegt ansehen. Das bedeutet, dass durch Gestaltung der Auswahlsituation das Erleben und wahrscheinlich auch die faktische Entscheidung der Bewerber beeinflusst werden können – und zwar nicht durch manipulative Erhöhung oberflächlicher Akzeptanzfaktoren, sondern durch Gestaltung der Situationsdeterminanten, die für soziale Kontrakte ungleicher Machtverteilung maßgeblich sind (Schuler, 1980, 2000a).

Offensichtlich ist damit auch, dass Interviewverfahren abhängig von ihren Besonderheiten unterschiedlich auf Bewerber wirken. Dabei ist nicht nur die Verfahrensgestaltung als solche relevant, sondern es schlagen sich auch Veränderungen der Umfeldcharakteristika wie Ablauf und Betreuung im Befinden der Bewerber nieder (Köchling & Körner, 1996). Auch konnte gezeigt werden, dass Akzeptanzurteile abhängig von Personmerkmalen der Bewerber sind (Kersting, 1998; Köchling, 2000), was zusätzlich eine differentielle Perspektive und entsprechend differenzierende Maßnahmen nahe legt. Während die meisten Untersuchungen für das Einstellungsinterview unter allen Auswahlverfahren die besten Bewertungen ermitteln konnten (z. B. Fruhner et al., 1991; Schrattenecker 1994; Schuler, Frier & Kaufmann, 1993), ist auch die konkrete Ausgestaltung des Verfahrens unzweifelhaft von Bedeutung. Als besonders bedeutsam hat sich der Strukturierungsgrad erwiesen, wobei offene, weniger strukturierte Interviews gewöhnlich bevorzugt werden (z. B. Conway & Peneno, 1999; Kohn & Dipboye, 1998). Bei Janz & Mooney (1993) wurden Patterned Behavior Description Interviews als schwieriger und stressreicher erlebt denn unstrukturierte Interviews, aber gleichzeitig von Kandidaten wie Durchführenden als vollständiger, gründlicher und fairer sowie informativer bezüglich der Anforderungen eingeschätzt.

Eine interessante Differenzierung führt Sauter (1990) ein, die zeigen konnte, dass unstrukturierte Interviews eher von Personen mit niedriger sozialer Kompetenz bevorzugt werden. Die Abhängigkeit des Erlebens und Fairness-Empfindens vom eigenen Abschneiden wurde v. a. von Chan, Schmitt, Jennings, Clause und Delbridge (1998), von Köchling und Körner (1996) sowie von Willmann (1998) aufgezeigt; ähnlich wurde in einer Studie von Gilliland (1994) die Fairness abhängig von der Ergebniserwartung eingeschätzt. Bei Rosse, Miller und Stecher (1994) wurden Interviews allein ebenso positiv bewertet wie in Kombination mit Fähigkeits- und Persönlichkeitstests, wogegen die Paarung von Interview und Persönlichkeitstest abfiel. Kohn und Dipboye (1998) belegten die Bedeutung der Partizipation im Interview, also der Möglichkeit, zu Wort zu kommen und Fragen zu stellen. In allen Vergleichen strukturierter und unstrukturierter Interviews wurden jeweils nur homogene strukturierte Verfahren eingesetzt. Sie informieren zwar einerseits über die Anforderungen der Tätigkeit, schaffen aber andererseits auch Distanz zwischen den interagierenden Personen. Der Interviewer wirkt zwar gerecht auf Grund der Gleichbehandlung aller Kandidaten, aber auch weniger kompetent, als wenn er jedes Gespräch individuell steuerte.

Als Lösung dieses Dilemmas – vor allem aber des Konflikts zwischen „technischer" und „sozialer" Validität – wurde das Multimodale Interview vorgeschlagen (Schuler, 1992a), das valide kontrollierte Elemente mit offenen Gesprächsteilen kombiniert, dem Bewerber Raum für Fragen und eigene Gesprächsgestaltung einräumt und ihn explizit über entscheidungsrelevante Charakteristika von Organisation und Aufgabe informiert (vgl. Kapitel 9).

12.2 Bewerbertraining

Trainings für Stellenbewerber haben Hochkonjunktur. Teilweise werden sie nichtkommerziell angeboten – etwa von Universitäten, die ihre Absolventen beim Berufseinstieg unterstützen wollen –, teilweise von „Bewerbungsbüros" und schließlich sogar von den gleichen Personen und Institutionen, die auch die Auswahlverfahren für „die andere Seite" anbieten. Letztere ähneln damit den Kriegsgewinnlern, die gleichzeitig von der Eskalation der Waffentechnik in Angriff und Abwehr profitieren.

Hält man die Entwicklung und Anwendung *valider* Diagnoseverfahren für ein erstrebenswertes Ziel sowohl für Organisationen wie für Bewerber (der Vorteil für Ratsuchende dürfte unbestritten sein), so leistet man der eignungsgerechten Auswahl, die mit diesen Instrumenten möglich wäre, einen Bärendienst, wenn Bewerber wirksam trainiert werden. Dies gilt jedenfalls, wenn sich das Training auf die Bewältigung *potenzialbezogener* Auswahlsituationen bezieht, denn trainiert wird in diesem Fall nur das Abschneiden im Auswahlverfahren, nicht aber eine Leistungsverbesserung in der nachfolgenden Berufsarbeit; das trifft sogar auf eine relativ erfahrungsintensive Verfahrensweise wie das Assessment Center zu (Kelbetz & Schuler, 2002). Eine Minderung der Validität des betreffenden Verfahrens ist dadurch zwangsläufig. Anders wäre es, wenn ein Training tatsächlich *kompetenzwirksam* wäre, d. h. nicht nur besseres Abschneiden im Auswahlverfahren, sondern auch in der Berufstätigkeit zur Folge hätte. Dies ist nur dann möglich, wenn verhaltensnahe und gleichzeitig anforderungsentsprechende Aufgaben intensiv genug trainiert werden – was natürlich nicht ausgeschlossen ist, aber auf die meisten Bewerbertrainings nicht zutrifft.

Letztlich tut sich hier der gleiche Konflikt zwischen individuellem und kollektivem Nutzen auf, wie er in vielerlei Hinsicht das schwierige dialektische Verhältnis von Individuen und Gesellschaft kennzeichnet und mal reguliert, mal dereguliert: Wenn *ein* Kinobesucher aufsteht, sieht er besser; wenn *alle* aufstehen, sehen die meisten schlechter als zuvor. Aber der Kinosaal birgt nur eine überschaubare Gesellschaft, in der gemeinschaftsschädigendes Verhalten auffällt und von den übrigen Mitgliedern sanktioniert wird, was auf Schwarzarbeit und Bewerbungstrainings nicht zutrifft.

Es gibt freilich Fälle, in denen Bewerbungstrainings geboten sind, nämlich bei Gefahr der Unterschätzung vorhandener Kompetenzen. Das ist vor allem dort der Fall, wo Bewerber der Sprache nicht ausreichend mächtig sind oder auch kulturspezifisch unzureichend sozialisiert sind. Auch Fälle von Behinderung können hierzu gehören, allgemein gesagt: alle Fälle, in denen die Wahrscheinlichkeit des Berufserfolgs über der des Bewerbungserfolgs liegt. Vielfach werden in solchen Fällen allerdings sprachfreie Tests oder Arbeitsproben das probatere Mittel sein, die vorhandenen Fähigkeiten und Fertigkeiten zu erkunden, als eine in ihrer Wirkung ungewisse Vorbereitungsmaßnahme auf ein in seinem Unterschätzungseffekt ebenfalls ungewisses Auswahlverfahren.

Auf alle Fälle ist es interessant, die Wirksamkeit von Interviewtrainings zu kennen. Schon Arvey und Campion (1982) referieren verschiedene Untersuchungen zu dieser Frage an gesunden und behinderten Personen, in denen zum Teil auf gut kontrollierte Weise die Wirkungen von Trainingsmaßnahmen mit dem Verhalten und den Einstellungserfolgen untrainierter Personen verglichen wurden. Dabei wurden trainiert bzw. als Trainingsmethode eingesetzt:
- verbales Verhalten, z. B. Antwortwendungen
- nonverbales Verhalten, z. B. Blickkontakt
- Abfassen von Bewerbungen
- Ausfüllen von Personalfragebögen
- Behavior Modeling
- Rollenspiele
- direktives Feedback
- Vorträge (Sachinformation über Interviews und Personalauswahl)
- Diskussionen
- Interviewsimulationen
- gepflegtes Äußeres
- Video-Feedback
- Treatment-Kombinationen, z. B. Modeling + Rollenspiel + Video-Feedback

Alle von Arvey und Campion referierten Studien konnten positive Trainingseffekte vorweisen. Als Kriterien wurden erhoben:
- Einstellungserfolg
- erzieltes Gehaltsniveau
- job leads obtained
- vermehrter Blickkontakt
- Erklärung eigener Fertigkeiten
- Ausdrücken relevanter Gefühle und Meinungen
- erhöhte Sprechzeit
- Kenntnis von Stellenausschreibungen

Die von Arvey und Campion (1982) referierten Studien beschränkten sich allerdings teilweise nicht auf das Trainieren der Interviews allein. Die bezeichneten Erfolge – z. B. fanden bei Keith, Engelkes & Winborn (1977) acht von 19 trainierten Rehabilitanden eine Stelle, dagegen nur sechs von 47 Mitgliedern der Kontrollgruppe – gehen deshalb nicht nur auf erhöhtes Geschick im Interview zurück, sondern zum Teil auf aussichtsreicheres Verhalten rund um das Bewerbungs- und Einstellungsverfahren. Eine von Campion und Campion (1987) durchgeführte Untersuchung beschränkte sich demgegenüber strikt auf ein Interviewtraining. Obwohl das Training von den geschulten Personen positiv beurteilt wurde, und mehr als 70 % von ihnen der Meinung waren, es habe ihr Geschick verbessert, konnte als Erfolg lediglich verbucht werden, dass die trainierten Arbeiter mehr über Interviews wussten, während sie im tatsächlichen Interview nicht besser beurteilt wurden und nicht mehr Stellenangebote bekamen als die Mitglieder einer Kontrollgruppe. Ein Trainingseffekt in Höhe einer inkrementellen Varianzaufklärung von $R^2 = .09$ (ursprünglich eine multiple Korrelation von $R = .30$) wurde dagegen von Maurer, Solamon und Troxtel (1998) erzielt, die Polizeibeamte und Feuerwehrleute in der Beantwortung situativer Interviews trainierten. Kriterium war wiederum die Beantwortung situativer berufsbezogener Fragen vor einem Beurteilergremium.

Weitere einschlägige Studien werden von Dipboye (1992) sowie von Sackett, Burris und Ryan (1989) berichtet, darunter auch solche, die Bewerbungskandidaten auf das Hinnehmen von Absagen vorbereiten, ohne in ihrer Zuversicht und in ihrem weiteren Bemühen nachzulassen. In der Gesamtsicht dieser und weiterer Arbeiten entsteht der Eindruck, dass in Gruppen benachteiligter, behinderter, chronisch arbeitsloser und auf andere Weise unterstützungsbedürftiger Menschen die Trainingseffekte ausgeprägter sind als bei bereits im Arbeitsleben befindlichen Personen. Ließe sich von methodischen Problemen absehen (nämlich von der Breite des Trainings und dem Regressionseffekt, der Veränderungen in Extremgruppen auch durch Zufallseinflüsse erwarten lässt), so könnte man Befriedigung darüber empfinden, dass Interviewtrainings geeignet sind, einen Teil der Handicaps zu kompensieren, die zur Unterschätzung bei der Personalauswahl führen. Von weiterführendem Vorteil wäre es freilich, damit gleichzeitig einen Teil der Beeinträchtigungen zu beseitigen, die üblicherweise mit Benachteiligungen einhergehen (z. B. Ängste, geringes Selbstvertrauen etc.) und auf diese Weise die effektive Berufseignung zu verbessern. Hoffnung besteht immerhin darauf, dass vermehrte Stellenangebote und der damit ermöglichte (Wieder-) Einstieg ins Berufsleben ihrerseits solche Effekte zu erzielen vermögen.

Eine Gruppe, über deren Training dem Verfasser leider nichts bekannt ist, sind Hausfrauen, die vor dem Wiedereinstieg ins Berufsleben stehen. Dass sie Unterstützung benötigen, ihre Kenntnisse aufzufrischen und auf einen aktuellen Stand zu bringen, ist die eine Sache, sie betrifft das Einstellungsgespräch nur wenig. Eine höchst interviewrelevante Angelegenheit wäre es dagegen, sie bei der Übertragung ihrer zu Hause erworbenen Qualifikationen in die Berufswelt zu unterstützen: Planung und Organisation von Haushalt und Finanzen beispielsweise, soziale und pädagogische Kompetenzen aus der Kindererziehung und eine Vielfalt anderer Fertigkeiten könnten für die Arbeitstätigkeit von Nutzen sein. Dies selbst zu erkennen, erfordert Anstöße und die Fähigkeit, funktionale Gebundenheiten aufzulösen. Es im Gespräch überzeugend zu vermitteln, erfordert Selbstvertrauen aufzubauen und geeignete terminologische und rhetorische Mittel zu finden. Hierin könnten Arbeitsvermittler, Trainer und Coaches verdienstvolle Aufgaben finden.

12.3 Wie Bewerber „interviewen" können

Es steht eine Vielzahl an Bewerbungsratgebern zur Verfügung, denen an dieser Stelle nicht Konkurrenz gemacht werden soll. Ihnen kann man Empfehlungen entnehmen, die von der Kündigung beim derzeitigen Arbeitgeber bis zum Vertragsabschluss im neuen Unternehmen reichen. Wir wollen uns an dieser Stelle auf die Gesprächsführung beim Einstellungsinterview beschränken.

Das Einstellungsinterview trägt die Bezeichnung „Gespräch" insofern zu Recht, als vom Bewerber in aller Regel nicht erwartet wird, nur für Antworten zur Verfügung zu stehen. In allen Positionen, für die Auswahlgespräche geführt werden, speziell aber in solchen, die Initiative und geistige Regsamkeit erfordern, wird es akzeptiert und meistens sogar geschätzt, wenn Bewerber ihrerseits Fragen stellen. Selbstverständlich wird es besonders geschätzt, wenn „kluge" Fragen gestellt werden, die „echtes" Interesse erkennen lassen. Klug sind Fragen beispielsweise dann, wenn sie zu erkennen geben, dass der Bewerber sich Vorinformation über das Unternehmen beschafft hat, die er auf die relevanten Aspekte hin zu verwerten weiß, wenn sie seinen scharfen Blick für erfolgskritische Punkte zeigen oder wenn sie an Äußerungen des Gesprächspartners anknüpfen, die diesem selbst wichtig sind. Echtes Interesse wird aus Fragen geschlossen, die sich eher auf „Motivatoren" beziehen (z. B. Aufgaben und Verantwortlichkeiten) als auf „Hygienefaktoren" (z. B. Arbeitszeit und Sozialleistungen). Über letztere etwas zu erfahren, ohne sie in den Vordergrund zu stellen, auch das gehört zum Geschick der Gesprächsführung.

Kapitel 4 hat gezeigt, dass die Prinzipien der sozialen Urteilsbildung für den Bewerber ebenso gelten wie für den Interviewer. Sie brauchen deshalb an dieser Stelle nicht erneut aufgeführt zu werden. Die Ausführungen in Kapitel 4 mögen einzuschätzen helfen, was dem gewünschten Eindruck zugute kommt und inwieweit es in den eigenen Möglichkeiten steht, das entsprechende Verhalten auf konsistente Weise zu zeigen. Auch der Bewerber macht sich ein Bild von seinem Gesprächspartner. Er steht allerdings vor dem zusätzlichen Problem, dass die Repräsentativität des Interviewers für das Unternehmen ungewiss ist. Der Bewerber, von dem sich der Interviewer ein Bild macht, ist auch gleichzeitig das Zielobjekt. Umgekehrt *kann* der Interviewer typisch für das ganze

Unternehmen oder dessen Mitarbeiter oder deren Interaktionsstil sein, muss es aber nicht. Der Bewerber hat, so gesehen, sogar ein bisschen klüger zu sein als der Interviewer, um die richtige Entscheidung zu treffen.

Worüber sich Bewerber bereits vor dem Vorstellungsgespräch im klaren sein sollten, ist ein Großteil der Fragen, die zu stellen sind. Sie ergeben sich im Prinzip ebenso wie die Fragen des Interviewers aus den drei Ebenen in Abbildung 1, auf denen Person und Tätigkeit einander gegenübergestellt werden: Wenn sich der Bewerber seiner Fähigkeiten, Fertigkeiten und Kenntnisse bewusst ist, kann er sie den Anforderungen der Tätigkeit kontrastieren. Sein darüber hinaus gehendes Potenzial, seine Lernfähigkeit und Flexibilität sollten den Anforderungen entsprechen, die eine Karriere sowie Änderungen im Unernehmen an ihn stellen könnten. Und schließlich sollte das Befriedigungspotenzial von Tätigkeit und Organisation – hierzu gehört ebenso die Abwechslung oder Handlungsfreiheit, welche die Position gewährt, wie die Anerkennung, die der Ruf des Unternehmens zur Folge hat – seinen Bedürfnissen, Interessen und Werthaltungen entsprechen.

Ein Großteil dieses Vergleichs ist im Vorfeld der Bewerbung durchzuführen. Erlaubt es der Marktwert eines Stellungsuchenden, wird er sich nur dort bewerben, wo er ein hohes Maß an Kongruenz zwischen der eigenen Person und dem Unternehmen wahrnimmt. Ist sein Marktwert eingeschränkt – sei es aus branchenbezogenen Gründen oder aus solchen seiner Ausbildung oder der mangelnden Mobilität seiner Familie –, muss er Abstriche machen.

Kasten 33: Themen für Bewerberfragen

Die wichtigsten Punkte, die der Bewerber angesprochen wissen möchte, können bereits vor dem Gespräch fixiert werden. Eine solche Liste könnte im Kern folgendermaßen aussehen, ist aber immer dem Einzelfall anzupassen.

1. Tätigkeit
   z. B. Aufgaben, Stellenbeschreibung; Möglichkeit, eigene Kompetenzen zu nutzen

2. Verantwortungsbereich und Abgrenzung
   z. B. Befugnisse, Vollmachten, Handlungsspielraum, Entscheidungskompetenzen

3. Besonderheiten und Arbeitsbedingungen
   z. B. Arbeitszeit, Innen-/Außendienst, Reisetätigkeit, Auslandseinsätze, Gesundheitsgefahren

4. Ziele und Aufgaben übergeordneter Einheiten
   z. B. Leistungsziele der Abteilung, Zusammenarbeit mit anderen Bereichen

5. Einordnung der Position
   z. B. hierarchische Stellung, Zuordnung, Vorgesetzte, Mitarbeiter, Berichtsregelung

6. Entwicklungsmöglichkeiten
   z. B. Karriereplan, Fortbildung, Auslandseinsatz, Job-Rotation, Förderprogramme

7. Unternehmen
   z. B. Bilanz, Zielsetzung, Wachstumspotential, Produktplanung, Marktstellung

8. Führungsaufgaben
   z. B. Zahl der Mitarbeiter, Führungskompetenzen, Personalentwicklung

9. Führungs- und Interaktionsstil
   z. B. Führungsprinzipien, Kontakthäufigkeit, Anrede, Selbstständigkeit

10. Gehalt
    z. B. Festgehalt, Zulagen, Leistungsabhängigkeit, absehbare Gehaltsentwicklung

11. Sicherheit
    z. B. Sicherheit des Arbeitsplatzes, Fusionsaussichten, Stellenpläne

12. Sozialleistungen
    z. B. Alters- und Krankenversorgung, Urlaubsregelung, Weihnachtsgeld, Umzugskosten

13. Weitere Sozialleistungen
    z. B. Betriebskrankenkasse, kulturelle Einrichtungen, Betriebskindergarten

14. Status
    z. B. Titel, Sonderrechte, Gremien, Freiheiten, Dienstwagen, Ausstattung

15. Standort
    z. B. Wohnungsmarkt, Schulen, Kulturangebot, Einkaufsmöglichkeiten

16. Positionsbedingte Besonderheiten
    z. B. Außendienst: Verkaufshilfen, Umsatzverlauf, Provisionen, Wettbewerb

Die Fragenliste des Bewerbers sollte vor dem Vorstellungstermin festgelegt werden und zumindest zum Teil den Gesprächspartnern in allen Unternehmen gestellt werden, von denen man eingeladen wird, um eindeutige Vergleiche zu ermöglichen. Selbstverständlich ist diese Liste dort zu modifizieren, wo man aus der Erfahrung lernt, noch wichtigere Punkte anzusprechen oder die maßgeblichen Punkte noch besser zu formulieren. Ein Teil der Fragen bezieht sich ohnehin auf die speziellen Belange des einzelnen Unternehmens oder der jeweiligen Branche.

Nicht immer ist es ganz einfach, einerseits seine vorbereiteten Fragen unterzubringen und andererseits offen zu sein für wichtige Fragen, die sich erst aus den Äußerungen der Gesprächspartner ergeben. Weiß man aus Erfahrung, dass man damit Schwierigkeiten hat, ist es im Zweifelsfall besser, sich gänzlich auf das Gespräch und das Gegenüber zu konzentrieren. Verbliebene Fragen können am Schluss von der Liste abgelesen werden. Das wirkt nicht sehr elegant, ist aber weit besser, als während des Gesprächs an der vorbereiteten Fragenliste zu kleben.

Wichtig ist es, klare Prioritäten für die eigenen Fragen zu setzen. Das heißt nicht, man solle eine bestimmte Reihenfolge abarbeiten (was sich anbieten kann, aber keine zwanghafte Festlegung sein darf), sondern man muss wissen, welche Fragen zu stellen unabdingbar ist, welche man gern stellen möchte, notfalls aber auch zur Disposition stellen kann (z. B. weil sie unpassend wären), und auf welche Fragen man schließlich verzichten kann, wenn der zeitliche Rahmen nicht ausreicht. In den wirklich interessanten Fällen wird dieses einzelne Gespräch nicht die letzte Gelegenheit bleiben, auch die verbliebenen Fragen zu stellen oder die entsprechenden Informationen anderweitig zu besorgen.

Die wichtigsten Fragen, genaugenommen sogar die einzig wichtigen, sind diejenigen, von deren Beantwortung die eigene Entscheidung abhängt. Diese Fragen müssen deshalb gestellt werden, und die Antworten müssen so eindeutig sein, dass die Entscheidung getroffen werden kann. Man wird die eigene Entscheidung nicht gleich kommunizieren, wie das auch die andere Seite nicht tut, überdies sollte man sie auch frühestens nach dem Gespräch treffen und dann nochmals „überschlafen" und mit dem Partner oder anderen Vertrauenspersonen diskutieren.

Das führt uns darauf hin, dass es für Bewerber ebenso wichtig ist wie für Interviewer, zu wissen, was man mit den erhaltenen Informationen anfängt. Man tut also gut daran, während der Vorbereitung seiner Fragen schon daran zu denken, was eine gute und was eine schlechte Antwort wäre. Dazu nimmt man am besten seine Liste wichtiger Gesprächspunkte zur Hand und probiert sie in Form verschiedener Fragentypen zu stellen – wie in Kapitel 7 erörtert. Dabei wird man erstens feststellen, dass zu manchen Punkten mancher Fragentyp besser passt als andere, und zweitens, dass man bei bestimmten Fragentypen besser verwertbare Antworten bekommt als bei anderen Arten von Fragestellung, z. B. weil man ihnen weniger gut ausweichen kann. Daraus ergibt sich zu jedem Gesprächspunkt ein bevorzugter Fragentyp, evtl. sogar ein Punktesystem, das zur Antwortbewertung und am Schluss als Entscheidungsgrundlage dient.

Manche Fragen sind reine Informationsfragen, die knapp gestellt und präzise beantwortet werden können, z. B. „Wird bei Ihnen schon mit der neuesten Version der XY-Software gearbeitet?" „Ja, wir haben sie im vorigen Monat eingeführt, und in wenigen Tagen wird sie allen Mitarbeitern zur Verfügung stehen." In anderen Fällen empfiehlt es sich, halboffene oder offene Fragen zu stellen, beispielsweise: „In welche Produktlinien planen Sie in der nächsten Zeit vorrangig zu investieren?" oder „Wo sieht man in Ihrem Hause die Grenzen der kooperativen Führung?"

Auch die Form der Alternativenfrage kann von Bewerbern mit Gewinn eingesetzt werden, nämlich dann, wenn eine Fragerichtung allein suggestiv wirken würde, wodurch die Antwort von fraglichem Wert wäre: „Wird es im Entwicklungsbereich als wichtiger erachtet, die individuelle Problemlösekompetenz zu fördern oder die Teamorientierung?" Auch können durch die Formulierung von Alternativen gleichzeitig ein Anspruch, Kompromissbereitschaft und die Bedingungen dafür zum Ausdruck gebracht werden, wie das folgende Beispiel zeigt: „Wäre es für Sie akzeptabel, wenn ich versuchen würde, meine engsten Mitarbeiter mitzubringen, oder wäre es für Sie einfacher, mir Ihre besten Kräfte für diese Aufgabe zuzuordnen?"

Dort, wo der eigene Anspruch nicht verhandelbar ist, kann es andererseits von Vorteil sein, ihn durch eine suggestiv formulierte Frage zu äußern: „Ich nehme an, dass für leitende F & E-Mitarbeiter auch bei Ihnen das Prinzip gilt, dass sie die Fachtagungen selbst bestimmen können, die sie besuchen wollen?"

Zu den schwierigeren Fragetechniken gehört, wie wir schon bei den Fragen an die Bewerber feststellen konnten (Kapitel 7), die *Schwächenanalyse*. Für den Interviewer als zur Loyalität verpflichteten Repräsentanten des Unternehmens gilt ebenso wie für einen befragten Bewerber, dass man ihn mit zu platter Befragung nach den größten Schwächen in die Defensive und Beschönigung treibt. Also wird man zweckmäßigerweise auch hier zu freundlichen Euphemismen greifen und beispielsweise fragen: „Nach der Diversifikation sieht Ihre Produktpalette ja sehr gut abgerundet aus. An welcher Stelle sehen Sie denn zur Zeit noch den größten Entwicklungsbedarf?" Oder: „In welchem Bereich geht es noch nicht so gut voran, wie Sie es sich wünschen würden?"

Wenn die Defizite im Bereich liegen, den der Kandidat künftig zu verantworten hat, und wenn man ihm zutraut, für Abhilfe zu sorgen, wird man sehr bereitwillig über notwendige Verbesserungen sprechen. Wichtig ist, sie zu artikulieren, ohne am grundsätzlichen Wohlwollen Zweifel aufkommen zu lassen. Einen guten Eindruck wird ein Bewerber in diesem Kontext dann machen, wenn er die Defizite als willkommene Problemstellungen (oder, wenn es denn sein muss, „Herausforderungen") auffasst und vielleicht sogar erste Ideen zu ihrer Bearbeitung skizzieren kann. Damit ist aber Vorsicht geboten, denn zur Lösung komplexerer Aufgaben muss man zumeist die Zusammenhänge und die Situation des Unternehmens kennen. Schnellschüsse werden dann nicht immer als Einfallsreichtum gewertet, sondern unter Umständen als Oberflächlichkeit oder Besserwisserei. Den sichersten Eindruck macht ein Bewerber dann, wenn er schon auf ähnliche Situationen verweisen kann, die er erfolgreich bewältigt hat.

Aus dem gleichen Grund ist es auch für ihn am interessantesten, entscheidungskritische Punkte mittels biographischer Fragen zu ermitteln. Eine solche Frage hat im Prinzip die Form: „Wie sind Sie bisher vorgegangen, um …?" oder „Haben Sie in dieser Sache schon etwas unternommen?" Selbstverständlich lohnt es sich nur dann, eine solche Frage zu stellen, wenn man in der Lage ist, die Antwort zu bewerten. Besonders wenn es sich um Fragen handelt, die man bei Mehrfachbewerbungen verschiedenen Interviewern stellt, deren Antworten man vergleichend bewerten möchte, lohnt es sich, vorweg zu überlegen und am besten auch schriftlich festzuhalten, welche Antwort man erwartet und wie man sie bewerten will. Fügt man auch noch die konkretisierenden Nachfragen hinzu, wie sie in Abschnitt 9.4 besprochen wurden, entsteht eine vollständige regelgerechte biographische Frage. Wie bei Interviews aus der Perspektive der Organisation ist auch hier darauf zu achten, dass die Fragen mittleren Schwierigkeitsgrad aufweisen; die Extrembewertungen sollten also eindeutig guten bzw. schlechten Antworten reserviert bleiben, die wahrscheinlichste Antwort sollte eine solche mittlerer Qualität sein. In den nächsten Kästen werden zwei Beispiele für solche Fragen vorgestellt.

Nicht in allen Fällen wird der Interviewer die Zuständigkeit haben, auf alle Fragen befriedigende Antworten geben zu können. In diesem Fall sind – soweit mehrere Gespräche geführt werden – Fachfragen, Personalfragen, Fragen zur Unternehmensführung etc. jeweils an die zuständigen Gesprächspartner zu richten. Dies gilt in noch höherem Maße für situative Fragen als für biographische Fragen. Aber gerade die situative Frageform bietet sich an, um sich über Führungsprinzipien oder die „Unternehmensphilosophie" Aufschluss zu verschaffen. Eine Beispielfrage dieser Art wird in Kasten 34 vorgestellt.

Wie die biographischen Fragen ist auch die situative Frage ganz analog zu den Fragentypen gestaltet, wie sie zur Befragung von Bewerbern empfohlen wurden. Ob es allerdings für Bewerber opportun ist, die Fragen von einer Liste abzulesen, ist zweifelhaft. Nachdem in diesem Fall die Anzahl der „standardisierten" Fragen geringer sein dürfte als in der anderen Fragerichtung, wird es im Allgemeinen möglich sein, mit einer Liste von Stichworten auszukommen.

Kasten 34: Situative Frage, die ein Bewerber stellen könnte

Als Fremdsprachenkorrespondentin bin ich darauf angewiesen, mich laufend fortzubilden. In welcher Form wurden meine Kolleginnen in den letzten Jahren unterstützt, ihre Qualifikation zu verbessern?
Konnten sie zusätzlich zu ihrer betrieblichen Fortbildung auch externe Seminarveranstaltungen besuchen?

Bewertungshinweise:
1 – Zunächst mal müssen wir natürlich erwarten, dass jeder unserer Mitarbeiter die Qualifikation mitbringt, die er benötigt. Wenn neue Anforderungen gestellt wurden, dann wurde schon auch mal eine Fortbildung angeboten.
2 –
3 – Wir haben in den letzten Jahren Personalentwicklungsprogramme aufgebaut, die allen Mitarbeitern offen stehen; hierzu gehören beispielsweise auch firmeninterne Sprachkurse. Jede Ihrer künftigen Kolleginnen hat mindestens eine Arbeitswoche pro Jahr zur Fortbildung genutzt. Externe Angebote können in Anspruch genommen werden, wenn Bedarf besteht und keine entsprechende interne Veranstaltung zustande kommt
4 –
5 – In unserer Betriebsakademie bieten wir Veranstaltungen an, die allen Beschäftigten offen stehen, und auch spezielle Programme als fachliche Fortbildung. Sowohl die Vorgesetzten als auch die Mitarbeiter der Personalentwicklung stehen zur Beratung zur Verfügung. So hat jede Ihrer Kolleginnen genau die Veranstaltungen besucht, die für sie persönlich am gewinnbringendsten waren. Wir unterstützen auch die Teilnahme an externen Kursen, aber bemühen uns, alles, was für uns interessant ist, in unsere Akademie zu holen.

Kasten 35: Biographische Fachfrage, die ein Bewerber stellen könnte

Wie hat es sich ausgewirkt, dass zuletzt gegen Ihr eingeführtes Produkt X zwei Konkurrenzprodukte auf den Markt gebracht wurden?
Haben Sie daraufhin etwas unternommen?

Bewertungshinweise:
1 – Unser Produkt ist gut, das werden die Kunden weiterhin honorieren. Ein bisschen Konkurrenz belebt das Geschäft, da muss man nicht gleich in Aufregung verfallen.
2 –
3 – Wir verfolgen aufmerksam den Markt. Noch ist kein Grund zur Sorge geboten, aber wir haben schon unsere Kundenansprache verstärkt und arbeiten daran, die

Unterscheidungsmerkmale von X zu den Konkurrenzprodukten noch deutlicher herauszustellen.
:
4 –
:
5 – Wir haben die Sache natürlich verfolgt, zumal es sich in dem einen Fall um ein klares Plagiat handelt. Wir haben in der Marktansprache die Unterscheidungsmerkmale unseres Produkts zu den anderen noch klarer herausgestellt und haben auch Verschiedenes unternommen, um die Kundenbindung zu stärken. Auf diese Weise konnten wir die anfängliche Absatzdelle schon fast wieder ausgleichen. Das Wichtigste ist aber: unsere Entwicklungsabteilung arbeitet auf Hochtouren, und es wird nicht lange dauern, dann haben wir die Nase wieder ein ganzes Stück vorn.

Kasten 36: Situative Frage, die ein Bewerber stellen könnte

Stellen Sie sich bitte vor, Sie hätten einen jungen Ingenieur wie mich für zwei Jahre nach China geschickt, um eine große Destillationsanlage aufzubauen. Zur Zeit seiner Rückkehr stellt sich heraus, dass an der für ihn vorgesehenen Stelle kein Bedarf mehr besteht. Was würden Sie in diesem Fall tun?

Bewertungshinweise:
1 – So etwas kann immer nur von Fall zu Fall entschieden werden. Da wird sich schon etwas finden.
:
2 –
:
3 – Gerade jemand mit Auslandserfahrung im Anlagenbau hat bei uns gute Chancen, nach seiner Rückkehr eine Position zu finden, die seiner Qualifikation gerecht wird.
:
4 –
:
5 – Teil unseres Entsendungsprogramms ist auch die Reintegration nach jedem Auslandsaufenthalt. Dieses Programm wird für jeden Mitarbeiter laufend aktualisiert, so dass keine bösen Überraschungen entstehen können. So ist das Risiko für Mitarbeiter im Ausland nicht größer als für diejenigen am Heimatstandort.

Die formellen Gesprächspartner bei den Vorstellungsinterviews sind auch diejenigen, für die sich vorbereite Fragen am besten eignen. Aber auch für weitere Informationsquellen, insbesondere die künftigen Kollegen, kann es lohnend sein, einige wichtige Fragen in petto zu haben, die man vorbereitet und über deren Antwortbewertung man sich im Klaren ist. Themen, die in der Organisation gerade die Gemüter bewegen, kann man in Aushängen und Firmenzeitungen erfahren. Interessanter noch können Gespräche mit Personen sein, die aus dem betreffenden Unternehmen ausgeschieden sind.

12.4 Selbst(er)kenntnis

So wie man nur ein Fach studieren sollte, an dem man wirklich Interesse hat, sollte man auch nur eine Stelle annehmen, mit der man sich anfreunden kann. Was das Unternehmen als Ganzes betrifft, sollte man kompromissbereiter sein (wenn man nicht gerade die hauptverantwortliche Leitung übernehmen soll), denn allzu viele Klischees existieren gerade über große Firmen, die es erschweren, sich eine für einen selbst zutreffende Meinung zu bilden. Aber der Arbeitsplatz, die Tätigkeit, die Aufgabe, der Interaktionsstil in dem betreffenden Unternehmen, dies sind Anforderungsfaktoren, denen man nicht nur tagtäglich ausgesetzt sein wird, sondern die man sogar aktiv als loyales Mitglied wird vertreten müssen.

„Passen" sollte man auch zum Unternehmen als Ganzem, aber das Wichtigste ist, dass die Aufgaben zu einem selbst passen. Passen heißt vor allem, dass sie einen interessieren, dass man über die Fähigkeiten verfügt, ihnen (nach Einarbeitung) gewachsen zu sein – sie also nicht irgendwie, sondern gut zu bewältigen –, und dass sie einen ausfüllen, also nicht zu simpel sind oder mit einem zusammen wachsen können.

Bei jedem Stellenwechsel ist die Situation günstiger als beim Einstieg ins Berufsleben, denn das Wahlspektrum ist enger und positive wie negative Erfahrungen haben dazu beigetragen, einem klar zu machen, was man möchte und was man nicht möchte oder nicht kann. Die möglichen Informationsquellen über eigene Interessen und Kompetenzen sind vielfältig, sie reichen von der Alltagserfahrung über Berufsregister bis zu Berufsberatern am Arbeitsamt und qualifizierten Personalberatern.

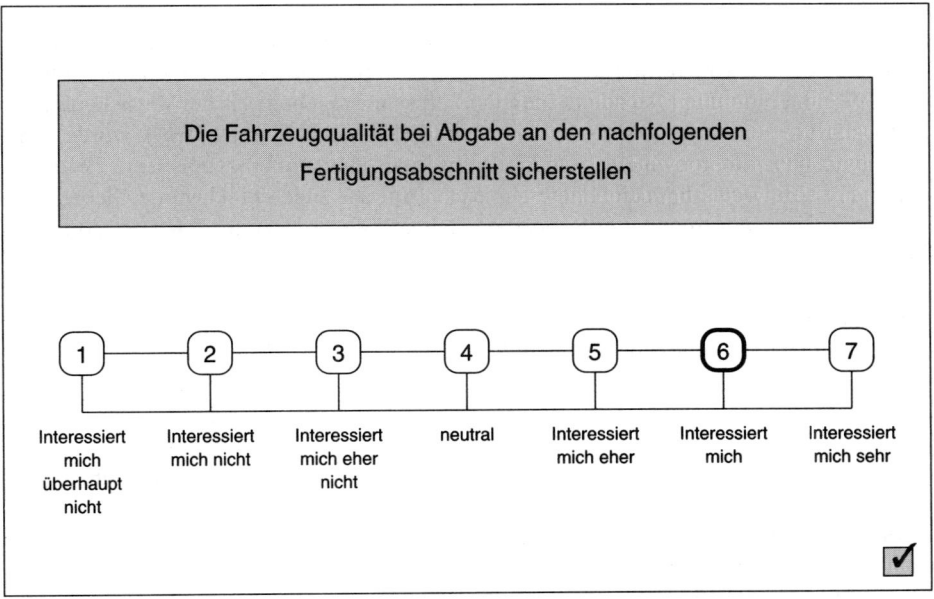

Abbildung 26: Beispielfrage aus einem Interessentest des Projekts „5 000 x 5 000" der Volkswagen AG.

Was in Deutschland fehlt, sind Diagnosezentren, *bilans de compétences,* wie sie in Frankreich existieren (Thömmes & Kop, 2000). Dort kann man den eigenen Qualifikationsbereich diagnostizieren lassen, und zwar von den Fremdsprachenkenntnissen bis zum umfassenden Qualifikationspotenzial. Die Kosten hierfür übernehmen gewöhnlich die Arbeitgeber aufgrund einer Gesetzesregelung, die ihnen auferlegt, einen bestimmten Prozentsatz ihres Umsatzes für Maßnahmen der Personalentwicklung auszugeben. Wesentlich wichtiger als die Finanzierungsquelle ist allerdings die Dignität der Diagnoseinstanz, denn wenn diese über hohe Diagnose- und Beratungskompetenz verfügt, sind die Kosten relativ unerheblich im Vergleich zu dem Ergebnis, anschließend wirklich zu wissen, was man will und kann, was an Entwicklungsmöglichkeiten noch in einem steckt und was man besser vermeiden sollte.

Einen bescheidenen, aber nicht uninteressanten Ersatz bieten Möglichkeiten zum „Selbsttest", wie verschiedene Unternehmen sie seit einiger Zeit anbieten, vorzugsweise via Internet. Ein Beispiel hierfür ist das Projekt „5 000 x 5 000" der Volkswagen AG. Es bietet potenziellen Mitarbeitern – ausschließlich Arbeitslosen – die Möglichkeit, einen Teil der Testverfahren, die zur Mitarbeiterauswahl eingesetzt werden, bereits über das Internet durchzuführen. Vor allem der vorgeschaltete Interessentest soll dazu beitragen, eine fundierte Selbstselektion zu ermöglichen (siehe Abbildung 26). Ähnliche Angebote findet man bei der Sparkassenorganisation, beim Verband öffentlicher Banken und einer Reihe anderer Unternehmen. Der Gehalt dieser Informationen geht zumeist erheblich über das hinaus, was Stellenausschreibungen zur Vermittlung der Anforderungen bieten.

Kasten 37: Biographischer Fragebogen zur Selbstselektion (Auszug)

In der Versicherungsbranche wurde der Versuch, potentiellen Bewerbern einen Auszug aus dem Auswahlverfahren zur vorgeschalteten Selbstselektion anzubieten, schon um 1980 unternommen. Nachdem sich Biographische Fragebogen in der Versicherungswirtschaft in besonderem Maße bewährt haben (Schuler & Stehle, 1990), wurde von den genannten Autoren für eine Versicherungsgesellschaft ein Fragebogen mit 22 Items entwickelt, der Bewerbern und Interessenten auf Anfrage zugeschickt wurde. Sieben aus diesen 22 Fragen werden im Folgenden wiedergegeben, ergänzt um den Auswertungsschlüssel:

Welches war der längste Zeitraum, den Sie für ein Unternehmen gearbeitet haben?	0	unter 2 Jahre
	1	2–4 Jahre
	2	5–7 Jahre
	2	8–10 Jahre
	1	11–13 Jahre
	0	14 Jahre und mehr
Bei wie vielen Ihrer bisherigen Tätigkeiten hatten Sie Kundenkontakte bzw. ständigen Kontakt mit Nicht-Firmenangehörigen?	0	bei keiner
	1	bei einer
	2	bei zweien
	2	bei dreien
	0	bei vieren oder mehreren

Wie oft sind Sie zwei oder mehr Tage beruflich unterwegs?	0	nie
	1	einmal pro Woche
	1	mehrmals die Woche
	2	mehrmals pro Monat
Wie häufig werden Sie von Arbeitskollegen um Hilfe oder Rat bei einer Entscheidung gebeten?	2	sehr oft
	2	oft
	1	manchmal
	0	selten/nie
Wie viele Reden, Vorträge usw. haben Sie bisher bei beruflichen und privaten Anlässen gehalten?	0	5 und weniger
	1	ca. 10
	2	ca. 20
	2	ca. 30
	1	wesentlich mehr als 30
Wie würden Sie Ihre persönlichen Leistungen im letzten Jahr Ihrer Ausbildung (Lehre, Fachschule, Studium o. ä.) bewerten?		ich gehörte:
	1	zu den besten 10%
	2	zu den besten 25%
	1	zu den besseren 50%
	0	zu den schlechteren 50%
	0	kann mich nicht daran erinnern
Wie oft gehen Sie pro Monat mit Freunden, Bekannten, Geschäftskollegen abends aus?	1	mehr als 10mal
	2	mehr als 5mal
	2	3–5 mal
	1	1–3 mal
	0	praktisch nie

Wie erkennbar, handelt es sich um Fragen, die auch im Einstellungsinterview gestellt werden können. Der Auswertungsschlüssel wurde zur Selbstauswertung mitgeliefert.

13 Cui bono?

Die intensive Beschäftigung mit den Grundsätzen und Verbesserungen eines Auswahlverfahrens könnte fast vergessen lassen, dass dieses nur Mittel zum Zweck ist. Inwieweit das Interview dem Zweck gerecht wird, bessere Mitarbeiter mit einem Kostenaufwand auszuwählen, der unter dem Nutzen des Verfahrens liegt, ist Gegenstand des folgenden Kapitels.

13.1 Wiederaufnahme: Die Bedeutung der Validität

In Abschnitt 2.4 war bereits von der *Validität* als dem zentralen Qualitätsmerkmal eines Diagnoseverfahrens die Rede. Fragt man nach dem Nutzen einer verbesserten Personalauswahl, so ist die Validität hierfür die zentrale Einflussgröße. Neben ihr gibt es noch andere wichtige Größen, durch die der Nutzen bestimmt wird, aber zunächst wollen wir uns auf die Validität konzentrieren. Wir können sie als ein Maß für die Angemessenheit und Sinnhaftigkeit der Schlüsse auffassen, die aus diagnostischen Werten gezogen werden. Das bedeutet genau genommen, Validität ist kein Charakteristikum eines Verfahrens selbst, sondern dessen, wozu es verwendet wird.

Beispielsweise mag aus einem Vorstellungsgespräch der Schluss gezogen werden, jemand sei ein guter Techniker, weil er sehr überzeugend auf den Interviewer wirkt. Tatsächlich liegt aber seine wirkliche Stärke darin, überzeugend auf andere zu wirken, während er als Techniker nur über geringe Qualifikation verfügt. Ist nun das Verfahren unzulänglich oder allein die Schlussfolgerung des Interviewers? Begreift man den Interviewer als Teil des Verfahrens, dann kommt es aufs Gleiche heraus. Eine Trennung ist aber zumindest dann am Platze, wenn Verbesserungen vorgenommen werden sollen: Sind die Fragen auszutauschen, oder sollte ein anderer Interviewer mit dem Gespräch betraut werden? Für den Alltagsgebrauch hat es sich eingebürgert, von *der* Validität eines Verfahrens zu sprechen, aber wir sollten in Erinnerung behalten, dass dies eine Vereinfachung ist.

Für die Schlüsse aus eignungsdiagnostischen Instrumenten sind Validitätskoeffizienten zwischen $r = .20$ und $.40$ typisch, wobei zu beachten ist, dass $r = .40$ nicht einen doppelten, sondern einen viermal so engen Zusammenhang (verstanden als Anteil der aufgeklärten Varianz) indiziert wie $r = .20$. Ein Verfahren, das die obere Grenze erreicht oder sogar darüber liegt, kann als gut oder sogar als sehr gut eingeschätzt werden, während der untere Wert etwa die Untergrenze der Brauchbarkeit markiert. In Einzelfällen wird man Kompromisse schließen müssen, aber da wir es in der Berufseignungsdiagnostik gewöhnlich mit Aussagen über Einzelfälle zu tun haben, müssen wir uns nachdrücklich um hohe Validitäten bemühen. In anderem Kontext, beispielsweise bei der Aufschlüsselung epidemiologischer Zusammenhänge, können durchaus auch niedrigere Werte von Nutzen sein.

Um die Einschätzung zu erleichtern, in welcher Höhe Validitätskoeffizienten (ausgedrückt als metaanalytisch korrigierte Korrelationskoeffizienten) zu erwarten sind, werden in Tabelle 26 Effektstärken aus verschiedenen Bereichen aufgeführt (alle Effektstärkenmaße wurden in Korrelationskoeffizienten umgerechnet). Sie zeigen, dass durchaus Zusammenhänge, die als wichtig oder nützlich erachtet werden – etwa zwischen Rauchen und Lungenkrebs oder zwischen der Einnahme entzündungshemmender Medikamente und der Schmerzlinderung –, sich in numerisch geringen Korrelationswerten niederschlagen. (Einschränkend ist allerdings zu vermuten, dass Metaanalysen bevorzugt für solche Wirkungszusammenhänge errechnet werden, deren Ausprägung fraglich oder umstritten ist, während evidente Effekte seltener einer solchen Überprüfung unterzogen werden dürften.)

Tabelle 26: Auswahl von Zusammenhängen aus verschiedenen Lebensbereichen (aus Meyer et al., 2001, und anderen Studien)

Prädiktor	Kriterium	r	N/k/K
Chemotherapie	Überlebensrate bei Brustkrebs	.03	9069
Rauchen	Lungenkrebs innerhalb 25 Jahren	.08	3956
Testwert Extraversion	Verkaufserfolg	.08	6004
Medien-Gewaltdarstellung	Aggressives Verhalten	.13	k = 12
Entzündungshemmende Medikamente	Schmerzreduktion	.14	8488
Film-Kritiken	Einspielergebnis	.17	k = 15
Mammographie-Ergebnisse	Brustkrebs innerhalb 2 Jahren	.27	192009
Testwert Neurotizismus	Subjektives Wohlbefinden	.32	9777
Testwert Dominanz	Assessment Center-Wert	.30	k = 8
Psychotherapie	Nachfolgendes Wohlbefinden	.32	K = 375
Viagra	Sexuelle Funktion	.38	779
Ähnlichkeit Liebespaare	Beobachterurteil Attraktivität	.39	1299
Kurzzeitgedächtnis	Depression	.41	K = 10
Intelligenzquotient	Bildungsniveau	.44	k = 9
Körpergröße	Körpergewicht	.44	16948
Testwert Leistungsmotivation	Leistungsmotivation nach 10 Jahren	.48	254
Laborergebnisse	Entdeckung Lungenkrebs	.48	1593
Geschwindigkeit der Informationsverarbeitung	Schlussfolgerndes Denken	.55	4026
Äquatorentfernung (USA)	Durchschnittliche Tagestemparatur	.60	k = 197
Immunglobulin-G-Wert	Rheumatische Arthritis	.68	k = 99
Intelligenz-Gesamtwert (IQ)	IQ nach 42 Jahren	.77	K = 11

Anmerkungen: r = durchschnittliche Korrelation, N = Anzahl Personen, k = Anzahl Effektstärken, K = Anzahl Studien

Man trifft sich gern bei dem Gemeinplatz, es sei „alles sehr komplex", aber bis zur Interpretation von Validitätskoeffizienten können viele ihre Einsicht in die vielfältige Bedingtheit des Vorfindlichen doch nicht transportieren. So kommt es dazu, dass Validitätskoeffizienten von r = .40 oder .50 als gering angesehen werden, weil sie ja nur 16 bzw.

25 % der Varianz im Kriterium aufklärten. Mit dieser Logik müsste man nicht nur auf die meisten medizinischen Therapien verzichten, sondern so gut wie auf alle Maschinen, die üblicherweise Wirkungsgrade zwischen 10 und 30 % aufweisen; ebenso auf die Nutzung von Glühbirnen, die mehr Wärme als Licht erzeugen, sowie auf die Verwendung unserer Beine zum Laufen, weil auch hierbei nur ein Wirkungsgrad von etwa 25 % zustande kommt. Überhöhte Validitätserwartungen sprechen also nicht nur von Verkennung statistischer Prinzipien, sondern auch von der Unterschätzung der Komplexität allgemeiner Lebenszusammenhänge.

13.2 Weitere Nutzenparameter: Basisrate und Selektionsquote

Validität kann auch als Reduktion von Unsicherheit verstanden werden. An einem *binomial effect size display* lässt sich der Informationsgewinn veranschaulichen, der durch verschiedene Korrelationskoeffizienten erzielt wird. Wir gehen zunächst vom Fall größter Unsicherheit aus (Abbildung 27): Prädiktor und Kriterium sind unkorreliert (r = .00), die Basisrate beträgt 0,5 (d. h. 50 % liegen über dem kritischen Kriteriumswert – sind also erfolgreich –, 50 % darunter), und die Selektionsquote liegt ebenfalls bei 50 %, also jeder zweite Bewerber liegt über dem kritischen Testwert. 200 Personen verteilen sich damit zu jeweils 50 auf die vier Quadranten wie in Abbildung 27 dargestellt.

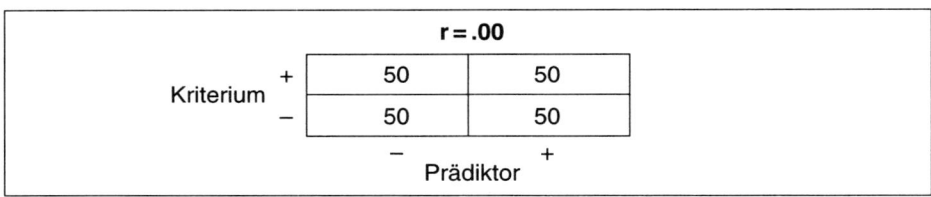

Abbildung 27: Informationsstand bei maximaler Unsicherheit: r = .00

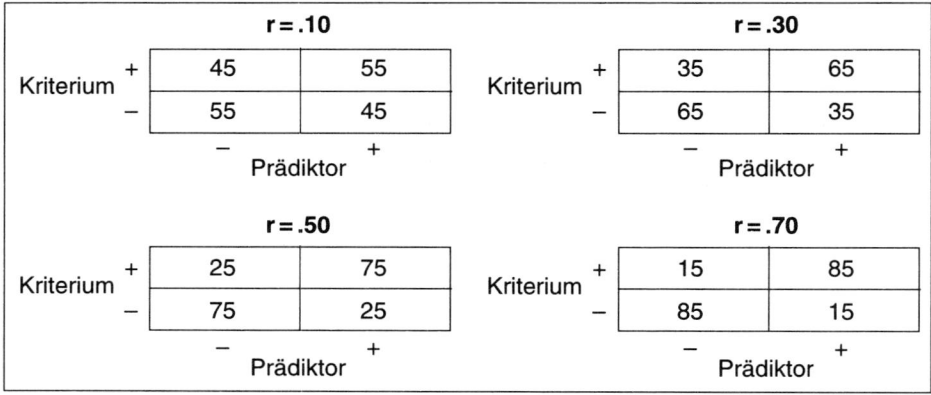

Abbildung 28: Verminderung der Unsicherheit durch Einsatz valider Prädiktoren (Auswahlverfahren).

Nun erhöhen wir unter Beibehaltung der schwierigen Bedingungen 50 % Basisrate und 50 % Selektionsquote die Validität des Verfahrens auf r = .10, r = .30, r = .50 und r = .70, wie in Abbildung 28 illustriert. Als Ergebnis vermindert sich die Besetzungshäufigkeit der Quadranten, die wir als Fehlentscheidungen ansehen können (+/– und –/+), zugunsten der Richtigentscheidungen (+/+ und –/–). Bei beiden Arten richtiger Entscheidungen – Geeignete angenommen und Ungeeignete abgelehnt – erhöht sich die Erfolgsquote auf 55, 65, 75 und 85 %.

Höhere Erfolgsquoten sind durch die Validität von Auswahlverfahren allein nicht zu erreichen, wenn das Kriterium der Berufserfolg ist, denn r = .70 entspricht etwa der Validität, die mit einem sehr guten multiplen Verfahren der Potenzialanalyse erreichbar ist (wobei zusätzlich eine sehr verlässliche Messung der Erfolgskriterien vorausgesetzt werden muss). Hat man dagegen die Möglichkeit, eine günstigere Selektionsquote zu wählen, also beispielsweise einen von zehn Bewerbern auswählen zu können, so steigt der Anteil der Richtigentscheidungen unter den Angenommenen auf 95 %. Ist zusätzlich auch die Basisrate wesentlich günstiger, sind also etwa 9 von 10 Bewerbern bereits vor der Auswahl geeignet, den Leistungsaspekten zu genügen, so reicht bereits ein Auswahlverfahren der Validität von r = .55, um überhaupt keine ungeeigneten Personen mehr in der Gruppe der Angenommenen mehr erwarten zu lassen (wohl aber Geeignete unter den Abgelehnten).

Diese Beispiele zeigen, dass die Höhe der Validität immer, der Prozentsatz richtiger Entscheidungen aber nie eine Qualitätsaussage für sich ist. Ein Headhunter, der sich mit einer Quote von 90 % richtiger Entscheidungen brüstet, die er mit Hilfe eines Interviews und eines graphologischen Gutachtens erreicht hat, könnte mit einer Basisrate von 0,9 arbeiten – d. h. auch ohne seine Auswahlprozeduren läge die Erfolgsquote bei 90 %, z. B. weil er erfolgreiche Programmierer aus Firma A abwirbt und an Firma B vermittelt. In diesem Fall könnten seine Auswahlverfahren eine Validität von r = .00 haben (bei einer Selektionsquote von 50 %). Sein Geschick läge also gar nicht in der Auswahl, sondern allein in der Abwerbung. Ein wahrer Künstler müsste er dagegen sein, wollte er es auf 90 % Erfolgsquote bringen, wenn die Basisrate statt 0,9 nur 0,1 beträgt: In einem solchen Fall würde ihm nämlich (bei unveränderter Selektionsquote) selbst ein Auswahlverfahren mit einer Validität von r = .95 (die es praktisch nicht gibt) eine Erfolgsquote von nur 20 % einbringen (Kalkulation nach Taylor & Russel, 1939). Umgekehrt dürfte ein Arzt eine Erfolgsquote von gut 95 % erzielen, wenn er allen 30-Jährigen prophezeite, im nächsten Jahrzehnt würden sie nicht an Krebs erkranken. Extreme Basisraten, zeigt sich an diesen Beispielen, führen zu irreführenden Aussagen über Erfolgsquoten.

Doch zurück zum Effekt der Validität. Stellen wir hohe Ansprüche, so können wir von einem hochentwickelten strukturierten Einstellungsinterview eine Validität von r = .50 erwarten (zumindest bei korrigierten Koeffizienten, in glücklichen Fällen sogar bei unkorrigierten). Bei Bewerbern mit mittleren Interviewwerten ist die Prognose immer schwierig; ob sie eingestellt werden oder nicht, ist eine Frage der Selektionsquoten, die man sich leisten kann (also auch eine Frage der Qualität des Personalmarketings). Bei eindeutig guten oder schlechten Interviewwerten ist die Entscheidungssicherheit dagegen recht hoch. Betrachten wir diesmal einen Kandidaten auf der negativen Seite der Werteverteilung: Gehört er zu den 5 % Schwächsten im Interview, hat er trotz einer Basisrate von 50 % nur eine Chance von 1 : 20, bei der späteren Leistungsbeurteilung unter die besten 20 % eingereiht zu werden. Selbst seine Aussicht, über dem Mittelwert (Median) der Leistungsbeurteilung zu landen, ist geringer als $^1/_4$; seine Chancen stehen 50 : 50, beim Kriterium im untersten Fünftel platziert zu werden bzw. über den Prozentrang 20 hinauszukommen.

13.3 Inkrementelle Validität

Bisher wurde nur über Validitätskoeffizienten im Vergleich zur Zufallsauswahl (r = .00) gesprochen. In diesem Fall erbringt natürlich jeder positive Wert einen Vorteil, jedenfalls wenn er die entstehenden Kosten übersteigt. Realiter ist es dagegen so, dass ein neues, verbessertes oder zusätzliches Auswahlverfahren in Konkurrenz zu einem bereits vorhandenen tritt. Schmidt und Hunter (1998) haben dazu als Ausgangsverfahren allgemeine kognitive Fähigkeitstests, d. h. Intelligenztests gewählt, weil sie nach ihrer Einschätzung die besten generell brauchbaren Auswahlverfahren darstellen (was statistisch gesprochen heißt, dass die untere Grenze des sog. Vertrauensintervalls immer noch signifikant über Null liegt. Das bedeutet, dass in mehr als 95 % aller Fälle die Anwendung von Intelligenztests zu positiven Validitätswerten führt). Für alle wichtigen zusätzlich in Frage kommenden eignungsdiagnostischen Verfahren haben Schmidt und Hunter angegeben, welche grundständige Validität errechnet wurde (in derjenigen Metaanalyse, die sie für die aussagekräftigste halten) sowie welche *inkrementelle*, d. h. zusätzliche Validität zu erwarten ist, wenn das betreffende Verfahren ergänzend zu einem Intelligenztest zur Anwendung kommt. In Abbildung 29 sind diese Werte zusammengestellt (tabellarisch verfügbare Daten aus Schmidt & Hunter, 1998).

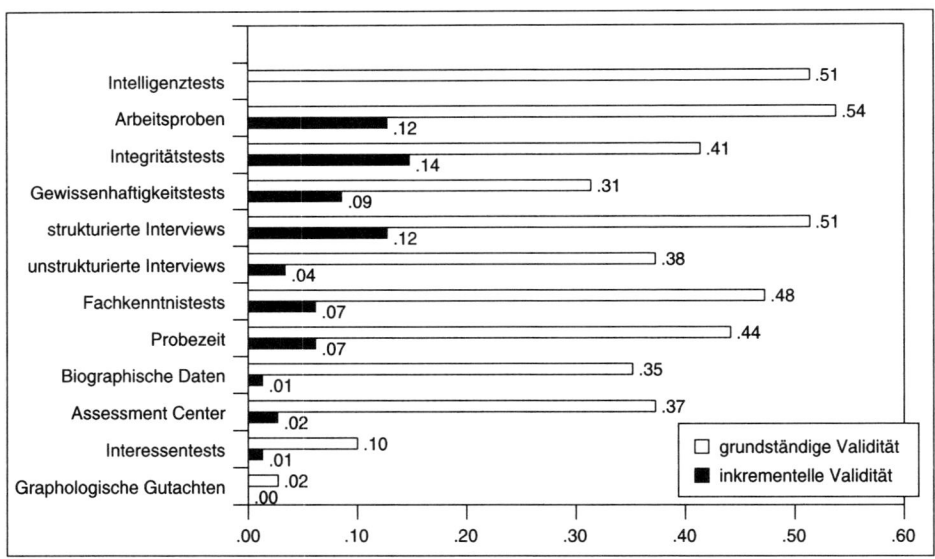

Abbildung 29: Grundständige Validität verschiedener eignungsdiagnostischer Verfahren sowie inkrementelle Validität gegenüber Intelligenztests (Daten aus Schmidt & Hunter, 1998)

Die in Abbildung 29 graphisch dargestellten Werte sind folgendermaßen zu interpretieren: Die weißen Säulen symbolisieren die Höhe der grundständigen oder absoluten Validitätswerte (prognostische oder konkurrente Validität). Es handelt sich durchgehend um metaanalytisch korrigierte Werte. (Die herangezogenen Metaanalysen können bei Schmidt & Hunter, 1998, die Originalstudien in den Publikationen der jeweiligen Metaanalyse nachgelesen werden.) Hohe Validität weisen kognitive Fähigkeitstests, Arbeitsproben und strukturierte Interviews auf, danach folgen Fachkenntnistests, Probezeit und Integritätstests. Nicht wesentlich über Null liegen graphologische Gutachten, gering ist auch die Validität von Interessentests (jedenfalls bezogen auf das Kriterium berufliche Leistung; höher läge der Wert, wenn Berufszufriedenheit oder Fluktuation als Maßstab gewählt würde). In allen Fällen wird vorausgesetzt, dass es sich um Verfahren hoher psychometrischer Qualität handelt.

Die dunklen Säulen in Abbildung 29 markieren die inkrementelle Validität. Sie sind so zu lesen: Werden Intelligenztests durch Arbeitsproben ergänzt, so liegt der Erwartungswert der gemeinsamen Validität bei $r = .63$ ($.51 + .12$), auf den gleichen Wert kommt man durch die Kombination von strukturierten Interviews mit Intelligenztests. Ein noch etwas höherer kombinierter Wert ($r = .65$) ist durch die gemeinsame Anwendung von Intelligenz- und Integritätstests zu erwarten. Das so augenscheinvalide Assessment Center vermag die Testvalidität demgegenüber kaum zu erhöhen, gleiches gilt für biographische Daten. Bezogen auf den Ausgangswert von $r = .51$ als durchschnittliche korrigierte Validität eines Intelligenztests bedeutet eine Steigerung auf $r = .63$ eine Zunahme der Validität um 24 %.

Abbildung 29 sagt nichts darüber aus, welche gemeinsame Validität eine beliebige andere Verfahrenskombination erwarten lässt, also beispielsweise ein Gewissenhaftigkeitstest zusammen mit einem biographischen Fragebogen. Zur geringen Zahl der Untersuchungen, die hierüber Aussagen machen, gehört die von Cortina et al. (2000), die inkrementelle Validität von Interviewergebnissen über die Werte aus Gewissenhaftigkeitstests hinaus feststellten. Auch über die Kombination mehrerer Verfahren lässt sich keine Aussage machen. An solchen Berechnungen wäre dringender Bedarf.

Leider enttäuscht die Hoffnung, durch eine Mehrzahl an Verfahren eine Gesamtvalidität zu erzielen, die erheblich über der des besten Einzelverfahrens liegt, in den allermeisten Fällen. Die einfachste Ursache hierfür ist leicht zu verstehen: Man stelle sich vor, die Flugweite eines Skispringers würde elektronisch exakt gemessen und zusätzlich durch einen Schiedsrichter geschätzt. Mittelt man nun die beiden Ergebnisse (oder kombiniert sie auf irgend eine andere Weise), so ist das kombinierte Resultat weniger genau als die bessere Messung für sich allein genommen. Dies dürfte ein wichtiger Grund dafür sein, weshalb eine so aufwendige Methode wie ein Assessment Center geringere Validität erbringt als gute Einzelverfahren in ihrem Kontext (und weist gleichzeitig auf ein erhebliches Verbesserungspotenzial des Assessment Centers hin).

Die Bewertung des Skispringers gewinnt nur dann durch eine zweite Messung, wenn diese sich auf etwas anderes, ein anderes Kriterium, bezieht – in diesem Fall ist es die Haltungsnote, die – höherer Reliabilität halber – als Mittelung mehrerer Einzelbeurteilungen vergeben wird. Analog haben wir bessere Aussicht, von der Hinzunahme eines Interessentests ergänzend zu Fähigkeitstests zu profitieren, wenn wir nicht nur Leistung, sondern ergänzend auch Fluktuation oder Arbeitszufriedenheit vorhersagen möchten. Tatsächlich kann die oft festgestellte geringe inkrementelle Validität mehrere Ursachen haben, von denen die wichtigsten folgende sein dürften:

1. Überschneidung der Messbereiche (Beispiel Intelligenztest und Schulnoten)
2. Geringe Gewichtung der gemessenen Merkmale im Kriterium (Beispiel Interessentest)
3. Durchschnittsbildung aus einem validen und einem weniger validen Prädiktor (z. B. Mittelung der Urteile eines kompetenten und eines inkompetenten Interviewers)
4. Überbewertung augenscheinvalider Verfahren (z. B. der auf Einzelbeobachtungen beruhenden, also wenig reliablen Eindrücke der Beobachter im Assessment Center im Vergleich zu Testergebnissen)

Ins Positive gewendet, lässt die Hinzunahme ergänzender Prädiktoren (Auswahlverfahren) dann inkrementelle Validität erwarten, wenn durch sie zusätzliche relevante Merkmale erfasst werden; wenn das, was die Prädiktoren messen, im Kriterium entsprechend gewürdigt wird; wenn die Qualität (Validität, ersatzweise Reliabilität) der Prädiktoren bei ihrer Kombination berücksichtigt wird; und wenn, damit verwandt, nicht die Augenscheinvalidität, sondern empirisch ermittelte Validitätsindikatoren den Ausschlag für die Verwertung diagnostischer Daten geben. Ein Interviewverfahren, bei dem diese Prinzipien Anwendung finden, ist das Multimodale Interview; beispielsweise wird die Gewichtung der einzelnen Verfahrenskomponenten für den Gesamtwert entsprechend ihrer Fragenzahl (Reliabilität) und empirisch bestimmten Validität vorgenommen.

13.4 Nutzenkalkulation

Drei der vier wichtigsten Einflussgrößen auf den Nutzen eines Auswahlverfahrens (genauer gesagt: dessen, was man damit macht) wurden bisher betrachtet: Validität, Basisrate und Selektionsquote. Ein vierter Parameter fehlt noch, nämlich die Leistungsstreuung im Kriterium (wiederum genauer gesagt: die Wertestreuung, denn als Kriterium kann ja etwa auch die Gesundheit erhoben werden). Die Streuung der Kriterienwerte ist von evidenter Bedeutung: Nachdem die Korrelation mit Unterschiedswerten arbeitet, kann keine Validität errechnet werden, wenn alle Personen die gleichen Leistungswerte erzielen. Gelegentlich mag dies vorkommen, etwa bei Fließbandarbeit, in den meisten Fällen ist die Leistungsstreuung erheblich; sie wächst mit der Autonomie und Komplexität der Arbeitstätigkeit. Im Durchschnitt wird die Standardabweichung der Leistung mit 50 % des mittleren Leistungswerts angenommen (Schmidt & Hunter, 1983). Soweit keine abweichenden empirischen Daten vorliegen, ist dies auch der Wert, der vielen Schätzungen des ökonomischen Nutzens der Personalauswahl zugrunde gelegt wird (Boudreau, 1989). Das bedeutet, dass ein Mitarbeiter auf Prozentrang 84 der betrieblichen Leistungsrangreihe (1 Standardabweichung über dem Mittelwert) 150 %, derjenige auf Prozentrang 16 dagegen (1 Standardabweichung unter dem Mittelwert) nur 50 % der durchschnittlichen Leistung erbringt. Im F & E-Bereich hat die Nutzenschätzung einen Geldwert von 51 000 € für die Leistungsdifferenz von einer Standardabweichung pro Person und Jahr ergeben (Schuler et al., 1995).

Eine einfachere Nutzenkalkulation basiert direkt auf der Validität der Auswahlprozedur. Demgemäß gibt die Höhe des Validitätskoeffizienten den Prozentsatz des maximalen Nutzens an, der mit einer perfekten Leistungsprognose erzielbar wäre. Angenommen, die besten Programmierer würden 30 Computerprogramme einer bestimmten Art pro Jahr fertigstellen, durchschnittlich qualifizierte Programmierer dagegen nur 10, so würde ein Auswahlverfahren der Validität r = .50 dafür sorgen, dass Programmierer ausgewählt werden, die durchschnittlich 20 Programme pro Jahr ausarbeiten. In diesem Fall lässt sich der Nutzen in Geldeinheiten relativ einfach bestimmen.

Exaktere Berechnungen des Nutzens einer verbesserten Personalauswahl lassen sich dann durchführen, wenn neben den kritischen Parametern Validität, Basisrate, Selektionsquote und Leistungsstreuung auch die Zahl der ausgewählten Mitarbeiter und ihre Verweildauer einkalkuliert werden. Die Formel hierfür wird in Abbildung 30 angegeben.

Kalkulationsmodell zur Nutzenberechnung

$$\Delta U = \sum_{k=1}^{F} \left[\sum_{t=1}^{k} (N_{at} - N_{st}) \right] \left[1/(1+i)^k \right] r_{xy} SD_y \Phi/p - \sum_{k=1}^{F} \left[C_k 1/(1+i)^{k-1} \right]$$

wobei

ΔU = der Betrag, um den der Nutzen durch den Einsatz des verbesserten Auswahlverfahrens wächst
r_{xy} = Validität des eingesetzten Verfahrens. Eingesetzt wird der Zuwachs an Validität gegenüber dem bislang verwendeten Verfahren (inkrementelle Validität)
SD_y = Standardabweichung des Leistungskriteriums
Φ = Ordinate der Standardnormalverteilung am kritischen Testwert
p = Auswahlquote
F = Anzahl der Zeitabschnitte, in denen das Verfahren eingesetzt wird
t = Zeitabschnitt, in dem Zu- bzw. Abgang stattfindet
N_{at} = Anzahl der Zugänge im Zeitabschnitt t
N_{st} = Anzahl der Abgänge im Zeitabschnitt t
i = Kalkulationszinsfuß
k = Anzahl der Zeitabschnitte, in denen ein Einsatz des Verfahrens aus einem Zeitabschnitt wirkt (durchschnittliche Verweildauer)
C_k = Kosten für den Einsatz des Verfahrens pro Zeitabschnitt

Abbildung 30: Berechnung des zusätzlichen Nutzens durch den Einsatz eines Auswahlverfahrens (aus Barthel & Schuler, 1989, S. 77 f.)

Die entsprechenden Werte sind im Einzelfall in diese Formel einzusetzen. In zwei realen Anwendungsfällen wurden folgende Nutzenbeträge errechnet: Bei Barthel und Schuler (1989) wurde in einer Versicherungsgesellschaft das bisherige Auswahlverfahren durch einen biographischen Fragebogen ergänzt. Der Validitätszuwachs (inkrementelle Validität) wurde mit r = .18 ermittelt. Auch die übrigen Größen ließen sich relativ gut bestimmen (in anderen Fällen müssen sie mitunter geschätzt werden), woraus sich ein Nutzenbetrag von knapp 250 000 Euro errechnete.

Größer war der Gewinn durch das bereits erwähnte F & E-Auswahlverfahren (Schuler et al., 1995). Nachdem es sich hierbei um Arbeitsplätze mit hoher Wertschöpfung handelte (erinnert sei an den Wert für SDy in Höhe von 51 000 Euro), ergab sich trotz des hohen Aufwands für die Konstruktion des multiplen Potenzialanalyseverfahrens und eines ergänzenden Verfahrens der Leistungsbeurteilung ein erheblich höherer Wert. Die inkrementelle Validität wurde konservativ mit r = .20 geschätzt (was im Übrigen auch eine brauchbare Schätzung für den Validitätsgewinn durch Einsatz eines strukturierten Interviews anstelle eines unstrukturierten wäre). Bei 10-jährigem Einsatz des Auswahlverfahrens und einer jährlichen Einstellung von 25 Personen wurde ein Nutzenzuwachs von 3,8 Millionen Euro errechnet, wobei sogar schon ein Steuersatz von 66,7 % in Abzug gebracht ist.

Diese Beispiele zeigen, dass Aufwendungen für verbesserte Personalauswahl zu den renditestärksten Investitionen gehören. Für verbesserte Interviewverfahren gilt dies ganz besonders, da die Investitionssumme weit bescheidener ist als für ein umfangreiches Potenzialanalyseverfahren. Auch der Kostenaufwand für die laufende Durchführung liegt natürlich – bei vergleichbarer Validität – weit unter dem für ein Assessment Center. Nicht leicht in Geldbeträgen zu bewerten sind andere Auswirkungen eines verbesserten Auswahlverfahrens, beispielsweise die genauere Kenntnis und Beachtung der Tätigkeitsanforderungen durch die Vorgesetzten oder ihre verbesserte Kompetenz zur Gesprächsführung und Zielsetzung aufgrund des Interviewtrainings.

Kasten 38: The Language of Business is Dollars. Is It?

„Like it or not", sagt Cascio (1982, S. V), „the language of business is dollars, not correlation coefficients". Das ist ein Ansporn, der viele Personalpsychologen zum Rechnen gebracht hat. Bestärkt werden wir allemal auch dadurch, dass die Übung ohne Risiko zu sein scheint; denn selbst für bescheidene inkrementelle Validitäten lassen sich eindrucksvolle Gewinnmargen ermitteln. Klar, dass die Pfennigfuchser in den Betrieben auf so etwas abfahren, zumal sie gut verstehen, was ein Dollar ist, während sich das Wesen eines Korrelationskoeffizienten dem Unkundigen nur fragmentarisch erschließt.

Oder?

Der Verfasser musste sich vor Jahren eines Besseren belehren lassen – ausgerechnet in der Metallindustrie. Solide Branche. Harte Kerle. Klare Sprache. Nicht nur den Nutzen von Auswahlverfahren hatte er seinen Kooperationspartnern vorgerechnet, sondern auch den von PE-Maßnahmen. Immer erwies sich die Investition in Humanresourcen als lukrativ und die Zusammenarbeit als erfolgreich.

Eines Tages allerdings lag ein seltsam verklärtes Lächeln auf den herben Gesichtern, und die Stimmen klangen sanfter als gewohnt. Das Rätsels Lösung war ein Kommunikationstraining. Die Macher hatten sich von einer psychologischen Kollegin aus der esoterischen Fraktion bezirzen lassen. Im Lotussitz auf Bodenmatten, zu den Klängen fernöstlicher Musik, waren sie sich spirituell nähergekommen. Der ganze Vorstand war infiziert, und die Ausweitung der Lotus-Beglückung auf die nächsten Etagen war schon in Planung.

Die Frage nach den Ursachen des Sinneswandels wurde bündig beantwortet: „Wissen Sie, das ist Psychologie, die uns Neues erschließt! Von Psychologen erwarten wir eigentlich nicht, dass sie unsere Investitionsplanung verbessern. Dafür haben wir eine ganze Hauptabteilung von Controllern. Was wir dagegen mit Ihrer Kollegin erlebt haben, das hat uns wirklich fasziniert!"

Was ist nun die Sprache des Business?

14 Recht und Fairness

Mehrfach in diesem Text wurden Fragen der Personalauswahl aus der Sicht der Bewerber angesprochen, Kapitel 12 war ausschließlich dieser Perspektive gewidmet. Als Zusammenfassung der Situationsmerkmale, die eine Auswahlsituation zu einer sozial akzeptablen Situation machen, wurde das Konzept der sozialen Validität dargestellt. Soziale Validität kann in einem umgangsprachlichen Sinn auch als Fairness bezeichnet werden. Im Kontext der Personalauswahl ist der Fairnessbegriff allerdings mit der Bedeutung belegt, Bewerber nicht willkürlich oder ungerecht zu behandeln, genauer: Chancengleichheit für Angehörige verschiedener (z. B. ethnischer) Gruppen bei Auswahl durch eignungsdiagnostische Verfahren zu gewährleisten. Diese Forderung ist in einer Mischkultur wie der US-amerikanischen von besonderem Gewicht, gewinnt allerdings auch in europäischen Ländern an Bedeutung (Pearn, 1993). In diesem Kapitel werden zunächst Rechtsfragen der Personalauswahl besprochen, soweit sie für den Einsatz von Einstellungsinterviews einschlägig sind. Im Anschluss daran wird erörtert, inwieweit Interviews fair im Sinne der Chancengleichheit sind, bzw. was unternommen werden kann, sie zu fairen Instrumenten zu machen.

14.1 Rechtsfragen

Als grundsätzlich einschlägig für die Frage nach der Zulässigkeit der Eignungsdiagnostik wird Artikel 1 des Grundgesetzes angesehen, in dem die Würde des Menschen als unantastbar erklärt wird. Dies setzt eignungsdiagnostischem Vorgehen dort Grenzen, wo es nicht durch die Anforderungen der Tätigkeit legitimiert ist, insbesondere hinsichtlich des Eindringens in die Intimsphäre.

Auch aus dem allgemeinen Persönlichkeitsrecht (Art. 1 Abs. 1 GG und Art. 2 Abs. 1 GG) lässt sich ein Schutz vor „unangemessener charakterlicher Ausforschung" begründen (Hoyningen-Huene, 1997). Dies kann auf die Art der eingesetzten Verfahren bezogen werden, aber auch auf die Schlüsse, die aus den diagnostischen Daten gezogen werden. Wo die Grenzen der Angemessenheit liegen, ist jeweils abzuwägen und ergibt sich u. a. aus der Art der zu besetzenden Position; etwa wird bei Führungskräften eine persönlichkeitsbezogene Diagnose und Interpretation eher als gerechtfertigt angesehen als auf niedrigerem Positionsniveau. Im Zweifelsfall hat der Persönlichkeitsschutz Vorrang vor betriebswirtschaftlichen Nutzenbegründungen. Teil des Persönlichkeitsrechts ist auch das Recht auf informationelle Selbstbestimmung, das spezifischer durch das Bundesdatenschutzgesetz geregelt ist (Gaul, 1990).

Eignungsdiagnostische Untersuchungen dürfen auch nicht nach Belieben durchgeführt werden, sondern nur, wenn ein sachlich begründeter Anlass vorliegt. Dieser Anlass wird als gegeben dadurch angesehen, dass geprüft werden soll, inwieweit der Bewerber den Tätigkeitsanforderungen gewachsen ist. Dabei sind die Anforderungen im Einzelnen zu bestimmen. Können durch unqualifizierte Berufsausübung Gefahren entstehen, so besteht sogar eine Verpflichtung zur eignungsgerechten Auswahl von Mitarbeitern (Hoyningen-Huene, 1991, S. 6). Für Bewerber im Mitarbeiterverhältnis kann sich ein vertretbarer Anlass auch durch Weiterbildungserfordernisse ergeben. Im Auswahlverfahren gilt für beide Beteiligte eine gegenseitige Sorgfalts-, Rücksichts- und Diskretionspflicht, die sich aus dem vorvertraglichen Vertrauensverhältnis ergibt (auf der Grundlage der *culpa in contrahendo*).

Die Durchführung einer Eignungsuntersuchung hat *de lege artis* zu erfolgen, d. h. von einer hierfür kompetenten Person – und mit Hilfe von Verfahren, die wissenschaftlichen Ansprüchen – also auch den Prinzipien der psychologischen Testtheorie – genügen. Im Einzelfall hat sich der Durchführende von der wissenschaftlichen Dignität des Verfahrens zu überzeugen (Pulverich, 1996).

Diese Regelung bezieht sich offenbar auf psychologische Tests oder andere als formelle Auswahlverfahren erkennbare Instrumente. Ob Einstellungsinterviews hierunter fallen, dürfte zweifelhaft sein. Insofern kann deren Verwendung bislang als weniger geregelt gelten als die anderer diagnostischer Verfahren.

Die gleiche Einschränkung gilt für die Vorgabe, dass die Einwilligung des Bewerbers zur Untersuchung einzuholen ist, wobei der Diagnostiker nach dem „wirklichen Willen" des Untersuchten zu forschen hat. Beispielsweise ist es unzulässig, ohne das Einverständnis des Bewerbers ein graphologisches Gutachten einzuholen. Die Übersendung eines handgeschriebenen Lebenslaufs mit den Bewerbungsunterlagen kann jedoch als *konkludentes Einverständnis* interpretiert werden. Da es allgemeinem Brauch entspricht, Auswahlgespräche zu führen, also jeder Bewerber damit rechnen kann, dass mit ihm ein solches, für die Auswahlentscheidung maßgebliches Gespräch geführt wird, kann sicherlich auch hierfür ein konkludentes Einverständnis angenommen werden. Weniger eindeutig dürfte der Fall liegen, wenn ein telefonisches Vorgespräch geführt wird, in dessen Rahmen bereits Auswahlfragen eingeflochten werden, ohne dass dies für den Bewerber offensichtlich ist.

Grundsätzlich gilt, dass mit der Verwendung eignungsdiagnostischer Verfahren in den Persönlichkeitsbereich des Bewerbers eingegriffen wird. Dieser Eingriff muss durch schutzwürdige Rechte des Arbeitgebers gerechtfertigt sein, so dass es zu einer Abwägung zwischen den Interessen beider Seiten kommt (Hoyningen-Huene, 1997). Die Eignungsuntersuchung darf nur solche Merkmale der Bewerber erfassen, die für die vorgesehene Tätigkeit erforderlich sind und nicht durch andere Unterlagen, wie z. B. Zeugnisse, erkennbar sind (Popp, 1996). Daraus lässt sich ableiten, dass eine eignungsdiagnostische Untersuchung nur dann gerechtfertigt ist, wenn in einer vorgeschalteten Anforderungsanalyse die erfolgsrelevanten Merkmale ermittelt werden und das Auswahlverfahren hierauf abgestimmt wird.

Aus dieser Bedingung ist auch das Ermessen der Zulässigkeit von Fragen abzuleiten. Am besten ist dieser Sachverhalt für Personalfragebogen geklärt, deshalb werden in der folgenden Auflistung Fragenbereiche und jeweils zulässige und unzulässige Fragenbeispiele aufgeführt (Kasten 39, aus Schuler, 2000a, S. 94). Auch wenn Bewerber mündlich gestellte Fragen erfahrungsgemäß eher akzeptieren als schriftlich gestellte, ist es empfehlenswert, sich auch im Einstellungsgespräch an diese Richtlinien zu halten.

Werden unzulässige Fragen gestellt, so darf der Bewerber sie wahrheitswidrig beantworten, ohne dass dem Arbeitgeber daraus später ein Anfechtungsgrund für den Arbeitsvertrag entstünde. Gerichtlich wird gegebenenfalls im Einzelfall nach Interessenabwägung entschieden, nachdem die allgemeine Rechtslage noch viele Unklarheiten aufweist; zudem ist zu erwarten, dass sie sich durch europäische Rechtsnormen noch verschiedentlich ändern wird.

Kasten 39: Fragenbereiche im Personalfragebogen und ihre rechtliche Zulässigkeit		
Fragenbereich	zulässig, Beispiel	unzulässig, Beispiel
Allg. identifizierende Merkmale	Name, Anschrift, Geburtsdatum	
Rechtsstatus	Staatsangehörigkeit, Kranken- und Rentenversicherung	
Familie	Familienstand, Geburtsdaten von Ehepartner und Kindern	Heiratsabsichten, intime Beziehungen
Bildungsweg	Ausbildung, Zeugnisnoten, Lehrgänge	
Bisherige Berufstätigkeit	Arbeitsplätze, Arbeitgeber, Kontinuität	
Fachliche Qualifikation	Kenntnisse, Fertigkeiten, Erfahrung	
Einkommen	letztes Einkommen	falls ohne Bezug zur Eignung
Vermögensverhältnisse	bei leitenden Angestellten und in Vertrauensstellungen	falls ohne Bezug zur Position
Wettbewerbsverbot	diesbezüglich besteht sogar Offenbarungspflicht des Bewerbers	
Urlaubsanspruch	gewährter und abgegoltener Urlaub	
Wehr-/Zivildienst	zulässig	
Vorstrafen	bei Einschlägigkeit; z. B. Unterschlagung bei Kassierer	bei mangelnder Einschlägigkeit
Religions- und Parteizugehörigkeit	in Tendenzbetrieben, z. B. konfess. Einrichtungen, pol. Parteien	grundsätzlich unzulässig
Gewerkschaftszugehörigkeit	in Tendenzbetrieben, etwa Arbeitgeberverbänden; bei Interessenkollision (ltd. Angestellten); wegen Tarifbindung; bei betrieblichem Beitragseinzug	grundsätzlich unzulässig

Schwangerschaft	in Sonderfällen (z. B. Infektionsgefahr, Tänzerin)	nach europäischem Recht grundsätzlich unzulässig
Gesundheitszustand	bei Bedeutung für die Arbeitstätigkeit und Leistungsfähigkeit; gefährliche Infektionskrankheiten (z. B. Tbc, Aids)	allgemein gehaltene Fragen über frühere und derzeitige Krankheiten
Schwerbehinderung	zulässig	

Nicht übersehen werden darf, dass das „Recht zur Lüge oder Antwortverweigerung" den Bewerber in eine Konfliktsituation bringt. Zweifelt er die Rechtmäßigkeit einer Frage an und weigert sich dementsprechend, sie zu beantworten, muss er mit der Minderung seiner Einstellungschancen rechnen. Beantwortet er aber die Frage wissentlich falsch, so setzt er das Vertrauensverhältnis zwischen sich und dem Arbeitgeber schon von Anfang an aufs Spiel. Das „Recht zur Lüge" versetzt den Bewerber insofern also nur in eine sehr eingeschränkt bessere Lage gegenüber dem Arbeitgeber (Comelli, 1995).

Für formelle eignungsdiagnostische Verfahren gilt, dass sie wissenschaftlichen Ansprüchen genügen müssen. Für Auswahlgespräche wurde dies nach Kenntnis des Verfassers bisher in Deutschland arbeitsrechtlich nicht geltend gemacht. Anders ist die Sachlage in den Vereinigten Staaten von Amerika. Williamson, Gollub, Campion, Mahlor, Roehling und Campion (1997) analysierten 130 Gerichtsentscheidungen, die sich auf Einstellungsinterviews bezogen. Dabei brachten sie wissenschaftliche Merkmale in Zusammenhang mit den richterlichen Entscheidungen. Es fand sich eine deutliche Beziehung dergestalt, dass objektivere, anforderungsbezogene und höher strukturierte Interviews eher als Rechtfertigung getroffener Personalentscheidungen akzeptiert wurden.

Eignungsdiagnostische Daten, also Aufzeichnungen aus Einstellungsinterviews, unterliegen dem Datenschutz. Ihre Erfassung, Speicherung und Verwendung darf nur zweckgerichtet erfolgen. Ist als Diagnostiker eine unternehmensfremde Person beauftragt, darf von ihr an den Auftraggeber nur das Ergebnis über die Verwendungseignung weitergegeben werden, nicht dagegen alle Einzelergebnisse (gegebenenfalls müsste hierfür eine ausdrückliche Einwilligung des Bewerbers eingeholt werden).

Der Bewerber hat kein Recht auf Herausgabe der Unterlagen, die Eigentum des Diagnostikers oder des Unternehmens sind; zunehmend wird ihm allerdings das Recht auf Information über die Ergebnisse attestiert. Die von ihm mit der Bewerbung eingesandten Unterlagen sind ihm auf Verlangen zurückzuerstatten (was üblicherweise auch ohne ausdrückliches Verlangen als Regelverfahren praktiziert wird). Bei Nichteinstellung sind die Unterlagen auf Wunsch des Bewerbers zu vernichten.

Will der Eignungsdiagnostiker die Daten (in anonymisierter Form) zu wissenschaftlichen Zwecken weiterverwenden, sollte er sich dafür die Genehmigung erteilen lassen. Als Psychologe hat er die Aufzeichnungen laut Berufsordnung des Berufsverbands

Deutscher Psychologen fünf Jahre aufzubewahren; eine Rechtspflicht zur Aufbewahrung der Unterlagen gibt es weder für den Arbeitgeber noch für den Diagnostiker.

Bei Einstellung des Bewerbers kann das Eignungsgutachten in die Personalakte aufgenommen werden (einige Sachverständige sagen: in versiegelter Form). Laut Betriebsverfassungsgesetz ist der Arbeitnehmer in diesem Fall zur Einsicht berechtigt. Werden die Unterlagen nicht vernichtet, sind Diagnostiker und Arbeitgeber zur Verschwiegenheit gegenüber Dritten verpflichtet. Für das ganze Verfahren gilt für Psychologen die Schweigepflicht nach § 203 des Strafgesetzbuches.

Die Rechte der Arbeitnehmervertretung nach Betriebsverfassungsgesetz (ähnlich im Personalvertretungsgesetz) sehen eine Mitbestimmung ausdrücklich nur beim Personalfragebogen vor, andernfalls nur dann, wenn das Ergebnis der Untersuchung als verbindlicher Maßstab – und nicht nur als Entscheidungshilfe – für die Personalauswahl Verwendung findet. Ausdrücklich verneint wird ein Recht auf Mitbestimmung bei der Festlegung oder Konstruktion eines Auswahlverfahrens (für externe Bewerber).

Auch besteht für den Betriebsrat kein Einsichtsrecht in die Untersuchungsergebnisse, nachdem eine auf Veranlassung des Arbeitgebers durchgeführte Eignungsuntersuchung nicht zu den Bewerbungsunterlagen gehört. Dies wäre allerdings dann der Fall, wenn der Diagnostiker vom Bewerber beauftragt wurde und das Gutachten vom Bewerber selbst zum Bestandteil der Bewerbungsunterlagen gemacht würde.

Dem Betriebsrat kommt allerdings das Recht zu, das Untersuchungsverfahren als Regelwerk kennen zu lernen. Auch kann er sich durch Kontrollen beim Arbeitgeber (nicht beim Diagnostiker) vergewissern, dass der Auftrag zur Eignungsdiagnose zweckgerichtet ergangen ist. Unterlaufen dem Diagnostiker Fehler, so kann der Betriebsrat im Streitfall mit dem Arbeitgeber mittels Beschlussverfahren die Unrichtigkeit feststellen lassen. Einen Anspruch auf Korrektur hat jedoch allein der Bewerber.

Wird bei der Personalauswahl nicht rechtmäßig verfahren, hat der Bewerber einen zivilrechtlichen Anspruch auf Nichtverwertung oder Vernichtung der Unterlagen. Bei schweren Verletzungen des Datenschutzes (z. B. Aufzeichnung von Telefongesprächen ohne Einwilligung des Bewerbers) sind auch strafrechtliche Konsequenzen möglich. Auf der anderen Seite hat der Arbeitgeber das Recht zur Kündigung, wenn der Bewerber zulässige Fragen im Auswahlgespräch falsch beantwortet hat.

14.2 Fairness

In den Vereinigten Staaten von Amerika steht bei der Diskussion ethischer und rechtlicher Probleme die Fairness im Vordergrund, d. h. die Frage, inwieweit bei personellen Entscheidungen Angehörige bestimmter sozialer Gruppen – v. a. ethnische Minoritäten und Frauen – benachteiligt werden. (Landy, 1986, führt darauf sogar die Überbewertung der prognostischen Validität zurück, da diese am ehesten geeignet ist, gerichtlich verwertbare Daten zu liefern.) Der amerikanische Kongress hat deshalb eine Kommission damit beauftragt, Fairnessprobleme am Beispiel der General Aptitude Test Battery, des vom amerikanischen Arbeitsamt (U. S. Employment Service) meistverwendeten Testverfahrens, zu untersuchen.

Ein Beispiel aus der Arbeit dieses Komitees des U. S. National Research Council (Wigdor & Sackett, 1993) zeigt, dass es sich bei Fairness-Problemen um ein Gemenge aus ethischen, rechtlichen, statistisch-methodischen und sozialpolitischen Aspekten handelt. Wigdor & Sackett (1993) demonstrieren am Beispiel eines an sich bewährten, validen Testverfahrens, welche Effekte dadurch entstehen, dass die Prädiktordifferenzen die Kriteriumsdifferenzen übersteigen. So hatte der Einsatz eines Testverfahrens die Auswirkung, dass der Prozentsatz der angenommenen Schwarzen noch geringer war, als es ihrer (ohnehin schon geringeren) Erfolgsquote entspricht. Von den Arbeitern in dieser Beispieluntersuchung – es handelte sich um Zimmerleute – wurden ohne den Einsatz des Tests 35 von 45 Weißen als erfolgreich, also leistungsstark, beurteilt und 16 von 45 Schwarzen; dies entspricht einem Verhältnis von 0,46. Durch die Anwendung des Fähigkeitstests werden dagegen nur 14 % der Weißen, hingegen 50 % der Schwarzen (potenziell Erfolgreichen) abgelehnt. Das Ergebnis ist, dass sich in der Gruppe der erfolgreichen Angenommenen 30 Weiße und 8 Schwarze befinden, was einer Proportion von nur mehr 0,27 entspricht. Der Testeinsatz hat also in diesem Fall die Chancen der schwarzen Bewerber überproportional reduziert. Ein solcher Effekt ergibt sich immer dann, wenn die Verteilung der Fähigkeiten in zwei Gruppen ungleich ist und gleichzeitig mehrere Fähigkeiten für den Berufserfolg erforderlich sind, aber nur ein Teil davon im Auswahlverfahren erfasst wird. Inwieweit sich daraus das Erfordernis gruppenspezifischer Normierung ergibt, ist umstritten und wurde u. a. in Heft 11/94 des *American Psychologist* diskutiert.

Interviews sind diesbezüglich vorteilhaftere Auswahlverfahren als Tests, da sie praktisch immer mehrere erfolgsrelevante Merkmale erfassen. Während Arvey (1979) noch sagen konnte, dass Arbeitgeber, die ihre Mitarbeiter mittels Interview auswählen, Rechtsstreitigkeiten ziemlich wehrlos ausgesetzt sind, hat sich in den nachfolgenden Jahren gezeigt, dass kontrollierte Interviewverfahren fairer und unter der Voraussetzung ihrer anforderungsanalytischen Fundierung und Gleichbehandlung der Bewerber wenig angreifbare Verfahrensweisen sind.

Beispielsweise wurde gezeigt, dass das Defizit amerikanischer Minoritätsgruppen in strukturierten Interviews nur $1/4$ Standardabweichung beträgt (gegenüber einer ganzen Standardabweichung in Intelligenztests); genauer betrachtet, nahm die Differenz sogar mit zunehmender Strukturierung ab (Huffcutt & Roth, 1998). Wie Chan, Schmitt, Jennings, Clause und Delbridge (1998) belegen konnten (allerdings am Fall von Testverfahren), wurde die Fairness der Auswahlverfahren von den Bewerbern höher eingeschätzt, wenn sie erkennbar tätigkeitsbezogen waren. Die Fairnesseinschätzung erwies sich allerdings auch als abhängig vom eigenen Abschneiden beim Auswahlverfahren. Der Effekt, dass Interviewer Bewerber gleicher Rassenzugehörigkeit bevorzugen, zeigte sich im situativen Interview in geringerem Maße als im konventionellen Interview (Lin, Dobbins & Farh, 1992).

Eine größere Zahl von Untersuchungen wurde durchgeführt, um die Frage von Geschlechtsunterschieden beim Abschneiden in Einstellungsinterviews zu prüfen (Harris, 1989). In den verglichenen Einzelstudien fanden sich verschiedentlich Differenzen unterschiedlicher Richtung; tendenziell deutet sich ein leichter Vorteil für Frauen in Interviews an. Ältere Bewerber schneiden durchschnittlich etwas schlechter ab als jüngere, aber auch hier sind die Ergebnisse nicht einheitlich. Nur wenige Untersuchungen widmeten sich bisher der Frage nach dem Abschneiden behinderter Bewerber im Interview. Bei Henry (1994) wurden Behinderte gegenüber Nichtbehinderten bevorzugt. Insgesamt gesehen scheinen also Einstellungsinterviews in anforderungsbezogener und strukturierter Form faire Auswahlverfahren zu sein; im Unterschied zu anderen Auswahlverfahren liegen keine Hinweise für systematische Diskriminierung bestimmter Personengruppen vor. Es darf allerdings nicht vergessen werden, dass es gerade bei einem Verfahren, das nicht in einen Entscheidungsautomatismus mündet (wie das etwa bei einem computergestützten Test möglich ist), von der Person und der Haltung des Durchführenden abhängt, inwieweit gegenüber allen Bewerbern ohne Ansehen tätigkeitsirrelevanter Merkmale fair und respektvoll verfahren wird.

15 Bilanz und Ausblick

Wer dem Text bis hierher gefolgt ist, hat viele Details und Differenzierungen mitverfolgt oder über sich ergehen lassen. Deshalb mag es am Schluss erlaubt oder sogar willkommen sein, ein Resümee in wenigen groben Zügen anzubieten. Anschließend wird kurz skizziert, worin aussichtsreiche Fortentwicklungen von Interviewverfahren bestehen könnten.

15.1 Bilanz

Die Zusammenfassung der Forschungs- und Praxiserfahrungen wird in drei Stufen der Verdichtung angeboten.

Worauf es ankommt

In *allergröbster* Verdichtung sind es nur zwei Prinzipien, von denen die Tauglichkeit eines Einstellungsinterviews abhängt:
1. Man muss die richtigen Fragen stellen.
2. Man muss die Antworten richtig bewerten.

Geht man diesen hochverdichteten Prinzipien ein wenig genauer nach, ergeben sich als wichtige Grundsätze: Die richtigen Fragen kann man dann stellen, wenn man eine Anforderungsanalyse durchführt, mittels deren die erfolgsrelevanten Dimensionen (als Konstrukte, als zu simulierende Verhaltenseinheiten oder als biographische Sachverhalte) festgelegt werden können; wenn Fragen, Dimensionen und Komponenten des Interviews nach den Prinzipien der psychologischen Testtheorie konstruiert und überprüft (validiert) werden; wenn allen Bewerbern zumindest teilweise die gleichen Fragen gestellt werden, so dass die Antworten vergleichbar sind.

Die Antworten kann man dann richtig bewerten, wenn man die Anforderungen in Art und Ausprägung verstanden hat; wenn die Fragen sachgemäß (also z. B. verständlich und nicht suggestiv) gestellt wurden; wenn beispielgebende Antwortverankerungen oder die Erfahrung mit anderen Bewerbern eine vergleichende Einstufung ermöglichen; wenn ein auf das Interviewverfahren abgestimmtes Training die Interviewer in die Lage versetzt hat, angemessene und übereinstimmende Beurteilungen vorzunehmen.

Bemühen wir uns um einen Detaillierungsgrad, der es ermöglicht, die wichtigsten Ergebnisse der Interviewforschung zusammenfassend in Erinnerung zu rufen und eine Reihe von Konsequenzen für die Gestaltung und Anwendung von Interviewverfahren abzuleiten, so kommt selbst in knapper Zusammenstellung doch eine Auflistung zustande, wie sie im Folgenden angeboten wird. Die Aussagen dieser Liste haben die Form von Thesen und Empfehlungen. Einige davon sind schon ältere und gefestigte Erkenntnisse, manches steht im Widerspruch zu dem, was noch vor wenigen Jahren geäußert wurde (z. B. wurde das Auswahlgespräch von der psychometrischen Forschung generell unterschätzt, auch wusste man nicht um seine Tauglichkeit, selbst kognitive Fähigkeiten zu erfassen), Drittes schließlich muss seine Verlässlichkeit noch empirisch erhärten.

Das Einstellungsinterview hat lange Tradition und große Verbreitung. Es ist aber auch der Rahmen für hochkomplexe soziale, kognitive und motivational-emotionale Prozesse. Deshalb müssen wir der Interviewforschung das Recht zubilligen, das Poppersche Diktum für sich in Anspruch zu nehmen, wonach sich die Wissenschaft stets auf dem neuesten Stande des Irrtums befindet. Weniger provokant formuliert: Wir werden auch weiterhin dazulernen müssen.

Thesen und Empfehlungen zum Einstellungsinterview

1. Einstellungsinterviews gehören bei geeigneter Gestaltung zu den validesten Personalauswahlverfahren.
2. Einstellungsinterviews weisen inkrementelle Validität gegenüber den meisten übrigen Auswahlverfahren auf, lassen also einen zusätzlichen Informationsgewinn erwarten.
3. Einstellungsinterviews gehören bei geeigneter Gestaltung und Durchführung zu den sozial validesten und am besten akzeptierten Auswahlverfahren. Gleichermaßen ist die Bilanz bezüglich rechtlicher, mit Einschränkungen auch ökonomischer Gesichtspunkte positiv.
4. Einstellungsinterviews erfüllen eine Reihe von Funktionen über die Selektionsfunktion hinaus, die sie als Auswahlverfahren unersetzlich machen.
5. Die Validität eines Einstellungsinterviews hängt in hohem Maße von seinem Anforderungsbezug ab; dabei sind sowohl tätigkeitsspezifische als auch tätigkeitsübergreifende Anforderungen zu berücksichtigen.
6. Die Reliabilität und die Validität eines Einstellungsinterviews hängen in hohem Maße von seinem Strukturierungsgrad ab. Die wichtigsten Mittel der Strukturierung sind:
   – itemanalysierte und möglichst validierte Fragen,
   – Beurteilungshilfen für die Interviewer (z. B. in Form verhaltensverankerter Skalen),
   – gleiche Fragen für alle Kandidaten,
   – Bewertung jeder einzelnen Antwort,
   – ausreichende (möglichst reliabilitätsoptimierte) Fragenzahl,
   – Trennung der Informationssammlung von der Entscheidung,
   – standardisierter (möglichst validitätsoptimierter) Entscheidungsalgorithmus.
7. Unstrukturierte Interviews scheinen teilweise andere Konstrukte zu erfassen als strukturierte Verfahren, deshalb kann die Anreicherung letztgenannter mit offenen Gesprächsteilen von Vorteil sein.
8. Offene Interviews haben Vorteile bezüglich ihrer sozialen Validität (v. a. Partizipation/Situationskontrolle) und Akzeptanz. Auch unter diesem Gesichtspunkt ist die Auflockung hochstrukturierter Verfahren günstig.
9. Einstellungsinterviews sind besser als andere Auswahlverfahren geeignet (Ausnahme: Assessment Center/Potenzialanalyse), den trimodalen Ansatz der Eignungsdiagnostik zu verwirklichen (Konstruktorientierung, Simulationsorientierung und Biographieorientierung), der eine umfängliche Diagnose ermöglicht.
10. Einstellungsinterviews sind flexibel gestaltbare Verfahren. Sie können in Umfang, Inhalt und Fragenform an die Organisation und die Kandidaten angepasst wer-

den. Auch hat es sich als möglich erwiesen, gezielt unterschiedliche, anforderungsrelevante Konstrukte (Eignungsmerkmale) zu erfassen. Ebenfalls können kleine Simulationsaufgaben und Kenntnisprüfungen in das Interview integriert werden.
11. Mehrere Interviewer wirken reliabilitätserhöhend, was vor allem bei niedriger Ausgangsreliabilität (offene Gespräche) bedeutsam ist. Dabei sind mehrere gesonderte Gespräche wegen ihres Informationsgewinns vorzuziehen.
12. Der Prozess der sozialen Urteilsbildung ist von Bedeutung für die Interaktion und Entscheidung der Gesprächspartner.
13. Die Analyse der Urteils- und Interaktionsprozesse trägt zum Verständnis des Verhaltens und der Entscheidung der Gesprächspartner bei und ist deshalb von Nutzen für die Gestaltung des Interview- und Entscheidungsverfahrens (z. B. um allzu frühzeitige Entscheidung, Übergewichtung negativer Information und überhöhten Gesprächsanteil des Interviewers zu verhindern). Die Analyse zeigt aber gleichzeitig, dass Versuchen, Einfluss auf den Urteilsprozess zu nehmen, enge Grenzen gesetzt sind. Gleiches gilt für Teile des nonverbalen Verhaltens.
14. Ein auf das jeweilige Interviewverfahren zentriertes, dezidiert übungs-, feedback- und transferorientiertes Interviewtraining ist geeignet, die Qualität der nachfolgend geführten Interviews zu verbessern. Unterschiede in der diagnostischen Qualifikation der Interviewer werden stärker durch ein gutes Interviewverfahren als durch das Training vermindert.
15. Auch die Performanz von Bewerbern erhöht sich durch ein Training von Einstellungsinterviews, möglicherweise auch bereits durch die schiere Erfahrung mit Auswahlgesprächen. Während dadurch die Benachteiligung unterschätzter Kandidaten kompensiert werden kann, entsteht in Bezug auf andere Bewerber das Problem der schwer kontrollierbaren Bevorzugung. Die Neigung zu beschönigender Selbstdarstellung im Interview scheint dagegen die prognostische Validität nicht zu beeinträchtigen.
16. Für anforderungsbezogene, strukturierte Interviews gilt, dass Bewerbern tätigkeitsrelevante Fragen in gleicher Weise gestellt werden. Dies gewährleistet eine faire Gleichbehandlung von Bewerbern, was besonders Angehörigen benachteiligter Personengruppen zugute kommt (Ausnahme: sprachliche Defizite). Gleichermaßen wird dadurch für die Rechtmäßigkeit der Personalauswahl Sorge getragen.
17. Die Ermittlung von Nutzen und Kosten weist selbst aufwendig konstruierte Einstellungsinterviews als hochrentable Investition aus. Angesichts der inkrementellen Validität strukturierter Interviews gilt dies selbst unter Berücksichtigung des Durchführungsaufwands (Zeit und Reisekosten) im Vergleich etwa zu internetgestützter Personalauswahl. Die Durchführung von Einstellungsinterviews ist deshalb sowohl als Einzelverfahren wie in der Kombination mit praktisch jedem anderen Verfahrenstyp lohnenswert.
18. Einstellungsinterviews sind trotz Strukturierung Situationen der persönlichen Begegnung. Ihr Gelingen ist deshalb auch von den Persönlichkeiten der Beteiligten, ihrem Verhalten und ihrer sich entwickelnden Beziehung abhängig. Für den Interviewer gilt vor allem, dass er über soziale Urteilsfähigkeit verfügen sowie imstande sein sollte, eine angenehme, offene Atmosphäre aufzubauen, die

getragen ist von Freundlichkeit und Wertschätzung. Ein strukturiertes Gesprächsverfahren erleichtert ihm die Aufgabe, relevante Information zu gewinnen. Es hieße aber, das Kind mit dem Bade auszuschütten, wenn er seine Aufgabe mit dem Verlesen von Fragen als erfüllt ansehen würde. Vertrauen zu gewinnen und sympathisch zu wirken, bleibt seine persönliche Aufgabe. Wenn er über etwas Humor verfügt, sollte er ihn nicht verstecken. Das letzte, was er demonstrieren sollte, ist, dass er derjenige ist, der auf dem hohen Ross sitzt. Gerade für eine Situation so ausgeprägten Machtgefälles kann es nützlich sein, gelegentlich daran zu denken: It's nice to be important – but it's more important to be nice!

15.2 Ausblick

Das Einstellungsinterview dürfte diejenige Methode sein, die in den letzten beiden Jahrzehnten den größten Fortschritt unter allen eignungsdiagnostischen Verfahrenstypen verzeichnen konnte. Noch sind bei weitem nicht alle theoretischen und anwendungsbezogenen Verbesserungsmöglichkeiten genutzt – geschweige denn wirklich verbreitet –, die derzeit zur Verfügung stehen. Gleichwohl können abschließend noch einige Ergänzungen aufgezeigt werden, die entweder am Anfang ihrer Erprobung stehen oder noch gänzlich im spekulativen Bereich liegen.

Konstruktaufklärung

Bei komplexen Verfahren wie dem Multimodalen Interview ist noch nicht hinreichend bekannt, welche Konstrukte sich mit welchen Fragentypen am besten erfassen lassen. Genauere Information hierfür könnte zu einem ökonomischeren Verfahrenseinsatz und zu weiteren Verbesserungen genutzt werden. Speziell ist zu prüfen, in welcher Weise der neue trimodale Diagnoseansatz (Konstrukt, Simulation, Biographie) im Multimodalen Interview sowie in anderen Interviewverfahren repräsentiert ist. Auch ist die Entwicklung von Entscheidungsalgorithmen, die optimale Gewichtung von Interviewkomponenten ermöglichen, erst in den Anfängen begriffen. Schließlich dürfte es aussichtsreich sein, die Forschung zu Leistungskonstrukten besser als bisher zu nutzen. Gemäß der psychometrischen Weisheit „der beste Prädiktor ist das Kriterium" könnten mittels direkter Orientierung an Leistungskonstrukten Interviewdimensionen aufgebaut werden, die den häufig vorschnell gebrauchten Begriff *kriterienorientiert* tatsächlich verdienen und gute Validitätswerte erwarten lassen.

Integration in Potenzialanalysen

Verschiedentlich bereits gehandhabt wird die Integration von Interviews in Assessment Center oder Potenzialanalysen (vgl. Abschnitt 9.5). Das derzeit zunehmende Wissen zur Überschneidung von Messbereichen und dementsprechend über inkrementelle Validität sollte künftig besser zur Optimierung aufwendiger komplexer Verfahren genutzt werden können. Wo solche Analysen bereits durchgeführt wurden, weisen die Ergebnisse dem Interview einen hohen Stellenwert im Rahmen des Gesamtverfahrens zu. Solche Ergebnisse können beispielsweise zur Aufwandsoptimierung genutzt werden, um in einem sequenziellen Vorgehen jeweils das Einzelverfahren einzusetzen, das als nächstes die größtmögliche Zusatzinformation erbringt.

Interviews zur Personalentwicklung

Personalentwicklungsgespräche stehen, systematisch betrieben, vor der Aufgabe, vielfältige Leistungs- und Kompetenzinformationen mit strategischen Plänen und individuellen Vorstellungen zu integrieren, Zielsetzungen vorzunehmen und zu prüfen und dabei Motivation und Loyalität zu fördern. Angesichts der Bedeutung, die Entwicklungsgesprächen heute zukommt, werden sie vielfach zu schlecht vorbereitet und zu nachlässig gehandhabt. Ein strukturiertes Interview könnte einen Kernbestand dieses Gesprächs darstellen. Bezieht es sich auf die gleichen Anforderungsdimensionen wie das Einstellungsinterview, so ließen sich damit sogar direkt vergleichbare Einschätzungen gewinnen, die differenzierten Aufschluss über die individuelle Entwicklung liefern. Auch Information bezüglich der Arbeitszufriedenheit und des Betriebsklimas ließen sich auf vergleichbare Weise gewinnen.

Telefoninterviews

Als kostengünstige und zeitsparende Alternative zu vis-à-vis-Gesprächen wurde in den letzten Jahren verschiedentlich erprobt, die ersten Einstellungsinterviews per Telefon zu führen. Zumindest in eindeutigen Fällen kann dieser Kontakt über Einladung oder Ablehnung entscheiden. Für ein Telefoninterview sind etwa 15–20 Minuten zu veranschlagen. Die ersten Erfahrungen zeigen, dass sich nicht alle, wohl aber einige wichtige Anforderungsdimensionen zur Klärung am Telefon eignen. Silvester, Anderson, Haddleton, Cunningham-Snell und Gibb (2000) fanden im direkten Vergleich strengere Bewertungen am Telefon als im direkten Gespräch. Zu prüfen ist auch, inwieweit spezielle Eigenheiten wie Sprachfärbung bei der telefonischen Interaktion stärker ins Gewicht fallen als angemessen.

Verschiedentlich werden auch videogeführte Interviews erprobt, wobei die ersten Ergebnisse eher für die Bevorzugung der traditionellen Gesprächsform sprechen (Kroeck & Magnusen, 1997). Auch Versuche, das ganze Interview per Internet zu führen, haben bisher eher Schwierigkeiten aufgezeigt als zu praktikablen Lösungen geführt. Computerunterstützung scheint bislang nur beim Telefoninterview zur Online-Registrierung der Antworten von Nutzen zu sein; schriftlich geführte Unterhaltungen sind kein brauchbarer Gesprächsersatz, und auch im vis-à-vis-Gespräch ist die Nutzung des Computers zur Antwortregistrierung oder -bewertung störend.

Situational Judgment Tests

Mehrfach konnte die Entwicklung des Einstellungsinterviews vom Stand des Wissens über andere diagnostische Verfahren, insbesondere Tests und biographische Fragebogen, profitieren. Im Fall der *Situational Judgment Tests* (z. B. McDaniel & Nguyen, 2001) oder *Situational Inventories* (Howard & Choi, 2000) hat umgekehrt der Erfolg des situativen Interviews Anstoß gegeben, das gleiche Prinzip in schriftlicher Form zur Eignungsdiagnose zu verwenden. Die bisherigen Ergebnisse sprechen für die Brauchbarkeit dieser Vorgehensweise. Howard und Choi (2000) setzen sie ein, um die Entscheidungsfähigkeit von Managern zu prüfen.

Neuronale Netze

Personalauswahlentscheidungen lassen sich als Klassifikationsprobleme auffassen. Herkömmliche Klassifikationsmethoden wie z. B. Profilvergleiche weisen das Defizit auf, dass sie komplexe Interdependenzen zwischen den Merkmalen nicht abbilden können. Künstliche Neuronale Netze sind demgegenüber nicht nur dazu in der Lage, sondern können auch beliebige nichtlineare Funktionen zur Berechnung der Ausgabeinformation verwenden (Lackes & Mack, 1998). Ihre Funktionsweise ist die, dass ihre Verarbeitungseinheiten, die „Neuronen", über „Kommunikationskanäle" Informationen austauschen und auf diesem Wege Eingabedaten so verwerten, dass sie entsprechend den Rahmenvorgaben (Zielkatalog oder Präferenzsystem) entscheidungsrelevante Beurteilungsgrößen berechnen (Rehkugler und Zimmermann, 1994). Lackes und Mack (1998) zeigen an einer Fallstudie die Möglichkeiten auf, Neuronale Netze für Personalentscheidungen einzusetzen.

Während frei geführte Auswahlgespräche allenfalls die Möglichkeit böten, Dimensionseinstufungen der Kandidaten mit Anforderungsausprägungen zu vergleichen, bieten strukturierte Interviews detailliertere und standardisierte Ergebnisinformation an, die geeignet sein müsste, die Entscheidung individueller Interviewer zu verbessern. In ähnlicher Weise müsste mit der Methode der Neuronalen Netze auch die Auswertung von Bewerbungsunterlagen sowie von Personalfragebogen und biographischen Fragebogen möglich sein.

Multiindikatorendiagnostik

Die Erörterungen zu den im Einstellungsinterview erfassten Konstrukten haben gezeigt, dass mit einzelnen Fragen oder Fragenblöcken gewöhnlich nicht nur ein singuläres, gerade angezieltes Merkmal gemessen wird. Aufgrund von Verflechtungen zwischen den Merkmalen und unbekannten Faktorenladungen werden oft heterogene Merkmalsbündel erfasst, wo man klare Zielkonstrukte erwartet oder Beobachtungsdimensionen abzubilden glaubt. Beispielsweise konnten Scholz und Schuler (1993) zeigen, dass mit der Assessment Center-Aufgabe „Gruppendiskussion" in nicht unerheblichem Ausmaß auch numerische Intelligenz erfasst wird (mutmaßlich über die g-Ladung dieses Fähigkeitsfaktors). In vergleichbarer Weise deutet sich neuerdings an, dass Persönlichkeitsmerkmale und Interessen auch über kognitive Fähigkeiten Aufschluss geben und umgekehrt (Ackermann & Heggestad, 1997). In dem Verfahren *Arbeitsprobe zur Berufsbezogenen Intelligenz* (AZUBI-BK; Schuler & Klingner, in Vorbereitung) werden gezielt diejenigen Intelligenzfaktoren gemessen, die für die Erledigung von Bürotätigkeiten erforderlich sind, obwohl die „Oberfläche" des Verfahrens aus Arbeitsproben besteht.

Gerade das Einstellungsinterview böte die Möglichkeit, Merkmalsbeziehungen zu nutzen, um die diagnostische Information in vollständigerem Umfang auszuschöpfen, als dies bisher der Fall ist (vgl. S. 148). Dabei würden primär informationsreiche Pfade zur Urteilsbildung genutzt, aber auch „Spurenelemente" könnten zur Diagnose beitragen, sofern sich für sie ein inkrementeller Wert errechnen lässt. Umgekehrt bräuchte im Interview nur solche Information erhoben zu werden, die nicht schon aus anderen Informationsquellen (wie Bewerbungsunterlagen) hervorgeht. Für diese Art der systematischen Ausschöpfung diagnostischer Information aus prinzipiell allen verfügbaren Informationsquellen wird der Terminus *Multiindikatorendiagnostik* vorgeschlagen, der nach Kenntnis des Verfassers bisher nicht eingeführt ist. Da Multiindikatorendiagnostik – anders als ihr phänomenologisches Analogon, die intuitive Eindrucksbildung – auf quantitative Information angewiesen ist, bietet nur die Form des *strukturierten* Einstellungsinterviews hierfür eine ausreichende Grundlage. Die Nutzung Neuronaler Netze könnte den Grad der Informationsausschöpfung der Multiindikatorendiagnostik begünstigen.

Personalmarketing und Sozialisation

Auch derzeit haben Einstellungsinterviews schon die Funktion, Bewerber für die angebotene Stelle und das Unternehmen zu interessieren und gegebenenfalls zu gewinnen. Auch die frühe Sozialisation durch Vermittlung oder zumindest Aufzeigen von Normen, Werthaltungen und Handlungsprinzipien gehört zu den Aufgaben des Auswahlgesprächs. Vom Gelingen der Sozialisation ist das Commitment der neuen Mitarbeiter gegenüber der Organisation und ihren Normen abhängig. Sie ist damit eine wichtige Voraussetzung, qualifizierte Mitarbeiter auch zu behalten.

Mit zunehmender „informatorischer Emanzipation" der Bewerber und mit einem Arbeitsmarkt, der, u. a. aufgrund geburtenschwacher Jahrgänge, sich auf den Mangel an qualifizierten Mitarbeitern als Dauerzustand einzurichten scheint, dürften diese Funktionen weiter an Gewicht gewinnen. Es ist deshalb geboten, die bereits verfügbare Information über Akzeptabilität von Einstellungsinterviews, soziale Validität und Fairness zu nutzen und weiter zu vermehren, um Auswahlgespräche systematisch auch in dieser Richtung weiterzuentwickeln.

Gerade in seiner Doppelfunktion liegt die Stärke des Gesprächs: einerseits Mitarbeiter auswählen, sie andererseits für die Organisation gewinnen. Einstellungsinterviews stellen eine hochentwickelte Methodik zur Verfügung. Erst das Geschick des Anwenders aber lässt das Interview zu einer verbindenden menschlichen Begegnung werden.

Literatur

Abele, A. & Becker, P. (Hrsg.). (1991). *Wohlbefinden: Theorie, Empirie, Diagnostik.* Weinheim: Juventa.
Ackerman, P. L. & Heggestad, E. D. (1997). Intelligence, personality, and interests: Evidence for overlapping traits. *Psychological Bulletin, 121*, 219–245.
Alderfer, C. P. & McCord, C. G. (1970). Personal and situational factors in the recruitment interview. *Journal of Applied Psychology, 54*, 377–385.
Alliger, N. J., Tannenbaum, S. I., Bennett, W., Traver, H. & Shotland, A. (1997). A meta-analysis of the relations among training criteria. *Personnel Psychology, 50*, 341–358.
Allport, G. W. (1937). *Personality. A psychological interpretation.* New York, NY: Holt.
Ambady, N. & Rosenthal, R. (1993). Half a minute: Predicting teacher evaluations from thin slices of nonverbal behavior and physical attractiveness. *Journal of Personality and Social Psychology, 64*, 431–441.
Amelang, M. (Hrsg.). (1995). *Verhaltens- und Leistungsunterschiede. Enzyklopädie der Psychologie* (C/VIII/2). Göttingen: Hogrefe.
Amelang, M. (Hrsg.). (1996). *Temperaments- und Persönlichkeitsunterschiede. Enzyklopädie der Psychologie* (C/VIII/3). Göttingen: Hogrefe.
Anderson, C. W. (1960). The relation between speaking times and decision in the employment interview. *Journal of Applied Psychology, 44*, 267–268.
Anderson, J. R. (1991). The adaptive nature of human categorization. *Psychological Review, 98*, 409–429.
Anderson, D. (1992). A case for standards of counselling practice. *Journal of Counselling & Development, 71*, 22–26.
Anderson, N. H. & Shackleton, V. J. (1990). Decision making in the graduate selection interview: A field study. *Journal of Occupational Psychology, 63*, 63–76.
Anderson, N. H. & Shackleton, V. J. (1993). *Successful selection interviewing.* Oxford: Blackwell.
Arvey, R. D. (1979). Unfair discrimination in the employment interview: Legal and psychological aspects. *Psychological Bulletin, 86*, 736–765.
Arvey, R. D. & Campion, J. E. (1982). The employment interview: A summary and review of recent research. *Personnel Psychology, 35*, 281–322.
Asch, S. (1946). Forming impressions of personality. *Journal of Abnormal and Social Psychology, 41*, 258–290.
Asendorpf, J. (1999). *Psychologie der Persönlichkeit* (2. Aufl.). Berlin: Springer.
Ayres, J., Keereetaweep, T., Chen, P. & Edwards, P. A. (1998). Communication apprehension and employment interviews. *Communication Education, 47*, 1–17.
Backhaus, J. & Wagner, R. (2002). *Ausbilder-Taschenbuch.* Stuttgart: Deutscher Sparkassenverlag.
Bales, R. F. (1950). *Interaction process analysis.* Reading: Addison-Wesley.
Baldwin, T. & Ford, J. (1988). Transfer of training: A review and directions for future research. *Personnel Psychology, 41*, 63–105.
Bandura, A. (1986). *Social foundation of thought and action. A social cognitive theory.* Englewood Cliffs, NJ: Prentice Hall.

Barber, A. E., Hollenbeck, J. R., Tower, S. L. & Phillips, J. M. (1994). The effects of interviewer focus on recruitment effectiveness: A field experiment. *Journal of Applied Psychology, 79*, 886–896.

Baron, R. A. (1987). Interviewers' moods and reactions to job applicants: The influence of affective states on applied social judgements. *Journal of Applied Psychology, 17*, 911–926.

Baron, R. A. (1989). Impression management by applicants during employment interviews: The "too much of a good thing" effect. In R. W. Eder & G. R. Ferris (Eds.), *The employment interview: Theory, research, and practice* (pp. 204–217). Newbury Park, CA: Sage.

Baron, R. A. (1993). Interviewers' moods and evaluations of applicants: The role of applicant qualifications. *Journal of Applied Social Psychology, 23*, 253–271.

Baron-Boldt, J., Funke, U. & Schuler, H. (1989). Prognostische Validität von Schulnoten. Eine Metaanalyse der Prognose des Studien- und Ausbildungserfolgs. In R. S. Jäger, R. Horn & K. Ingenkamp (Hrsg.), *Tests und Trends 7* (S. 11–39). Weinheim: Beltz.

Barrick, M. R. & Mount, M. K. (1991). The Big Five personality dimensions and job performance: A meta-analysis. *Personnel Psychology, 44*, 1–26.

Barrick, M. R., Patton, G. K. & Haugland, S. N. (2000). Accuracy of interviewer judgements of job applicant personality traits. *Personnel Psychology, 53*, 925–952.

Barrick, M. R., Stewart, G. L., Neubert, M. J. & Mount, M. K. (1998). Relating member ability and personality to work-team processes and team effectiveness. *Journal of Applied Psychology, 83*, 377–391.

Barthel, E. & Schuler, H. (1989). Nutzenkalkulation eignungsdiagnostischer Verfahren am Beispiel eines biographischen Fragebogens. *Zeitschrift für Arbeits- und Organisationspsychologie, 33*, 73–83.

Bentz, V. J. (1985). Research findings from personality assessment of executives. In H. J. Bernardin & D. A. Bownas (Eds.), *Personality assessment in organizations* (pp. 82–145). New York, NY: Praeger.

Bieri, J., Atkins, A. L., Briar, S., Leaman, R. L., Miller, H. & Tripodi, T. (1966). *Clinical and social judgement: The discrimination of behavioral information.* New York, NY.

Bischof-Köhler, D. (2002). *Von Natur aus anders. Die Psychologie der Geschlechtsunterschiede.* Stuttgart: Kohlhammer.

Blickle, G. (1999). *Karriere, Freizeit, Alternatives Engagement. Empirische Studien zum psychologischen Kontext von Berufsorientierungen.* München: Hampp.

Bobko, P., Roth, P. L. & Potosky, D. (1999). Derivation and implications of a meta-analytic matrix incorporating cognitive ability, alternative predictors, and job performance. *Personnel Psychology, 52*, 561–589.

Bolster, B. I. & Springbett, B. M. (1961). The reaction of interviewers to favorable and unfavorable information. *Journal of Applied Psychology, 45*, 97–103.

Borkenau, P. (1991). Sind erste Eindrücke valide, und wenn ja, warum? In H. Schuler & U. Funke (Hrsg.), *Eignungsdiagnostik in Forschung und Praxis* (S. 252–255). Göttingen: Hogrefe.

Borkenau, P. & Liebler, A. (1995). Observable attributes as manifestations and cues of personality and intelligence. *Journal of Personality, 63*, 1–25.

Borkenau, P. & Ostendorf, F. (1993). *NEO-Fünf-Faktoren Inventar (NEO-FFI).* Göttingen: Hogrefe.

Borman, W. C. (1978). Exploring upper limits of reliability and validity in job performance ratings. *Journal of Applied Psychology, 63*, 135–144.

Borman, W. C. (1979). Individual differences correlates of accuracy in evaluating others' performance effectiveness. *Applied Psychological Measurement, 3*, 103–115.

Borman, W. C. & Brush, D. (1993). More progress toward a taxonomy of managerial performance requirements. *Human Performance, 6*, 1–21.

Borman, W. C. & Motowidlo, S. J. (1993). Expanding the criterion domain to include elements of contextual performance. In N. Schmitt & W. C. Borman (Eds.), *Personnel selection in organizations* (pp. 71–98). San Francisco, CA: Jossey-Bass.

Boudreau, J. W. (1989). Selection utility analysis: A review and agenda for future research. In M. Smith & I. T. Robertson (Eds.), *Advances in selection and assessment* (pp. 227–257). Chichester: Wiley.

Brandstätter, H. (1969). *Soziale Urteilsbildung in Organisationen*. Unveröff. Habilitationsschrift. Ludwig-Maximilians-Universität, München.

Brandstätter, H. (1982). Psychologische Grundlagen personeller Entscheidungen. In H. Schuler & W. Stehle (Hrsg.), *Psychologie in Wirtschaft und Verwaltung* (S. 19–45). Stuttgart: Poeschel.

Brandstätter, H. (1983). *Sozialpsychologie*. Stuttgart: Kohlhammer.

Brandstätter, H. & Schuler, H. (1974). *Overcoming halo and leniency: A new method of merit rating*. Paper presented at the 18th International Congress of Applied Psychology, Montreal.

Brown, B. K. & Campion, M. A. (1994). Biodata phenomenology: Recruiters' perceptions and use of biographical information in resume screening. *Journal of Applied Psychology, 79*, 897–908.

Bruchon-Schweitzer, M. & Ferrieux, D. (1991). Une enquête sur le recrutement en France. *European Review of Applied Psychology, 41*, 9–17.

Burke, M. J. & Day, R. D. (1986). A cumulative study of the effectiveness of managerial training. *Journal of Applied Psychology, 71*, 232–245.

Burnett, J. R., Fan, C., Motowidlo, S. J. & DeGroot, T. (1998). Interview notes and validity. *Personnel Psychology, 51*, 375–396.

Buss, D. M. (1994). *The evolution of desire. Strategies of human mating*. New York, NY: Basic Books.

Cable, D. M. & Judge, T. A. (1997). Interviewers' perceptions of person-organization fit and organizational selection decisions. *Journal of Applied Psychology, 82*, 546–561.

Campbell, D. T. & Fiske, D. W. (1959). Convergent and discriminant validation by the multitrait-multimethod matrix. *Psychological Bulletin, 56*, 81–105.

Campion, M. A. (1980). Relationship between interviewers' and applicants' reciprocal evaluations. *Psychological Reports, 47*, 1335–1338.

Campion, M. A. & Campion, J. E. (1987). Evaluation of an interviewee skills training program in a natural field experiment. *Personnel Psychology, 40*, 675–691.

Campion, M. A., Campion, J. E. & Hudson, J. P. (1994). Structured interviewing: A note on incremental validity and alternative question types. *Journal of Applied Psychology, 79*, 998–1002.

Campion, M. A., Palmer, D. K. & Campion, J. E. (1997). A review of structure in the selection interview. *Personnel Psychology, 50*, 655–702.

Campion, M. A., Pursell, E. D. & Brown, B. K. (1988). Structured interviewing: Raising the psychometric properties of the employment interview. *Personnel Psychology, 41*, 25–42.

Cardy, R. L. & Kehoe, J. F. (1984). Raters' selective attention ability and appraisal effectiveness: The effect of a cognitive style on the accuracy of differentiation among ratees. *Journal of Applied Psychology 69*, 589–594.

Carlson, R. E., Thayer, P. W., Mayfield, E. C. & Peterson, D. A. (1971). Improvements in the selection interview. *Personnel Journal, 50*, 268–275, 317.

Cascio, W. F. (1987). *Applied psychology in personnel management* (3rd ed.). Englewood Cliffs, NJ: Prentice Hall.

Cascio, W. F. (1982). *Costing human resources: The financial impact of behavior in organizations.* Boston, MA: Kent.

Cattell, R. B. (1963). Theory of fluid and cristallized intelligence: A critical experiment. *Journal of Educational Psychology, 54*, 1–22.

Chan, D., Schmitt, N., Jennings, D., Clause, C. S. & Delbridge, K. (1998). Applicant perceptions of test fairness: Integrating justice and self-serving bias perspectives. *International Journal of Selection and Assessment, 6*, 232–239.

Chaplin, W. F., Phillips, J. B., Brown, J. D., Clanton, N. R. & Stein, J. L. (2000). Handshaking, gender, personality, and first impressions. *Journal of Personality and Social Psychology, 79*, 110–117.

Clark, E. B. (1926). Value of student interviews. *Journal of Personnel Research, 5*, 204–207.

Clavenger, J., Pereira, G. M., Wiechmann, D., Schmitt, N. & Schmidt-Harvey, V. (2001). Incremental validity of situational judgement tests. *Journal of Applied Psychology, 86*, 410–417.

Comelli, G. (1995). Juristische und ethische Aspekte der Eignungsdiagnostik im Managementbereich. In W. Sarges (Hrsg.), *Management-Diagnostik* (2. Aufl., S. 108–126). Göttingen: Hogrefe.

Conway, J. M., Jako, R. A. & Goodman, D. F. (1995). A meta-analysis of interrater and internal consistency reliability of selection interviews. *Journal of Applied Psychology, 80*, 565–579.

Conway, J. M. & Peneno, G. M. (1999). Comparing structured interviewer question types: Construct validity and applicant reactions. *Journal of Business and Psychology, 13*, 485–506.

Cook, T. D. & Campbell, D. T. (1976). The design and conduct of quasi-experiments and true experiments in field settings. In M. D. Dunnette (Ed.), *Handbook of industrial and organizational psychology* (pp. 223–326). Chicago, IL: Rand Mc Nally.

Cooper, W. H. (1981). Conceptual similarity as a source of illusory halo in job performance ratings. *Journal of Applied Psychology, 66*, 302–307.

Cortina, J. M., Goldstein, N. B., Payne, S. C., Davison, H. K. & Gilliland, S. W. (2000). The incremental validity of interview scores over and above cognitive ability and conscientiousness scores. *Personnel Psychology, 53*, 325–351.

Costa, P. T. & McCrae, R. R. (1980). Influence of extraversion and neuroticism on subjective well-being: Happy and unhappy people. *Journal of Personality and Social Psychology, 38*, 668–678.

Costa, P. T. & McCrae, R. R. (1995). Domains and facets: Hierarchical personality assessment using the revised NEO Personality Inventory. *Journal of Personality Assessment, 64*, 21–50.
Cronbach, L. J. & Gleser, G. C. (1965). *Psychological tests and personnel decisions* (2nd ed.). Urbana, IL: University of Illinois Press.
Cronbach, L. J. & Meehl, P. E. (1955). Construct validity in psychological tests. *Psychological Bulletin, 52*, 281–302.
Daniels, H. W. & Otis, J. L. (1950). A method for analyzing employment interviews. *Personnel Psychology, 3*, 425–444.
DeGroot, T. & Motowidlo, S. J. (1999). Why visual and vocal interview cues can affect interviewers' judgments and predict job performance. *Journal of Applied Psychology, 84*, 986–993.
Delery, J. E. & Kacmar, K. M. (1998). The influence of applicant and interviewer characteristics on the use of impression management. *Journal of Applied Social Psychology, 28*, 1649–1669.
Deller, J. & Kendelbacher, I. (1998). Potentialeinschätzung von oberen Führungskräften im Daimler-Benz-Konzern. In M. Kleinmann & B. Strauß (Hrsg.), *Potentialfeststellung und Personalentwicklung* (S. 133–149). Göttingen: Hogrefe.
DeRaad, B. (2000). *The Big Five Personality Factors*. Seattle, WA: Hogrefe & Huber.
Deutsche Gesellschaft für Psychologie und Berufsverband Deutscher Psychologinnen und Psychologen (1999). Ethische Richtlinien. *Report Psychologie, Heft 7*.
Diemand, A., Becker, Kh. & Schuler H. (1997a). Vorhersage des Berufserfolgs durch standardisierte Verfahren der Potentialanalyse. *Personal, 49*, 524–528.
Diemand, A., Becker, Kh. & Schuler, H. (1997b). Zur Validität standardisierter Potentialanalyseverfahren am Beispiel „EFF". *Sparkasse, 114*, 545–548.
Diemand, A. & Schuler, H. (1991). Sozial erwünschtes Verhalten in eignungsdiagnostischen Situationen. In H. Schuler & U. Funke (Hrsg.), *Eignungsdiagnostik in Forschung und Praxis* (S. 242–248). Göttingen: Hogrefe.
Diemand, A. & Schuler, H. (1998). Wirksamkeit von Selbstdarstellungsvariablen im Rahmen der prognostischen Validierung eines Potentialanalyseverfahrens. *Zeitschrift für Arbeits- und Organisationspsychologie, 42*, 134–146.
DiMilia, L. & Gorodecki, M. (1997). Some factors explaining the reliability of a structured interview system at a work site. *International Journal of Selection and Assessment, 5*, 193–199.
Dipboye, R. L. (1982). Self-fulfilling prophecies in the selection-recruitment interview. *Academy of Management Review, 7*, 579–586.
Dipboye, R. L. (1989). Threats to the incremental validity of interviewer judgments. In R. W. Eder & G. R. Ferris (Eds.), *The employment interview: Theory, research, and practice* (pp. 45–60). Newbury Park, CA: Sage.
Dipboye, R. L. (1992). *Selection interviews: Process perspectives*. Cincinnati, OH: South-Western Publishing.
Dipboye, R. L. & Gaugler, B. B. (1993). Cognitive and behavioral processes in the selection interview. In N. Schmitt & W. C. Borman (Eds.), *Personnel selection in organizations* (pp. 135–170). San Francisco, CA: Jossey-Bass.
Dougherty, T. W., Ebert, R. J. & Callender, J. C. (1986). Policy capturing in the employment interview. *Journal of Applied Psychology, 71*, 9–15.

Dougherty, T. W., Turban, D. B. & Callender, J. C. (1994). Confirming first impressions in the employment interview: A field study of interviewer behavior. *Journal of Applied Psychology, 79*, 659–665.

Downs, C. W. (1969). Perceptions of the selection interview. *Personnel Administration, 32*, 8–23.

Dreher, G. F., Ash, R. A. & Hancock, P. (1988). The role of the traditional research design in underestimating the validity of the employment interview. *Personnel Psychology, 41*, 315–328.

Dreher, G. F. & Maurer, S. D. (1989). Assessing the employment interview: Deficiencies associated with the existing domain of validity coefficients. In R. W. Eder & G. R. Ferris (Eds.), *The employment interview: Theory, research, and practice* (pp. 249–268). Newbury Park, CA: Sage.

Dye, D. A., Reck, M. & McDaniel, M. A. (1993). The validity of job knowledge measures. *International Journal of Selection and Assessment, 1*, 153–157.

Ebbinghaus, H. (1885). *Über das Gedächtnis. Untersuchungen zur Experimentellen Psychologie.* Leipzig: Duncker & Humblot.

Eckardt, H. H. & Schuler, H. (1992). Berufseignungsdiagnostik. In R. S. Jäger & F. Petermann (Hrsg.), *Psychologische Diagnostik* (2. Aufl., S. 533–551). Weinheim: Psychologie Verlags Union.

Eder, R. W. & Ferris, G. R. (Eds.). (1989). *The employment interview: Theory, research, and practice.* Newbury Park, CA: Sage.

Ekman, P., Friesen, W. V., O'Sullivan, M. & Scherer, K. (1980). Relative importance of face, body, and speech in judgments of personality and affect. *Journal of Personality & Social Psychology, 38*, 270–277.

Exline, R. V., Ellyson, S. L. & Long, B. (1975). Visual behavior as an aspect of power role relationships. In P. Pliner, L. Krames & T. Alloway (Eds.), *Nonverbal communication of aggression* (Vol. 2). New York, NY: Erlbaum.

Fahrenberg, J., Hampel, R. & Selg, H. (Hrsg.). (1983). *Das Freiburger Persönlichkeitsinventar FPI* (4. Aufl.). Göttingen: Hogrefe.

Farr, J. L. (1973). Response requirements and primacy-recency effects in a simulated selection interview. *Journal of Applied Psychology, 58*, 228–233.

Farr, J. L. (1991). Leistungsfeedback und Arbeitsverhalten. In H. Schuler (Hrsg.), *Beurteilung und Förderung beruflicher Leistung* (S. 57–80). Stuttgart: Hogrefe.

Fear, R. A. (1978). *The evaluation interview* (2nd ed.). New York, NY: McGraw-Hill.

Feild, H. S. & Gatewood, R. D. (1989). Development of a selection interview: A job content strategy. In R. W. Eder & G. R. Ferris (Eds.), *The employment interview: Theory, research and practice* (pp. 143–157). Newbury Park, CA: Sage.

Feldman, J. M. (1981). Beyond attribution theory: Cognitive processes in performance appraisal. *Journal of Applied Psychology, 66*, 127–148.

Fiege, R., Muck, P. M. & Schuler, H. (2001). Mitarbeitergespräche. In H. Schuler (Hrsg.), *Lehrbuch der Personalpsychologie* (S. 433–482). Göttingen: Hogrefe.

Fischer, H. (1996). *Soziale Validität des Auswahlverfahrens von Flugbegleitern der Deutschen Lufthansa AG.* Unveröff. Diplomarbeit, Universität Frankfurt.

Fiske, S. T. (1995). Words, words, words. In P. E. Shrout & S. T. Fiske (Eds.), *Personality research, methods, and theory. A Festschrift honoring Donald W. Fiske* (pp. 221–239). Hillsdale, NJ: Erlbaum.

Flanagan, J. C. (1954). The critical incidents technique. *Psychological Bulletin, 51*, 327–358.

Fleishman, E. A. & Quaintance, M. K. (1994). *Taxonomies of human performance.* Orlando, FL: Academic Press.

Fletcher, C. (1989). Impression management in the selection interview. In R. A. Giacalone & P. Rosenfeld (Eds.), *Impression management in the organization* (pp. 269–282). Hillsdale, NJ: Erlbaum.

Fletcher, C. (1990). The relationships between candidate personality, self-presentation strategies, and interviewer assessments in selection interviews: An empirical study. *Human Relations, 43*, 739–749.

Fletcher, F. C. (1981). *Facing the interview.* London: Unerin.

Ford, J. K., Smith, E. M., Weissbein, D. A., Gully, S. M. & Salas, E. (1998). Relationships of goal orientation, metacognitive activity, and practice strategies with learning outcomes and transfer. *Journal of Applied Psychology, 2*, 218–233.

Forsythe, S. M. (1990). Effects of applicants' clothing on interviewers' decisions to hire. *Journal of Applied Social Psychology, 20*, 1579–1595.

Frederiksen, N., Carlson, S. & Ward, W. C. (1984). The place of social intelligence in a taxonomy of cognitive abilities. *Intelligence, 8*, 315–337.

Frey, D. & Irle, M. (1984). *Theorien der Sozialpsychologie. Band I: Kognitive Theorien.* Bern: Huber.

Friedrichs, P. (1981). Die Voraussage des Leistungs- und Führungserfolges durch STAFF. *Personal, 1*, 15–18.

Frieling, E. & Hoyos, C. G. (1978). *Fragebogen zur Arbeitsanalyse (FAA): Deutsche Bearbeitung des Position Analysis Questionnaire (PAQ).* Bern: Huber.

Frieling, E. & Sonntag, Kh. (1999). *Lehrbuch Arbeitspsychologie* (2. Aufl.). Bern: Huber.

Frintrup, A. & Renner, T. (2002). Online-Personalauswahl bei Credit-Suisse Financial Services. *Personal, 5*, 28–31.

Fruhner, R. & Schuler, H. (1988). Bewertung eignungsdiagnostischer Verfahren zur Personalauswahl durch potentielle Stellenbewerber. In G. Romkopf, W. D. Fröhlich & I. Lindner (Hrsg.), *Forschung und Praxis im Dialog* (Bd. 1, S. 107–111). Bonn: Deutscher Psychologen Verlag.

Fruhner, R., Schuler, H., Funke, U. & Moser, K. (1991). Einige Determinanten der Bewertung von Personalauswahlverfahren. *Zeitschrift für Arbeits- und Organisationspsychologie, 35*, 170–178.

Funder, D. C. & Dobroth, K. M. (1987). Differences between traits: Properties associated with interjudge agreement. *Journal of Personality and Social Psychology, 52*, 409–418.

Funke, U., Krauß, J., Schuler, H. & Stapf, K. H. (1987). Zur Prognostizierbarkeit wissenschaftlich-technischer Leistungen mittels Personvariablen: Eine Metaanalyse der Validität diagnostischer Verfahren im Bereich Forschung und Entwicklung. *Gruppendynamik, 18*, 407–428.

Funke, U. & Schuler, H. (1986). Weiterentwicklung biographischer Fragebogen durch Konstruktaufklärung: Grundlagen und erste empirische Ergebnisse. In H. Schuler & W. Stehle (Hrsg.), *Biographische Fragebogen als Methode der Personalauswahl.* Stuttgart: Hogrefe.

Furnham, A. & Burbeck, E. (1989). Employment interview outcomes as a function of interviewers' experience. *Perceptual and Motor Skills, 69*, 395–402.

Gael, S. (1988). Job descriptions. In S. Gael (Ed.), *The job analysis handbook for business, industry and government* (Vol. 2, pp. 71–77). New York, NY: Wiley.

Ganzach, Y., Kluger, A. N. & Klayman, N. (2000). Making decisions from an interview: Expert measurement and mechanical combination. *Personnel Psychology, 53*, 1–20.

Gardner, H. (1983). *Frames of mind: The theory of multiple intelligences.* New York, NY: Basic Books.

Gaul, D. (1990). *Rechtsprobleme psychologischer Eignungsdiagnostik.* Bonn: Deutscher Psychologen Verlag.

Gehrlein, T. M., Dipboye, R. L. & Shahani, C. (1993). Nontraditional validity calculations and differential interviewer experience: Implications for selection interviews. *Educational & Psychological Measurement, 53*, 457–469.

Gentsch, R. & Frintrup, A. (2000). Auf der Suche nach der Persönlichkeit: Auswahlverfahren für Polizeibeamte und Polizeibeamtinnen. *Deutsches Polizeiblatt 1/2000.* Stuttgart: Booberg.

Gilliland, S. W. (1994). Effects of procedural and distributive justice on reactions to a selection system. *Journal of Applied Psychology, 79*, 691–701.

Gilmore, D. C. (1989). Applicant perceptions of simulated behavior description interviews. *Journal of Business and Psychology, 3*, 279–288.

Goldberg, L. R. (1993). The structure of phenotypic personality traits. *American Psychologist, 48*, 26–34.

Goldsmith, D. B. (1922). The use of the personal history blank as a salesmanship test. *Journal of Applied Psychology, 6*, 149–155.

Guilford, J. P. (1956). The structure of intellect. *Psychological Bulletin, 53*, 267–293.

Guion, R. M. (1987). Changing views for personnel selection research. *Personnel Psychology, 40*, 199–213.

Hakel, M. D. (1982). Employment interview. In K. M. Rowland & G. R. Ferris (Eds.), *Personnel management: New perspectives* (pp. 129–155). Boston, MA: Allyn & Bacon.

Hakel, M. D., Dobmeyer, T. W. & Dunnette, M. D. (1970). Relative importance of three content dimensions in overall suitability ratings of job applicants' resumes. *Journal of Applied Psychology, 54*, 65–71.

Hakel, M. D. & Dunnette M. D. (1970). *Checklists for describing job applicants.* Minnesota: Industrial Relations Center.

Harris, M. M. (1989). Reconsidering the employment interview: A review of recent literature and suggestions for future research. *Personnel Psychology, 42*, 691–726.

Harris, M. M. (1995). An examination of the transaction approach in occupational stress research. In R. Crandall & P. L. Perrewe (Eds.), *Occupational stress: A handbook* (pp. 21–28). Philadelphia, PA: Taylor & Francis.

Harrison, T. M. (1985). Communication and participative decision making: An exploratory study. *Personnel Psychology, 38*, 93–116.

Hastorf, A. H., Wildfogel, J. & Cassman, T. (1979). Acknowledgement of handicap as a tactic in social interaction. *Journal of Personality and Social Psychology, 37*, 1790–1797.

Heckhausen, H. (1963). *Hoffnung und Furcht in der Leistungsmotivation.* Meisenheim: Hain.

Helson, H. (1964). Current trends and issues in adaptation-level theory. *American Psychologist, 19*, 26–38.
Henry, D. B. (1994). The employment interview and persons with disabilities. An investigation using the elaboration likelihood model of persuasion. Doctoral dissertation, University of Illinois-Chicago, 1993. *Dissertation Abstracts International, 54*, 3884.
Henss, R. (1998). *Gesicht und Persönlichkeitseindruck*. Göttingen: Hogrefe.
Hermans, H., Petermann, F. & Zielinski, W. (1978). *Leistungs Motivations Test (LMT)*. Amsterdam: Swets & Zeitlinger.
Herriot, P. (1989). Selection as a social process. In M. Smith & I. T. Robertson (Eds.), *Advances in selection and assessment* (pp. 171–188). Chichester: Wiley.
Herrnstein, R. J. & Murray, C. (1994). *The bell curve. Intelligence and class structure in American life*. New York, NY: Free Press.
Holland, J. L. (1976). Vocational preferences. In M. D. Dunnette (Ed.), *Handbook of Industrial and Organizational Psychology* (pp. 521–570). Chicago, IL: Rand McNally.
Holling, H. & Schulze, R. (in Druck). Strategien und Methoden. In H. Schuler (Hrsg.), *Enzyklopädie der Psychologie. Organisationspsychologie* (D/III/1). Göttingen: Hogrefe.
Hollmann, H. (1991). *Validität in der Eignungsdiagnostik*. Göttingen: Hogrefe.
Hollmann, H. & Reitzig, G. (1995). Referenzen und Dokumentenanalyse. In W. Sarges (Hrsg.), *Management-Diagnostik* (2. Aufl., S. 463–470). Göttingen: Hogrefe.
Hornthal, S. (1985). Das Bewerber-Interview: Praktische Hinweise zur Verbesserung des Interviews mittels Arbeitsproben und Tätigkeitssimulationen. *Personal, 37*, 26–31.
Hossiep, R., Paschen, M. & Mühlhaus, O. (2000). *Persönlichkeitstests im Personalmanagement*. Göttingen: Hogrefe.
Hough, L. M. & Oswald, F. L. (2000). Personnel selection: Looking toward the future – remembering the past. *Annual Review of Psychology, 51*, 631–664.
Hovland, C. I. & Wonderlic, E. F. (1939). Prediction of success from a standardized interview. *Journal of Applied Psychology, 23*, 537–546.
Howard, A. & Choi, M. (2000). How do you assess a manager's decision-making abilities? The use of situational inventories. *International Journal of Selection and Assessment, 8*, 85–88.
Howard, J. L. & Ferris, G. R. (1996). The employment interview context: Social and situational influences on interviewer decisions. *Journal of Applied Social Psychology, 26*, 112–136.
Hoyningen-Huene, G. von (1991). Der psychologische Test im Betrieb. *Der Betrieb, 44*, 1–8.
Hoyningen-Huene, G. von (1997). *Der psychologische Test im Betrieb: Rechtsfragen für die Praxis*. Heidelberg: Sauer.
Höft, S. (2001). Erfolgsüberprüfung personalpsychologischer Arbeit. In H. Schuler (Hrsg.), *Lehrbuch der Personalpsychologie* (S. 617–652). Göttingen: Hogrefe.
Höft, S., Hell, B., Quell, P. & Schuler, H. (2000). *Evidence of context bias on indicator allocations to „Big5"-dispositions*. Paper presented at the 108th convention of the American Psychological Association, Washington, DC.
Huffcutt, A. I., Conway, J. M., Roth, P. L. & Stone, N. J. (2001). Identification and meta-analytic assessment of psychological constructs measured in employment interviews. *Journal of Applied Psychology, 86*, 897–913.

Huffcutt, A. I. & Roth, P. L. (1998). Racial group differences in employment interview evaluations. *Journal of Applied Psychology, 83*, 179–189.

Huffcutt, A. I., Roth, P. L. & McDaniel, M. A. (1996). A meta-analytic investigation of cognitive ability in employment interview evaluations: Moderating characteristics and implications for incremental validity. *Journal of Applied Psychology, 81*, 459–474.

Huffcutt, A. I. & Woehr, D. J. (1999). Further analysis of employment interview validity: A quantitative evaluation of interviewer-related structuring methods. *Journal of Organizational Behavior, 20*, 549–560.

Hunter, J. E. & Hirsh, H. (1987). Applications of meta-analysis. In C. L. Cooper & I. T. Robertson (Eds.), *International review of industrial and organizational psychology* (pp. 321–357). Chichester: Wiley.

Hunter, J. E. & Hunter, R. F. (1984). Validity and utility of alternative predictors of job performance. *Psychological Bulletin, 96*, 72–98.

Hunter, J. E. & Schmidt, F. L. (1990). *Methods of meta-analysis*. Newbury Park, CA: Sage.

Hunter, J. E., Schmidt, F. L. & Jackson, G. B. (1982). *Meta-analysis: Cumulating research findings across studies*. Beverly Hills: Sage.

Hyman, H. H. (1954). *Interviewing in social research*. Chicago: University of Chicaco Press.

Ilgen, D. R., Mitchell, T. R. & Fredrickson, J. W. (1981). Poor performers: Supervisors' and subordinates' responses. *Organizational Behavior and Human Decision Processes, 27*, 386–410.

Imada, A. S. & Hakel, M. D. (1977). Influence of nonverbal communication and rater proximity on impressions and decisions in simulated employment interviews. *Journal of Applied Psychology, 62*, 295–300.

Ivancevich, J. M. & Donnelly, J. M. (1971). Job offers acceptance behavior and reinforcement. *Journal of Applied Psychology, 55*, 119–122.

James, S. P., Campbell, I. M. & Lovegrove, S. A. (1984). Personality differentiation in a police-selection interview. *Journal of Applied Psychology, 69*, 129–134.

Janis, I. & Mann, L. (1977). *Decision making: A psychological analysis of conflict, choice and commitment*. New York, NY: Free Press.

Janz, T. (1982). Initial comparisons of patterned behavior description interviews versus unstructured interviews. *Journal of Applied Psychology, 67*, 577–580.

Janz, T. (1989). The patterned behavior description interview: The best prophet of the future is the past. In R. W. Eder & G. R. Ferris (Eds.), *The employment interview* (pp. 158–168). Newbury Park, CA: Sage.

Janz, T., Hellervik, L. & Gilmore, D. C. (1986). *Behavior description interviewing: New, accurate, cost-effective*. Boston, MA: Allyn & Bacon.

Janz, T. & Mooney, G. (1999). *Designing a behavior description interview for the internet: Candidate process options and initial reactions*. Paper presented at the Annual Conference of the Society for Industrial and Organizational Psychology, Atlanta, GA.

Jäger, A. O. (1984). Intelligenzstrukturforschung: Konkurrierende Modelle, neue Entwicklungen, Perspektiven. *Psychologische Rundschau, 35*, 21–35.

Jäger, A. O. & Althoff, K. (Hrsg). (1983). *Der WILDE-Intelligenz-Test. Ein Strukturdiagnostikum*. Göttingen: Hogrefe.

Jellison, J. M. & Gentry, K. W. (1978). A self-presentation interpretation of the seeking of social approval. *Personality and Social Psychology Bulletin, 4*, 227–230.

John, M. (1993). *Informationsverarbeitung bei personalbezogenen Auswahlentscheidungen: Eindrucksbildung und Attribution.* Aachen: Shaker.

Jones, E. E. (1990). *Interpersonal perception.* New York, NY: Freeman.

Kanning, U. P. (1999). *Die Psychologie der Personenbeurteilung.* Göttingen: Hogrefe.

Keenan, A. (1977). Some relationships between interviewers' personal feelings about candidates and their general evaluation of them. *Journal of Occupational Psychology, 50*, 275–283.

Keenan, A. (1978). The selection interview: Candidates' reactions and interviewers' judgements. *British Journal of Social and Clinical Psychology, 17*, 201–209.

Keenan, A. & Wedderburn, A. A. (1975). Effects of the non-verbal behaviour of interviewers on candidates' impressions. *Journal of Occupational Psychology, 48*, 129–132.

Keith, R. D., Engelkes, J. R. & Winborn, B. B. (1977). Employment-seeking preparation and activity: An experimental job-placement training model for rehabilitation clients. *Rehabilitation Counselling Bulletin, 21*, 259–265.

Kelbetz, G. & Schuler, H. (2002). Verbessert Vorerfahrung die Leistung im Assessment Center? *Zeitschrift für Personalpsychologie, 1*, 4–18.

Kelly, E. L. & Fiske, D. W. (1951). *The prediction of success in clinical psychology.* Ann Arbor, MI: University of Michigan Press.

Kersting, M. (1998). Differentielle Aspekte der sozialen Akzeptanz von Intelligenztests und Problemlöseszenarien als Personalauswahlverfahren. *Zeitschrift für Arbeits- und Organisationspsychologie, 2*, 61–75.

Kici, G. & Westhoff, K. (2000). Anforderungen an psychologisch-diagnostische Interviews in der Praxis. *Report Psychologie, 7*, 428–436.

Kiker, D. S. & Motowidlo, S. J. (1998). Effects of rating strategy on interdimensional variance, reliability, and validity of interview ratings. *Journal of Applied Psychology, 83*, 763–768.

Kinsey, A. C., Pomeroy, W. B., Martin, C. E. & Gebhard, P. H. (1953). *Sexual behavior in the human female.* Philadelphia, PA: Saunders.

Kirkpatrick, D. L. (1976). Evaluation of training. In R. L. Craig (Ed.), *Training and development handbook: A guide to human resource development* (pp. 301–319). New York, NY: McGraw-Hill.

Kleinmann, M. & Seibt, H. (1990). Personalvorauswahl von Hochschulabsolventen: Derzeitiger Stand und Perspektiven. In M. Methner & A. Gebert (Hrsg.), *Psychologen gestalten die Zukunft: Anforderungen und Perspektiven* (S. 292–304). Bonn: Deutscher Psychologen Verlag.

Klitgaard, R. (1985). *Choosing elites.* New York, NY: Basic Books

Knebel, H. (1992). *Das Vorstellungsgespräch* (13. Aufl.). Freiburg: Haufe.

Knouse, S. B., Giacalone, R. A. & Pollard, H. (1988). Impression management in the resume and its cover letter. *Journal of Business and Psychology, 3*, 242–249.

Kohl, S., Fludernik, M. & Zapf, H. (2000). Vorbild Nordamerika? Anmerkungen zu einem problematischen Vergleich. *Forschung und Lehre, 6*, 302–305.

Kohn, L. S. & Dipboye, R. L. (1998). The effects of interview structure on recruiting outcomes. *Journal of Applied Social Psychology, 28*, 821–843.

Köchling, A. C. (2000). *Bewerberorientierte Personalauswahl. Ein effektives Instrument des Personalmarketing.* Frankfurt: Lang.
Köchling, A. C. & Körner, S. (1996). Personalauswahl aus der Sicht der Betroffenen: Zur bewerberorientierten Gestaltung von Beurteilungssituationen. *Zeitschrift für Arbeits- und Organisationspsychologie, 1,* 12–21.
Körner, S. (1995). *Tätigkeitsorientierte Konstruktvalidierung nonkognitiver Leistungsprädiktoren.* Unveröff. Dissertation, Universität Hohenheim.
Kreitler, S. & Kreitler, H. (1990). *The cognitive foundations of personality traits.* New York, NY: Plenum Press.
Kroeck, K. G. & Magnusen, K. O. (1997). Employer and job candidate reactions to video conference job interviewing. *International Journal of Selection and Assessment, 5,* 137–142.
Krüger, F. (1928). *Das Wesen der Gefühle.* Leipzig: Akademische Verlagsgesellschaft.
Lackes, R. & Mack, D. (1998). Innovatives Personalmanagement? Möglichkeiten und Formen des Einsetzens Neuronaler Netze als Instrument zur Eignungsbeurteilung. *Zeitschrift für Personalforschung, 4,* 424–451.
Landy, F. (1976). The validity of the interview in police officer selection. *Journal of Applied Psychology, 61,* 193–198.
Landy, F. J. (1986). Stamp collecting versus science: Validation as hypothesis testing. *American Psychologist, 41,* 1183–1192.
Landy, F. J. (1993). Job analysis and job evaluation: The respondent's perspective. In H. Schuler, J. L. Farr & M. Smith (Eds.), *Personnel selection and assessment: Individual and organizational perspectives* (pp. 75–90). Hillsdale, NJ: Erlbaum.
Landy, F. J. & Farr, J. L. (1980). Performance rating. *Psychological Bulletin, 87,* 72–107.
Landy, F. J., Shankster, L. J. & Kohler, S. S. (1994). Personnel selection and placement. *Annual Review of Psychology, 45,* 261–296.
Latham, G. P. (1989). The reliability, validity, and practicality of the situational interview. In R. W. Eder & G. R. Ferris (Eds.), *The employment interview: Theory, research, and practice.* Newbury Park, CA: Sage.
Latham, G. P. & Finnegan, B. J. (1993). Perceived practicality of unstructured, patterned, and situational interviews. In H. Schuler, J. L. Farr & M. Smith (Eds.), *Personnel selection and assessment: Individual and organizational perspectives* (pp. 41–55). Hillsdale, NJ: Erlbaum.
Latham, G. P. & Saari, L. M. (1984). Do people do what they say? Further studies on the situational interview. *Journal of Applied Psychology, 69,* 569–573.
Latham, G. P., Saari, L. M., Pursell, E. D. & Campion, M. A. (1980). The situational interview. *Journal of Applied Psychology, 65,* 422–427.
Latham, G. P. & Skarlicki, D. P. (1995). Criterion–related validity of the situational and patterned behavior description interviews with organizational citizenship behavior. *Human Performance, 8,* 67–80.
Latham, G. P. & Wexley, K. N. (1977). Behavioral observation scales for performance appraisal purposes. *Personnel Psychology, 30,* 255–268.
Lauterbach, W. & Sarris, V. (1980). Lerntheoretisch orientierte Ansätze der Bezugssystemforschung. In W. Lauterbach & V. Sarris (Hrsg.), *Beiträge zur psychologischen Bezugssystemforschung.* Bern: Huber.
Lersch, P. (1964). *Aufbau der Person (9. Aufl.).* München: Barth.

Liden, R. C., Martin, C. L. & Parsons, C. K. (1993). Interviewer and applicant bevaviors in employment interviews. *Academy of Management Journal, 36,* 372–386.

Liden, R. C. & Mitchell, T. R. (1988). Ingratiatory behaviors in organizational settings. *Academy of Management Review, 13,* 572–587.

Lienert, G. A. (1989). *Testaufbau und Testanalyse* (4. Aufl.). München: Psychologie Verlags Union.

Lin, T.-R., Dobbins, H. & Farh, J.-L. (1992). A field study of race and age similarity effects on interview ratings in conventional and situational interviews. *Journal of Applied Psychology, 77,* 363–371.

Locke, E. A. & Latham, G. P. (1984). *Goal setting: A motivational technique that works.* Englewood Cliffs, NJ: Prentice Hall.

Locke, E. A. & Latham, G. P. (1990). *A theory of goal setting and task performance.* Englewood Cliffs, NJ: Prentice Hall.

Lord, R. G., De Vader, C. L. & Alliger, G. M. (1986). A meta-analysis of the relation between personality traits and leadership perceptions: An application of validity generalization procedures. *Journal of Applied Psychology, 71,* 402–410.

Lowry, P. E. (1994). The structured interview: An alternative to the assessment center? *Public Personnel Management, 23,* 201–215.

Lumsdaine, A. A. & Janis, I. L. (1953). Resistance to „counter-propaganda" produced by one-sided and two-sided „propaganda" presentations. *Public Opinion Quaterly, 17,* 311–318.

Lück, H. E. & Timaeus, E. (1969). Skalen zur Messung manifester Angst (MAS) und sozialer Wünschbarkeit (SDS-E und SDS-MC). *Diagnostica, 15,* 134–141.

Macan, T. H. & Dipboye, R. L. (1988). The effects of interviewers' initial impressions on information gathering. *Organizational Behavior and Human Decision Processes, 42,* 364–387.

Machwirth, U., Schuler, H. & Moser, K. (1996). Entscheidungsprozesse bei der Analyse von Bewerbungsunterlagen. *Diagnostica, 42,* 220–241.

Mael, F. A. (1991). A conceptual rationale for the domain and attributes of biodata items. *Personnel Psychology, 44,* 763–792.

Maier, N. R. F. & Janzen, J. C. (1967). Reliability of reasons used in making judgements of honesty and dishonesty. *Perceptual and Motor Skills, 25,* 141–151.

Marchese, M. C. & Muchinsky, P. M. (1993). The validity of the employment interview: A meta-analysis. *International Journal of Selection and Assessment, 1,* 18–26.

Marcus, B. (2000). *Kontraproduktives Verhalten im Betrieb.* Göttingen: Hogrefe.

Marcus, B., Funke, U. & Schuler, H. (1997). Integrity Tests als spezielle Gruppe eignungsdiagnostischer Verfahren: Literaturüberblick und metaanalytische Befunde zur Konstruktvalidität. *Zeitschrift für Arbeits- und Organisationspsychologie, 41,* 2–17.

Marcus, B. & Schuler, H. (in Vorb.). *Integrity Test.* Göttingen: Hogrefe.

Maurer, T., Solamon, J. & Troxtel, D. (1998). Relationship of coaching with performance in situational employment interviews. *Journal of Applied Psychology, 83,* 128–136.

Mayfield, E. C. (1964). The selection interview: A re-evaluation of published research. *Personnel Psychology, 17,* 239–260.

McCormick, E. J. & Jeanneret, P. R. (1988). Position Analysis Questionnaire (PAQ). In S. Gael (Ed.), *The job analysis handbook for business, industry, and government* (Vol. 1, pp. 825–842). New York, NY: Wiley.

McDaniel, M. A. & Nguyen, N. T. (2001). Situational judgement tests: A review of practice and constructs assessed. *International Journal of Selection and Assessment, 9*, 103–113.

McDaniel, M. A., Whetzel, D. L., Schmidt, F. O., Hunter, J. E., Maurer, S. D. & Russel, J. (1994). The validity of employment interviews: A review and meta-analysis. *Journal of Applied Psychology, 79*, 599–602 (unpublished manuscript 1986).

McEvoy, G. M. & Cascio, W. F. (1985). Strategies for reducing employee turnover: A meta-analysis. *Journal of Applied Psychology, 70*, 342–353.

McGovern, T. V. & Tinsley, H. E. (1978). Interviewer evaluations of interviewee nonverbal behavior. *Journal of Vocational Behavior, 13*, 163–171.

Meehl, P. E. (1954). *Clinical vs. statistical prediction.* Minneapolis, MN: University of Minnesota Press.

Mehrabian, A. (1972). *Nonverbal communication.* Chicago, IL: Aldine-Atherton.

Mell, H. (1988). *Bewerbung auf dem Prüfstand.* Stuttgart: Schäffer.

Morgeson, F. P. & Campion, M. A. (1997). Social and cognitive sources of potential inaccuracy in job analysis. *Journal of Applied Psychology, 82*, 627–655.

Moscoso, S. (2000). Selection interview: A review of validity evidence, adverse impact and applicant reactions. *International Journal of Selection and Assessment, 8*, 237–247.

Moser, K. (1991). *Konsistenz der Person.* Göttingen: Hogrefe.

Moser, K. (1995). Planung und Durchführung organisationspsychologischer Untersuchungen. In H. Schuler (Hrsg.), *Lehrbuch Organisationspsychologie* (2. Aufl., S. 71–107). Bern: Huber.

Moser, K. (1999). Selbstbeurteilung beruflicher Leistung: Überblick und offene Fragen. *Psychologische Rundschau, 50*, 14–25.

Moser, K., Diemand, A. & Schuler, H. (1996). Inkonsistenz und Soziale Fertigkeiten als zwei Komponenten von Self-Monitoring. *Diagnostica, 42*, 268–283.

Moser, K., Donat, M., Schuler, H. & Funke, U. (1989). Gütekriterien von Arbeitsanalyseverfahren. *Zeitschrift für Arbeitswissenschaft, 43*, 65–72.

Moser, K. & Reuter, N. (2001). Wird durch die Aggregation von Interviewerdaten die Validität von Einstellungsinterviews unterschätzt? Eine Primärstudie und Monte-Carlo-Analysen. *Zeitschrift für Arbeits- und Organisationspsychologie, 4*, 188–201.

Moser, K., Stehle, W. & Schuler, H. (Hrsg.). (1993). *Personalmarketing.* Göttingen: Hogrefe.

Moser, K. & Zempel, J. (2001). Personalmarketing. In H. Schuler (Hrsg.), *Lehrbuch der Personalpsychologie* (S. 63–92). Göttingen: Hogrefe.

Motowidlo, S. J. & Burnett, J. R. (1995). Aural and visual sources of validity in structured employment interviews. *Organizational Behavior and Human Decision Processes, 61*, 239–249.

Motowidlo, S. J. & Tippins, N. (1993). Further studies of the low-fidelity simulation in the form of a situational inventory. *Journal of Occupational and Organizational Psychology, 66*, 337–344.

Mueller-Hanson, R., Heggestad, E. D. & Thornton, G. C. III (in press). Faking and selection: Considering the use of personality from select-in and select-out perspectives. *Journal of Applied Psychology.*

Mumford, M. D. & Gustafson, S. B. (1988). Creativity syndrome: Integration, application, and innovation. *Psychological Bulletin, 103*, 27–43.

Murphy, K. R. & Balzer, W. K. (1989). Rater errors and rating accuracy. *Journal of Applied Psychology, 74*, 619–624.

Nerdinger, F. W. (1994). Selbstselektion von potentiellen Führungsnachwuchskräften. In L. von Rosenstiel, T. Lang & E. Sigl (Hrsg.), *Fach- und Führungsnachwuchs finden und fördern* (S. 20–38). Stuttgart: Schäffer-Poeschel.

Nerdinger, F. W. (in Vorbereitung). *Kundenorientierung.* Göttingen: Hogrefe.

Neuberger, O. (1974). Das Einstellungsgespräch. *Psychologie und Praxis, 18*, 8–22.

Nisbett, R. E. & Ross, L. (1980). *Human Inference: Strategies and shortcomings of social judgement.* Englewood Cliffs, NJ: Prentice Hall.

Njå, N. et al. (1998). Personalauswahl aus Bewerbersicht. Eine Studie zum Konzept der sozialen Validität. *Mannheimer Beiträge, 2*, 56–70.

Nowack, W. & Kammer, D. (1987). Self-presentation: Social skills and inconsistency as independent facets of self-monitoring. *European Journal of Personality, 1*, 61–77.

O'Rourke, L. J. (1929). Measuring judgment and resourcefulness. *Personnel Psychology, 7*, 427–440.

Olian, J. D., Schwab, D. P. & Haberfeld, Y. (1988). The impact of applicant gender compared to qualifications on hiring recommendations: A meta-analysis of experimental studies. *Organizational Behavior and Human Decision Processes, 41*, 180–195.

Ones, D. S. & Viswesvaran, C. (1998). The effects of social desirability and faking on personality and integrity assessment for personnel selection. *Human Performance, 11*, 245–269.

Ones, D. S. & Viswesvaran, C. (2001). Integrity tests and other criterion-focused occupational personality scales (COPS) used in personnel selection. *International Journal of Selection and Assessment, 9*, 31–39.

Organ, D. W. (1988). *Organizational citizenship behavior: The good soldier syndrome.* Lexington, MA: Lexington.

Orpen, Ch. (1984). Attitude similarity, attraction, and decision-making in the employment interview. *Journal of Psychology, 117*, 111–120.

Ostendorf, F. & Angleitner, A. (1994). *Personality dimensions and appearance.* Paper presented at the 7th European Conference on Personality, Madrid.

Paulhus, D. L. (1986). Self-deception and impression management in test responses. In A. Angleitner & J. S. Wiggins (Eds.), *Personality assessment via questionnaires* (pp. 143–165). Berlin: Springer.

Pawlik, K. (Hrsg.). (1996). *Grundlagen und Methoden der Differentiellen Psychologie. Enzyklopädie der Psychologie* (C/VIII/1). Göttingen: Hogrefe.

Peabody, D. (1987). Selecting representative trait adjectives. *Journal of Personality and Social Psychology, 52*, 59–71.

Pearn, M. (1993). Fairness in selection and assessment: A European perspective. In H. Schuler, J. L. Farr & M. Smith (Hrsg.), *Personnel selection and assessment. Individual and organizational perspectives* (pp. 205–220). Hillsdale, NJ: Erlbaum.

Pelham, B. W. (1993). The idiographic nature of human personality: Examples of the idiographic self-concept. *Journal of Personality and Social Psychology, 64*, 665–677.

Peterson, N. G. et al. (2001). Understanding work using the Occupational Information Network (O-NET): Implications for practice and research. *Personnel Psychology, 54*, 449–492.

Phillips, J. M. (1998). Effects of realistic job previews on multiple organizational outcomes: A meta-analysis. *Academy of Management Journal, 41*, 673–690.

Popp, G. (1996). Personalauswahlverfahren aus arbeitsrechtlicher Sicht. *Personal, 48*, 381–382.

Porter, L. W., Lawler, E. E. III & Hackman, J. R. (1975). *Behavior in organizations.* New York, NY: McGraw-Hill.

Posthuma, R. A., Morgeson, F. P. & Campion, M. A. (2002). Beyond employment interview validity: A comprehensive narrative review of recent research and trends over time. *Personnel Psychology, 55*, 1–81.

Powell, G. N. (1984). Effects of job attributes and recruiting practices on applicant decisions: A comparison. *Personnel Psychology, 37*, 721–732.

Powell, G. N. (1991). Applicant reactions to the initial employment interview: Exploring theoretical and methodological issues. *Personnel Psychology, 44*, 67–83.

Pulakos, E. D. & Schmitt, N. (1995). Experience-based and situational interview questions: Studies of validity. *Personnel Psychology, 48*, 289–308.

Pulakos, E. D., Schmitt, N., Whitney, D. & Smith, M. (1996). Individual differences in interviewer ratings: The impact of standardization, consensus discussion, and sampling error on the validity of a structured interview. *Personnel Psychology, 49*, 85–102.

Pulverich, G. (1996). *Rechts-ABC für Psychologinnen und Psychologen.* Bonn: Deutscher Psychologen Verlag.

Premack, S. L. & Wanous, J. P. (1985). A meta-analysis of realistic job preview experiments. *Journal of Applied Psychology, 70*, 706–719.

Prieto, J. M. (1993). The team perspective in selection and assessment. In H. Schuler, J. L. Farr & M. Smith (Eds.), *Personnel selection and assessment: Individual and organizational perspectives* (pp. 221–234). Hillsdale, NJ: Erlbaum.

Pursell, E. D., Campion, M. A. & Gaylord, S. R. (1980). Structured interviewing: Avoiding selection problems. *Personnel Journal, 11*, 907–912.

Quiñones, M. A., Ford, J. K. & Teachout, M. S. (1995). The relationship between work experience and job performance: A conceptual and meta-analytic review. *Personnel Psychology, 48*, 887–910.

Ralston, S. M. & Brady, R. (1994). The relative influence of interview communication satisfaction on applicants' recruitment interview decisions. *Journal of Business Communication, 31*, 61–77.

Rehkugler, H. & Zimmermann, H. (1994). *Neuronale Netze in der Ökonomie.* München: Oldenburg.

Rehn, M. L. (1993). Die Eingliederung neuer Mitarbeiter. In K. Moser, W. Stehle & H. Schuler (Hrsg.), *Personalmarketing* (S. 77–95). Göttingen: Hogrefe.

Reilly, R. R. & Chao, G. R., (1982). Validity and fairness of some alternative employee selection procedures. *Personnel Psychology, 35*, 1–62.

Rindermann, H. & Oubaid, V. (1999). Auswahl von Studienanfängern durch Universitäten – Kriterien, Verfahren und Prognostizierbarkeit des Studienerfolgs. *Zeitschrift für Differentielle und Diagnostische Psychologie, 20*, 172–191.

Rogers, C. R. & Roethlisberger, F. J. (1992). Kommunikation: Die hohe Kunst des Zuhörens. *Harvardmanager, 14*, 74–80.

Rogers, D. P. & Sincoff, M. Z. (1978). Favorable impression characteristics of the recruitment interviewer. *Personnel Psychology, 31*, 495–504.

Rolfs, H. & Schuler, H. (in Druck). Berufliche Interessenkongruenz und das Erleben im Studium. *Zeitschrift für Arbeits- und Organisationspsychologie.*

Rosenstiel, L. von, Lang, T. & Sigl, E. (1994). *Fach- und Führungsnachwuchs finden und fördern.* Stuttgart: Schäffer-Poeschel.

Rosenstiel, L. von, Nerdinger, F. & Spieß, E. (Hrsg.). (1998). *Von der Hochschule in den Beruf.* Göttingen: Hogrefe.

Rosenstiel, L. von & Stengel, M. (1987). *Identifikationskrise? Zum Engagement in betrieblichen Führungspositionen.* Bern: Huber.

Rosse, J. G., Miller, J. L. & Stecher, M. D. (1994). A field study of job applicants' reactions to personality and cognitive ability testing. *Journal of Applied Psychology, 79,* 987–992.

Roth, P. L., BeVier, C. A., Switzer, F. S. & Schippmann, J. S. (1996). Meta-analyzing the relationship between grades and job performance. *Journal of Applied Psychology, 81,* 548–556.

Ryan, A. M., Daum, D. L. & Friedel, L. A. (1993). *Interviewing behavior: Effects of experience, self-efficacy, attitudes and job–search behavior.* Paper presented at the Annual Conference of the Society for Industrial and Organizational Psychology, San Francisco, CA.

Rynes, S. L. (1993). When recruitment fails to attract: Individual expectations meet organizational realities in recruitment. In H. Schuler, J. L. Farr & M. Smith (Eds.), *Personnel selection and assessment: Individual and organizational perspectives* (pp. 27–40). Hillsdale, NJ: Erlbaum.

Rynes, S. L. & Connerly, M. L. (1993). Applicant reactions to alternative selection procedures. *Journal of Business and Psychology, 7,* 261–277.

Rynes, S. L., Heneman, H. G. & Schwab, D. P. (1980). Individual reactions to organizational recruiting: A review. *Personnel Psychology, 33,* 529–542.

Salas, E. & Cannon-Bowers, J. A. (2001). The science of training. *Annual Review of Psychology, 52,* 471–500.

Sackett, P. R. (1982). The interviewer as hypothesis tester: The effects of impressions of an applicant on interviewer questioning strategy. *Personnel Psychology, 35,* 789–803.

Sackett, P. R., Burris, L. R. & Ryan, A. M. (1989). Coaching and practice effects in personnel selection. In C. L. Cooper & I. T. Robertson (Eds.), *International review of industrial and organizational psychology* (Vol. 4, pp. 145–183). Chichester: Wiley.

Saks, A. M. (1989). An examination of the combined effects of realistic job previews, job attractiveness and recruiter affect on job acceptance decisions. *Applied Psychology: An International Review, 38,* 145–163.

Salgado, J. F. (1997). The Five Factor model of personality and job performance in the European Community. *Journal of Applied Psychology, 82,* 30–43.

Salgado, J. F. (2001). Some landmarks of 100 years of scientific personnel selection at the beginning of the new century. *International Journal of Selection and Assessment, 9,* 3–9.

Salgado, J. F. & Moscoso, S. (in press). *Construct validity of employment interviews.*

Sander, N. (2000). *Promise and impact of structuring interviews: Personnel selection of textile sellers.* Presented at the 18th International Congress of Psychology, Stockholm.

Sarges, W. (1993). Eine neue Assessment-Center-Konzeption: Das Lernfähigkeits-AC. In A. Gebert & U. Winterfeld (Hrsg.), *Arbeits-, Betriebs- und Organisationspsychologie vor Ort*. Bonn: Deutscher Psychologen Verlag.
Sauter, B. (1990). *Erleben und Bewerten eignungsdiagnostischer Situationen am Beispiel des Einstellungsinterviews*. Unveröff. Diplomarbeit, Universität Hohenheim.
Schein, E. A. (1965). *Organizational psychology*. Englewood Cliffs, NJ: Prentice Hall.
Scherer, K. R. & Ekman, P. (1984). *Approaches to emotion*. Hillsdale, NJ: Erlbaum.
Scheuch, E. (1967). Das Interview in der Sozialforschung. In R. König (Hrsg.), *Handbuch der empirischen Sozialforschung Bd. 1* (2. Aufl., S. 136–196). Stuttgart: Enke.
Schlenker, B. R. (1980). *Impression management: The self-concept, social identity, and interpersonal relations*. Monterey, CA: Brooks/Cole.
Schmidt, F. L. (1992). What do data really mean? Research findings, meta-analysis, and cumulative knowledge in psychology. *American Psychologist, 47*, 1173–1181.
Schmidt, F. L. & Hunter, J. E. (1977). Development of a general solution to the problem of validity generalization. *Journal of Applied Psychology, 62*, 529–540.
Schmidt, F. L. & Hunter, J. E. (1981). Employment testing: Old theories and new research findings. *American Psychologist, 36*, 1128–1137.
Schmidt, F. L. & Hunter, J. E. (1983). Individual differences in productivity: An empirical test of estimates derived from studies of selection procedure utility. *Journal of Applied Psychology, 68*, 407–414.
Schmidt, F. L. & Hunter, J. E. (1992). Development of a causal model of processes determining job performance. *Current Directions in Psychological Science, 1*, 89–92.
Schmidt, F. L. & Hunter, J. E. (1998). The validity and utility of selection methods in personnel psychology: Practical and theoretical implications of 85 years of research findings. *Psychological Bulletin, 124*, 262–274. Deutsche Fassung in M. Kleinmann & B. Strauß (Hrsg.), Potentialfeststellung und Personalentwicklung (S. 15–43). Göttingen: Verlag für Angewandte Psychologie.
Schmidt, F. L., Law, K., Hunter, J. E., Rothstein, H., Pearlman, S. & McDaniel, M. A. (1993). Refinements in validity generalization methods: Implications for the situational specificity hypothesis. *Journal of Applied Psychology, 78*, 3–12.
Schmidt, F. L. & Rader, M. (1999). Exploring the boundary conditions for interview validity: Meta-analytic validity findings for a new interview type. *Personnel Psychology, 52*, 445–464.
Schmidt-Atzert, L. & Deter, B. (1993). Intelligenz und Ausbildungserfolg: Eine Untersuchung zur prognostischen Validität des I-S-T 70. *Zeitschrift für Arbeits- und Organisationspsychologie, 37*, 52–63.
Schmitt, N. (1976). Social and situational determinants of interview decisions: Implications for the employment interview. *Personnel Psychology, 29*, 79–101.
Schmitt N. & Coyle, B. W. (1976). Applicant decisions in the employment interview. *Journal of Applied Psychology, 61*, 184–192.
Schmitt, N., Gooding, R. Z., Noe, R. D. & Kirsch, M. (1984). Meta-analysis of validity studies published between 1964 and 1982 and the investigation of study characteristics. *Personnel Psychology, 37*, 407–422.
Schmitt, N., Noe, R. A. & Gottschalk, R. (1986). Using the lens model to magnify raters' consistency, matching, and shared bias. *Academy of Management Journal, 29*, 130–139.

Schmitt, N., Rogers, W., Chan, D., Sheppard, L. & Jennings, D. (1997). Adverse impact and predictive efficiency using various predictor combinations. *Journal of Applied Psychology, 82*, 719–730.

Schneewind, K. A., Schröder, G. & Cattell, R. B. (1983). *Der 16-Persönlichkeits-Faktoren-Test (16 PF)*. Göttingen: Hogrefe.

Schneider, B. (1987). The people make the place. *Personnel Psychology, 40*, 437–453.

Scholz, G. & Schuler, H. (1993). Das nomologische Netzwerk des Assessment Centers: eine Metaanalyse. *Zeitschrift für Arbeits- und Organisationspsychologie, 37*, 73–85.

Schrattenecker, H. (1994). *Das Erleben und die Reaktion von Teilnehmern am Potentialanalyseverfahren „Eignungsbeurteilung Funktionsfelder". Ein empirischer Beitrag zum Konzept der „sozialen Validität"*. Unveröff. Diplomarbeit, Universität Salzburg/ Universität Hohenheim.

Schuh, A. J. (1979). Effect of procedures for clarifiying the criterion setting on listening accuracy in the interview. *Bulletin of the Psychonomic Society, 13*, 263–264.

Schuh, A. J. (1980). Verbal listening skill in the interview and personal characteristics of the listeners. *Bulletin of the Psychonomic Society, 15*, 125–127.

Schuh, A. J. (1981). Establishing, maintaining, and evaluating an interviewer training program. *Bulletin of the Psychonomic Society, 17*, 143–146.

Schuler, H. (1972). *Das Bild vom Mitarbeiter*. München: Goldmann.

Schuler, H. (1975). *Sympathie und Einfluß in Entscheidungsgruppen*. Bern: Huber.

Schuler, H. (1978). Leistungsbeurteilung in Organisationen. In A. Mayer (Hrsg.), *Organisationspsychologie* (S. 137–169). Stuttgart: Poeschel.

Schuler, H. (1980). *Ethische Probleme psychologischer Forschung*. Göttingen: Hogrefe.

Schuler, H. (1982). Beurteilen als Messen und als Interpretieren. In H. Schuler & W. Stehle (Hrsg.), *Psychologie in Wirtschaft und Verwaltung* (S. 83–100). Stuttgart: Poeschel.

Schuler, H. (1984). Beurteilung und Auswahl von Wissenschaftlern und Ingenieuren in der industriellen Forschung und Entwicklung. In M. Domsch & E. Jochum (Hrsg.), *Personal-Management in der industriellen Forschung und Entwicklung Band 1* (S. 165–182). Köln: Heymanns.

Schuler, H. (1989a). Construct validity of a multimodal employment interview. In B. J. Fallon, H. P. Pfister & J. Brebner (Eds.), *Advances in industrial organizational psychology* (pp. 343–354). Amsterdam: North-Holland, Elsevier.

Schuler, H. (1989b). Some advantages and problems of job analysis. In M. Smith & I. T. Robertson (Eds.), *Advances in selection and assessment* (pp. 31–43). Chichester: Wiley.

Schuler, H. (1989c). Interviews. In S. Greif, H. Holling & N. Nicholson (Hrsg.), *Arbeits- und Organisationspsychologie* (S. 260–265). München: Psychologie Verlags Union.

Schuler, H. (1989d). Leitungsbeurteilung. In E. Roth (Hrsg.), *Organisationspsychologie. Enzyklopädie der Psychologie* (D/III/3). Göttingen: Hogrefe.

Schuler, H. (1990a). Personalauswahl aus der Sicht der Bewerber: Zum Erleben eignungsdiagnostischer Situationen. *Zeitschrift für Arbeits- und Organisationspsychologie, 34*, 184–191.

Schuler, H. (1990b). Der Einsatz biographischer Fragebogen zur Prognose des Berufserfolgs. In H. Schuler & W. Stehle (Hrsg.), *Biographische Fragebogen als Methode der Personalauswahl* (2. Aufl., S. 1–16). Stuttgart: Hogrefe.

Schuler, H. (1992a). Das Multimodale Einstellungsinterview. *Diagnostica, 38,* 281–300.

Schuler, H. (1992b). Assessment Center als Auswahl- und Entwicklungsinstrument: Einleitung und Überblick. In H. Schuler & W. Stehle (Hrsg.), *Assessment Center als Methode der Personalentwicklung* (2. Aufl., S. 1–35). Göttingen: Hogrefe.

Schuler, H. (1993a). Social validity of selection situations: A concept and some empirical results. In H. Schuler, J. L. Farr & M. Smith (Eds.), *Personnel selection and assessment. Individual and organizational perspectives* (pp. 11–26). Hillsdale, NJ: Erlbaum.

Schuler, H. (1993b). Is there a dilemma between validity and acceptance in the employment interview? In B. Nevo & R. S. Jäger (Eds.), *Educational and psychological testing: The test taker's outlook* (pp. 239–250). Toronto: Hogrefe.

Schuler, H. (1999a). Psychologische Berufseignungsdiagnostik und ihre Anwendung in Kreditinstituten. In J. H. von Stein & P. Siebertz (Hrsg.), *Handbuch Banken und Personal* (S. 227–274). Frankfurt/M.: Knapp.

Schuler, H. (1999b). Auswahl von Gründungsunternehmern mittels Interview – Ein Erfahrungsbericht. In K. Moser, B. Batinic & J. Zempel (Hrsg.), *Unternehmerisch erfolgreiches Handeln* (S. 145–153). Göttingen: Hogrefe.

Schuler, H. (2000a). *Psychologische Personalauswahl. Einführung in die berufliche Eignungsdiagnostik* (3. Aufl.). Göttingen: Hogrefe.

Schuler, H. (2000b). Das Rätsel der Merkmals-Methoden-Effekte: Was ist „Potential und wie läßt es sich messen?". In L. von Rosenstiel & T. Lang-von Wins (Hrsg.), *Perspektiven der Potentialbeurteilung* (S. 53–74). Göttingen: Hogrefe.

Schuler, H. (Hrsg.). (2001a). *Lehrbuch der Personalpsychologie.* Göttingen: Hogrefe.

Schuler, H. (2001b). Arbeits- und Anforderungsanalyse. In H. Schuler (Hrsg.), *Lehrbuch der Personalpsychologie* (S. 43–62). Göttingen: Hogrefe.

Schuler, H. (2001c). Noten und Studien- und Berufserfolg. In D. H. Rost (Hrsg.), *Handwörterbuch Pädagogische Psychologie* (2. Aufl., S. 501–507). Weinheim: Beltz/PVU.

Schuler, H. (2002). Emotionale Intelligenz – ein irreführender und unnötiger Begriff. *Zeitschrift für Personalpsychologie, 1.*

Schuler, H. & Backhaus, J. (1987). Vorstudie zum Forschungsprojekt „Standardisierungshilfen für Einstellungsgespräche bei Bewerbern um Ausbildungsplätze im Ausbildungsberuf „Bankkaufmann". In Gesellschaft zur Förderung der wissenschaftlichen Forschung über das Spar- und Girowesen e.V. (Hrsg.), *Mitteilungen Nr. 25* (S. 37–51).

Schuler, H. & Barthelme, D. (1995). Soziale Kompetenz als berufliche Anforderung. In B. Seyfried (Hrsg.), *„Stolperstein" Sozialkompetenz* (S. 77–117). Bielefeld: Bertelsmann.

Schuler, H. & Berger, W. (1979). The impact of physical attractiveness on an employment decision. In M. Cook & G. Wilson (Eds.), *Love and attraction* (pp. 33–36). Oxford: Pergamon Press.

Schuler, H., Diemand, A. & Moser, K. (1993). Filmszenen. Entwicklung und Konstruktvalidierung eines neuen eignungsdiagnostischen Verfahrens. *Zeitschrift für Arbeits- und Organisationspsychologie, 37,* 3–9.

Schuler, H., Farr, J. L. & Smith, M. (Eds.). (1993). *Personnel selection and assessment: Individual and organizational perspectives.* Hillsdale, NJ: Erlbaum.

Schuler, H., Frier, D. & Kauffmann, M. (1993). *Personalauswahl im europäischen Vergleich*. Göttingen: Hogrefe.

Schuler, H. & Funke, U. (1989). The interview as a multimodal procedure. In R. W. Eder & G. R. Ferris (Eds.), *The employment interview: Theory, research, and practice* (pp. 183–192). Newbury Park, CA: Sage.

Schuler, H. & Funke, U. (1990). *Fragebogen zur Messung sozialer Kompetenz*. Unveröffentlicht, Universität Hohenheim.

Schuler, H. & Funke, U. (Hrsg.). (1991). *Eignungsdiagnostik in Forschung und Praxis*. Stuttgart: Hogrefe.

Schuler, H. & Funke, U. (1995). Diagnose beruflicher Eignung und Leistung. In H. Schuler (Hrsg.), *Lehrbuch Organisationspsychologie* (2. Aufl., S. 235–283). Bern: Huber.

Schuler, H., Funke, U., Moser, K. & Donat, M. (1995). *Personalauswahl in Forschung und Entwicklung. Eignung und Leistung von Wissenschaftlern und Ingenieuren*. Göttingen: Hogrefe.

Schuler, H. & Fruhner, R. (1993). Effects of assessment center participation on self-esteem and on evaluation of the selection situation. In H. Schuler, J. L. Farr & M. Smith (Eds.), *Personnel selection and assessment: Individual and organizational perspectives* (pp. 109–124). Hillsdale, NJ: Erlbaum.

Schuler, H. & Guldin, A. (1991). Methodological issues in personnel selection research. In C. L. Cooper & I. T. Robertson (Eds.), *International review of industrial and organizational psychology* (Vol. 6, pp. 213–264). Chichester: Wiley.

Schuler, H. & Höft, S. (2001). Konstruktorientierte Verfahren der Personalauswahl. In H. Schuler (Hrsg.), *Lehrbuch der Personalpsychologie* (S. 93–134). Göttingen: Hogrefe.

Schuler, H., Höft, S., Fiege, R., Backhaus, J. & Haase, D. (1999*). Potentialanalyse für die Berufsausbildung Bankkaufmann/Bankkauffrau*. Stuttgart: Deutscher Sparkassen Verlag.

Schuler, H. & Klingner, Y. (in Vorb.). *Arbeitsprobe zur Berufsbezogenen Intelligenz. Büro- und kaufmännische Tätigkeiten (AZUBI-BK)*. Göttingen: Hogrefe.

Schuler, H. & Marcus, B. (2001). Biographieorientierte Verfahren der Personalauswahl. In H. Schuler (Hrsg.), *Lehrbuch der Personalpsychologie* (S. 175–214). Göttingen: Hogrefe.

Schuler, H. & Moser, K. (1992). *Bewerberorientiertes Personalmarketing*. Unveröff. Forschungsbericht, Universität Hohenheim.

Schuler, H. & Moser, K. (1993). Entscheidung von Bewerbern. In K. Moser, W. Stehle & H. Schuler (Hrsg.), *Personalmarketing* (S. 51–75). Göttingen: Hogrefe/Verlag für Angewandte Psychologie.

Schuler, H. & Moser, K. (1995). Die Validität des Multimodalen Interviews. *Zeitschrift für Arbeits- und Organisationspsychologie, 39*, 2–12.

Schuler, H., Moser, K., Diemand, A. & Funke, U. (1995). Validität eines Einstellungsinterviews zur Prognose des Ausbildungserfolgs. *Zeitschrift für Pädagogische Psychologie, 9*, 45–54.

Schuler, H. & Prochaska, M. (2000). Entwicklung und Konstruktvalidierung eines berufsbezogenen Leistungsmotivationstests. *Diagnostica, 46*, 61–72.

Schuler, H. & Prochaska, M. (1990). *Empirische Untersuchung der Leistungsmotivation in Einstellungsinterviews*. Unveröffentlichte Daten, Universität Hohenheim.

Schuler, H. & Prochaska, M. (2001). *Leistungsmotivationsinventar (LMI)*. Göttingen: Hogrefe.

Schuler, H. & Rolfs, H. (2000). Hohenheimer Gründerdiagnose: Konzeption zur eignungsdiagnostischen Untersuchung potenzieller Unternehmensgründer. In G. F. Müller, (Hrsg.), *Existenzgründung und unternehmerisches Handeln – Forschung und Förderung* (S. 55–73). Landau: Empirische Pädagogik.

Schuler, H. & Schmitt, N. (1987). Multimodale Messung in der Personalpsychologie. *Diagnostica, 33*, 259–271.

Schuler, H. & Stehle, W. (1983). Neuere Entwicklungen des Assessment-Center-Ansatzes – beurteilt unter dem Aspekt der sozialen Validität. *Psychologie und Praxis. Zeitschrift für Arbeits- und Organisationspsychologie, 27*, 33–44.

Schuler, H. & Stehle, W. (Hrsg.). (1990). *Biographische Fragebogen als Methode der Personalauswahl* (2. Aufl.). Göttingen: Hogrefe.

Schuler, H., Tannhäuser, K. & Rolfs, H. (2000). Gründerdiagnose: Eignungsdiagnostik als Beratungsgrundlage für Existenzgründer und ihre Förderer. EXZET – ein Modell zur Begleitung und Qualifizierung. In H. Breuninger (Hrsg.), *Unterwegs in die berufliche Selbständigkeit* (S. 87–107). Frankfurt: Campus.

Schulz, C., Schuler, H. & Stehle, W. (1985). Die Verwendung eignungsdiagnostischer Methoden in deutschen Unternehmen. In H. Schuler & W. Stehle (Hrsg.), *Organisationspsychologie und Unternehmenspraxis: Perspektiven der Kooperation* (S. 126–132). Göttingen: Hogrefe.

Schulz von Thun, F. (1993). *Miteinander reden 1*. Reinbek bei Hamburg: Rowohlt.

Schwaab, M.-O. & Schuler, H. (1991). Die Attraktivität deutscher Kreditinstitute bei Hochschulabsolventen. *Zeitschrift für Arbeits- und Organisationspsychologie, 35*, 105–114.

Schwarzer, R. (Ed.). (1992). *Self-efficacy: Thought control of action*. Washington, DC: Hemisphere.

Scott, W. D. (1915). Scientific selection of salesmen. *Advertising and Selling Magazine, 5*, 5–6.

Scott, W. D. (1916). Suggestion. *Psychological Bulletin, 13*, 266–268.

Sigelman, C. K., Elias, S. F. & Danker-Brown, P. (1980). Interview behaviors of mentally retarded adults as predictors of employability. *Journal of Applied Psychology, 65*, 67–73.

Silvester, J., Anderson, N., Haddleton, E., Cunningham-Snell, N. & Gibb, A. (2000). A cross-modal comparison of telephone and face-to-face selection interviews in graduate recruitment. *International Journal of Selection and Assessment, 8*, 16–21.

Smith, M. (1991). Recruitment and selection in the UK with some data on Norway. *European Review of Applied Psychology, 1*, 27–34.

Smith, M., Farr, J. L. & Schuler, H. (1993). Individual and organizational perspectives on personnel procedures: Conclusions and horizons for future research. In H. Schuler, J. L. Farr & M. Smith (Eds.), *Personnel selection and assessment: Individual and organizational perspectives* (pp. 333–351). Hillsdale, NJ: Erlbaum.

Smither, J. W. & Reilly, R. R. (1987). True intercorrelation among job components, time delay in rating, and rater intelligence as determinants of accuracy in performance ratings. *Organizational Behavior and Human Decision Processes, 40*, 369–391.

Snyder, M. & Swann, W. B. jr. (1978). Hypothesis-testing processes in social interaction. *Journal of Personality and Social Psychology, 15*, 330–342.

Sonntag, Kh. (2002). Personalentwicklung und Training. Stand der psychologischen Forschung und Gestaltung. *Zeitschrift für Personalpsychologie, 1,* 59–79.
Sonntag, Kh. & Schaper, N. (2001). Verhaltensorientierte Verfahren der Personalentwicklung. In H. Schuler (Hrsg.), *Lehrbuch der Personalpsychologie* (S. 241–264). Göttingen: Hogrefe.
Springbett, B. M. (1954). *Series effects in the employment interview.* Unpublished doctoral dissertation, McGill University, Montreal.
Springbett, B. M. (1958). Factors affecting the final decision in the employment interview. *Canadian Journal of Psychology, 12,* 13–22.
Stahl, G. K. (1995a). Die Auswahl von Mitarbeitern für den Auslandseinsatz: Wissenschaftliche Grundlagen. In T. M. Kühlmann (Hrsg.), *Mitarbeiterentsendung ins Ausland: Auswahl, Vorbereitung, Betreuung und Wiedereingliederung* (S. 31–72). Göttingen: Hogrefe.
Stahl, G. K. (1995b). Ein strukturiertes Auswahlinterview für den Auslandseinsatz. *Zeitschrift für Arbeits- und Organisationspsychologie, 39,* 84–90.
Steiner, D. D. & Gilliland, S. W. (1996). Fairness reactions to personnel selection techniques in France and the United States. *Journal of Applied Psychology, 81,* 134–141.
Sternberg, R. J. (1985). *Beyond IQ: A triarchic theory of human intelligence.* New York, NY: Cambridge University Press.
Sternberg, R. J. & Detterman, D. K. (Eds.). (1986). *What is intelligence? Contemporary viewpoints on its nature and definition.* Norwood, NJ: Ablex.
Sternberg, R. & Wagner, E. M. (1986). *Practical intelligence: Nature and origins of competence in everyday world.* New York, NY: Cambridge University Press.
Stevens, C. K. & Kristof, A. L. (1995). Making the right impression: A field study of applicant impression management during job interviews. *Journal of Applied Psychology, 80,* 587–606.
Stillman, P. L. & Burpeau-DiGregorio, M. Y. (1984). Teaching and evaluating interviewing skills. *Advances in Developmental and Behavioral Pediatrics, 5,* 109–145.
Strunz, C. M. (1992). Modell zur Verbesserung der Traineeauswahl: Konzeption eines Assessment Centers mit integrierter realistischer Tätigkeits-Information. In H. Schuler & W. Stehle (Hrsg.), *Assessment Center als Methode der Personalentwicklung* (2. Aufl., S. 159–183). Göttingen: Hogrefe.
Sue-Chan, C., Latham, G. P. & Evans, M. G. (1995). *The construct validity of the situational and patterned behavior description interviews: Cognitive ability, tacit knowledge, and self-efficacy as correlates.* Presented at the Annual Conference CPA, Prince Edward Island, Canada.
Taft, R. (1955). The ability to judge people. *Psychological Bulletin, 52,* 1–23.
Taylor, P. J. & O'Driscoll, M. P. (1995). *Structured employment interviewing.* Bodmin: Hartnoll's.
Taylor, H. C. & Russell, J. T. (1939). The relationship of validity coefficients to the practical effectiveness of tests in selection: Discussion and tables. *Journal of Applied Psychology, 23,* 565–578.
Tett, R. P., Jackson, D. N. & Rothstein, M. G. (1991). Personality measures as predictors of job performance: A meta-analytic review. *Personnel Psychology, 44,* 703–742.

Thorndike, E. L. (1920). A constant error in psychological ratings. *Journal of Applied Psychology, 4*, 25–29.

Thornton G. C. III (1992). *Assessment centers in human resource management.* Reading, MA: Addison-Wesley.

Thornton, G. C. III (1993). The effect of selection practices on applicants' perceptions of organizational characteristics. In H. Schuler, J. L. Farr & M. Smith (Eds.), *Personnel selection and assessment: Individual and organizational perspectives* (pp. 57–69). Hillsdale, NJ: Erlbaum.

Thömmes, J. & Kop, J.-L. (2000). Der „bilan de compétences" in Frankreich: Ein eigenständiges eignungsdiagnostisches Instrument der Potentialbeurteilung. In L. von Rosenstiel & T. Lang-von Wins (Hrsg.), *Perspektiven der Potentialbeurteilung* (S. 201–223). Göttingen: Hogrefe.

Thurstone, L. L. (1938). *Primary mental abilities.* Chicago, IL: University of Chicago Press.

Triebe, J. K. (1976). *Das Interview im Kontext der Eignungsdiagnostik.* Bern: Huber.

Trost, G. (1986). Die Bedeutung des Interviews für die Diagnose der Studieneignung. Darstellung der internationalen Forschungsergebnisse. In R. Lohölter, K. Hinrichsen, G. Trost & St. Drolshagen (Hrsg.), *Das Interview bei der Zulassung zum Medizinstudium.* Stuttgart: Schattauer.

Trost, G. (1996). Interview. In K. Pawlik (Hrsg.), *Enzyklopädie der Psychologie. Grundlagen und Methoden der Differentiellen Psychologie* (C/VIII/1). Göttingen: Hogrefe.

Tullar, W. L. (1989). The employment interview as a cognitive performing script. In R. W. Eder & G. R. Ferris (Eds.), *The employment interview: Theory, research and practice* (pp. 127–138). Newbury: Sage.

Tullar, W. L., Mullins, T. W. & Caldwell, S. A. (1979). Effects of interview length and applicant quality on interview decision time. *Journal of Applied Psychology, 64*, 669–674.

Ulrich, L. & Trumbo, D. (1965). The selection interview since 1949. *Psychological Bulletin, 63*, 100–116.

Valenzi, E. & Andrews, I. R. (1973). Individual differences in the decision process of employment interviews. *Journal of Applied Psychology, 58*, 49–53.

Vance, R. J., Kuhnert, K. W. & Farr, J. L. (1978). Interview judgements: Using external criteria to compare behavioral and graphic scale ratings. *Organizational Behavior and Human Performance, 22*, 279–294.

Viswesvaran, C., Ones, D. S. & Schmidt, F. L. (1996). Comparative analysis of the reliability of job performance ratings. *Journal of Applied Psychology, 81*, 557–574.

Wagner, R. (1949). The employment interview: A critical review. *Personnel Psychology, 2*, 17–46.

Wanous, J. P. (1980). *Organizational entry: Recruitment, selection, and socialization of newcomers.* Reading, MA: Addison-Wesley.

Wanous, J. P. (1989). Impression management at organizational entry. In R. A. Giacalone & P. Rosenfeld (Eds.), *Impression management in the organization* (pp. 253–267). Hillsdale, NJ: Erlbaum.

Wanous, J. P. (1993). Newcomer orientation programs that facilitate organizational entry. In H. Schuler, J. L. Farr & M. Smith (Eds.), *Personnel selection and assessment. Individual and organizational perspectives* (pp. 125–140). Hillsdale, NJ: Erlbaum.

Webster, E. C. (1964). *Decision making in the employment interview.* Quebec: Eagle Publishing.
Webster, E. C. (1982). *The employment interview.* Schomberg, Ontario: SIP Publications.
Weekly, J. A. & Gier, J. A. (1987). Realibility and validity of the situational interview for a sales position. *Journal of Applied Psychology, 72,* 482–487.
Wegge, J. (2001). Gruppenarbeit. In H. Schuler (Hrsg.), *Lehrbuch der Personalpsychologie* (S. 483–508). Göttingen: Hogrefe.
Weinert, A. B., Streufert, S. C. & Hall, W. B. (1982). (Hrsg.). *Deutscher CPI (California Personality Inventory).* Bern: Huber.
Werbel, J. D., Phillips, C. & Carney, F. G. (1989). Is prescreening biased? *Journal of College Placement, 49,* 41–43.
Westhoff, K. & Kluck, M.-L. (1998). *Psychologische Gutachten schreiben und beurteilen.* Berlin: Springer.
Weuster, A. (1991). Das Arbeitszeugnis als Instrument der Personalauswahl. In H. Schuler & U. Funke (Hrsg.), *Eignungsdiagnostik in Forschung und Praxis* (S. 177–181). Göttingen: Hogrefe.
Weuster, A. (1994). *Personalauswahl und Personalbeurteilung mit Arbeitszeugnissen.* Göttingen: Hogrefe.
Wexley, K. N. & Latham, G. P. (1991). *Developing and training human resources in organizations* (2nd ed.). Glenview, IL: Forseman.
Whiten, A. & Byrne, R. W. (Eds.). (1997). *Machiavellian intelligence II. Extensions and evaluations.* Cambridge: Cambridge University Press.
Wiener, Y. & Schneiderman, M. L. (1974). Use of job information as a criterion in employment decisions of interviewers. *Journal of Applied Psychology, 59,* 699–704.
Wiesner, W. H. & Cronshaw, S. F. (1988). A meta-analytic investigation of the impact of interview format and degree of structure on the validity of the employment interview. *Journal of Occupational Psychology, 61,* 275–290.
Wigdor, A. K. & Sackett, P. R. (1993). Employment testing and public policy: The case of the General Aptitude Test Battery. In H. Schuler, J. L. Farr & M. Smith (Eds.), *Personnel selection and assessment: Individual and organizational perspectives* (pp. 183–204). Hillsdale, NJ: Erlbaum.
Williamson, L. G., Campion, J. E., Malos, S. B., Roehling, M. V. & Campion, M. A. (1997). Employment interview on trial: Linking interview structure with litigation outcomes. *Journal of Applied Psychology, 82,* 900–912.
Willmann, H.-G. (1998). *Personalauswahl in einer „Non-Profit-Organisation". Ein empirischer Beitrag zum Konzept der sozialen Validität.* Unveröff. Diplomarbeit, Universität Freiburg.
Wilpert, B. (1995). Organisation und Umwelt. In H. Schuler (Hrsg.), *Lehrbuch Organisationspsychologie* (2. Aufl., S. 495–511). Bern: Huber.
Winkler, K. (1991). *Das Einstellungsinterview aus der Sicht des Bewerbers. Eine empirische Studie zum Konzept der sozialen Validität.* Unveröff. Diplomarbeit, Universität Erlangen-Nürnberg.
Wottawa, H. (1987). Konfigurale Auswertungsmethoden in der Psychotherapieforschung. *Zeitschrift für Klinische Psychologie, Psychopathologie und Psychotherapie, 35,* 84–97.

Wottawa, H. (1995). Umsetzung von situationsdiagnostischen Erkenntnissen in personendiagnostische Überlegungen. In H. Sarges (Hrsg.), *Management-Diagnostik* (S. 175– 194). Göttingen: Hogrefe.

Wright, O. R. (1969). Summary of research on the selection interview since 1964. *Personnel Psychology, 22,* 391–413.

Wright, R. (1996). *Diesseits von Gut und Böse.* München: Limes.

Zajonc, R. B. (1980). Feeling and thinking: Preferences need no inferences. *American Psychologist, 35,* 151–175.

Zapf, D. & Semmer, N. (in Druck). Stress und Gesundheit in Organisationen. In H. Schuler (Hrsg.), *Organisationspsychologie 2. Enzyklopädie der Psychologie (D/III/4).* Göttingen: Hogrefe.

Zedeck, S., Tziner, A. & Middlestadt, S. E. (1983). Interviewer validity and reliability: An individual analysis approach. *Personnel Psychology, 36,* 355–370.

Zempel, J., Bacher, J. & Moser, K. (Hrsg.). (2001). *Erwerbslosigkeit. Ursachen, Auswirkungen und Interventionen.* Opladen: Leske & Budrich.

Zimmermann, H. & Schuler, H. (1991). Persönlichkeitskonstrukte als Urteilseinheiten im Assessment Center. In H. Schuler & U. Funke (Hrsg.), *Eignungsdiagnostik in Forschung und Praxis* (S. 139–143). Göttingen: Hogrefe.

Zuckerman, M. (1979). *Sensation seeking: Beyond the optimal level of arousal.* Hillsdale, NJ: Erlbaum.

Personenregister

Abele, A. 59, 288
Ackerman, P. L. 288
Alderfer, C. P. 124, 288
Alliger, G. M. 146, 300
Alliger, N. J. 248, 288
Allport, G. W. 71–72, 288
Althoff, K. 152, 297
Ambady, N. 98, 288
Amelang, M. 165, 288
Anderson, C. W. 80, 114
Anderson, D. 63, 288
Anderson, J. R. 64, 288
Anderson, N. H. 33–34, 69, 92, 100, 119, 240, 285, 288, 309
Andrews, I. R. 118, 311
Angleitner, A. 98, 302
Arvey, R. D. 31–32, 74, 252–253, 279, 288
Asch, S. 30, 288
Asendorpf, J. 55–57, 59, 99, 165, 288
Ash, R. A. 70, 74, 293
Atkins, A. L. 118, 289
Ayres, J. 56, 288

Bacher, J. 313
Backhaus, J. 54, 193, 206, 288, 307–308
Baldwin, T. 234, 288
Bales, R. F. 30, 288
Balzer, W. K. 91, 302
Bandura, A. 59, 288
Barber, A. E. 61, 126, 289
Baron, R. A. 118, 289
Baron-Boldt, J. 51, 289
Barrick, M. R. 155, 157, 165, 289
Barthel, E. 271, 289
Barthelme, D. 157, 307
Becker, Kh. 14, 193, 292
Becker, P. 59, 288
Bennett, W. 248, 288
Bentz, V. J. 50, 289
Berger, W. 50–51, 307

BeVier, C. A. 51, 304
Bieri, J. 90, 118, 289
Bischof-Köhler, D. 72, 289
Blickle, G. 58, 289
Bobko, P. 36, 289
Bolster, B. I. 89, 289
Borkenau, P. 50, 98–99, 119, 289
Borman, W. C. 73, 83, 141, 144, 290, 292
Boudreau, J. W. 270, 290
Brady, R. 124, 303
Brandstätter, H. 48, 59, 83, 90, 92, 249, 290
Briar, S. 118, 289
Brown, B. K. 50, 148, 185, 290–291
Brown, J. D. 62, 291
Bruchon-Schweitzer, M. 12, 290
Brush, D. 141, 144, 290
Burbeck, E. 74, 295
Burke, M. J. 247, 290
Burnett, J. R. 80, 100, 290, 301
Burpeau-DiGregorio, M. Y. 243, 310
Burris, L. R. 253, 304
Buss, D. M. 72, 290
Byrne, R. W. 65, 312

Cable, D. M. 101, 117, 120–121, 290
Caldwell, S. A. 118, 311
Callender, J. C. 70–71, 88, 90, 115, 292–293
Campbell, D. T. 14, 190, 290–291
Campbell, I. M. 56, 297
Campion, J. E. 32–37, 74, 177, 191, 252–253, 277, 288, 290, 312
Campion, M. A. 31, 33–37, 50, 52, 106, 115, 142, 148, 152, 177, 181, 185–186, 191, 253, 277, 290–291, 299, 301, 303, 312
Cannon-Bowers, J. A. 232, 234, 304
Cardy, R. L. 74, 291
Carlson 73–74

Carlson, R. E. 74, 291
Carlson, S. 73, 294
Carney, F. G. 51, 312
Cascio, W. F. 112, 126, 228, 272, 291, 301
Cassman, T. 53, 295
Cattell, R. B. 149, 162, 291, 306
Chan, D. 36, 251, 279, 291, 306
Chao, G. R. 51, 303
Chaplin, W. F. 62, 97, 291
Chen, P. 56, 288
Choi, M. 285, 296
Clanton, N. R. 62, 291
Clark, E. B. 29, 291
Clause, C. S. 251, 279, 291
Clavenger, J. 183, 291
Comelli, G. 277, 291
Connerly, M. L. 108, 304
Conway, J. M. 17, 23, 25, 39, 119, 128, 147, 247, 251, 291, 296
Cook, T. D. 190, 291, 307
Cooper, W. H. 91, 291, 297, 299, 304, 308
Cortina, J. M. 38, 269, 291
Costa, P. T. 59, 156, 291–292
Coyle, B. W. 2, 32, 72, 82, 104–105, 107, 124, 305
Cronbach, L. J. 23, 31, 292
Cronshaw, S. F. 33, 37, 75, 312
Cunningham-Snell, N. 100, 285, 309

Daniels, H. W. 80, 292
Danker-Brown, P. 63, 309
Daum, D. L. 56, 304
Davison, H. K. 38, 291
Day, R. D. 247, 290
De Vader, C. L. 146, 300
DeGroot, T. 64, 80, 290, 292
Delbridge, K. 251, 279, 291
Delery, J. E. 116, 292
Deller, J. 193, 292
DeRaad, B. 94, 292
Deter, B. 22, 305
Detterman, D. K. 146, 310
Diemand, A. 14, 37–38, 55, 68–69, 75, 161, 193, 208, 292, 301, 307–308

DiMilia, L. 80, 292
Dipboye, R. L. 33, 38–39, 41, 50, 52, 70, 73–75, 83, 86–89, 102, 105, 108, 115–118, 124–125, 155, 204, 251, 253, 292, 295, 298, 300
Dobbins, H. 279, 300
Dobmeyer, T. W. 51, 295
Dobroth, K. M. 18, 294
Donat, M. 14, 54, 161, 193, 301, 308
Donnelly, J. M. 229, 297
Dougherty, T. W. 70–71, 88, 90, 115, 119, 247, 292–293
Downs, C. W. 120, 293
Dreher, G. F. 23, 70, 74–75, 293
Dunnette, M. D. 51, 86, 102, 291, 295–296, 301
Dye, D. A. 170, 293

Ebbinghaus, H. 48, 88, 293
Ebert, R. J. 70–71, 292
Eckardt, H. H. 129, 293
Eder, R. W. 33, 289, 292–293, 297, 299, 308, 311
Edwards, P. A. 56, 288
Ekman, P. 68, 98, 293, 305
Elias, S. F. 63, 309
Ellyson, S. L. 73, 293
Engelkes, J. R. 253, 298
Evans, M. G. 155, 310
Exline, R. V. 73, 293

Fahrenberg, J. 153, 208, 293
Fan, C. 80, 290
Farh, J.-L. 279, 300
Farr, J. L. 12, 83, 88, 110, 233, 247, 293, 299, 302–304, 307–309, 311–312
Fear, R. A. 72, 167, 293
Feild, H. S. 186, 192, 293
Feldman, J. M. 83, 86, 293
Ferrieux, D. 12, 290
Ferris, G. R. 33, 101, 289, 292–293, 295–297, 299, 308, 311
Fiege, R. 113, 175, 206, 232, 293, 308
Finnegan, B. J. 47, 108, 186, 210, 299
Fischer, H. 250, 293
Fiske, D. W. 14, 39, 190, 290, 298

Fiske, S. T. 166, 293
Flanagan 136, 184, 294
Fleishman, E. A. 144, 294
Fletcher, F. C. 66, 68–69, 80, 92, 294
Fludernik, M. 55, 298
Ford, J. K. 50, 234–235, 288, 294, 303
Forsythe, S. M. 53, 294
Frederiksen, N. 73, 294
Frey, D. 83, 294
Friedel, L. A. 56, 304
Friedrichs, P. 186, 294
Frieling, E. 129, 131, 294
Frier, D. 12–13, 27–28, 251, 308
Friesen, W. V. 98, 293
Frintrup, A. 193, 294–295
Fruhner, R. 2, 107–108, 206–207, 210, 251, 294, 308
Funder, D. C. 18, 294
Funke, U. 2, 14, 22, 25, 37–39, 51, 54, 75, 99, 107, 129, 152–154, 157, 161, 190, 193, 206, 208, 289, 292, 294, 300–301, 308, 312–313
Furnham, A. 74, 295

Gael, S. 129, 295, 301
Ganzach, Y. 120, 210, 295
Gardner, H. 145, 295
Gatewood, R. D. 186, 192, 293
Gaugler, B. B. 41, 70, 116, 204, 238, 292
Gaul, D. 274, 295
Gaylord, S. R. 186, 303
Gebhard, P. H. 169, 298
Gehrlein, T. M. 75, 295
Gentry, K. W. 66, 297
Gentsch, R. 193, 295
Giacalone, R. A. 49, 294, 298, 311
Gibb, A. 100, 285, 309
Gier, J. A. 152, 312
Gilliland, S. W. 38, 108, 110, 251, 291, 295, 310
Gilmore, D. C. 125, 177, 295, 297
Gleser, G. C. 31, 292
Goldberg, L. R. 94, 156, 295
Goldsmith, D. B. 29, 295
Goldstein, N. B. 38, 291

Gooding, R. Z. 21, 305
Goodman, D. F. 17, 23, 119, 291
Gorodecki, M. 80, 230, 292
Gottschalk, R. 83, 306
Guilford, J. P. 145, 295
Guion, R. M. 21, 295
Guldin, A. 37, 74, 308
Gully, S. M. 235, 294
Gustafson, S. B. 161, 302

Haase, D. 206, 308
Haberfeld, Y. 52, 302
Hackman, J. R. 4, 303
Haddleton, E. 100, 285, 309
Hakel, M. D. 32, 51, 63, 86, 102, 295, 297
Hall, W. B. 153, 208, 288, 291, 300, 302, 305, 312
Hampel, R. 153, 208, 293
Hancock, P. 70, 74, 293
Harris, M. M. 33, 38, 75, 151, 279, 295
Harrison, T. M. 295
Hastorf, A. H. 53, 295
Haugland, S. N. 155, 289
Heckhausen, H. 56, 295
Heggestad, E. D. 69, 286, 288, 302
Hell, B. 101, 296
Hellervik, L. 177, 297
Helson, H. 92, 296
Heneman, H. G. 32, 81, 105, 304
Henry, D. B. 53, 279, 296
Henss, R. 98, 296
Hermans, H. 153, 208, 296
Herriot, P. 249, 296
Herrnstein, R. J. 146, 296
Hirsh, H. 39, 147, 151, 297
Höft, S. 13, 40, 69, 101, 132, 190, 206, 228, 296, 308
Holland, J. L. 57, 296
Hollenbeck, J. R. 61, 126, 289
Holling, H. 92, 190, 296, 306
Hollmann, H. 49, 93, 296
Hornthal, S. 243, 296
Hossiep, R. 56, 166, 296
Hough, L. M. 36, 296
Hovland, C. I. 30, 296
Howard, A. 285–286, 296

Howard, J. L. 101, 296
Hoyningen-Huene, G. von 274–275, 296
Hoyos, C. G. 131, 294
Hudson, J. P. 37, 185, 290
Huffcutt, A. I. 25, 37, 39, 55, 147–148, 151, 155–156, 190, 209, 247, 279, 296–297
Hunter, J. E. 31, 33, 37–39, 50–51, 54, 75, 120, 123, 146–147, 151–152, 177, 227, 268–270, 297, 301, 305
Hunter, R. F. 51, 120, 123, 177, 297
Hyman, H. H. 30, 297

Imada, A. S. 63, 297
Irle, M. 83, 294
Ivancevich, J. M. 229, 297

Jackson, D. N. 157, 311
Jackson, G. B. 152, 297
Jäger, A. O. 145, 152, 289, 293, 297, 307
Jako, R. A. 17, 23, 119, 291
James, S. P. 56, 297
Janis, I. L. 92, 112, 297, 300
Janz, T. 31, 152, 177–178, 180, 251, 297
Janzen, J. C. 68, 300
Jeanneret, P. R. 131, 301
Jellison, J. M. 66, 297
Jennings, D. 36, 251, 279, 291, 306
John, M. 88, 134, 298
Jones, E. E. 93, 298
Judge, T. A. 101, 117, 120–121, 290

Kacmar, K. M. 116, 292
Kammer, D. 68, 302
Kanning, U. P. 83, 298
Kauffmann, M. 12, 27–28, 308
Keenan, A. 66, 81, 90, 106, 114, 116, 298
Keereetaweep, T. 56, 288
Kehoe, J. F. 74, 291
Keith, R. D. 253, 298
Kelbetz, G. 60, 252, 298
Kelly, E. L. 39, 298
Kendelbacher, I. 193, 292
Kersting, M. 250, 298

Kici, G. 186–187, 298
Kiker, D. S. 102, 298
Kinsey, A. C. 169, 298
Kirkpatrick, D. L. 247, 298
Kirsch, M. 21, 305
Klayman, N. 120, 210, 295
Kleinmann, M. 216, 292, 298, 305
Klingner, Y. 286, 308
Klitgaard, R. 125, 298
Kluck, M.-L. 186, 312
Kluger, A. N. 120, 210, 295
Knebel, H. 241, 298
Knouse, S. B. 49, 298
Köchling, A. C. 250–251, 298–299
Kohl, S. 55, 298
Kohler, S. S. 110, 151, 299
Kohn, L. S. 108, 251, 298
Kop, J.-L. 262, 311
Körner, S. 142, 250–251, 299
Krauß, J. 22, 99, 294
Kreitler, H. 161, 299
Kreitler, S. 161, 299
Kristof, A. L. 67, 310
Kroeck, K. G. 108, 285, 299
Krüger, F. 90, 299
Kuhnert, K. W. 247, 311

Lackes, R. 286, 299
Landy, F. J. 20, 83, 110, 119, 142, 151, 174, 278, 299
Lang, T. 112, 298, 302, 304
Latham, G. P. 31, 47, 58, 80, 108, 152, 155, 174, 181–182, 184–186, 191–192, 210, 230, 232, 234, 247, 299–300, 310, 312
Lauterbach, W. 92, 300
Law, K. 37, 305
Lawler, E. E. III 4, 303
Leaman, R. L. 118, 289
Lersch, P. 114, 300
Liden, R. C. 81, 116, 300
Liebler, A. 98, 289
Lienert, G. A. 16, 19, 300
Lin, T.-R. 279, 300
Locke, E. A. 185, 191, 300
Long, B. 73, 293

Lord, R. G. 146, 177, 300
Lovegrove, S. A. 56, 297
Lowry, P. E. 108, 300
Lück, H. E. 68, 208, 300
Lumsdaine, A. A. 112, 300

Macan, T. H. 89, 117, 124, 300
Machwirth, U. 93, 300
Mack, D. 286, 299
Mael, F. A. 172, 300
Magnusen, K. O. 108, 285, 299
Maier, N. R. F. 68, 300
Malos, S. B. 36, 312
Mann, L. 92, 99, 163, 297
Marchese, M. C. 37, 300
Marcus, B. 13, 49, 157, 160, 190, 216, 300, 308
Martin, C. E. 169, 298
Martin, C. L. 81, 116, 300
Maurer, S. D. 22–23, 33, 253, 293, 301
Maurer, T. 253, 300
Mayfield, E. C. 29–31, 74, 80, 291, 300
McCord, C. G. 124, 288
McCormick, E. J. 131, 301
McCrae, R. R. 59, 156, 291–292
McDaniel, M. A. 22, 25, 33, 37, 39, 55, 170, 177, 209, 285, 293, 297, 301, 305
McEvoy, G. M. 112, 126, 301
McGovern, T. V. 64, 301
Meehl, P. E. 23, 30, 119, 292, 301
Mehrabian, A. 68, 301
Mell, H. 216, 301
Middlestadt, S. E. 74, 313
Miller, H. 118, 289
Miller, J. L. 251, 304
Mitchell, T. R. 83, 116, 297, 300
Mooney, G. 251, 297
Morgeson, F. P. 52, 142, 301, 303
Moscoso, S. 25, 39, 101, 147, 151, 167, 210, 301, 305
Moser, K. 2, 14, 37–38, 43, 54–55, 67–68, 75, 82, 89, 92–93, 105–107, 112, 126–127, 142, 161, 190, 193, 206–208, 229, 248, 294, 300–301, 303, 307–308, 313

Motowidlo, S. J. 64, 80, 100, 102, 141, 183, 186, 290, 292, 298, 301
Mount, M. K. 157, 165, 289
Muchinsky, P. M. 37, 300
Muck, P. M. 113, 293
Mueller-Hanson, R. 69, 302
Mühlhaus, O. 56, 166, 296
Mullins, T. W. 118, 311
Mumford, M. D. 161, 302
Murphy, K. R. 91, 166, 302
Murray, C. 146, 296

Nerdinger, F. W. 58, 112, 193, 302, 304
Neuberger, O. 31, 302
Neubert, M. J. 165, 289
Nguyen, N. T. 285, 301
Nisbett, R. E. 92, 302
Njå, N. 110, 302
Noe, R. A. 83, 306
Noe, R. D. 21, 305
Nowack, W. 68, 302

O'Rourke, L. J. 30, 302
Olian, J. D. 52, 302
Ones, D. S. 69–70, 157, 302, 311
Organ, D. W. 100, 302
Orpen, Ch. 114, 302
Ostendorf, F. 98–99, 289, 302
Oswald, F. L. 36, 296
Otis, J. L. 80, 292
Oubaid, V. 38, 207, 303

Palmer, D. K. 33–34, 290
Parsons, C. K. 81, 116, 300
Paschen, M. 56, 166, 296
Patton, G. K. 155, 289
Paulhus, D. L. 40, 67, 302
Pawlik, K. 165, 302, 311
Payne, S. C. 38, 291
Peabody, D. 101, 302
Pearlman, S. 37, 305
Pearn, M. 274, 302
Pelham, B. W. 59, 302
Peneno, G. M. 251, 291
Pereira, G. M. 183, 291
Petermann, F. 153, 208, 293, 296

Peterson, D. A. 74, 291
Peterson, N. G. 144, 179, 303
Phillips, C. 51, 112, 312
Phillips, J. B. 62, 291
Phillips, J. M. 61, 79, 112, 126, 289, 303
Pollard, H. 49, 298
Pomeroy, W. B. 169, 298
Popp, G. 275, 303
Porter, L. W. 4, 303
Posthuma, R. A. 52, 303
Potosky, D. 36, 289
Powell, G. N. 105, 124, 247, 303
Premack, S. L. 112, 303
Prieto, J. M. 165, 303
Prochaska, M. 56, 59, 208, 308–309
Pulakos, E. D. 38, 75, 185, 191, 303
Pulverich, G. 275, 303
Pursell, E. D. 31, 148, 185–186, 291, 299, 303

Quaintance, M. K. 144, 294
Quell, P. 101, 296
Quiñones, M. A. 50, 303

Rader, M. 22, 25, 305
Ralston, S. M. 124, 303
Reck, M. 170, 293
Rehkugler, H. 286, 303
Rehn, M. L. 112, 229, 303
Reilly, R. R. 51, 73, 303, 309
Reitzig, G. 49, 296
Renner, T. 193, 294
Reuter, N. 75, 301
Rindermann, H. 38, 207, 303
Roehling, M. V. 36, 277, 312
Roethlisberger, F. J. 221, 304
Rogers, C. R. 221, 304
Rogers, D. P. 82, 105, 304
Rogers, W. 36, 306
Rolfs, H. 57, 191, 193, 304, 309
Rosenstiel, L. von 58, 112, 302, 304, 307, 311
Rosenthal, R. 98, 288
Ross, L. 92, 103, 105, 251, 284, 302
Rosse, J. G. 251, 304

Roth, P. L. 25, 36, 39, 51, 55, 147, 209, 279, 289, 296–297, 304, 306
Rothstein, H. 37, 305
Rothstein, M. G. 157, 311
Russel, J. 33, 267, 301
Russell, J. T. 46, 310
Ryan, A. M. 56, 253, 304
Rynes, S. L. 2, 32, 81–82, 105, 108, 126, 304

Saari, L. M. 31, 80, 152, 181, 230, 299
Sackett, P. R. 89, 253, 278, 304, 312
Saks, A. M. 126, 304
Salas, E. 232, 234–235, 294, 304
Salgado, J. F. 25, 39, 56, 101, 151, 208, 210, 304–305
Sander, N. 193, 207, 305
Sarges, W. 149, 291, 296, 305, 313
Sarris, V. 92, 300
Sauter, B. 251, 305
Schaper, N. 232, 310
Schein, E. A. 76, 123, 305
Scherer, K. R. 68, 98, 293, 305
Scheuch, E. 30, 305
Schippmann, J. S. 51, 304
Schlenker, B. R. 66, 305
Schmidt, F. L. 22, 25, 31, 33, 36–38, 50, 53–54, 70, 75, 146, 152, 227, 268–270, 297, 305, 311
Schmidt, F. O. 22, 33, 301
Schmidt-Atzert, L. 22, 305
Schmidt-Harvey, V. 183, 291
Schmitt, N. 2, 14, 21, 31–32, 36, 38, 72, 75, 82–83, 104–105, 107, 124, 142, 183, 185, 190–191, 251, 279, 290–292, 303, 305–306, 309
Schneewind, K. A. 162, 306
Schneider, B. 120, 124–125, 306
Schneiderman, M. L. 128, 312
Scholz, G. 56, 286, 306
Schrattenecker, H. 111, 251, 306
Schröder, G. 162, 306
Schuh, A. J. 73, 80, 245, 306
Schuler, H. 2, 12–14, 22, 25, 27–28, 32, 37–40, 43, 46, 48–51, 54–57, 59–60, 68–69, 74–75, 82–83, 85, 90–91, 93,

98–99, 101, 105–113, 115, 118, 124–127, 129–130, 132, 138–140, 142, 145, 149, 152–154, 157, 160–161, 166, 184, 190–191, 193, 206–210, 216, 228–229, 250–252, 262, 270–272, 275, 286, 289–290, 292–294, 296, 298–304, 306–313
Schulz von Thun, F. 113, 175, 309
Schulz, C. 12, 92, 113, 175, 309
Schulze, R. 190, 296
Schwaab, M.-O. 111, 309
Schwab, D. P. 32, 52, 81, 105, 302, 304
Schwarzer, R. 59, 309
Scott, W. D. 29, 309
Seibt, H. 216, 298
Selg, H. 153, 208, 293
Semmer, N. 92, 313
Shackleton, V. J. 33–34, 63, 93, 100, 119, 240, 288
Shahani, C. 75, 295
Shankster, L. J. 110, 151, 299
Sheppard, L. 36, 306
Shotland, A. 248, 288
Sigelman, C. K. 63, 309
Sigl, E. 112, 302, 304
Silvester, J. 100, 285, 309
Sincoff, M. Z. 82, 105, 304
Skarlicki, D. P. 155, 185, 299
Smith, E. M. 12, 75, 110, 235, 290, 294, 296, 299, 302–304, 306–309, 311–312
Smither, J. W. 73, 309
Snyder, M. 89, 310
Solamon, J. 253, 300
Sonntag, Kh. 129, 232, 234, 247, 294, 310
Spieß, E. 58, 304
Springbett, B. M. 88–89, 118, 289, 310
Stahl, G. K. 160, 193, 207, 310
Stapf, K. H. 22, 99, 294
Stecher, M. D. 251, 304
Stehle, W. 12, 32, 43, 108, 111, 229, 262, 290, 294, 301, 303, 306–310
Stein, J. L. 62, 291, 307
Steiner, D. D. 108, 310

Stengel, M. 58, 304
Sternberg, R. J. 145–146, 174, 185, 192, 310
Stevens, C. K. 67, 310
Stewart, G. L. 165, 289
Stillman, P. L. 243, 248, 310
Stone, N. J. 39, 147, 296
Streufert, S. C. 153, 208, 312
Strunz, C. M. 113, 310
Sue-Chan, C. 155, 310
Swann, W. B. jr. 89, 310
Switzer, F. S. 51, 304

Taft, R. 73, 310
Tannenbaum, S. I. 248, 288
Tannhäuser, K. 193, 309
Taylor, H. C. 46, 267, 310
Taylor, P. J. 179, 183, 310
Teachout, M. S. 50, 303
Tett, R. P. 157, 311
Thayer, P. W. 74, 291
Thömmes, J. 262, 311
Thorndike, E. L. 90, 311
Thornton, G. C. III 69, 104–105, 126, 191, 302, 311
Thurstone, L. L. 145, 311
Timaeus, E. 68, 208, 300
Tinsley, H. E. 64, 301
Tippins, N. 183, 301
Tower, S. L. 61, 126, 289
Traver, H. 248, 288
Triebe, J. K. 117, 311
Tripodi, T. 118, 289
Trost, G. 16, 19, 38, 125, 149, 311
Troxtel, D. 253, 300
Trumbo, D. 31, 311
Tullar, W. L. 115, 118, 311
Turban, D. B. 88, 90, 115, 293
Tziner, A. 74, 313

Ulrich, L. 31, 311

Valenzi, E. 118, 311
Vance, R. J. 247, 311
Viswesvaran, C. 69–70, 157, 302, 311

Wagner, E. M. 174, 185, 192, 310
Wagner, R. 29–30, 54, 193, 288, 311
Wanous, J. P. 3, 79, 111–112, 125, 192, 303, 311–312
Ward, W. C. 73, 294
Webster, E. C. 30, 32, 81, 83, 88–89, 92, 100, 120, 231, 246, 312
Wedderburn, A. A. 81, 114, 298
Weekly, J. A. 152, 312
Wegge, J. 165, 312
Weinert, A. B. 153, 208, 312
Weissbein, D. A. 235, 294
Werbel, J. D. 51, 312
Westhoff, K. 186–187, 298, 312
Weuster, A. 51, 312
Wexley, K. N. 184, 232, 234, 247, 299, 312
Whetzel, D. L. 22, 33, 301
Whiten, A. 65, 312
Whitney, D. 75, 303
Wiechmann, D. 183, 291
Wiener, Y. 128, 312

Wiesner, W. H. 33, 37, 75, 312
Wigdor, A. K. 278, 312
Wildfogel, J. 53, 295
Williamson, L. G. 36, 277, 312
Willmann, H.-G. 110, 250–251, 312
Wilpert, B. 44, 312
Winborn, B. B. 253, 298
Winkler, K. 250, 312
Woehr, D. J. 247, 297
Wonderlic, E. F. 30, 296
Wottawa, H. 93, 119, 312–313
Wright, O. R. 31, 313
Wright, R. 50, 72, 313

Zajonc, R. B. 90, 100, 313
Zapf, D. 92, 313
Zapf, H. 55, 298
Zedeck, S. 74, 118, 120, 246, 313
Zempel, J. 127, 248, 301, 307, 313
Zielinski, W. 153, 208, 296
Zimmermann, H. 98, 286, 303, 313
Zuckerman, M. 143, 313

Sachregister

Adaptationsniveau 91–92
Alternativenfrage 170, 238–239, 257
Alternatives Engagement 58, 289
Anforderungen 11, 65, 78–79, 96, 101, 103, 117, 140, 213–214, 239, 255
 – tätigkeitsübergreifende 11, 52, 128, 282
 – tätigkeitsspezifische 11, 43, 52, 128, 211, 282
Anforderungsanalyse 6, 21, 26, 128–142, 157, 174, 179, 189, 281
 – Ansätze und Verfahren 129–132
Anforderungsdimensionen 62, 101, 135, 139–141, 179, 192–194, 203, 206, 214, 216
Anforderungsprofil 132–134, 219
Anschreiben 49, 216
Antwortbewertung 25, 189, 230, 239–240, 246, 257, 260
Anziehungs-Auswahl-Situation 4
Arbeitsplatzanalytisch-empirische Methode 129
Arbeitsproben 13–14, 21, 24–27, 55, 177, 190, 227, 252, 269
Arbeitszeugnisse und Referenzen 49, 51, 217
ASA-Theorie 120, 124
Assessment Center 14, 27–28, 47, 56, 60, 68, 83, 110–111, 216, 252, 269
Attraktivität 43, 47, 50, 52, 79, 98, 120
Ausbildung 53, 84, 133, 155–156, 187, 192, 201–202, 217, 219, 226, 247, 255
Ausdrucksfähigkeit 49, 64, 107, 133, 148, 150
Äußere Erscheinung 31, 50, 53, 148, 155, 241
Auswahlentscheidung 1, 4, 11, 31, 76, 78, 114, 143, 204–205, 231, 249, 275
Auswahlfragen 170, 275
Auswertungsobjektivität 16, 18

Basisrate 45, 76, 100, 213, 266–267, 270–271
Bearbeitungsgeschwindigkeit 145, 150
Bedeutsamkeit und Erfüllungsgrad von Anforderungen 138–141
Bedürfnisse 11, 43, 52, 56, 84, 128, 158, 255
Befriedigungspotenzial 11, 52, 128, 211, 255
Behavior Description Interview 177, 180, 218, 251
Behavior Modeling Training 247
Beobachtungs-Bewertungs-Gewichtungs-Modell 83
Berufliche Interessen 57, 157
Berufliche Orientierungen nach Holland 57
Berufs- und Organisationswahl 57, 125, 191–192, 197, 201–202
Berufseignung 11, 40, 96, 253
Berufsinteressen 57, 152–153, 192
Berufsqualifikation 53, 155–156
Beschränkte Kenntnis eigener Informationsverarbeitung 92
Beschreibungsebenen personalpsychologischer Instrumente 130
Bestätigungstendenz 89–90, 118–119, 246
Bewerberfragen 255
Bewerberreaktionen 205, 210
Bewerbertraining 7, 246, 251–252
Bewerbungsunterlagen 4, 12, 27, 38, 47–51, 89, 93, 117–118, 131, 148, 192, 216, 275
Bewertungsdispositionen 55, 58, 155
Beziehung zwischen Interviewer und Bewerber 42, 113
Big Five 24, 55, 101, 156–157
Bilans de compétences 262
Bildungsniveau 38, 51, 53–54, 146, 265
Binomial effect size display 266

Biographiebezogene Fragen 24, 63, 75, 155, 172–174, 177, 192, 194–195, 198, 218
Biographische Fragebogen 21–22, 27, 262, 285, 294
Biographische Fragen 11, 15, 26, 172–173, 185, 192, 197, 206, 209, 242, 258
Biographischer Ansatz 13, 49, 63, 188, 190
Biographischer Fragebogen zur Selbstselektion 262

California Personality Inventory 56, 154, 208, 312
Coaching 130, 215, 245, 248
Comprehensive Structured Interviews 38
Critical incident technique 136, 184

Demographische Merkmale 52, 155
Diagnosebedingungen 41, 43, 45, 47
Diagnosezentren 262
Diagnostische Kompetenz 73
Divergentes Denken/Kreativität 150
Drei-Ebenen-Modell der sozialen Urteilsbildung 85
Durchführungsobjektivität 16, 18

Ebene der Aussage 85
Ebene des Eindrucks 84
Ebene des Verhaltens 84
Ebenen der Eindrucksbildung 93–95, 100
Eigenschaften qualifizierter Interviewer 71
Eigenschaftsansatz 13
Eignung 10, 25, 45, 88, 128, 197, 208, 224, 237
Eignungsanforderungen 214–215
Eignungsdiagnose 10, 26, 45, 84, 99, 278, 285
Eignungsdiagnostik 5–6, 10, 31–32, 55, 110, 143–146, 203, 250, 274, 282
Eignungsdiagnostische Verfahren 12, 26, 157, 274, 277
 – Anwendungshäufigkeit 12, 13
 – Bewertung 15, 26, 294
Eindruck des Bewerbers 42, 103–104, 249

Eindruck des Interviewers 42, 93, 155
Einstellungsinterview 11–12, 16–17, 21, 24, 26–27, 31–32, 36, 39–40, 42, 62, 65, 69, 77, 83, 100, 111, 122, 125, 134, 145, 149, 154, 167, 176, 220–223, 227, 233, 236, 239–240, 249, 277, 279, 281–284, 287
 – Begriffsklärung 1, 254, 279–280, 282, 284
 – Funktionen 2–4, 41, 43, 112, 286–287
Empfehlungen zum Einstellungsinterview 282
Entscheidung des Bewerbers 42, 117, 123–124, 126–127, 249
Entscheidung des Interviewers 42, 63, 117, 246
Entscheidungsfindung 30, 32, 74, 81, 87, 119–120, 179–180, 213, 225–226
Entscheidungsorientiertes Gespräch 186
Entwicklungspotenzial 10–11, 52, 128
Erfahrungen und Interessen 195
Erfahrungsgeleitet-intuitive Methode 129
Erfassung kognitiver Fähigkeiten im Interview 147–148
Erfolgsorientierung 214–215, 228
Erfolgsquoten 267
Erfolgsrelevante Eigenschaften 11, 52, 73, 128, 131
Erster Eindruck 88, 94, 103
Ethische und rechtliche Gesichtspunkte 8, 15–16, 129
Evaluation 15, 39, 187–188, 231, 246–247
Extraversion 23–24, 55–56, 59, 62, 95, 98, 132, 156–157, 165, 208–210

Fachkenntnisse 24, 39, 50, 53, 95, 148–149, 170, 174, 178
Fachkenntnistests 268–269
Fähigkeiten 11, 24, 41, 52–55, 70, 73, 75, 78, 128, 132, 139, 144–145, 160, 244, 252, 279
Fairness 8, 31, 36, 105, 123, 210, 223, 225, 251, 274, 278, 287

Fallstudien 15, 240–241, 286
Feedback 7, 60, 85, 109, 197, 215, 225, 233–235
Fertigkeiten 11, 53, 95, 128, 144, 161, 178, 214, 233, 235, 248, 254
Figurales Denken 151
Fragebogen zur Arbeitsanalyse 131, 294
Fragenformulierung 237–239, 245
Fragenstellen 239, 245
Fragentypen 6, 37–38, 167 ff., 176, 190, 213, 219, 230, 238–239, 257, 284
Freizeitorientierung 58

Gedächtnis 85, 88–89, 145, 150, 222, 247, 293
Geschichte der Interviewforschung 29, 123
Geschlossene Fragen 168
Gespräch 1, 2, 12, 18, 41, 60–61, 76, 80, 106, 113, 147, 186, 235, 254
  – Abschluss 193, 224, 226, 242
  – Atmosphäre 61, 67, 219
  – Beginn 191–192, 197, 220, 242
  – Dauer 224
  – Steuerung 167, 168, 175, 186–187, 220–221, 223, 251
Gewichtungsalgorithmus 119
Gewissenhaftigkeit 13, 24, 25, 38, 52, 57, 95, 131, 155–157

Handlungseigenschaften 55–57, 155–156
Handlungswissen 192, 194, 197
Hinhören 221, 240
Hypothesenagglutinationsverfahren 93

Image 66, 107
Impression management 65, 67, 112, 117, 289
Information 31, 38, 50–51, 62, 79–80, 87–89, 106, 109, 118–119, 126, 218, 230, 284, 286
Informationsverarbeitung und Entscheidungsfindung des Interviewers 87
Inhalts- oder Kontentvalidierung 20
Inkrementelle Validität 33, 38–39, 90, 147, 177, 185, 191, 227, 268, 271, 282

Integration in Potenzialanalysen 284
Integrität 157, 160, 214
Integritätstests 177, 227, 269
Intelligenz 29, 39, 54–56, 72–73, 99, 145–147, 150
  – fluide 149
  – kristalline 149–150
  – praktische 145, 147, 174, 185
Intelligenztests 22, 37, 38, 39, 55, 146, 149, 185, 208, 227–228, 269
Interessen 11, 15, 43, 56–57, 73, 110, 192
Interessentest 228, 261–262, 269
Interne Konsistenz 19, 185, 206
Interpretationsobjektivität 16, 18
Interview 1–2, 5, 13, 19, 28–29, 36, 41, 44, 56, 61–63, 77, 86, 108, 125, 146, 152, 162, 213, 219
  – Ablauf 113, 120, 176, 181, 213, 235, 242
  – Auswertung 35, 118, 186, 225, 228
  – Eindruck und Berufserfolg 39, 56, 76–77, 90, 94, 226
  – Erfahrung 60, 108
  – Forschung 30, 123, 128, 188, 280, 282
  – Multimodales 7, 38–40, 56–57, 62, 101, 111, 137, 147, 188 ff., 214, 224–225, 228, 239, 270, 284, 307
  – Nachbereitung und Entscheidung 225
  – situatives 19, 40, 47, 58, 155, 181–182, 184–186, 213, 230, 253, 279, 285
  – Struktur 12, 34–37, 128, 181
  – Systeme 6, 33, 56, 167–168, 176–177, 186–187, 212, 230, 242, 285
  – unstrukturiertes 25, 27, 30–31, 33, 37, 39, 41, 75, 108, 120, 155, 177, 210, 227, 247, 251, 282
  – Vorbereitung 213, 218
  – Ziele und Anforderungen 80, 125, 147, 213, 242, 279
Interview-Dimensionen 209
Interviewer als Einflussgröße 124

Interviewerdifferenzen 74
Interviews zur Personalentwicklung 285

Kalkulationsmodell zur Nutzenberechnung 271
Kalkulierte Pause 175
Karriereorientierung 58
Kenntnisfragen 170, 192
Kenntnisse 11, 24, 53, 73, 79, 198, 214, 232, 248, 254–255
Klassifikation 10, 25, 55, 91, 134, 145, 156, 162, 244
Kognitive Fähigkeiten 25, 50, 53–55, 145–147, 149, 153, 202–203, 209, 286
Komponenten der Interviewstruktur 34
Konfirmatorische und diskonfirmatorische Strategien 115–116
Konkretisierungsfragen 171–172, 238
Konsensusfiktion 65
Konsequenzen der Entscheidung 78
Konstruktansatz 6, 13, 49, 62, 143, 188, 190
Konstruktaufklärung 8, 185, 284, 294
Konstrukte 6, 19, 23–26, 39, 57, 96, 143–144, 155, 165, 173, 189, 208, 227, 282–284
Konstrukte im Interview 143, 151, 159
Konstruktvalidierung 20, 23–24, 189, 203–204
Konstruktvalidität 14, 23–24, 26, 39–40, 101, 155, 174, 208, 211
Kooperation 62, 101, 182, 194, 199, 202, 206, 214–216, 228
Kosten 47, 78, 89, 94, 99, 182, 228, 248–249, 262, 268, 283
Kriterienbezogene Validierung 20–21
Kriterium 21, 25, 69, 160, 163, 184–185, 208, 224, 228, 253, 265–270, 284
Kritischer Multiplizismus 190

Lebenslauf 33, 49–50, 169, 216–217
Leistungsmotivation 31, 39, 56, 59, 99, 141, 147, 157, 160–161, 165, 173, 208, 265

Leistungsmotivationsinventar 59, 309
Leistungsstreuung 270–271
Lernfähigkeit 149–150, 165, 255
Lernpunkte 236–238, 247
Lichtbild 49–50, 216
Low fidelity simulation 183

Machiavellian Intelligence 65, 312
Magische Items 96–97
Maßnahmen der Interviewstrukturierung 35
Maßnahmen zur methodischen Verbesserung des Interviews 33
Maßstabseffekte 91–92
Maximales Verhalten 174, 181
Mechanismen der Eindrucksbildung 53, 81
Mechanismen der Informationsverarbeitung 42, 47–48, 83, 86, 88
Mehrfach- oder Kettenfragen 168–169
Mentale Tätigkeitssimulationen 21, 174, 197
Merkfähigkeit/Gedächtnis 150
Merkmale und Konstrukte im Interview 143, 165
Metaanalyse 31, 36–37, 51–52, 54, 69, 79, 98, 112, 146–147, 155–157, 209, 265
Methode der kritischen Ereignisse 136, 174, 179
Methodenvielfalt 233, 235
Multiindikatorendiagnostik 8, 148, 286–287
Multimodalitätsprinzip 190
Multitrait-Multimethod-Analyse 204

NEO-FFI Siehe *NEO-Fünf-Faktoren-Inventar*
NEO-Fünf-Faktoren-Inventar 99, 101, 289
Neuronale Netze 286, 303
Neurotizismus 39, 56, 59, 61, 155–156, 210, 265
Nicht-kognitive Merkmale 151
Notizen 80, 132, 189, 222–223
Nutzen 15–16, 22, 31, 92, 144, 227, 230, 148, 252, 264, 270–272, 283
Nutzenkalkulation 270, 289

Objektivität 16–18, 23, 29–30, 83, 128, 131–132, 142, 181, 189, 205–206, 212, 226
Offene Fragen 168, 238, 257
Offenheit für Erfahrungen 24, 55, 97, 156, 160
Organisation 1–4, 11, 41, 43–44, 78–79, 101, 103, 107, 111–112, 120, 123,125, 165, 192, 202, 205, 214–216, 249
Organisationale Effizienz (Nutzen) 15–16
Organizational Citizenship Behavior 141, 155, 185, 299, 302

Paralleltest-Reliabilität 19
Partizipation 109–110, 133, 215, 233, 250–251
Partizipation/Kontrolle 16, 109, 250, 282
Patterned Behavior Description Interview 40, 177, 297
Permissivität 176
Person des Bewerbers 42, 52, 63, 155
Person des Interviewers 2, 32, 42, 69, 94, 107
Person-Organisations-Fit 120–121, 191
Personalmarketing 8, 47, 69, 111, 229, 287, 301
Personbezogen-empirische Methode 129
Persönlichkeitsrecht 16, 274
Perspektive der Bewerber 3, 7, 249
Physische Merkmale 52–53, 155
Policy capturing 93, 119, 292
Position 25, 42–43, 53, 58–59, 87–88, 96, 105, 111, 191, 221, 232, 255
Position Analysis Questionnaire 131, 294, 300
Potenzialanalysen 14, 69, 204, 282, 284
Potenzialanalyseverfahren 68, 134, 190, 203–204, 208, 210, 267, 272
Präferenz von Auswahlinstrumenten 107
Psychologischer Kontrakt 123
Psychometrische Qualität 15–16, 70, 181, 205, 231

Reaktion auf Interviewermerkmale 116
realistic job preview 3, 79, 111, 125, 192

Realistische Tätigkeitsinformation 79, 111, 125–126, 192, 224, 229, 242
Rechtsfragen 274, 296
Reference check 51
Reliabilität 18–20, 23, 32, 34–35, 70, 97, 99, 101, 141, 203, 206, 226, 282
Retest-Reliabilität 18
Rhetorische Mittel 175, 238, 254
Rollen des Beurteilers 93
Rollenspiele 82, 136, 241–243, 252

Schmeicheln 67
Schul- und Examensnoten 51, 53, 189, 227
Schulnoten 22, 38, 51, 53–54, 107, 111, 153, 208, 217
Schwächenanalyse 170–171, 257
Selbstbezogene Dispositionen 55, 59–60, 155, 156
Selbstdarstellung 40–41, 60, 66–69, 79–80, 89, 113, 117, 158, 208, 283
– assertive 68
– defensive 68
Selbstdarstellung und Verfälschung 61, 65
Selbstkonzept 59, 109
Selbstselektion 3, 42, 79, 99, 109, 112, 125, 192, 212, 262
Selbsttäuschung 67
Selbsttest 262
Selbstvorstellung des Bewerbers 191, 242
Selbstwertgefühl 50, 59–60, 78, 116
Selektionsquote 43, 45, 47, 76, 100, 213, 266–267, 270–271
Self-fulfilling prophecy 90, 115
Sequenzielle Fragetechnik 171–172, 238
Simulationsansatz 13, 24, 49, 188, 190
Situational Judgment Tests 183, 285
Situative Fragen 24, 36, 174, 183, 185, 190–192, 194, 197–198, 200, 209, 238
Social Desirability 40, 69, 302
Soziale Kognition 83
Soziale Kompetenz 24, 39, 50, 55–56, 73, 101, 137, 141, 147, 152–154, 157, 161, 208, 246, 251

Soziale Qualität (Akzeptabilität) 15–16
Soziale Urteilsbildung 5, 7, 32, 41–43, 83, 85–86, 220, 254, 283
 – Prozess 42–43, 283
Split-half-Reliabilität 19
Stabilität 18–19, 24, 39, 55–56, 60, 65, 95, 97–98, 105, 144, 160, 165, 210,
Standardabweichung der Leistung 270
Strategien der Komplexitätsreduktion 96
Stress 81–82, 92, 105, 108, 158, 195
Structured Behavioral Interview 186
Strukturcharakteristika 36
Strukturiertes Interview 12, 29, 37, 75, 116, 231, 285
Strukturierungs-Kontinuum 34
Suggestivfragen 169, 238
Sympathie 64, 67, 70, 72, 84–85, 90, 92, 105, 114–115, 119–120, 129, 220, 231
Sympathieeffekte 90

Tacit knowledge 155, 192, 310
Täuschung und Manipulation 65
Telefoninterview 47, 93, 100, 201, 285
Temperamentsmerkmale 25, 55–56, 130, 144, 155–156, 190, 209
Theorie der kognitiven Kategorisierung 83, 86
Training 9, 33, 74, 189, 230 ff., 251–254, 281, 283
 – soziale 249
 – Trainingsbedarf und Trainingsziele 231
 – Trainingsprinzipien 232
Transfer 7, 137, 150, 234–235
Transparenz 16, 108–111, 212, 250
Trimodale Diagnostik 228, 284
Trimodaler Ansatz der Berufseignungsdiagnostik 13–14, 25, 190
Typisches Verhalten 174, 181

Übergewichtung negativer Information 89, 283
Überstrahlung (Halo) 90, 96, 98
Überzeugung 36, 101, 214–216, 232
Umwelt 41–44, 56, 92

Unterbrechen 175, 221
Unterschiede in der diagnostischen Qualifikation 70, 283
Urteilsbildung 30, 32, 41 ff., 180, 188, 210, 223, 230–231, 236, 283
 – Modelle 83, 85–86
 – Prinzipien und Mechanismen 48, 83, 88, 100, 254
Urteilsdifferenziertheit 90, 118
Urteilskommunikation/Feedback 109, 250
Urteilstendenzen 74–75

Validierungsdesign 74
Validierungsstrategien 25–26
Validität 15–17, 20, 22–34, 36–39, 47, 54, 71, 116, 120 ff., 157, 189, 206 ff., 213, 227–228, 230, 249, 252, 264 ff., 282
 – Bedeutung 20–21, 45, 97, 213, 264, 266
 – des ersten Eindrucks 98
 – des Multimodalen Interviews 207, 308
 – prognostische 22, 24, 38, 51, 69–70, 97, 99, 128, 206, 212, 228, 278, 283
 – soziale 32, 43, 108–111, 210, 212, 248–251, 274, 282
Verarbeitungskapazität 23, 29, 92, 145, 149–150
Verbales und nonverbales Verhalten 63, 65
Vergleich von Person und Tätigkeit 10
Verhalten des Bewerbers 42, 61, 63, 88, 117
Verhalten des Interviewers 42, 76, 81–82, 90, 103, 114, 126, 176, 247, 249
Verhaltens-Eindrucks-Aussage-Modell 83
Verhaltensäußerungen 61–62
Verhaltensdreieck 180–181
Verhaltenssymmetrie und Sympathie 114
Verhaltenstendenzen des Interviewers 79, 81

Verhaltenstraining 247
Verknüpfung methodischer Ansätze und Validierungsstrategien 25
Verständnis/Entlastung 175
Verträglichkeit 24, 55, 95, 156–157, 160, 165
Videovorführungen 112, 236, 240
Vis-à-vis-Interview 100
Vorinformation 42–43, 47–52, 79, 84, 88, 90, 111–112, 114, 118, 233, 254
Vortrag 49, 62, 236

Werthaltungen 11, 15, 43, 52, 58, 84, 95, 101, 117, 120, 128, 160, 169, 234, 287

Wirksamkeit von Interviewtrainings 246, 252
Wirkung auf die Bewerber 81, 104
Wirkung des Auswahlverfahrens 107
Wirkung des Interviewers 73, 104
Wissensstruktur des Beurteilers 86

Zahl der Interviewer 37, 70, 223
Zuhören 73–74, 80, 221–222, 240
Zulässigkeit der Eignungsdiagnostik 274
Zusammenwirken kognitiver und nichtkognitiver Merkmale 161
Zustand 60, 155
Zweiseitige oder Alternativenfragen 169–170, 238

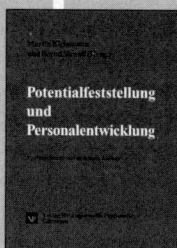

Martin Kleinmann
Bernd Strauß (Hrsg.)
Potentialfeststellung und Personalentwicklung

(Psychologie für das Personalmanagement)
2., überarbeitete und erweiterte Auflage 2000, 290 Seiten,
€ 39,95 / sFr. 69,–
ISBN 3-8017-1349-0

Rüdiger Hossiep
Michael Paschen / Oliver Mühlhaus
Persönlichkeitstests im Personalmanagement

2000, XX/364 Seiten, geb.,
€ 46,95 / sFr. 77,–
ISBN 3-8017-1039-4

Das Buch bietet einen aktuellen Überblick zu wissenschaftlichen Erkenntnissen und praktischen Erfahrungen mit Potentialanalyse- und Personalentwicklungsinstrumenten.

Das Buch liefert eine Übersicht über Persönlichkeitstests, die in Unternehmen eingesetzt werden. Es nennt Vor- und Nachteile der Instrumente und bietet einen Überblick über wissenschaftliche Grundlagen.

Martin Scherm / Werner Sarges
360°-Feedback

(Praxis der Personalpsychologie, Band 1)
2002, VI/88 Seiten,
€ 19,95 / sFr. 33,90
(Im Reihenabonnement
€ 15,95 / sFr. 27,80)
ISBN 3-8017-1483-7

Heinz Schuler (Hrsg.)
Lehrbuch der Personalpsychologie

2001, VI/664 Seiten, Großformat,
€ 49,95 / sFr. 85,–
ISBN 3-8017-0944-2

Der Band bereitet die theoretischen und methodischen Grundlagen auf, gibt Konzepte für die erfolgreiche Durchführung von Feedback-Prozessen an die Hand und illustriert diese an Praxisbeispielen.

In 23 Kapiteln wird das Gesamtgebiet der Personalpsychologie, auf dem neuesten Stand der Forschung und gleichzeitig an den praktischen Aufgaben des Personalwesens orientiert, aufgezeigt.

Heinz Schuler
Psychologische Personalauswahl

Einführung in die Berufseignungsdiagnostik

(Wirtschaftspsychologie)
3., unveränderte Auflage 2000,
216 Seiten, geb.,
€ 32,95 / sFr. 51,–
ISBN 3-8017-0865-9

Werner Sarges (Hrsg.)
Management-Diagnostik

3., unveränderte Auflage 2000,
XII/980 Seiten, geb.,
€ 99,95 / sFr. 168,–
ISBN 3-8017-0740-7

Kern dieses Bandes ist die Darstellung psychologischer Verfahren der Berufseignungsdiagnostik. Dies wird an Beispielen illustriert und in Bezug auf ökonomische, rechtliche und ethische Prinzipien diskutiert.

Das Handbuch liefert einen einzigartigen Überblick zur Management-Diagnostik. Es bietet eine umfassende Zusammenfassung der Probleme und Möglichkeiten psychologischer Diagnostik für das besondere Anwendungsgebiet des Managements.

Hogrefe

Hogrefe-Verlag
E-Mail: verlag@hogrefe.de
Internet: www.hogrefe.de

Zeitschrift für Personalpsychologie

Herausgegeben von
Prof. Dr. Heinz Schuler
(Geschäftsführend)
Prof. Dr. Martin Kleinmann
Prof. Dr. Karlheinz Sonntag

■ Zielsetzung

Die Zeitschrift für Personalpsychologie bietet Psychologen und Wirtschaftswissenschaftlern in Forschung und Praxis sowie Führungskräften und Personalverantwortlichen ein Forum für wissenschaftliche Kommunikation und Anregungen zur Verbesserung des Human Resource Management.

■ Inhalt

Die Zeitschrift veröffentlicht Beiträge zu allen Teilgebieten der Personalpsychologie. Darüber hinaus informiert sie über Tagungen und Kongresse, Neuerscheinungen auf dem Buchmarkt, Instrumente zur Personalauswahl und Personalentwicklung sowie über Personalia im Human Resource-Bereich. Das Wissenschafts-Praxis-Forum gibt Anregungen durch Berichte über gelungene Projekte in der personalpsychologischen Praxis.

■ Beiräte

Renommierte Wissenschaftler aus dem In- und Ausland wurden als Beiräte zur Beratung des Herausgebergremiums und zur Beurteilung eingereichter Manuskripte berufen. Eine entsprechende Personengruppe nimmt diese Funktion als Repräsentanten der Berufspraxis wahr und gewährleistet eine fruchtbare Verbindung von Forschung und Praxis der Personalpsychologie.

■ Bezugsbedingungen

Die Zeitschrift für Personalpsychologie erscheint vierteljährlich unter ISSN 1617-6391

Abonnementpreis (4 Hefte jährlich):
€ 79,95 / sFr. 128,–
(zzgl. Porto und Versandgebühren)

Einzelpreis: € 24,95 / sFr. 41,80
(zzgl. Porto und Versandgebühren)

Hogrefe ──── **Hogrefe-Verlag**
Rohnsweg 25
37085 Göttingen
E-mail: verlag@hogrefe.de
Internet: www.hogrefe.de

Uwe Peter Kanning / Heinz Holling (Hrsg.)

Handbuch personaldiagnostischer Instrumente

2002, 595 Seiten, geb.,
€ 59,95 / sFr. 99,–
ISBN 3-8017-1443-8

Der Erfolg eines jeden Unternehmens steht und fällt mit der Qualifikation der Organisationsmitglieder. Personaldiagnostische Instrumente, wie z.B. Tests, Interviews oder Assessment Center helfen dabei, qualifizierte Mitarbeiter zu finden, den Personalentwicklungsbedarf präzise zu definieren und Entwicklungsmaßnahmen zu optimieren. Das vorliegende Buch richtet sich an alle Berufsgruppen, die in der Wirtschaft oder im öffentlichen Dienst mit personaldiagnostischen Aufgaben betraut sind. In leicht verständlicher Weise führt es in die Grundlagen einer wissenschaftlich fundierten Diagnostik ein. Dabei werden mehr als 40 psychologische Testverfahren im Detail vorgestellt und von unabhängigen Autoren bewertet. Darüber hinaus liefert das Buch zahlreiche Tipps für die erfolgreiche Anwendung nicht standardisierter Verfahren, wie z.B. die Begutachtung von Arbeitszeugnissen. Es versetzt den Leser somit in die Lage, bestehende Instrumente zu hinterfragen und den Prozess der Personaldiagnostik im eigenen Unternehmen zu optimieren.

Besuchen Sie uns im Internet:
http://www.hogrefe.de

Hogrefe ──── **Hogrefe-Verlag**
Rohnsweg 25 • 37085 Göttingen
Tel.: 05 51 - 4 96 09-0, Fax: -88